C als erste Programmiersprache

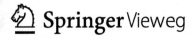

Joachim Goll • Manfred Dausmann

C als erste Programmiersprache

Mit den Konzepten von C11

8., überarbeitete und erweiterte Auflage

Joachim Goll
Manfred Dausmann

Fakultät Informationstechnik
Hochschule Esslingen
Esslingen, Deutschland

ISBN 978-3-8348-1858-4   ISBN 978-3-8348-2271-0 (eBook)
DOI 10.1007/978-3-8348-2271-0

Die Deutsche Nationalbibliothek verzeichnet diese Publikation in der Deutschen Nationalbibliografie; detaillierte bibliografische Daten sind im Internet über http://dnb.d-nb.de abrufbar.

Springer Vieweg
© Springer Fachmedien Wiesbaden 1998, 1999, 2000, 2003, 2005, 2008, 2011, 2014

Springer Vieweg ist eine Marke von Springer DE. Springer DE ist Teil der Fachverlagsgruppe Springer Science+Business Media.
www.springer-vieweg.de

Vorwort

Zum Inhalt

Die Programmiersprache C wurde im Jahre 1989 durch das American National Standards Institute[1] und im Jahre 1990 durch die International Organization for Standardization[2] standardisiert. Seit dieser Zeit hat sie einen rasanten Aufschwung erlebt. Sie steht in einheitlicher, portabler Form auf praktisch allen Computern und Betriebssystemen zur Verfügung, erlaubt aber auch maschinenspezifischen Programmcode.

Grundlage für dieses Buch ist der bereits erwähnte ANSI/ISO C-Standard aus dem Jahre 1990 – kurz C90 genannt. Er wird von den allermeisten Compilern unterstützt und ist in der Praxis auch heute noch aufgrund der Kompatibilität zu älterem Programmcode in Verwendung. C90 bildet die Grundlage dieses Buches. Die Änderungen zum aktuellen C11-Standard werden jedoch sorgfältig analysiert.

Trotz ihres Alters behauptet sich die Programmiersprache C in vielen Bereichen und hat eine enorme Verbreitung. Aufgrund der Möglichkeit, hardwarenahe zu programmieren, spielt C insbesondere bei der Programmierung von eingebetteten Systemen, wie beispielsweise den Steuergeräten im Auto oder der Ansteuerung von industriellen Anlagen und Geräten, eine eminent wichtige Rolle. Programmierer mit Kenntnissen in C sind daher weiterhin auf dem Arbeitsmarkt gefragt.

Das vorliegende Buch wendet sich an Studierende der Informatik und der ingenieurswissenschaftlichen Disziplinen sowie an berufliche Umsteiger und Schüler, welche das Interesse haben, die Grundlagen der Programmiersprache C fundiert zu erlernen.

Das Buch hat den Titel „C als erste Programmiersprache", weil es dem engagierten Neuling erlaubt, C ohne Vorkenntnisse anderer Programmiersprachen zu erlernen. Es wird von den Autoren seit vielen Jahren erfolgreich an der Hochschule und an Gymnasien eingesetzt.

Ratschläge zum effizienten Studium des Buchs

„Lernkästchen", auf die grafisch durch eine kleine Glühlampe aufmerksam gemacht wird, weisen auf für das Verständnis wichtige Aspekte eines Kapitels hin und bringen das Wissen auf den Punkt. Die Zusammenfassung eines jeden Kapitels erlaubt eine rasche Wiederholung der für C zentralen Konzepte.

---

[1] Abgekürzt als ANSI.
[2] Abgekürzt als ISO.

„Warnkästchen" weisen den Leser zum einen auf gerne begangene Fehler hin, die in der Praxis oft zu einer langwierigen Fehlersuche führen oder – noch schlimmer – erst im Endprodukt beim Kunden erkannt werden. Zum anderen warnen sie den Leser vor einer Fehlinterpretation des Textes an „gefährlichen" Stellen des Buchs.

Um zu erkennen, welche Information grundlegend für das weitere Vorankommen ist und welche Information nur ein Detailwissen darstellt – und deshalb auch noch zu einem späteren Zeitpunkt vertieft werden kann – weist dieses Buch Kapitel oder Kapitelteile, die beim ersten Lesen übersprungen werden können, mit dem „Überspringe und komm zurück"-Symbol ◌ aus.

Bei all den guten Ratschlägen gilt: Programmieren hat man zu allen Zeiten durch Programmierversuche erlernt. „Do it yourself" heißt der rote Faden zum Erfolg. So wie ein Kleinkind beim Erlernen der Muttersprache einfach zu sprechen versucht, so sollten auch Sie möglichst früh versuchen, in der Programmiersprache zu sprechen – das heißt, eigene Programme zu schreiben. Gestalten Sie den Lernvorgang abwechslungsreich – lesen Sie einen Teil und versuchen Sie, das Erlernte gleich in Programme umzusetzen. Damit Sie die mühsame Tipparbeit am Anfang minimal halten können, sind alle Beispielprogramme des Buches auf dem begleitenden Webauftritt zu finden.

Praktisch jedes Kapitel enthält Übungsaufgaben, die zum selbstständigen Programmieren auffordern. Lösungen wurden jedoch absichtlich nicht in das Buch aufgenommen, um nicht zum vorschnellen Nachschlagen zu verleiten. Sie finden die Lösungen ebenfalls auf dem begleitenden Webauftritt. Auch die Übungsaufgaben sind dort abgelegt. Daher können Sie in denjenigen Fällen, in denen Programme zu ergänzen bzw. zu erweitern sind, Aufgaben-Dateien des begleitenden Webauftritts als Ausgangspunkt nehmen, um unnötige Tipparbeit zu sparen.

C90 und C11

Dieses Buch basiert auf dem C90-Standard. Der C11-Standard wird ebenfalls betrachtet, dabei werden die Aussagen zu C90 und C11 sauber gegeneinander abgegrenzt.

Schreibweisen

In diesem Buch sind der Quellcode und die Ein-/Ausgabe von ganzen Beispielprogrammen sowie einzelne Anweisungen in der Schriftart `Courier New` geschrieben. Dasselbe gilt für Programmteile wie Variablennamen, Funktionsnamen etc., die im normalen Text erwähnt werden. Einige Programmbeispiele enthalten Platzhalter wie `Anweisung` oder `Bedingung` für konkrete Anweisungen oder Ausdrücke in der Programmiersprache. Ihre Rolle als Platzhalter ist jedoch so offensichtlich, dass für sie keine eigene Schriftart verwendet wurde. Sie sind wie die Wörter der Sprache in `Courier New` geschrieben. Wichtige Begriffe im normalen Text sind **fett** gedruckt, um sie hervorzuheben.

Wichtige Hinweise zum begleitenden Webauftritt

Das vorliegende Buch wird durch einen Webauftritt begleitet. Unter der Adresse http://www.stz-softwaretechnik.de/cbuch finden Sie die Übungsaufgaben, die zugehörigen Lösungen sowie die Beispiele des Buches. Ebenfalls liegen dort die Bilder der einzelnen Kapitel als Unterstützung für Lehrende, die selbst einen C-Kurs auf der Basis dieses Buches gestalten wollen.

Heutzutage empfiehlt sich für die Programmierung der Einsatz einer integrierten Entwicklungsumgebung (IDE – Integrated Development Environment). IDEs sind Programme, welche es Ihnen erlauben, Programmcode ganz einfach zu schreiben, zu kompilieren und auszuführen. Solche IDEs existieren auf allen gängigen Systemen und sind zumindest in einer Studentenversion kostenfrei erhältlich. Sie finden IDEs durch eine einfache Suche im Web.

Die Autoren empfehlen jedoch, das erste Programm von Kapitel 1.1 ohne den Einsatz einer IDE durchzuarbeiten. Damit werden Sie lernen, dass C-Programme auch mit den einfachsten Mitteln wie beispielsweise einem Editor geschrieben werden können. Danach steht es Ihnen frei, dasselbe Programm nochmals in einer IDE aufzusetzen und ab dann damit fortzufahren.

Danksagung

Wir bedanken uns herzlich bei Frau Sabine Aescht für Ihre wertvollen Vorarbeiten zu C11 und bei Herrn Tobias Stamm aus Zürich für die engagierte Unterstützung bei allen beim Schreiben des Buchs aufgetretenen Fragen zu C11. Herrn Christoph Baumann danken wir für die tatkräftige Mitarbeit im Kapitel Threads und Herrn Peter Schlumberger, Herrn Tobias Engelhardt und Herrn Steffen Wahl für die sorgfältige Durchführung des Konfigurationsmanagements.

Esslingen, im Juni 2014   J. Goll / M. Dausmann

Inhaltsverzeichnis

Kapitel 1

Einführung in die Programmiersprache C

1 Einführung in die Programmiersprache C

Die Programmiersprache C hat in der Praxis eine sehr große Bedeutung für die hardwarenahe Programmierung. Hardwarenahe Programmierung bedeutet unter anderem, dass die Programmiersprache direkte Zugriffe auf den Arbeitsspeicher des Rechners, auf dem das Programm läuft, und auch auf Register des Prozessors gestatten muss. Damit ist C ideal für die Systemprogrammierung, bei der betriebssystemnah bzw. hardwarenah programmiert wird. Wegen seiner Hardwarenähe hat C auch für die Programmierung von eingebetteten Systemen – wie beispielsweise den Steuergeräten eines Kraftfahrzeugs – eine herausragende Bedeutung. Die Programmiersprache C liegt schon seit langem in einer von ANSI/ISO standardisierten Form vor.

Das Ziel dieses Kapitels ist es, nach dem ersten Programmierbeispiel in Kapitel 1.1, das typisch für C ist, den Leser mit der Herkunft und den Zielen der Programmiersprache C (siehe Kapitel 1.2), dem Stand der Standardisierung von C (siehe Kapitel 1.3), den Eigenschaften von C (siehe Kapitel 1.4) und der Verwandtschaft von C und C++ (siehe Kapitel 1.5) vertraut zu machen. C gehört zu den imperativen Programmiersprachen. Ein Stammbaum für die imperativen Programmiersprachen (siehe Kapitel 1.6) und eine Betrachtung der zunehmenden Abstraktion der Programmiersprachen seit Beginn ihrer Entwicklung (siehe Kapitel 1.7) vertiefen das Verständnis der Programmiersprache C.

Ehe es „zur Sache geht", soll als spielerischer Einstieg in die Programmierung in C im folgenden Kapitel das weltberühmte „Hello World"-Programm von Kernighan und Ritchie, den Vätern der Programmiersprache C [Ker78], betrachtet werden.

1.1 Das erste Programm

Das „Hello World"-Programm gibt nur den Text `Hello, world!` auf der Konsole[3] aus. Das Programm sieht folgendermaßen aus:

```
/* Datei: hello.c */ /* Dies ist ein Kommentar */
/* Das Programm liegt in der Quelldatei hello.c */
#include <stdio.h>

int main (void) /* Die Funktion main()⁴ */
{
   printf ("Hello, world!");
   return 0;    /* bitte jetzt überlesen */
}
```

Dieses Programm besteht aus einer einzigen Funktion[5], die den Namen `main()` trägt.

---

[3] Grundsätzlich kann eine Konsole gleichbedeutend mit dem Begriff Terminal als Eingabe- und Ausgabefenster gesehen werden.
[4] Um Funktionen und benannte Speicherstellen in einem Textstück besser unterscheiden zu können, erhalten die Namen von Funktionen im Text ein leeres Paar runder Klammern. Deshalb hat `main()` im Kommentar leere Klammern.
[5] Eine Funktion ist eine Folge von Anweisungen unter einem eigenen Namen, hier `main()`.

In C muss jedes Programm eine `main()`-Funktion besitzen.

Wenn ein Programm ausgeführt werden soll, wird mit der Ausführung der `main()`-Funktion begonnen. Die `main()`-Funktion wird auch als **Startpunkt** eines Programms bezeichnet[6]. Innerhalb der geschweiften Klammern werden der Reihe nach die Anweisungen der Funktion `main()` notiert, die nacheinander, d. h. sequentiell, ausgeführt werden sollen.

Eine Anweisung endet in C mit einem Strichpunkt (Semikolon).

Es ist üblich, mit einer neuen Anweisung in einer neuen Zeile zu beginnen. Im Falle des „Hello World"-Programms wird im Hauptprogramm als erste Anweisung die Funktion `printf()` aufgerufen. Die Funktion `printf()` – der Name steht für „print formatted" – schreibt die Zeichenkette `Hello, world!` auf den Bildschirm. Mit ihrer zweiten Anweisung, der `return`-Anweisung, wird die Funktion `main()` auch schon wieder beendet. Mit der `return`-Anweisung kehrt ein Programm zu seinem Aufrufer zurück.

Alle Programme in C basieren von ihrem Aufbau her komplett auf Funktionen.

Die Programmiersprache C selbst hat keine eigenen Funktionen für die Ein- und Ausgabe. Zur Ein- und Ausgabe wird eine sogenannte **Bibliotheksfunktion** von C verwendet. Die Schnittstelle der im „Hello World"-Programm verwendeten Funktion `printf()` wird – neben den Schnittstellen vieler anderer Funktionen für die Ein- und Ausgabe – in der Bibliothek `<stdio.h>`[7] von C zur Verfügung gestellt. Damit das Programm `hello.c` kompiliert werden kann, muss die Bibliotheksfunktion `printf()` dem Compiler[8] durch die Include-Anweisung `#include <stdio.h>` bekannt gemacht werden.

Alles, was zwischen den Zeichenfolgen `/*` und `*/` steht, stellt zusammen mit diesen beiden Zeichenfolgen einen sogenannten **Kommentarblock** dar. Ein Kommentar dient zur Dokumentation eines Programms und hat keinen Einfluss auf den Ablauf des Programms.

Das oben stehende Programm wird in eine Textdatei geschrieben. Sie können hierfür einen einfachen Text-Editor oder eine IDE (Integrated Development Environment) verwenden. Die Datei wird unter dem Dateinamen `hello.c` gespeichert.

---

[6] Die `main()`-Funktion stellt das sogenannte Hauptprogramm dar. Ein Programm kann nur ein einziges Hauptprogramm besitzen.

[7] Hierauf wird später eingegangen (siehe Kapitel 16).

[8] Ein **Compiler** ist hierbei ein Programm, das Programme aus einer Sprache in eine andere Sprache übersetzt. Ein C-Compiler übersetzt z. B. ein in C geschriebenes Programm in Anweisungen eines sogenannten Maschinencodes, die der Prozessor eines Computers direkt versteht. Mehr dazu in Kapitel 5.

Beim Eintippen des Programms muss auf die Groß- und Kleinschreibung geachtet werden, da in C zwischen Groß- und Kleinbuchstaben   Vorsicht!
unterschieden wird.

Bevor das Programm ausgeführt werden kann, muss die Datei `hello.c` von einem
Compiler in ein für den Prozessor lesbares Format, den sogenannten Maschinencode, gewandelt bzw. kompiliert werden. Danach müssen von einem Linker zusätzlich benötigte Informationen wie Funktionen aus Bibliotheken zu dem vom Compiler
erzeugten Produkt hinzugefügt werden. Diese beiden Schritte erfolgen bei den meisten gängigen Compilern durch einen einzigen Aufruf des Compilers. Wenn Sie mit einem Terminal – in Windows ist dies die Eingabeaufforderung, auch Kommandozeile
genannt – arbeiten, können Sie mit folgenden Befehlen das Programm beispielsweise mit dem C-Compiler von Visual Studio kompilieren:

```
cl hello.c -o hello.exe
```

bzw. beim GNU-Compiler:

```
gcc hello.c -o hello.exe
```

Hier bedeutet `-o hello.exe`, dass das ausführbare Programm `hello.exe` als
Output erzeugt werden soll. Der Compiler-Aufruf von `gcc` und die notwendigen
Parameter sind bei Windows und Unix gleich. Der einzige Unterschied ist die Datei-
erweiterung für den Output. Bei Unix würde man an Stelle von `hello.exe` nur
`hello` schreiben.

Durch Aufruf von `hello.exe<RETURN>` bzw. unter Unix `hello<RETURN>` kann das
Programm einfach gestartet werden. Wenn Sie mit einer IDE arbeiten, können Sie
das Kompilieren und Starten des Programmes normalerweise durch Menübefehle
oder ein anderes Benutzerinterface ganz einfach durchführen, ohne die Entwicklungsumgebung zu verlassen.

Nach dem Aufrufen von `hello.exe` wird die gewünschte Ausgabe auf dem
Bildschirm angezeigt:

Die Ausgabe des Programms ist:

```
Hello, world!
```

Aus der Ausgabe ist ersichtlich, dass die Anführungszeichen " nicht mit ausgegeben
werden. Sie dienen nur dazu, den Anfang und das Ende einer **Zeichenkette** (eines
Strings) zu markieren.

So schnell kann es also gehen. Das erste Programm läuft bereits. Nun aber zu dem
bereits angekündigten Ursprung und den Zielen von C.

1.2 Ursprung und Ziele von C

Das Betriebssystem UNIX wurde bei den Bell Laboratorien der Fa. AT&T in den USA entwickelt. Die erste Version von UNIX lief auf einer PDP-7, einem Rechner der Fa. DEC. UNIX war zunächst in Assembler geschrieben. Um das neue Betriebssystem auf andere Rechnertypen portieren zu können, sollte es in einer sogenannten **höheren Programmiersprache** neu geschrieben werden. Es sollte aber dennoch sehr schnell sein und Zugriffe auf die Hardware eines Rechners wie den Arbeitsspeicher und Register gestatten.

Eine höhere Programmiersprache zeichnet sich durch eine **Expressivität der Sprache** aus. Die Sprache drückt dabei durch ihre Sprachkonstrukte wie while für eine Iteration (Schleife) oder if für eine Selektion (Auswahl), die wie die englische Sprache aussehen, und durch die Verwendung langer, „sprechender" Bezeichner (Namen) aus, was gemeint ist. Sprechende Bezeichner lassen auf die Bedeutung eines Bezeichners (Namens) schließen.

Hier sogleich ein Beispiel für einen sprechenden Bezeichner: Eine Variable (benannte Speicherstelle) soll nicht x genannt werden, sondern gehalt, da diese Bezeichnung bereits erahnen lässt, dass in dieser Variablen das Gehalt abgespeichert wird. Eine Ausnahme von dieser Regelung bilden Bezeichner wie i und j, die als Schleifenindex verwendet werden.

Dadurch ergibt sich konsequenterweise eine höhere Produktivität der Programmierer und auch weniger Aufwand für die Fehlersuche, da man ein solches Programm rascher versteht.

Gesucht war also eine neue Programmiersprache von der Art eines „**Super-Assemblers**", der in Form einer höheren Programmiersprache die folgenden Merkmale haben sollte

- Möglichkeiten einer hardwarenahen Programmierung vergleichbar mit Assembler,
- eine Performance des Laufzeitcodes vergleichbar mit Assembler,
- eine Unterstützung der Sprachmittel der **Strukturierten Programmierung**[9]
- und die Möglichkeiten einer maschinenspezifischen Implementierung.

Eine solche Programmiersprache stand damals noch nicht zur Verfügung. Deshalb entwarf und implementierte Thompson, einer der Väter von UNIX, die Programmiersprache B, beeinflusst von der Programmiersprache BCPL. B musste interpretiert werden und war langsam. Um diese Schwächen zu beseitigen, entwickelte Ritchie 1971/72 die Programmiersprache B zu C weiter. Die Programmiersprache C musste nicht interpretiert werden, sondern für C-Programme konnte von einem Compiler effizienter Code erzeugt werden. Im Jahre 1973 wurde UNIX dann neu in C realisiert, nur rund 1/10 blieb in Assembler geschrieben.

---

[9] Damit soll die Folge der Anweisungen durch das Programm linear sein. „Wilde" Sprünge in Programmen sollen nicht erforderlich sein. Auf die Strukturierte Programmierung wird detailliert in Kapitel 1.4 und 3.1.3 eingegangen.

Die Sprache C wurde dann in mehreren Schritten von **Kernighan** und **Ritchie** fest-gelegt. Mit dem Abschluss ihrer Arbeiten erschien 1978 das von vielen Anwendern als „Sprach-Bibel" betrachtete grundlegende Werk „The C Programming Langua-ge" [Ker78]. Mit der Verbreitung von Unix nahm dann C einen rasanten Aufstieg.

Facetten für den **Charakter der Programmiersprache C** sind [openst]:

- Trust the programmer.
- Don't prevent the programmer from doing what needs to be done.
- Keep the language small and simple.
- Provide only one way to do an operation.
- Make it fast, even if it is not guaranteed to be portable.

Ein Beispiel für die Maschinenabhängigkeit kann in der Erweiterung von Objekten vom Typ `char` (Zeichen) in Ausdrücken gesehen werden. Ob Zeichen vom Typ `char` zu vorzeichenlosen oder zu vorzeichenbehafteten Größen erweitert werden, hängt typischerweise davon ab, welche Byteoperation auf der entsprechenden Maschine schneller ist.

C-Code kann portabel d. h. maschinenunabhängig sein. Er stimmt dann streng mit dem Standard überein (engl. **strictly conforming program**). C lässt aber auch maschinenspezifischen Programmcode zu (engl. **conforming program**) [openst].

1.3 Standardisierung von C

Ein neuer C-Standard ersetzt immer seinen Vorgänger. Es kann zur selben Zeit immer nur einen einzigen gültigen Standard geben. Wenn also vom C-Standard die Rede ist, dann ist damit der aktuelle Stan-dard C11 gemeint.

Wie bei UNIX selbst, so entwickelten sich anfänglich auch bei C-Compilern viele ver-schiedenartige Dialekte, was zu einer erheblichen Einschränkung der Portabilität von C-Programmen führte. Die Standardisierung von C im Jahre 1989 durch das ANSI-Komitee X3J11 hatte zum Ziel, die Portabilität von C zu ermöglichen. Programme, die nach ANSI-C (X3.159-1989) geschrieben wurden, konnten von jedem Compiler auf jedem Rechner kompiliert werden, vorausgesetzt, der Compiler war ein ANSI-C-Compiler oder enthielt ANSI-C als Teilmenge. Der ANSI-Standard normierte nicht nur die Sprache C, sondern auch die Standardbibliotheken, ohne die C nicht auskommt, da C selbst – wie bereits erwähnt – z. B. keine Einrichtungen für die Ein- und Ausga-be hat.

Bibliotheken sind im Unterschied zu Programmen nicht selbstständig ablauffähig. Bibliotheken enthalten Hilfsmodule, welche von Program-men angefordert werden können.

In der Folgezeit wurde der Standard ANSI X3.159-1989 mit kleinen Änderungen von der ISO als internationaler Standard ISO/IEC 9899 [C90] übernommen. Diese

Sprachversion wird nach dem Veröffentlichungsjahr **C90** genannt. C90 wird bis heute von fast allen Compilern unterstützt und ist in der Industrie immer noch verbreitet.

1995 erschien die erste Erweiterung zur C-Norm. Der unter dem Namen ISO/IEC 9899/AMD1:1995 (oder auch **C95** genannt) veröffentlichte Standard enthielt neben Fehlerbehebungen nur kleine Änderungen am Sprachumfang.

In einer weiteren Überarbeitung wurden auch Sprachkonzepte aus C++ übernommen. Der Standard ISO/IEC 9899 [C99] erschien 1999 und wird als **C99** bezeichnet.

C11 ist der informelle Name des im Dezember 2011 veröffentlichten ISO-Standards ISO/IEC 9899:2011 für die Programmiersprache C. Er ersetzt den vorigen Standard C99.

1.3.1 Der C99-Standard

Dieser Standard stellt eine Erweiterung des C90-Standards dar, sowohl in der Sprache selbst als auch in den Bibliotheken. Dieser Standard erlaubt es, einen besseren Gebrauch der fortgeschrittenen Compiler-Technologie und der dem Programm unterliegenden Hardware zu machen. C99 ist zum größten Teil rückwärtskompatibel.

Bei C99 wird nicht mehr implizit angenommen, dass eine Vereinbarung einer Funktion ohne definierten Rückgabewert vom Typ `int` ist.

C99 führte neue Leistungen ein. Diese sind im Wesentlichen:

- Inline-Funktionen.
- Vereinbarungsanweisungen[10].
- Der Typ `long long int` sowie vordefinierte Makros beispielsweise für boolesche oder komplexe Zahlen.
- Arrays variabler Länge.
- Einzeilige Kommentare mit `//`.
- Neue Bibliotheken und Header-Dateien.
- Mathematische (Makro-)Funktionen in `<tgmath.h>`[11] mit generischen Parametern.
- Verbesserter Support des Standards IEEE 754 für Gleitpunktzahlen.
- Initialisierung einzelner Komponenten einer Struktur (engl. designated initializers).
- Compound literals, d. h. anonyme Variablen.
- Unterstützung von Makros mit variabler Parameterlänge.
- Der Qualifikator `restrict` für Pointer, der eine weitergehende Codeoptimierung erlaubt.
- Benutzerdefinierte Namen in universellen Zeichensätzen (beispielsweise Unicode).

---

[10] Bei einer Vereinbarungsanweisung wird eine Vereinbarung wie in C++ als Anweisung gesehen. Dies hat zur Folge, dass Vereinbarungen und Anweisungen gemischt werden dürfen.
[11] Aufgrund des Typs des übergebenen Arguments wird eine entsprechende mathematische Bibliotheksfunktion ausgewählt.

1.3.2 Der C11-Standard

C11 ist der informelle Name des im Dezember 2011 veröffentlichten ISO-Standards ISO/IEC 9899:2011 für die Programmiersprache C. Mit C11 sind einige Änderungen am C-Standard vorgenommen worden. Die folgenden Änderungen sind in C11 fest vorgegeben und **nicht optional**:

- Präzisere Kennzeichnung von Unicode (UTF-8, UTF-16, UTF-32).
- Anonyme Strukturen und Unionen.
- Funktionen ohne Wiederkehr.
- Ein neues Exklusiv-Flag für eine lesbare Datei.
- Ausrichtung von Strukturen im Speicher.
- Statische Auswertung von Prüf-Ausdrücken.
- Entfernen der Funktion gets().
- Generische Typ-Makros.
- Eine weitere Art, ein Programm zu beenden.

In C11 wurden zudem einige vormals feste Bestandteile von C99 nun explizit als optional gekennzeichnet. Gleichzeitig wurden neue **optionale** Funktionalitäten eingeführt. Optional sind:

- Multithreading und atomare Operationen.
- Gleitpunkt-Arithmetik nach IEC 60559 (IEEE 754) und komplexe Zahlen (ehemals fester Bestandteil von C99) sowie zusätzliche Makros.
- Komplexe Zahlen-Typen (ebenfalls im Standard C99 enthalten).
- Prüf-Strukturen und -Funktionen sowie Sicherheits-Checks.
- Arrays mit variabler Länge (ebenfalls in C99).

Für diese optionalen Bestandteile der Sprache wurden Makros definiert, womit der Programmierer abfragen kann, ob ein System die gewünschte Funktionalität anbietet.

1.4 Eigenschaften von C

C ist eine relativ „maschinennahe" Sprache. C arbeitet mit denselben Objekten wie der Prozessor, nämlich mit **Zahlen** und **Adressen**.

Die Speicherzellen des Arbeitsspeichers sind durchnummeriert. Die Nummern der Speicherzellen werden **Adressen** genannt.

In der Regel ist beim PC eine Speicherzelle 1 **Byte**[12] groß.

---

[12] Ein Byte stellt in der Regel eine Folge von 8 zusammengehörigen Bits dar.

Eine Variable ist ein Bereich im Arbeitsspeicher, der über einen Namen angesprochen werden kann. Eine **Variable** kann natürlich mehrere Speicherzellen einnehmen, siehe Bild 1-1:

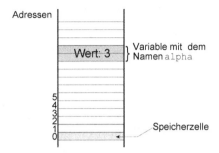

Bild 1-1 Variable im Arbeitsspeicher

Die Adresse der Variablen ist dabei die Adresse der Speicherzelle, in der die Variable beginnt.

Zeichen werden in der Programmiersprache C als Zahlen gesehen. Boolesche Variablen mit den Wahrheitswerten `true` und `false` gibt es im Sprachkern von C nicht. Die Aufzählungskonstanten der sogenannten Aufzählungstypen entsprechen in C ganzen Zahlen.

Letztendlich arbeitet C mit

- Ganzzahltypen,
- Gleitpunkt-Typen,
- Aufzählungstypen,
- Strukturen,
- Unionen,
- Arrays,
- Bitfeldern
- sowie Adressen.

Auf das Typkonzept von C wird in Kapitel 7 eingegangen.

Die Sprache C erlaubt eine **hardwarenahe Programmierung** unter anderem durch direkte Zugriffe auf Adressen im Speicher oder durch Operationen auf einzelnen Bits im Speicher.

C-Compiler unterstützen oftmals auch den Zugriff auf Hardware-Register entweder durch spezifische Funktionen, wie z. B. durch die Bibliotheksfunktionen `_inp()` und `_outp()` beim Visual C++ Compiler oder durch die Anweisung `asm`. Diese Funktionen wie auch `asm`-Anweisungen werden jedoch je nach Compiler, Dialekt und System anders verwendet und sind nicht Teil dieses Buches.

C enthält die Elemente der **Strukturierten Programmierung**[13]. Bei der **Strukturierten Programmierung** darf jede Anweisung nur einen einzigen Eingang von der vorausgehenden Anweisung und einen einzigen Ausgang zur nachfolgenden Anweisung haben.

Wilde Sprünge im Programm sind bei der Strukturierten Programmierung nicht erlaubt.

Es ist möglich, dass der in C geschriebene **Quellcode** eines Programms aus **mehreren Dateien** bestehen kann. Jede dieser Dateien kann getrennt in Maschinencode übersetzt werden. Dabei ist ein Maschinencode ein Code, den ein bestimmter Prozessor versteht.

Der Aufbau eines Programms aus getrennt kompilierbaren Dateien, den Modulen, wird in Kapitel 15 unter dem Thema Speicherklassen behandelt.

Die separate Kompilierung der verschiedenen Module bietet große Vorteile, zum einen für die Verwaltung der Programme, zum anderen für den Vorgang des Kompilierens:

- Bei erforderlichen Änderungen muss der Bearbeiter ggf. nur eine einzige Datei als kleinen Baustein des Programms ändern. Die anderen Dateien bleiben in diesem Fall stabil.
- Bei komplexen Programmen kann der Kompilierlauf des gesamten Programms wesentlich länger als der Kompilierlauf einzelner Dateien dauern. Es ist also günstig, wenn man nur einzelne Dateien neu kompilieren muss.

1.5 C und C++

C++ ist eine Weiterentwicklung von C. C++ wurde entworfen, um zusätzlich zum klassischen C-Programmierstil

- ein objektorientiertes Programmieren zu unterstützen
- und ein **strenges Typkonzept** (siehe auch Kapitel 7) **für selbst definierte Datentypen, die Klassen**, zu realisieren, bei dem für einen Datentyp nur definierte Operationen zulässig sind. Hierbei darf der Compiler nur sehr eingeschränkte implizite Typwandlungen durchführen, ansonsten muss er Typverletzungen anzeigen.

Während C als „Super-Assembler" für hardwarenahe Software entwickelt wurde, liegt die Zielrichtung bei der Entwicklung von C++ darin, dem Programmierer neue Sprachmittel wie z. B. Klassen in die Hand zu geben, um die Anwendungsprobleme zu formulieren.

Der ANSI-C Standard revidierte ursprüngliche Inkompatibilitäten von C++ zu C, so dass C++ so nahe an C ist wie möglich. Eine hundertprozentige Kompatibilität ist jedoch nicht das Ziel, weil C++ eine höhere Typsicherheit anstrebt als C.

---

[13]   C enthält aber ferner beispielsweise noch die Sprunganweisung goto.

1.6 Stammbaum imperativer Programmiersprachen

C wird zu den **imperativen Sprachen** gezählt.

Imperative Sprachen sind geprägt durch die **von-Neumann-Architektur eines Rechners**, bei der Befehle im Speicher die Daten im gleichen Speicher bearbeiten.

Bei imperativen Sprachen besteht ein Programm aus Variablen, die die Speicherstellen darstellen, und einer Folge von Befehlen, die die Daten verarbeiten.

Der **Algorithmus** ist bei den imperativen Programmiersprachen der zentrale Ansatzpunkt. Ein Algorithmus ist eine eindeutige Handlungsvorschrift zur Lösung eines Problems. Die Verarbeitungsschritte und ihre Reihenfolge müssen also im Detail festgelegt werden, um zu einem gewünschten Ergebnis zu gelangen.

Weitere Beispiele für imperative Sprachen neben C sind FORTRAN, COBOL und Pascal, aber auch Java und C#.

Im Gegensatz dazu stehen die **deklarativen Sprachen**. Bei ihnen werden nicht mehr die Verarbeitungsschritte angegeben, sondern das gewünschte Ergebnis wird direkt beschrieben, also „deklariert". Ein Übersetzer bzw. Interpreter muss daraus die Verarbeitungsschritte ableiten. Zu den deklarativen Sprachen zählen sogenannte **funktionale Sprachen** wie zum Beispiel LISP, sogenannte **logikbasierte Sprachen** wie PROLOG und sogenannte **regelbasierte Sprachen** wie OPS5.

Bei den imperativen Sprachen unterscheidet man die

- maschinenorientierten Sprachen wie Assembler,
- prozeduralen Sprachen wie FORTRAN, ALGOL, Pascal, C
- und objektorientierten Sprachen wie Smalltalk, EIFFEL, C++, Java und C#.

Jeder dieser Klassen von Sprachen liegt ein eigenes konzeptionelles Muster (Paradigma) zugrunde.

Das konzeptionelle Muster für die Programmiersprache C ist das **Paradigma der prozeduralen Programmierung**. Häufig wiederkehrende Aufgabenstellungen werden mit Hilfe einer sogenannten Prozedur gelöst[14]. Eine Prozedur ist ein Unterprogramm und stellt eine Befehlsfolge dar, die einen Namen trägt.

Über Parameter kann eine Prozedur auch an modifizierte Aufgabenstellungen angepasst werden.

---

[14] In C stellt eine Funktion eine Prozedur dar.

Prozedurale Sprachen stellen daher Techniken für die Definition von Prozeduren und deren Parametrisierung sowie für den Aufruf von Prozeduren, die Argumentübergabe an die formalen Parameter der Prozedur und die Rückgabe von Ergebnissen bereit.

Bild 1-2 zeigt einen Stammbaum imperativer Programmiersprachen:

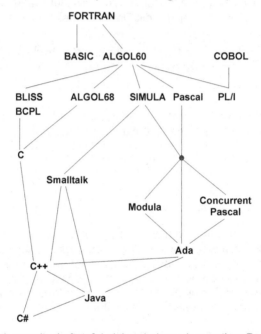

Bild 1-2 C in der Verwandtschaftstafel einiger höherer imperativer Programmiersprachen

Anzumerken ist, dass C zwar schon etwas älter ist, dass aber alle wichtigen aktuellen objektorientierten Programmiersprachen wie C++, Java und C# in ihrer Syntax auf C basieren, wobei allerdings das Konzept der Objektorientierung eine neue Dimension darstellt.

1.7 Abstraktionsgrad von Programmiersprachen

Bei der Entwicklung der Programmiersprachen kann man im Nachhinein feststellen, dass es drei große Fortschritte im Abstraktionsgrad gab [Bar83]:

- Abstraktion bei Ausdrücken,
- Abstraktion bezüglich Kontrollstrukturen
- und die Datenabstraktion.

Abstraktion ist immer damit verbunden, dass man unwesentliche Dinge nicht sehen will, sondern sich mit dem Wesentlichen befasst.

Abstraktion kann man sich veranschaulichen als eine höhere Schicht, die das Unwesentliche verbirgt und das Wesentliche sichtbar macht.

Das symbolisiert das folgende Bild:

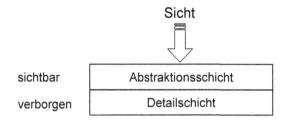

Bild 1-3 Durch Abstraktion wird Unwesentliches verborgen

Kapitel 1.7.1 befasst sich mit der Abstraktion bei Ausdrücken, Kapitel 1.7.2 mit der Abstraktion bezüglich Kontrollstrukturen und Kapitel 1.7.3 mit der Datenabstraktion.

1.7.1 Abstraktion bei Ausdrücken

Allgemein ist ein Ausdruck eine Verknüpfung von Operanden, Operatoren und runden Klammern wie z. B. 3 * (4 + 7).

Den ersten Fortschritt in der Abstraktion brachte **FORTRAN (FORmula TRANslation)**.

Während man in Assembler noch direkt auf die Maschinenregister zugreifen musste, um Ausdrücke zu berechnen, war es in FORTRAN schon möglich, als Programmierer bei Ausdrücken zu abstrahieren und direkt Ausdrücke wie z. B. 3 * (4 + 7) anzuschreiben.

Die Umsetzung auf die Maschinenregister wurde durch den Compiler vorgenommen und blieb dem Programmierer verborgen. Dies soll das folgende Bild symbolisieren:

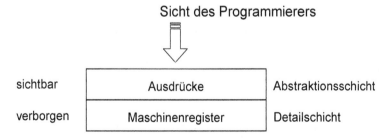

Bild 1-4 Verbergen der Maschinenregister vor dem Programmierer

1.7.2 Abstraktion bei Kontrollstrukturen

Unter einer **Kontrollstruktur** versteht man eine Anweisung, welche die Abarbeitungsreihenfolge von Anweisungen beeinflusst.

Den nächsten großen Fortschritt brachte ALGOL 60. In ALGOL 60 (**ALGO**rithmic **Language 60**) wurde zum ersten Mal die Iteration und Selektion in abstrakter Form zur Verfügung gestellt, ohne dass man einzelne Punkte im Programmablauf mit Marken benennen und dorthin springen musste.

Während man beispielsweise ursprünglich in FORTRAN noch schrieb:

```
        IF (A-B) 100, 200, 300
100     . . . . .
        GOTO 400
200     . . . . .
        GOTO 400
300     . . . . .
400     . . . . .
```

und dabei bei negativen Werten von A-B zur Marke 100, bei null zur Marke 200 und bei positiven Werten von A-B zur Marke 300 sprang, schreibt man im Rahmen der Strukturierten Programmierung als Programmierer eine Anweisung der folgenden Form:

```
IF (A-B.LT.0) THEN
    BEGIN
        . . . . .
    END
ELSE IF (A-B.EQ.0) THEN
    BEGIN
        . . . . .
    END
ELSE
    BEGIN
        . . . . .
    END
ENDIF
```

Zu beachten ist, dass .LT. für „less than" und .EQ. für „equal to" steht.

Das BEGIN und END kennzeichnet den Anfang und das Ende eines Blocks. Ein **Block** wird auch als **zusammengesetzte Anweisung** oder **Verbundanweisung** bezeichnet.

Der Block ist die Kontrollstruktur für die Sequenz. Ein Block entspricht syntaktisch einer einzigen Anweisung. Damit kann ein Block syntaktisch auch dort stehen, wo nur eine einzige Anweisung zugelassen ist.

Das Konzept der Blöcke stand auch bereits in ALGOL 60 zur Verfügung.

Der Compiler bildet aus den Anweisungen der Strukturierten Programmierung selbst die Marken, an denen er die Codeblöcke und die erforderlichen GOTOs ablegt.

Dies symbolisiert das folgende Bild:

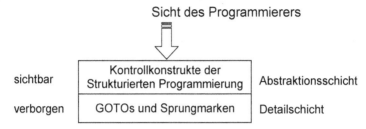

Bild 1-5 Verbergen der GOTOs und Sprungmarken vor dem Programmierer

Durch die Abstraktion der Kontrollstrukturen

- werden Iteration und Selektion in abstrakter Form zur Verfügung gestellt, ohne dass man einzelne Punkte im Programmablauf mit Marken benennen und dorthin springen muss,
- und können Blöcke ohne die Verwendung von Marken eingesetzt werden.

1.7.3 Datenabstraktion

Ein großer Fortschritt in der Geschichte der Programmiersprachen war das **Konzept der Datenabstraktion**.

Mit dem Konzept der Datenabstraktion wurde das Ziel verfolgt, die Einzelheiten der Datendarstellung von den Beschreibungen der Operationen auf den Daten zu trennen, um eine gesteigerte Übertragbarkeit und Wartbarkeit sowie eine höhere Sicherheit zu erreichen. Bei diesem Konzept ist dem Programmierer die Darstellung der Daten verborgen, er kennt nur die Operationen zum Zugriff auf die Daten.

Mit Pascal wurde es bereits möglich, eigene Datentypen in einem Programm selbst einzuführen. Die Definition der Operationen musste hierbei jedoch noch separat erfolgen. Damit wurde schon ein gewisser Grad an Datenunabhängigkeit erreicht.

Ein **abstrakter Datentyp** (ADT) entspricht dem **Konzept der Datenabstraktion** in vollem Maße.

Ein abstrakter Datentyp basiert auf der Formulierung abstrakter Operationen auf abstrakt beschriebenen Daten. Die erlaubten Operationen müssen spezifiziert werden, d. h. sie benötigen jeweils eine Signatur und eine Semantik (Bedeutung).

Eine **Signatur** gibt den entsprechenden Operationen einen Namen und definiert die Übergabeparameter. Was die Operation tun soll, wird als die **Semantik der Operation** bezeichnet. Diese Spezifikation kann auf unterschiedliche Weise erfolgen.

Bertrand Meyer [Mey97] symbolisiert einen abstrakten Datentyp (ADT) durch einen Eisberg, von dem man nur den Teil über Wasser – sprich die Aufrufschnittstellen der Operationen – sieht. "Unter Wasser" und damit im Verborgenen liegen die Repräsentation der Daten und die Implementierung der Operationen. Dies symbolisiert das folgende Bild:

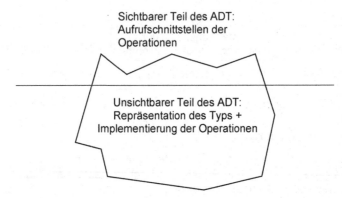

Bild 1-6 Verbergen der Implementierung eines abstrakten Datentyps

Erst das **Klassenkonzept** der objektorientierten Programmiersprachen ermöglichte es, dass Daten und die Operationen, die mit diesen Daten arbeiten, zu einem gemeinsamen **Datentyp** – der Klasse – zusammengefasst werden können.

Das folgende Bild symbolisiert die Datenabstraktion:

Bild 1-7 Verbergen der Einzelheiten der Datendarstellung vor dem Programmierer

1.8 Zusammenfassung

Kapitel 1 stellt die Einführung in die Programmiersprache C dar.

Kapitel **1.1** befasst sich sofort mit einem ersten Programm. In C muss jedes Programm eine `main()`-Funktion besitzen. Eine Funktion ist hierbei eine Folge von Anweisungen eines Programms unter einem eigenen Namen. Eine Anweisung endet in C mit einem Strichpunkt (Semikolon). Alle Programme in C basieren von ihrem

Aufbau her komplett auf Funktionen. Alles, was zwischen den Zeichenfolgen /* und */ steht, stellt zusammen mit diesen beiden Zeichenfolgen einen sogenannten Kommentarblock dar. Ein Kommentar dient zur Dokumentation eines Programms und hat keinen Einfluss auf den Ablauf des Programms. Beim Eintippen des Programms muss auf die Groß- und Kleinschreibung geachtet werden, da in C zwischen Groß- und Kleinbuchstaben unterschieden wird.

Nach dem Studium von Kapitel **1.2** soll der Leser verstehen, dass mit C eine Programmiersprache geschrieben wurde, die zum Ziel hatte:

- hardwarenah vergleichbar mit Assembler programmieren zu können,
- einen hochperformanten Laufzeitcode vergleichbar mit Assembler zu erzeugen,
- die Sprachmittel der Strukturierten Programmierung zu unterstützen
- und auch maschinenspezifische Implementierungen zu erlauben.

C-Code kann portabel d. h. maschinenunabhängig sein. Er stimmt dann streng mit dem Standard überein (engl. strictly conforming program). C lässt aber auch maschinenspezifischen Programmcode zu (engl. conforming program).

Kapitel **1.3** gibt eine Übersicht über die Standardisierung der Programmiersprache C. Ein neuer C-Standard ersetzt immer seinen Vorgänger. Es kann zur selben Zeit immer nur einen einzigen gültigen Standard geben. Wenn also vom C-Standard die Rede ist, dann ist damit der aktuelle Standard C11 gemeint. Bibliotheken sind im Unterschied zu Programmen nicht selbstständig ablauffähig. Bibliotheken enthalten Hilfsmodule, welche von Programmen angefordert werden können.

In Kapitel **1.4** werden die Eigenschaften von C betrachtet. C ist eine relativ „maschinennahe" Sprache. C arbeitet mit denselben Objekten wie der Prozessor, nämlich mit Zahlen und Adressen. Die Speicherzellen des Arbeitsspeichers sind durchnummeriert. Die Nummern der Speicherzellen werden Adressen genannt. Zeichen werden in der Programmiersprache C als Zahlen gesehen. Boolesche Variablen mit den Wahrheitswerten `true` und `false` gibt es im Sprachkern von C nicht. Die Aufzählungskonstanten der sogenannten Aufzählungstypen entsprechen in C ganzen Zahlen. Die Sprache C erlaubt eine hardwarenahe Programmierung unter anderem durch direkte Zugriffe auf Adressen im Speicher oder durch Operationen auf einzelnen Bits im Speicher. C enthält die Elemente der Strukturierten Programmierung. Bei der Strukturierten Programmierung darf jede Anweisung nur einen einzigen Eingang von der vorausgehenden Anweisung und einen einzigen Ausgang zur nachfolgenden Anweisung haben. Es ist möglich, dass der in C geschriebene Quellcode eines Programms aus mehreren Dateien bestehen kann. Jede dieser Dateien kann getrennt in Maschinencode übersetzt werden. Dabei ist ein Maschinencode ein Code, den ein bestimmter Prozessor versteht.

Kapitel **1.5** befasst sich mit der Verwandtschaft von C und C++. C++ ist eine Weiterentwicklung von C. Während C als „Super-Assembler" für hardwarenahe Software entwickelt wurde, liegt die Zielrichtung bei der Entwicklung von C++ darin, dem Programmierer neue Sprachmittel wie z. B. Klassen in die Hand zu geben, um die Anwendungsprobleme zu formulieren.

Kapitel **1.6** behandelt einen Stammbaum imperativer Programmiersprachen. C wird zu den imperativen Sprachen gezählt. Bei imperativen Sprachen besteht ein Programm aus Variablen, die die Speicherstellen darstellen, und einer Folge von Befehlen, die die Daten verarbeiten. Das konzeptionelle Muster für die Programmiersprache C ist das Paradigma der prozeduralen Programmierung. Häufig wiederkehrende Aufgabenstellungen werden mit Hilfe einer sogenannten Prozedur gelöst. In C stellt eine Funktion eine Prozedur dar. Eine Prozedur ist ein Unterprogramm und stellt eine Befehlsfolge dar, die einen Namen trägt. Prozedurale Sprachen stellen daher Techniken für die Definition von Prozeduren und deren Parametrisierung sowie für den Aufruf von Prozeduren, die Argumentübergabe an die formalen Parameter der Prozedur und die Rückgabe von Ergebnissen bereit.

In Kapitel **1.7** werden verschiedene Abstraktionsgrade in Programmiersprachen vorgestellt. Bei der Entwicklung der Programmiersprachen kann man im Nachhinein feststellen, dass es drei große Fortschritte im Abstraktionsgrad gab:

- Abstraktion bei Ausdrücken,
- Abstraktion bezüglich Kontrollstrukturen
- und die Datenabstraktion.

Abstraktion kann man sich veranschaulichen als eine höhere Schicht, die das Unwesentliche verbirgt und das Wesentliche sichtbar macht.

Während man in Assembler noch direkt auf die Maschinenregister zugreifen musste, um Ausdrücke zu berechnen, war es in FORTRAN schon möglich, als Programmierer bei Ausdrücken zu abstrahieren und direkt Ausdrücke wie z. B. `3 * (4 + 7)` anzuschreiben.

Unter einer Kontrollstruktur versteht man eine Anweisung, welche die Abarbeitungsreihenfolge von Anweisungen beeinflusst. Der Block ist die Kontrollstruktur für die Sequenz. Ein Block entspricht syntaktisch einer einzigen Anweisung. Damit kann ein Block syntaktisch auch dort stehen, wo nur eine einzige Anweisung zugelassen ist. Der Compiler bildet aus den Anweisungen der Strukturierten Programmierung selbst die Marken, an denen er die Codeblöcke und die erforderlichen GOTOs ablegt.

Durch die Abstraktion der Kontrollstrukturen

- werden Iteration und Selektion in abstrakter Form zur Verfügung gestellt, ohne dass man einzelne Punkte im Programmablauf mit Marken benennen und dorthin springen muss,
- und können Blöcke ohne die Verwendung von Marken eingesetzt werden.

Mit dem Konzept der Datenabstraktion wurde das Ziel verfolgt, die Einzelheiten der Datendarstellung von den Beschreibungen der Operationen auf den Daten zu trennen, um eine gesteigerte Übertragbarkeit und Wartbarkeit sowie eine höhere Sicherheit zu erreichen. Bei diesem Konzept ist dem Programmierer die Darstellung der Daten verborgen, er kennt nur die Operationen zum Zugriff auf die Daten.

Ein abstrakter Datentyp basiert auf der Formulierung abstrakter Operationen auf abstrakt beschriebenen Daten. Die erlaubten Operationen müssen spezifiziert werden, d. h. sie benötigen jeweils eine Signatur und eine Semantik.

Kapitel 2

Einfache Beispiel-
programme

2 Einfache Beispielprogramme

Mit dem „Hello World"-Programm in Kapitel 1.1 haben Sie bereits erste Erfahrungen im Programmieren gesammelt. Programmieren kann viel Spaß bereiten. Außerdem funktioniert Lernen iterativ. Im Folgenden sollen deshalb weitere kurze und aussage-kräftige Programme vorgestellt werden, damit Sie sich spielerisch voranarbeiten, um dann auch Augen und Ohren für die erforderliche Theorie zu haben. Alle Programme des Buches finden sich auch im begleitenden Webauftritt (http://www.stz-softwaretechnik.de/cbuch/), sodass Sie die Programme nicht abzutippen brau-chen. Es ist in C möglich, bereits mit wenigen einfachen Mitteln sinnvolle Programme zu schreiben. Als Einstieg sollen in den Kapiteln 2.1 bis 2.4 einfache Programmbei-spiele vorgestellt werden, um mit **symbolischen Konstanten**, **lokalen Variablen** von Funktionen, **Ausdrücken, Schleifen** und der **Ein- und Ausgabe** in C vertraut zu werden.

Bei der Vorstellung der Beispielprogramme werden Sprachmittel wie Präprozessor-Anweisungen (siehe auch Kapitel 21), Funktionen (siehe auch Kapitel 11) und Va-riablen (siehe auch Kapitel 7) eingeführt, die erst an späterer Stelle ausführlich be-handelt werden. Kapitel 2.1 demonstriert die Ausgabe auf dem Bildschirm. Kapitel 2.2 führt symbolische Konstanten, lokale Variablen in Funktionen, Ausdrücke und Schleifen ein. Kapitel 2.3 zeigt, wie ganze Zahlen von der Tastatur eingelesen wer-den und wieder auf dem Bildschirm ausgegeben werden. Kapitel 2.4 gibt ein Bei-spiel, wie man Tabellen bei der Ausgabe formatiert.

2.1 Ausgabe auf dem Bildschirm

Es soll ein C-Programm geschrieben werden, das die ersten zehn ganzzahligen Quadratzahlen auf der Konsole ausgibt. Hier das Programm und seine Ausgabe:

```
/* Datei: square.c */ /* das ist ein Kommentarblock */
#include <stdio.h>     /* das ist eine Präprozessor-Anweisung */

int main (void)        /* das ist das Hauptprogramm */
{
   int lv;
                       /* das ist eine Leerzeile */
   printf ("Die ersten zehn ganzzahligen Quadratzahlen sind:\n");
   for (lv = 1; lv <= 10; lv = lv + 1) /* diese for-Schleife */
     printf ("%d ", lv * lv);          /* läuft von 1 bis 10 */
   return 0;
}
```

Dieses Programm gibt aus:

```
Die ersten zehn ganzzahligen Quadratzahlen sind:
1 4 9 16 25 36 49 64 81 100
```

Die Bestandteile dieses Programms werden im Folgenden Schritt für Schritt vorge-stellt und erläutert.

2.1.1 Kommentarzeile

Die erste Zeile des Beispielprogramms enthält einen sogenannten Kommentar, genauer gesagt einen Kommentarblock[15]. Als Kommentar gilt in C alles, was zwischen den Zeichenfolgen `/*` und `*/` steht. Ein Kommentar dient zur Dokumentation eines Programms und hat keinen Einfluss auf den Ablauf des Programms. Alle Beispiele in diesem Buch enthalten am Anfang einen Kommentarblock mit dem Dateinamen des entsprechenden C-Programms auf dem begleitenden Webauftritt.

2.1.2 Include-Anweisung

Die Präprozessor-Anweisung `#include <stdio.h>` ist erforderlich, weil im Programm die Bibliotheksfunktion `printf()` benutzt wird. Zum Einbinden von Bibliotheken folgt in Kapitel 2.1.10 noch ein ausführlicher Abschnitt.

2.1.3 Leerzeilen

Leerzeilen haben keine spezielle Bedeutung in C. Sie können aber ähnlich wie Kommentare dazu benutzt werden, ein Programm optisch zu gliedern.

2.1.4 Die Funktion main()

Ein **Hauptprogramm** muss immer vorhanden sein. Mit dem Hauptprogramm **beginnt ein Programm seine Ausführung.** In C heißt das Hauptprogramm stets `main()`.

Die Funktion `main()` wird im Detail in Kapitel 17.1 behandelt. In diesem Kapitel wird der folgende, einfache Kopf der Funktion `main()` benutzt:

```
int main (void)
```

Der Rückgabetyp `int` der Funktion `main()` kennzeichnet, dass die Funktion `main()` einen ganzzahligen Wert an den Aufrufer zurückgeben soll. Die Funktion `main()` soll an den Aufrufer den Status in Form einer ganzen Zahl zurückliefern, ob bei ihrer Abarbeitung alles glatt gegangen ist oder ob Fehler aufgetreten sind. Üblicherweise wird der Wert 0 zurückgegeben, wenn das Programm fehlerfrei abgearbeitet werden konnte.

Der Rückgabewert der Funktion `main()` wird an das aufrufende Programm (beispielsweise eine Kommandoprozedur) zurückgegeben. Dieses übergeordnete Programm kann anhand dieses Codes auf die Beendigung von `main()` reagieren. Auch in der Parallelverarbeitung werden Prozesse anhand der jeweils an den Steuerprozess zurückgegebenen Werte gesteuert. In Kapitel 17.2.2 wird erläutert, wie der Rückgabewert eines Programmes in einer Kommandoprozedur abgeholt und interpretiert werden kann.

---

[15] C99 und C11 kennt auch Zeilenkommentare, die durch `//` eingeleitet werden.

Innerhalb der runden Klammern kann eine Funktion eine Liste von Parametern[16], **die Parameterliste**, definieren. Diese Parameter werden beim Aufruf der Funktion mit den übergebenen Argumenten[17] gefüllt.

Das Schlüsselwort[18] `void` in der Parameterliste bedeutet, dass eine Funktion **keine Argumente** erwartet.

Es ist auch möglich, beim Aufruf eines Programms Argumente an das Hauptprogramm `main()` zu übergeben. Die Übergabe von Argumenten an `main()` beim Programmaufruf wird in Kapitel 17.1 behandelt.

In C sind die Klammern der Parameterliste bei allen Funktionen erforderlich, selbst wenn es keine Parameter gibt. Dann verwendet man `void` in runden Klammern für eine leere Parameterliste.

Dass Klammern erforderlich sind, liegt daran, dass es in C kein Schlüsselwort für eine Funktion wie etwa `function` gibt. In C charakterisieren die runden Klammern nach dem Funktionsnamen eine Funktion[19]. Es ist daher üblich, dass man auch im Text die runden Klammern zu einem Funktionsnamen hinzufügt, um dem Leser anzuzeigen, dass es sich nicht um einen Variablennamen, sondern eben um einen Funktionsnamen handelt.

2.1.5 Geschweifte Klammern

Zwischen den geschweiften Klammern stehen die Anweisungen der Funktion `main()`. Im Allgemeinen werden zur Abarbeitung der Anweisungen Variablen benötigt, um Zwischenergebnisse abzulegen oder um beispielsweise – wie im Falle der Variablen `lv` der in Kapitel 2.1 gezeigten Datei `square.c` – die Anzahl der Schritte mitzuzählen und das Ende der Iteration zu prüfen. Die geschweiften Klammern umschließen in C einen sogenannten **Block** (siehe Kapitel 10.1), der die Definition lokaler Variablen und Anweisungen beinhalten kann. Schreibt man Programme aus mehreren Funktionen, so ruft die Funktion `main()` auch andere Funktionen auf.

Innerhalb der geschweiften Klammern `{ }` stehen die sogenannten Definitionen lokaler Variablen und die Anweisungen einer Funktion. Durch die Definition einer lokalen Variablen wird die lokale Variable[20] erzeugt. In C90 müssen zuerst alle Definitionen der Variablen aufgeführt werden, dann erst dürfen die Anweisungen kommen. Seit dem C99-Standard existiert diese Einschränkung nicht mehr.

---

[16] Diese Parameter werden auch formale Parameter genannt.
[17] Die Argumente werden auch aktuelle Parameter genannt.
[18] Ein Schlüsselwort ist ein in einer Programmiersprache reserviertes Wort mit einer für diese Programmiersprache speziell vorgegebenen Bedeutung. Der Compiler kennt alle Schlüsselwörter. Schlüsselwörter dürfen nicht als eigene Namen z. B. von Typen, Variablen oder Funktionen verwendet werden.
[19] Natürlich gibt es runde Klammern auch bei Schlüsselwörtern wie `for`, `while` oder `if`.
[20] Lokale Variablen sind funktionslokal.

2.1.6 Strichpunkt

Ein Semikolon ist in C ein Trenner. Es wird insbesondere dazu verwendet, das Ende einer Anweisung oder einer Definition anzuzeigen.

> Eine Anweisung oder eine Definition kann sich über mehrere Zeilen erstrecken.

2.1.7 Definitionen und Anweisungen

In der Datei `square.c` von Kapitel 2.1 kommt zuerst die Definition der ganzzahligen Variablen `lv`:

```
int lv; // hier wird die Variable lv angelegt
```

Dann folgen die Anweisungen:

```
printf ("Die ersten zehn ganzzahligen Quadratzahlen sind:\n");
for (lv = 1; lv <= 10; lv = lv + 1)
   printf ("%d ", lv * lv);
return 0;
```

Der Aufruf von `printf()` und die `return`-Anweisung in der letzten Zeile wurden schon im Zusammenhang mit dem „Hello World"-Programm in Kapitel 1.1 besprochen. Im Folgenden werden die zwei Aufrufe von `printf()` in diesem Beispiel genauer betrachtet. Danach folgt eine Erklärung der hier verwendeten `for`-Schleife.

2.1.8 Die Funktion printf()

Mit Hilfe der Funktion `printf()`, deren Schnittstelle in der Header-Datei `<stdio.h>` zu finden ist, wird eine Bildschirmausgabe erzeugt. Beim ersten Aufruf von `printf()` im Beispiel von Kapitel 2.1.7 wird der Funktion `printf()` als Argument die konstante Zeichenkette

```
"Die ersten zehn ganzzahligen Quadratzahlen sind:\n"
```

übergeben. Am Schluss der Zeichenkette steht das **Steuerzeichen** \n. Mit diesem Steuerzeichen wird die **Schreibmarke** (der **Cursor**) des Bildschirms an den Beginn der nächsten Bildschirmzeile positioniert. Steuerzeichen werden ausführlich in Kapitel 6 besprochen.

Beim zweiten Aufruf der Funktion `printf()` werden der Funktion `printf()` zwei Argumente übergeben, eine konstante Zeichenkette und der Wert des Ausdrucks `lv * lv`. In der Zeichenkette ist ein sogenanntes Formatelement (%d) zu finden, das angibt, in welcher Form das zweite Argument `lv * lv` auszugeben ist. Im konkreten Beispiel bedeutet `"%d "`, dass als erstes ein ganzzahliger Wert in Dezimaldarstellung (%d) auszugeben ist und dass danach ein Leerzeichen folgen soll. Weitere Beispiele und Erklärungen zu der Funktion `printf()` und den Formatelementen sind in den folgenden Beispielprogrammen zu finden. Eine ausführliche Beschreibung der Funktion `printf()` findet sich in Kapitel 16.6.2.1.

Mit Hilfe des Aufrufes der Funktion `printf()` wird somit der Wert ausgegeben, der durch den Ausdruck `lv * lv` während eines Schleifendurchlaufs berechnet wird.

2.1.9 for-Schleife

Umgangssprachlich ausgedrückt lautet die C-Anweisung

```
for (lv = 1; lv <= 10; lv = lv + 1)
   printf ("%d ", lv * lv);
```

in etwa so:

„Setze vor dem ersten Durchlauf der Schleife die Zählvariable (Schleifenvariable) `lv` auf den Wert 1 (`lv = 1`). Erhöhe nach jedem Durchlauf den Wert von `lv` um 1 (`lv = lv + 1`). Prüfe vor jedem Durchlauf, ob `lv` einen Wert kleiner gleich 10 hat (`lv <= 10`). Ist die Prüfung wahr, führe den Durchlauf aus, ansonsten breche die Schleife ab und fahre mit der nächsten Anweisung hinter der Schleife fort.“

Durch die `for`-Schleife in dem aufgeführten Beispiel wird bei jedem Schleifendurchlauf genau eine einzige Anweisung ausgeführt, nämlich der Aufruf der Funktion `printf()`. Sollen mehrere Anweisungen während eines Schleifendurchlaufs ausgeführt werden, ist unbedingt darauf zu achten, dass geschweifte Klammern benutzt werden, um einen Block[21] von Anweisungen zu bilden.

2.1.10 Inkludieren von Bibliotheksfunktionen

Die Sprache C selbst besitzt keine eingebauten Funktionen für die Ein- und Ausgabe am Bildschirm. In C werden hierfür Funktionen mit standardisierten Schnittstellen in sogenannten Standardbibliotheken bereitgestellt. Die Schnittstellen der Funktionen stehen in sogenannten Header-Dateien. Durch Einbinden der entsprechenden Header-Datei in das eigene Programm ist es dem Programmierer möglich, die Ein- und Ausgabefunktionen der Bibliotheken zu nutzen.

Mit Hilfe der `#include`-Anweisung an den Präprozessor

`#include`

ist es möglich, eine externe Datei (auch **Header-Datei, h-Datei** oder **header file** genannt) für die Dauer des Übersetzungslaufs in den Quelltext zu kopieren. Eine Header-Datei enthält die Schnittstellen der Funktionen, d. h. Funktionsname, Übergabeparameter und Rückgabetyp, die in einer Bibliothek enthalten sind. Damit ist es möglich, Standardfunktionen in einem Programm zu verwenden.

Header-Dateien dienen der Modularisierung. Ihr Inhalt steht allen Quelldateien zur Verfügung und kann bei Bedarf mit `#include` aufgenommen werden.

---

[21] Siehe Kapitel 8.1.

Ein typisches Beispiel für eine Anweisung an den Präprozessor ist die Präprozessor-Anweisung `#include <stdio.h>`. Damit wird die Header-Datei `stdio.h` der Standardbibliothek für die Ein- und Ausgabe eingefügt, in welcher sich unter anderem die Schnittstelle der Funktion `printf()` befindet. Erst dadurch wird ein Aufruf der Funktion `printf()` möglich.

> Eine Quelldatei mit ihren Include-Dateien stellt eine **Übersetzungseinheit** dar, die getrennt kompiliert werden kann.

> Da eine Bibliotheksfunktion vor ihrem Aufruf dem Compiler bekannt gemacht werden muss, sollte man die `#include`-Anweisungen stets an den Anfang einer Quelldatei stellen.

Kapitel 21.2 behandelt Header-Dateien.

2.2 Lokale Variablen, Ausdrücke und Schleifen

An dieser Stelle wird das berühmte Temperaturwandlungsprogramm von Kernighan und Ritchie vorgestellt. Es soll eine Temperaturtabelle zur Umrechnung von der Einheit Fahrenheit in die Einheit Celsius erzeugen. Dieses Programm vermittelt tiefere Erfahrungen mit einer **Schleife** und mit der Berechnung von **Ausdrücken**. Es werden drei verschiedene Varianten des Programms vorgestellt.

2.2.1 Variante mit symbolischen Konstanten und int-Variablen

In der ersten Variante dieses Programms werden **symbolische Konstanten**[22] für die untere Grenze, die obere Grenze und die Schrittweite in Fahrenheit verwendet. Für die Temperatur in Celsius und Fahrenheit werden `int`-Variablen verwendet, um für verschiedene Werte in Fahrenheit jeweils den entsprechenden Celsius-Wert zu berechnen. Als Schleife wird die `while`-Schleife eingeführt. Hier das Programm:

```
/* Datei: Fahrenheit.c */
#include <stdio.h>

// Hier werden Zeilenkommentare verwendet
// Konstanten
#define UPPER   300      // obere Grenze UPPER ist eine
                         // symbolische Konstante
                         // 300 ist eine literale Konstante
#define LOWER     0      // untere Grenze
#define STEP     20      // Schrittweite

int main (void)
{
  // Variablen
  int fahr;              // Definition der lokalen Variablen fahr
```

---

[22] Symbolische Konstanten sind Konstanten, die einen Namen tragen. An die Stelle eines Namens setzt der Compiler dann die der symbolischen Konstanten zugeordnete literale Konstante ein, also z. B. eine „nackte Zahl" wie die Zahl 10.

```
                              // für die Temperatur in der Einheit
                              // Fahrenheit
   int celsius;               // Definition der lokalen Variablen celsius
                              // für die Temperatur in der Einheit
                              // Celsius

   // Anweisungen
   fahr = LOWER;              // als Anfangswert wird fahr der Wert
                              // 0 zugewiesen
   while (fahr <= UPPER )     // wiederhole, solange fahr kleiner
   {                          // oder gleich UPPER ist
     celsius = 5 * (fahr - 32) / 9;
                              // nach dieser Formel berechnet sich der
                              // Celsius-Wert aus einem Fahrenheit-Wert
     printf ("%d\t%d\n", fahr, celsius);
                              // Es werden die Werte der Variablen fahr
                              // und celsius als Dezimalzahlen
                              // ausgegeben. Die Werte werden getrennt
                              // durch ein Tabulator-Zeichen und am
                              // Ende wird ein Zeilenumbruch ausgegeben
     fahr = fahr + STEP;      // Der nächste Wert von fahr wird
                              // berechnet
   }
   return 0;
}
```

Dieses Programm gibt aus:

```
0           -17
20          -6
40          4
60          15
80          26
100         37
120         48
140         60
160         71
180         82
200         93
220         104
240         115
260         126
280         137
300         148
```

Durch die Verwendung des Tabulator-Zeichens als Trennzeichen zwischen den Werten beginnen die Celsius-Werte alle in derselben Spalte, unabhängig davon, ob der entsprechende Fahrenheit-Wert aus einer oder mehreren Ziffern besteht.

Die Größen LOWER, UPPER und STEP sind **symbolische Konstanten**.

Namen symbolischer Konstanten werden **üblicherweise in Groß-buchstaben** geschrieben.

Bitte beachten Sie:

- Die Division 5/9 ergibt null (**ganzzahlige Division ohne Rest**). Daher wird die 5 zunächst mit (fahr - 32) multipliziert, damit vor der Division eine große Zahl entsteht. Im zweiten Schritt wird dann durch 9 geteilt.
- Der **Zuweisungsoperator** ist das Zeichen =. Für den **Vergleichsoperator** „ist gleich" muss in C die Notation == verwendet werden.
- Eine while-Schleife wird abgearbeitet, solange die Bedingung fahr <= UPPER wahr ist.
- Mit printf() kann nicht nur – wie im Falle von "Hello, world" – Text ausgegeben werden, sondern es können auch die Werte von Variablen ausgegeben werden, ja sogar von Ausdrücken wie 3 * 4 + 7.

2.2.2 Variante ohne symbolische Konstanten

Im Folgenden werden einige andere Varianten dieses Programms vorgestellt. Dabei soll in der nächsten Variante **ohne symbolische Konstanten** und nur mit **Integer-Größen**, d. h. mit **ganzzahligen literalen Konstanten** – also nackten Zahlen –, **ganzzahligen Variablen und ganzzahligen Ausdrücken**, gearbeitet werden. Als Schleife wird die schon bekannte for-Schleife verwendet. Hier die zweite Variante des Programms:

```
/* Datei: Fahrenheit2.c */
#include <stdio.h>

int main (void)
{
    // Variablen
    int fahr;

    // Anweisungen
    for (fahr = 0; fahr <= 300; fahr = fahr + 20)
    {
        printf ("%d\t%d\n", fahr, 5 * (fahr - 32) / 9);
    }

    return 0;
}
```

Beachten Sie hierbei die folgenden Punkte:

- In der for-Schleife stellt fahr = 0 den Beginn der Schleife dar, fahr <= 300 die Bedingung, wie lange die Schleife durchgeführt wird, und fahr = fahr + 20 den nächsten Wert, für den die Schleife durchgeführt wird.
- Die Verwendung des Ausdrucks 5 * (fahr - 32) / 9 in der printf()-Funktion anstelle der Variablen celsius wie im vorherigen Beispiel ist beispielhaft für die allgemeine Regel:

> In jedem Zusammenhang, in dem der **Wert einer Variablen** eines bestimmten Typs stehen kann, kann **auch** ein **komplizierter Ausdruck** von diesem Typ stehen.

2.2.3 Variante mit einer double-Variablen

In der letzten Variante soll mit `celsius` als double-**Variable** und mit einer while-
Schleife gearbeitet werden:

```c
/* Datei: Fahrenheit3.c */

#include <stdio.h>

// Konstanten
#define UPPER    300        // obere Grenze
#define LOWER      0        // untere Grenze
#define STEP      20        // Schrittweite

int main (void)
{
  /* Variablen */
  int fahr;
  double celsius;
  // Anweisungen
  fahr = LOWER;
  while (fahr <= UPPER)
  {
    celsius = (5.0 / 9) * (fahr - 32);
    printf ("%d\t%f\n", fahr, celsius);
    fahr = fahr + STEP;
  }
  return 0;
}
```

Dieses Programm gibt aus:

```
0         -17.777779
20        -6.666667
40        4.444445
60        15.555556
80        26.666668
100       37.777779
120       48.888893
140       60.000004
160       71.111115
180       82.222229
200       93.333336
220       104.444450
240       115.555557
260       126.666672
280       137.777786
300       148.888901
```

Beachten Sie bitte:

- Die Konstante `5.0` ist vom Typ double. Damit ist

  ```c
  (5.0 / 9) * (fahr - 32)
  ```

  vom Typ double – der Compiler muss die Zahl `9` und den Ausdruck `(fahr -
  32)` ohne eine Anweisung des Programmierers **implizit** in den Gleitpunkt-Typ

double wandeln. Die Konvertierung erfolgt automatisch, wenn ein Wert eines schmäleren Typs wie z. B. die Zahl 9 vom Typ int mit einem Wert eines breiteren Typs wie z. B. der Zahl 5.0 vom Typ double verknüpft wird (siehe Kapitel 9.7).

Man spricht von einer **impliziten Typkonvertierung**, wenn eine Konvertierung vorgenommen wird, ohne dass der Programmierer dies explizit in der Programmiersprache formulieren muss.

2.3 Zahlen von der Tastatur einlesen

In diesem Beispiel wird ein einfaches Programm vorgestellt, in welchem zwei Zahlen von der Tastatur eingelesen werden, die Summe der Zahlen berechnet und das Ergebnis wieder auf der Konsole ausgegeben wird. Zum Einlesen der Zahlen wird die Funktion scanf() verwendet. Details zur Funktion scanf() befinden sich in Kapitel 16.7.2.

Hier das Programm:

```
/* Datei: Summe.c */

#include <stdio.h>

int main (void)
{
    /* Definition lokaler Variablen */
    int zahl1;          /*Speichert die erste eingegebene Zahl */
    int zahl2;          /*Speichert die zweite eingegebene Zahl*/
    int summe;          /*Speichert die Summe                  */

    /* Anweisungen */
    printf ("Bitte geben Sie die erste  Zahl ein: ");
    scanf ("%d", &zahl1); /*Die Funktion scanf() dient hier zum  */
                          /*Einlesen einer Zahl von der Tastatur.*/
                          /*Die Zahl wird in der Variablen       */
                          /*zahl1 gespeichert.                   */
    printf ("Bitte geben Sie die zweite Zahl ein: ");
    scanf ("%d", &zahl2);

    summe = zahl1 + zahl2;/*Berechnet die Summe und speichert    */
                          /*das Ergebnis in der Variablen summe  */

    printf ("Die Summe %d+%d ergibt %d\n", zahl1, zahl2, summe);
                          /*Gibt das Ergebnis aus                */

    return 0;
}
```

Der Dialog mit dem Programm kann beispielsweise so aussehen:

```
Bitte geben Sie die erste  Zahl ein: 4
Bitte geben Sie die zweite Zahl ein: 8
Die Summe 4+8 ergibt 12
```

Bei Verwendung der Funktion `scanf()` spezifiziert der Programmierer – analog zur Funktion `printf()` – über Formatstrings den erwarteten Datentyp der Eingabe.

In diesem Beispiel wird der Formatstring `"%d"` verwendet, welcher für eine Dezimalzahl steht.

Bitte beachten Sie:

- Die Funktion `scanf()` liest die über die Tastatur eingegebenen Zeichen ein und speichert sie in den übergebenen Variablen – hier der Zahl `zahl1` bzw. `zahl2`.
- Beim Aufruf der Funktion `scanf()` müssen anstatt der Variablen, in welchen das Ergebnis gespeichert werden soll, deren **Adressen** angegeben werden. Dies geschieht mit Hilfe des Adressoperators `&`. Auf den Adressoperator wird in Kapitel 8 detailliert eingegangen.

2.4   Formatierung bei der Ausgabe

Das folgende Beispiel berechnet die jährliche Entwicklung eines Grundkapitals über eine vorgegebene Laufzeit. Die Zinsen sollen nicht ausgeschüttet, sondern mit dem Kapital wieder angelegt werden. Es wird eine Tabelle mit folgenden Angaben erzeugt: laufendes Jahr und angesammeltes Kapital (in EUR). Gegeben sei die Laufzeit (10 Jahre), das Grundkapital (1000 EUR) und der Zins (5%).

Laufzeit, Grundkapital und Zins werden als konstante Größen angesehen. Sie werden als sogenannte **symbolische Konstanten** (siehe Kapitel 2.2.1 und 21.3) mit Hilfe der Präprozessor-Anweisung `#define` eingeführt. Als **lokale Variablen** in der Funktion `main()` werden die `int`-Variable `jahr`, die die Anlagedauer widerspiegelt, und die `double`-Variable `kapital`, die die Wertentwicklung des Grundkapitals zeigt, definiert. Es ist möglich, die Variablen bei ihrer Definition gleich zu initialisieren, d. h. mit einem Wert zu belegen.

Hier das Programm:

```
/* Datei: zins.c */
#include <stdio.h>

#define LAUFZEIT      10
#define GRUNDKAPITAL 1000.00
#define ZINS          5.0

int main (void)
{
    int jahr;        /* Vereinbarung von jahr als int-Variable    */
    double kapital = GRUNDKAPITAL; /* Die Variable kapital wird   */
                            /* initialisiert                      */
    printf ("Zinstabelle fuer Grundkapital %7.2f EUR\n",
            GRUNDKAPITAL);
    printf ("Kapitalstand zum Jahresende:\n");

    for (jahr = 1; jahr <= LAUFZEIT; jahr = jahr + 1)
```

```
{
    printf ("\nJahr: %2d\t", jahr);
    kapital = kapital * (1. + ZINS/100.);
    printf ("Kapital: %7.2f EUR", kapital);
}

printf ("\n\nAus %7.2f EUR Grundkapital\n", GRUNDKAPITAL);
printf ("wurden in %d Jahren %7.2f EUR\n", LAUFZEIT, kapital);
return 0;
}
```

Man beachte hierbei die folgenden Punkte:

- Die Variable `jahr` ist vom Datentyp `int` und kann nur ganze Zahlen aufnehmen. `kapital` ist eine Variable vom Datentyp `double`. Hat man Variablen, die außer den ganzen Zahlen auch noch Gleitpunktzahlen aufnehmen sollen, sind Gleitpunkt-Typen wie `double` nötig.

- In der `for`-Schleife stellt der Initialisierungsausdruck `jahr = 1` den Beginn der Schleife dar. `jahr <= laufzeit` ist die Bedingung, wie lange die Schleife durchzuführen ist, und `jahr = jahr + 1` ist der nächste Wert, für den die Schleife durchgeführt wird. Die Variable `jahr`, die hier dazu verwendet wird, um die Zahl der Durchläufe zu zählen, wird als **Laufvariable** oder **Schleifenvariable** bezeichnet.

- Die Zeichenkette, die an `printf()` übergeben wird, muss nicht immer nur Text beinhalten, der von `printf()` ausgegeben werden soll, wie im Falle von `"Kapitalstand zum Jahresende:\n"`. Im allgemeinen Fall kann die Zeichenkette auszugebenden Text und **Formatelemente** für die Ausgabe von Ausdrücken, die als Argumente an `printf()` übergeben werden, enthalten.

> Da Formatelemente die Ausgabe bei `printf()` bzw. die Eingabe bei `scanf()` steuern oder kontrollieren, heißt die zu übergebende Zeichenkette oftmals auch **kontrollierende Zeichenkette** oder **Formatstring** oder **Steuerstring**. Der Formatstring kann bei der Ausgabe auch nur Formatelemente ohne auszugebenden Text enthalten.

- Zur Erinnerung: Mit dem Steuerzeichen '\n' wird der Cursor an den Beginn der nächsten Bildschirmzeile positioniert.

- Die **Formatelemente** bestehen alle aus dem %-Zeichen und weiteren Angaben wie `2d`. Dabei steht `d` für eine Ausgabe als Dezimalzahl und `2` für eine Feldbreite von zwei Zeichen.

- In obigem Beispiel enthält der Formatstring Formatelemente, auszugebenden Text und Steuerzeichen. Das Formatelement `%2d` im Formatstring `"\nJahr: %2d\t"` sagt der Funktion `printf()`, dass ein `int`-Ausdruck – hier die Variable `jahr` – in Dezimaldarstellung mit einer Breite von 2 Stellen rechtsbündig auszugeben ist. Dabei wird von links mit Leerzeichen aufgefüllt, wenn die volle Breite von 2 Stellen für den auszugebenden Wert nicht benötigt wird. Anschließend folgt dann ein Tabulator-Steuerzeichen `'\t'`. Sollte die Ausgabe linksbündig gewünscht sein, so müsste das Formatelement ein Minuszeichen bekommen: `%-2d`.

- Infolge des Formatelements `%7.2f` wird die Variable `kapital` mit einer Stellenbreite von **7 Stellen, davon 2 hinter dem Punkt, 1 für den Punkt und 4 vor dem**

Punkt ausgegeben. `%f` steht für die Ausgabe von Gleitpunktzahlen ohne Exponent. Generell kann `%f` zur Ausgabe von `double`- oder `float`-Werten verwendet werden.

Dieses Programm gibt aus:

```
Zinstabelle fuer Grundkapital 1000.00 EUR
Kapitalstand zum Jahresende:

Jahr:  1          Kapital: 1050.00 EUR
Jahr:  2          Kapital: 1102.50 EUR
Jahr:  3          Kapital: 1157.62 EUR
Jahr:  4          Kapital: 1215.51 EUR
Jahr:  5          Kapital: 1276.28 EUR
Jahr:  6          Kapital: 1340.10 EUR
Jahr:  7          Kapital: 1407.10 EUR
Jahr:  8          Kapital: 1477.46 EUR
Jahr:  9          Kapital: 1551.33 EUR
Jahr: 10          Kapital: 1628.89 EUR

Aus 1000.00 EUR Grundkapital
wurden in 10 Jahren 1628.89 EUR
```

Beachten Sie die Reihenfolge: `printf()` muss als erstes Argument den Formatstring (Steuerstring) und dann anschließend die anderen auszugebenden Ausdrücke erhalten.

Für jeden auszugebenden Ausdruck außer dem Formatstring muss eins-zu-eins ein Formatelement im Formatstring existieren. Dabei müssen die Formatelemente und die auszugebenden Ausdrücke im Typ übereinstimmen.

Es besteht ein grundsätzlicher Unterschied zwischen der Ausgabe auf dem Bildschirm und dem **Einlesen** von der Tastatur. Ausgeben kann man beliebige Ausdrücke, die einen Wert zurückgeben. Einlesen kann man **nur in Variablen**, die benannte[23] Speicherstellen darstellen.

Mit der Funktion `printf()` kann man Werte ausgeben. Ein Wert kann der Wert einer Variablen oder Konstanten sein, aber auch der Wert eines komplizierten Ausdrucks. In obigem Beispiel wurde der Wert der symbolischen Konstanten GRUNDKAPITAL und LAUFZEIT sowie der Variablen `jahr` und `kapital` ausgegeben.

2.5 Zusammenfassung

In diesem Kapitel wurden einige Beispielprogramme vorgestellt, die einen ersten Eindruck von der Programmiersprache C vermitteln sollen.

---

[23] Der C11-Standard spricht von lokalisierbaren Speicherstellen

Ein Hauptprogramm muss in C immer vorhanden sein. Mit dem Hauptprogramm beginnt ein Programm seine Ausführung. In C heißt das Hauptprogramm stets `main()`. Der Rückgabetyp `int` der Funktion `main()` kennzeichnet, dass die Funktion `main()` einen ganzzahligen Wert an den Aufrufer zurückgeben soll. Die Funktion `main()` soll an den Aufrufer den Status in Form einer ganzen Zahl zurückliefern, ob bei ihrer Abarbeitung alles glatt gegangen ist oder ob Fehler aufgetreten sind. Üblicherweise wird der Wert 0 zurückgegeben, wenn das Programm fehlerfrei abgearbeitet werden konnte.

Das Schlüsselwort `void` in der Parameterliste bedeutet, dass eine Funktion keine Argumente erwartet. In C sind die Klammern der Parameterliste bei allen Funktionen erforderlich, selbst wenn es keine Parameter gibt. Dann verwendet man `void` in runden Klammern für eine leere Parameterliste.

Innerhalb der geschweiften Klammern `{ }` stehen die sogenannten Definitionen lokaler Variablen und die Anweisungen einer Funktion. Durch die Definition einer lokalen Variablen wird die lokale Variable erzeugt. In C90 müssen zuerst alle Definitionen der Variablen aufgeführt werden, dann erst dürfen die Anweisungen kommen. Seit dem C99-Standard existiert diese Einschränkung nicht mehr.

Eine Anweisung oder eine Definition kann sich über mehrere Zeilen erstrecken.

Mit Hilfe der `#include`-Anweisung an den Präprozessor

```
#include
```

ist es möglich, eine externe Datei (auch Header-Datei, h-Datei oder header file genannt) für die Dauer des Übersetzungslaufs in den Quelltext zu kopieren. Eine Header-Datei enthält die Schnittstellen der Funktionen, d. h. Funktionsname, Übergabeparameter und Rückgabetyp, die in einer Bibliothek enthalten sind. Damit ist es möglich, Standardfunktionen im Programm zu verwenden. Header-Dateien dienen der Modularisierung. Ihr Inhalt steht allen Quelldateien zur Verfügung und kann bei Bedarf mit `#include` aufgenommen werden.

Eine Quelldatei mit ihren Include-Dateien stellt eine Übersetzungseinheit dar, die getrennt kompiliert werden kann.

Da eine Bibliotheksfunktion vor ihrem Aufruf dem Compiler bekannt gemacht werden muss, sollte man die `#include`-Anweisungen für alle benötigten Dateien an den Anfang der Quelldatei stellen.

Namen symbolischer Konstanten werden üblicherweise in Großbuchstaben geschrieben.

In jedem Zusammenhang, in dem der Wert einer Variablen eines bestimmten Typs stehen kann, kann auch ein komplizierter Ausdruck von diesem Typ stehen.

Man spricht von einer impliziten Typkonvertierung, wenn eine Konvertierung vorgenommen wird, ohne dass der Programmierer dies explizit in der Programmiersprache formulieren muss.

Bei Verwendung der Funktion `scanf()` spezifiziert der Programmierer – analog zur Funktion `printf()` – über Formatstrings den erwarteten Datentyp der Eingabe. Da Formatelemente die Ausgabe bei `printf()` bzw. die Eingabe bei `scanf()` steuern oder kontrollieren, heißt die zu übergebende Zeichenkette oftmals auch kontrollierende Zeichenkette oder Formatstring oder Steuerstring. Der Formatstring kann bei der Ausgabe auch nur Formatelemente ohne auszugebenden Text enthalten. Beachten Sie die Reihenfolge: `printf()` muss als erstes Argument den Formatstring (Steuerstring) und dann anschließend die anderen auszugebenden Ausdrücke erhalten. Für jeden auszugebenden Ausdruck außer dem Formatstring muss eins-zu-eins ein Formatelement im Formatstring existieren. Dabei müssen die Formatelemente und die auszugebenden Ausdrücke im Typ übereinstimmen. Auch bei `scanf()` muss der Formatstring zuerst kommen.

Es besteht ein grundsätzlicher Unterschied zwischen der Ausgabe auf dem Bildschirm und dem Einlesen von der Tastatur. Einlesen kann man nur in Variablen, die benannte Speicherstellen darstellen.

Kapitel 3

Entwurf von Programmen

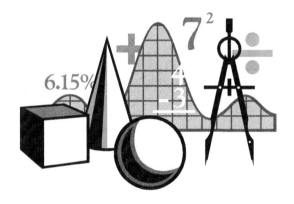

3 Entwurf von Programmen

Bevor man mit einer Programmiersprache umzugehen lernt, muss man wissen, was ein Programm prinzipiell ist und wie man Programme entwirft. Damit wird sich unter anderem dieses Kapitel befassen. Leser, die bereits entwerfen können, sollten prüfen, ob sie tatsächlich die hier präsentierten Grundlagen (noch) beherrschen, und sollten gegebenenfalls dieses Kapitel „überfliegen".

Kapitel 3.1 stellt Programme und ihre Abläufe vor. Kapitel 3.2 erläutert die Veranschaulichung des Ablaufs von Programmen mittels Nassi-Shneiderman-Diagrammen, welche auch unter der Bezeichnung Struktogramme bekannt sind. Kapitel 3.3 diskutiert die Möglichkeiten eines Pseudocodes.

3.1 Vom Problem zum Programm

Der Begriff **Programm** ist eng mit dem Begriff **Algorithmus** verbunden. Algorithmen werden in Programmen umgesetzt.

Algorithmen sind Vorschriften für die Lösung eines Problems, welche die **Handlungen und ihre Abfolge** – also die Handlungsweise – beschreiben.

Im Alltag begegnet man Algorithmen in Form von Bastelanleitungen, Kochrezepten und Gebrauchsanweisungen.

Abstrakt kann man sagen, dass die folgenden Bestandteile und Eigenschaften zu einem Algorithmus gehören:

- eine **Menge von Objekten**, die durch den Algorithmus bearbeitet werden,
- eine **Menge von Operationen**, die auf den Objekten ausgeführt werden,
- ein definierter **Anfangszustand**, in dem sich die Objekte zu Beginn befinden,
- und ein gewünschter **Endzustand**, in dem sich die Objekte nach der Lösung des Problems befinden sollen.

Dies sei am Beispiel Kochrezept erläutert:

Objekte:	Zutaten, Geschirr, Herd, ...
Operationen:	waschen, anbraten, schälen, passieren, ...
Anfangszustand:	Zutaten im „Rohzustand", Teller leer, Herd kalt, ...
Endzustand:	fantastische Mahlzeit auf dem Teller

Was dann noch neben der Anleitung oder dem Rezept zur Lösung eines Problems gebraucht wird, ist jemand, der es macht – im angeführten Beispiel etwa ein Koch. Mit anderen Worten, man benötigt zur Lösung eines Problems einen Algorithmus – also eine Rechenvorschrift – und einen Prozessor.

Während aber bei einem Kochrezept viele Dinge gar nicht explizit gesagt werden müssen, sondern dem Koch aufgrund seiner Erfahrung implizit klar sind – z. B. dass er den Kuchen aus dem Backofen holen muss, bevor er schwarz wird –, **muss einem Prozessor alles** explizit und eindeutig durch ein Programm, das aus Anweisungen einer Programmiersprache besteht, **gesagt werden.**

Ein Algorithmus in einer imperativen Programmiersprache sagt einem Prozessor präzise, was dieser tun soll. Ein Programm besteht aus **Anweisungen**, die von einem Prozessor ausgeführt werden können.

Das folgende Bild symbolisiert die Abarbeitung von Anweisungen eines Programms durch den Prozessor:

Arbeitsspeicher des Rechners

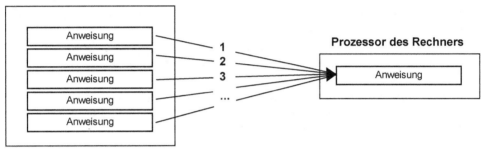

Bild 3-1 Der Prozessor bearbeitet eine Anweisung des Programms nach der anderen

Bild 3-1 zeigt Anweisungen, die im Arbeitsspeicher des Rechners abgelegt sind und nacheinander durch den Prozessor des Rechners abgearbeitet werden.

3.1.1 Der euklidische Algorithmus als Beispiel für Algorithmen

Als Beispiel wird der Algorithmus betrachtet, der von Euklid ca. 300 v. Chr. zur Bestimmung des **größten gemeinsamen Teilers** (**ggT**) zweier natürlicher Zahlen aufgestellt wurde. Der größte gemeinsame Teiler wird zum Kürzen von Brüchen benötigt:

$$\frac{x_{ungekürzt}}{y_{ungekürzt}} = \frac{x_{ungekürzt} / ggT(x_{ungekürzt}, y_{ungekürzt})}{y_{ungekürzt} / ggT(x_{ungekürzt}, y_{ungekürzt})} = \frac{x_{gekürzt}}{y_{gekürzt}}$$

Hierbei ist $ggT(x_{ungekürzt}, y_{ungekürzt})$ der größte gemeinsame Teiler der beiden Zahlen $x_{ungekürzt}$ und $y_{ungekürzt}$.

Beispiel: $\dfrac{24}{9} = \dfrac{24/ggT(24, 9)}{9/ggT(24, 9)} = \dfrac{24/3}{9/3} = \dfrac{8}{3}$

Der euklidische Algorithmus lautet:

Zur Bestimmung des größten gemeinsamen Teilers zwischen zwei natürlichen Zahlen x und y führe die folgenden Schritte aus:

Solange x ungleich y ist, wiederhole:
    Wenn x größer als y ist, dann:
        ziehe y von x ab und weise das Ergebnis x zu.
    Andernfalls:
        ziehe x von y ab und weise das Ergebnis y zu.
Wenn x gleich y ist, dann:
    x (bzw. y) ist der gesuchte größte gemeinsame Teiler.

Man erkennt in diesem Beispiel für einen **Algorithmus** das Folgende:

- Es gibt eine **Menge von Objekten**, mit denen etwas passiert: x und y. Diese Objekte x und y haben am Anfang beliebig vorgegebene Werte, am Schluss enthalten sie den größten gemeinsamen Teiler.
- Es gibt **gewisse Grundoperationen**, die nicht weiter erläutert werden und implizit klar sind: vergleichen, abziehen und zuweisen.
- Es handelt sich um **eine sequenzielle Folge von Anweisungen (Operationen)**, d. h. die Anweisungen werden der Reihe nach hintereinander ausgeführt.
- Es gibt aber auch bestimmte Konstrukte, welche die einfache sequenzielle Folge (Hintereinanderausführung) gezielt verändern: eine Auswahl zwischen Alternativen (**Selektion**) und eine Wiederholung von Anweisungen (**Iteration**). Diese Konstrukte werden **Kontrollstrukturen** genannt.

Es gibt auch Algorithmen zur Beschreibung von **parallelen Aktivitäten**, die zum gleichen Zeitpunkt nebeneinander ausgeführt werden. Diese Algorithmen werden u. a. bei Betriebssystemen oder in der Prozessdatenverarbeitung benötigt. Im Folgenden werden bewusst nur **sequenzielle Abläufe** behandelt, bei denen zum selben Zeitpunkt nur eine einzige Operation durchgeführt wird.[24]

3.1.2 Beschreibung sequenzieller Abläufe

Die Abarbeitungsreihenfolge von Anweisungen wird auch als **Kontrollfluss** bezeichnet.

Den Prozessor stört es überhaupt nicht, wenn eine Anweisung einen Sprungbefehl zu einer anderen Anweisung enthält. Solche Sprungbefehle werden in manchen Programmiersprachen beispielsweise mit dem Befehl GOTO und Marken wie z. B. 100 realisiert:

```
      IF(a > b) GOTO 100
      Anweisungen2
      GOTO 300
100   Anweisungen1
300   Anweisungen3
```

In Worten lauten diese Anweisungen an den Prozessor: „Vergleiche die Werte von a und b. Wenn[25] a größer als b ist, springe an die Stelle mit der Marke 100. Führe an

---

[24] Threads nach C11 werden in Kapitel 23 behandelt.
[25] „Wenn" wird ausgedrückt durch das Schlüsselwort IF der hier verwendeten Programmiersprache FORTRAN.

der Stelle mit der Marke `100` die Anweisungen `Anweisungen1` aus. Fahre dann mit den Anweisungen `Anweisungen3` fort. Ist aber die Bedingung `a > b` nicht erfüllt, so arbeite die Anweisungen `Anweisungen2` ab. Springe dann zu der Marke `300` und führe die Anweisungen `Anweisungen3` aus."

Will jedoch ein Programmierer ein solches Programm lesen, so verliert er durch die Sprünge sehr leicht den Zusammenhang und damit das Verständnis.

Für den menschlichen Leser ist es am einfachsten, wenn ein Programm einen einfachen und überschaubaren Kontrollfluss hat.

Während typische Programme der sechziger Jahre noch zahlreiche Sprünge enthielten, bemühen sich die Programmierer seit Dijkstras grundlegendem Artikel „Go To Statement Considered Harmful" [Dij68], möglichst einen Kontrollfluss ohne Sprünge zu entwerfen. Beispielsweise kann der oben mit `GOTO` beschriebene Ablauf in C auch folgendermaßen realisiert werden:

```
if (a > b)
    {Anweisungen1}
else
    {Anweisungen2}
Anweisungen3
```

Hierbei ist wieder `if (a > b)` die Abfrage, ob `a` größer als `b` ist. Ist dies der Fall, so werden die Anweisungen `Anweisungen1` ausgeführt. Ist die Bedingung `a > b` nicht wahr, d. h. nicht erfüllt, so werden die Anweisungen `Anweisungen2` des `else`-Zweiges durchgeführt. Damit ist die Fallunterscheidung zu Ende. Unabhängig davon, welcher der Zweige der Fallunterscheidung abgearbeitet wurde, werden nun die Anweisungen `Anweisungen3` ausgeführt. Dieser Ablauf ist in Bild 3-2 grafisch veranschaulicht:

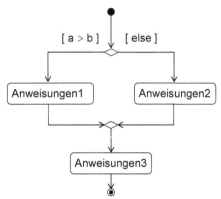

Bild 3-2 Grafische Darstellung der Verzweigung

Im Gegensatz zu der grafischen Darstellung müssen im obigen Programmtext Anfang und Ende einer Anweisungsfolge speziell gekennzeichnet werden. Dazu dienen die geschweiften Klammern, durch welche eine Anweisungsfolge zu einem sogenannten **Block** (engl. **compound statement**) wird. In C kann ein Block überall da stehen, wo auch eine einzelne Anweisung möglich ist.

Unter einer **Kontrollstruktur** versteht man eine Anweisung, welche die Abarbeitungsreihenfolge von Anweisungen beeinflusst.

Zu den **Kontrollstrukturen** gehört die **Fallunterscheidung (Selektion)**, bei der in Abhängigkeit davon, ob eine Bedingung erfüllt ist oder nicht, entweder die eine oder die andere Anweisung bzw. der eine oder der andere Block abgearbeitet wird. Bei der Kontrollstruktur der **Wiederholung (Iteration)** wird eine Anweisung (ein Block) mehrfach aufgerufen. Zu den Kontrollstrukturen zählt auch die sogenannte **Sequenz**. Eine Sequenz ist eine Anweisungsfolge in Form eines Blockes. Wie schon bekannt, ist ein Block von Anweisungen von der Sprachsyntax her als eine einzige Anweisung zu werten.

Betrachtet man nur **sequenzielle Abläufe**, so gibt es **Kontrollstrukturen** für

- die **Selektion**,
- die **Iteration**
- und die **Sequenz**.

Diese Kontrollstrukturen für die sequenziellen Abläufe werden später noch ausführlich erläutert.

Im Beispiel des euklidischen Algorithmus in Kapitel 3.1.1 stellt

Solange x ungleich y ist, wiederhole:
   . . . .

eine **Iteration** und

Wenn x größer als y ist, dann:
   . . . .
Andernfalls:
   . . . .

eine **Fallunterscheidung (Selektion)** dar.

3.1.3 Programmierung ohne Sprünge

Die Ideen von Dijkstra und anderen fanden ihren Niederschlag in den Regeln für die **Strukturierte Programmierung**. Die Strukturierte Programmierung ist ein programmiersprachenunabhängiges Konzept. Es umfasst die Zerlegung eines Programms in Teilprogramme (Haupt-[26] und Unterprogramme) sowie die folgenden Regeln für den Kontrollfluss:

- Danach gilt, dass in einer **Sequenz** eine Anweisung nach der anderen – d. h. in einer linearen Reihenfolge – abgearbeitet wird.

---

[26] Mit dem Hauptprogramm wird das Programm gestartet. Das Hauptprogramm kann Unterprogramme aufrufen. Unterprogramme können ebenso Unterprogramme aufrufen.

- Man geht über einen einzigen Eingang (engl. **single entry**), nämlich von der davor stehenden Anweisung in eine Anweisung hinein und geht über einen einzigen Ausgang (engl. **single exit**) aus der Anweisung heraus und kommt direkt zur nächsten Anweisung.

Dies soll durch das folgende Bild symbolisiert werden:

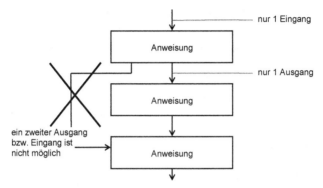

Bild 3-3 Single entry und single exit bei der Sequenz

Haben Kontrollstrukturen für die **Selektion** und **Iteration** die gleichen Eigenschaften wie einzelne Anweisungen, nämlich single entry und single exit, so erhält man für alle Anweisungen einen linearen und damit überschaubaren Programmablauf. Programme, die nur Kontrollstrukturen mit dieser Eigenschaft aufweisen, gehorchen den Regeln der **Strukturierten Programmierung** und können mit Hilfe von **Nassi-Shneiderman-Diagrammen** visualisiert werden (siehe Kapitel 3.2).

> Bei der **Strukturierten Programmierung** wird ein Programm in Teilprogramme zerlegt und jede Anweisung hat einen einzigen Eingang und Ausgang.

Mit der Anweisung GOTO MARKE, d. h. einer Sprunganweisung, wäre es möglich, die Ausführung eines Programms an einer ganz anderen Stelle, nämlich an der Stelle, an der MARKE steht, fortzusetzen. Dies ist aber in der Strukturierten Programmierung nicht zulässig.

3.1.4 Variablen und Zuweisungen

Die durch den Algorithmus von Euklid behandelten Objekte sind natürliche Zahlen. Diese Zahlen sollen jedoch nicht von vornherein festgelegt werden, sondern der Algorithmus soll für die Bestimmung des größten gemeinsamen Teilers beliebiger natürlicher Zahlen verwendbar sein.

> Anstelle fest vorgegebener Zahlen werden im Programm Bezeichner verwendet, die einem Speicherplatz im Arbeitsspeicher oder einem Register zugeordnet sind und als **variable Größen** oder kurz **Variablen** bezeichnet werden. Den Variablen werden im Verlauf des Algorithmus konkrete Werte zugewiesen.

Diese Wertzuweisung an Variablen ist eine der grundlegenden Operationen, die ein Prozessor ausführen können muss. Auf Variablen wird noch ausführlicher in Kapitel 7.3 eingegangen.

Der im obigen Beispiel beschriebene Algorithmus kann auch von einem menschlichen „Prozessor" ausgeführt werden – andere Möglichkeiten hatten die Griechen in der damaligen Zeit nicht. Als Hilfsmittel braucht man dazu Papier und Bleistift, um die Zustände der Variablen – im obigen Beispiel die Zustände der Variablen x und y – zwischen den Verarbeitungsschritten festzuhalten. Man erhält dann eine Tabelle, die auch **Trace-Tabelle**[27] genannt wird und für die Zahlen x gleich 24 und y gleich 9 das folgende Aussehen hat:

Verarbeitungsschritt	Werte von	
	x	y
Initialisierung $x = 24, y = 9$	24	9
$x = x - y$	15	9
$x = x - y$	6	9
$y = y - x$	6	3
$x = x - y$	3	3
Ergebnis: ggT = 3		

Tabelle 3-1 Trace der Variableninhalte für die Initialwerte x ist gleich 24 und y ist gleich 9

Diese Tabelle zeigt sehr deutlich die **Funktion der Variablen** auf:

> **Variablen** speichern Werte. Sie repräsentieren über den Verlauf des Algorithmus hinweg ganz unterschiedliche Werte.

> Zu Beginn eines Algorithmus werden den Variablen definierte Anfangs- oder Startwerte zugewiesen. Diesen Vorgang bezeichnet man als **Initialisierung** der Variablen.

> Die **Werteänderung** von Variablen erfolgt durch sogenannte **Zuweisungen**.

Als **Zuweisungssymbol** wird hier das Gleichheitszeichen der natürlichen Sprache (=) benutzt, wie es in C üblich ist.

---

[27] Mit der Trace-Tabelle verfolgt man die Zustände (Werte) der Variablen.

Für eine andere Ausgangssituation sieht die Trace-Tabelle beispielsweise so aus:

Verarbeitungsschritt	Werte von	
	x	y
Initialisierung		
x = 5, y = 3	5	3
x = x - y	2	3
y = y - x	2	1
x = x - y	1	1
Ergebnis: ggT = 1		

Tabelle 3-2 Trace der Variableninhalte für die Initialwerte x ist gleich 5 und y ist gleich 3

Die Schreibweise x = x - y ist zunächst etwas verwirrend. Diese Schreibweise ist nicht als mathematische Gleichung zu sehen, sondern meint etwas ganz anderes: Auf der rechten Seite des Gleichheitszeichens steht ein arithmetischer Ausdruck, dessen Wert zuerst berechnet werden soll. Dieser so berechnete Wert wird dann in einem zweiten Schritt der Variablen zugewiesen, deren Name auf der linken Seite steht. Im Beispiel also:

- Nimm den aktuellen Wert von x. Nimm den aktuellen Wert von y. Ziehe den Wert von y vom Wert von x ab.
- Der neue Wert von x ist die soeben ermittelte Differenz von x und y.

Eine Zuweisung verändert den Wert der Variablen, also den Zustand der Variablen, auf der linken Seite.

> Bei einer **Zuweisung** wird zuerst der Ausdruck rechts vom Zuweisungsoperator berechnet und der Wert dieses Ausdrucks dem Speicherplatz auf der linken Seite des Zuweisungsoperators zugewiesen.

Die Beispiele in diesem Kapitel zeigen, wie ein Algorithmus sequenzielle Abläufe und Transformationen seiner Variablen beschreibt. Solche Transformationen ändern die Werte der Variablen ab und ändern also den Zustand der Variablen. Daher werden solche Transformationen auch als **Zustandstransformationen** bezeichnet. Wird derselbe Algorithmus zweimal durchlaufen, wobei die Variablen am Anfang unterschiedliche Werte haben, dann erhält man in aller Regel auch unterschiedliche Abläufe. Sie folgen aber ein und demselben Verhaltensmuster, das durch den Algorithmus beschrieben ist.

3.2 Entwurf mit Nassi-Shneiderman-Diagrammen

Zur Visualisierung des Kontrollflusses von Programmen – das heißt, zur grafischen Veranschaulichung ihres Ablaufs – wurden 1973 von Nassi und Shneiderman [Nas73] grafische Strukturen, die sogenannten **Struktogramme** (siehe DIN 66261 [DIN85]), vorgeschlagen. Diese Struktogramme werden nach ihren Urhebern oftmals auch als **Nassi-Shneiderman-Diagramme** bezeichnet.

Nassi-Shneiderman-Diagramme enthalten kein GOTO, sondern nur die Sprachmittel der **Strukturierten Programmierung**, d. h. die **Bildung von Teilprogrammen** und die **Kontrollstrukturen Sequenz, Iteration** und **Selektion**.

Entwirft man Programme mit Nassi-Shneiderman-Diagrammen, so genügt man automatisch den Regeln der Strukturierten Programmierung. Nassi und Shneiderman schlugen ihre Struktogramme als Ersatz für die bis dahin üblichen **Flussdiagramme** (siehe DIN 66001 [DIN83]) vor. Traditionelle Flussdiagramme erlauben einen Kontrollfluss mit beliebigen Sprüngen in einem Programm.

Spezifiziert und programmiert man strukturiert, so geht der Kontrollfluss eines solchen Programmes einfach von oben nach unten – eine Anweisung folgt der nächsten. Wilde Sprünge, welche die Übersicht erschweren, sind nicht zugelassen.

Im Folgenden werden die Diagramme für die Sequenz, Selektion und Iteration in abstrakter Form, d. h. ohne Notation in einer speziellen Programmiersprache, vorgestellt. Die Kontrollstrukturen für die Selektion und Iteration können – wie von Nassi und Shneiderman vorgeschlagen – in grafischer Form oder alternativ auch mit Hilfe eines Pseudocodes dargestellt werden. Was ein Pseudocode ist, wird in Kapitel 3.3 erläutert.

Das wichtigste Merkmal der Struktogramme ist, dass jeder **Verarbeitungsschritt** durch ein **rechteckiges Sinnbild** dargestellt wird. Ein Verarbeitungsschritt kann dabei eine Anweisung oder eine Gruppe von zusammengehörigen Anweisungen sein.

Das folgende Symbol zeigt das Sinnbild für einen Verarbeitungsschritt nach Nassi-Shneiderman:

```
┌─────────────────────────┐
│                         │
│                         │
└─────────────────────────┘
```

Bild 3-4 Sinnbild für einen Verarbeitungsschritt

Die obere Linie eines Rechtecks bedeutet den Beginn eines Verarbeitungsschrittes, die untere Linie bedeutet das Ende dieses Verarbeitungsschrittes.

Jedes Sinnbild erhält eine Innenbeschriftung, die den Verarbeitungsschritt näher beschreibt.

3.2.1 Diagramme für die Sequenz

Bei der **Sequenz** folgen Verarbeitungsschritte sequentiell hintereinander.

Dies wird durch ein Nassi-Shneiderman-Diagramm für die Verarbeitungsschritte V1 und V2 wie folgt dargestellt:

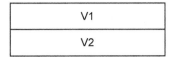

Bild 3-5 Nassi-Shneiderman-Diagramm für die Sequenz

Eine Kontrollstruktur für die Sequenz ist der **Block**.

Ein **Block** stellt eine Folge logisch zusammenhängender Verarbeitungsschritte dar. Er kann einer **Methode** oder **Funktion**[28] in einer Programmiersprache entsprechen, kann aber auch nur einfach **mehrere Verarbeitungsschritte** unter einem einzigen Namen zusammenfassen. Das folgende Bild visualisiert den Block:

Blockname

Bild 3-6 Sinnbild für einen Block

Wie in Bild 3-6 zu sehen ist, wird der Name des Blockes im Diagramm den Verarbeitungsschritten vorangestellt.

Das Diagramm Bild 3-7 stellt das „Hello World"-Programm aus Kapitel 1.1 in grafischer Form dar:

„Hello World"-Programm

Ausgeben: Hello, World!

Bild 3-7 Einfaches Beispiel eines Struktogramms

Aus der Darstellung ist zu entnehmen, dass die Details einer Programmiersprache auf dieser Abstraktionsebene keine Rolle spielen.

3.2.2 Diagramme für die Selektion

Bei den Kontrollstrukturen für die Selektion kann man zwischen der **einfachen Alternative**, der **bedingten Verarbeitung** und der **mehrfachen Alternative** unterscheiden.

---

[28] Anweisungsfolgen, die unter einem Namen aufgerufen werden können, heißen in der objektorientierten Programmierung „Methoden", in der klassischen Programmierung „Funktionen" – wie z. B. in C – oder auch „Prozeduren".

Die **einfache Alternative** stellt eine Verzweigung im Programmablauf dar. Das entsprechende Struktogramm ist in Bild 3-8 zu sehen:

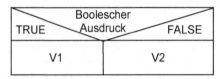

Bild 3-8 Struktogramm für die einfache Alternative

Ein **boolescher Ausdruck** wie z. B. `a > b` kann die Wahrheitswerte `TRUE`[29] bzw. `FALSE` annehmen. Ein solcher boolescher Ausdruck wird auch als **Bedingung** bezeichnet.

Bei der **einfachen Alternative** wird überprüft, ob ein **boolescher Ausdruck**[30] wahr ist oder nicht. Je nach dem Wert der Bedingung wird etwas anderes getan.

Ist der Ausdruck wahr, so wird der Zweig für `TRUE` ausgewählt und der Verarbeitungsschritt `V1` ausgeführt. Ist der Ausdruck nicht wahr, so wird der `FALSE`-Zweig ausgewählt und der Verarbeitungsschritt `V2` durchgeführt. Jeder dieser Zweige kann einen Verarbeitungsschritt bzw. einen Block von Verarbeitungsschritten enthalten.

Hier der Pseudocode für eine solche Verzweigung:

```
if (a > b) V1
else V2
```

Bei der **bedingten Verarbeitung** erfolgt ein Verarbeitungsschritt, wenn die Bedingung erfüllt ist.

Bei der **bedingten Verarbeitung** (siehe Bild 3-9) wird der `TRUE`-Zweig ausgewählt, wenn der Ausdruck wahr ist. Ansonsten wird direkt zu dem nächsten Verarbeitungsschritt übergegangen. Das folgende Bild visualisiert die bedingte Verarbeitung:

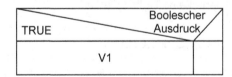

Bild 3-9 Struktogramm für die bedingte Verarbeitung

Der Pseudocode für die bedingte Verarbeitung entspricht dem der einfachen Alternative, allerdings fehlt der sogenannte `else`-Teil:

```
if (a > b) V1
```

---

[29] `TRUE` und `FALSE` sind Pseudocode-Symbole.
[30] Ein **Ausdruck** ist eine Verknüpfung von Operanden durch Operatoren und runden Klammern (siehe Kapitel 9).

Bei der **mehrfachen Alternative** wird je nach dem Wert eines arithmetischen Ausdrucks jeweils der entsprechende Zweig ausgeführt.

Bei der **mehrfachen Alternative** (siehe Bild 3-10) wird geprüft, ob ein **arithmetischer Ausdruck**[31] einen von n vorgegebenen Werten $c_1 \ldots c_n$ annimmt. Ist dies der
Fall, so wird der entsprechende Zweig ausgeführt, ansonsten wird direkt zu dem
nächsten Verarbeitungsschritt übergegangen. Das folgende Bild visualisiert die
mehrfache Alternative:

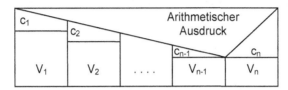

Bild 3-10 Struktogramm für die mehrfache Alternative

Der entsprechende Pseudocode ist relativ komplex. Daher wird auf eine Darstellung
hier verzichtet.

3.2.3 Diagramme für die Iteration

Bei der Iteration kann man drei Fälle von Kontrollstrukturen unterscheiden:

• Wiederholung mit vorheriger Prüfung,
• Wiederholung mit nachfolgender Prüfung
• und Wiederholung ohne Prüfung.

Bei der **Wiederholung mit vorheriger Prüfung (abweisende Schleife**[32]**)** wird zuerst eine Bedingung geprüft. Solange diese Bedingung
erfüllt ist, wird der Verarbeitungsschritt wiederholt.

Ist diese Bedingung bereits zu Anfang nicht erfüllt, wird der Verarbeitungsschritt v
nicht ausgeführt – die Ausführung der Schleife wird abgewiesen.

Das Struktogramm einer abweisenden Schleife ist in Bild 3-11 dargestellt:

Bild 3-11 Struktogramm der Wiederholung mit vorausgehender Bedingungsprüfung

---

[31] Bei einem arithmetischen Ausdruck werden arithmetische Operatoren auf die Operanden angewandt, wie z. B. der binäre Minusoperator im Ausdruck 6 – 2 auf die Operanden 6 und 2.

[32] Synonym für „abweisende Schleife" wird auch der Ausdruck „kopfgesteuerte Schleife" verwendet.

In einem Pseudocode kann man eine abweisende Schleife folgendermaßen darstellen:

```
WHILE (Bedingung) DO V
```

Hat zu Beginn der Schleife die Bedingung Bedingung den Wert TRUE, dann müssen die Verarbeitungsschritte in der Schleife dafür sorgen, dass der Wert der Bedingung irgendwann FALSE wird, sonst entsteht eine Endlosschleife[33]. Die FOR-Schleife (siehe auch Kapitel 10.3.2) ist ebenfalls eine abweisende Schleife. Sie stellt eine spezielle Ausprägung der WHILE-Schleife dar. FOR-Schleifen bieten eine syntaktische Beschreibung des Startzustands und der Iterationsschritte (z. B. Hoch- oder Herunterzählen einer Laufvariablen, welche die einzelnen Iterationsschritte durchzählt).

Bei der **Wiederholung mit nachfolgender Prüfung (annehmende Schleife**[34]**)** erfolgt die Prüfung der Bedingung erst am Ende.

Das zugehörige Struktogramm ist in Bild 3-12 dargestellt:

Bild 3-12 Struktogramm der Wiederholung mit nachfolgender Bedingungsprüfung

Die annehmende Schleife kann man in einem Pseudocode folgendermaßen darstellen:

```
DO V WHILE (Bedingung)
```

Die annehmende Schleife wird mindestens einmal durchgeführt. Erst dann wird die Bedingung bewertet. Die DO-WHILE-Schleife wird typischerweise dann benutzt, wenn der Wert der Bedingung erst in der Schleife entsteht, beispielsweise wie in der folgenden Anwendung „Lies Zahlen ein, solange keine 0 eingegeben wird". Hier muss zuerst eine Zahl eingelesen werden. Erst dann kann geprüft werden, ob sie 0 ist oder nicht.

Prüfungen müssen nicht immer notwendigerweise zu Beginn oder am Ende stattfinden. Eine Bedingung muss manchmal auch in der Mitte der Verarbeitungsschritte einer Schleife geprüft werden. Zu diesem Zweck gibt es die **Wiederholung ohne Prüfung**.

Bei einer **Wiederholung ohne Prüfung** ist die Prüfung in den Verarbeitungsschritten „versteckt".

---

[33] Eine Endlosschleife ist eine Schleife, deren Ausführung nie abbricht.
[34] Synonym für „annehmende Schleife" wird auch der Ausdruck „fußgesteuerte Schleife" verwendet.

Das Struktogramm für eine Wiederholung ohne Prüfung ist in Bild 3-13 dargestellt:

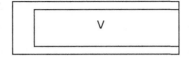

Bild 3-13 Struktogramm der Wiederholung ohne Bedingungsprüfung

In einem Pseudocode kann die Schleife ohne Bedingungsprüfung folgendermaßen angegeben werden:

LOOP V[35]

Die Schleife ohne Bedingungsprüfung wird verlassen, wenn in einem der Verarbeitungsschritte V eine BREAK-Anweisung ausgeführt wird.

Eine BREAK-Anweisung ist eine spezielle Sprunganweisung und sollte nur eingesetzt werden, damit bei einer Schleife ohne Wiederholungsprüfung keine Endlosschleife entsteht. Die Regel, dass eine Kontrollstruktur nur einen einzigen Eingang und einen einzigen Ausgang hat, wird dadurch nicht verletzt, sondern der zunächst fehlende Ausgang wird erst durch die BREAK-Anweisung zur Verfügung gestellt.

Bild 3-14 zeigt das Sinnbild für eine solche Abbruchanweisung:

Bild 3-14 Abbruchanweisung

Im Falle der Programmiersprache C sind die Kontrollstrukturen der Wiederholung mit vorheriger Prüfung und mit nachfolgender Prüfung als Sprachkonstrukt vorhanden, d. h., es gibt in C Anweisungen für diese Schleifen. Eine Wiederholung ohne Prüfung kann in C auch formuliert werden, aber es gibt keine spezielle Anweisung dafür. Bild 3-15 stellt ein Beispiel für eine Schleife ohne Wiederholungsprüfung mit Abbruchanweisung dar:

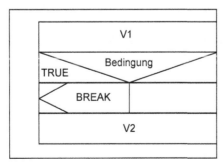

Bild 3-15 Struktogramm einer Schleife ohne Wiederholungsprüfung mit Abbruchbedingung

---

[35] Die Sprache C enthält kein spezielles Schlüsselwort für eine Endlosschleife. In dem hier vorgeschlagenen Pseudocode wird hierfür das Schlüsselwort LOOP verwendet. Endlosschleifen in C werden in Kapitel 10.3.2 vorgestellt.

Nach der Ausführung des Verarbeitungsschritts V1 wird die Bedingung geprüft. Hat die Bedingung nicht den Wert TRUE, so wird der Verarbeitungsschritt V2 abgearbeitet und dann die Schleife mit dem Verarbeitungsschritt V1 beginnend wiederholt. Der Durchlauf der Schleife mit der Reihenfolge „Ausführung V1", „Bedingungsprüfung", „Ausführung V2" wird solange wiederholt, bis die Bedingung den Wert TRUE hat. In diesem Fall wird die Schleife durch die Abbruchbedingung verlassen.

3.2.4 Vom Struktogramm zum Programm

Mit den Mitteln der Struktogramme kann nun der Algorithmus von Euklid, der in Kapitel 3.1.1 eingeführt wurde, in grafischer Form dargestellt werden:

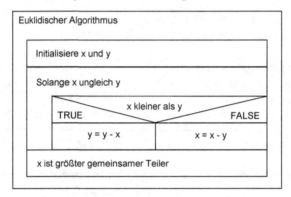

Bild 3-16 Struktogramm des euklidischen Algorithmus

In diesem Struktogramm ist ein Block mit dem Namen „Euklidischer Algorithmus" zu sehen, der eine Folge von drei Anweisungen enthält: zuerst kommt die Initialisierung der Variablen, dann eine Wiederholung mit vorheriger Prüfung und am Ende die Feststellung des Ergebnisses. Die Wiederholungsanweisung enthält eine einfache Alternative mit der Bedingung x kleiner als y.

Der in Bild 3-16 dargestellte Algorithmus von Euklid kann natürlich auch mit Hilfe eines Pseudocodes formuliert werden:

```
Euklidischer Algorithmus
{
    Initialisiere x und y
    while (x ungleich y)
    {
        if (x kleiner als y)
            y = y - x
        else
            x = x - y
    }
    x ist der größte gemeinsame Teiler
}
```

Dieser Pseudocode und die grafische Darstellung als Nassi-Shneiderman-Diagramm in Bild 3-16 sind äquivalent.

3.2.4.1 Das Programm von Euklid in C mit fest vorgegebenen Anfangswerten

Der Schritt zu einem lauffähigen Programm ist nun überhaupt nicht mehr groß: Das, was soeben noch umgangssprachlich formuliert wurde, muss jetzt in C ausgedrückt werden. Die wesentlichen Punkte betreffen hier die Kommunikation des Programms mit seinem Benutzer: Welche Werte sollen x und y bekommen und in welcher Form soll das Ergebnis dargestellt werden? Da die Details der Ein- und Ausgabe von Daten in C-Programmen an dieser Stelle nicht behandelt werden sollen, arbeitet das folgende C-Programm für den euklidischen Algorithmus mit fest vorgegebenen Werten für x und y:

```c
/* Datei: euklidconst.c */
#include <stdio.h>

int main (void)
{
   int x = 24;
   int y = 9;

   while (x != y)
   {
      if (x < y)
         y = y - x;
      else
         x = x - y;
   }
   printf ("Der groesste gemeinsame Teiler ist: %d\n", x);
   return 0;
}
```

Die Ausgabe des Programms ist:

```
Der groesste gemeinsame Teiler ist: 3
```

Viele Elemente dieses Programms sind bereits beispielsweise durch das „Hello World"-Programm aus Kapitel 1.1 oder durch den Pseudocode für den euklidischen Algorithmus bekannt. Es werden hier zwei Variablen x und y vereinbart, die ganze Zahlen speichern können und jeweils mit einem vorgegebenen Wert initialisiert werden:

```c
int x = 24;
int y = 9;
```

Die Abfragen, ob Werte `ungleich` sind bzw. ob ein Wert `kleiner als` ein anderer ist, werden in C durch die Operatoren != bzw. < ausgedrückt.

An dieser Stelle soll nicht weiter auf die Details der Ein- und Ausgabe eingegangen werden. Daher ist das vorgestellte Programm für den euklidischen Algorithmus zwar lauffähig, aber in der Benutzung sehr ineffizient. Denn wenn man den größten gemeinsamen Teiler von anderen Zahlen als den vorgegebenen bestimmen will, muss man das Programm an den entsprechenden Stellen ändern und neu übersetzen. In Kapitel 3.2.4.2 befindet sich eine elegantere Version des euklidischen

Algorithmus als C-Programm, bei dem die Inhalte der Variablen x und y im Dialog eingelesen werden.

3.2.4.2 Praktikables Euklidisches Programm mit Einlesen von x und y

Das C-Programm für den euklidischen Algorithmus aus Kapitel 3.2.4.1 soll nun so modifiziert werden, dass es für einen Benutzer besser zu bedienen ist. Dabei soll zum einen die Initialisierung von x und y durch das Einlesen von der Tastatur und nicht hart codiert im Programm erfolgen, zum anderen sollen der Startwert von x, der Startwert von y sowie der größte gemeinsame Teiler ausgegeben werden. Das Programm hat die Form:

```c
/* Datei: euklid.c */
#include <stdio.h>

int main (void)
{
    int x;
    int y;

    printf ("\nGeben Sie bitte einen Wert fuer x ein: ");
    scanf ("%d", &x);
    printf ("Geben Sie bitte einen Wert fuer y ein: ");
    scanf ("%d", &y);
    printf ("Der ggT von %d und %d ist: ", x, y);
    while (x != y)
    {
        if (x < y)
            y = y - x;
        else
            x = x - y;
    }
    printf ("%d\n", x);
    return 0;
}
```

Man beachte hierbei die folgenden Punkte:

• Mit Hilfe der Bibliotheksfunktion `scanf()` kann man Werte einlesen. So kann man beispielsweise auf die Ausgabe:

```
Geben Sie bitte einen Wert fuer x ein:
```

antworten durch die Eingabe:

```
72 <RETURN>
```

Dabei bedeutet `<RETURN>` den Anschlag der Return-Taste (↵). Der eingegebene Wert wird dann von `scanf()` in der Variablen x abgelegt. Eine Besonderheit von `scanf()` ist, dass diese Funktion als Argument nicht die Variable selbst, in die ein Wert eingelesen werden soll, haben möchte, sondern die Adresse dieser Variablen. Im Vorgriff auf Kapitel 8 wird hier einfach angegeben, dass die Adresse einer Variablen x ermittelt wird, indem man vor diese Variable den Adressoperator `&` schreibt.

- Die Funktion `scanf()` hat wie die Funktion `printf()` als erstes Argument einen **Formatstring (Steuerstring)**. Da in eine `int`-Variable eingelesen wird, wird das Formatelement `%d` benutzt.

- Da der Wert der Variablen `x` bzw. `y` durch den Algorithmus verändert wird, ist es erforderlich, den eingegebenen Anfangswert von `x` und `y` frühzeitig auszugeben.

- Die Schnittstelle der Funktion `scanf()` ist ebenfalls wie die Schnittstelle der Funktion `printf()` in der Header-Datei `<stdio.h>` zu finden.

Ein möglicher Dialog mit diesem Programm ist:

```
Geben Sie bitte einen Wert fuer x ein: 72
Geben Sie bitte einen Wert fuer y ein: 45
Der ggT von 72 und 45 ist: 9
```

3.3 Pseudocode

Kapitel 3.3.1 behandelt natürliche und formale Sprachen. Kapitel 3.3.2 geht anschließend auf einen freien und formalen Pseudocode ein.

3.3.1 Natürliche und formale Sprachen

Generell kann man bei Sprachen zwischen **natürlichen Sprachen** wie der Umgangssprache oder den Fachsprachen einzelner Berufsgruppen und **formalen Sprachen** unterscheiden.

Formale Sprachen sind beispielsweise die Notenschrift in der Musik, die Formelschrift in der Mathematik oder Programmiersprachen beim Computer. Nur das, was durch eine formale Sprache – hier die Programmiersprache – festgelegt ist, ist für den Übersetzer verständlich.

3.3.2 Freier und formaler Pseudocode

Hat man als Programmierer ein neues Problem zu lösen, dann ist es empfehlenswert, nicht gleich auf der Ebene einer formalen Programmiersprache zu beginnen. Würde man das tun, dann müsste man sich sofort mit den vielen formalen Details der Programmiersprache befassen, statt erst nachzudenken, wie der Lösungsweg denn aussehen soll.

Wenn ein Programm entworfen, also quasi „erfunden" werden soll, kann man grafische Mittel wie Struktogramme nutzen oder man greift auf eine „halbformale" Sprache, einen sogenannten freien Pseudocode, zurück, der es erlaubt, zuerst die Struktur eines Programms festzulegen und die Details aufzuschieben.

Ein **Pseudocode** ist eine Sprache, die dazu dient, Programme zu entwerfen. Pseudocode kann von einem freien Pseudocode bis zu einem formalen Pseudocode reichen.

Bei einem **freien Pseudocode** formuliert man Schlüsselwörter für die Iteration, Selektion und Blockbegrenzer und fügt in diesen Kontrollfluss Verarbeitungsschritte ein, die in der Umgangssprache beschrieben werden.

Ein **formaler Pseudocode**, der alle Elemente enthält, die auch in einer Programmiersprache enthalten sind, ermöglicht eine automatische Codegenerierung für diese Zielsprache. Dennoch ist es das eigentliche Ziel eines Pseudocodes, eine Spezifikation zu unterstützen.

Freie Pseudocodes sind für eine grobe Spezifikation vollkommen ausreichend.

Das Beispiel in Kapitel 3.1.1 war bereits in einem freien Pseudocode formuliert. Es wurden deutsche Schlüsselwörter wie „solange", „wenn" oder „andernfalls" benutzt. Meist lehnt man sich aber bei einem Pseudocode an eine bekannte Programmiersprache an, sodass dann englische Begriffe dominierend sind.

3.4 Zusammenfassung

Dieses Kapitel behandelt den Entwurf von Programmen.

Kapitel **3.1** stellt Algorithmen und ihre Abläufe vor. Algorithmen sind Vorschriften für die Lösung eines Problems, welche die Handlungen und ihre Abfolge – also die Handlungsweise – beschreiben. Ein Algorithmus in einer imperativen Programmiersprache sagt einem Prozessor präzise, was dieser tun soll. Ein Programm besteht aus Anweisungen, die von einem Prozessor ausgeführt werden können.

Die Abarbeitungsreihenfolge von Anweisungen wird auch als Kontrollfluss bezeichnet. Für den menschlichen Leser ist es am einfachsten, wenn ein Programm einen einfachen und überschaubaren Kontrollfluss hat. Unter einer Kontrollstruktur versteht man eine Anweisung, welche die Abarbeitungsreihenfolge von Anweisungen beeinflusst.

Betrachtet man nur sequenzielle Abläufe, so gibt es Kontrollstrukturen für

- die Selektion,
- die Iteration
- und die Sequenz.

Bei der Strukturierten Programmierung wird ein Programm in Teilprogramme zerlegt und jede Anweisung hat einen einzigen Eingang und Ausgang.

Anstelle fest vorgegebener Zahlen werden im Programm Bezeichner verwendet, die einem Speicherplatz im Arbeitsspeicher oder einem Register zugeordnet sind und als variable Größen oder kurz Variablen bezeichnet werden. Den Variablen werden im

Verlauf des Algorithmus konkrete Werte zugewiesen. Variablen speichern also Werte. Die Variablen repräsentieren über den Verlauf eines Algorithmus hinweg ganz unterschiedliche Werte. Zu Beginn des Algorithmus werden den Variablen definierte Anfangs- oder Startwerte zugewiesen. Diesen Vorgang bezeichnet man als Initialisierung der Variablen. Die Werteänderung von Variablen erfolgt dann durch sogenannte Zuweisungen. Der von einer Variablen gespeicherte Wert kann durch eine Zuweisung mit einem neuen Wert überschrieben werden. Bei einer Zuweisung wird zuerst der Ausdruck rechts vom Zuweisungsoperator berechnet und der Wert dieses Ausdrucks dem Speicherplatz auf der linken Seite des Zuweisungsoperators zugewiesen.

Kapitel **3.2** erläutert die Veranschaulichung des Ablaufs von Programmen mittels Nassi-Shneiderman-Diagrammen, welche auch unter der Bezeichnung Struktogramme bekannt sind. Nassi-Shneiderman-Diagramme enthalten kein GOTO, sondern nur die Sprachmittel der Strukturierten Programmierung, d. h. die Bildung von Teilprogrammen und die Kontrollstrukturen Sequenz, Iteration und Selektion. Spezifiziert und programmiert man strukturiert, so geht der Kontrollfluss eines solchen Programmes einfach von oben nach unten – eine Anweisung folgt der nächsten. Wilde Sprünge, welche die Übersicht erschweren, sind nicht zugelassen. Das wichtigste Merkmal der Struktogramme ist, dass jeder Verarbeitungsschritt durch ein rechteckiges Sinnbild dargestellt wird. Ein Verarbeitungsschritt kann dabei eine Anweisung oder eine Gruppe von zusammengehörigen Anweisungen sein. Die obere Linie eines Rechtecks bedeutet den Beginn eines Verarbeitungsschrittes, die untere Linie bedeutet das Ende dieses Verarbeitungsschrittes.

Bei der Sequenz folgen Verarbeitungsschritte sequentiell hintereinander. Eine Kontrollstruktur für die Sequenz ist der Block.

Bei den Kontrollstrukturen für die Selektion kann man zwischen

- der einfachen Alternative,
- der bedingten Verarbeitung
- und der mehrfachen Alternative

unterscheiden.

Ein boolescher Ausdruck wie z. B. $a > b$ kann die Wahrheitswerte „wahr" bzw. „falsch" annehmen. Ein solcher boolescher Ausdruck wird auch als Bedingung bezeichnet.

Bei der einfachen Alternative wird überprüft, ob ein boolescher Ausdruck wahr ist oder nicht. Je nach dem Wert der Bedingung wird etwas anderes getan. Bei der bedingten Verarbeitung erfolgt ein Verarbeitungsschritt, wenn die Bedingung erfüllt ist. Bei der mehrfachen Alternative wird je nach dem Wert eines arithmetischen Ausdrucks jeweils der entsprechende Zweig ausgeführt.

Bei der Iteration kann man drei Fälle von Kontrollstrukturen unterscheiden:

- Wiederholung mit vorheriger Prüfung,
- Wiederholung mit nachfolgender Prüfung
- und Wiederholung ohne Prüfung.

Bei der Wiederholung mit vorheriger Prüfung (abweisende oder kopfgesteuerte Schleife) wird zuerst eine Bedingung geprüft. Solange diese Bedingung erfüllt ist, wird der Verarbeitungsschritt wiederholt. Bei der Wiederholung mit nachfolgender Prüfung (annehmende oder fußgesteuerte Schleife) erfolgt die Prüfung der Bedingung erst am Ende. Bei einer Wiederholung ohne Prüfung ist die Prüfung in den Verarbeitungsschritten „versteckt".

Eine BREAK-Anweisung ist eine spezielle Sprunganweisung und sollte nur eingesetzt werden, damit bei einer Schleife ohne Wiederholungsprüfung keine Endlosschleife entsteht. Die Regel, dass eine Kontrollstruktur nur einen einzigen Eingang und einen einzigen Ausgang hat, wird dadurch nicht verletzt, sondern der zunächst fehlende Ausgang wird erst durch die BREAK-Anweisung zur Verfügung gestellt.

Kapitel **3.3** diskutiert die Möglichkeiten des Pseudocodes. Ein Pseudocode ist eine Sprache, die dazu dient, Programme zu entwerfen. Pseudocode kann von einem freien Pseudocode bis zu einem formalen Pseudocode reichen. Bei einem freien Pseudocode formuliert man Schlüsselwörter für die Iteration, Selektion und Blockbegrenzer und fügt in diesen Kontrollfluss Verarbeitungsschritte ein, die in der Umgangssprache beschrieben werden. Ein formaler Pseudocode, der alle Elemente enthält, die auch in einer Programmiersprache enthalten sind, ermöglicht eine automatische Codegenerierung für diese Zielsprache. Dennoch ist es das eigentliche Ziel eines Pseudocodes, eine Spezifikation zu unterstützen. Freie Pseudocodes sind für eine grobe Spezifikation vollkommen ausreichend.

3.5 Übungsaufgaben

Aufgabe 3.1: Nassi-Shneiderman-Diagramm Quadratzahlen

Vervollständigen Sie die unten angegebenen Nassi-Shneiderman-Diagramme für ein Programm, welches in einer (**äußeren**) **Schleife** ganze Zahlen in eine Variable n einliest. Die Reaktion des Programms soll davon abhängen, ob der in die Variable eingelesene Wert positiv, negativ oder gleich null ist. Treffen Sie die folgende Fallunterscheidung:

- Ist die eingelesene Zahl n größer als null, so soll in einer inneren Schleife ausgegeben werden(die Titel müssen Sie nicht ausgeben):

```
Zahl            Quadratzahl
1                  1
2                  4
.                  .
.                  .
.                  .
n                  n*n
```

- Ist die eingelesene Zahl n kleiner als null, so soll ausgegeben werden:

```
Negative Zahl
```

- Ist die eingegebene ganze Zahl n gleich null, so soll das Programm (**die äußere Schleife**) abbrechen.

Lösen Sie die Aufgabe auf zwei Arten:

a) Mit einer Wiederholung ohne Prüfung.
b) Mit einer Wiederholung mit nachfolgender Prüfung (annehmende Schleife).

Nutzen Sie dazu folgende zwei Diagramme:

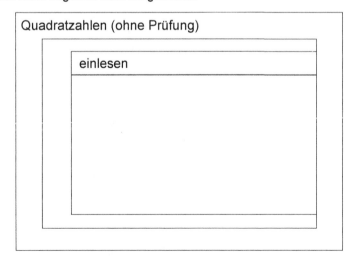

Bild 3-17 Nassi-Shneiderman-Diagramm für das Programm Quadratzahlen mit einer Wiederholung ohne Prüfung

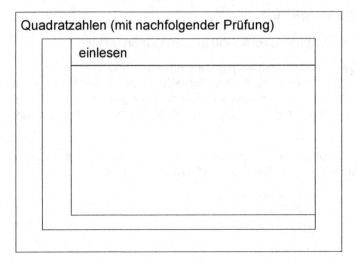

*Bild 3-18 Nassi-Shneiderman-Diagramm für das Programm Quadratzahlen mit einer Wieder-
holung mit nachfolgender Prüfung*

Kapitel 4

Daten und Funktionen

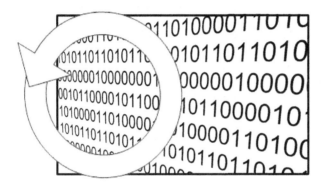

4 Daten und Funktionen

Wie bereits erwähnt wurde, gehört die Programmiersprache C zu der Klasse der prozeduralen Programmiersprachen. Kapitel 4.1 befasst sich aus allgemeiner Sicht mit Daten und Kapitel 4.2 mit Funktionen in prozeduralen Programmen. Kapitel 4.3 und Kapitel 4.4 untersuchen Daten und Funktionen in der Programmiersprache C. Auf die Struktur einer Quelldatei in C wird in Kapitel 4.5 eingegangen.

4.1 Daten in prozeduralen Programmen

Ein prozedurales Programm besteht aus Funktionen, die auf Daten arbeiten.

Wenn Daten von der Tastatur in den Editor eingegeben werden, so handelt es sich um einzelne Zeichen. Zeichen werden in Kapitel 4.1.1 behandelt. Nach ihrer Vorstellung – auch der Form ihrer Codierung – werden Variablen, die unter Verwendung eines Bezeichners bzw. Namens zum Kompilierzeitpunkt im Arbeitsspeicher erzeugt werden, diskutiert (siehe Kapitel 4.1.2). Diese Variablen werden dem Compiler unter Nennung des Namens und des Datentyps der Variablen bekannt gemacht. Die Bedeutung eines Datentyps wird in Kapitel 4.1.3 erläutert.

4.1.1 Zeichen

Wenn ein Programm mit Hilfe eines Texteditors geschrieben wird, werden Zeichen über die Tastatur eingegeben. Einzelne oder mehrere aneinandergereihte Zeichen haben im Programm eine spezielle Bedeutung. So repräsentieren die Zeichen x und y bei der Implementierung[36] des euklidischen Algorithmus (siehe Kapitel 3.2.4.1) die Namen von Variablen.

Ein **Zeichen** ist ein von anderen Zeichen unterscheidbares Objekt, welches in einem bestimmten Zusammenhang eine definierte Bedeutung trägt.

Zeichen können beliebige Symbole (beispielsweise Buchstaben), Bilder (beispielsweise Hieroglyphen), Töne (beispielsweise Morsezeichen) oder gar Objekte (beispielsweise Rauchzeichen) sein. Zeichen derselben Art sind **Elemente** eines **Zeichenvorrats**. So sind beispielsweise die Zeichen I, V, X, L, C, D oder M Elemente des Zeichenvorrats der römischen Zahlen.

Eine **Ziffer** ist ein Zeichen, das die Bedeutung einer Zahl hat. Die Dezimalziffern 0, 1, … 9 sind die bekanntesten Beispiele. Jedoch können durchaus auch Buchstaben die Rolle von Ziffern einnehmen, wie das Beispiel der römischen Zahlen zeigt.

---

[36] Implementierung bedeutet Realisierung, Umsetzung, Verwirklichung.

Von einem **Alphabet** spricht man, wenn der Zeichenvorrat eine strenge Ordnung aufweist.

So stellt beispielsweise die geordnete Folge der Elemente

0, 1	das Binäralphabet,
a, b, c ... z	die Kleinbuchstaben ohne Umlaute und ohne ß,
0, 1, ... 9	das Dezimalalphabet

dar.

4.1.1.1 Rechnerinterne Darstellung von Zeichen

Rechnerintern werden Zeichen durch Bits dargestellt. Ein **Bit**[37] kann den Wert 0 oder 1 annehmen.

Das bedeutet, dass man mit einem Bit zwei verschiedene Fälle darstellen kann. Mit einer Gruppe von 2 Bits hat man 2 * 2 = 4 Kombinationsmöglichkeiten, mit einer Gruppe von 3 Bits kann man 2 * 2 * 2 = 8 verschiedene Fälle darstellen, und so fort. Mit 3 Bits sind die Kombinationen

000   001   010   011   100   101   110   111

möglich. Jeder dieser Bitgruppen kann man je ein Zeichen zuordnen, d. h. dass jede dieser Bitkombinationen ein Zeichen repräsentieren kann. Im folgenden Beispiel wird jeder dieser Bitkombinationen eine Farbe zugeordnet:

000	schwarz
001	rot
010	grün
011	gelb
100	blau
101	magenta
110	cyan
111	weiss

Bei der rechnerinternen Darstellung von Zeichen durch Bits braucht man nur eine eindeutig umkehrbare Zuordnung (z. B. erzeugt durch eine Tabelle) und kann dann jedem Zeichen eine Bitkombination und jeder Bitkombination ein Zeichen zuordnen.

Mit anderen Worten, man bildet die Elemente eines Zeichenvorrats auf die Elemente eines anderen Zeichenvorrats ab.

Die Abbildung der Elemente eines Zeichenvorrats auf die Elemente eines anderen Zeichenvorrats bezeichnet man als **Codierung**.

---

[37] Abkürzung für binary digit (engl.) = Binärziffer.

4.1.1.2 Relevante Codes für Rechner

Nach DIN 44300 ist ein **Code** eine Vorschrift für die **eindeutige Zu-ordnung** oder **Abbildung** der Zeichen eines Zeichenvorrats zu denje-nigen eines anderen Zeichenvorrats, der sogenannten Bildmenge.

Der Begriff des Codes ist nicht eindeutig. Oftmals wird unter Code auch der Zeichen-vorrat der Bildmenge verstanden.

Damit ein Programmierer einem Computer mitteilen kann, was sein Programm aus-führen soll, muss der Programmierer sein Programm in einer Zeichencodierung schreiben, welche der Computer versteht. Heutzutage sind insbesondere folgende Codierungen für die Sprache C relevant:

- ISO 646: Die Codierung ISO/IEC 646 wird als „Invariant Code Set" bezeichnet und definiert 110 global festgelegte Zeichen sowie 18 länderspezifische Zeichen. Die-ser Zeichensatz beinhaltet die auf (fast) der ganzen Welt verbreiteten lateinischen Buchstaben, die arabischen Ziffern, einige Interpunktionszeichen (Prozentzeichen, Punkt, Fragezeichen etc.) sowie einige Steuerzeichen. Dieser Zeichensatz ist die minimale Anforderung, die ein C-Compiler verstehen muss.
- ASCII: Der ASCII-Zeichensatz[38] definiert 128 Zeichen als 7-Bit-Code, wobei diese heutzutage in 8 Bit verpackt werden und das achte Bit auf null gesetzt wird. ISO 646 ist vorwärtskompatibel zu ASCII. Der ASCII-Zeichensatz ist identisch mit der US-länderspezifischen Variante von ISO 646.
- UTF-8: Mit der Verbreitung von Unicode[39] (auch bekannt als UCS = universal character set) wurde UTF-8 (UTC transformation format for 8 bit) immer populärer. ASCII ist vorwärtskompatibel zu UTF-8. UTF-8 erlaubt jedoch zusätzlich, sämt-liche Zeichen des Unicodes (mit weit über einer Million Zeichen) abzubilden.
- UTF-16: UTF-16 ist ähnlich wie UTF-8 eine Codierung, welche Unicode abzubil-den vermag. Leider aber benötigt ein Zeichen 16 und nicht 8 Bits. Deswegen ist ASCII nicht vorwärtskompatibel zu UTF-16, sondern erfordert eine Umkonvertie-rung.
- UTF-32: Diese Codierung ist genauso wie UTF-16 zu betrachten, jedoch benötigt ein Zeichen 32 Bits.

Die Leser dieses Buches können vorerst davon ausgehen, dass in C Zeichen norma-lerweise 8 Bits benötigen. Damit können sie in der Regel dem ASCII-Standard folgen. Es sei jedoch angemerkt, dass manche Betriebssysteme intern UTF-16 oder gar UTF-32 als Codierung verwenden. Diese Zeichen müssen jedoch durch einen speziellen Typ und entsprechende Umwandlungs-Funktionen angesprochen werden. In Kapitel 6.1.3 wird genauer darauf eingegangen.

Zeichen sind zunächst **Buchstaben**, **Ziffern** oder **Sonderzeichen**. Zu diesen Zeichen können auch noch **Steuerzeichen** hinzukommen.

---

[38] ASCII = American Standard Code for Information Interchange.
[39] Nach C11 sind in C auch Unicode-Zeichen möglich.

Ein Steuerzeichen ist beispielsweise ^C, das durch das gleichzeitige Anschlagen der Taste `Strg` (Steuerung) und der Taste `C` erzeugt wird. Die Eingabe von ^C kann dazu dienen, ein Programm abzubrechen.

4.1.2 Variablen

Bei imperativen Sprachen – zu dieser Klasse von Sprachen gehört C (siehe Kapitel 1.6) – besteht ein Programm aus einer Folge von Befehlen, wie z. B. „Wenn x größer als y ist, dann:" oder „Ziehe y von x ab und weise das Ergebnis x zu". Wesentlich an diesen Sprachen ist das Variablenkonzept – Eingabewerte werden in Variablen gespeichert und anschließend weiterverarbeitet.

Eine **Variable** ist eine benannte Speicherstelle. Über den **Variablennamen** kann ein Programmierer auf die entsprechende Speicherstelle zugreifen.

Variablen braucht man, um in ihnen Werte abzulegen. Im Gegensatz zu einer Konstanten ist eine Variable eine veränderliche Größe.

In ihrem Speicherbereich kann bei Bedarf der Wert einer Variablen verändert werden. Der **Wert** einer Variablen muss der Variablen explizit zugewiesen werden. Wenn einer Variablen nie ein Wert zugewiesen wird, sind die Bits an der Speicherstelle der Variablen mehr oder weniger zufällig angeordnet und ergeben sinnfreie Werte. Dies kann zu einer Fehlfunktion des Programms führen. Daher darf es der Programmierer nicht versäumen, den Variablen die gewünschten **Startwerte** (**Initialwerte**) zuzuweisen, d. h. die Variablen zu **initialisieren**.

Der Programmierer ist verantwortlich dafür, dass Variablen initialisiert werden.

Variablen liegen während der Programmausführung üblicherweise in Speicherzellen des Arbeitsspeichers.[40]

4.1.3 Datentypen

Ein **Datentyp** ist der Bauplan für eine Variable. Ein Datentyp legt fest, welche Operationen auf einer Variablen möglich sind und wie die Darstellung (Repräsentation) der Variablen im Speicher des Rechners erfolgt.

Mit der Darstellung wird festgelegt, wie viele Bytes die Variable im Speicher einnimmt und welche Bedeutung ein jedes Bit dieser Darstellung hat. Der Benutzer kann die

---

[40] Es ist auch möglich, dass sie in Registern des Prozessors liegen.

Datentypnamen in der vorgesehenen Bedeutung ohne weitere Maßnahmen verwenden.

Kennzeichnend für einen **einfachen Datentyp** ist, dass sein **Wert** einfach im Sinne von nicht zusammengesetzt ist. Ein einfacher Datentyp kann nicht aus noch einfacheren Datentypen zusammengesetzt sein.

Datentypen, die eine Programmiersprache zur Verfügung stellt, sind **Standarddatentypen**.

Moderne Programmiersprachen bieten außerdem Möglichkeiten an, um Datentypen selbst zu definieren. Mit solchen **selbst definierten Datentypen**[41] kann ein Programmierer Aufbau und Struktur solcher Variablen entsprechend seiner Problemstellung festlegen.

4.2 Funktionen in prozeduralen Programmen

Ob ein Unterprogramm durch sogenannte Prozeduren bzw. Funktionen dargestellt wird, hängt von der Programmiersprache ab. C kennt keine Prozeduren, es kennt nur Funktionen. Für ein Nassi-Shneiderman-Diagramm ist es irrelevant, ob die Umsetzung eines Blocks in eine Funktion oder eine Prozedur erfolgt. Es ist sprachunabhängig. Hier werden der Einfachheit halber nur Funktionen betrachtet. Ein Programm soll hier also nur aus Funktionen bestehen, die die Rolle von Haupt- und von Unterprogrammen haben.

Funktionen haben die Aufgabe, **Teile eines Programms unter einem eigenen Namen** zusammenzufassen.

Mit Hilfe des Funktionsnamens kann man eine Funktion aufrufen. Dabei ist es möglich, den Funktionen beim Aufruf aktuelle Parameter bzw. Argumente mitzugeben. Funktionen können auch Ergebnisse zurückliefern. Die Programmausführung wird nach Abarbeitung einer Funktion an der Stelle des Aufrufs fortgesetzt.

Funktionen sind ein Mittel zur Strukturierung eines Programms.

Ein Programm soll in kleinere Einheiten aufgeteilt werden können, die überschaubar sind (Modularisierung). Riesengroße Programme, die sich über mehrere tausend Codezeilen erstrecken, sollen vermieden werden, da sie unübersichtlich und damit schwer wartbar sind.

Ziel darf es nicht sein, ein einziges riesengroßes Programm zu schreiben, da dies schwer zu überblicken wäre.

---

[41] Siehe hierzu Kapitel 4.3.4.

Für ein Programm wird Modularität gefordert, damit es verständlich, testbar und wartbar ist. Eine Funktion sollte allerhöchstens 100 Zeilen Code umfassen. Dabei soll die Funktion des Hauptprogramms so weit wie möglich nur Unterprogramme (Funktionen) aufrufen, damit das Hauptprogramm leicht verständlich ist.

Funktionen können per Name und mit wechselnden aktuellen Parametern aufgerufen werden. Es ist somit möglich, die Funktionalität einer Funktion an beliebig vielen Stellen im Programm zu nutzen. Dies kann den Programmtext erheblich verkürzen, indem an den entsprechenden Stellen anstelle des gesamten Codes der Funktion einfach nur noch der Aufruf der Funktion notiert werden muss.

Funktionen sind **wiederverwendbar**.

Mit dem **Hauptprogramm** beginnt ein Programm – wie bereits erwähnt – seine Ausführung.

4.2.1 Unterprogramme und Bibliotheken

Ein Hauptprogramm kann **Unterprogramme** aufrufen. Ein Unterprogramm kann ebenfalls Unterprogramme aufrufen.

Ein **Unterprogramm** ist **in C** eine Programmeinheit (Folge von Anweisungen) im Sinne einer **Funktion**, die einen Namen trägt und über ihren Namen aufgerufen werden kann.

Viele Unterprogramme sind nicht nur in einem einzigen Programm verwendbar, sondern lösen eine Aufgabe, die in vielen Programmen zu erledigen ist.

Unterprogramme aus zusammenhängenden Aufgabengebieten werden in sogenannten **Bibliotheken** (engl. **libraries**) zusammengefasst und dem Programmierer zur Verfügung gestellt.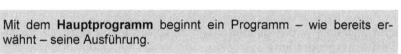

Bibliotheken werden vom Compilerhersteller zusammen mit dem Compiler ausgeliefert, können aber auch auf dem freien Markt bezogen oder selbst erstellt werden.

So wird beispielsweise in der Programmiersprache C das Programmieren durch eine ganze Reihe von Standardbibliotheken erleichtert, die jeder C-Compiler anbieten muss. Die Header Dateien dieser Bibliotheken sind im Anhang A aufgelistet. Im „Hello World"-Programm in Kapitel 1.1 wurde beispielsweise die Header-Datei `<stdio.h>` der Standardein- und -ausgabe benutzt.

4.2.2 Aufrufhierarchie von Unterprogrammen

Wie bereits erwähnt, kann ein Hauptprogramm Unterprogramme und ein Unterprogramm ebenfalls Unterprogramme aufrufen. Durch den Aufruf entsteht eine Beziehung zwischen den Programmeinheiten, die man als **Aufrufhierarchie** bezeichnet.

Im Folgenden wird ein einfaches Beispiel für ein Programm betrachtet, welches aus einem Hauptprogramm und drei Unterprogrammen besteht. Welche Unterprogramme vom Hauptprogramm aufgerufen werden, kann wie in dem folgenden Beispiel in einem Hierarchiediagramm grafisch dargestellt werden:

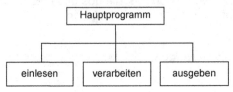

Bild 4-1 Aufrufhierarchie eines Programms

Dieses Hierarchiediagramm wird folgendermaßen interpretiert: Das gezeigte Hauptprogramm ruft die **Unterprogramme** einlesen, verarbeiten und ausgeben auf. In welcher Reihenfolge diese Unterprogramme aufgerufen werden und ob sie gegebenenfalls mehrmals aufgerufen werden, ist aus dieser Art der Darstellung nicht ersichtlich.

4.2.3 Vorteile von Unterprogrammen

Einige Vorteile von Unterprogrammen wurden bereits erwähnt, wie beispielsweise, dass ein Programm **übersichtlicher** wird und dass gleichartiger Code nicht mehrfach geschrieben werden muss, sondern **mehrfach verwendet** werden kann.

Kann ein und dasselbe Unterprogramm mehrfach in einem Programm aufgerufen werden, so wird das Programm insgesamt kürzer und es ist auch einfacher zu testen.

Die **Stabilität des Programms** wird erhöht.

Hier soll noch ein weiterer Vorteil von Unterprogrammen genannt werden:

Dadurch, dass ein Unterprogramm eine bestimmte Berechnung kapselt, kann die Berechnung relativ leicht ausgetauscht und ein **alternativer Algorithmus** verwendet werden, ohne dass der Rest des Programms von dieser Änderung betroffen ist.

4.2.4 Unterprogramme in Nassi-Shneiderman-Diagrammen

Im folgenden Bild 4-2 wird ein Hauptprogramm dargestellt, welches ein Unterprogramm mit dem Namen Unterprogramm_A aufruft und lokal drei verschiedene Verarbeitungsschritte durchführt – den Verarbeitungsschritt 1 vor dem Aufruf und die beiden anderen lokalen Verarbeitungsschritte nach dem Aufruf des Unterprogramms, wie es die Reihenfolge im Diagramm beschreibt.

Im Gegensatz zur DIN-Richtlinie, die einen Unterprogrammaufruf innerhalb eines Struktogramms als eine gewöhnliche Anweisung auffasst, empfiehlt es sich – wie in der Originalarbeit von Nassi und Shneiderman – Aufrufe von Unterprogrammen grafisch besonders zu kennzeichnen.

Jetzt das bereits erwähnte Bild:

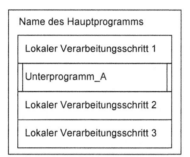

Bild 4-2 Struktogramm mit Unterprogrammaufruf

Der Aufruf des Unterprogramms `Unterprogramm_A` in Bild 4-2 ist besonders gekennzeichnet. In Anlehnung an die Schreibweise bei Flussdiagrammen (DIN 66001) wird hier als Sinnbild für Unterprogrammaufrufe ein Rechteck mit 2 zusätzlichen senkrechten Strichen verwendet. Dabei steht zwischen den senkrechten Strichen der **Unterprogrammname**, wie in Bild 4-2 zu sehen.

Ein **Struktogramm für ein Unterprogramm** (eine Prozedur oder eine Funktion) ist genauso aufgebaut wie das Diagramm eines Hauptprogramms, wie man durch einen Vergleich von Bild 4-2 mit Bild 4-3 erkennen kann. Anstelle der Bezeichnung des Hauptprogramms tritt bei einem Unterprogramm die Bezeichnung der Prozedur bzw. der Funktion.

Durch den Namen wird eine Verbindung zwischen der Stelle hergestellt, an der die Folge der Verarbeitungsschritte eines Unterprogramms dargestellt wird, und der Stelle, an der diese Folge in einem übergeordneten Struktogramm auszuführen ist. Folglich muss der Name, den man sich für ein Unterprogramm ausdenken muss, innerhalb eines Programms eindeutig sein, um diese Verbindung zweifelsfrei zu ermöglichen.

Im gezeigten konkreten Beispiel wurde der Name bereits im übergeordneten Struktogramm eingeführt. Somit ist für das Unterprogramm `Unterprogramm_A` selbst ein neues Diagramm zu erstellen, das in etwa die folgende Gestalt hat:

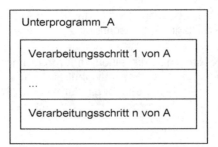

Bild 4-3 Struktogramm für ein Unterprogramm

Ein Programm wird nicht durch ein einzelnes Struktogramm beschrieben, sondern durch eine Menge von Struktogrammen – für jedes Unterprogramm ein Diagramm.

Wann führt man ein Unterprogramm ein und wann genügt es, die Verarbeitungsschritte direkt hinzuschreiben? Diese sehr wichtige Frage kann nicht einfach pauschal beantwortet werden. Viele Aspekte spielen hier eine Rolle, die zum Teil auch schon erwähnt wurden, wie etwa die Übersichtlichkeit oder die Wiederverwendbarkeit. In den folgenden Abschnitten wird eine Vorgehensweise gezeigt, welche die Aufteilung eines Programms in einzelne Unterprogrammeinheiten unterstützt.

4.2.5 Schrittweise Verfeinerung beim Top-Down-Design

Beim Entwurf eines neuen Programms geht man in der Regel top-down vor. Das bedeutet, dass man von groben Strukturen (top) ausgeht, die dann schrittweise in feinere Strukturen (bottom) zerlegt werden. Dies ist das **Prinzip der schrittweisen Verfeinerung**.

Bei der **schrittweisen Verfeinerung** wird das vorgegebene Problem in Teilprobleme und in die Beziehungen zwischen diesen Teilproblemen top-down so zerlegt, dass jede Teilaufgabe weitgehend unabhängig von den anderen Teilaufgaben gelöst werden kann.

Ist die Lösung eines Teilproblems nicht komplex, werden die notwendigen Schritte einfach hingeschrieben. Ist ein Teilproblem komplex, wird das Prinzip der schrittweisen Verfeinerung wiederum auf dieses Teilproblem angewandt.

Im Kontext einer prozeduralen Programmiersprache wie C werden **zur Lösung von Teilproblemen Unterprogramme** eingeführt.

Die Beziehung zwischen Programmeinheiten (Hauptprogramm und Unterprogramme sind Programmeinheiten) ist die bereits vorgestellte Aufrufbeziehung.

4.2.6 Das EVA-Prinzip

Ein Datenverarbeitungsproblem kann sehr oft in die Teilprobleme Einlesen, Verarbeiten und Ausgeben aufgespalten werden.

Dies symbolisiert das Bild 4-1.

Daten müssen zuerst eingelesen werden. Dann werden diese Daten verarbeitet und am Ende müssen die Ergebnisse ausgegeben werden. Als Nassi-Shneiderman-Diagramm dargestellt haben daher viele Programme die folgende Struktur:

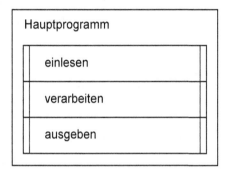

Bild 4-4 Grobstruktur eines Hauptprogramms

Dieses Prinzip der Zerlegung wird nach den Anfangsbuchstaben der Tätigkeiten auch als EVA-Prinzip bezeichnet.

Im obigen Bild sind `einlesen`, `verarbeiten` und `ausgeben` als Unterprogramm gekennzeichnet.

4.2.7 Exemplarische Durchführung eines Top-Down-Design

Struktogramme eignen sich zum Top-Down-Design von Programmeinheiten (Hauptprogramm, Unterprogramme) in zweifacher Hinsicht:

- Für einen komplexen Verarbeitungsschritt wird ein Unterprogramm eingeführt und damit ein separates Diagramm erstellt.[42] Der Programmierer kann für jeden Teil entscheiden, ob es sich lohnt, diesen Teil als Unterprogramm zu realisieren.
- Jedes Sinnbild nach Nassi-Shneiderman wird eindeutig mit seinem Anfang (obere Linie) und Ende (untere Linie) dargestellt, so dass jedes Sinnbild nach außen hin als abgeschlossene Einheit betrachtet, jedoch nach innen weiter zerlegt werden kann. Jede Einheit kann somit wiederum alle Sinnbilder für Verarbeitungsschritte enthalten.

In diesem Kapitel wird dies verdeutlicht, indem ein Programm anhand eines konkreten Beispiels top-down in seine Teilaufgaben aufgespalten wird.

---

[42] Dies wurde bereits in Bild 4-4 angedeutet durch das Symbol für den Aufruf der Unterprogramme für die drei genannten Teilprobleme.

Beispiel:

Als Beispiel werde hier folgendes Datenverarbeitungsproblem betrachtet:

- Ein Programm liest Zahlen ein. Sobald eine Null gelesen wird, wird die Eingabe abgebrochen.
- Das Programm errechnet daraufhin den mathematischen Durchschnitt und die Standardabweichung der eingegebenen Werte.
- Das Programm gibt die errechneten Werte aus.

Alleine schon aus der Problemstellung lässt sich das EVA-Prinzip klar erkennen: Einlesen – Verarbeiten – Ausgeben. Das Diagramm sieht in diesem konkreten Beispiel somit folgendermaßen aus:

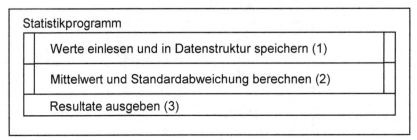

Bild 4-5 Schrittweise Verfeinerung: Schritt 1

Der Programmierer hat in diesem Beispiel entschieden, die Ausgabe (3) nicht weiter als Unterprogramm auszuführen, da das Ausgeben der Resultate keine weitere Herausforderung darstellt.

In einem ersten Verfeinerungsschritt wird nun das Unterprogramm (1) top-down entworfen. Das Unterprogramm kann folgendermaßen als Nassi-Shneiderman-Diagramm beschrieben werden:

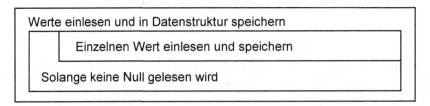

Bild 4-6 Schrittweise Verfeinerung: Schritt 2

Das Einlesen eines einzelnen Wertes wird nun wiederum mittels des EVA-Prinzips verfeinert:

Werte einlesen und in Datenstruktur speichern
Zur Tastatureingabe auffordern
Tastatureingabe in Zahl umwandeln
Zahl in Datenstruktur speichern
Solange keine Null gelesen wird

Bild 4-7 Schrittweise Verfeinerung: Schritt 3

Dieses Diagramm ist nun genügend fein ausgearbeitet, es werden somit keine weiteren Unterprogramme mehr definiert. Das Diagramm ist bereits auf der Beschreibungsebene von Anweisungen in der Programmiersprache angelangt. Mit anderen Worten: Die Sinnbilder für einzelne Verarbeitungsschritte entsprechen bereits einzelnen Anweisungen.

> Es ist möglich, Struktogramme bis auf die Programmcode-Ebene zu verfeinern.

Dann entspricht jedem Verarbeitungsschritt eine Anweisung des Programms. Bei komplexen Programmen kommt man aber erst nach mehrfachen Verfeinerungen auf die Ebene einzelner Anweisungen.

> Generell ist es aber nicht wünschenswert, den Entwurf bis auf die Ebene einzelner Anweisungen voranzutreiben, da dann identische Informationen in zweierlei Notation (Struktogramm, Programmcode) vorliegen würden. Änderungen an einer einzelnen Anweisung würden dann jedes Mal Änderungen in der Spezifikation nach sich ziehen.

Das Unterprogramm „Mittelwert und Standardabweichung berechnen (2)" kann als Nassi-Shneiderman-Diagramm folgendermaßen dargestellt werden:

Mittelwert und Standardabweichung berechnen
Mittelwert berechnen
Standardabweichung berechnen

Bild 4-8 Schrittweise Verfeinerung: Schritt 4

Beide Teilprobleme (Mittelwert und Standardabweichung) werden in je ein Unterprogramm geschrieben. Dasjenige des Mittelwertes kann mittels des EVA-Prinzips folgendermaßen geschrieben werden:

Mittelwert berechnen
Daten als Parameter einlesen
Daten aufsummieren und durch Anzahl dividieren
Resultat zurückgeben

Bild 4-9 Schrittweise Verfeinerung: Schritt 5

Für die Eingabe wurde hier einfach nur die Parameterübergabe verwendet. Für die Ausgabe wurde die Rückgabe des Resultates eingesetzt. Nach exakt diesem Prinzip sind sämtliche Funktionen in C aufgebaut.

Die Verfeinerung des Unterprogramms für die Standardabweichung erfolgt in entsprechender Art und Weise.

4.3 Daten in C

Variablen speichern grundsätzlich einen Wert. Dieser steht entweder an einer adressierbaren Stelle im Speicher oder in einem Prozessorregister. Auf Register-Variablen wird hier nicht eingegangen. Sie können in Kapitel 15 nachgelesen werden.

Eine Variable hat in C vier Kennzeichen:

- Variablennamen,
- Datentyp,
- Wert
- und Adresse.

In C kann man sowohl über den Variablennamen als auch über die Adresse auf den in einer Variablen gespeicherten Wert zugreifen. In der Programmiersprache C besteht der Speicherbereich einer Variablen aus einer zusammenhängenden Folge von Speicherzellen.

Der Zugriff auf eine falsche Adresse ist ein häufiger Programmierfehler in C.

In neueren Programmiersprachen wie z. B. in Java hat der Programmierer aus Gründen der Sicherheit keinen Zugriff mehr auf die Adresse einer Variablen im Arbeitsspeicher.

Die Sprache C stellt selbst standardmäßig einige Datentypen bereit, wie z. B. die einfachen Datentypen

- `int` zur Darstellung von ganzen Zahlen
- oder `float` zur Darstellung von Gleitpunktzahlen[43].

Im Folgenden werden die Standardtypen `int`, `float`, `double` des Compilers und durch den Programmierer selbst definierte Datentypen besprochen.

4.3.1 Der Datentyp int in der Programmiersprache C

Der Datentyp `int` vertritt in C-Programmen die **ganzen Zahlen** (Integer-Zahlen[44]). Es gibt in C jedoch noch weitere Integer-Datentypen. Sie unterscheiden sich vom Datentyp `int` durch ihre Repräsentation im Speicher und damit auch durch ihren Wertebereich.

Die `int`-Zahlen umfassen auf dem Computer einen endlichen Zahlenbereich, der nicht überschritten bzw. unterschritten werden kann. Dieser Bereich ist in Bild 4-10 dargestellt:

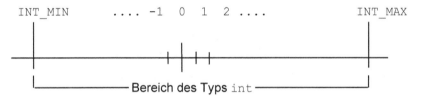

Bild 4-10 Wertebereich bei `int`-Zahlen

`INT_MIN` und `INT_MAX` sind die Grenzen der `int`-Werte auf einer Maschine[45]. Somit gilt für jede beliebige Zahl x vom Typ `int`:

x ist eine ganze Zahl, $INT\_MIN \leq x \leq INT\_MAX$

Die Variablen vom Typ `int` haben als Werte ganze Zahlen im Bereich von `INT_MIN` bis `INT_MAX`.

Umfasst die interne Darstellung von `int`-Zahlen 32 Bit, so entspricht dies üblicherweise einem Zahlenbereich von -2^{31} bis $+2^{31}$ - 1. Wird eine `int`-Zahl durch 16 Bit dargestellt, so wird bei Verwendung des sogenannten Zweierkomplements ein Wertebereich von -2^{15} bis $+2^{15}$ - 1 aufgespannt. Die Entscheidung, wie viele Bits letztendlich für die Darstellung von `int`-Zahlen genommen werden, hängt vom Compilerhersteller und vom Prozessor ab, auf dem das C-Programm ablaufen soll.

Eine Variable x darf bei Berechnungen nicht jeden Wert aus ihrem Wertebereich annehmen. Wird beispielsweise $2 * x$ berechnet und ist $2 * x$ größer als `INT_MAX` oder kleiner als `INT_MIN`, so kommt es bei der Multiplikation zu einem mathematischen Fehler, dem sogenannten **Zahlenüberlauf**. Hierauf muss der Programmierer selbst

---

[43] Gleitpunktzahlen dienen zur näherungsweisen Darstellung von reellen Zahlen auf Rechenanlagen.
[44] integer (engl.) = ganze Zahl.
[45] `INT_MIN` und `INT_MAX` sind in der Header-Datei `limits.h` festgelegt – siehe auch Kapitel 7.2.2.

achten. Der Zahlenüberlauf wird nämlich in C nicht durch einen Fehler oder eine Warnung angezeigt. Meist wird in der Praxis so verfahren, dass ein Datentyp gewählt wird, der offensichtlich für die Anwendung einen ausreichend großen Wertebereich hat. Allerdings kann der Ansatz „Wir nehmen immer den größten Wertebereich" zum einen auch nicht ausreichen und zum anderen Laufzeitprobleme heraufbeschwören. Für nicht ausreichende Wertebereiche bietet sich dann beispielsweise die Lösung an, auf einen Gleitpunkt-Datentyp (siehe Kapitel 4.3.2) auszuweichen.

4.3.2 Der Datentyp float in C

`float`-Zahlen entsprechen den rationalen und reellen Zahlen der Mathematik.

Im Gegensatz zur Mathematik ist auf dem Rechner jedoch der Wertebereich endlich und die Genauigkeit der Darstellung begrenzt. Man verwendet daher in C nicht den mathematischen Begriff der reellen Zahlen, sondern spricht von Gleitpunktzahlen (engl. floating point numbers – daher auch das Schlüsselwort `float`[46]).

`float`-Zahlen werden auf dem Rechner in der Regel als Exponentialzahlen in der Form **Mantisse * Basis** ^{Exponent} dargestellt, so wie für große Zahlen bei Taschenrechnern üblich (siehe auch Kapitel 6.2.3.3). Dabei wird sowohl die Mantisse als auch der Exponent mit Hilfe ganzer Zahlen dargestellt, wobei die Basis auf dem jeweiligen Rechner eine feste Zahl wie z. B. 2 oder 16 ist.

Während in der Mathematik die reellen Zahlen unendlich dicht auf dem Zahlenstrahl liegen, haben die `float`-Zahlen, welche die reellen Zahlen auf dem Rechner vertreten, tatsächlich diskrete Abstände voneinander. Es ist im Allgemeinen also nicht möglich, Brüche, Dezimalzahlen, transzendente Zahlen oder die übrigen nicht rationalen Zahlen wie z. B. die Quadratwurzel aus 2, $\sqrt{2}$, exakt darzustellen.

Werden `float`-Zahlen benutzt, so kommt es also in der Regel zu Rundungsfehlern. Wegen der Exponentialdarstellung werden die Rundungsfehler für große Zahlen größer, da die Abstände zwischen den im Rechner darstellbaren `float`-Zahlen zunehmen. Addiert man beispielsweise eine kleine Zahl y zu einer großen Zahl x und zieht anschließend die große Zahl x wieder ab, so erhält man meist nicht mehr den ursprünglichen Wert von y.

Die Variablen vom Typ `float` haben als Werte reelle Zahlen.

---

[46] `float` und `double` sind auf den heute gängigen Systemen standardisiert. Ab dem Standard C11 kann der Programmierer mittels Prüfung des Makros `__STDC_IEC_559__` sicherstellen, dass sich der Compiler auf IEC 60559 / ANSI/IEEE 754 stützt [C11: Annex F], siehe auch Kapitel 7.

> Außer dem Typ `float` gibt es in C noch den Typ `double` mit erhöhter Rechengenauigkeit[47].

4.3.3 Operationen auf einfachen Datentypen in C

Allgemein ist ein einfacher Datentyp wie `int` oder `float` definiert durch seine **Wertemenge** und die **zulässigen Operationen** auf Ausdrücken dieses Datentyps. Im Folgenden soll der Datentyp `int` betrachtet werden.

Der Wertebereich der `int`-Zahlen erstreckt sich über alle ganzen Zahlen von `INT_MIN` bis `INT_MAX`. Die für `int`-Zahlen möglichen Ganzzahl-Operationen sind:

Operator	Operanden	Ergebnis
Vorzeichenoperationen `+, - (unär)`[48]	`int` ➔	`int`
binäre arithmetische Operationen `+, -, *, /, %`	`(int, int)` ➔	`int`
Vergleichsoperationen `==, <, <=, >, >=, !=`	`(int, int)` ➔	`int` (Wahrheitswert)
Wertzuweisungsoperator `=`	`(int, int)` ➔	`int`

Tabelle 4-1 Operationen für den Typ `int`

Die Bedeutung dieser Tabelle wird am Beispiel

`+ (binär)`	`(int, int)` ➔	`int`

erklärt. Dieses Beispiel ist folgendermaßen zu lesen:

Der **binäre Operator** + verknüpft zwei `int`-Werte zu einem `int`-Wert als Ergebnis.

In obiger Tabelle ist / der Operator der ganzzahligen Division, % der **Modulo-Operator**, der den Rest bei der ganzzahligen Division angibt, == der Vergleichsoperator „ist gleich" und != der Operator „ist ungleich". Das **unäre** + und das **unäre** − sind Vorzeichenoperatoren.

4.3.4 Selbst definierte Datentypen in C

Neben den einfachen Datentypen gibt es in modernen Programmiersprachen auch sogenannte **selbst definierte Datentypen**. Damit ist es dem Programmierer möglich, eigene Datentypen zu erfinden, die für die Modellierung einer Anwendung von Bedeutung sind, und diese dem Compiler bekannt zu machen.

---

[47] Genauigkeit und zulässiger Wertebereich der Gleitpunkt-Datentypen werden in der Header-Datei `float.h` festgelegt. Siehe dazu auch Kapitel 7.2.

[48] Ein **unärer Operator** hat nur einen einzigen Operanden (siehe Kapitel 9.1).

C bietet für selbst definierte Datentypen die Sprachkonstrukte der Struktur (`struct`), der Unions (`union`) und des Aufzählungstyps (`enum`).

Eine Struktur bildet ein Objekt der realen Welt in ein Schema ab, das der Compiler versteht, wobei ein Objekt z. B. ein Haus, ein Vertrag oder eine Firma sein kann – also prinzipiell jeder Gegenstand, der für einen Menschen eine Bedeutung hat und den er sprachlich beschreiben kann. Will man beispielsweise eine Software für das Personalwesen einer Firma schreiben, so ist es zweckmäßig, einen selbst definierten Datentyp Mitarbeiter, d. h. eine Struktur namens `Mitarbeiter`, einzuführen.

Eine Struktur, die einen Mitarbeiter abbildet, könnte in C wie folgt deklariert werden:

```
struct Mitarbeiter
{
    char vorname[25];
    char name[25];
    int alter;
    int gehalt;
};
```

Auf Strukturen wird in Kapitel 13 noch detailliert eingegangen.

Es gibt bereits eine ganze Anzahl von selbst definierten Datentypen, die in den Bibliotheken zur Verfügung gestellt werden, wie z. B. `struct  tm` in der Bibliothek `<time.h>` (siehe Kapitel 13.1.9).

Ein selbst definierter Datentyp kann durch eine Header-Datei zur Verfügung gestellt oder von einem Programmierer eingeführt werden.

4.4 Funktionen in C

Im Programm „Hello world" bestand das C-Programm nur aus einer einzigen Funktion, der `main()`-Funktion. Dies ist für kleine Programme auch ausreichend. Um ein Programm aber besser strukturieren zu können, erlaubt C die Definition eigener Funktionen.

4.4.1 Definition von Funktionen

Bei der Definition einer Funktion unterscheidet man zwei Teile: den Funktionskopf und den Funktionsrumpf.

Generell sieht der **Funktionskopf einer Funktion** folgendermaßen aus:

```
Rückgabetyp Funktionsname (Parameterliste mit
                           Datentypen)
```

Der **Funktionskopf** enthält die **Schnittstelle einer Funktion**, wie sie sich nach außen, d. h. gegenüber ihrem Aufrufer, verhält. Der Funktionskopf enthält den Namen der Funktion, die Liste der Übergabeparameter und den Rückgabetyp. So stellt beispielsweise:

```
int summe (int n)
```

den Kopf einer Funktion mit dem Funktionsnamen `summe` dar, die einen **Rückgabewert** (ein **Ergebnis**) vom Typ `int` und einen (**formalen**) **Parameter** n ebenfalls vom Typ `int` hat.

Redet man in einem Text von einer Funktion, beispielsweise von der Funktion `summe()`, so fügt man üblicherweise runde Klammern zu dem Funktionsnamen hinzu, um dem Leser anzuzeigen, dass es sich nicht um einen normalen, sondern eben um einen Funktionsnamen handelt. Diese Konvention wird auch in diesem Buch befolgt. Der **Funktionsrumpf**, d. h. der Teil der Funktion mit den geschweiften Klammern enthält die lokalen Definitionen der Variablen, also das Anlegen der Variablen, und die Anweisungen der Funktion.

Die Aufteilung einer Funktion in einen Funktionskopf und einen Funktionsrumpf wird in Folgendem visualisiert:

```
int summe (int n)                    //Funktionskopf
{
    int i;
    int zwsumme = 0;
    for (i = 1; i <= n; i = i + 1)    //Funktionsrumpf
        zwsumme = zwsumme + i;
    return zwsumme;
}
```

Im Rumpf dieser Funktion werden zuerst die lokalen Variablen `i` und `zwsumme` definiert. Dann folgen die Anweisungen, hier zuerst eine `for`-Schleife, in welcher in der Variablen `zwsumme` die Zwischensumme berechnet wird. Wenn die Schleife beendet ist, enthält sie das gewünschte Ergebnis, das mittels der `return`-Anweisung an den Aufrufer zurückgegeben wird.

Vergleicht man den Aufbau der Funktion `main()` mit diesem allgemeinen Aufbau einer Funktion, so sieht man, dass die Funktion `main()` ganz genau diesem allgemeinen Aufbau einer Funktion folgt.

4.4.2 Aufruf von Funktionen

Der Aufruf einer Funktion wird im Folgenden am Beispiel des Aufrufs der Funktion `summe()` veranschaulicht:

```
resultat = summe (eingabe);
```

Dabei ist `eingabe` der **aktuelle Parameter** bzw. das **Argument** der Funktion `summe()`.

Das bedeutet, dass der **formale Parameter** n der Funktion summe() mit dem aktuellen Wert von eingabe belegt wird und dass dann die Anweisungen des Funktionsrumpfes durchgeführt werden. Am Ende des Funktionsaufrufes kehrt das Programm an die Aufrufstelle zurück und das in der return-Anweisung zurückgegebene Funktionsergebnis kann wie jeder andere berechnete Wert verwendet werden – in diesem Falle wird das Funktionsergebnis in der Variablen resultat gespeichert.

4.4.3 Beispielprogramm zur Berechnung einer Summe

Im folgenden Programm wird die Summe der ganzen Zahlen von 1 bis n gebildet – in mathematischer Schreibweise lautet die Formel dafür:

$$summe = \sum_{i=1}^{n} i$$

Zur Berechnung wird im folgenden C-Programm eine Funktion mit dem Namen summe() eingeführt. Sie erhält als Argument die Zahl n und liefert als Ergebnis die oben beschriebene Summe.

Das Beispielprogramm mit dieser Funktion lautet nun:

```
/* Datei: summe.c */
#include <stdio.h>

int summe (int n)
{
   int lv;
   int zwsumme = 0;
   for (lv = 1; lv <= n; lv = lv + 1)
      zwsumme = zwsumme + lv;
   return zwsumme;
}

int main (void)
{
   int eingabe;
   int resultat;
   printf ("Eingabe der oberen Grenze: ");
   scanf ("%d", &eingabe);
   resultat = summe (eingabe);
   printf ("Die Summe der Zahlen von 1 bis %d ist %d\n",
           eingabe, resultat);
   return 0;
}
```

Hier ein Beispiel für die Ausgabe des Programms:

```
Eingabe der oberen Grenze: 6
Die Summe der Zahlen von 1 bis 6 ist 21
```

Alternative Berechnung der Summe

Für die Berechnung der Summe der Zahlen 1 bis n gibt es die sogenannte Gaußsche Summenformel:

$$\sum_{i=1}^{n} i = \frac{n}{2} \cdot (n + 1)$$

Diese Formel erlaubt es, die gesuchte Summe wesentlich effizienter zu berechnen, da keine Schleife benötigt wird, sondern nur ein relativ einfacher Ausdruck auszuwerten ist. Außerdem werden keine lokalen Variablen benötigt. Die Funktion hat mit dieser Formel das folgende Aussehen:

```
int summe_gauss (int n)
{
    return (n / 2.0) * (n + 1);
}
```

Die `return`-Anweisung gibt dabei den Wert des berechneten Ausdrucks zurück.

Der Aufruf der Funktion in der Zeile `resultat = summe(eingabe)` kann nun einfach durch `resultat = summe_gauss (eingabe)` ersetzt werden. Das Programm muss nun nur noch neu übersetzt und gebunden werden, um anschließend mit dem effizienteren Algorithmus zu laufen. Auf diese Weise fördern Funktionen die Änderbarkeit und damit die Wartbarkeit eines Programms.

Es sei darauf hingewiesen, dass der Compiler in diesem Beispiel implizite Casts durchführen muss. Auf eine genauere Behandlung wird hier verzichtet und auf Kapitel 9.7 verwiesen.

4.5 Struktur einer Quelldatei in C

Der Text eines C-Programms kann auf mehrere Dateien verteilt werden. Dies erhöht die Übersichtlichkeit und erlaubt eine arbeitsteilige Entwicklung.

Eine Funktion darf sich allerdings nicht über mehrere Dateien erstrecken, sondern muss komplett in **einer** einzigen Datei enthalten sein. Eine solche Datei wird als **Quelldatei**, das Programm als **Quellprogramm** bezeichnet.

In Kapitel 4.5 soll ein Programm betrachtet werden, das nur aus einer einzigen Quelldatei besteht. Hierbei soll der grundsätzliche Aufbau einer solchen Quelldatei besprochen werden. Die betrachtete Datei soll dabei mehrere Funktionen enthalten.

4.5.1 Kommunikation zwischen Funktionen

Wenn ein Programm aus mehreren Funktionen besteht, dann können diese Funktionen beim Aufruf Daten über die Parameter der Parameterliste sowie das Funktionsergebnis austauschen.

Das war im Beispiel in Kapitel 4.4.3 zu sehen. Die Funktion `summe()` erhält die Obergrenze, bis zu der die Summe gebildet werden soll, über den Parameter n geliefert, welcher beim Aufruf des Unterprogramms vom Hauptprogramm passend gesetzt wird. In umgekehrter Richtung erfolgt die Kommunikation über das Funktionsergebnis, indem der in der Funktion berechnete Wert über die `return`-Anweisung an das Hauptprogramm übertragen wird.

Zur Kommunikation zwischen Funktionen können aber auch sogenannte **globale Variablen** eingesetzt werden. Das sind nicht lokale Variablen. Sie sind **extern zu allen Funktionen** und prinzipiell von mehreren Funktionen zugänglich. Der Einsatz von globalen Variablen bringt im Fehlerfall aber viel Mühe mit sich, um die verursachende Funktion zu ermitteln, und daher ist die Kommunikation über Parameter und Funktionsergebnis vorzuziehen.

Wird eine Variable außerhalb einer Funktion vereinbart, ist diese Variable innerhalb derselben Datei **global sichtbar** für all diejenigen Funktionen, die nach dieser Variablen definiert werden.

4.5.2 Interne und externe[49] Variablen

Externe Variablen werden in Kapitel 7 behandelt und sollen hier nur der Vollständigkeit halber erwähnt werden.

Ein C-Programm besteht im Wesentlichen aus **Definitionen** von **Funktionen** und von **externen Variablen**.

Funktionen können in C **nicht geschachtelt** definiert werden. Dies bedeutet, dass es in C nicht möglich ist, eine Funktion innerhalb einer Funktion zu definieren.[50] Funktionen sind also **extern** zu allen anderen Funktionen.

Da also in C Funktionen nicht innerhalb von Funktionen definiert werden können, sind Funktionen selbst immer extern zu anderen Funktionen.

Funktionen und externe Variablen in einer Datei sind im folgenden Bild zu sehen:

---

[49] Extern bedeutet „außerhalb von Funktionen".
[50] Es gibt Compiler, die sogenannte „nested functions" als Erweiterung anbieten. Der Standard definiert jedoch keine verschachtelten Funktionen.

Bild 4-11 Struktur einer Datei aus Funktionen und externen Variablen

Externe Variablen sind **extern** zu allen Funktionen.

Das Attribut „extern" wird im Gegensatz zu „intern" benutzt. Gemeint ist „funktions-extern" und „funktions-intern". Intern sind also Variablen, die innerhalb von Funktionen definiert sind.

Variablen können **extern** oder **intern** sein. Funktionsinterne Variablen heißen **lokale Variablen**. Externe Variablen sind **global** für alle Funktionen, die in derselben Datei nach ihnen definiert werden.

4.5.3 Beispiel für eine Aufrufhierarchie

Eine Funktion enthält die Definition **lokaler**, d. h. **funktionsinterner** Variablen und die Anweisungen der Funktion.

Funktionen können andere Funktionen – und auch sich selbst – aufrufen. Diese Aufrufbeziehungen kann man wie im folgenden Beispiel grafisch darstellen:

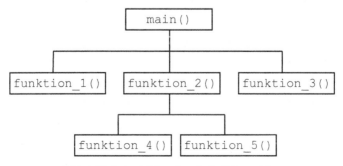

Bild 4-12 Beispiel für eine Aufrufhierarchie

Die Funktion `main()` in Bild 4-12 ruft die Funktionen `funktion_1()`, `funktion_2()` und `funktion_3()` auf. Die Funktion `funktion_2()` ruft die Funktionen `funktion_4()` und `funktion_5()` auf.

Der Name `main()` ist exklusiv für das Hauptprogramm reserviert und darf in einem C-Programm nicht ein zweites Mal verwendet werden.

Andere Funktionen kann man mit selbst gewählten Namen bezeichnen, wobei die Regeln von C für die Bildung von Namen (siehe Kapitel 6.2) einzuhalten sind.

4.5.4 Reihenfolge der externen Variablen und Funktionen

Bild 4-11 zeigte die prinzipielle Struktur einer Quelldatei. Zu beachten ist dabei aber die Reihenfolge der externen Variablen und Funktionen, welche nicht beliebig ist!

Alle Namen, die an einer Stelle im Programm benutzt werden, müssen zuvor dem Compiler bekanntgegeben worden sein, sonst kann der Compiler die entsprechenden Prüfungen nicht durchführen. Der Grund dafür ist, dass die Sprache C so definiert ist, dass auch ein einfacher **Single Pass Compiler**[51] jeden Code übersetzen kann.

Benutzt eine Funktion eine externe Variable, dann muss diese Variable an dieser Stelle bereits bekannt sein, z. B. indem sie vor dieser Stelle definiert wurde.

Ruft eine Funktion eine andere Funktion auf, so muss diese Funktion bereits bekannt sein.

So muss im Beispiel von Kapitel 4.5.3 die Funktionsdefinition der Funktion `funktion_4()` vor der Definition der Funktion `funktion_2()` erfolgen.

4.5.5 Funktionsprototypen

Der Compiler muss die Schnittstelle einer Funktion kennen, damit er prüfen kann, ob sie korrekt aufgerufen wird.

Gibt es bei der Reihenfolge Probleme, so können **Funktionsprototypen** eingesetzt werden.

---

[51] Ein Single Pass Compiler läuft beim Kompilieren nur ein einziges Mal durch den zu kompilierenden Quellcode.

Funktionsprototypen[52] machen dem Compiler die Aufrufschnittstelle einer Funktion bekannt.

Ein Funktionsprototyp besteht aus dem Funktionskopf gefolgt von einem Strichpunkt.

Beispielsweise lautet der Funktionsprototyp der Funktion `summe()` aus Kapitel 4.4.3:

```
int summe (int n);
```

Dies ist in dem Beispielprogramm `summe2.c`, welches in Kapitel 4.5.8 noch folgt, zu sehen.

4.5.6 Bestandteile eines Programms

Zu den Funktionen und externen Variablen eines Programms können noch **Präprozessor-Anweisungen, globale Typdefinitionen** und **Funktionsprototypen** hinzukommen.

Zu den Präprozessor-Anweisungen zählt die bereits bekannte `#include`-Anweisung. Weiterhin war in Kapitel 2.4 die `#define`-Anweisung zu sehen, mit deren Hilfe symbolische Konstanten definiert werden können.

Das Typkonzept von C erlaubt die Vereinbarung eigener Typen wie etwa von Aufzählungstypen (`enum`) oder von Strukturtypen (`struct`). Diese werden meist in mehreren Funktionen benutzt und müssen dann außerhalb dieser Funktionen – also extern – definiert werden.

4.5.7 Aufbau einer Quelldatei

Aus Gründen der Übersichtlichkeit empfehlen sich für den **Aufbau einer Quelldatei** die folgenden **Regeln**:

- Eine Quelldatei sollte immer mit einem aussagekräftigen Kommentar beginnen. Aus Platzgründen wird in den Beispielen dieses Buches jedoch stets nur ein Verweis auf den Dateinamen gegeben. Siehe (1) in Bild 4-13.
- Dann folgen die `#include`-Anweisungen, die vom Präprozessor bearbeitet werden. Siehe (2) in Bild 4-13.
- Es folgen symbolische Konstanten mit `#define`, globale Typvereinbarungen und globale Variablen sowie Prototypen von Funktionen. Diese werden vor den eigenen Funktionen geschrieben. Siehe (3) und (4) in Bild 4-13.
- Nun folgen alle eigenen Funktionen außer der Funktion `main()`. Durch die vorher bereits bekannt gemachten Prototypen können sich diese beliebig gegenseitig aufrufen. Siehe (5) in Bild 4-13.

---

[52] Funktionsprototypen werden in Kapitel 11.5 erläutert.

- Die Funktion `main()` wird üblicherweise ans Ende der Datei geschrieben. Dadurch erspart sich der Programmierer häufig das Schreiben von Prototypen. Siehe (6) in Bild 4-13.

Zusammenfassend ist eine C-Quelldatei dann wie im folgenden Bild aufgebaut:

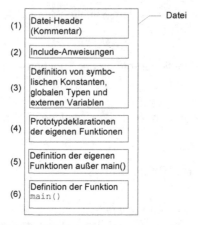

Bild 4-13 Vorgeschlagene Struktur eines Programms aus einer einzigen Datei

4.5.8 Beispielprogramm für den Aufbau einer Quelldatei

Folgt man dieser vorgeschlagenen Struktur für das Beispiel der Summenberechnung, so sieht die Datei wie folgt aus:

```
/* Datei: summe2.c */        /* (1) Kommentar */
#include <stdio.h>           /* (2) Include-Anweisungen */

int summe (int n);           /* (4) Funktionsprototypen */

int main (void)              /* (5) Definition der main-Funktion */
{
    int eingabe;
    int resultat;

    printf ("Eingabe der oberen Grenze: ");
    scanf ("%d", &eingabe);

    if (eingabe > 65535)
    {
        printf ("Bei einer oberen Grenze groesser als 65535\n");
        printf ("ueberschreitet die zu berechnende Summe\n");
        printf ("den Wertebereich von int-Variablen.\n");
        printf ("Die Berechnung wird abgebrochen.\n");
        return -1;               /* Abbruch bei fehlerhafter Eingabe */
    }                            /* siehe hierzu Kapitel 15.2          */

    resultat = summe (eingabe);
    printf ("Die Summe der Zahlen von 1 bis %d ist %d\n",
            eingabe, resultat);
```

```
    return 0;
}

int summe (int n)                    /* (6) Funktionsdefinition */
{
    int lv;
    int zwsumme = 0;

    for (lv = 1; lv <= n; lv = lv + 1)
    {
        zwsumme = zwsumme + lv;
    }

    return zwsumme;
}
```

Hier ein Beispiel für die Ausgabe des Programms:

```
Eingabe der oberen Grenze: 6
Die Summe der Zahlen von 1 bis 6 ist 21
```

Zusätzlich zum Beispiel in Kapitel 4.4.3 wurde noch eine Überprüfung der Eingabe mittels einer if-Anweisung[53] eingefügt. Ist die Bedingung der if-Anweisung erfüllt, dann wird ein Block mit der **Fehlerbehandlung** ausgeführt. Dadurch wird erreicht, dass bei der Eingabe einer zu großen oberen Grenze eine Fehlermeldung ausgegeben und die Programmausführung beendet wird.

Diese Überprüfung ist notwendig, da bei Eingabe einer Zahl, die größer als 65535 ist, der Wertebereich der int-Variablen für das Zwischenspeichern der Summe überschritten wird. Die Summe von 1 bis 65535 ergibt 2147450880. Der Wertebereich einer int-Zahl reicht in der Regel bis 2147483647 (siehe Kapitel 4.3.1). Größere Werte werden dann als negative Zahlen interpretiert, was Sie durch Ausführen des Beispielprogramms aus Kapitel 4.4.3 mit einem entsprechend hohen Eingabewert nachvollziehen können.

In dem Block zur Fehlerbehandlung wird durch mehrmaligen Aufruf der Funktion printf() ein Fehlertext ausgegeben. Danach folgt die Anweisung return -1;. Mit dieser Anweisung wird das Programm abgebrochen. Die nachfolgenden Anweisungen werden nicht mehr ausgeführt.

Die Ausgabe des Fehlertextes und den anschließenden Programmabbruch dokumentiert der folgende Programmlauf:

Hier ein Beispiel für die Ausgabe des Programms:

```
Eingabe der oberen Grenze: 66000
Bei einer oberen Grenze groesser als 65535
ueberschreitet die zu berechnende Summe den
Wertebereich von int-Variablen.
Die Berechnung wird abgebrochen.
```

---

[53] Siehe Kapitel 3.1.2 und 10.2.1.

4.6 Zusammenfassung

Dieses Kapitel befasst sich mit Daten und Funktionen.

Kapitel **4.1** behandelt Daten aus allgemeiner Sicht. Ein prozedurales Programm besteht aus Funktionen, die auf Daten arbeiten. Ein Zeichen ist ein von anderen Zeichen unterscheidbares Objekt, welches in einem bestimmten Zusammenhang eine definierte Bedeutung trägt. Von einem Alphabet spricht man, wenn der Zeichenvorrat eine strenge Ordnung aufweist.

Rechnerintern werden Zeichen durch Bits dargestellt. Ein Bit kann den Wert 0 oder 1 annehmen. Bei der rechnerinternen Darstellung von Zeichen durch Bits braucht man nur eine eindeutig umkehrbare Zuordnung (z. B. erzeugt durch eine Tabelle) und kann dann jedem Zeichen eine Bitkombination und jeder Bitkombination ein Zeichen zuordnen. Die Abbildung der Elemente eines Zeichenvorrats auf die Elemente eines anderen Zeichenvorrats bezeichnet man als Codierung.

Nach DIN 44300 ist ein Code eine Vorschrift für die eindeutige Zuordnung oder Abbildung der Zeichen eines Zeichenvorrats zu denjenigen eines anderen Zeichenvorrats, der sogenannten Bildmenge. Zeichen sind zunächst Buchstaben, Ziffern oder Sonderzeichen. Zu diesen Zeichen können auch noch Steuerzeichen hinzukommen.

Eine Variable ist eine benannte Speicherstelle. Über den Variablennamen kann der Programmierer auf die entsprechende Speicherstelle zugreifen. Variablen braucht man, um in ihnen Werte abzulegen. Im Gegensatz zu einer Konstanten ist eine Variable eine veränderliche Größe. Der Programmierer ist verantwortlich dafür, dass Variablen initialisiert werden. Variablen liegen während der Programmausführung in Speicherzellen des Arbeitsspeichers.

Ein Datentyp ist der Bauplan für eine Variable. Ein Datentyp legt fest, welche Operationen auf einer Variablen möglich sind und wie die Darstellung (Repräsentation) der Variablen im Speicher des Rechners erfolgt. Datentypen, die eine Programmiersprache zur Verfügung stellt, sind Standarddatentypen.

Funktionen in prozeduralen Programmen werden in Kapitel **4.2** analysiert. Funktionen haben die Aufgabe, Teile eines Programms unter einem eigenen Namen zusammenzufassen. Mit Hilfe des Funktionsnamens kann man eine Funktion aufrufen. Dabei ist es möglich, den Funktionen beim Aufruf aktuelle Parameter bzw. Argumente mitzugeben. Funktionen können auch Ergebnisse zurückliefern. Die Programmausführung wird nach Abarbeitung der Funktion an der Stelle des Aufrufs fortgesetzt. Funktionen sind ein Mittel zur Strukturierung eines Programms. Ziel darf es nicht sein, ein einziges riesengroßes Programm zu schreiben, da dies schwer zu überblicken wäre. Für ein Programm wird Modularität gefordert, damit es verständlich, testbar und wartbar ist. Eine Funktion sollte allerhöchstens 100 Zeilen Code umfassen. Dabei soll die Funktion des Hauptprogramms so weit wie möglich nur Unterprogramme (Funktionen) aufrufen, damit das Hauptprogramm leicht verständlich ist.

Funktionen sind wiederverwendbar. Mit dem Hauptprogramm beginnt ein Programm seine Ausführung. Ein Unterprogramm ist in C eine Programmeinheit (Folge von Anweisungen) im Sinne einer Funktion, die einen Namen trägt und über ihren Namen aufgerufen werden kann. Unterprogramme aus zusammenhängenden Aufgabengebieten werden in sogenannten Bibliotheken (engl. libraries) zusammengefasst und dem Programmierer zur Verfügung gestellt. Dadurch, dass eine Funktion eine bestimmte Berechnung kapselt, kann die Berechnung relativ leicht ausgetauscht und ein alternativer Algorithmus verwendet werden, ohne dass der Rest des Programms von dieser Änderung betroffen ist.

Durch den Namen wird bei Nassi-Shneiderman-Diagrammen eine Verbindung zwischen der Stelle hergestellt, an der die Folge der Verarbeitungsschritte eines Unterprogramms dargestellt wird, und der Stelle, an der diese Folge in einem übergeordneten Struktogramm auszuführen ist. Folglich muss der Name, den man sich für ein Unterprogramm ausdenken muss, innerhalb eines Programms eindeutig sein, um diese Verbindung zweifelsfrei zu ermöglichen. Ein Programm wird nicht durch ein einzelnes Struktogramm beschrieben, sondern durch eine Menge von Struktogrammen – für jedes Unterprogramm ein Diagramm.

Bei der schrittweisen Verfeinerung wird das vorgegebene Problem top-down in Teilprobleme und in die Beziehungen zwischen diesen Teilproblemen so zerlegt, dass jede Teilaufgabe weitgehend unabhängig von den anderen Teilaufgaben gelöst werden kann. Im Kontext einer prozeduralen Programmiersprache wie C werden zur Lösung von Teilproblemen Unterprogramme eingeführt. Ein Datenverarbeitungsproblem kann sehr oft in die Teilprobleme Einlesen, Verarbeiten und Ausgeben aufgespalten werden.

Es ist möglich, Struktogramme bis auf die Programmcode-Ebene zu verfeinern. Generell ist es aber nicht wünschenswert, den Entwurf bis auf die Ebene einzelner Anweisungen voranzutreiben, da dann identische Informationen in zweierlei Notation (Struktogramm, Programmcode) vorliegen würden. Änderungen an einer einzelnen Anweisung würden dann jedes Mal Änderungen in der Spezifikation nach sich ziehen.

Kapitel **4.3** untersucht Daten in der Programmiersprache C. Eine Variable hat in C vier Kennzeichen:

- Variablennamen,
- Datentyp,
- Wert
- und Adresse.

Der Zugriff auf eine falsche Adresse ist ein häufiger Programmierfehler in C.

Der Datentyp `int` vertritt in C-Programmen die ganzen Zahlen (Integer-Zahlen). Es gibt in C jedoch noch weitere Integer-Datentypen. Sie unterscheiden sich vom Datentyp `int` durch ihre Repräsentation und damit auch durch ihren Wertebereich. Die Variablen vom Typ `int` haben als Werte ganze Zahlen im Bereich von `INT_MIN` bis `INT_MAX`. `float`-Zahlen entsprechen den rationalen und reellen Zahlen der Mathematik. Die Variablen vom Typ `float` haben als Werte reelle Zahlen. Außer dem Typ `float` gibt es in C noch den Typ `double` mit erhöhter Rechengenauigkeit.

C bietet für selbst definierte Datentypen die Sprachkonstrukte der Struktur (`struct`) oder Union (`union`) und des Aufzählungstyps (`enum`). Ein selbst definierter Datentyp kann durch eine Header-Datei eine zur Verfügung gestellt oder von einem Programmierer eingeführt werden.

Kapitel **4.4** befasst sich mit Funktionen in C. Generell sieht der Funktionskopf einer Funktion nach ISO folgendermaßen aus:

```
Rückgabetyp Funktionsname (Parameterliste mit Datentypen)
```

Die Aufteilung einer Funktion in einen Funktionskopf und einen Funktionsrumpf wird in folgendem Bild visualisiert:

```
int summe (int n)                               ]   Funktionskopf

{
    int i;
    int zwsumme = 0;
    for (i = 1; i <= n; i = i + 1)
        zwsumme = zwsumme + i;                      Funktionsrumpf
    return zwsumme;
}
```

Der Aufruf einer Funktion wird im Folgenden veranschaulicht:

```
resultat = summe (eingabe);
```

Dabei ist `eingabe` der aktuelle Parameter bzw. das Argument der Funktion `summe()`. Das Funktionsergebnis wird hier in der Variablen `resultat` gespeichert.

Auf die Struktur einer Quelldatei in C wird in Kapitel **4.5** eingegangen. Eine Funktion darf sich nicht über mehrere Dateien erstrecken, sondern muss komplett in einer einzigen Datei enthalten sein. Eine solche Datei wird als Quelldatei, das Programm als Quellprogramm bezeichnet. Wenn ein Programm aus mehreren Funktionen besteht, dann können diese Funktionen beim Aufruf Daten über die Parameter der Parameterliste sowie das Funktionsergebnis austauschen. Zur Kommunikation zwischen Funktionen können auch sogenannte globale Variablen eingesetzt werden. Das sind nicht lokale Variablen. Sie sind extern und sind prinzipiell von mehreren Funktionen zugänglich. Der Einsatz von globalen Variablen bringt im Fehlerfall aber viel Mühe mit sich, um die verursachende Funktion zu ermitteln, und daher ist die Kommunikation über Parameter und Funktionsergebnis vorzuziehen.

Ein C-Programm besteht im Wesentlichen aus Definitionen von Funktionen und von externen Variablen. Funktionen können in C nicht geschachtelt definiert werden. Dies bedeutet, dass es in C nicht möglich ist, eine Funktion innerhalb einer Funktion zu definieren. Funktionen sind also extern zu anderen Funktionen. Variablen können extern oder intern sein. Externe Variablen sind extern zu allen Funktionen. Externe Variablen sind global für alle Funktionen, die in derselben Datei nach ihnen definiert werden. Funktionsinterne Variablen heißen auch lokale Variablen.

Der Name `main()` ist exklusiv für das Hauptprogramm reserviert und darf in einem C-Programm nicht ein zweites Mal verwendet werden.

Alle Namen, die an einer Stelle im Programm benutzt werden, müssen zuvor definiert worden sein, sonst kann der Compiler – der ja als Single Pass Compiler die Datei von vorne nach hinten lesen können muss – die entsprechenden Prüfungen nicht durchführen. Benutzt eine Funktion eine externe Variable, dann muss diese Variable bereits bekannt sein, z. B. indem sie vor dieser Stelle definiert wurde. Ruft eine Funktion eine andere Funktion auf, so muss diese Funktion dem Compiler bereits bekannt sein. Der Compiler muss die Schnittstelle einer Funktion kennen, damit er prüfen kann, ob sie korrekt aufgerufen wird.

Funktionsprototypen machen dem Compiler die Aufrufschnittstelle einer Funktion bekannt. Ein Funktionsprototyp besteht aus dem Funktionskopf gefolgt von einem Strichpunkt.

Zu den Funktionen und externen Variablen eines Programms können noch Präprozessor-Anweisungen, globale Typdefinitionen und ferner noch Funktionsprototypen hinzukommen.

Kapitel 5

Programmerzeugung und -ausführung

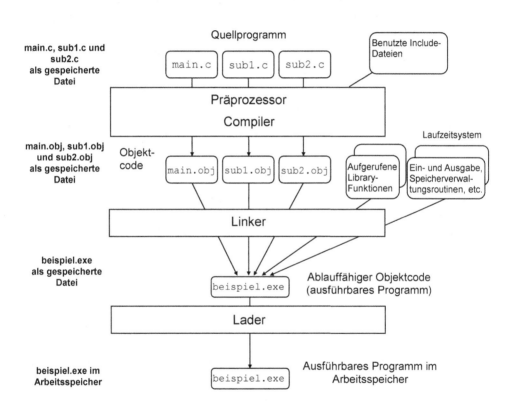

5 Programmerzeugung und -ausführung

Der Quelltext eines Programms wird mit einem **Editor**, einem Werkzeug zur Erstellung von Texten, geschrieben und auf der Festplatte des Rechners unter einem Dateinamen als Datei abgespeichert.

Da eine solche Datei Quellcode enthält, wird sie auch als **Quellcode-Datei** (oder **Quelldatei**) bezeichnet.

Einfache Programme bestehen aus einer einzigen Quelldatei, komplexe aus mehreren Quelldateien.

Das folgende Bild zeigt den Ablauf der Tätigkeiten, die unter Windows durchzuführen sind, um ein C-Programm zu erzeugen und es auszuführen:

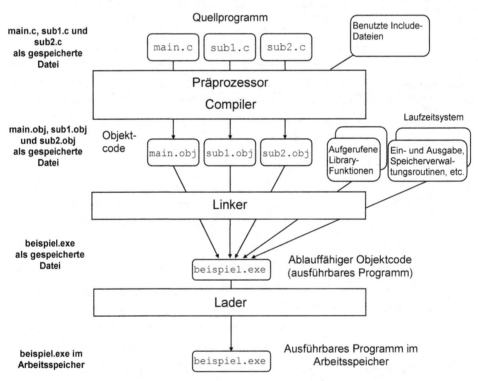

Bild 5-1 Ablauf und Erzeugnisse beim Kompilieren, Binden und Laden

Das gezeigte Beispielprogramm besteht aus den drei separat kompilierbaren Quellcode-Dateien `main.c`, `sub1.c` und `sub2.c`. Beim Compiler-Aufruf läuft in C vor dem eigentlichen Compiler als erstes der Präprozessor durch das Programm.

Zuerst muss der Präprozessor in den Quellcode-Dateien die Präprozessor-Anweisungen auflösen, bevor der Compiler die Dateien kompilieren kann.

Durch Kompilieren erhält man aus einer Quellcode-Datei eine **Objektdatei.**

Das Auflösen der Präprozessor-Anweisungen geschieht bei den meisten Compilern automatisch, so dass kein Zwischenprodukt entsteht, sondern dass eine **Objektdatei** in einem einzigen Durchlauf aus einer Quellcode-Datei resultiert. Im Bild 5-1 wird zu der Quellcode-Datei `main.c` die Objektdatei `main.obj` erzeugt. Dabei werden die Bestandteile des Dateinamens hinter dem Punkt als **Extension** (**Dateinamenserweiterung**) bezeichnet. Für jede Quellcode-Datei wird eine Objektdatei erzeugt, die den gleichen Namen hat wie die Quellcode-Datei, jedoch die Extension `obj` oder `o`[54]. Natürlich bleibt die Quelldatei dabei erhalten. Sie wird weiterhin benötigt, z. B. um Fehler zu entfernen oder um Programmänderungen durchzuführen.

Der **Linker** erzeugt aus den Objektdateien ein **ausführbares Programm** und speichert es wiederum in einer Datei ab.

Ein ausführbares Programm hat unter Windows per Konvention die Extension `exe`. Siehe als Beispiel hierzu die Datei `beispiel.exe` in Bild 5-1.

Ein ausführbares Programm kann mit Hilfe eines **Laders** beliebig oft zur Ausführung gebracht werden.

Im Folgenden wird die Funktionalität von Compilern, Linkern und Ladern besprochen. Ferner werden Debugger und integrierte Entwicklungsumgebungen vorgestellt. Kapitel 5.1 befasst sich mit dem Compiler, Kapitel 5.2 mit dem Linker und Kapitel 5.3 mit dem Lader. In Kapitel 5.4 wird der Debugger erklärt und in Kapitel 5.5 werden Integrierte Entwicklungsumgebungen diskutiert.

5.1 Compiler

Die Aufgabe eines Compilers (Übersetzers) für die Programmiersprache C ist, den Text (Quellcode) eines C-Programms in Maschinencode zu wandeln.

---

[54] Unter Windows wird normalerweise für Objekt-Dateien die Extension `obj` verwendet, unter UNIX/Linux normalerweise die Extension `o`.

Maschinencode ist ein prozessorspezifischer Binärcode, welcher von einem speziellen Prozessor ohne weitere Übersetzung direkt verstanden und verarbeitet werden kann. Ein vollständig für den Prozessor übersetzter Programmablauf besteht somit grundsätzlich nur aus einer Folge von Nullen und Einsen und wird deswegen auch als das sogenannte **Binary** bezeichnet.

Da Maschinencode die tiefstmögliche Art der Kommunikation mit dem Prozessor darstellt, wird eine Sprache wie C, die vom speziellen Prozessor abstrahiert, als **höhere Programmiersprache** bezeichnet. Während die ersten Sprachen und Compiler in den 50er und 60er Jahren noch heuristisch entwickelt wurden, wurde die Spezifikation von Sprachen und der Bau von Compilern zunehmend formalisiert. ALGOL 60 war die erste Sprache, deren Syntax[55] formal definiert wurde und zwar mit Hilfe der Backus-Naur-Form[56] – einer Metasprache[57] zur Beschreibung der Syntax einer Sprache. Für Compiler wurden mit der Zeit einheitliche Strukturen entwickelt.

Unabhängig von der Art der höheren Programmiersprache kann ein Compiler – bei Einhaltung bestimmter Regeln bei der Definition einer Sprache – in eine Folge der folgenden **5 Bearbeitungsschritte** gegliedert werden:

- Lexikalische Analyse,
- Syntaktische Analyse,
- Semantische Analyse,
- Optimierungen
- und Codeerzeugung.

Die Zwischenergebnisse werden in Form von Zwischensprachen und ergänzenden Tabelleneinträgen weitergegeben.

5.1.1 Lexikalische Analyse

Bei der Lexikalischen Analyse (auch als **Scanner** oder **Symbolentschlüsselung** bekannt) wird versucht, in der Folge der Zeichen eines Programms Wörter der Sprache – das sind die kleinsten Einheiten einer Sprache, die eine Bedeutung besitzen – zu erkennen.

Bild 5-2 demonstriert das Erkennen von Wörtern. Die Wörter einer Sprache werden auch **Symbole** genannt. Beispiele für Symbole sind Namen, Schlüsselwörter, Operatoren. Das folgende Bild symbolisiert das Erkennen von Wörtern:

---

[55] Als Syntax bezeichnet man die Schreibweise, also die Form und Struktur einer Sprache, im Deutschen etwa die Regeln für den Satzbau.

[56] Revised Report on the Algorithmic Language Algol 60, P. Naur (ed.), Comm. ACM 6 (1963) 1, pp. 1-17.

[57] Eine Metasprache beschreibt eine Sprache.

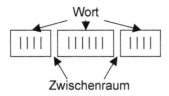

Bild 5-2 Erkennen von Wörtern

Zwischenräume und Kommentare dienen dem Compiler dazu, zu erkennen, an welcher Stelle ein Wort zu Ende ist. Ansonsten haben sie keine Bedeutung für den Compiler und werden überlesen.

5.1.2 Syntaxanalyse

Für alle modernen Sprachen existiert ein Regelwerk, die sogenannte Grammatik. Die Grammatik einer Sprache legt formal die zulässigen Folgen von Symbolen (Wörtern) fest.

> Im Rahmen der Syntaxanalyse wird geprüft, ob die im Rahmen der lexikalischen Analyse ermittelte Symbolfolge eines zu übersetzenden Programms zu der Menge der **korrekten Symbolfolgen** gehört.

Der Teil des Compilers, der die Syntaxanalyse durchführt, wird auch als **Parser** bezeichnet.

5.1.3 Semantische Analyse

Die Semantische Analyse versucht, die Bedeutung der Wörter herauszufinden und hält diese meist in Form eines Zwischencodes fest. Ein Zwischencode ist nicht mit dem Maschinencode einer realen Maschine vergleichbar, sondern auf einer relativ hohen Ebene angesiedelt. Er ist für eine hypothetische Maschine gedacht und dient einzig dazu, die gefundene Bedeutung eines Programms für die nachfolgenden Phasen eines Übersetzers festzuhalten.

Die Bedeutung in einem Programm bezieht sich im Wesentlichen auf dort vorkommende Namen. Also muss die Semantische Analyse herausfinden, was ein Name, der im Programm vorkommt, bedeutet. Jeder Name wird mit einer Bedeutung versehen, d. h. an eine Deklaration[58] des Namens im Programm gebunden. Grundlage hierfür sind die Sichtbarkeits-, Gültigkeits- und Typregeln einer Sprache.

> Neben der Überprüfung, ob **Namen im Rahmen ihrer Gültigkeitsbereiche**[59] verwendet werden, spielt die Überprüfung von **Typverträglichkeiten bei Ausdrücken** bei der Semantischen Analyse eine Hauptrolle.

---

[58] Eine Deklaration gibt im Programm den Typ einer Variablen bekannt, z. B. ob es sich um einen ganzzahligen Typ oder um einen Gleitpunkt-Datentyp handelt. Variablen und Datentypen werden in Kapitel 7 erläutert.
[59] Siehe Kapitel 11.6.

Ein wesentlicher Anteil der Semantischen Analyse befasst sich also mit der Erkennung von Programmfehlern, die durch die Syntaxanalyse nicht erkannt werden konnten, wie z. B. die Addition von zwei Werten mit unterschiedlichem und nicht verträglichem Typ.

Nicht alle semantischen Regeln einer Programmiersprache können durch den Übersetzer abgeprüft werden.

Man unterscheidet zwischen der **statischen Semantik** (durch den Übersetzer prüfbar) und der **dynamischen Semantik** (erst zur Laufzeit eines Programms prüfbar). Die Prüfungen der dynamischen Semantik sind üblicherweise im sogenannten **Laufzeitsystem** des Compilers realisiert.

Das Laufzeitsystem wird in Kapitel 5.1.6 erläutert.

5.1.4 Optimierungen

In der Optimierungsphase wird versucht, den Code zu verbessern, sowohl bezüglich des Speicherverbrauchs als auch bezüglich der benötigten Rechenzeit.

Ein Compiler kann dabei beispielsweise nicht benutzte Variablen, nicht erreichbaren Code oder ein wiederholtes Vorkommen des gleichen Ausdrucks entdecken sowie Prüfungen eliminieren, wenn der getestete Wert konstant ist und somit das Ergebnis der Prüfung bereits vorher feststeht. Es gibt relativ einfache Optimierungen, aber auch Optimierungen, die einen hohen Aufwand während der Übersetzung erfordern. Viele Compiler bieten daher Schalter an, mit denen Optimierungen vom Benutzer zu- bzw. abgeschaltet werden können.

5.1.5 Codeerzeugung

Während die Lexikalische Analyse, Syntaxanalyse und Semantische Analyse sich nur mit der **Analyse** des zu übersetzenden Quellcodes befassen, kommen bei der Codegenerierung die Rechnereigenschaften, nämlich der zur Verfügung stehende Maschinencode und die Eigenschaften des Betriebssystems, ins Spiel.

Da bis zur Semantischen Analyse die Rechnereigenschaften nicht berücksichtigt wurden, kann man die Ergebnisse dieses Schrittes auf verschiedenartige Rechner übertragen (**portieren**).

Im Rahmen der **Codeerzeugung** – auch **Synthese** genannt – wird der Zwischencode, der bei der Semantischen Analyse erzeugt wurde, in **Objektcode**, d. h. in die **Maschinensprache** des jeweiligen Zielrechners übersetzt.

Dabei müssen die Eigenheiten des jeweiligen Zielbetriebssystems z. B. für die Speicherverwaltung berücksichtigt werden. Soll der erzeugte Objektcode auf einem anderen Rechnertyp als der Compiler laufen, so wird der Compiler als **Cross-Compiler** bezeichnet.

5.1.6 Laufzeitsystem des Compilers

Ein **Laufzeitsystem** eines Compilers enthält alle Routinen, die zur Ausführung irgendeines Programms einer Programmiersprache notwendig sind, für die aber gar nicht oder nur sehr schwer direkter Code durch den Compiler erzeugt werden kann, oder für die direkt erzeugter Code sehr ineffizient wäre.

Dazu gehören alle Interaktionen mit dem Betriebssystem, z. B. Speicheranforderungen oder Ein-/Ausgabe-Operationen, die durch Sprachkonstrukte erzwungen werden. Weiterhin gehören auch Speicherverwaltungsroutinen für den Heap (siehe Kapitel 18) dazu, falls letzterer nicht direkt durch die Zielmaschine unterstützt wird.

Zum Laufzeitsystem gehören i. Allg. auch alle Prüfungen der dynamischen Semantik, kurz eine ganze Reihe von Fehlerroutinen mit der entsprechenden Anwenderschnittstelle (z. B. Fehlerausgabe, Speicherabzug[60] erstellen). Besondere Sprachkonzepte wie Threads (parallele Prozesse) oder Exceptions (Ausnahmen) werden in aller Regel ebenfalls im Laufzeitsystem realisiert.[61]

In der Programmiersprache C werden die Ein-/Ausgabe-Operationen normalerweise über Bibliotheken angesprochen. Wie diese Bibliotheken implementiert sind, ist je nach System unterschiedlich, weswegen die Ein-/Ausgabe-Operationen in C nicht zum eigentlichen Laufzeitsystem gezählt werden können.

5.2 Linker

Aufgabe eines **Linkers** (dt. **Binders**) ist es, den nach dem Kompilieren vorliegenden Objektcode in ein auf dem Prozessor **ausführbares Programm** (engl. **executable program**) zu überführen.

Ist beispielsweise ein Programm getrennt in einzelnen **Dateien** geschrieben und in einzelne Objektdateien übersetzt worden, so werden die **Objektdateien vom Linker zusammengeführt**. Durch den Linker werden alle benötigten Teile zu einem ablauffähigen Programm gebunden. Hierzu gehört auch das **Laufzeitsystem**, das durch den jeweiligen Compiler zur Verfügung gestellt wird.

---

[60] Engl.: core dump. Im Andenken an die magnetischen Kernspeicher, die zu Beginn der Datenverarbeitung benutzt wurden, wird der Begriff core auch heute noch verwendet.

[61] Threads sind eine optionale Erweiterung des C11-Standards. Exceptions gibt es erst in C++.

Im Quellcode besitzen Speicherobjekte[62] (Variablen, Funktionen) noch keine Adressen (siehe Kapitel 4.1.2). Beim Kompilieren werden die Speicherobjekte an **relativen Adressen** innerhalb der jeweiligen Objektdatei abgelegt. Diese Adressen werden vom Linker innerhalb einer einzigen Datei jeweils von einer – immer gleichen – Anfangsadresse ausgehend angeordnet. Werden in der übersetzten Programmeinheit externe Variablen oder Funktionen, z. B. aus anderen Programmeinheiten oder aus Bibliotheken, verwendet, so kann der Übersetzer für diese Objekte noch keine endgültigen Adressen einsetzen. Vielmehr vermerkt der Compiler im Objektcode, dass an bestimmten Stellen Querbezüge vorhanden sind, an denen noch die Adressen der externen Objekte eingefügt werden müssen. Das ist dann die Aufgabe des Linkers.

Ein Linker fügt die einzelnen Adressräume der Objektdateien, **aufgerufener Library-Dateien**[63] und von Funktionen des Laufzeitsystems so zusammen, dass sich die Adressen nicht überlappen, und löst die Querbezüge auf.

Hierzu stellt er eine **Symbol-Tabelle**[64] her, welche alle Querbezüge (Adressen globaler Variablen, Einsprungadressen der Programmeinheiten) enthält. Damit können Referenzierungen von globalen Variablen oder von Routinen durch andere Routinen aufgelöst werden. Durch den Linkvorgang wird ein **einheitlicher Adressraum für das gesamte Programm** hergestellt.

Beispiel für den Adressraum eines ablauffähigen Programms

Das folgende Bild zeigt den Adressraum eines ablauffähigen Programms:

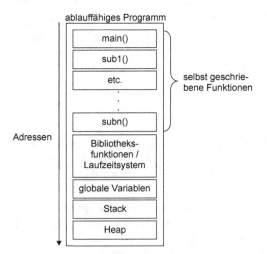

Bild 5-3 Adressraum eines ablauffähigen Programms

---

[62] Hier handelt es sich nicht um Objekte im Sinne der Objektorientierung, sondern um zusammenhängende Speicherbereiche.

[63] Routinen, die häufig verwendet werden, werden in Bibliotheken (Libraries) zusammengefasst. Library-Dateien enthalten die Routinen einer Library in einer bereits übersetzten Form, so dass sie der Linker direkt verarbeiten kann.

[64] Hier handelt es sich um Symbole des Linkers.

Wenn ein Anwendungsprogramm in der Programmiersprache C wie im Beispiel von Bild 5-1 aus den folgenden drei Modulen (Dateien) besteht: `main.c`, `sub1.c`, `sub2.c`, dann entstehen durch das Kompilieren unter Windows drei Dateien im Maschinencode: `main.obj`, `sub1.obj`, `sub2.obj`. Die Extension `obj` steht unter Windows für Objektcode[65].

Der Maschinencode dieser Objektdateien ist nicht ablauffähig. Zum einen, weil die Library-Funktionen noch fehlen, zum anderen, weil die Adressen von externen Funktionen und Variablen aus anderen Dateien (Querbezüge) noch nicht bekannt sind. Der Linker bindet diese Objektdateien, die aufgerufenen Library-Routinen und das Laufzeitsystem zu einer ablauffähigen Einheit zusammen, die unter Windows hier `beispiel.exe` heißen soll. Die Extension `.exe` steht unter Windows für **„executable program"**, auf Deutsch **„ablauffähiges Programm"**. In einem ablauffähigen Programm müssen alle Querbezüge aufgelöst sein.

5.3 Lader

> Mit dem **Lader** (engl. **loader**) wird das Programm in den Arbeitsspeicher des Computers geladen, wenn es gestartet wird.

Das Laden, Starten und Ausführen eines Programms kann in verschiedenen Umgebungen erfolgen:

- über einen Menüpunkt in einer integrierten Enwicklungsumgebung (siehe Kapitel 5.5),
- unter der Kontrolle eines Debuggers (siehe Kapitel 5.4)
- oder direkt auf der Betriebssystemebene.

Unter Windows beispielsweise muss eine Eingabeaufforderung mit dem Ausführen von `cmd` (z. B. mit Windowstaste + R -> `cmd`) gestartet werden. Danach kann man durch Eingabe des Dateinamens des ausführbaren Programms – also der `exe`-Datei – das Programm starten. Im folgenden Beispiel wird davon ausgegangen, dass sich die `exe`-Datei des „Hello World"-Programms aus Kapitel 1.1 in dem Verzeichnis `C:\MeineProgramme` befindet. Nach dem Öffnen einer Windows-Konsole gibt man

`C:\MeineProgramme\hello.exe`

ein und drückt die `<RETURN>`-Taste. Auf der `<RETURN>`-Taste ist oftmals das Symbol ⏎ zu sehen. Bild 5-4 zeigt die Eingaben zum Starten eines Programms in einer Windows-Konsole und die Ausgaben, die das Programm bei der Ausführung erzeugt. Die Extension `exe` kann, wie im Bild zu sehen ist, bei der Eingabe des Dateinamens weggelassen werden:

---

[65] Unter Unix ist .o die Extension für Objektcode.

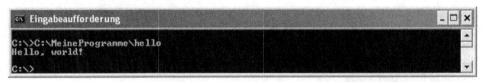

Bild 5-4 Starten eines Programms in der Windows-Konsole

Unter UNIX wird das gleiche Kommando in einer Shell abgesetzt. Hier enden ausführbare Dateien nicht mit der Endung .exe. Eine ausführbare Datei wird hier am sogenannten „executable-Flag" erkannt.

Bei den heutigen PCs mit ihren Mehrbenutzerbetriebssytemen liegen die ablauffähigen Programme in Form eines **verschiebbaren** (engl. **relocatable**) **Maschinencodes** vor. Von einem verschiebbaren Maschinencode spricht man dann, wenn die Adressen des ablauffähigen Programms einfach von null an durchgezählt werden, ohne festzulegen, an welcher Stelle das Programm im Arbeitsspeicher liegen soll. Die Aufgabe des Laders besteht dann nur noch darin, den Code sowie die Daten an die richtigen Stellen im Arbeitsspeicher, die vom Betriebssystem bestimmt werden, abzulegen.

In anderen Umgebungen kann das Laden eines Programms eine durchaus nicht triviale Angelegenheit sein, beispielsweise wenn ein Programm von einem Entwicklungs-PC erst auf ein Steuergerät geladen werden muss, um dort ausgeführt zu werden.

5.4 Debugger

Nach dem Laden wird das erstellte Programm normalerweise direkt gestartet. Formal korrekte Programme können jedoch logische Fehler enthalten, die sich erst zur Laufzeit und leider oftmals erst unter bestimmten Umständen während des Betriebs eines Programms herausstellen. Um diese Fehler analysieren und beheben zu können, möchte man den Ablauf des Programms während der Fehleranalyse exakt beobachten. Dazu dienen Hilfsprogramme, die als **Debugger**[66] bezeichnet werden.

> Mit Hilfe eines Debuggers kann man Programme laden und gezielt starten, an beliebigen Stellen anhalten (sogenannte „Haltepunkte" setzen), Programme nach dem Anhalten fortsetzen, Programme Schritt für Schritt ausführen sowie Speicherinhalte anzeigen und gegebenenfalls verändern.

Debugger helfen dabei, erkannte Fehler in einem Programm zu **lokalisieren**. Sie ersetzen jedoch nicht den systematischen Test von Programmen zum Finden von Fehlern.

---

[66] to debug (engl.) = entwanzen, entlausen. Bei Programmen im Sinne von Fehler suchen und entfernen.

5.5 Integrierte Entwicklungsumgebungen

Um die Programmentwicklung komfortabler zu gestalten, werden für die Erstellung von Programmen sogenannte **Integrierte Entwicklungsumgebungen** (engl. **integrated development environments**, kurz IDEs) zur Verfügung gestellt. Diese enthalten innerhalb eines Programmsystems **Compiler**, **Linker**, **Lader**, **Debugger** sowie einen **Editor** zur Eingabe der Programmtexte.

Darüber hinaus sind in den Integrierten Entwicklungsumgebungen sogenannte **Projektverwaltungen** integriert. Dabei kann ein Projekt aus mehreren Programmmodulen (Dateien) bestehen, welche getrennt entwickelt werden. Um das ausführbare Programm zu erzeugen, müssen alle Module durch den Compiler getrennt übersetzt und durch den Linker gebunden werden. Die Projektverwaltung sorgt dafür, dass bei Änderungen eines einzelnen Moduls nur dieses Modul übersetzt und mit den anderen, nicht geänderten Modulen neu gebunden wird.

5.6 Zusammenfassung

Dieses Kapitel untersucht die Programmerzeugung und -ausführung.

Der Quelltext eines Programms wird mit einem Editor, einem Werkzeug zur Erstellung von Texten, geschrieben und auf der Festplatte des Rechners unter einem Dateinamen als Datei abgespeichert. Einfache Programme bestehen aus einer einzigen Quelldatei, komplexe aus mehreren Quelldateien. Zuerst muss der Präprozessor in den Quellcode-Dateien die Präprozessor-Anweisungen auflösen, bevor der Compiler die Dateien kompilieren kann. Durch Kompilieren erhält man aus einer Quellcode-Datei eine Objektdatei. Der Linker erzeugt aus den Objektdateien ein ausführbares Programm und speichert dies wiederum in einer Datei ab. Ein ausführbares Programm kann mit Hilfe eines Laders beliebig oft zur Ausführung gebracht werden.

Kapitel **5.1** befasst sich mit dem Compiler. Der Compiler übersetzt ein C-Programm in den sogenannten Maschinencode. Maschinencode ist ein prozessorspezifischer Binärcode, welcher von einem speziellen Prozessor ohne weitere Übersetzung direkt verstanden und verarbeitet werden kann. Ein vollständig für den Prozessor übersetzter Programmablauf besteht somit grundsätzlich nur aus einer Folge von Nullen und Einsen und wird deswegen auch als das sogenannte Binary bezeichnet.

Unabhängig von der Art der höheren Programmiersprache kann ein Compiler – bei Einhaltung bestimmter Regeln bei der Definition einer Sprache – in eine Folge der folgenden 5 Bearbeitungsschritte gegliedert werden:

- Lexikalische Analyse,
- Syntaktische Analyse,
- Semantische Analyse,
- Optimierungen
- und Codeerzeugung.

Bei der Lexikalischen Analyse (auch als Scanner oder Symbolentschlüsselung bekannt) wird versucht, in der Folge der Zeichen eines Programms Wörter der Sprache

– das sind die kleinsten Einheiten einer Sprache, die eine Bedeutung besitzen – zu erkennen.

Im Rahmen der Syntaxanalyse wird geprüft, ob die im Rahmen der lexikalischen Analyse ermittelte Symbolfolge eines zu übersetzenden Programms zu der Menge der korrekten Symbolfolgen gehört.

Neben der Überprüfung, ob Namen im Rahmen ihrer Gültigkeitsbereiche verwendet werden, spielt die Überprüfung von Typverträglichkeiten bei Ausdrücken bei der Semantischen Analyse eine Hauptrolle. Man unterscheidet zwischen der statischen Semantik (durch den Übersetzer prüfbar) und der dynamischen Semantik (erst zur Laufzeit eines Programms prüfbar). Die Prüfungen der dynamischen Semantik sind üblicherweise im sogenannten Laufzeitsystem des Compilers realisiert.

In der Optimierungsphase wird versucht, den Code zu verbessern, sowohl bezüglich des Speicherverbrauchs als auch bezüglich der benötigten Rechenzeit.

Während die Lexikalische Analyse, Syntaxanalyse und Semantische Analyse sich nur mit der Analyse des zu übersetzenden Quellcodes befassen, kommen bei der Codegenerierung die Rechnereigenschaften, nämlich der zur Verfügung stehende Maschinencode und die Eigenschaften des Betriebssystems, ins Spiel.

Im Rahmen der Codeerzeugung – auch Synthese genannt – wird der Zwischencode, der bei der Semantischen Analyse erzeugt wurde, in Objektcode, d. h. in die Maschinensprache des jeweiligen Zielrechners übersetzt.

Ein Laufzeitsystem eines Compilers enthält alle Routinen, die zur Ausführung irgendeines Programms einer Programmiersprache notwendig sind, für die aber gar nicht oder nur sehr schwer direkter Code durch den Compiler erzeugt werden kann, oder für die direkt erzeugter Code sehr ineffizient wäre. Zum Laufzeitsystem gehören i. Allg. auch alle Prüfungen der dynamischen Semantik, kurz eine ganze Reihe von Fehlerroutinen mit der entsprechenden Anwenderschnittstelle (z. B. Fehlerausgabe, Speicherabzug erstellen). Besondere Sprachkonzepte wie Threads (parallele Prozesse) oder Exceptions (Ausnahmen) werden in aller Regel ebenfalls im Laufzeitsystem realisiert.

Aufgabe eines Linkers bzw. Binders (siehe Kapitel **5.2**) ist es, den nach dem Kompilieren vorliegenden Objektcode in ein auf dem Prozessor ausführbares Programm (engl. executable program) zu überführen. Der Linker fügt hierbei die einzelnen Adressräume der Objektdateien, aufgerufener Library-Dateien und von Funktionen des Laufzeitsystems so zusammen, dass sich die Adressen nicht überlappen, und löst die Querbezüge auf.

Mit dem Loader oder Lader (siehe Kapitel **5.3**) wird das Programm in den Arbeitsspeicher des Computers geladen, wenn es gestartet wird.

Mit Hilfe eines Debuggers (siehe Kapitel **5.4**) kann man Programme laden und gezielt starten, an beliebigen Stellen anhalten (sogenannte „Haltepunkte" setzen), Programme nach dem Anhalten fortsetzen, Programme Schritt für Schritt ausführen sowie Speicherinhalte anzeigen und gegebenenfalls verändern.

Um die Programmentwicklung komfortabler zu gestalten, werden für die Erstellung von Programmen sogenannte Integrierte Entwicklungsumgebungen (engl. integrated development environments, kurz IDEs) zur Verfügung gestellt. Dies behandelt Kapitel **5.5**. Integrierte Entwicklungsumgebungen enthalten innerhalb eines Programmsystems Compiler, Linker, Lader, Debugger sowie einen Editor zur Eingabe der Programmtexte.

Kapitel 6

Lexikalische Konventionen

6 Lexikalische Konventionen

„Lexikalisch" bedeutet „ein Wort (eine Zeichengruppe) betreffend", ohne den Textzusammenhang (Kontext), in dem dieses Wort steht, zu berücksichtigen. Eine **lexikalische Einheit** ist eine zusammengehörige Zeichengruppe bzw. ein Wort eines Programmtextes.

Der Quelltext (Quellcode) eines C-Programms besteht aus lexikalischen Einheiten und Trennern wie z. B. Leerzeichen. Jede lexikalische Einheit darf nur Zeichen aus dem **Zeichenvorrat (Zeichensatz)** der Sprache umfassen.

Im Folgenden werden die Konventionen besprochen, Wörter in der Programmiersprache C zu bilden. Lexikalische Konventionen sind gewissermaßen die Rechtschreibregeln einer Programmiersprache.

Der Zeichensatz von C wird in Kapitel 6.1 erläutert. Kapitel 6.2 widmet sich dann den lexikalischen Einheiten wie reservierten Wörtern, Bezeichnern (engl. identifiers), Konstanten, Operatoren und Interpunktionszeichen.

6.1 Zeichenvorrat von C

Kapitel 6.1.1 zeigt die Zeichensätze des gültigen C11-Standards, Kapitel 6.1.2 dagegen geht auf den Zeichensatz des C90-Standards ein, Kapitel 6.1.3 gibt eine Einführung in Unicode gefolgt von Kapitel 6.1.4 und 6.1.5 mit einer Einführung in Multibyte-Zeichensätze und wide characters.

6.1.1 Quell- und Ausführungszeichensatz nach C11

Der C11-Standard unterscheidet wie C99:

- den **Quellzeichensatz** zur Erstellung von Quelldateien (engl. source files)
- und den **Ausführungszeichensatz**, der in der Laufzeitumgebung interpretiert wird.

Jeder dieser beiden Zeichensätze ist jeweils aufgeteilt in

- einen **Basiszeichensatz**
- und einen **länderspezifischen Zeichensatz** aus null oder mehr sogenannten erweiterten Zeichen.

Die Zeichen eines Basiszeichensatzes werden durch **ein einziges Byte** dargestellt.

Der **Basis-Quellzeichensatz** und der **Basis-Ausführungszeichensatz** enthalten die folgenden Zeichen:

- die 26 Groß- und Kleinbuchstaben des lateinischen Alphabets[67]
  ```
  A B C D E F G H I J K L M N O P Q R S T U V W X Y Z
  a b c d e f g h i j k l m n o p q r s t u v w x y z
  ```
- die 10 arabischen Dezimalziffern
  ```
  0 1 2 3 4 5 6 7 8 9
  ```
- und die folgenden 29 Interpunktionszeichen
  ```
  ! " # % & ' ( ) * + , - . / :
  ; < = > ? [ \ ] ^ _ { | } ~
  ```

ferner das Leerzeichen sowie ein paar wenige Steuerzeichen. Im **Basis-Ausführungszeichensatz** soll es Steuerzeichen für Alarm, Backspace, Zeilenvorschub, neue Zeile und für das Ende einer Zeichenkette (Stringende) geben. Das Steuerzeichen für das Stringende ist das Nullzeichen, bei dem alle Bits null sind.

Die Zeichen des Basiszeichensatzes reichen für die Programmierung in C vollkommen aus.

Der **erweiterte Zeichensatz** beinhaltet sowohl die Zeichen des Basiszeichensatzes als auch die erweiternden Zeichen. Er stellt einen **Superset des Basiszeichensatzes** dar.

Die Werte der erweiternden Zeichen sind implementierungsabhängig.

6.1.2 Zeichensatz nach C90

Einen Ausführungszeichensatz gibt es nach dem C90-Standard nicht.

Der **Zeichensatz von C90** entspricht dem **Basis-Quellzeichensatz nach dem C11-Standard** und weist ebenfalls die 26 Groß- und Kleinbuchstaben des lateinischen Alphabets, 10 Dezimalzeichen, die beim Zeichensatz nach C11 genannten grafischen Zeichen, das Leerzeichen und die Steuerzeichen auf.

Das Stringende erfolgt ebenfalls durch das Nullzeichen, bei dem alle Bits null sind.

6.1.3 Der Unicode in C

Die erweiternden Zeichen des Quell- und Ausführungszeichensatzes können grundsätzlich beliebig definiert werden, um mehrsprachige Inhalte zu unterstützen. Im Laufe der Jahre hat sich jedoch insbesondere der Unicode-Zeichensatz durchgesetzt, welcher in diesem Kapitel besprochen wird. Eine kurze Abhandlung über andere gebräuchliche Zeichensätze sowie eine Vertiefung zum Unicode wird in Anhang D gegeben.

---

[67] Umlaute (ä,ö,ü...) und ß sind also nicht Teil des Basiszeichensatzes.

Mit C11 wurde die Initialisierung von Strings mit Unicode standardisiert. Im Gegensatz zu C90 lässt der C11-Standard die Verwendung von Unicode (UTF-8, UTF-16, UTF-32) zur Kodierung von Multibyte-Zeichen in Strings zu.

Um einen Unicode-String zu definieren, verwendet man eine Zeichenkette mit dem Präfix `u8`, `u`, `U` oder `L`.

Beispielsweise wird die Zeichenkette "hello!" mit `u8"hello!"` gemäß UTF-8 kodiert. UTF-8 ist ein 8-Bit-Code. Zeichen des Basiszeichensatzes werden mit UTF-8 in einem einzigen Byte kodiert.

Mit `u"hello!"` wird der String `"hello"` mit einer 16-Bit-Breite (häufig UTF-16), mit `U"hello!"` mit einer 32-Bit-Breite (häufig UTF-32) und mit `L"hello!"` mit dem compilerspezifischen Typ `wchar_t` (siehe Kapitel 6.1.5) kodiert. Wird die Zeichenkette ohne Präfix geschrieben, wird sie im Quellzeichensatz vom Compiler gelesen und danach in den Ausführungszeichensatz konvertiert. Der konvertierte String wird daraufhin direkt in das Maschinenprogramm hineinkodiert.

Die neuen Datentypen von C11 `char16_t` und `char32_t` sind portabel und geeignet, um mit UTF-16 und UTF-32 kodierte Zeichensequenzen abzuspeichern.

Ein UTF-8-Zeichen des Basiszeichensatzes kann in einer Variablen vom Typ `char` gespeichert werden. Deshalb gibt es keinen neuen Datentyp `char8_t`.

Die Sprache C liefert jedoch nur ein Grundgerüst. Ein Programmierer muss sich bei Verwendung von Unicode darum kümmern, dass zum richtigen Zeitpunkt die richtige Codierung verfügbar ist. Um zwischen den Kodierungen zu wechseln, werden Standardbibliotheksfunktionen bereitgestellt.

Die neuen Typen sowie die Umwandlungsfunktionen werden in der neuen Header-Datei `<uchar.h>` definiert.

6.1.4 Multibyte-Zeichen

Nach C11 kann der Quell- und Ausführungszeichensatz explizit Multibyte-Zeichen enthalten, welche Zeichen des erweiterten Zeichensatzes darstellen. Vor C11 war dies zwar ebenfalls theoretisch möglich, aber nicht standardisiert.

Eine **Multibyte-Codierung** bezeichnet eine spezielle Codierung von Zeichen, welche insbesondere für Unicode häufig angewendet wird[68].

---

[68] Natürlich kann eine Multibyte-Codierung auch ein Zeichen aus 1 Byte codieren.

Unicode definiert 21 Bits pro Zeichen.

Quelldateien werden jedoch üblicherweise mit einer Zeichenbreite von 8 Bits gespeichert.

Um die vollen 21 Bits des Unicodes nutzen zu können, werden bei einer Multibyte-Codierung je nach Zeichen mehrere Bytes hintereinandergereiht, welche dann zusammen ein vollständiges Zeichen ausmachen.

In Anhang D werden verschiedene Zeichencodierungen des Unicode ausführlich beschrieben.

6.1.5 Der Datentyp wchar_t

Im Zuge der zunehmenden Internationalisierung wollte man in C die Möglichkeit schaffen, Zeichen von Landessprachen, z. B. aus dem asiatischen Raum, abzubilden. Deshalb wurde mit C95 der ganzzahlige Typ `wchar_t` eingeführt. Dieser Name ist eine Abkürzung für **wide character type**.

Der Datentyp `wchar_t` speichert Zeichen einer Kodierung, deren Zeichen in einer Variablen vom Typ `char` keinen Platz haben. Die Zeichen einer solchen Kodierung werden auch Breitzeichen genannt.

Die Breite des Datentyps `wchar_t` ist plattformspezifisch. Je nach Compilereinstellung kann die Größe und Art dieses Typs variieren.

Es wird davor gewarnt, den Datentyp `wchar_t` für die Speicherung von mit Unicode codiertem Text zu verwenden, da dieser Datentyp plattformspezifisch ist.

6.2 Lexikalische Einheiten

In der Sprache C haben viele Zeichen des Quellzeichensatzes je nach Situation eine andere Bedeutung. Insbesondere Interpunktionszeichen wie Komma, Minuszeichen oder Klammern kommen an den unterschiedlichsten Stellen vor. Die Aufgabe des Compilers ist es, diese Zeichen gemäß genau festgelegten syntaktischen Regeln zu lesen und ihnen eine Bedeutung (Semantik) zuzuordnen.

Ein Programm besteht für einen Compiler zunächst nur aus einer Folge von Bytes. Die erste Phase des Kompilierlaufs besteht aus einer lexikalischen Analyse, die der sogenannte **Scanner** durchführt. Der Scanner hat unter anderem die Aufgabe, Zeichengruppen zu finden.

Zeichengruppen werden gefunden, indem man nach den Trennern zwischen den Zeichengruppen sucht. Stehen zwischen zwei Trennern noch weitere Zeichen, die keine Trenner enthalten, so ist eine **lexikalische Einheit** bzw. ein **Token** gefunden.

Diese lexikalischen Einheiten werden dann vom **Parser**, der ebenfalls ein Bestandteil des Compilers ist, auf die Einhaltung der Syntax geprüft (siehe auch Kapitel 5.1.2).

Wenn der Scanner, der zu Beginn des Kompilierlaufs ein Quellprogramm bearbeitet, fertig ist, so liegt das Programm in Form der folgenden **lexikalischen Einheiten** vor:

- Reservierte Wörter (Schlüsselwörter),
- Bezeichner,
- Konstanten
- sowie Operatoren und Interpunktionszeichen.

Reservierte Wörter haben in einer Programmiersprache eine vordefinierte Bedeutung. Bezeichner (Identifier) sind Namen, die Objekte im Programm eindeutig identifizieren. Reservierte Wörter werden in Kapitel 6.2.1, Bezeichner in Kapitel 6.2.2, Konstanten in Kapitel 6.2.3, Operatoren und Interpunktionszeichen in Kapitel 6.2.4 behandelt.

Groß- und Kleinschreibung von lexikalischen Einheiten

In C werden Groß- und Kleinbuchstaben streng unterschieden. Der englische Ausdruck hierfür ist „case sensitive". Namen, die sich durch Groß- bzw. Kleinschreibung unterscheiden, stellen verschiedene Namen dar. So ist beispielsweise der Name `alpha` ein anderer Name als `Alpha`.

Trenner zum Finden lexikalischer Einheiten

Eine lexikalische Einheit wird gefunden, indem man die Trenner, die sie begrenzen, findet.

Trenner sind **Zwischenraum (Whitespace-Zeichen)**, Operatoren und Interpunktionszeichen.

Zu den Whitespace-Zeichen gehören **Leerzeichen, Horizontaltabulator, Vertikaltabulator, Zeilentrenner, Seitenvorschub** sowie **Kommentare**.

Kommentare zählen auch zu den Whitespace-Zeichen. Das ist zunächst etwas verwirrend, denn in einem Kommentar steht ja tatsächlich etwas. Nach dem Präprozessorlauf sind die Kommentare jedoch entfernt und an ihre Stellen wurden Leerzeichen eingesetzt.

Zwischen zwei aufeinanderfolgenden lexikalischen Einheiten kann eine beliebige Anzahl an Whitespace-Zeichen eingefügt werden. Damit hat man die Möglichkeit, ein Programm optisch so zu gestalten, dass die Lesbarkeit verbessert wird.

Üblicherweise wird vor jeder Funktion mindestens eine Leerzeile eingefügt und der Code innerhalb eines Blocks, begrenzt durch die Blockbegrenzer { und }, etwas eingerückt.

Ein **Kommentarblock** wird durch die Zeichen /* eingeleitet und durch die Zeichen */ beendet. Ein Kommentarblock kann über mehrere Zeilen gehen.

Dies zeigt das folgende **Beispiel**:

```
/* Dies ist
   ein
   Kommentar              */
```

Kommentarblöcke dürfen **nicht verschachtelt** werden, d. h. im Kommentarblock darf kein Kommentar stehen.

Ein **Zeilenkommentar** beginnt mit zwei Schrägstrichen // und kommentiert alles bis zum Ende der Zeile aus. Diese Art von Kommentar ist erst seit C99 erlaubt, manche ältere Compiler erlauben sie jedoch trotzdem.

Hierfür zwei **Beispiele**:

```
int a = 6; // manuelle Initialisierung
// die ganze Zeile ist ein Zeilenkommentar
```

Wie schon erwähnt, sind **Operatoren** auch **Trenner**. Für den Compiler ist A&&B lesbar (&& ist der logische UND-Operator zwischen A und B). Für den menschlichen Leser empfiehlt es sich, nicht die Trenner-Eigenschaft der Operatoren zu verwenden, sondern nach jeder lexikalischen Einheit Leerzeichen einzugeben, damit das Programm leichter lesbar ist. Im genannten Beispiel also besser A && B schreiben!

6.2.1 Reservierte Wörter

Die Namen von Schlüsselwörtern sind reserviert. Sie müssen stets klein geschrieben werden. Die Bedeutung dieser Schlüsselwörter ist von der Programmiersprache festgelegt und kann nicht verändert werden.

Die Namen von Schlüsselwörtern dürfen nicht als Bezeichner von Objekten des Programms, also beispielsweise von Variablen und Funktionen, oder selbst definierten Datentypen verwendet werden.

Eine vollständige Erklärung dieser Schlüsselwörter kann erst in den späteren Kapiteln erfolgen. Im Folgenden werden die Schlüsselwörter des C90- und C11-Standards kurz erläutert:

`auto`	Speicherklassenbezeichner
`break`	Zum Herausspringen aus Schleifen oder der `switch`-Anweisung
`case`	Auswahl-Fall in `switch`-Anweisung
`char`	Typ-Bezeichner
`const`	Qualifikator für Typangabe
`continue`	Fortsetzungsanweisung
`default`	Standardeinsprungmarke in `switch`-Anweisung
`do`	Teil einer Schleifen-Anweisung
`double`	Typ-Bezeichner
`else`	Einleitung einer Alternative
`enum`	Aufzählungstyp-Bezeichner
`extern`	Speicherklassenbezeichner
`float`	Typ-Bezeichner
`for`	Schleifenanweisung
`goto`	Sprunganweisung
`if`	Beginn einer bedingten Anweisung
`int`	Typ-Bezeichner
`long`	Typ-Modifizierer bzw. Typ-Bezeichner
`register`	Speicherklassen-Bezeichner
`return`	Rücksprung-Anweisung
`short`	Typ-Modifizierer bzw. Typ-Bezeichner
`signed`	Typ-Modifizierer bzw. Typ-Bezeichner
`sizeof`	Operator zur Bestimmung der Größe von Variablen, Typen und Konstanten
`static`	Speicherklassenbezeichner
`struct`	Strukturvereinbarung
`switch`	Auswahlanweisung
`typedef`	Typnamenvereinbarung
`union`	Datenstruktur mit Alternativen
`unsigned`	Typ-Modifizierer bzw. Typ-Bezeichner
`void`	Typ-Bezeichner
`volatile`	Qualifikator für Typangabe
`while`	Schleifenanweisung

Im C11-Standard gibt es die zusätzlichen Schlüsselwörter:

`inline`	Funktions-Spezifikator zur Spezifikation von Inline-Funktionen
`restrict`	Qualifikator für Typangabe zur Einschränkung eines Zugangs zu einem Objekt über einen bestimmten Pointer
`_Alignas`	Alignment-Spezifikator
`_Alignof`	Operator zur Bestimmung des Alignments von Typen
`_Atomic`	Zur Deklaration von atomaren Variablen
`_Bool`	Typ-Bezeichner
`_Complex`	Verwendet zur Spezifikation komplexer Datentypen
`_Generic`	Zur Simulation von Overloading
`_Imaginary`	Imaginäre Einheit
`_Noreturn`	Funktions-Spezifikator für eine Funktion, die nicht zum Aufrufer zurückkehrt

`_Static_assert`   Für statische Prüf-Ausdrücke
`_Thread_local`   Speicherklassenbezeichner für eine Variable pro Thread

6.2.2 Bezeichner

Ein Bezeichner besteht aus einer Zeichenfolge von Buchstaben und Ziffern, die mit einem Buchstaben beginnt. In C zählt auch der Unterstrich _ zu den Buchstaben.

Bezeichner (Identifier) bezeichnen in C:

- Variablen,
- Funktionen,
- Etiketten (tags) von Strukturen (siehe Kapitel 13.1), von Unionen (siehe Kapitel 13.3), von Bitfeldern (siehe Kapitel 13.4) und von Aufzählungstypen (siehe Kapitel 6.2.3.5),
- Komponenten von Strukturen,
- Alternativen von Unionen,
- Aufzählungskonstanten,
- Typnamen (`typedef`-Namen),
- Marken,
- Makronamen
- und Makroparameter.

Interne Namen sind Namen, die innerhalb einer Datei verwendet werden.

Zu den internen Namen gehören zum einen die Makronamen in den Präprozessor-Anweisungen (siehe Kapitel 21), zum anderen alle anderen Namen, die keine externe Bindung besitzen.

Externe Namen sind Namen mit externer Bindung wie z. B. die Namen von externen Variablen und Funktionen, die für mehrere **Übersetzungseinheiten** (Dateien) gültig sind. Sie haben also auch eine Bedeutung außerhalb der betrachteten Datei.

Externe Namen (siehe Kapitel 22) haben damit auch eine Bedeutung für den Linker, der unter anderem die Verbindungen zwischen Namen in separat bearbeiteten Übersetzungseinheiten herstellen muss.

Namen mit **interner Bindung** existieren eindeutig für jede Übersetzungseinheit. Namen mit **externer Bindung** existieren eindeutig für das ganze Programm.

Nach C90 sind **mindestens 31 Zeichen für interne Namen** und mindestens **6 Zeichen für externe Namen** relevant. Das heißt, dass ein Compiler in der Lage sein muss, mindestens so viele Zeichen eines Namens bewerten zu können. Der C11-

Standard schreibt mindestens 63 signifikante Zeichen für interne Namen vor und mindestens 31 signifikante Zeichen für externe Namen. Die genaue Zahl der relevanten Zeichen für interne und externe Namen ist implementierungsabhängig.

Bei **internen Namen** wird prinzipiell zwischen Groß- und Kleinschreibung unterschieden.

Unter C90 hängt es von der Implementierung, d. h. vom jeweiligen Compiler ab, ob bei **externen Namen** Klein- und Großschreibung als unterschiedlich betrachtet werden. Vorsicht!

Zeichen des erweiterten Zeichensatzes (beispielsweise ä, ö, ü, ß) sind ab dem C99-Standard erlaubt und können durch eine genau festgelegte Codierung auch portierbar gemacht werden. Unter C90 sind diese Codierungen jedoch unzulässig.

Namen, die mit einem Unterstrich _ oder zwei Unterstrichen beginnen, sollten nicht verwendet werden, da viele systemspezifische Bibliotheksfunktionen mit diesen Zeichen beginnen und somit Konflikte entstehen könnten. Vorsicht!

Beispiele für **zulässige Namen** nach C90 und C11 sind:	**Beispiele** für **unzulässige Namen** nach C90 und C11 sind:

```
summe
x_quadrat
```

```
1x          (beginnt mit Ziffer)
x-quadrat   (Interpunktionszeichen -)
```

Ein **nicht empfohlener Name** ist z. B.:

```
__tmap      (beginnt mit 2 Unterstrichen)
ärger       erweitertes Zeichen: ä
```

6.2.3 Konstanten

Kapitel 6.2.3.1 gibt eine Übersicht über literale und symbolische Konstanten. In Kapitel 6.2.3.2 werden ganzzahlige Konstanten behandelt. Kapitel 6.2.3.3 befasst sich mit Gleitpunktkonstanten. Zeichenkonstanten werden in Kapitel 6.2.3.4 erklärt. Kapitel 6.2.3.5 erläutert konstante Zeichenketten. Auf Aufzählungskonstanten wird in Kapitel 6.2.3.6 eingegangen und die booleschen Konstanten in Kapitel 6.2.3.7 erklärt.

6.2.3.1 Literale und symbolische Konstanten

In C gibt es zwei Arten von Konstanten:

- literale Konstanten
- und symbolische Konstanten.

Symbolische Konstanten – auch benannte Konstanten genannt – haben einen Namen, der ihren Wert repräsentiert. **Literale Konstanten** – oft auch nur **Konstanten** oder **Literale** genannt – haben keinen Namen. Sie werden durch ihren Wert dargestellt.

Symbolische Konstanten können mit dem Präprozessor-Befehl `#define` eingeführt werden wie im folgenden **Beispiel**:

`#define PI 3.1415`   Mit dem Präprozessor-Befehl `#define` wird hier eine symbolische Konstante mit dem Namen `PI` eingeführt, die als Wert die literale Konstante `3.1415` hat.

Symbolische Konstanten sind wichtig, wenn in einem Programm wiederkehrende Werte verwendet werden sollen. Äußerst ungeschickt wäre es, diese Werte als literale Konstanten, d. h. als „nackte" Zahlen, und womöglich noch an verschiedenen Stellen im Programm zu notieren. Ein solches Programm wäre nicht einfach in korrekter Weise abzuändern, wenn sich der Wert ändern sollte. Sehr leicht könnte eine der zu ändernden Stellen vergessen werden. Wird eine symbolische Konstante verwendet, so erfolgt eine Änderung eines wiederkehrenden Wertes an einer einzigen zentralen Stelle.

> Überall da, wo von der Syntax her Konstanten erlaubt sind, können auch **konstante Ausdrücke** stehen.

Dies liegt daran, dass ein konstanter Ausdruck ein Ausdruck ist, an dem nur Konstanten beteiligt sind. Deshalb werden solche Ausdrücke vom Compiler zur Kompilierzeit und nicht zur Laufzeit bewertet.

> Überall da, wo von der Syntax Konstanten oder konstante Ausdrücke erlaubt sind, kann man **literale Konstanten** oder **symbolische Konstanten** einsetzen.

> Es gibt **verschiedene Arten von literalen Konstanten**:
> * ganzzahlige Konstanten,
> * Gleitpunktkonstanten,
> * Zeichenkonstanten
> * und Aufzählungskonstanten.

Jede dieser Konstanten hat einen definierten Datentyp. Diese Konstanten werden im Folgenden genauer betrachtet.

6.2.3.2 Ganzzahlige Konstanten

> **Ganzzahlige Konstanten** wie `1234`, die nicht zu groß[69] sind, sind vom Typ `int`.

Zahlensysteme

Ganzzahlige Konstanten lassen sich in drei Zahlensystemen darstellen.

---

[69] Wie groß Zahlen sein dürfen, steht in der Datei `limits.h`, vgl. dazu Kapitel 7.2.2.

Außer der gewöhnlichen Abbildung im **Dezimalsystem** (Basis 10) gibt es in C noch die Darstellungsform im **Hexadezimalsystem** (Basis 16) und im **Oktalsystem** (Basis 8).

Die Binärdarstellung (Basis 2) ist nicht vorhanden. Die genannten Zahlensysteme und die Vorgehensweise bei der Umrechnung von einer Darstellung in eine andere werden im Anhang C ausführlich erklärt.

Eine dezimale Konstante beginnt mit einer von 0 verschiedenen Dezimalziffer. Dezimale Ziffern sind 0, 1, ... 9. Beginnt die Konstante mit 0X oder 0x, also einer Null gefolgt von einem großen oder einem kleinen x, so wird die Zahl hexadezimal interpretiert. Hexadezimale Ziffern sind: 0 ... 9, a ... f oder A ... F. Dabei ist der Wert von a oder A gleich 10, der Wert von b oder B gleich 11, usw. bis f oder F mit dem Wert 15. Beginnt die Konstante mit einer 0 und folgt als zweite Ziffer weder ein x noch ein X, so wird die Zahl als Oktalzahl interpretiert. Oktalzahlen haben die Ziffern 0, 1, 2 ... 7.

Ganzzahlige Konstanten sind in C also stets positiv. Benötigt man einen negativen Wert, so schreibt man in C einfach den einstelligen Minus-Operator davor, wie z. B. -85.

Datentypen mit Suffixen in C90

Wird an eine ganzzahlige Konstante der Buchstabe u oder U angehängt, z. B. 12u, so ist die Konstante vom Typ unsigned, einem Integer-Typ ohne Vorzeichen. Wird der Buchstabe l oder L an eine ganzzahlige Konstante angehängt, z. B. 123456L, so ist sie vom Typ long. Die Endungen l, L, u und U werden als **Suffixe** bezeichnet. Es ist auch möglich, einer ganzzahligen Konstanten beide Suffixe anzuhängen, z. B. 123ul. Diese Zahl ist dann vom Typ unsigned long. Die verschiedenen Datentypen von C werden in Kapitel 7 besprochen.

Datentypen mit Suffixen seit C99

In C99 kommt noch der Suffix ll oder LL für den Datentyp long long hinzu.

Typ einer Ganzzahlkonstanten

Ist der Wert einer ganzzahligen Konstanten größer als der Wertebereich von int, so erhält die Konstante implizit einen Datentyp mit einem breiteren Wertebereich. So nimmt eine Konstante nach C90 in Dezimalschreibweise ohne Suffix den ersten möglichen der folgenden Datentypen an:

int, long int, unsigned long int

Seit C99 nimmt die Konstante den ersten der im Folgenden aufgeführten Datentypen an, in dem ihr Wert dargestellt werden kann:

int, long int, long long int

Eine Konstante in Oktal-/Hexadezimalschreibweise ohne Suffix nimmt in C90 den ersten möglichen der Datentypen `int, unsigned int, long int, unsigned long int`

an, seit C99 den ersten der Datentypen

`int, unsigned int, long int, unsigned long int, long long int, unsigned long long int,`

der zur Darstellung der Konstanten ausreicht.

Ist ein Suffix angegeben, so wird das obige Regelwerk für die Typzuordnung nur teilweise, d. h. dem Suffix entsprechend, außer Kraft gesetzt. Wird für eine Konstante beispielsweise der Suffix `L` angegeben, so hängt es von der Größe der Konstanten und dem vom Compiler abhängigen Wertebereich der Datentypen ab, welchen Datentyp die Konstante annimmt.

Beispiele

Beispiele für ganzzahlige Konstanten sind:

`14`	`int`-Konstante in Dezimaldarstellung mit dem Wert 14 dezimal
`014`	`int`-Konstante in Oktaldarstellung[70] mit dem Wert 12 dezimal
`0x14`	`int`-Konstante in Hexadezimaldarstellung[70] mit dem Wert 20 dezimal
`14L`	`long`-Konstante in Dezimaldarstellung mit dem Wert 14
`14U`	`unsigned`-Konstante in Dezimaldarstellung mit dem Wert 14

6.2.3.3 Gleitpunktkonstanten

Gleitpunktkonstanten (**Fließkommakonstanten**) haben einen . (Dezimalpunkt) oder ein `E` bzw. `e` oder beides. Entweder der ganzzahlige Anteil vor dem Punkt oder der Dezimalbruch-Anteil nach dem Punkt darf fehlen, aber nicht beide zugleich.

Beispiele für Gleitpunktkonstanten sind:

`300.0`   `3e2`   `3.E2`   `.3E3`

Der Teil einer Fließkommazahl vor dem `E` bzw. `e` ist die **Mantisse**, der Teil dahinter der **Exponent**. Wird ein Exponent angegeben, so ist die Mantisse mit $10^{Exponent}$ zu multiplizieren.

Eine Gleitpunktkonstante hat den Typ `double`. Durch die Angabe eines **optionalen Typ-Suffixes** `f`, `F`, `l` oder `L` wird der Typ der Konstanten zu `float` (`f` oder `F`) bzw. zu `long double` (`l` oder `L`) festgelegt.

So ist `10.3` vom Typ `double`, `10.3f` vom Typ `float`.

6.2.3.4 Zeichenkonstanten

Eine **Zeichenkonstante** ist ein Zeichen eingeschlossen in einfachen Hochkommas. Der Wert einer Zeichenkonstanten ist gegeben durch den numerischen Wert des Zeichens im Ausführungszeichensatz der jeweiligen Maschine.

Obwohl eine Zeichenkonstante vom Compiler im Arbeitsspeicher als `char`-Typ, d. h. als ein Byte, abgelegt wird, ist der Typ einer Zeichenkonstanten, auf die der Programmierer in seinem Programm zugreift, der Typ `int`.

Mit Zeichenkonstanten kann man rechnen wie mit ganzen Zahlen. So hat beispielsweise das Zeichen `'0'` im ASCII-Zeichensatz den Wert 48. Zeichenkonstanten werden aber meist gebraucht, um Zeichen zu vergleichen. Schreibt man die Zeichen als Zeichenkonstanten und nicht als ganze Zahlen, so ist man bei den Vergleichen unabhängig vom verwendeten Zeichensatz des Rechners.

Eine Konstante mit Zeichen vom Typ `wchar_t` hat ein vorangestelltes `L`, wie z. B. `L'a'`.

Es gibt auch Zeichenkonstanten mit mehreren Zeichen innerhalb der einfachen Hochkommas, z. B. `'A2B2'`. Der Standard spezifiziert, dass der Wert eines solchen Literals implementationsabhängig sei. Häufig werden ebensolche Konstanten mit zwei Zeichen als 16-Bit-Integer-Zahl und solche mit 4 Zeichen als 32-Bit-Integer-Zahl interpretiert. Der Programmierer sollte jedoch nicht auf dieses Verhalten zählen.

Ersatzdarstellungen

Zeichenkonstanten dürfen das Zeichen `'` sowie Zeilentrenner nicht enthalten. Mit Hilfe von **Ersatzdarstellungen** kann man u. a. das Zeichen `'` und auch nicht darstellbare („druckbare") Zeichen wie z. B. einen **Zeilentrenner (Zeilenende-Zeichen)** aufschreiben. Ersatzdarstellungen werden stets mit Hilfe eines Backslash `\` (Gegenschrägstrich) konstruiert.

Mit Ersatzdarstellungen kann man Steuerzeichen oder Zeichen, die auf dem Eingabegerät nicht vorhanden oder nur umständlich zu erhalten sind, angeben.

Die Ersatzdarstellung für einen Zeilentrenner ist `\n` – das `n` ist von Newline abgeleitet. Ersatzdarstellungen wie `\n` können **in Zeichenkonstanten und in konstanten Zeichenketten** (siehe Kapitel 6.2.3.7) verwendet werden. `\n` ist ein Steuerzeichen, welches eine Positionierung auf den Beginn der nächsten Zeile auf dem Bildschirm auslöst.

Das Steuerzeichen `\n` sorgt dafür, dass die Ausgabe am linken Rand und auf einer neuen Zeile fortgesetzt wird.

Die in Tabelle 6-1 dargestellten **Ersatzdarstellungen** werden zwar als zwei Zeichen oder mehr im Programmcode hingeschrieben, werden aber vom Compiler wie ein einziges Zeichen behandelt.

Das erste Zeichen muss immer ein Backslash sein. Das zweite bzw. die weiteren Zeichen legen die Bedeutung fest.

Mit der Ersatzdarstellung \' kann man das Zeichen einfaches Hochkomma durch '\'' darstellen. Will man in einer Zeichenkette ein Anführungszeichen haben, so dient dazu die Ersatzdarstellung \". So stellt beispielsweise "\"" eine Zeichenkette dar, die nur ein einziges Anführungszeichen enthält. Die folgende Tabelle zeigt die Ersatzdarstellungen in C:

		Zeichen
\0	Nullzeichen	0x0
\a	Klingelzeichen	0x7
\b	Backspace	0x8
\t	Tabulatorzeichen	0x9
\n	Zeilenende-Zeichen	0xa
\v	Vertikal-Tabulator	0xb
\f	Seitenvorschub (Form Feed)	0xc
\r	Wagenrücklauf	0xd
\\	Gegenschrägstrich (Backslash)	\
\?	Fragezeichen	?
\'	Einfaches Hochkomma	'
\"	Anführungszeichen (doppeltes Hochkomma)	"
\ooo	oktale Zahl	
\xhh	hexadezimale Zahl	

Tabelle 6-1 Ersatzdarstellungen

Die Ersatzdarstellung \ooo besteht aus einem Gegenschrägstrich \ gefolgt von 1, 2 oder 3 Oktalziffern, die als Wert des gewünschten Zeichens interpretiert werden. Auf diese Art kann eine Zeichenkonstante direkt über ihre oktale Zahlendarstellung angegeben werden. So entspricht etwa '\033' dem Escape-Zeichen (ASCII-Code 27 (oktal 33)). Ein häufiges Beispiel dieser Konstruktion ist das **Nullzeichen** '\0'.

Die Zeichenkonstante '\0' – das sogenannte Nullzeichen – steht für das **Zeichen mit dem Wert 0**.

Die Ersatzdarstellung \xhh besteht aus einem Gegenschrägstrich \ gefolgt von x und hexadezimalen Ziffern. Diese hexadezimalen Ziffern werden als Hexadezimalzahl bewertet. Auch wenn die Anzahl der Ziffern formal nicht beschränkt ist, so muss dennoch darauf geachtet werden, dass der Wert der Hexadezimalzahl nicht größer wird als der Wert des größten Zeichens, da ansonsten das Ergebnis nicht definiert ist.

Zeichen, welche nicht im Basiszeichensatz vorkommen, können mittels der Ersatzdarstellung direkt in die Zeichenketten in Quelldateien geschrieben werden. Dies ist
jedoch kaum mehr verbreitet. Viel eher werden heute sprachspezifische Strings separat in sogenannten Ressourcen-Dateien gespeichert und zur Laufzeit mit expliziter
Angabe des Zeichensatzes eingelesen. Genauso verbreitet, aber weitaus riskanter
ist die Kodierung der Quelldatei in einem vom Programmierer festgelegten Zeichensatz, woraufhin String-Konstanten einfach mitsamt den entsprechenden Spezialzei-
chen direkt in den Quellcode geschrieben werden.

6.2.3.5 Konstante Zeichenketten

Konstante Zeichenketten (Strings) sind Folgen von Zeichen, die in
Anführungszeichen eingeschlossen sind. Die **Anführungszeichen**
sind nicht Teil der Zeichenketten, sondern **begrenzen** sie nur.

Beispiele für konstante Zeichenketten sind etwa "Kernighan" oder "Ritchie".

Eine konstante Zeichenkette wird intern dargestellt als ein Array[71] von Zeichen. Dabei wird am Schluss vom Compiler ein zusätzliches Zeichen, das Zeichen '\0'
(**Nullzeichen**) angehängt, um das Stringende zu charakterisieren. Das folgende Bild
gibt ein Beispiel:

| 'R' | 'i' | 't' | 'c' | 'h' | 'i' | 'e' | '\0' |

Bild 6-1 Interne Darstellung der Zeichenkette "Ritchie"

Stringverarbeitungsfunktionen benötigen das Zeichen '\0', damit sie das Stringende erkennen. Deshalb muss bei der Speicherung von Zeichenketten stets ein Speicherplatz für das Nullzeichen vorgesehen werden. So stehen in der Zeichenkette

"konstante Zeichenkette"

zwischen den Anführungszeichen 22 Zeichen (inklusive Leerzeichen). Für die Speicherung dieser Zeichenkette werden 23 Zeichen benötigt (22 Zeichen + Nullzeichen).

Eine **Zeichenkonstante 'a'** und eine **Zeichenkette "a"** mit einem einzelnen Zeichen sind zwei ganz verschiedene Dinge. "a" ist ein Array aus den Zeichen 'a' und
einem Nullzeichen '\0'.

Befindet sich das Zeichen '\0' innerhalb einer Zeichenkette, so wird
von einer Stringverarbeitungsfunktion an dieser Stelle das Stringende
erkannt und der Rest der Zeichenkette wird nicht gelesen.

Stehen in einem Quellprogramm mehrere Zeichenketten hintereinan-
der, wie z. B. "konstante " "Zeichenkette", so erzeugt der
Präprozessor daraus durch **Verkettung** eine einzige Zeichenkette.
Dabei ist dann nur am Ende das Zeichen '\0' angehängt.

---

[71] Für eine Einführung in Arrays, siehe Kapitel 8.

Ersatzdarstellungen in Zeichenketten

Innerhalb einer Zeichenkette dürfen alle Zeichen, die von der Tastatur eingegeben werden, sowie Ersatzdarstellungen stehen. So enthält beispielsweise die Zeichenkette `"\n\n\n"` drei Zeilentrenner. Mit `printf ("Hallo\n");` wird die Zeichenkette `Hallo` ausgegeben und der Cursor wird zu Beginn der nächsten Zeile positioniert.

Alle Ersatzdarstellungen des Kapitels 6.2.3.4 können auch innerhalb von Zeichenketten verwendet werden. Die Verwendung des Nullzeichens `'\0'` hingegen führt dazu, dass die Zeichenkette vorzeitig abgeschnitten wird und von den Standardbibliotheksfunktionen nicht richtig verarbeitet werden kann.

Die Verwendung des Nullzeichens `'\0'` in einer Zeichenkette kann zu unerwartetem Verhalten führen.

Oktale oder hexadezimale Ersatzdarstellungen können grundsätzlich in Zeichenketten beliebig vorkommen. Der Programmierer muss dabei jedoch auf folgende Besonderheiten achten:

Eine oktale Ersatzdarstellung enthält drei Oktalziffern oder endet mit dem ersten Zeichen, das keine Oktalziffer ist. Daher sollte man zur Sicherheit immer drei Oktalziffern hinter den Backslash schreiben.

Damit vermeidet man eine Fehlinterpretation, die dadurch entsteht, dass eine zufälligerweise in der Zeichenkette unmittelbar nach der Oktalzahl stehende Ziffer zu dieser Zahl gezählt wird, wie das folgende **Beispiel** verdeutlicht:

```
printf ("\012 ...");   /* So ist das Line Feed stets korrekt  */
printf ("\12 ...");    /* So ist das Line Feed nicht korrekt, */
                       /* falls eine Oktalziffer folgt        */
```

Bei einer hexadezimalen Ersatzdarstellung ist die Anzahl der Ziffern nicht beschränkt.

Als **Beispiel** soll die Zeichenkette `"ZeilenEnde"` mit einem hexadezimal codierten Zeilenende `'\x0a'` in die beiden Wörter `"Zeilen"` und `"Ende"` unterteilt werden. Die Zeichenkette

```
printf ("Zeilen\x0aEnde\n");
```

wird jedoch ein falsches Resultat liefern, da das Zeichen `E` ebenfalls eine Hexadezimalziffer darstellt. Hier sind zwei Lösungsmöglichkeiten:

```
printf ("Zeilen\x0a""Ende\n");
printf ("Zeilen\012Ende\n");
```

Im ersten Fall wird die Zeichenkette künstlich in zwei Zeichenketten aufgespalten, damit ist das Ende der Ersatzdarstellung klar. Zwei direkt aufeinander folgende Zeichenketten werden dann vom Präprozessor wieder zu einer einzigen zusammengefügt. Im zweiten Fall wird eine oktale Darstellung benutzt, deren Ende durch die oben beschriebene Längenbeschränkung definiert ist.

6.2.3.6 Aufzählungskonstanten

Es gibt noch eine andere Art von Konstanten, die **Aufzählungskonstanten**. Aufzählungskonstanten werden definiert, wenn man einen sogenannten Aufzählungstyp definiert, wie im folgenden Beispiel:

```
enum FileError {
  NO_ERROR,         // Konstante mit Wert 0
  FILE_NOT_FOUND,   // Konstante mit Wert 1
  FILE_LOCKED       // Konstante mit Wert 2 };
```

Definiert werden hier sowohl der neue Datentyp enum FileError als auch dessen Aufzählungskonstanten. Der Wertebereich des neuen Typs ist durch die Liste der Aufzählungskonstanten festgelegt.

Aufzählungskonstanten haben einen **konstanten ganzzahligen Wert**. Der **Typ einer Aufzählungskonstanten** ist int.

Der Typname des soeben definierten Typs ist – wie schon gesagt – enum FileError. FileError ist das sogenannte **Etikett** (engl. enumeration tag), welches vom Programmierer frei vergeben werden kann.

Zulässige Werte für Variablen eines Aufzählungstyps sind die Werte der Aufzählungskonstanten in der Liste der Definition des Aufzählungstyps. Es ist üblich, dass Aufzählungskonstanten groß geschrieben werden.

Auch wenn Aufzählungskonstanten groß geschrieben werden, sind sie doch nicht dasselbe wie symbolische Konstanten (siehe Kapitel 6.2.3).

Aufzählungskonstanten dürfen nicht in Präprozessor-Bedingungen[72] verwendet werden.

Die erste Aufzählungskonstante in der Liste hat den Wert 0, die zweite den Wert 1 usw. Es ist aber auch möglich, für jede Aufzählungskonstante einen Wert explizit anzugeben. Werden einige Werte in der Liste nicht explizit belegt, so wird der Wert ausgehend vom letzten explizit belegten Wert jeweils um 1 bis zum nächsten explizit angegebenen Wert hochgezählt. Dies ist in den folgenden Beispielen zu sehen:

```
enum test {ALPHA, BETA, GAMMA};              /* ALPHA = 0, BETA = 1,
                                                GAMMA = 2        */
enum test {ALPHA = 5, BETA = 3, GAMMA = 7}; /* ALPHA = 5, BETA = 3,
                                                GAMMA = 7        */
enum test {ALPHA = 4, BETA, GAMMA = 3};      /* ALPHA = 4, BETA = 5,
                                                GAMMA = 3        */
```

---

[72] Präprozessor, siehe Kapitel 21.

Es dürfen jedoch keine zwei Aufzählungskonstanten innerhalb eines Aufzählungstyps mit demselben Wert existieren!

Aufzählungskonstanten in verschiedenen Aufzählungstypen müssen voneinander verschiedene Namen haben, wenn sie im selben Gültigkeitsbereich[73] verwendet werden.

Aufzählungstypen sind geeignet, um Konstanten zu definieren. Sie stellen damit in vielen Situationen eine Alternative zu der Definition von Konstanten mit Hilfe der Präprozessor-Anweisung `#define` dar.

Zu `#define` siehe Kapitel 6.2.3 und Kapitel 21.3.

Geschickt ist, dass bei der Definition von Aufzählungskonstanten Werte implizit generiert werden können, wie im folgenden Beispiel:

```
enum Monate {JAN = 1, FEB, MAE, APR, MAI, JUN,
             JUL, AUG, SEP, OKT, NOV, DEZ};
```

Hier wird vollkommen automatisch der Februar (`FEB`) zum Monat 2, der März (`MAE`) zum Monat 3, usw.

Wird das Etikett weggelassen, so muss wie im folgenden Beispiel

```
enum {NO_ERROR, FILE_NOT_FOUND, FILE_LOCKED} e;
```

sofort die Variablendefinition erfolgen, da später der Typ nicht mehr zur Verfügung steht.

Man kann jedoch mit

```
enum {A, B, C};
```

drei im Code verwendbare Aufzählungskonstanten mit den Werten `A = 0`, `B = 1` und `C = 2` anlegen.

Eine Typvereinbarung und Variablendefinition kann in einer einzigen Vereinbarung erfolgen wie in folgendem Beispiel:

```
enum {NO_ERROR, FILE_NOT_FOUND, FILE_LOCKED} e;
```

Hier ist `e` eine Variable vom Typ `enum FileError`. Sie kann die Werte `NO_ERROR`, `FILE_NOT_FOUND` oder `FILE_LOCKED` annehmen.

Man kann in C zwar Variablen eines Aufzählungstyps definieren. Dennoch wird von einem C-Compiler nicht verlangt, zu prüfen, ob einer Variablen eines Aufzählungstyps ein zulässiger Wert (eine Aufzählungskonstante) zugewiesen wird. Es findet hier also **keine Typprüfung** statt. Im folgenden Beispiel betrifft das die fett gedruckte Anweisung:

---

[73] Siehe Kapitel 11.6.

```
/* Datei: bool.c */
#include <stdio.h>

enum boolean {FALSE, TRUE};

int main (void)
{
    enum boolean b;         /* Definition einer Variablen b      */
                            /* vom Typ enum boolean              */
    b = TRUE;               /* Zuweisung der Aufzaehlungskonstanten */
                            /* TRUE an b                         */
    printf ("%d\n", b);     /* Ausgabe des Wertes von b          */
    b = FALSE;              /* Zuweisung der Aufzaehlungskonstanten */
                            /* FALSE an b                        */
    printf ("%d\n", b);     /* Ausgabe des Wertes von b          */
    b = 5;                  /* Hier wird der Variablen b vom Typ */
                            /* enum boolean ein Wert zugewiesen, */
                            /* der nicht mit einer Aufzaehlungs- */
                            /* konstanten uebereinstimmt         */
    printf ("%d\n", b);     /* Ausgabe des Wertes von b          */
    return 0;
}
```

Hier das Protokoll des Programm-Laufs:

```
1
0
5
```

Die Zuweisung beliebiger Integer-Zahlen zu einer enum-Variablen wird durch den Compiler nicht verboten. Der Programmierer ist verantwortlich dafür, mit solchen typverletzenden Werten umzugehen. (Vorsicht!)

6.2.3.7 Boolesche Konstanten in C11

Boolesche Konstanten sind spezielle Aufzählungskonstanten. Der C11-Standard enthält den vom C99-Standard vorgeschlagenen Datentyp _Bool. Um diesen Datentyp _Bool zu verwenden, ist es nicht notwendig, eine Bibliothek zu inkludieren. Allerdings stehen in diesem Falle dann nur die Zahlen 1 und 0 als Wahrheitswerte zur Verfügung und nicht die booleschen Konstanten true und false.

Möchte man die booleschen Konstanten true und false benutzen bzw. den Bezeichner bool anstelle von _Bool, so muss der Header <stdbool.h> inkludiert werden. Der Header <stdbool.h> enthält vier Makros, die es erlauben, anstelle der Wahrheitswerte 0 bzw. 1 die Wahrheitswerte false bzw. true zu benutzen, sowie ein Makro, um den Bezeichner bool anstelle von _Bool zu verwenden. Außerdem wird das Makro __bool_true_false_are_defined definiert, welches dem Entwickler die Prüfung erlaubt, ob die Wahrheitswerte true bzw. false zur Verfügung stehen.

Beim Laufe des Präprozessors wird also substituiert: Die symbolische Konstante `bool` wird ersetzt durch `_Bool`, die symbolische Konstante `false` wird ersetzt durch `0` und `true` wird ersetzt durch `1`.

6.2.4 Operatoren und Interpunktionszeichen

Mit Interpunktionszeichen wie Punkt, Komma oder Klammern wird die Sprache gegliedert. Interpunktionszeichen treten sowohl als einzelne Sprachelemente auf als auch in Kombination mit anderen Zeichen.

Operatoren sind die ausführenden Elemente der Sprache. Die meisten Operatoren bestehen aus einem oder mehreren zusammengesetzten Interpunktionszeichen.

> Sprachliche Einheiten wie Operanden werden stets durch Interpunktionszeichen oder Operatoren getrennt.

Einige Interpunktionszeichen werden sowohl als eigenständige Sprachelemente als auch für Operatoren verwendet:

Der Strichpunkt beispielsweise tritt als Ende einer Anweisung oder in `for`-Schleifen als Trenner von Ausdrücken auf. Das Komma dient als Trenner von Listenelementen z. B. in der Parameterliste von Funktionen, ist jedoch auch als eigener Operator zulässig. Der Doppelpunkt wird bei der Definition von Bitfeldern benötigt wie auch als Teil des Bedingungsoperators. Das Symbol `*` wird sowohl für die Definition von Pointern als auch als Multiplikations-Operator benötigt.

6.2.4.1 Operatoren

> Operatoren werden auf Operanden angewandt, um Operationen durchzuführen. Operanden können beispielsweise Konstanten, Variablen oder komplexe Ausdrücke sein. Durch Operationen werden in der Regel Werte gebildet, aber auch sogenannte Nebeneffekte[74] durchgeführt.

In C90 werden die folgenden Symbole für Operatoren verwendet:

```
()    []    {}    ->    .    !    ~    ++   --   +    -    *    &
/     %     <<    >>    <    <=   >    >=   ==   !=   ^    |    &&
||    ?:    =     +=    -=   *=   /=   %=   &=   ^=   |=   <<=  >>=   ,
```

Tabelle 6-2 Operatoren der Sprache C

Der Operator `sizeof` wird hier nicht aufgeführt genauso wie die in C11 zusätzlich eingeführten Operatoren `_Alignof`, `_Generic` und `_Pragma`. Sämtliche Operatoren werden ausführlich in Kapitel 9.6 behandelt. Der `_Alignof`-Operator wird in Kapitel 9.6.7.2, der `_Generic`-Operator in Kapitel 21.6.3 und der `_Pragma`-Operator in Kapitel 21.7 besprochen.

---

[74] Nebeneffekte werden in Kapitel 9.3 besprochen.

6.2.4.2 Interpunktionszeichen

Folgende Tabelle ist eine unvollständige Auflistung von Zeichen, wenn sie nicht als Operatoren verwendet werden:

" "   Kennzeichnung von Strings
' '   Kennzeichnung von einzelnen Zeichen
*   Pointer, Funktionspointer (also Pointer auf Funktionen), geklammerte Kommentare `/* */`
/   Kommentare `//` und `/* */`
%   Digraphen (veraltet), `printf()`- und `scanf()`-Formatierung (als Teil des Strings)
()   Klammerung
[]   Arrays
{}   Blöcke
<>   Digraphen (veraltet)
;   Begrenzer
:   Sprungmarken, Bitfelder, Digraphen (veraltet)
,   Variablendefinitionen, Argumente- und Parameterlisten, Initialisierungen, `enums`
.   Teil von Gleitpunkt-Werten (Literal), Teil von Ellipse . . .
?   Trigraphen (veraltet)
\   Escape-Characters
Präprozessor-Direktiven[75]
_   Gilt als Buchstabe

Des Weiteren werden manche Ziffern und Buchstaben als Präfix und als Suffix verwendet.

Die Klammern `[]`, `()` und `{}` treten stets in Paaren auf. So werden die eckigen Klammern etwa für die Definition der Größe eines Arrays, die runden Klammern beispielsweise für das Aufnehmen einer Bedingung in einer `if`-Anweisung und die geschweiften Klammern als Blockbegrenzer und für Initialisierungslisten gebraucht.

6.3 Zusammenfassung

Dieses Kapitel behandelt „lexikalische Konventionen".

„Lexikalisch" bedeutet „ein Wort (eine Zeichengruppe) betreffend", ohne den Textzusammenhang (Kontext), in dem dieses Wort steht, zu berücksichtigen. Eine lexikalische Einheit ist eine zusammengehörige Zeichengruppe bzw. ein Wort eines Programmtextes. Der Quelltext (Quellcode) eines C-Programms besteht aus lexikalischen Einheiten und Trennern wie z. B. Leerzeichen. Jede lexikalische Einheit darf nur Zeichen aus dem Zeichenvorrat (Zeichensatz) der Sprache umfassen.

Kapitel **6.1** behandelt den Zeichenvorrat von C.

---

[75] Der Präprozessor und seine Anweisungen werden in Kapitel 21 vorgestellt.

Der C11-Standard unterscheidet wie C99

- den Quellzeichensatz zur Erstellung von Quelldateien (Quellfiles)
- und den Ausführungszeichensatz, der in der Laufzeitumgebung interpretiert wird.

Jeder dieser beiden Zeichensätze ist jeweils aufgeteilt in

- einen Basiszeichensatz
- und einen länderspezifischen Zeichensatz aus null oder mehr sogenannten erweiterten Zeichen.

Die Zeichen eines Basiszeichensatzes werden durch ein einziges Byte dargestellt. Der erweiterte Zeichensatz beinhaltet sowohl die Zeichen des Basiszeichensatzes als auch die erweiternden Zeichen. Er stellt einen Superset des Basiszeichensatzes dar. Die Werte der erweiternden Zeichen sind implementierungsabhängig.

Der Zeichensatz von C90 entspricht dem Basis-Quellzeichensatz nach dem C11-Standard und weist ebenfalls die 26 Groß- und Kleinbuchstaben des lateinischen Alphabets, 10 Dezimalzeichen, die beim Zeichensatz nach C11 genannten grafischen Zeichen, das Leerzeichen und die Steuerzeichen auf.

Mit C11 wurde die String-Initialisierung mit Unicode standardisiert. Im Gegensatz zu C90 lässt der C11-Standard die Verwendung von Unicode (UTF-8, UTF-16, UTF-32) zur Kodierung von Multibyte-Zeichen in Strings zu. Um einen Unicode-String zu definieren, verwendet man eine Zeichenkette mit dem Präfix `u8`, `u`, `U` oder `L`. Die neuen Datentypen von C11 `char16_t` und `char32_t` sind portabel und geeignet, um mit UTF-16 und UTF-32 kodierte Zeichensequenzen abzuspeichern. Eine Multibyte-Codierung bezeichnet eine spezielle Codierung von Zeichen, welche insbesondere für Unicode häufig angewendet wird.

Unicode definiert 21 Bits pro Zeichen. Um die vollen 21 Bits des Unicodes nutzen zu können, werden bei einer Multibyte-Codierung je nach Zeichen mehrere Bytes hintereinandergereiht, welche dann zusammen ein vollständiges Zeichen ausmachen.

Der Datentyp `wchar_t` speichert Zeichen einer Kodierung, deren Zeichen in einer Variablen vom Typ `char` keinen Platz haben. Die Zeichen einer solchen Kodierung werden auch Breitzeichen genannt. Es wird davor gewarnt, den Datentyp `wchar_t` für die Speicherung von mit Unicode codiertem Text zu verwenden, da dieser Datentyp plattformspezifisch ist.

Kapitel **6.2** befasst sich mit Lexikalischen Einheiten. Ein Programm besteht für einen Compiler zunächst nur aus einer Folge von Bytes. Die erste Phase des Kompilierlaufs besteht aus einer lexikalischen Analyse, die der sogenannte Scanner durchführt. Der Scanner hat unter anderem die Aufgabe, Zeichengruppen zu finden.

Zeichengruppen werden gefunden, indem man nach den Trennern zwischen den Zeichengruppen sucht. Stehen zwischen zwei Trennern noch weitere Zeichen, die keine Trenner enthalten, so ist eine lexikalische Einheit bzw. ein Token gefunden.

Wenn der Scanner, der zu Beginn des Kompilierlaufs ein Quellprogramm bearbeitet, fertig ist, so liegt das Programm in Form der folgenden lexikalischen Einheiten vor:

- Reservierte Wörter (Schlüsselwörter),
- Bezeichner,
- Konstanten
- sowie Operatoren und Interpunktionszeichen.

Eine lexikalische Einheit wird gefunden, indem man die Trenner, die sie begrenzen, findet.

Trenner sind Zwischenraum (Whitespace-Zeichen), Operatoren und Satzzeichen. Zu den Whitespace-Zeichen gehören Leerzeichen, Horizontaltabulator, Vertikaltabulator, Zeilentrenner, Seitenvorschub sowie Kommentare.

Üblicherweise wird vor jeder Funktion mindestens eine Leerzeile eingefügt und der Code innerhalb eines Blocks, begrenzt durch die Blockbegrenzer { und }, etwas eingerückt.

Ein Kommentarblock wird durch die Zeichen /* eingeleitet und durch die Zeichen */ beendet. Ein Kommentarblock kann über mehrere Zeilen gehen. Ein Zeilenkommentar beginnt mit zwei Schrägstrichen // und kommentiert alles bis zum Ende der Zeile aus. Diese Art von Kommentar ist erst seit C99 erlaubt, manche ältere Compiler erlauben sie jedoch trotzdem.

Die Namen von Schlüsselwörtern sind reserviert. Sie müssen stets klein geschrieben werden. Die Bedeutung dieser Schlüsselwörter ist von der Programmiersprache festgelegt und kann nicht verändert werden. Die Namen von Schlüsselwörtern dürfen nicht als Bezeichner von Objekten des Programms, also beispielsweise von Variablen und Funktionen, oder selbst definierten Datentypen verwendet werden.

Ein Bezeichner besteht aus einer Zeichenfolge von Buchstaben und Ziffern, die mit einem Buchstaben beginnt. In C zählt auch der Unterstrich _ zu den Buchstaben.

Interne Namen sind Namen, die innerhalb einer Datei verwendet werden. Externe Namen sind Namen mit externer Bindung wie z. B. die Namen von externen Variablen und Funktionen, die für mehrere Übersetzungseinheiten (Dateien) gültig sind. Sie haben also auch eine Bedeutung außerhalb der betrachteten Datei. Namen mit interner Bindung existieren eindeutig für jede Übersetzungseinheit. Namen mit externer Bindung existieren eindeutig für das ganze Programm.

In C99 und C11 wird die Groß- und Kleinschreibung auch bei externen Namen unterschieden. Namen, die mit einem Unterstrich _ oder zwei Unterstrichen beginnen, sollten nicht verwendet werden, da viele systemspezifische Bibliotheksfunktionen mit diesen Zeichen beginnen und somit Konflikte entstehen könnten.

In C gibt es zwei Arten von Konstanten:

- literale Konstanten
- und symbolische Konstanten.

Symbolische Konstanten – auch benannte Konstanten genannt – haben einen Namen, der ihren Wert repräsentiert. Literale Konstanten – oft auch nur Konstanten oder Literale genannt – haben keinen Namen. Sie werden durch ihren Wert dargestellt.

Überall da, wo von der Syntax her Konstanten erlaubt sind, können auch konstante Ausdrücke stehen. Überall da, wo von der Syntax Konstanten oder konstante Ausdrücke erlaubt sind, kann man literale Konstanten oder symbolische Konstanten einsetzen.

Es gibt verschiedene Arten von literalen Konstanten:

- ganzzahlige Konstanten,
- Gleitpunktkonstanten,
- Zeichenkonstanten
- und Aufzählungskonstanten.

Ganzzahlige Konstanten wie 1234, die nicht zu groß sind, sind vom Typ int. Außer der gewöhnlichen Abbildung im Dezimalsystem (Basis 10) gibt es in C noch die Darstellungsform im Hexadezimalsystem (Basis 16) und im Oktalsystem (Basis 8).

Eine Gleitpunktkonstante hat den Typ double. Durch die Angabe eines optionalen Typ-Suffixes f, F, l oder L wird der Typ der Konstanten zu float (f oder F) bzw. zu long double (l oder L) festgelegt.

Obwohl eine Zeichenkonstante vom Compiler im Arbeitsspeicher als char-Typ, d. h. als ein Byte, abgelegt wird, ist der Typ einer Zeichenkonstanten, auf die der Programmierer in seinem Programm zugreift, der Typ int.

Mit Ersatzdarstellungen kann man Steuerzeichen oder Zeichen, die auf dem Eingabegerät nicht vorhanden oder nur umständlich zu erhalten sind, angeben. Das Steuerzeichen \n sorgt dafür, dass die Ausgabe am linken Rand und auf einer neuen Zeile fortgesetzt wird. Das erste Zeichen muss immer ein Backslash sein. Das zweite bzw. die weiteren Zeichen legen die Bedeutung fest.

Die Zeichenkonstante '\0' – das sogenannte Nullzeichen – steht für das Zeichen mit dem Wert 0.

Aufzählungskonstanten haben einen konstanten ganzzahligen Wert. Der Typ einer Aufzählungskonstanten ist int. Zulässige Werte für Variablen eines Aufzählungstyps sind die Werte der Aufzählungskonstanten in der Liste der Definition des Aufzählungstyps. Es ist üblich, dass Aufzählungskonstanten groß geschrieben werden. Aufzählungskonstanten dürfen nicht in Präprozessor-Bedingungen verwendet werden. Aufzählungstypen sind geeignet, um Konstanten zu definieren. Sie stellen damit in vielen Situationen eine Alternative zu der Definition von Konstanten mit Hilfe der Präprozessor-Anweisung #define dar. Eine Typvereinbarung und Variablendefinition kann in einer einzigen Vereinbarung erfolgen wie in folgendem Beispiel:

```
enum {NO_ERROR, FILE_NOT_FOUND, FILE_LOCKED} e;
```

Die Zuweisung beliebiger Integer-Zahlen zu einer enum-Variablen wird durch den Compiler nicht verboten. Der Programmierer ist verantwortlich dafür, mit solchen typverletzenden Werten umzugehen.

Konstante Zeichenketten (Strings) sind Folgen von Zeichen, die in Anführungszeichen eingeschlossen sind. Die Anführungszeichen sind nicht Teil der Zeichenketten, sondern begrenzen sie nur.

Befindet sich das Zeichen `'\0'` innerhalb einer Zeichenkette, so wird von einer Stringverarbeitungsfunktion an dieser Stelle das Stringende erkannt und der Rest der Zeichenkette wird nicht gelesen.

Stehen in einem Quellprogramm mehrere Zeichenketten hintereinander, wie z. B. `"konstante "` `"Zeichenkette"`, so erzeugt der Präprozessor daraus durch Verkettung eine einzige Zeichenkette. Dabei ist dann nur am Ende das Zeichen `'\0'` angehängt. Die Verwendung des Nullzeichens `'\0'` in einer Zeichenkette kann zu unerwartetem Verhalten führen.

Eine oktale Ersatzdarstellung enthält drei Oktalziffern oder endet mit dem ersten Zeichen, das keine Oktalziffer ist. Daher sollte man zur Sicherheit immer drei Oktalziffern hinter den Backslash schreiben.

Satzzeichen wirken stets als Trenner.

Operatoren werden auf Operanden angewandt, um Operationen durchzuführen. Operanden können beispielsweise Konstanten, Variablen oder komplexe Ausdrücke sein. Durch Operationen werden in der Regel Werte gebildet, aber auch sogenannte Nebeneffekte durchgeführt.

6.4 Übungsaufgaben

Aufgabe 6.1: Schreibweise für literale Konstanten

a) Welche der folgenden Konstanten sind syntaktisch richtig, was ist falsch?

```
#define ALPHA    -1e-0
#define BETA     -e12
#define GAMMA    .517
#define DELTA    3+
```

b) Welche dieser Konstanten sind vom Typ double und welche vom Typ int?

```
#define ZAHL1    55.5e5
#define ZAHL2    55.
#define ZAHL3    55e5f
#define ZAHL4    55
#define ZAHL5    55.5
```

d) Geben Sie obige Konstanten mit `printf()` aus. Wo wird `%d` benötigt, wo `%f`? Was passiert, wenn es verwechselt wird?

Aufgabe 6.2: Ausgabe von ASCII-Zeichen

Schreiben Sie ein Programm, das einen vorgegebenen String ausgibt.
Geben Sie die Zeichenkette Zeichen für Zeichen aus. Aber ersetzen sie dabei:

- Jedes Zeilenende mit dem Text " `- STOP -` "
- Jeden Tabulator mit dem Text "`\n********\n`"
- Jedes Zeichen `\x1b` (Escape-Taste) mit dem Text " `- VERBINDUNG UNTERBROCHEN -` "
  Beenden Sie danach das Programm.

Benutzen Sie hierfür folgendes Programmgerüst:

```
#include <stdio.h>
#include <string.h>

#define DER_STRING\
   "Achtung,\ndas geheime Passwort lautet\t\x1b 1234\t\nDanke!"

int main()
{
   int len = strlen (DER_STRING);
   int curindex;
   for (curindex = 0; curindex < len; curindex++)
   {
      char c = DER_STRING[curindex];

      // Hier bitte ausprogrammieren.
   }
   return 0;
}
```

Achtung, vergessen Sie das Zeichen `\` bei der `#define`-Anweisung nicht! Es dient dazu, den String auf der nächsten Zeile zur `#define`-Zeile hinzuzufügen.

Kapitel 7

Datentypen und Variablen in C

7 Datentypen und Variablen in C

Durch die Darstellung (Repräsentation) des Datentyps einer Variablen wird zum einen

- der **Speicherbedarf** festgelegt, d. h. durch wie viele Bits die Variable dargestellt wird,
- zum anderen aber auch der **Wertebereich**
- und die **Genauigkeit** (bei Gleitpunktzahlen).

Zur Festlegung eines Datentyps muss definiert werden, wie die einzelnen Bits bzw. Bitgruppen interpretiert werden müssen.

In der Programmiersprache C wird verlangt, dass alle Variablen einen genau definierten, vom Programmierer festgelegten Typ haben. Der Typ bestimmt, welche Werte eine Variable annehmen kann und welche nicht.

So wird beispielsweise in der Programmiersprache C der Datentyp `unsigned char` durch 1 Byte ohne Vorzeichenbit dargestellt. Alle Bits stehen für die Darstellung des Wertes einer ganzen Zahl, die größer gleich null ist, zur Verfügung. Das folgende Bild zeigt im Falle eines Bytes aus 8 Bits – was der Normalfall ist – ein Beispiel für eine Zahl vom Typ `unsigned char` in Form einer Stellenwerttabelle, die für jedes Bit den entsprechenden Stellenwert anzeigt:

$$\text{Bit}\quad 7\;6\;5\;4\;3\;2\;1\;0$$

1	0	1	1	0	1	0	0

Beispiel für eine Zahl vom Typ `unsigned char`

$$\text{Stellenwert}\quad 2^7\,2^6\,2^5\,2^4\,2^3\,2^2\,2^1\,2^0$$

Bild 7-1 Repräsentation des Datentyps `unsigned char`

Der Wert der Zahl in Bild 7-1 berechnet sich zu:

$$1*2^7 + 0*2^6 + 1*2^5 + 1*2^4 + 0*2^3 + 1*2^2 + 0*2^1 + 0*2^0 = 128 + 32 + 16 + 4 = 180$$

Hat eine Programmiersprache ein strenges Typkonzept, so können Werte eines Typs nicht Variablen eines anderen Typs zugewiesen werden. In C ist dies jedoch in definierter, aber sehr großzügiger Weise möglich.

Wie großzügig in C eine solche Typkonvertierung erfolgt, zeigt der folgende Programmausschnitt:

```
....
float x = 3.9f;
int y;
y = x;                    /* Einer int-Variablen kann ein */
```

```
                              /* float-Wert zugewiesen werden */
printf ("%d", y);             /* Die Ausgabe ist: 3             */
....
```

`x` ist eine `float`-Variable, `y` eine `int`-Variable. Bei einem strengen Typkonzept könnte man einer `int`-Variablen keinen Ausdruck vom Typ `float` zuweisen. Der Compiler würde eine Fehlermeldung generieren.

Wenn man mit Hilfe von `scanf()` einen Gleitpunktwert `x.y` in eine `int`-Variable einlesen will, passiert Folgendes: Der `int`-Variablen wird `x` als `int`-Zahl zugewiesen, da der Punkt der Gleitpunktzahl als Trenner von Ganzzahlen interpretiert wird.

Kapitel 7.1 gibt eine Übersicht über die Datentypen in C. In Kapitel 7.2 werden die einfachen Datentypen von C vorgestellt. Variablen in C werden in Kapitel 7.3 behandelt und in Kapitel 7.4 die Qualifikatoren `const` und `volatile`. Auf die generellen Arten von Typen in C wird in Kapitel 7.5 eingegangen.

7.1 Übersicht über die Datentypen in C

Auch wenn an dieser Stelle die verschiedenen Datentypen noch gar nicht alle bekannt sind, sollen dennoch ihre Namen hier bekannt gemacht und „katalogisiert", d. h. in Kategorien eingeteilt werden.

Kapitel 7.1.1 analysiert den Datentyp `void`. Kapitel 7.1.2 befasst sich mit der Klassifikation der Datentypen im Falle von C90 und Kapitel 7.1.3 mit der Klassifikation der Datentypen bei C11.

7.1.1 Der Datentyp void

`void` ist ein Schlüsselwort und ein Datentyp. Dieser Typ umfasst einen leeren Satz von Werten. Es ist ein unvollständiger Typ, der nicht vervollständigt werden kann. Er bezeichnet eine leere Menge und wird beispielsweise verwendet, wenn eine Funktion keinen Rückgabewert oder keinen Übergabeparameter hat.

Pointer auf `void` werden in Kapitel 8.2 beschrieben.

7.1.2 Klassifikation der Datentypen im Falle von C90

Die Datentypen von Variablen in C können, wie in Bild 7-2 dargestellt, klassifiziert werden:

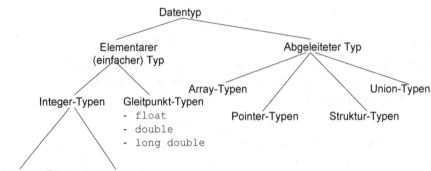

Bild 7-2 Klassifikation der Datentypen[76, 77]

Integer-Typen und Gleitpunkt-Typen werden **arithmetische Typen** genannt.

Arrays, die Elemente eines bestimmten Typs enthalten, werden in Kapitel 8.3, Pointer, die auf Speicherobjekte eines bestimmten Typs zeigen, in Kapitel 8.1, Strukturen, die eine Reihe verschiedener Komponenten enthalten, in Kapitel 13.1 und Unionen, die immer nur eine einzige Alternative aus einer Folge verschiedener Alternativen enthalten, in Kapitel 13.3 behandelt.

Arithmetische (elementare) Typen und Zeigertypen werden auch als **skalare Typen**, Array-Typen und Strukturtypen als **zusammengesetzte Typen (Aggregattypen)** bezeichnet.

7.1.3 Ergänzung des Klassifikationsbaums der Datentypen bei C11

Die seit C99 bzw. C11 neu hinzugekommenen Datentypen `long long int`, `_Bool` und `_Complex` können dem in Kapitel 7.1.2 gezeigten Bild 7-2 wie folgt zugeordnet werden:

- `long long int` zählt zu den ganzzahligen Typen (Integer-Typen),
- `_Complex` kann den Strukturtypen zugeordnet werden
- und `_Bool` den Aufzählungstypen. Ein Aufzählungstyp ist ein primitiver Typ, da eine Variable dieses Typs genau einen Wert aus der Liste der Aufzählungskonstanten dieses Typs annehmen darf.

---

[76] Ohne den unvollständigen Datentyp `void`. Von einem unvollständigen Typ können keine Objekte erzeugt werden.

[77] Die Typ-Modifizierer `signed` und `unsigned` werden hier nicht berücksichtigt.

7.2 Einfache Datentypen in C

Die **einfachen (elementaren) Datentypen** umfassen in C90:

- Standarddatentypen (Integer, Gleitpunkt)
- und Aufzählungstypen (Integer) als selbst definierte Datentypen.

Gleitpunktzahlen haben eine Genauigkeit.

In C99 wurde die Standard-Header-Datei `<stdbool.h>` eingeführt, welche einen booleschen Typ für C deklariert. Ein boolescher Typ ist ein Aufzählungstyp. Ein Aufzählungstyp ist ein sogenannter selbst definierter Typ. Es ist kein Standarddatentyp des Compilers.

7.2.1 Übersicht über die Integer-Typen in C

Kapitel 7.2.1.1 behandelt Integer-Typen in C90, Kapitel 7.2.1.2 die Erweiterung dieser Typen durch C11.

7.2.1.1 Übersicht über die Integer-Typen in C90

Standarddatentypen werden vom Compiler zur Verfügung gestellt.

Standarddatentypen sind

- `char`,
- `short int`,
- `int`
- und `long int`.

Mit dem Integer-Typ `char` (Abkürzung von character) werden Zeichen aus dem Basiszeichensatz abgelegt. Zeichen werden intern als ganzzahlige Werte gespeichert. `int` ist der übliche Standardtyp für ganzzahlige Werte. Der Datentyp `short int` wird für kleine ganzzahlige Werte und der Datentyp `long int` für große ganzzahlige Werte verwendet.

Die Darstellung der Integer-Typen ist implementierungsabhängig.

Statt `short int` reicht es auch, `short` zu schreiben, und statt `long int` entsprechend `long`.

Vorzeichenlose und vorzeichenbehaftete Datentypen

Für die elementaren ganzzahligen Datentypen char, short, int und long stehen die **Typ-Modifizierer** signed bzw. unsigned zur Verfügung. Durch Typ-Modifizierer entstehen neue Datentypen.

> Vorzeichenbehaftet, d. h. von einem signed-Typ, sind defaultmäßig alle ganzzahligen Standarddatentypen außer char. Der Typ char kann je nach Implementation oder Compilereinstellung vorzeichenbehaftet oder vorzeichenlos sein.

Defaultmäßig bedeutet, dass, wenn keine speziellen Angaben gemacht werden, eine automatische Grundeinstellung vorgenommen wird. Werden hier keine speziellen Angaben zum Typ-Modifizierer unsigned bzw. signed angegeben, so ist für alle ganzzahligen Standarddatentypen außer char die Voreinstellung automatisch signed. Bei char hängt es vom Compiler ab, ob dieser Typ vorzeichenbehaftet ist oder nicht.

Mit dem Voranstellen des Modifizierers signed vor einen Integer-Standarddatentyp, z. B. signed char, wird erreicht, dass eine vorzeichenbehaftete Darstellung erzwungen wird. So wird bei signed char – die char-Datenbreite ist 1 Byte – bei 8 Bits pro Byte mit dem Zweierkomplement der Wertebereich von -128 bis +127 dargestellt.

Der Modifizierer unsigned (nicht vorzeichenbehaftet) wird vor den Integer-Typ gestellt, wenn man erzwingen will, dass alle Werte des entsprechenden Wertebereichs größer gleich 0 sind. So kann z. B. bei unsigned short int – mit einer short int-Datenbreite von 16 Bits – ein Wertebereich von 0 bis 65535 dargestellt werden.

Zahlenüberlauf

> Im Übrigen kann es bei Datentypen mit dem unsigned-Schlüsselwort keinen Überlauf (Overflow), d. h. ein Verlassen des ursprünglichen Wertebereichs, geben. Wird nämlich der Wertebereich überschritten, wird mit modulo 2^n weitergerechnet (**Modulo-Arithmetik**), ohne dass man es merkt, wobei n die Datenbreite des Typs in Bits darstellt.

Daher Vorsicht bei der Überschreitung des Wertebereichs!

> Eine Zahl modulo 2^n bedeutet, dass von dieser Zahl der Rest bei der ganzzahligen Division durch 2^n gebildet wird.

So ist beispielsweise bei einem Byte von 8 Bits die größte Zahl, die in den Typ unsigned char passt, die Zahl 255. Addiert man 2 dazu, so wird mit 1 weitergerechnet, da 257 modulo 256 den Wert 1 ergibt. Zieht man eine große Zahl vom Typ unsigned int von einer kleinen unsigned int-Zahl ab, so muss das Ergebnis ebenfalls vom Typ unsigned int sein. Das Laufzeitsystem des Compilers hat damit kein Problem. Es rechnet einfach mit seiner **Modulo-Arithmetik** weiter.

Bei `signed`-Typen kann es einen **Überlauf** geben.

Der Standard setzt jedoch voraus, dass der Programmierer es nicht soweit kommen lässt. Das Laufzeitsystem des Compilers muss auf Überläufe des Wertebereichs nicht reagieren. Addiert der Programmierer zur größten positiven Zahl eine 1 dazu, so befindet er sich bei der Zweierkomplement-Darstellung (siehe Kapitel 7.2) plötzlich im negativen Zahlenbereich.

Aufzählungstypen sind selbst definierte Datentypen und keine Standardtypen. Sie werden in Kapitel 7.2.4 behandelt.

7.2.1.2 Übersicht über die Integer-Typen in C99 und C11

Seit C99 gibt es zusätzlich zu den Integer-Typen von C90 den Datentyp `long long int`.

Bei der Definition einer Variablen reicht es auch, anstelle der Definition `long long int variablenname` einfach `long long variablenname` zu schreiben. Beide Möglichkeiten sind äquivalent. Es stehen bei diesem Datentyp ebenfalls die Typ-Modifizierer `signed` bzw. `unsigned` zur Verfügung.

7.2.2 Die einzelnen Standard-Integer-Typen von C90

Die folgende Tabelle enthält eine Übersicht:

Datentyp	Anzahl Bytes	Wertebereich (dezimal)[78]
char	1	-128 bis +127 oder 0 bis +255 (compilerabhängig)
unsigned char	1	0 bis +255
signed char	1	-128 bis +127
unsigned short int	2 in der Regel	0 bis +65 535
short int	2 in der Regel	-32 768 bis +32 767
int	4 in der Regel	-2 147 483 648 bis +2 147 483 647
unsigned int	4 in der Regel	0 bis +4 294 967 295
long int	4 in der Regel	-2 147 483 648 bis +2 147 483 647
unsigned long int	4 in der Regel	0 bis +4 294 967 295
float	4 in der Regel	$-3.4 \cdot 10^{38}$ bis $+3.4 \cdot 10^{38}$
double	8 in der Regel	$-1.7 \cdot 10^{308}$ bis $+1.7 \cdot 10^{308}$
long double	10 bis 16 in der Regel	implementationsabhängig

Tabelle 7-1 Übersicht über die elementaren Standarddatentypen in C

---

[78] Die Angaben gelten für Bytes mit 8 Bits sowie die Zweierkomplement-Codierung.

Diese Tabelle enthält alle in C90 verfügbaren Standarddatentypen. Zu jedem Typ in der Tabelle ist der Typname, die Länge der internen Darstellung und der Wertebereich angegeben.

Jeder Compilerhersteller kann für die entsprechende Zielmaschine sinnvolle Größen wählen mit den folgenden Einschränkungen:

- `short` und `int` müssen wenigstens 16 Bits haben, `long` mindestens 32 Bits,
- `short` darf nicht länger als `int` und `int` darf nicht länger als `long` sein.

Die Größe der ganzzahligen Datentypen ist also bis auf diese kleinen Einschränkungen nicht eng festgelegt, jedoch muss die nachfolgende Vorgabe stets eingehalten werden:

```
long  >=  int  >=  short  >=  char
```

d. h. bei gleichem Vorzeichen muss der Wertebereich von `long` größer gleich dem Wertebereich von `int` sein, und so fort.

Die Zahl der Bytes für die Darstellung eines Datentyps ist bis auf den Datentyp `char` compilerabhängig. Nach Vorschrift des ISO-Standards muss der Compilerhersteller die Wertebereichsgrenzen für ganzzahlige Standard-Datentypen in der Datei `<limits.h>` und für Gleitpunkt-Typen in `<float.h>` als symbolische Konstanten ablegen. Für Gleitpunkt-Typen ist dort auch die Genauigkeit der Darstellung angegeben.

Die Schlüsselwörter `int`, `signed`, `unsigned`, `short` und `long` können hierbei in beliebiger Reihenfolge auftreten, solange sie einem der oben gezeigten Typen entsprechen. Beispielsweise ist `signed short` dasselbe wie `short signed`.

7.2.2.1 Der Datentyp char

Die Größe einer Variablen vom Typ `char`, `unsigned char` oder `signed char` ist 1 Byte.

Das Wort `char` ist die Abkürzung von character (Schriftzeichen). Gewöhnlich wird der Datentyp `char` dafür verwendet, um einzelne Zeichen aus dem Zeichensatz zu verarbeiten, wie z. B. `'c'`, oder Steuerzeichen wie `'\n'`. Der Wert eines Zeichens ist eine ganze Zahl – entsprechend dem Ausführungszeichensatz auf der Maschine. Ein gespeichertes Zeichen kann als Zeichen ausgegeben werden, sein Wert kann aber auch zu Berechnungen herangezogen werden. Genauso kann man einer `char`-Variablen ein Zeichen oder eine kleine Zahl zuweisen, z. B. `char_var = 48`. Damit eignet sich der Datentyp `char` zur Darstellung bzw. zur Verarbeitung von ganzen Zahlen mit einem kleinen Wertebereich.

Die **Interpretation,** ob Zahl oder Zeichen, hat **durch den Anwender** zu erfolgen. Will man beispielsweise den Wert 48 einer `char`-Variablen als Zahl in **Dezimalnotation** ausgeben, gibt man bei `printf()` das Formatelement `%d` an. Will man den Wert 48 als **Zeichen** ausgeben, so gibt man das Formatelement `%c` an.

Durch den Modifizierer `signed` bzw. `unsigned` wird festgelegt, ob ein Typ vorzeichenbehaftet ist oder nicht. Dadurch verändert sich auch der Wertebereich des Typs.

Es ist compilerabhängig, ob `char` dem Datentyp `unsigned char` oder `signed char` entspricht.

7.2.2.2 Die Datentypen int, short und long

Der Datentyp `int` dient zur Darstellung von ganzzahligen Werten. Ohne Modifikator wird dieser Typ als Standard-Integer-Typ angenommen und entsprach früher der prozessortypischen Integer-Repräsentation. Dies bedeutet, dass je nach Prozessor ein `int` mit 16 oder 32 Bits definiert sein konnte.

Heutzutage jedoch hat sich der Gebrauch des `int`-Typs geändert und wurde für moderne Architekturen mehr oder weniger fixiert: Selbst auf 64-Bit-Rechnern besteht ein `int` häufig nur aus 32 Bits.

Aufgrund der variablen Definition des `int`-Typs und der verschiedenen Modifikatoren existiert seit dem C99-Standard die Header-Datei `<stdint.h>` mit neuen Integer-Typen, wie beispielsweise `int32_t`, für welche klar definiert ist, wie viele Bits ein Integer nun tatsächlich benötigt. Dennoch sind die „alten" Modifizierer `short` und `long` noch weit verbreitet.

Wie schon erwähnt, können für den Datentyp `long` die Schreibweisen `long` oder `long int` verwendet werden. Beide Schreibweisen sind äquivalent. Genauso sind `short` und `short int` äquivalent. Die Modifizierer `signed` und `unsigned` legen, wie bereits besprochen, den Wertebereich der Datentypen fest.

Standardmäßig, d. h. ohne zusätzliche Angabe von Modifizierern, sind `int`, `short` und `long` vorzeichenbehaftete Datentypen.

Werden nur die Schlüsselwörter `signed` oder `unsigned` ohne Angabe des Datentyps verwendet, so wird implizit der Datentyp `int` hinzugefügt, d. h. es werden die Typen `signed int` bzw. `unsigned int` benutzt.

Zweierkomplement

Ganze Zahlen werden auf heutigen Rechnern normalerweise im sogenannten **Zweierkomplement** gespeichert. Das höchste Bit der Zweierkomplement-Zahl gibt das Vorzeichen an. Ist es null, so ist die Zahl positiv, ist es 1, so ist die Zahl negativ. Zur Erläuterung soll folgendes Beispiel einer Zweierkomplement-Zahl von der Größe 8 Bits dienen:

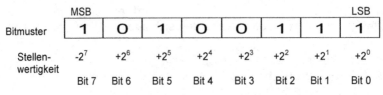

Bild 7-3 Zweierkomplement-Darstellung

Beachten Sie, dass Bit 0 das sogenannte least significant bit (LSB) ist. Das höchste Bit wird als most significant bit (MSB) bezeichnet.

Der Wert dieses Bitmusters errechnet sich aufgrund der Stellenwertigkeit zu:

$-1 \cdot 2^7 + 0 \cdot 2^6 \quad + 1 \cdot 2^5 + 0 \cdot 2^4 + 0 \cdot 2^3 \quad + 1 \cdot 2^2 \quad + 1 \cdot 2^1 \quad + 1 \cdot 2^0 \quad =$
$-128 \qquad\qquad + 32 \qquad\qquad\qquad\quad + 4 \quad\;\; + 2 \quad\;\; + 1 \qquad = -89$

Die dem Betrag nach größte positive Zahl in dieser Darstellung ist:

$(0111\ 1111)_2 = 64 + 32 + 16 + 8 + 4 + 2 + 1 = 127$

Die dem Betrag nach größte negative Zahl in dieser Darstellung ist:

$(1000\ 0000)_2 = -128$

Die tief gestellte 2 bedeutet, dass es sich bei den eingeklammerten Ziffern um Binärziffern (Ziffern zur Basis 2), handelt.

Eine andere (äquivalente) Rechenvorschrift zur Berechnung des Wertes negativer Zahlen ist:

Schritt 1: Da das höchste Bit 1 ist, ist die Zahl negativ.
Schritt 2: Invertiere alle Bits (daher der Name Zweierkomplement).
Schritt 3: Addiere die Zahl 1.
Schritt 4: Berechne die Zahl in der üblichen Binärdarstellung mit den Stellenwerten $2^7 \dots 2^0$ und füge anschließend das negative Vorzeichen (von Schritt 1) hinzu.

Wendet man diese Rechenvorschrift auf das obiges Beispiel an, so erhält man:

Schritt 1: Zahl ist negativ
Schritt 2: 01011000
Schritt 3: 01011001
Schritt 4: $-(2^6 + 2^4 + 2^3 + 1) = -(64 + 16 + 8 + 1) = -89$

7.2.3 Der zusätzliche Datentyp long long in C11

Die folgende Tabelle enthält eine Übersicht der seit C99 neu hinzugekommenen Standardtypen[79]. Zu jedem Typ in der Tabelle ist der Typname, die Länge der internen Darstellung und der Wertebereich angegeben:

Datentyp	Anzahl Bytes	Wertebereich (dezimal)[80]
long long int	8 in der Regel	-9 223 372 036 854 755 808 bis +9 223 372 036 854 755 807
unsigned long long int	8 in der Regel	0 bis + 18 446 744 073 709 551 615

Tabelle 7-2 Übersicht über die seit C99 hinzugekommen elementaren Datentypen

Dabei soll gelten:

```
long long >= long >= int >= short >= char
```

mit anderen Worten, der Rang von long long ist größer als der Rang von long etc. Dies bedeutet, dass der Wertebereich eines Typs mit gleichem Vorzeichen, aber kleinerem Rang ein Unterbereich des Typs mit größerem Rang ist.

Die einzelnen Schlüsselwörter können auch bei diesem Typ beliebig angeordnet sein. So ist beispielsweise long int signed long dasselbe wie signed int long long. Das Schlüsselwort long darf nicht mehr als zwei Mal vorkommen. long long long ist zu lang.

7.2.4 Aufzählungstypen

Aufzählungstypen sind selbst definierte Datentypen. Sie wurden in Kapitel 6.2.3.6 bei den Aufzählungskonstanten bereits behandelt.

7.2.5 Die Standard-Gleitpunkt-Typen float und double

Gleitpunkt-Typen in C sind:
- float,
- double
- und long double.

Der Datentyp float dient zur Darstellung einer Gleitpunktzahl (Fließkommazahl), der Datentyp double für eine Gleitpunktzahl mit einer höheren Genauigkeit und der Datentyp long double für eine Gleitpunktzahl mit einer noch höheren Genauigkeit der Darstellung (extended precision).

---

[79] _Bool und _Complex sind keine Standarddatentypen und werden deshalb in diesem Kapitel nicht aufgelistet.
[80] Die Angaben gelten für Bytes mit 8 Bits sowie die Zweierkomplement-Codierung.

Die Darstellung der Gleitpunkt-Typen und damit die Größe und Genauigkeit der möglichen Gleitpunktzahlen ist in C implementierungsabhängig.

Gleitpunkt-Typen speichern den Wert einer reellen Zahl mittels Aufspaltung des
Wertes in Mantisse und Exponent:

Zahl = Mantisse * Basis ^{Exponent}

Nach IEEE 754 ist die Basis (Radix) stets 2. Je nachdem, wie viele Bits für Mantisse
oder Exponent reserviert werden, können reelle Zahlen mit unterschiedlicher Genauigkeit abgebildet werden:

`float`: 1 Vorzeichenbit (Bit 31)
          8 Bits für Exponenten (Bit 23 - 30)
          23 Bits für Mantisse (Bit 0 - 22)

`double`: 1 Vorzeichenbit
          11 Bits für Exponenten
          52 Bits für Mantisse

Das folgende Bild zeigt die Darstellung einer `float`-Zahl nach IEEE 754 bzw. IEC
60559:

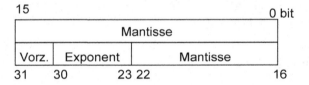

Bild 7-4 Darstellung einer `float`-Zahl (IEEE-Format)

Das **Vorzeichenbit** hat für negative Zahlen den Wert 1, sonst den Wert 0.

Im Folgenden wird die Darstellung einer `float`-Zahl betrachtet. Dabei wird die **Genauigkeit der Darstellung** und die **kleinst- bzw. größtmögliche positive Zahl** diskutiert:

- **Betrachtung der Mantisse – Genauigkeit der Darstellung**

  Die Mantisse ist normalisiert, d. h. die erste Ziffer vor dem Komma ist gleich 1. Die
  1 vor dem Komma wird nicht gespeichert. Für die Mantisse stehen 23 Bits zur Verfügung. Für jedes Bit hat man zwei Möglichkeiten (0 oder 1). Daraus resultieren
  2^{23} Möglichkeiten. Eine einfache Umformung ergibt:

  2^{23} = 8388608, also fast (aber nicht ganz) 10^7

  Damit sind **mit 23 Bits fast – aber nicht ganz – 10^7 Zustände darstellbar**. In der
  Dezimaldarstellung hat man für die Mantisse die folgenden Möglichkeiten:

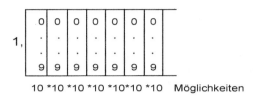

10 *10 *10 *10 *10*10 *10   Möglichkeiten

Bild 7-5 Genauigkeit der Darstellung

Man sieht, dass 10^7 Zuständen sieben Stellen hinter dem Komma entsprechen. Da es jedoch nur fast 10^7 Zustände sind, können mit 23 Bits nur sechs Dezimalstellen wirklich genau abgebildet werden.[81]

- **Betrachtung des Exponenten – kleinste und größte positive Zahl**

Mit acht Stellen kann man die Zahlen 0 bis 255 bilden. Die Rechnerhardware führt dann automatisch eine Verschiebung (ein sogenanntes Bias) dieser Zahl durch, um dem Exponenten sowohl positiv als auch negativ einen möglichst großen Wertebereich zu ermöglichen. Die Zahlen 0 und 255 sind jedoch für spezielle Werte reserviert.

Es muss möglich sein, Sonderfälle anzugeben, wie z. B. die Zahlen rund um null oder dass es sich um plus oder minus Unendlich handelt, oder dass versucht wurde, null durch null zu dividieren. Für null geteilt durch null sieht IEEE 754 die Bezeichnung Not-a-Number (NaN) vor. NaN ist also bei `float`-Zahlen beispielsweise das Ergebnis bei der Division `0.0f / 0.0f`.

Gültige Exponenten für normalisierte Zahlen können somit wegen der Sonderfälle nur mit 1 bis 254 beziffert werden. Mit einem Bias von beispielsweise 127 ergeben sich somit die codierten Exponenten -126 bis 127.

Kleinste positive von null verschiedene Zahl = kleinste Mantisse * kleinster Exponential-Anteil

$= 1.\underline{\fbox{000 \ldots 0000}} * 2^{-126}$
  Mantisse

$= 2^{-126}$, das ist ungefähr 10^{-38}.

Größte positive Zahl = größte Mantisse * größter Exponent

$= 1.\underline{\fbox{111 \ldots 1111}} * 2^{127}$
  Mantisse

$= (1 + {}^1\!/_2 + {}^1\!/_4 + {}^1\!/_8 + \ldots + {}^1\!/(2^{23})) * 2^{127}$

Dies ist ungefähr 2^{128} bzw. ungefähr $3{,}4*10^{38}$.

Der C11-Standard schreibt vor, dass eine Gleitpunkt-Kodierung mindestens die positiven Werte 10^{-37} bis 10^{37} abdecken muss. Die oben vorgestellte Codierung kann diesen Bereich positiv wie negativ ohne Probleme darstellen.

---

[81] Die überschüssige Genauigkeit wird gebraucht, um Rundungsfehler zu vermeiden.

Beispiel für die Speicherung einer float-Zahl im Format IEEE 754 (IEC 60559)

Als Beispiel für die Speicherung von `float`-Zahlen im IEEE-Format soll hier die `float`-Zahl -2.5 betrachtet werden. Um eine Eindeutigkeit der Darstellung zu erreichen, wird die Mantisse durch folgende Vorschrift normalisiert:

Die betrachtete Zahl – hier -2.5 – ist so umzuformen, dass die erste Ziffer der Mantisse stets 1 ist:

Zahl = Vorzeichen * Mantisse * 2 ^{Exponent} mit 1.0 <= Mantisse < 2 oder Mantisse = 0

Damit wird -2.5 umgeformt zu:

$- 2.5 = - 1.25 * 2^1$

Da die erste Ziffer der Mantisse stets 1 ist, wird sie nicht gespeichert. Abzuspeichern ist 0.25. Da die Zahl -2.5 negativ ist, wird das Vorzeichenbit gesetzt: Vorzeichen = 1.

Der Exponent wird mit einer Verschiebung (Bias) gespeichert. Bei `float` beträgt die Verschiebung 127. Der Exponent 1 wird also durch Addition von 127 auf 128 gesetzt:

$128_{10} = (10000000)_2$

Die Mantisse ist $0.25_{10} = 0.01000000_2$. Beachten Sie hierbei die Stellenwerte hinter dem Dezimalpunkt:

.   0   1   0   0

Die Nachkommastellen berechnen sich als: 2^{-1} 2^{-2} 2^{-3} 2^{-4} usw.

Damit hat Bit 31, das Vorzeichenbit, den Wert 1. Im Exponenten, d. h. von Bit 23 bis Bit 30, wird das Bitmuster 1000 0000 und in der Mantisse, d. h. von Bit 0 bis Bit 22, das Bitmuster 010 0000 0000 0000 0000 0000 gespeichert.

Insgesamt hat somit die Zahl -2.5 die folgende Darstellung im Speicher:

1	10000000	0100000000000000000000000

Bit 31   Bit 23   Bit 0

Bild 7-6 Darstellung der Zahl -2.5 im Speicher

7.3 Variablen in C

Kapitel 7.3.1 befasst sich mit den Begriffen der Definition, Deklaration und Vereinbarung. Kapitel 7.3.2 behandelt die Definition einfacher Variablen und Kapitel 7.3.3 den Unterschied zwischen externen und internen Variablen. Die Initialisierung von Variablen wird in Kapitel 7.3.4 behandelt.

7.3.1 Definitionen, Deklarationen und Vereinbarungen

In C gibt es zwei verschiedene Arten von Vereinbarungen, Definitionen und Deklarationen.

> Der Begriff der **Vereinbarung** umfasst sowohl die **Definition** als auch die **Deklaration**.

Deklarationen sind:

- Definition eines Datentyps (Aufzählungstyp, Struktur, Union, siehe Kapitel 6.2.3.6 und Kapitel 13),
- Vorwärtsdeklaration eines Datentyps (siehe Kapitel 19.1.1),
- Definition eines neuen Typnamens mit `typedef` (siehe 14.2.2),
- Deklaration von Variablen (siehe Kapitel 15.3),
- Deklaration von Funktionen (siehe Kapitel 11.5).

> **Definitionen** von Variablen
>
> - legen die **Art der Variablen** fest
> - und sorgen gleichzeitig für die **Reservierung des Speicherplatzes**.

> Die **Art der Variablen** umfasst
>
> - den Datentyp,
> - die Speicherklasse
> - und Qualifikatoren (engl. type qualifier) wie `const` und `volatile`.

Deklarationen von Funktionen werden in Kapitel 11.5 behandelt.

> Deklarationen legen nur die **Art der Variablen** bzw. die **Schnittstelle der Funktionen**, d. h. die Funktionsköpfe, fest. Reine Deklarationen dienen dazu, Datenobjekte bzw. Funktionen bekanntzumachen, die in anderen Übersetzungseinheiten definiert werden oder in derselben Übersetzungseinheit erst nach ihrer Verwendung definiert werden.

> Eine **Deklaration** umfasst stets den Namen eines Objektes und seinen Typ. Damit weiß der Compiler, mit welchem Typ er einen Namen verbinden muss.

> Eine **Definition** von Variablen und Funktionen dient dazu, Variablen bzw. Funktionen im Speicher anzulegen. Hierbei ist automatisch eine Deklaration mit eingeschlossen.

Kurz und bündig ausgedrückt bedeutet dies:

> Definition = Deklaration + Reservierung des Speicherplatzes.

7.3.2 Definition einfacher Variablen

Eine einzige Variable wird definiert durch eine Vereinbarung der Form

```
datentyp name;
```

also beispielsweise durch

```
int x;
```

Vom selben Typ können **mehrere Variablen in einer einzigen Vereinbarung defi-niert** werden, indem man die Variablennamen durch Kommas trennt wie in folgen-dem Beispiel:

```
int x, y, z;
```

Die Namen der Variablen müssen den Namenskonventionen (siehe Kapitel 6.2.1) genügen. Natürlich darf ein Variablenname nicht identisch mit einem Schlüsselwort sein. Jede Variable in einer Folge von Definitionen von Variablen muss selbstver-ständlich ihren eigenen, eindeutigen Namen erhalten.

7.3.3 Externe und interne Variablen

Ein C-Programm besteht aus Funktionen. Funktionen sind zueinander extern, da in C keine Funktion innerhalb einer Funktion definiert werden kann. Variablen können ent-weder innerhalb von Funktionen als **funktionsinterne (lokale) Variablen** oder außerhalb der Funktionen als **externe Variablen**[82] definiert werden.

In diesem Kapitel soll der Begriff „globale Variable", die Sichtbarkeit und Lebens-dauer von internen (lokalen) Variablen und von externen Variablen sowie die Initiali-sierung von Variablen betrachtet werden.

7.3.3.1 Globale Variablen[83]

> Funktionsinterne Variablen sind lokal zu einer Funktion. Sie haben nur innerhalb ihrer Funktion eine Bedeutung. Sie werden üblicherweise als **lokale Variablen** bezeichnet. **Externe Variablen** haben die Bedeu-tung von **globalen Variablen** für diejenigen Funktionen, die in einer Datei nach ihnen definiert werden.

---

[82] Dies bedeutet (funktions)externe Variable.
[83] Hinweis: Der C11-Standard hat keinerlei Hinweis auf den Begriff „globale Variable". Der Standard spricht nur von externen Variablen und deren Sichtbarkeit.

Globale Variablen können grundsätzlich allen Funktionen eines Programms zur Verfügung stehen.

Um zu verstehen, warum externe Variablen globale Variablen sind, muss man zuerst den Begriff der Sichtbarkeit verstehen. Dieser sagt: Die **Sichtbarkeit** einer Variablen bedeutet, dass man von einer Programmstelle aus die Variable sieht, das heißt, dass man auf sie über ihren Namen zugreifen kann.

Da globale Variablen für alle Funktionen, die nach ihnen in einer Datei definiert werden, sichtbar sind, können sie von all diesen Funktionen verwendet und gelesen oder beschrieben werden. Die externen Variablen stehen also diesen Funktionen **gemeinsam**, in anderen Worten **global**, zur Verfügung. Daher auch der Name globale Variablen!

Globale Variablen sollte man so wenig wie möglich verwenden, da sie leicht zu schwer erkennbaren Fehlern führen können.

Arbeiten mehrere Funktionen auf einer globalen Variablen, so ist der Verursacher eines Fehlers schwer zu finden.

Vorsicht!

Deshalb sollten globale Variablen nur in zwingenden Fällen verwendet werden, z. B. wenn es aus Performance-Gründen nicht mehr ratsam ist, mit Übergabeparametern zu arbeiten.

7.3.3.2 Beispiel für eine globale Variable

Im folgenden Beispiel wird eine globale Variable `alpha` eingeführt:

```
/* Datei: globvar.c */
#include <stdio.h>

int alpha = 3;                                          /* alpha wird 3 */

void f (void)
{
   int a;
   a = alpha;          /* a wird der Inhalt von alpha zugewiesen */
   printf ("a hat den Wert %d\n", a);
}

int main (void)
{
   int b = 4;                                           /* b wird 4      */
   printf ("alpha hat den Wert %d\n", alpha);
   alpha = b;                                           /* alpha wird 4  */
   printf ("alpha hat den Wert %d\n", alpha);
   f();                                  /* Funktion f() aufrufen */
   return 0;
}
```

Die Ausgabe des Programms ist:

```
alpha hat den Wert 3
alpha hat den Wert 4
a hat den Wert 4
```

Mit der Vereinbarung `int alpha = 3;` wird die globale Variable `alpha` zu Programmbeginn angelegt. Damit ist die Variable `alpha` in den Funktionen `f()` und `main()` sichtbar. Man kann in diesen beiden Funktionen auf sie lesend oder schreibend zugreifen. Die Lebensdauer der externen Variablen `alpha` erstreckt sich bis zum Programmende. Erst nach Ablauf des Programms wird der Speicherplatz dieser Variablen freigegeben.

7.3.3.3 Sichtbarkeit und Lebensdauer lokaler und externer Variablen

Die Begriffe der Sichtbarkeit und Lebensdauer werden im Folgenden dargestellt:

Die **Sichtbarkeit einer Variablen** bedeutet, dass man von einer Programmstelle aus die Variable sieht, das heißt, dass man auf sie über ihren Namen zugreifen kann.

Die Sichtbarkeit bezieht sich auf den Namen der Variablen. Die Sichtbarkeit wird beim Kompilieren vom Compiler überprüft.

Ein anderer Begriff, der damit nicht verwechselt werden sollte, ist der Begriff der **Lebensdauer** einer Variablen.

Die **Lebensdauer einer Variablen** ist die Zeitspanne, während der das Laufzeitsystem der Variablen einen Platz im Speicher zur Verfügung stellt. Mit anderen Worten, während ihrer Lebensdauer besitzt eine Variable einen Speicherplatz.

Bei der Lebensdauer handelt es sich also um einen dynamischen Vorgang während des Programmlaufs.

Lebensdauer und Sichtbarkeit lokaler Variablen

Eine lokale Variable wird angelegt, wenn die Funktion, in der sie definiert ist, aufgerufen wird, und sie wird vernichtet[84], wenn die Funktion beendet wird.

Eine lokale Variable lebt also nur während der Zeitspanne der Ausführung ihrer Funktion. Sichtbar ist sie nur von Programmstellen innerhalb ihrer Funktion. Dies bedeutet, dass sie von Programmstellen außerhalb ihrer Funktion nicht verwendet werden kann.

---

[84] „Vernichten" ist hier nicht wörtlich zu nehmen. Der Speicherplatz der Variablen wird frei und kann bei der nächsten sich bietenden Gelegenheit für andere Zwecke benutzt und überschrieben werden. Die Variable besitzt also damit keinen eigenen Speicherplatz mehr.

Lebensdauer und Sichtbarkeit externer Variablen

Externe Variablen[85] leben so lange wie das ganze Programm.

Sie werden zu Programmbeginn angelegt und werden erst vernichtet, wenn das Programm beendet wird.

Externe Variablen sind von allen Funktionen sichtbar, die in derselben Übersetzungseinheit nach den externen Variablen definiert werden.

7.3.4 Initialisierung von Variablen

Jede einfache Variable kann bei ihrer **Definition** initialisiert werden, indem man einfach ein Gleichheitszeichen = gefolgt von einer Konstanten des passenden Typs an den Namen der Variablen anhängt[86]. Im folgenden Beispiel werden einige `int`- und `char`-Variablen bei ihrer Definition initialisiert:

```
int main (void)
{
    /* Initialisierung lokaler Variablen */
    int a = 9;
    int b = 1, c = 2;      /* b wird 1, c wird 2                 */
    int d, e = 3;          /* Wert von d nicht festgelegt, e wird 3 */

    char c1 = 'c', c2 = 'd';
    ....
}
```

Da diese Initialisierung von Hand durch Zuweisung eines Wertes vorgenommen wird, wird sie auch **manuelle Initialisierung** genannt.

Globale Variablen werden zu Beginn eines Programms automatisch mit 0 initialisiert.

Diese **automatische Initialisierung** kann der Programmierer – wie im Falle von `alpha` im Beispiel `globvar.c` in Kapitel 7.3.3.2 – durch eine manuelle Initialisierung ersetzen.

Lokale Variablen werden nicht automatisch initialisiert.

Vorsicht!

---

[85] Externe Variablen sollten nicht mit der `extern`-Deklaration (siehe Kapitel 15.1) verwechselt werden.

[86] Eine Initialisierung, bei der der Initialisierungswert in geschweiften Klammern steht wie z. B. `int x = {3};` ist möglich, aber nicht üblich.

7.4 Qualifikatoren

Kapitel 7.4.1 behandelt Qualifikatoren in C90, Kapitel 7.4.2 Qualifikatoren in C11.

7.4.1 Qualifikatoren in C90

Die Idee eines Qualifikators wurde mit `const` von C++ in die Programmiersprache C übernommen. Jeder Datentyp kann bei einer Vereinbarung durch einen Qualifikator modifiziert werden.

Es gibt 2 Qualifikatoren in C90:

- `const`
- und `volatile`.

7.4.1.1 Der Qualifikator const

Mit dem Schlüsselwort `const` ist es möglich, eine Variable zu deklarieren, welche nur gelesen werden kann. Der Compiler schützt diese Variable vor Schreibzugriffen.

Es ist somit beispielsweise möglich, anstatt mit `#define PI 3.1415927` eine klar typisierte, aber schreibgeschützte Variable mit

```
const double PI = 3.1415927;
```

zu definieren.

Viel wichtiger ist das `const`-Schlüsselwort jedoch bei der Übergabe von Argumenten. Wenn eine Funktion ein Argument mit dem Schlüsselwort `const` erwartet, so gibt dies dem Programmierer den Hinweis, dass die Funktion dieses Argument nicht verändern wird. So kann er im folgenden Beispiel davon ausgehen, dass die Funktion `printPerson()` keine krummen Dinger mit seinen Daten anstellt.

Durchgängige Programmierung mit dem `const`-Schlüsselwort wird als **const-safe-Programmierung** bezeichnet. Gerade bei der Übergabe von Pointern als Parameter kann diese Sicherheitsvorkehrung einem Fehlverhalten von Code vorbeugen.

Beispiel:

```
/* Datei: constsafe.c */
#include <stdio.h>

struct Person
{
   char name[50];
   int  alter;
};
```

```c
void printPerson (const struct Person p)
{
   printf ("%s ist %i Jahre alt.\n", p.name, p.alter);
   // p.name = "Martin";   // Hier meldet der Compiler einen Fehler!
}

int main (void)
{
   struct Person p1 = {.name = "Marianne", .alter=25};
   struct Person p2 = {.name = "Herbert",  .alter=28};
   printPerson (p1);
   printPerson (p2);
}
```

7.4.1.2 Der Qualifikator volatile

Der Qualifier `volatile` wird gebraucht, wenn eine Variable implementierungsabhängige Eigenschaften hat und der Compiler keine Optimierung durchführen soll. Implementierungsabhängig bedeutet hier, dass sich der Wert einer Variablen durch andere Prozesse wie z. B. durch Interrupts ändern kann.

Dies ist z. B. bei Memory-Mapped-Input/Output der Fall. Hier werden Register durch Memory-Adressen angesprochen und nicht über Ports (Kanäle). Hier müssen die entsprechenden Variablen stets an denselben Adressen stehen und der Compiler darf die Variablen nicht aus Optimierungsgründen woandershin wie z. B. in Register verschieben.

Weiteres Beispiel: Ändert sich beispielsweise der Wert einer Variablen im Programmfluss nicht, so könnte ein optimierender Compiler einen zwischengespeicherten Wert verwenden. Eine `volatile`-Variable kann aber durch andere Prozesse (z. B. durch Memory-Mapped-I/O) verändert worden sein.

Daher darf ein Compiler bei der Verwendung des Schlüsselwortes `volatile` nicht optimieren, beispielsweise weder die Variable verschieben noch zwischengespeicherte Werte bei keiner Veränderung der Variablen durch den eigenen Programmfluss verwenden. Die Variable muss an ihrer Stelle im Arbeitsspeicher verbleiben und jeder Lesevorgang hat an dieser Stelle der Variablen zu erfolgen.

Entsprechende Variablen sind in heutzutage kaum mehr anzutreffen, da moderne Betriebssysteme Zugriffe auf solche Speicherstellen durch gesicherte Bibliotheksaufrufe anbieten und so die entsprechenden Speicherstellen vor dem Programmierer verstecken.

7.4.2 Qualifikatoren in C11

Zusätzlich zu den Qualifikatoren `const` und `volatile` von C90 gibt es in C11 die Qualifikatoren `restrict` und `_Atomic`. Der Qualifikator `restrict` wird in Kapitel 8.4 und der Qualifikator `_Atomic` in Kapitel 23.4.4 betrachtet.

7.5 Generelle Arten von Typen in C

In der Programmiersprache C gibt es nach ISO drei Klassen von Typen:

- **Objekttypen (Datentypen)**,
- **Funktionstypen**
- **und unvollständige Objekttypen**.

Objekttypen (Datentypen) beschreiben Variablen. Funktionstypen beschreiben Funktionen. Ein Beispiel für einen Datentyp ist `int` und für einen Funktionstyp `int (void)`.

Ein unvollständiger Objekttyp hat noch nicht alle Informationen zur Festlegung der Größe seiner Variablen. Erst nach Vervollständigung des Typs können Variablen definiert werden.

Der Typ `void` ist ein unvollständiger Typ, der nicht vollständig gemacht werden kann. Er bezeichnet eine leere Menge und wird beispielsweise verwendet, wenn eine Funktion keinen Rückgabewert oder keinen Übergabeparameter hat.

Ein Beispiel für einen unvollständigen Datentyp, der vervollständigt werden kann, ist das Array ohne Längenangabe (siehe Kapitel 12.1.6).

7.6 Zusammenfassung

Dieses Kapitel befasst sich mit Datentypen und Variablen. Durch die Darstellung (Repräsentation) des Datentyps einer Variablen wird zum einen

- der Speicherbedarf festgelegt, d. h. durch wie viele Bits die Variable dargestellt wird,
- zum anderen aber auch der Wertebereich
- und die Genauigkeit (bei Gleitpunktzahlen).

Zur Festlegung eines Datentyps muss definiert werden, wie die einzelnen Bits bzw. Bitgruppen interpretiert werden müssen.

In der Programmiersprache C wird verlangt, dass alle Variablen einen genau definierten, vom Programmierer festgelegten Typ haben. Der Typ bestimmt, welche Werte eine Variable annehmen kann und welche nicht. Hat eine Programmiersprache ein strenges Typkonzept, so können Werte eines Typs nicht Variablen eines anderen Typs zugewiesen werden. In C ist dies jedoch in definierter, aber sehr großzügiger Weise möglich.

Kapitel **7.1** gibt eine Übersicht über die verschiedenen Datentypen in C.

`void` ist ein Schlüsselwort und ein Datentyp. Dieser Typ umfasst einen leeren Satz von Werten. Es ist ein unvollständiger Typ, der nicht vervollständigt werden kann. Er bezeichnet eine leere Menge und wird beispielsweise verwendet, wenn eine Funktion keinen Rückgabewert oder keinen Übergabeparameter hat.

Die Datentypen von Variablen in C ohne den Datentyp void können, wie im folgenden Bild dargestellt, klassifiziert werden:

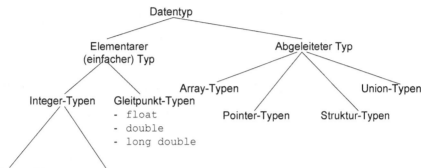

Die Typ-Modifizierer signed und unsigned werden in diesem Bild dabei nicht berücksichtigt.

Integer-Typen und Gleitpunkt-Typen werden arithmetische Typen genannt. Arithmetische (elementare) Typen und Zeigertypen werden auch als skalare Typen, Array-Typen und Strukturtypen als zusammengesetzte Typen (Aggregattypen) bezeichnet.

Die einfachen (elementaren) Datentypen (siehe Kapitel **7.2**) umfassen:

• Standarddatentypen (Integer, Gleitpunkt)
• und Aufzählungstypen (Integer) als selbst definierte Typen.

Gleitpunktzahlen haben eine Genauigkeit.

In C99 wurde die Standard-Header-Datei <stdbool.h> eingeführt, welche einen booleschen Typ für C deklariert. Ein boolescher Typ ist ein Aufzählungstyp. Ein Aufzählungstyp ist ein sogenannter selbst definierter Typ. Es ist kein Standarddatentyp des Compilers.

Standard-Datentypen sind:

• char,
• short int,
• int,
• long int
• und long long int (seit C99).

Mit dem Integer-Typ `char` (Abkürzung von character) werden Zeichen aus dem Basiszeichensatz abgelegt. Zeichen werden intern als ganzzahlige Werte gespeichert. `int` ist der übliche Standardtyp für ganzzahlige Werte. Der Datentyp `short int` wird für kleine ganzzahlige Werte und der Datentyp `long int` für große ganzzahlige Werte verwendet. Die Darstellung dieser Integer-Typen ist implementierungsabhängig.

Vorzeichenbehaftet, d. h. von einem `signed`-Typ, sind defaultmäßig alle ganzzahligen Standarddatentypen außer `char`. Der Typ `char` kann je nach Implementation oder Compilereinstellung vorzeichenbehaftet oder vorzeichenlos sein. Im Übrigen kann es bei Datentypen mit dem `unsigned`-Schlüsselwort keinen Überlauf (Overflow), d. h. ein Verlassen des ursprünglichen Wertebereichs, geben. Wird nämlich der Wertebereich überschritten, wird mit modulo 2^n weitergerechnet (Modulo-Arithmetik), ohne dass man es merkt, wobei n die Datenbreite des Typs in Bits darstellt. Eine Zahl modulo 2^n bedeutet, dass von dieser Zahl der Rest bei der ganzzahligen Division durch 2^n gebildet wird.

Bei `signed`-Typen kann es einen Überlauf geben.

Seit C99 gibt es zusätzlich zu den Integer-Typen von C90 den Datentyp `long long int`.

Die Zahl der Bytes für die Darstellung eines Datentyps ist bis auf den Datentyp `char` compilerabhängig. Nach Vorschrift des ISO-Standards muss der Compilerhersteller die Wertebereichsgrenzen für ganzzahlige Standard-Datentypen in der Datei `<limits.h>` und für Gleitpunkt-Typen in `<float.h>` als symbolische Konstanten ablegen. Für Gleitpunkt-Typen ist dort auch die Genauigkeit der Darstellung angegeben. Die Größe einer Variablen vom Typ `char`, `unsigned char` oder `signed char` ist 1 Byte.

Die Interpretation, ob Zahl oder Zeichen, hat durch den Anwender zu erfolgen. Will man beispielsweise den Wert 48 einer `char`-Variablen als Zahl in Dezimalnotation ausgeben, gibt man bei `printf()` das Formatelement `%d` an. Will man den Wert 48 als Zeichen ausgeben, so gibt man das Formatelement `%c` an.

Es ist compilerabhängig, ob `char` dem Datentyp `unsigned char` oder `signed char` entspricht. Heutzutage jedoch hat sich der Gebrauch des `int`-Typs geändert und wurde für moderne Architekturen mehr oder weniger fixiert: Selbst auf 64-Bit-Rechnern besteht ein `int` häufig nur aus 32 Bits. Standardmäßig, d. h. ohne zusätzliche Angabe von Modifizierern, sind `int`, `short` und `long` vorzeichenbehaftete Datentypen.

Werden nur die Schlüsselwörter `signed` oder `unsigned` ohne Angabe des Datentyps verwendet, so wird implizit der Datentyp `int` hinzugefügt, d. h. es werden die Typen `signed int` bzw. `unsigned int` benutzt.

Gleitpunkt-Typen in C sind:

- `float`,
- `double`
- und `long double`.

Der Datentyp `float` dient zur Darstellung einer Gleitpunktzahl (Fließkommazahl), der Datentyp `double` für eine Gleitpunktzahl mit einer höheren Genauigkeit und der Datentyp `long double` für eine Gleitpunktzahl mit einer noch höheren Genauigkeit der Darstellung (extended precision).

Die Darstellung der Gleitpunkt-Typen und damit die Größe und Genauigkeit der möglichen Gleitpunktzahlen ist in C implementierungsabhängig.

Variablen werden in Kapitel **7.3** behandelt.

Der Begriff der Vereinbarung umfasst sowohl die Definition als auch die Deklaration.

Definitionen von Variablen

* legen die Art der Variablen fest
* und sorgen gleichzeitig für die Reservierung des Speicherplatzes. Dabei umfasst die Art einer Variablen den Datentyp, die Speicherklasse und Qualifikatoren (engl. type qualifier) wie `const` und `volatile` (siehe Kapitel 7.4).

Deklarationen legen nur die Art der Variablen bzw. die Schnittstelle der Funktionen, d. h. die Funktionsköpfe, fest. Reine Deklarationen dienen dazu, Datenobjekte bzw. Funktionen bekanntzumachen, die in anderen Übersetzungseinheiten oder in derselben Übersetzungseinheit erst nach ihrer Verwendung definiert werden. Eine Deklaration umfasst stets den Namen eines Objektes und seinen Typ. Damit weiß der Compiler, mit welchem Typ er einen Namen verbinden muss.

Eine Definition von Variablen und Funktionen dient dazu, Variablen bzw. Funktionen im Speicher anzulegen. Hierbei ist automatisch eine Deklaration mit eingeschlossen. Kurz und bündig ausgedrückt, bedeutet dies: Definition = Deklaration + Reservierung des Speicherplatzes.

Funktionsinterne Variablen sind lokal zu einer Funktion. Sie haben nur innerhalb ihrer Funktion eine Bedeutung. Sie werden üblicherweise als lokale Variablen bezeichnet. Externe Variablen haben die Bedeutung von globalen Variablen für diejenigen Funktionen, die in einer Datei nach ihnen definiert werden.

Globale Variablen können grundsätzlich allen Funktionen eines Programms zur Verfügung stehen. Arbeiten mehrere Funktionen auf einer globalen Variablen, so ist der Verursacher eines Fehlers schwer zu finden.

Die Sichtbarkeit einer Variablen bedeutet, dass man von einer Programmstelle aus die Variable sieht, das heißt, dass man auf sie über ihren Namen zugreifen kann. Ein anderer Begriff, der damit nicht verwechselt werden sollte, ist der Begriff der Lebensdauer einer Variablen. Die Lebensdauer ist die Zeitspanne, während der das Laufzeitsystem der Variablen einen Platz im Speicher zur Verfügung stellt. Mit anderen Worten, während ihrer Lebensdauer besitzt eine Variable einen Speicherplatz.

Eine lokale Variable wird angelegt, wenn die Funktion, in der sie definiert ist, aufgerufen wird, und sie wird „vernichtet", wenn die Funktion beendet wird. Externe Variablen leben so lange wie das ganze Programm. Externe Variablen sind von allen

Funktionen sichtbar, die in derselben Übersetzungseinheit nach den externen Variablen definiert werden. Globale bzw. externe Variablen werden mit 0 initialisiert. Lokale Variablen werden nicht automatisch initialisiert.

Die Qualifikatoren `const` und `volatile` werden in Kapitel **7.4** erklärt.

Mit dem Schlüsselwort `const` ist es möglich, eine Variable zu deklarieren, welche nur gelesen werden kann. Der Compiler schützt diese Variable vor Schreibzugriffen. Durchgängige Programmierung mit dem `const`-Schlüsselwort wird als const-safe-Programmierung bezeichnet. Gerade bei der Übergabe von Pointern als Parameter kann diese Sicherheitsvorkehrung einem Fehlverhalten von Code vorbeugen.

Der Qualifier `volatile` wird gebraucht, wenn eine Variable implementierungsabhängige Eigenschaften hat und der Compiler keine Optimierung durchführen soll. Implementierungsabhängig bedeutet hier, dass sich der Wert einer Variablen durch andere Prozesse wie z. B. durch Interrupts ändern kann.

In der Programmiersprache C gibt es nach ISO drei Klassen von Typen (siehe Kapitel **7.5**):

- Objekttypen (Datentypen),
- Funktionstypen
- und unvollständige Objekttypen

Objekttypen beschreiben Variablen. Funktionstypen beschreiben Funktionen. Ein Beispiel für einen Datentyp ist `int` und für einen Funktionstyp `int (void)`. Ein unvollständiger Typ hat noch nicht alle Informationen zur Festlegung der Größe seiner Variablen. Erst nach Vervollständigung des Typs können Variablen definiert werden. Ein Beispiel für einen unvollständigen Datentyp, der vervollständigt werden kann, ist das Array ohne Längenangabe.

7.7 Übungsaufgaben

Aufgabe 7.1 Initialisierung von lokalen Variablen

Erstellen Sie ein Programm, in welchem jeweils eine lokale Variable der Typen `int`, `float`, `double`, `short`, `long` und `char` definiert, aber nicht initialisiert wird. Geben Sie den Inhalt der Variablen aus. Beobachten Sie das Ergebnis und beantworten Sie, weshalb Variablen immer initialisiert werden sollten. (Hinweis: Wenn Sie das Programm mit Visual Studio in der Express Edition schreiben, müssen Sie unter PROJEKT-Eigenschaften-C/C++-Codegenerierung die Vorgabe unter „Vollständige Laufzeitüberprüfungen" auf „Standard" setzen. Ansonsten bricht die Laufzeitumgebung bei der Ausführung des Programms mit einer Fehlermeldung ab.)

Aufgabe 7.2 Initialisierung von globalen Variablen

Ändern Sie das vorherige Programm, indem Sie die lokalen Variablen zu globalen machen. Beobachten Sie erneut das Ergebnis. Was ist festzustellen?

Aufgabe 7.3 Programm Geheimschrift

Schreiben Sie ein Verschlüsselungsprogramm, das eine Datei einliest und in eine andere Datei verschlüsselt ausgibt. Da Sie die Funktionen zur Dateibearbeitung erst in Kapitel 16 kennenlernen, wenden Sie hier einen vor allem im UNIX-Umfeld häufig eingesetzten Trick an. Sie benutzen in Ihrem Programm die bereits bekannten Funktionen für die Standardeingabe (`getchar()`, siehe dazu Kapitel 2.3) und für die Standardausgabe (`printf()`). Wenn Sie das Programm auf Betriebssystemebene starten (beispielsweise in einer sogenannten Eingabeaufforderung in Windows-Systemen), dann benutzen Sie die Umlenkungsoperatoren > und < wie im Hinweis weiter unten beschrieben.

Das Programm soll folgendermaßen funktionieren: Solange das Ende der Datei nicht erreicht ist, sollen mit `getchar()` Zeichen gelesen werden. Wenn das gelesene Zeichen ungleich `EOF` ist, soll ein Zeilentrenner ausgegeben werden, falls ein Zeilentrenner gelesen wurde. Ansonsten soll der Wert des Zeichens um 3 erhöht und ausgegeben werden.

Verschlüsseln Sie den Quellcode Ihres Programms und entschlüsseln Sie es mit dem passenden Entschlüsselungsprogramm.

Hinweis:

Mit der Anweisung `Programm < Datei1 > Datei2` als Kommando liest das Programm aus der Datei `Datei1` statt von der Tastatur und schreibt in die Datei `Datei2` statt auf den Bildschirm. Mit anderen Worten, der Umlenkungsoperator > lenkt die Standardausgabe von ihrem voreingestellten Wert (Defaultwert), dem Bildschirm, in die Datei `Datei2` um. Entsprechendes gilt für den Umlenkungsoperator < (siehe dazu auch Kapitel 16.3).

Kapitel 8

Einführung in Pointer und Arrays

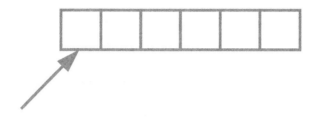

8 Einführung in Pointer und Arrays

Pointer sind ein elementarer Bestandteil der Programmiersprache C. Um mit C pra-
xistauglich programmieren zu können, sollte das Konzept der Pointer verstanden
sein. Dazu dient diese Einführung in Pointer und Arrays. Eine Fortsetzung dieses Kapitels finden Sie in Kapitel 12.

Zunächst soll jedoch mit Kapitel 8.1 auf Pointertypen und Pointervariablen eingegangen werden. Das Kapitel 8.2 erläutert Pointer auf void. Abschließend folgt in Kapitel
8.3 eine Einführung in eindimensionale Arrays. Der Qualifikator restrict wird in
Kapitel 8.4 besprochen.

8.1 Pointertypen und Pointervariablen

Der Arbeitsspeicher eines Rechners ist in Speicherzellen eingeteilt. Jede Speicherzelle trägt eine Nummer.

> Die Nummer einer Speicherzelle wird als Adresse bezeichnet.

Ist der Speicher eines Rechners byteweise (in der Regel 1 Byte = 8 Bits) ansprechbar, so sagt man, er sei byteweise adressierbar. Über Adressen sind dann einzelne
Bytes ansprechbar.

> Einzelne Bits können nicht adressiert werden.

Vorsicht!

> Ein **Pointer** (**Zeiger**) ist eine Variable, welche die Adresse einer im
> Speicher befindlichen Variablen oder Funktion aufnehmen kann. Da-
> mit verweist eine Pointervariable (Zeigervariable) mit ihrem Variablen-
> wert auf die jeweilige Adresse.

Im folgenden Bild soll eine Pointervariable auf ein Speicherobjekt zeigen:

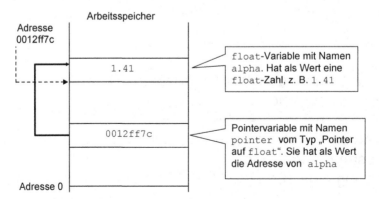

Bild 8-1 Pointervariablen können auf Speicherobjekte zeigen

Neben der `float`-Variablen `alpha` ist auch die Pointervariable `pointer` in Bild 8-1 selbst ein **Speicherobjekt**.

Da Pointervariablen und Funktionen ebenfalls Speicherobjekte sind, gibt es die Möglichkeit, dass Pointervariablen auf Pointervariablen bzw. auf Funktionen zeigen.

Pointer auf Pointer und Pointer auf Funktionen (Funktionspointer) werden in Kapitel 12 noch behandelt.

Variablen und Funktionen haben in C stets einen Datentyp. Will man mit einem Pointer auf ein Speicherobjekt zeigen, d.h. auf eine Variable oder Funktion, so muss der referenzierte Typ des Pointers dem Typ des Speicherobjektes entsprechen.

Pointer und Speicherobjekte sind vom Typ her **gekoppelt.** Ist das Objekt vom Typ „Typname", so braucht man einen Pointer vom Typ „Pointer auf Typname", um auf dieses Objekt zeigen zu können.

Es ist also z. B. nicht erlaubt, einen Pointer auf `int` auf eine `double`-Variable zeigen zu lassen. Daher ist es nötig, den Datentyp anzugeben, den der Pointer referenzieren soll – d. h. auf den er zeigen bzw. verweisen soll.

8.1.1 Definition von Pointervariablen

Ein Pointer wird formal wie eine Variable definiert – dem Pointernamen ist lediglich ein Stern vorangestellt. Die allgemeine Form der Definition eines Pointers ist:

| `Typname *` | `Pointername;` |

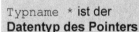`Typname *` ist der
Datentyp des Pointers

`Pointername` ist der
Name des Pointers.

Dabei ist `Pointername` ein Pointer auf den Datentyp `Typname`. Diese Definition wird von rechts nach links gelesen, wobei man den `*` als „ist Pointer auf" liest. Die Definition wird also gelesen zu:

„`Pointername` ist ein Pointer auf `Typname`".

Durch diese Definition wird eine Variable `Pointername` vom Typ „Pointer auf `Typname`" definiert, wobei der Compiler für diese Variable Platz reservieren muss.

Konkrete Beispiele für die Definition von Pointervariablen sind:

```
int    * pointer1;
float  * pointer2;
```

pointer1 ist ein Pointer auf int, pointer2 ist ein Pointer auf float. Der Datentyp dieser Pointervariablen ist int * bzw. float *. Durch die Vereinbarung sind Pointer und zugeordneter Typ miteinander verbunden.

Beachten Sie die folgenden Unterschiede bei der Definition von Pointervariablen:

Definition	Entspricht
int * pointer, alpha;	int * pointer; int alpha;
int * pointer1, * pointer2	int * pointer1; int * pointer2;

Tabelle 8-1 Unterschiede bei der Definition von Pointervariablen

Im ersten Fall werden eine Pointervariable und eine int-Variable definiert, im zweiten Fall dagegen zwei Pointervariablen.

Eine Variable sollte immer in einer separaten Zeile definiert werden. Damit lassen sich Fehler vermeiden, wenn Pointervariablen definiert werden. Außerdem ist es dann leicht möglich, jede definierte Variable mit einem spezifischen Kommentar zu versehen. Vorsicht!

Durch die Definition der Pointervariablen wird noch kein Speicherplatz für ein Objekt vom Typ Typname reserviert. Der Compiler reserviert für eine Pointervariable lediglich soviel Speicher, wie zur Darstellung einer Adresse in der Pointervariablen nötig ist.

Ebenso wie bei jeder anderen Variablen ist der Wert eines Pointers im Falle von lokalen Pointervariablen nach der Variablendefinition zunächst unbestimmt. Der Wert ist noch nicht definiert! Der Pointer referenziert also irgendeine Speicherstelle im Adressraum des Programms.

Ein Zeiger als lokale Variable, der nicht initialisiert wurde und einen zufälligen Wert enthält, zeigt auf eine beliebige Speicherstelle und ist nicht zu unterscheiden von einem Zeiger mit einem gültigen Wert. Vorsicht!

Im Falle von externen Variablen zeigt der Pointer – bedingt durch die automatische Initialisierung – auf die Adresse 0.

In beiden Fällen wird also kein konkretes Objekt referenziert.

8.1.2 NULL-Pointer

Der Pointer NULL ist ein vordefinierter Pointer, dessen Wert sich von allen regulären Pointern unterscheidet. Der Pointer NULL zeigt auf die Adresse 0 und damit auf kein gültiges Speicherobjekt[87]:

---

[87] In C ist nämlich festgelegt, dass Variablen und Funktionen immer an Speicherplätzen abgelegt werden, deren Adressen von 0 verschieden sind.

```
int * pointer = NULL;
/* pointer zeigt auf die Adresse NULL */
```

Die Konstante NULL ist in der Header-Datei <stddef.h> definiert als 0. Generell kann man einem Pointer keine ganze Zahlen zuweisen. Mit der Konstanten NULL wurde jedoch eine Ausnahme geschaffen. Ein solcher Pointer mit dem Wert NULL wird NULL-Pointer genannt.

> Ein NULL-Pointer hat den Wert 0.

Funktionen, die einen Pointer als Funktionsergebnis liefern, können den NULL-Pointer verwenden, um eine erfolglose Aktion anzuzeigen. Liegt kein Fehler vor, so haben sie als Rückgabewert stets die Adresse eines Speicherobjektes, die von 0 verschieden ist.

> Der NULL-Pointer wird häufig dazu verwendet, Zeigervariablen bei der Definition sofort zu initialisieren. Ein Pointer, der mit NULL initialisiert ist, zeigt an, dass er noch auf keine gültige Speicherstelle zeigt.

8.1.3 Wertebereich von Pointern

Der **Wertebereich** einer Pointervariablen vom Typ „Pointer auf Typname" ist die Menge aus allen Pointern, die auf Speicherobjekte vom Typ Typname zeigen können, und dem sogenannten NULL-Pointer.

Da Objekte vom Typ Typname prinzipiell an jeder beliebigen Stelle des Adressraumes bis auf die Adresse 0 liegen können, müssen mit einem Pointer letztendlich alle Adressen dargestellt werden können. Daher werden zur Speicherung eines Pointers genauso viele Bytes verwendet, wie es die interne Darstellung einer Adresse erfordert. Je nach Prozessorarchitektur kann eine Adresse somit unterschiedlich breit sein. Lange Zeit waren 32-Bit-Adressen üblich, mittlerweile setzen sich 64-Bit-Architekturen durch. Eine Adresse belegt auf modernen Maschinen somit normalerweise 4 oder 8 Bytes. Der Wert NULL ist im Wertebereich mit enthalten.

8.1.4 Wertzuweisung an einen Pointer

Durch den Ausdruck pointer2 = pointer1 wird einem Pointer pointer2 der Wert des Pointers pointer1 zugewiesen. Nach der Zuweisung haben beide Pointer denselben Inhalt und zeigen damit beide auf das Objekt, auf das zunächst von pointer1 verwiesen wurde. Dies zeigt das folgende Bild:

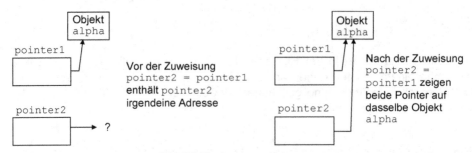

Bild 8-2 Kopieren von Adressen

8.1.5 Adressoperator

Die einfachste Möglichkeit, einen Pointer auf ein Objekt zeigen zu lassen, besteht darin, den **Adressoperator** & auf eine Variable anzuwenden, denn es gilt:

Ist x eine Variable vom Typ `Typname`, so liefert der Ausdruck `&x` einen Pointer auf das Objekt x vom Typ „Pointer auf `Typname`".

Im folgenden Beispiel wird eine `int`-Variable `alpha` definiert und ein Pointer `pointer` auf eine `int`-Variable:

```
int alpha;
int * pointer;
```

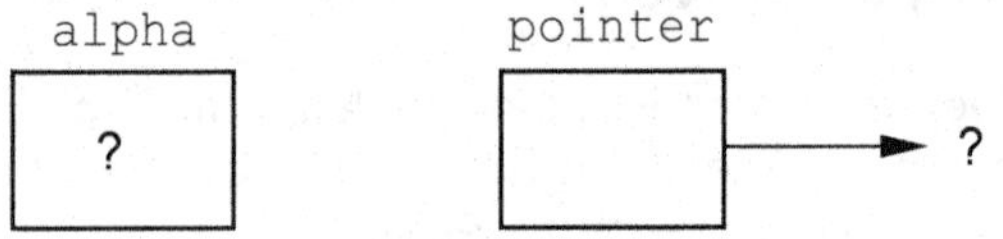

Bild 8-3 `int`-Variable und Pointer sind nicht initialisiert

Durch die folgende Zuweisung `alpha = 1` wird der `int`-Variablen `alpha` der Wert 1 zugewiesen, d. h. an der Stelle des Adressraums des Rechners, an der `alpha` gespeichert wird, befindet sich nun der Wert 1. Zu diesem Zeitpunkt ist der Wert des Pointers noch undefiniert, denn ihm wurde noch nichts zugewiesen:

```
alpha = 1;
```

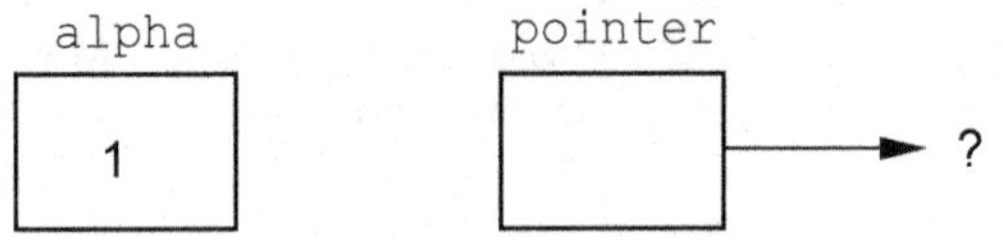

Bild 8-4 `int`-Variable ist initialisiert, der Pointer nicht

Erst durch die Zuweisung `pointer = &alpha` erhält der Pointer `pointer` einen definierten Wert, nämlich die Adresse der Variablen `alpha`. Dies zeigt das folgende Bild:

```
pointer = &alpha;
```

Bild 8-5 `int`-Variable ist initialisiert, der Pointer auch

Mit Hilfe des Adressoperators kann man also Pointer auf bereits vorhandene Variablen im Arbeitsspeicher konstruieren. Eine Ausnahme bilden hierbei die `register`-Variablen. Da sie gegebenenfalls – wenn der Compiler es will – vom Computer in Registern des Prozessors abgelegt werden, kann der Adressoperator hier nicht verwendet werden.

`register`-Variablen werden in Kapitel 15.5.1 behandelt.

8.1.6 Zugriff auf ein Objekt über einen Pointer

Wurde einem Pointer ein Wert zugewiesen, so will man natürlich auch auf das referenzierte Objekt, d. h. auf das Objekt, auf das der Pointer zeigt, zugreifen können. Dazu gibt es in C den **Dereferenzierungsoperator ***.

Wird der Dereferenzierungsoperator auf einen Pointer angewandt, so greift er auf das Objekt zu, auf das der Pointer verweist.

Ein Pointer referenziert ein Objekt – mit anderen Worten, er verweist auf das Objekt. Mit Hilfe des Dereferenzierungsoperators erhält man aus einem Pointer, also einer Referenz auf ein Objekt, das Objekt selbst.

Ist

```
int alpha = 1;
```

und

```
int * pointer = &alpha;
```

dann wird mit

```
*pointer = 2;    /* Dereferenzierung */
```

der Variablen `alpha` der Wert 2 zugewiesen.

Dasselbe lässt sich erreichen durch

```
*&alpha = 2;
```

`*&alpha` ist äquivalent zu `alpha`.

Referenzieren heißt, dass man mit einer Adresse auf ein Speicherobjekt zeigt. Eine vorhandene Variable im Speicher referenziert man mit Hilfe des Adressoperators. So liefert z. B. `&x` die Adresse der Variablen `x`. Möchte man über einen Pointer auf ein Objekt zugreifen, so muss man den Pointer dereferenzieren.

Wie bereits erklärt, bewirkt beispielsweise

```
*pointer = 5;
```

dass das Objekt, auf das der Pointer `pointer` zeigt, die Zahl 5 zugewiesen bekommt.

Bild 8-6 visualisiert nochmals die Verwendung des Adress- und Dereferenzierungsoperators:

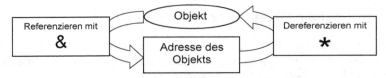

Bild 8-6 Vom Objekt zu seiner Adresse und zurück mit Hilfe der Operatoren & und *

Bild 8-7 zeigt ein konkretes Beispiel für die Verwendung des Adress- und Dereferenzierungsoperators:

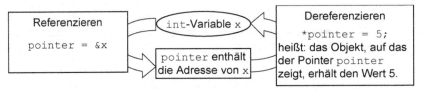

Bild 8-7 Beispiel für das Referenzieren und Dereferenzieren

Kurz zusammengefasst:

Zum Arbeiten mit Pointern stehen die beiden **Operatoren** `&` und `*` zur Verfügung:

- `&` wird als **Adressoperator** bezeichnet. Mit ihm erhält man die **Adresse eines Objekts**.
- `*` wird als **Dereferenzierungsoperator** bezeichnet. Mit ihm erhält man den **Inhalt des Objekts**, auf das der Pointer zeigt.

Andere Namen für den **Dereferenzierungsoperator** sind **Inhaltsoperator**, **Dereferenzierungssymbol** oder **indirection symbol**.

Generell gilt:

Zeigt der Pointer `pointer` auf das Objekt `alpha`, so kann für `alpha` der äquivalente Ausdruck `*pointer` verwendet werden. Mit anderen Worten: `*pointer` **ist das Objekt, auf das der Pointer** `pointer` **zeigt.**

Gilt beispielsweise `pointer = &alpha`, so ist

```
*pointer = *pointer + 1;
```

äquivalent zu

```
alpha = alpha + 1;
```

8.1.7 Beispiele für das Referenzieren und Dereferenzieren

Hier kommen nun lauffähige Beispiele für das Referenzieren und Dereferenzieren. Das erste Beispiel zeigt, dass das Dereferenzieren die inverse Operation zum Referenzieren ist:

```
/* Datei: pointer1.c */
#include <stdio.h>

int main (void)
{
   float zahl = 3.5f;
   printf ("Adresse von zahl: %p\n", &zahl);
   printf ("Wert von zahl: %f\n", *&zahl);
   printf ("*&*&*&*&*&zahl = %f\n", *&*&*&*&zahl);
   return 0;
}
```

Hier die Ausgabe des Programms:

```
Adresse von zahl: 0012ff60
Wert von zahl: 3.500000
*&*&*&*&*&zahl = 3.500000
```

Das zweite Programm demonstriert verschiedene fundamentale Mechanismen für Pointer wie z. B. das Kopieren von Pointern:

```
/* Datei: ptr_op.c */
#include <stdio.h>

int main (void)
{
   int alpha;
   int * pointer1;
   int * pointer2;
   pointer1 = &alpha;              /* pointer1 wird initialisiert  */
                                   /* und zeigt auf alpha          */
   *pointer1 = 5;                  /* alpha wird 5 zugewiesen       */
   printf ("\n%d", *pointer1);     /* 5 wird ausgegeben            */
   *pointer1 = *pointer1 + 1;      /* alpha wird um 1 inkrementiert */
   pointer2 = pointer1;            /* pointer2 wird initialisiert   */
                                   /* und zeigt auch auf alpha      */
   printf ("\n%d", *pointer2);     /* 6 wird ausgegeben            */
   return 0;
}
```

Hier die Ausgabe des Programms:

```
5
6
```

Ein häufiger Fehler ist im folgenden Beispiel zu sehen:

```
int * pointer;
*pointer = 6;
```

Wurde einem Pointer `pointer` noch nicht die Adresse einer Programmvariablen zugewiesen, so hat `pointer` keinen definierten Wert. Daher darf der Speicherzelle, auf die der Pointer `pointer` zeigt, kein Wert zugewiesen werden.

Da der Zeiger nicht initialisiert wurde, zeigt er auf eine beliebige Speicherstelle im gesamten Adressraum des Computers. Wenn es sich um eine Speicherstelle im Adressbereich des Programms handelt, kann damit ungewollt beispielsweise eine Variable verändert werden. Liegt die Speicherstelle außerhalb des eigenen Adressbereichs, wird das Betriebssystem das Programm abbrechen, um einen Zugriff auf fremde Daten zu unterbinden.

8.2 Pointer auf void

Wenn bei der Definition des Pointers der Typ der Variablen, auf die der Pointer zeigen soll, noch nicht feststeht, wird ein **Pointer auf den Typ** `void` vereinbart.

Der Pointer auf den Typ `void` darf selbst nicht zum Zugriff auf Objekte verwendet werden, d. h. er **darf nicht dereferenziert werden**, da er ja noch nicht auf richtige Objekte zeigt.

Später kann dann der Pointer in einen Pointer auf einen bestimmten Typ umgewandelt werden.

Der Pointer auf `void` ist ein **untypisierter** (typfreier, generischer) **Pointer**. Dieser ist zu allen anderen Pointertypen kompatibel und kann insbesondere in Zuweisungen mit **typisierten Pointern** gemischt werden.

Dies bedeutet, dass in der Programmiersprache C bei einer Zuweisung links des Zuweisungsoperators ein typfreier Pointer stehen darf und rechts ein typisierter Pointer und auch umgekehrt! Ein Pointer auf `void` umgeht also bei einer Zuweisung die Typüberprüfungen des Compilers. Heutige Compiler geben jedoch auf Wunsch Warnungen aus.

Abgesehen von `void *` darf ohne explizite Typkonvertierung kein Pointer auf einen Datentyp an einen Pointer auf einen anderen Datentyp zugewiesen werden. Jeder Pointer auf eine Variable kann durch eine Zuweisung in den Typ `void *` und zurück umgewandelt werden, ohne dass Information verloren geht.

> void-Pointer können in jeden anderen Pointer-Typ gecastet werden, solange sie sich nicht in ihren Qualifikatoren (const, restrict, volatile) unterscheiden. Auch der umgekehrte Weg ist möglich: Jeder Pointertyp kann in einen entsprechenden void-Pointer gecastet werden.

Der Typkonvertierungsoperator – auch cast-Operator genannt – wird in Kapitel 9.6.7 behandelt. Ein Beispiel zur Nutzung von Pointern auf void ist in Anhang F zu finden.

8.3 Eindimensionale Arrays

Unter einem Array versteht man die geordnete Aneinanderreihung von mehreren Variablen des gleichen Typs unter einem gemeinsamen Namen. Die allgemeine Form der Definition eines eindimensionalen Arrays ist:

```
Typname Arrayname [GROESSE]; /* GROESSE ist die Anzahl der Array- */
                            /* Elemente                         */
```

Konkrete Beispiele hierfür sind:

```
int alpha [5];          /* Array aus 5 Elementen vom Typ int   */
char beta [6];          /* Array aus 6 Elementen vom Typ char   */
```

Das folgende Bild visualisiert die Speicherbelegung eines Arrays aus fünf int-Elementen:

int	int	int	int	int

Bild 8-8 Das Array alpha – ein Aggregat aus fünf Komponentenvariablen desselben Typs

Alle Elemente des Arrays werden vom Compiler direkt hintereinander im Arbeitsspeicher angelegt.

Der Typ Typname im obigen Beispiel kann optional auch Speicherklassen-Bezeichner beinhalten – siehe Kapitel 15. Außer eindimensionalen Arrays gibt es in C auch mehrdimensionale Arrays. Diese werden in Kapitel 12.1.7 besprochen.

Die Namensgebung Array ist nicht einheitlich. In der Literatur findet man die synonyme Verwendung der Namen **Feld**, **Reihung** und **Array**. Ein eindimensionales Array wird oft auch als **Vektor** bezeichnet, aber auch für mehrdimensionale Arrays ist die Bezeichnung Vektor zu finden.

In C gibt es im Gegensatz zu anderen Sprachen **kein Schlüsselwort „array"**. Der C-Compiler erkennt ein Array an den eckigen Klammern, die bei der Definition die Anzahl der Elemente enthalten können. Die **Anzahl der Elemente** muss, wenn vorhanden, immer eine positive ganze Zahl sein. Sie kann gegeben sein durch eine Konstante oder einen konstanten Ausdruck, **nicht aber durch eine Variable**[88]. Dies

---

[88] Der C11-Standard erlaubt sogenannte VLA (variable lenght arrays) als Erweiterung.

bedeutet, dass die Größe nicht dynamisch zugeordnet werden kann. Dennoch können Arrays mit einer zur Laufzeit berechneten Größe z. B. mit Hilfe der Funktion `malloc()` oder `calloc()` dynamisch konstruiert werden (siehe Kapitel 18).

> Der Zugriff auf ein Element eines Arrays erfolgt über den Array-Index. Hat man ein **Array mit n Elementen** definiert, so ist darauf zu achten, dass in C die **Indizierung der Arrayelemente mit 0 beginnt und bei n - 1 endet.**

8.3.1 Beispiel für ein Array

Das folgende Beispiel zeigt ein Array aus fünf `int`-Elementen:

```
int alpha [5];   /* Arraydefinition                         */

alpha[0] = 1;   /* das 1. Element alpha[0] hat den Index  0   */
alpha[1] = 2;   /* das 2. Element alpha[1] hat den Index  1   */
alpha[2] = 3;   /* das 3. Element alpha[2] hat den Index  2   */
alpha[3] = 4;   /* das 4. Element alpha[3] hat den Index  3   */
alpha[4] = 5;   /* das letzte Element hat den Index 4         */
```

Das folgende Bild visualisiert die Namen, Typen und Werte der Komponenten des Arrays `alpha`:

alpha[0] int	alpha[1] int	alpha[2] int	alpha[3] int	alpha[4] int
1	2	3	4	5

Bild 8-9 Namen, Typen und Werte der Komponenten des Arrays `alpha`

> Eine tückische Besonderheit von Arrays in C ist, dass beim Über-schreiten des zulässigen Indexbereiches kein Kompilier- bzw. Lauf-zeitfehler erzeugt wird. So würde die folgende Anweisung einfach die Speicherzelle direkt nach `alpha[4]` mit dem Wert 6 überschreiben:
>
> ```
> alpha[5] = 6;
> /* Achtung, Bereichsueberschreitung!        */
> ```

Es gibt sowohl frei verfügbare als auch käufliche Tools[89], welche erweiterte Prüfun-gen des C-Quellcodes durchführen. Solche Tools erkennen diesen Fehler sofort. Auf eine korrekte Indizierung muss der Programmierer jedoch selbst achten.

> Der Vorteil von Arrays gegenüber mehreren einfachen Variablen ist, dass Arrays sich leicht mit Schleifen bearbeiten lassen. Im Gegensatz zur Größe des Arrays, die konstant ist, kann der Index einer Array-Komponente eine Variable sein.

---

[89] Beispielsweise das Werkzeug lint.

So kann man die Werte der Elemente des oben eingeführten Arrays `alpha` ausgeben durch:

```
/*....*/
int index;
for (index = 0; index < 5; index = index + 1)
{
   printf ("\n%d", alpha[index]);
}
/*....*/
```

oder den Durchschnitt aller Werte des Arrays berechnen durch

```
/*....*/
int index;
float summe = 0.f;
for (index = 0; index < 5; index = index + 1)
{
   summe = summe + alpha [index];
}
printf ("\nDer Durchschnitt ist: %f", summe / index);
/*....*/
```

8.3.2 Beispiel zum Speichern von Daten in einem Array

Das folgende Beispiel zeigt das Speichern von Daten in einem `int`-Array:

```
/* Datei: array.c */

#include <stdio.h>
#define MAX 40
int main (void)
{
   int fahrenheit [MAX+1];                                    /* 1 */
   int index;
   /* Tabelle fuer Fahrenheitwerte von 0 bis MAX Grad Celsius */
   for (index = 0; index <= MAX; index = index + 1)
   {
      fahrenheit[index] = ((9 * index) / 5) + 32;             /* 2 */
   }
   for (;;)                                                   /* 3 */
   {
      printf ("Geben Sie bitte eine Temperatur zwischen");
      printf (" 0 und %d Grad Celsius ein ", MAX);
      printf ("(Abbruch durch Eingabe von -1):\n");
      scanf ("%d", &index);
      if (index < 0 || index > MAX) break;                   /* 4 */
      printf ("\n\nDas sind %d Grad Fahrenheit\n",
              fahrenheit [index]);
   }
   return 0;
}
```

Eine mögliche Programmausgabe ist:

```
Geben Sie bitte eine Temperatur zwischen 0 und 40 Grad
Celsius ein (Abbruch durch Eingabe von -1):
35

Das sind 95 Grad Fahrenheit
```

Das Programm `array.c` speichert Gradzahlen von `0` bis `MAX` Grad Celsius umgerechnet in Fahrenheit in einem `int`-Array `fahrenheit` ab (Kommentar `(2)`). Um den Zugriff auf diese Tabelle einfacher zu gestalten, entspricht die Gradzahl dem Index des Fahrenheit-Arrays. So kann z. B. durch `fahrenheit[37]` auf den Fahrenheitwert für 37 Grad Celsius zugegriffen werden. Wenn die Tabelle gefüllt ist, wird in einer Endlosschleife bei Kommentar `(3)` der Benutzer nach einem Temperaturwert gefragt. Wenn ein negativer oder zu großer Wert (Kommentar `(4)`) eingegeben wird, so wird die Endlosschleife mit `break` beendet. Ansonsten wird der schon zuvor berechnete Fahrenheit-Wert aus dem Array `fahrenheit` ausgegeben und der nächste Schleifendurchlauf beginnt.

Man beachte, dass bei Kommentar `(1)` ein Array für 41 `int`-Einträge geschaffen wird, da die Fahrenheit-Werte von 0 bis 40 Grad gehen sollen.

Auf jeden Fall sollte man es sich bei Arrays zur Gewohnheit machen, immer mit symbolischen Konstanten wie z. B. in `#define MAX 40` und nie mit literalen Konstanten wie z. B. in `int fahrenheit [40]` zu arbeiten. Soll nämlich das vorliegende Programm in einer nächsten Version statt bis 40 Grad bis 100 Grad Celsius arbeiten, so müsste man doch an vielen Stellen (z. B. in den Eingabeaufforderungen und in den Kommentaren) Änderungen vornehmen, von denen leider gerne welche vergessen werden.

Natürlich kann man bei diesem einfachen Beispiel fragen, ob sich hier der Einsatz eines Arrays für die einfache Umrechnungsformel lohnt. Aber diese Technik wird oft herangezogen, wenn es um Programme geht, bei denen immer wieder dieselben Werte zu berechnen sind. Gerade in der Computer-Grafik und Übertragungstechnik ist es ein Trend, alles, was im Voraus berechnet werden kann (zum Beispiel Normalenvektoren), bereits im Vorgriff zu berechnen, um dann zur Laufzeit möglichst kurze Antwortzeiten zu erreichen. Dies geht natürlich auf Kosten des Hauptspeichers, der aber zunehmend kostengünstiger wird. Dieses Problem (gute Antwortzeit oder wenig Speicherverbrauch) wird im Englischen auch als **time-space-tradeoff** bezeichnet.

8.3.3 Weitere Erläuterungen zur Definition eines Arrays

Es ist erlaubt, innerhalb einer einzigen Vereinbarung sowohl einfache Variablen als auch Arrays zu definieren, z. B.

```
float alpha [10], beta, gamma [5];
```

Hierdurch wird definiert:

ein Array `alpha` mit zehn Elementen vom Typ `float`, eine einfache `float`-Variable mit Namen `beta`, ein Array namens `gamma` mit fünf Elementen vom Typ `float`.

8.3.4 Zeichenketten und Arrays

Zeichenketten (engl. **strings**) sind formal betrachtet nichts anderes als Arrays von Zeichen (`char`-Arrays). Eine Zeichenkette wird vom Compiler intern als ein Array von Zeichen dargestellt. Dabei wird am Schluss ein zusätzliches Zeichen, das Zeichen `'\0'` **(Nullzeichen)** angehängt, um das **Stringende** zu markieren.

Stringverarbeitungsfunktionen benötigen unbedingt dieses Zeichen, damit sie das Stringende erkennen. Deshalb muss bei der Speicherung von Zeichenketten stets ein Speicherplatz für das Nullzeichen vorgesehen werden. So hat beispielsweise

```
char vorname [15];
```

nur Platz für 14 Buchstaben einer Zeichenkette und das abschließende `'\0'`-Zeichen.

Wenn Zeichenketten-Arrays mit Schleifen bearbeitet werden, die als Abbruchbedingung das `'\0'`-Zeichen nutzen, dann wird dieses Zeichen bei Kopiervorgängen nicht mehr mitkopiert. Man muss das `'\0'`-Zeichen dann durch eine separate Anweisung noch anhängen. Das Vergessen dieses Zeichens ist ein häufiger Fehler.

8.3.5 Beispiel für Zeichenketten und Arrays

Das folgende Beispiel durchsucht ein `char`-Array nach dem Zeichen `'a'`:

```c
/* Datei: char_array.c */
/* Entscheiden, ob eine Zeichenkette ein 'a' enthaelt          */
#include <stdio.h>
#include <string.h>
#include <stdio.h>
#define MAX 40

int main (void)
{
   int index;
   char eingabe [MAX+1];
   printf ("Bitte String eingeben (max. %d Zeichen): ", MAX);
   if (fgets (eingabe, sizeof (eingabe), stdin) != NULL)     /* 1 */
   {
      for (index = 0; eingabe[index] != '\0'; index = index + 1)
      {
         if (eingabe[index] == 'a')                          /* 2 */
         {
            break;                                           /* 3 */
         }
      }
```

```
        if (eingabe[index] == '\0')                          /* 4 */
        {
            printf ("\nIhr String enthaelt kein 'a'\n");
        }
        else                                                 /* 5 */
        {
            printf ("\nDas a befand sich an der %d. Stelle\n",
                    index + 1);
        }
    }
    return 0;
}
```

Eine mögliche Programmausgabe ist:

```
Bitte String eingeben (max. 40 Zeichen): Hallo

Das a befand sich an der 2. Stelle
```

Das Programm `char_array.c` liest mit Hilfe der Funktion `fgets()` [90] (siehe Kapitel 16.7.1) einen String von der Tastatur ein und weist ihn dem `char`-Array `eingabe` zu (Kommentar `(1)`). Dieser String wird dann in der `for`-Schleife Zeichen für Zeichen durchlaufen und mit dem gesuchten Zeichen `'a'` verglichen (Kommentar `(2)`). Wird ein `'a'` gefunden, dann wird die Schleife mit `break` verlassen (Kommentar `(3)`), ansonsten wird der gesamte String durchsucht. Nach dem Verlassen der `for`-Schleife wird das Zeichen an der Stelle `eingabe[index]` mit dem Zeichen `'\0'` verglichen (Kommentar `(4)`). Ist das Zeichen gleich `'\0'`, dann wurde der String bis zum Ende durchsucht, ohne ein `'a'` zu finden. Ansonsten wurde ein `'a'` an der Stelle `index + 1` gefunden (Kommentar `(5)`).

Weitere Beispielprogramme mit Arrays und Zeichenketten befinden sich in Kapitel 12.

8.4 Der Qualifikator restrict

Das Schlüsselwort `restrict` gibt es seit C99.

Die Verwendung des Schlüsselwortes `restrict` ist insbesondere für die Übergabe von Arrays als Funktionsparameter interessant. Bei der Übergabe eines Arrays wird nicht das gesamte Array, sondern nur ein Pointer auf das erste Element des Arrays übergeben. Mit dem Schlüsselwort `restrict` kann festgelegt werden, dass die Pointer der aktuellen Parameterliste keine Speicherbereiche bezeichnen, die sich überlappen.

---

[90] Ursprünglich konnte anstelle von `fgets()` für die Eingabe von der Tastatur auch die Funktion `gets()` verwendet werden. Die Funktion `gets()` wurde wegen mangelnder Sicherheit im C11-Standard durch die Funktionen `fgets()` (siehe Kapitel 16.7.1) und `gets_s()` (siehe Kapitel 16.8.1) ersetzt.

Hier als Beispiel der Prototyp einer Funktion aus der Standardbibliothek des C11-Standards mit Pointern als Übergabeparameter mit dem Qualifikator `restrict`:

```
char * strcpy (char * restrict s1, const char * restrict s2);
```

Das Vorhandensein von `restrict`-Pointern bedeutet, dass wenn auf ein Objekt von einem Pointer verwiesen wird, nicht zugleich von dem anderen Pointer darauf verwiesen werden darf. Auf Deutsch, `s1` und `s2` müssen auf verschiedene disjunkte Objekte zeigen.

Hat man in einer Aufrufschnittstelle mehrere `restrict`-Pointer, so müssen sie auf verschiedene Objekte verweisen.

Definiert man einen Pointer `ptr` mit dem Qualifikator `restrict`, so schafft man ein besonderes Verhältnis zwischen diesem Pointer `ptr` und dem referenzierten Objekt: Ein `restrict`-Pointer `ptr` deutet an, dass während der Lebensdauer des entsprechenden Pointers nur dieser Pointer `ptr` oder ein von diesem Pointer abgeleiteter Pointer, wie z. B. `ptr + 1`, auf ein Speicherobjekt wie z. B. ein Array von Zeichen zugreifen wird.

Arbeitet der Programmierer mit einem `restrict`-Pointer, so bedeutet dies, dass ein Compiler Optimierungen des Maschinencodes durchführen kann. Der Compiler ist aber dazu nicht verpflichtet.

Es ist Aufgabe des Programmierers, sicherzustellen, dass, wenn er `restrict` bei einem Pointer auf ein Objekt angibt, der Zugriff auf dieses Speicherobjekt nur über diesen `restrict`-Pointer erfolgt. Dabei ist die Angabe des Schlüsselworts `restrict` bei der Pointerdefinition lediglich ein Versprechen des Programmieres für den Compiler, dass ein Zugriff auf das entsprechende Speicherobjekt nur von diesem `restrict`-Pointer aus erfolgt. Ein Compiler prüft dies aber nicht! Bei Missachtung dieser Regelung verhält sich ein solches Programm für den Standard als undefiniert.

Da viele Standardbibliotheken von C99- oder C11-fähigen Compilern wie z. B. die str- oder mem-Funktionen in Kapitel 12.6 Gebrauch von `restrict`-Pointern machen, lohnt es sich bei der Verwendung von Funktionen aus Standardbibliotheken, deren Deklaration zu betrachten, um einem "undefinierten Verhalten" zu entgehen.

8.5 Zusammenfassung

Dieses Kapitel stellt eine Einführung in Pointer und Arrays dar.

Kapitel **8.1** behandelt Pointer und Pointerarithmetik. Die Nummer einer Speicherzelle wird als Adresse bezeichnet. Einzelne Bits können nicht adressiert werden. Ein Pointer (Zeiger) ist eine Variable, welche die Adresse einer im Speicher befindlichen Variablen oder Funktion aufnehmen kann. Damit verweist eine Pointervariable (Zeigervariable) mit ihrem Variablenwert auf die jeweilige Adresse. Da Pointervariablen und Funktionen ebenfalls Speicherobjekte sind, gibt es die Möglichkeit, dass Pointervariablen auf Pointervariablen bzw. auf Funktionen zeigen. Variablen und Funktionen haben in C stets einen Datentyp.

Will man mit einem Pointer auf ein Speicherobjekt zeigen, d. h. auf eine Variable oder Funktion, so muss der referenzierte Typ des Pointers dem Typ des Speicherobjektes entsprechen. Pointer und Speicherobjekte sind vom Typ her gekoppelt. Ist das Objekt vom Typ „Typname", so braucht man einen Pointer vom Typ „Pointer auf Typname", um auf dieses Objekt zeigen zu können.

Die allgemeine Form der Definition eines Pointers ist:

```
Typname *  Pointername;
```

`Typname` `*` ist der Datentyp des Pointers, `Pointername` ist der Name des Pointers.

Ein Zeiger als lokale Variable, der nicht initialisiert wurde und einen zufälligen Wert enthält, zeigt auf eine beliebige Speicherstelle und ist nicht mehr zu unterscheiden von einem Zeiger mit einem gültigen Wert.

Im Falle von externen Variablen zeigt der Pointer – bedingt durch die automatische Initialisierung – auf die Adresse 0. Es ist der sogenannte `NULL`-Pointer. Ein `NULL`-Pointer hat den Wert 0. Der `NULL`-Pointer wird häufig dazu verwendet, Zeigervariablen bei der Definition sofort zu initialisieren. Ein Pointer, der mit `NULL` initialisiert ist, zeigt an, dass er noch auf keine gültige Speicherstelle zeigt.

Ist `x` eine Variable vom Typ `Typname`, so liefert der Ausdruck `&x` einen Pointer auf das Objekt `x` vom Typ „Pointer auf `Typname`". Mit Hilfe des Adressoperators kann man also Pointer auf bereits vorhandene Variablen im Arbeitsspeicher konstruieren. Eine Ausnahme bilden hierbei die `register`-Variablen. Da sie gegebenenfalls – wenn der Compiler es will – vom Computer in Registern des Prozessors abgelegt werden, kann der Adressoperator hier nicht verwendet werden. Wird der Dereferenzierungsoperator auf einen Pointer angewandt, so greift er auf das Objekt zu, auf das der Pointer verweist.

`*&alpha` ist äquivalent zu `alpha`. Referenzieren heißt, dass man mit einer Adresse auf ein Speicherobjekt zeigt. Eine vorhandene Variable im Speicher referenziert man mit Hilfe des Adressoperators. So liefert z. B. `&x` die Adresse der Variablen `x`. Möchte man über einen Pointer auf ein Objekt zugreifen, so muss man den Pointer dereferenzieren.

Kurz zusammengefasst:

Zum Arbeiten mit Pointern stehen die beiden Operatoren `&` und `*` zur Verfügung:

- `&` wird als Adressoperator bezeichnet. Mit ihm erhält man die Adresse eines Objekts.
- `*` wird als Dereferenzierungsoperator bezeichnet. Mit ihm erhält man den Inhalt des Objektes, auf das der Pointer zeigt.

Generell gilt:

Zeigt der Pointer `pointer` auf das Objekt `alpha`, so kann für `alpha` der äquivalente Ausdruck `*pointer` verwendet werden. Mit anderen Worten: `*pointer` ist das Objekt, auf das der Pointer `pointer` zeigt.

Wurde einem Pointer `pointer` noch nicht die Adresse einer Programmvariablen zugewiesen, so hat `pointer` keinen definierten Wert. Daher darf der Speicherzelle, auf die der Pointer `pointer` zeigt, kein Wert zugewiesen werden.

Kapitel **8.2** diskutiert Pointer auf `void`. Wenn bei der Definition des Pointers der Typ der Variablen, auf die der Pointer zeigen soll, noch nicht feststeht, wird ein Pointer auf den Typ `void` vereinbart. Der Pointer auf den Typ `void` darf selbst nicht zum Zugriff auf Objekte verwendet werden, d. h. er darf nicht dereferenziert werden, da er ja noch nicht auf richtige Objekte zeigt. Der Pointer auf `void` ist ein untypisierter (typfreier, generischer) Pointer. Dieser ist zu allen anderen Pointertypen kompatibel und kann insbesondere in Zuweisungen mit typisierten Pointern gemischt werden. Abgesehen von `void *` darf ohne explizite Typkonvertierung kein Pointer auf einen Datentyp an einen Pointer auf einen anderen Datentyp zugewiesen werden. Jeder Pointer auf eine Variable kann durch Zuweisung in den Typ `void *` und zurück umgewandelt werden, ohne dass Information verloren geht. `void`-Pointer können in jeden anderen Pointer-Typ gecastet werden, solange sie sich nicht in ihren Qualifikatoren (`const`, `restrict`, `volatile`) unterscheiden. Auch der umgekehrte Weg ist möglich: Jeder Pointertyp kann in einen entsprechenden `void`-Pointer gecastet werden.

Kapitel **8.3** untersucht eindimensionale Arrays. Der Zugriff auf ein Element eines Arrays erfolgt über den Array-Index. Hat man ein Array mit n Elementen definiert, so ist darauf zu achten, dass in C die Indizierung der Arrayelemente mit 0 beginnt und bei n - 1 endet. Eine tückische Besonderheit von Arrays in C ist, dass beim Überschreiten des zulässigen Indexbereiches kein Kompilier- bzw. Laufzeitfehler erzeugt wird. So würde die folgende Anweisung einfach die Speicherzelle direkt nach `alpha[4]` mit dem Wert 6 überschreiben:

```
alpha[5] = 6;

/* Achtung, Bereichsueberschreitung!          */
```

Der Vorteil von Arrays gegenüber mehreren einfachen Variablen ist, dass Arrays sich leicht mit Schleifen bearbeiten lassen. Im Gegensatz zur Größe des Arrays, die konstant ist, kann der Index einer Array-Komponente eine Variable sein. Auf jeden Fall sollte man es sich bei Arrays zur Gewohnheit machen, immer mit symbolischen Konstanten wie z. B. in `#define MAX 40` und nie mit literalen Konstanten wie z. B. in `int fahrenheit [40]` zu arbeiten. Soll nämlich das vorliegende Programm in einer nächsten Version statt bis 40 bis 100 arbeiten, so müsste man doch an vielen Stellen (z. B. in den Eingabeaufforderungen und in den Kommentaren) Änderungen vornehmen, von denen leider gerne welche vergessen werden.

Zeichenketten (engl. strings) sind formal betrachtet nichts anderes als Arrays von Zeichen (`char`-Arrays). Eine Zeichenkette wird vom Compiler intern als ein Array von Zeichen dargestellt. Dabei wird am Schluss ein zusätzliches Zeichen, das Zeichen `'\0'` (Nullzeichen) angehängt, um das Stringende zu markieren. Wenn Zeichenketten-Arrays mit Schleifen bearbeitet werden, die als Abbruchbedingung das `'\0'`-Zeichen nutzen, dann wird dieses Zeichen bei Kopiervorgängen nicht mehr mitkopiert. Man muss das `'\0'`-Zeichen dann durch eine separate Anweisung noch anhängen. Das Vergessen dieses Zeichens ist ein häufiger Fehler.

Kapitel **8.4** analysiert den Qualifikator `restrict`. Die Verwendung des Schlüsselwortes `restrict` ist insbesondere für die Übergabe von Arrays als Funktionsparameter interessant. Bei der Übergabe eines Arrays wird nicht das gesamte Array, sondern nur ein Pointer auf das erste Element des Arrays übergeben. Mit dem Schlüsselwort `restrict` kann festgelegt werden, dass die Pointer der aktuellen Parameterliste keine Speicherbereiche bezeichnen, die sich überlappen.

Hat man in einer Aufrufschnittstelle mehrere `restrict`-Pointer, so müssen sie auf verschiedene Objekte verweisen. Definiert man einen Pointer `ptr` mit dem Qualifikator `restrict`, so schafft man ein besonderes Verhältnis zwischen diesem Pointer `ptr` und dem referenzierten Objekt: Ein `restrict`-Pointer `ptr` deutet an, dass während der Lebensdauer des entsprechenden Pointers nur dieser Pointer `ptr` oder ein von diesem Pointer abgeleiteter Pointer, wie z. B. `ptr + 1`, auf ein Speicherobjekt wie z. B. ein Array von Zeichen zugreifen wird.

8.6 Übungsaufgaben

Aufgabe 8.1: Pointer und Adressoperator

Schreiben Sie ein einfaches Programm, das die folgenden Definitionen von Variablen und die geforderten Anweisungen enthält:

- Definition einer Variablen i vom Typ int,
- Definition eines Pointers ptr vom Typ int *,
- Zuweisung der Adresse von i an den Pointer ptr,
- Zuweisung des Wertes 1 an die Variable i,
- Ausgabe des Wertes des Pointers ptr,
- Ausgabe des Wertes von i,
- Ausgabe des Wertes des Objekts, auf das der Pointer ptr zeigt, mit Hilfe des Dereferenzierungsoperators,
- Zuweisung des Wertes 2 an das Objekt, auf das der Pointer ptr zeigt, mit Hilfe des Dereferenzierungsoperators
- und Ausgabe des Wertes von i.

Hinweis:

Pointer werden bei printf() mit dem Formatelement %p ausgegeben.

Aufgabe 8.2: Arrays

a) Überlegen Sie, was das folgende Programm ausgibt. Überzeugen Sie sich durch einen Programmlauf.

```c
#include <stdio.h>
int main (void)
{
    int i, ar [100];

    printf ("\n\n\n");
    for (i = 0; i < 100; i = i + 1) ar[i] = 1;
    ar[11] = -5;
    ar[12] = ar[12] + 1;
    ar[13] = ar[0] + ar[11] + 4;

    for (i = 10; i <= 14; i = i + 1)
        printf ("ar[%2d] = %4d\n", i, ar[i]);
    return 0;
}
```

b) Weisen Sie einem Array aus 128 Zeichen die Zeichen des ASCII-Zeichensatzes zu. Geben Sie die Zeichen mit dem ASCII-Code 48 bis 57 am Bildschirm aus.

c) Lesen Sie in ein Array aus drei int-Elementen von der Tastatur Werte ein. Ermitteln Sie, welches Element den größten Wert hat und geben Sie die Nummer des Elements und seinen Wert am Bildschirm aus.

d) Lesen Sie in das Array a aus 3 int-Elementen (a_1, a_2, a_3) von der Tastatur Werte ein. Lesen Sie in das Array b aus 3 int-Elementen (b_1, b_2, b_3) von der Tastatur

Werte ein. Bestimmen Sie das Skalarprodukt (a_1*b_1 + a_2*b_2 + a_3*b_3) und geben Sie dessen Wert am Bildschirm aus.

Aufgabe 8.3: Fehlende Überprüfung auf Überschreitung der Feldgrenzen bei Arrays

Führen Sie einen Programmlauf mit dem folgenden Programm durch. Analysieren Sie das Ergebnis!

```c
#include <stdio.h>

long int i;
long int j;
long int ar [100];
long int k;
long int l;
long int p;
long int q;

int main (void)
{
    for (i = 0; i < 100; i = i + 1)
        ar[i] = 27;

    i = 16;
    k = 21;
    l = 22;
    p = 23;
    q = 24;

    printf ("\n\ni ist %ld\n", i);
    printf ("ar[-1] ist %ld\n", ar[-1]);
    printf ("ar[0] ist %ld\n", ar[0]);
    printf ("ar[100] ist %ld\n", ar[100]);
    printf ("ar[101] ist %ld\n", ar[101]);
    printf ("ar[102] ist %ld\n", ar[102]);
    printf ("ar[103] ist %ld\n", ar[103]);
    printf ("ar[-2] ist %ld\n", ar[-2]);
    printf ("ar[-3] ist %ld\n", ar[-3]);
    printf ("k ist %ld\n", k);
    printf ("l ist %ld\n", l);
    printf ("p ist %ld\n", p);
    printf ("q ist %ld\n", q);
    return 0;
}
```

Achtung, lassen Sie sich nicht von diesem Programmierbeispiel zu gewagten Indexierungs- oder Adressierungsmanövern verleiten. Überschreitungen von Feldgrenzen werden heutzutage allgemein als unzulässige Programmierung betrachtet. Das Beispiel dient lediglich der Illustration, was bei einer Überschreitung der Feldgrenzen passieren kann.

Kapitel 9

Ausdrücke, Anweisungen und Operatoren

$$(A + B) * C = ????$$

9 Ausdrücke, Anweisungen und Operatoren

Ein Ausdruck ist in C im einfachsten Fall der Bezeichner (Name) einer Variablen oder einer Funktion, eine Konstante oder eine Zeichenkette. Meist interessiert der Wert eines Ausdrucks.

So hat eine Konstante einen Wert, eine Variable kann einen Wert liefern, aber auch der Aufruf einer Funktion.

Der **Wert eines Ausdrucks** wird auch als sein **Rückgabewert** bezeichnet. Jeder Rückgabewert hat auch einen **Typ**. Ausdrücke können aber auch **Nebeneffekte** haben und Werte an Speicherstellen verändern.

Nebeneffekte werden in Kapitel 9.3 behandelt.

Durch Verknüpfungen von Operanden – ein Operand ist selbst ein Ausdruck – durch Operatoren und gegebenenfalls auch runde Klammern entstehen komplexe Ausdrücke.

Runde Klammern beeinflussen dabei die Auswertungsreihenfolge. Der Wert und Typ eines Ausdrucks ändert sich nicht, wenn er in Klammern gesetzt wird. So sind beispielsweise die beiden Zuweisungen `a = b` und `(a) = (b)` identisch.

Die Ziele der Verknüpfungen von Operatoren und Operanden zu **Ausdrücken** sind:

- Die Berechnung neuer Werte. Alles, was als Verknüpfung von Operatoren geschrieben werden kann, hat einen Wert und stellt einen Ausdruck dar.
- Das Erzeugen von gewollten Nebeneffekten.
- Ein Speicherobjekt, d. h. eine Variable oder eine Funktion, zu erhalten[91].

Kapitel 9.1 führt die Operatoren von C auf und diskutiert einstellige, zweistellige und dreistellige Operatoren. Kapitel 9.2 befasst sich mit dem Unterschied zwischen einem Ausdruck und einer Anweisung. Nebeneffekte werden in Kapitel 9.3 erklärt. Die Auswertungsreihenfolge komplexer Ausdrücke wird in Kapitel 9.4 analysiert. Kapitel 9.5 beschreibt die unterschiedliche Bedeutung von L- und R-Werten. Alle Operatoren und ihre Prioritäten sind in Kapitel 9.6 tabellarisch aufgeführt. Kapitel 9.7 untersucht die impliziten Typkonvertierungen in C und Kapitel 9.8 die Sequenzpunkte, an denen Nebeneffekte der vorangehenden Berechnungen eingetreten sein müssen.

---

[91] So kann eine Variable oder eine Funktion, auf die man nur einen Pointer hat, mit Hilfe des Dereferenzierungsoperators beschafft werden.

9.1 Operatoren und Operanden

Die Operatoren von C90 wurden bereits in Kapitel 6.2.4 erwähnt.

Die meisten dieser Operatoren werden in dem vorliegenden Kapitel detailliert behandelt. Die runden Klammern des Funktionsaufrufs und die eckigen Klammern für die Selektion einer Array-Komponente sind bereits bekannt, der Pfeil- und der Punktoperator, d. h. die Operatoren -> und ., werden in Kapitel 13.1 bei den Strukturen behandelt. Einige dieser Operatoren haben eine doppelte Bedeutung, z. B. + als unäres und binäres Plus.

C11 hat ebenfalls die Operatoren von C90. Zusätzlich kommen die Operatoren _Alignof und _Pragma hinzu. Der _Alignof-Operator wird in Kapitel 9.6.7 und der _Pragma-Operator in Kapitel 21 erklärt.

9.1.1 Stelligkeit der Operatoren

Es gibt in C die folgenden Klassen von Operatoren:

- einstellige (unäre, monadische),
- zweistellige (binäre, dyadische)
- und einen einzigen dreistelligen (ternären, triadischen), nämlich den Operator ?: als Bedingungsoperator.

Ein einstelliger (unärer) Operator hat einen einzigen Operanden.

Ein Beispiel hierfür ist der Minusoperator als Vorzeichenoperator, der auf einen einzigen Operanden wirkt und das Vorzeichen dessen Wertes ändert. So ist in -3 das - ein Vorzeichenoperator, der auf die positive Konstante 3 angewandt wird.

Benötigt ein Operator zwei Operanden für die Verknüpfung, so spricht man von einem **zweistelligen (binären) Operator**.

Ein vertrautes Beispiel für einen binären Operator ist der Additionsoperator, der hier zur Addition der beiden Zahlen 3 und 4 verwendet werden soll:

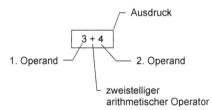

Bild 9-1 Ein binärer Operator verbindet zwei Operanden zu einem Ausdruck

9.1.2 Postfix- und Präfixoperatoren

Postfix-Operatoren sind unäre Operatoren, die hinter (post) ihrem Operanden stehen. Präfix-Operatoren sind unäre Operatoren, die vor (prä) ihrem Operanden stehen.

Der Ausdruck

```
i++
```

stellt die Anwendung des **Postfix-Operators** ++ auf seinen Operanden i dar.

Der Operator i++ inkrementiert die Variable i, gibt jedoch den alten Wert von i zurück.

Siehe hierzu das folgende **Beispiel**:

```
int i = 3;

printf ("%d", i++);   /* Der Rueckgabewert von i++ ist 3      */
                      /* 3 wird ausgegeben                    */
                      /* i wird im Nebeneffekt auf 4 erhoeht  */
printf ("%d", i);     /* 4 wird ausgegeben                    */
```

Ein Beispiel für einen **Präfix-Operator** ist das unäre Minus (Minus als Vorzeichen), ein anderes Beispiel ist der Präfix-Operator ++, siehe folgendes **Beispiel**:

```
++i
```

Der Rückgabewert des Ausdrucks ++i ist i+1. Als Nebeneffekt wird die Variable i inkrementiert und erhält den Wert i+1.

Dies ist im folgenden **Beispiel** zu sehen:

```
int i = 3;
printf ("%d", ++i);   /* Der Rueckgabewert von ++i ist 4      */
                      /* 4 wird ausgegeben                    */
                      /* i wird im Nebeneffekt auf 4 erhoeht  */
printf ("%d", i);     /* 4 wird ausgegeben                    */
```

Operatoren kann man auch nach ihrer Wirkungsweise klassifizieren. So gibt es beispielsweise außer den arithmetischen Operatoren auch logische Operatoren, Zuweisungsoperatoren oder Vergleichsoperatoren (relationale Operatoren). Eine vollständige Auflistung der Operatoren finden Sie in Kapitel 9.6.

9.2 Ausdrücke und Anweisungen

Anweisungen und Ausdrücke sind nicht das Gleiche. Sie unterscheiden sich durch den Rückgabewert:

Ausdrücke haben immer einen **Rückgabewert**. Sie können damit Teil eines größeren Ausdrucks sein.

Anweisungen haben **keinen Rückgabewert**. Sie können damit nicht Teil eines größeren Ausdrucks sein.

Was ist aber nun genau der Rückgabewert? Das soll anhand des Ausdrucks `3 + 4.5` erklärt werden. Durch die Anwendung des Additionsoperators + auf seine Operanden `3` und `4.5` ist der Rückgabewert des Ausdrucks `3 + 4.5` eindeutig festgelegt. Aus den Typen der Operanden ergibt sich immer eindeutig der **Typ des Rückgabewertes**. Werden wie in diesem Beispiel unterschiedliche Datentypen in einem Ausdruck verwendet, so ist der Typ des Rückgabewertes für einen C-Unkundigen nicht von selbst zu erkennen. In einem solchen Fall führt der Compiler eine sogenannte implizite Typumwandlung nach vorgegebenen Regeln durch.

Als erstes prüft der Compiler die Typen der Operanden. Der eine Operand ist vom Typ `int`, der andere vom Typ `double`. Damit ist eine Addition zunächst nicht möglich. Es muss zuerst vom Compiler eine für den Programmierer unsichtbare sogenannte **implizite Typumwandlung** der `3` in den Typ `double` – also zu `3.0` – durchgeführt werden. Erst dann ist die Addition möglich. Der Rückgabewert der Addition ist die Zahl `7.5` vom Typ `double`.

In C gibt es

- Selektionsanweisungen,
- Iterationsanweisungen,
- Sprunganweisungen.

Darüberhinaus gibt es in C

- Ausdrucksanweisungen.

Selektionsanweisungen werden in Kapitel 10.2 behandelt, Iterationsanweisungen in Kapitel 10.3 und Sprunganweisungen in Kapitel 10.4. Auf Ausdrucksanweisungen wird im Folgenden direkt eingegangen.

In C kann jeder **Ausdruck** eine **Anweisung** werden.

In C kann man einfach durch Anhängen eines Semikolons an einen Ausdruck erreichen, dass ein Ausdruck zu einer Anweisung wird. Man spricht dann von einer sogenannten **Ausdrucksanweisung**. In einer solchen Ausdrucksanweisung wird der Rückgabewert eines Ausdrucks nicht verwendet. Lediglich wenn Nebeneffekte zum Tragen kommen, ist eine Ausdrucksanweisung sinnvoll.

Das folgende **Beispiel** illustriert die Verwendung von Ausdrucksanweisungen:

```
int i = 0;
5 * 5;      /* zulaessig, aber nicht sinnvoll              */
            /* Der Rueckgabewert von 5 * 5 wird nicht weiter- */
            /* verwendet, ein Nebeneffekt liegt nicht vor.   */
i++;        /* Sinnvoll, da der Postfix-Inkrementoperator ++  */
            /* einen Nebeneffekt hat, siehe dazu auch Kapitel 9.3 */
```

9.3 Nebeneffekte

Nebeneffekte werden auch als **Seiteneffekte** oder als **Nebenwirkungen** bezeichnet. Ein Nebeneffekt kann Speicherinhalte verändern.

In der Programmiersprache C gibt es Operatoren, die eine schnelle und kurze Programmierschreibweise erlauben. Es ist nämlich möglich, während der Auswertung eines Ausdrucks Programmvariablen nebenbei zu verändern. Ein Beispiel hierzu ist:

```
int i = 1;
int j;
j = i++;
```

Der Rückgabewert des Ausdrucks $i++$ ist hier der Wert 1. Mit dem Zuweisungsoperator wird der Variablen j der Rückgabewert von $i++$, d. h. der Wert 1, zugewiesen. Wie in Kapitel 9.6.3 gezeigt wird, ist die Zuweisung $j = i++$ ebenfalls ein Ausdruck, $j = i++;$ stellt also eine Ausdrucksanweisung dar. Als Nebeneffekt des Operators $++$ wird die Variable i inkrementiert und hat nach der Ausdrucksanweisung den Wert 2.

Vor der Auswertung einer Ausdrucksanweisung müssen alle vorangegangenen Nebeneffekte abgearbeitet sein. Wenn die Berechnung des Ausdrucks einer Ausdrucksanweisung abgeschlossen ist, müssen jegliche Nebeneffekte der Ausdrucksanweisung abgearbeitet sein.

Nach dem ISO-Standard sind alle Nebeneffekte der vorangegangenen Berechnungen an definierten **Sequenzpunkten** (engl. **sequence points**) durchgeführt, wobei noch keine Nebeneffekte der folgenden Berechnungen stattgefunden haben. Siehe hierzu Kapitel 9.8.

Der Inkrementoperator $++$ wird in Kapitel 9.6.1 genauer behandelt. An dieser Stelle wird er nur zur Illustration eines Nebeneffektes aufgeführt.

Man sollte mit Nebeneffekten sparsam umgehen, da sie leicht zu unleserlichen und fehlerträchtigen Programmen führen.

In C kann es zwei Sorten von Nebeneffekten geben:

- Die beabsichtigte Änderung von Werten im Speicher durch Operatoren oder beim erneuten Auswerten einer `volatile`-Variablen.
- Das versteckte Abändern von Werten im Speicher oder in Dateien bei der Abarbeitung von Funktionen.

Im zweiten Fall befinden sich nach dem Aufruf einer Funktion andere Werte im Arbeitsspeicher oder in Dateien als vor dem Aufruf. Die Werte wurden durch den Funktionsaufruf nebenbei verändert.

9.4 Auswertungsreihenfolge komplexer Ausdrücke

Wie in der Mathematik spielt es bei C eine wichtige Rolle, in welcher Reihenfolge ein Ausdruck berechnet wird. Genau wie in der Mathematik gilt auch in C die Regel „Punkt vor Strich", weshalb 5 + 2 * 3 gleich 11 und nicht 21 ist. Allerdings gibt es in C sehr viele Operatoren. Daher muss festgelegt werden, welcher Operator im Zweifelsfall Priorität hat.

9.4.1 Einstellige und mehrstellige Operatoren

Hat man einen Ausdruck aus mehreren Operatoren und Operanden, so stellt sich die Frage, in welcher Reihenfolge die einzelnen Operatoren bei der Auswertung „dran kommen". Hierfür gibt es die folgenden **Regeln**:

1. Wie in der Mathematik werden als erstes **Teilausdrücke in Klammern** ausgewertet.
2. Dann werden die Operatoren der Ausdrücke entsprechend festgelegter Prioritäten abgearbeitet. Wenn zwei Operatoren die gleiche Priorität besitzen, so wird mit der sogenannten **Assoziativität** eine Abarbeitungsrichtung festgelegt, sprich, ob die Operatoren von rechts nach links oder von links nach rechts abgearbeitet werden.

Unäre Operatoren haben meistens – aber nicht immer – eine höhere Priorität als binäre Operatoren. Die Prioritätstabelle der Operatoren befindet sich in Kapitel 9.6.8. Auf die Assoziativität wird in Kapitel 9.4.2 eingegangen. Durch das Setzen von Klammern (Regel 1) kann man von der festgelegten Reihenfolge abweichen.

Als Beispiel zur Verdeutlichung der Vorgehensweise wird der Ausdruck

```
*p++
```

betrachtet. Bei der Auswertung dieses Ausdrucks wird nach den genannten Regeln (Regel 2) erst `p++` berechnet, dann wird der Operator * auf den Rückgabewert des Ausdrucks `p++` angewandt.

`*p++` ist gleichbedeutend mit `* (p++)` und nicht mit `(*p) ++`. **Vorsicht!**

Der Rückgabewert von `p++` ist `p`. Auf diesen Rückgabewert wird der Dereferenzierungsoperator `*` angewandt. Als Nebeneffekt wird der Pointer `p` um 1 erhöht (siehe Kapitel 12.1.4, Pointerarithmetik).

Da der Operator `*` auf den Rückgabewert `p` von `p++` angewandt wird, ist der Rückgabewert von `*p++` das Speicherobjekt, auf das der Pointer `p` zeigt, wobei nach der Auswertung von `p++`, wenn der Nebeneffekt stattgefunden hat, der Pointer `p` um 1 weiter zeigt.

Will man hingegen den Wert des Objektes `*p` durch den Nebeneffekt des Postfixoperators `++` erhöhen, so muss man klammern: `(*p) ++`. Diese Klammern werden häufig vergessen.

9.4.2 Operatoren gleicher Priorität

Unter **Assoziativität** versteht man die Reihenfolge, wie Operatoren und Operanden **verknüpft** werden, wenn Operanden mit Operatoren **gleicher Priorität** (**Vorrangstufe**) miteinander verkettet sind.

Die Vorrangstufen sind in der Vorrangtabelle festgelegt (siehe Kapitel 9.6.8).

Ist ein Operator in C rechtsassoziativ, so wird eine Verkettung von Operatoren dieser Art von rechts nach links abgearbeitet, bei Linksassoziativität dementsprechend von links nach rechts. Das folgende Bild symbolisiert die Verknüpfungsreihenfolge bei einem linksassoziativen Operator `op`:

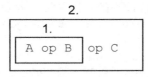

Bild 9-2 Verknüpfungsreihenfolge bei einem linksassoziativen Operator `op`

Im Beispiel von Bild 9-2 wird also zuerst der linke Operator `op` auf die Operanden `A` und `B` angewandt, als zweites wird dann die Verknüpfung `op` mit `C` durchgeführt.

Beachten Sie aber bitte, dass die **Reihenfolge der Verknüpfung durch Operatoren** nichts mit der **Reihenfolge der Auswertung der Operanden** zu tun hat.   **Vorsicht!**

Wird beispielsweise `A + B + C` berechnet, so erfolgt wegen der Linksassoziativität des binären `+` die **Verknüpfung** von links nach rechts.

Dem Compiler bleibt die Reihenfolge der Auswertung der Operanden der Operatoren freigestellt.

Er kann z. B. im Falle `A + B + C` erst `C` auswerten, dann `A`, dann `B`. Deshalb ist beispielsweise der Wert eines Ausdrucks

```
n++ - n
```

nicht definiert. Wird vom Compiler erst der linke Operand bewertet und dessen Nebeneffekt durchgeführt, so ist der Wert dieses Ausdrucks -1, wird erst der rechte Operand bewertet, so ist der Wert dieses Ausdrucks gleich 0.

Da Additions- und Subtraktionsoperator linksassoziativ sind und dieselbe Priorität haben, wird beispielsweise der Ausdruck `a - b + c` wie `(a - b) + c` verknüpft und nicht wie `a - (b + c)`.

Einige der in C vorhandenen mehrstelligen Operatoren wie z. B. der Zuweisungsoperator sind nicht links-, sondern rechtsassoziativ.

9.5 L-Werte und R-Werte

Ausdrücke haben eine unterschiedliche Bedeutung, je nachdem, ob sie links oder rechts vom Zuweisungsoperator stehen. Im Beispiel

```
a = b
```

steht der Ausdruck auf der rechten Seite des Zuweisungsoperators für einen Wert, während der Ausdruck auf der linken Seite die Stelle angibt, an der dieser Wert zu speichern ist. Wenn wir dieses Beispiel noch etwas modifizieren, wird der Unterschied noch deutlicher:

```
a = a + 5
```

Der Variablenname `a`, der ja auch einen einfachen Ausdruck darstellt, wird hier in unterschiedlicher Bedeutung verwendet. Rechts vom Zuweisungsoperator ist der Wert gemeint, der in der Speicherzelle `a` gespeichert ist, und links ist die Speicherzelle `a` gemeint, in der der Wert des Gesamtausdrucks der rechten Seite gespeichert werden soll.

Aus dieser Stellung links oder rechts des Zuweisungsoperators wurden auch die Begriffe L-Wert und R-Wert abgeleitet.

Ein **Ausdruck** stellt einen **L-Wert** (**lvalue** oder **left value**) dar, wenn er sich auf ein **Speicherobjekt** bezieht. Ein solcher Ausdruck kann links und rechts des Zuweisungsoperators stehen.

Ein **Ausdruck**, der keinen L-Wert darstellt, stellt einen **R-Wert (rvalue** oder **right value)** dar. Er bezieht sich **nicht** auf ein **Speicherobjekt**. Er darf nur rechts des Zuweisungsoperators stehen. Einem R-Wert kann man also nichts zuweisen.

Ein Ausdruck, der einen L-Wert darstellt, darf auch rechts vom Zuweisungsoperator stehen, er hat dann aber, wie oben erwähnt, eine andere Bedeutung. Steht ein L-Wert rechts neben dem Zuweisungsoperator, so wird dessen Name bzw. Adresse benötigt, um an der entsprechenden Speicherstelle den Wert der Variablen abzuholen. Links des Zuweisungsoperators muss immer ein L-Wert stehen, da man den Namen bzw. die Adresse einer Variablen braucht, um an der entsprechenden Speicherstelle den zugewiesenen Wert abzulegen.

Des Weiteren wird zwischen **modifizierbarem** und **nicht modifizierbarem L-Wert** unterschieden. Ein nicht modifizierbarer L-Wert ist z. B. der Name eines Arrays. Ein Arrayname ist konstant und kann nicht modifiziert werden[92].

Auf der linken Seite einer Zuweisung darf also nur ein modifizierbarer L-Wert stehen, jedoch nicht ein R-Wert oder ein nicht modifizierbarer L-Wert. Das folgende Bild zeigt Beispiele für L- und R-Werte:

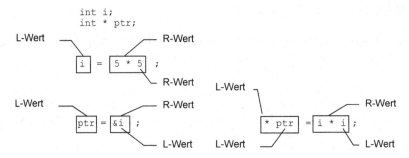

Bild 9-3 Beispiele für L- und R-Werte

Bestimmte Operatoren können nur auf L-Werte angewandt werden. So kann man den Inkrementoperator ++ oder den Adressoperator & nur auf L-Werte anwenden.

5++ ist falsch, i++, wobei i eine Variable darstellt, ist korrekt.

Es ist zu beachten, dass ein Pointer zwar auf einen L-Wert zeigt, der Pointer selbst jedoch nicht zwingendermaßen als L-Wert verfügbar sein muss. Ein Pointer kann auch aus einem beliebigen Ausdruck entstehen, welcher zu einem R-Wert evaluiert.

---

[92] Nicht modifizierbare L-Werte liegen dann vor, wenn es sich bei dem L-Wert um einen Array-Typ, einen unvollständigen Typ, einen mit dem Qualifikator const versehenen Typ oder um einen Struktur- oder Uniontyp handelt, von dem eine seiner Komponenten – einschließlich aller rekursiv in einer Komponente enthaltenen Strukturen und Unionen – einen mit dem Qualifikator const versehenen Typ hat.

Im **Beispiel**

```
int * pointer;
int alpha;
pointer = &alpha;
```

ist `&alpha` ein R-Wert. `(&alpha)++` ist nicht möglich, aber `pointer++`. Jedoch ist sowohl `*pointer = 2` als auch `*&alpha = 2` zugelassen.

Alle kombinierten Zuweisungsoperatoren, wie beispielsweise `+=` und `-=` oder auch `<<=` und `>>=`, benötigen einen L-Wert als linken Operanden.

Auftreten eines L-Werts

Ein L-Wert ist ein Ausdruck, der ein Datenobjekt bezeichnet. Ein L-Wert, der nicht von einem Array-Typ ist, wird beim Auftreten im Code normalerweise in den Wert, der in dem entsprechenden Objekt gespeichert ist, gewandelt und ist damit kein L-Wert mehr. Es gibt jedoch Fälle, bei denen explizit ein L-Wert benötigt wird.

Außer dem schon besprochenen Fall eines L-Wertes auf der linken Seite einer Zuweisung gibt es noch folgende Operatoren, welche einen L-Wert erwarten:

- Operand des Adressoperators `&`,
- Operand des Inkrementoperators `++`,
- Operand des Dekrementoperators `--`,
- der linke Operand des Punktoperators `.` bei Strukturen
- der linke Operand des Zuweisungsoperators `=`
- oder der linke Operand des Funktionsaufruf-Operators `()`.

Strukturen werden in Kapitel 13.1 behandelt.

Demgegenüber gibt es jedoch auch Operatoren, welche explizit einen L-Wert zurückgeben.

Die folgenden Rückgabewerte können in einem Ausdruck direkt als L-Werte verwendet werden:

- Rückgabewert des Punktoperators `.` bei Strukturen,
- Rückgabewert des Pfeiloperators `->` bei Pointern,
- Rückgabewert des Arrayelement-Operators `[]`,
- Rückgabewert des Dereferenzierungsoperators `*`.

So wird im Ausdruck `&*pointer` beispielsweise der `pointer` zuerst dereferenziert, was einen L-Wert ergibt. Danach wird von diesem L-Wert gleich wieder die Adresse genommen.

9.6 Zusammenstellung der Operatoren

In diesem Kapitel wird noch einmal detailliert auf die in C vorhandenen Operatoren eingegangen. Zu jeder Kategorie werden die darin enthaltenen Operatoren aufgezählt, deren Funktion und mögliche Nebeneffekte erklärt sowie die Anwendung in Beispielen gezeigt.

Da Operatoren grundsätzlich nicht nur auf Variablen, sondern auf ganze Ausdrücke angewendet werden können, werden im Folgenden Großbuchstaben als Symbole für die Operanden verwendet.

9.6.1 Einstellige arithmetische Operatoren

Im Folgenden werden die einstelligen (unären) **Operatoren** mit ihren Operanden

- positiver Vorzeichenoperator: +A
- negativer Vorzeichenoperator: -A
- Postfix-Inkrementoperator: A++
- Präfix-Inkrementoperator: ++A
- Postfix-Dekrementoperator: A--
- und Präfix-Dekrementoperator: --A

anhand von Beispielen vorgestellt.

9.6.1.1 Positiver Vorzeichenoperator: +A

Der positive Vorzeichenoperator wird selten verwendet, da er lediglich den Wert seines Operanden wiedergibt. Es gibt keine Nebeneffekte.

Beispiel:

`+a`

`+a` hat denselben Rückgabewert wie `a`.

9.6.1.2 Negativer Vorzeichenoperator: -A

Will man den Wert eines Operanden mit umgekehrtem Vorzeichen erhalten, so ist der negative Vorzeichenoperator von Bedeutung. Es gibt keine Nebeneffekte.

Beispiel:

`-a`

`-a` hat vom Betrag denselben Rückgabewert wie `a`. Der Rückgabewert hat aber das umgekehrte Vorzeichen.

9.6.1.3 Postfix-Inkrementoperator: A++

Der Rückgabewert ist der unveränderte Wert des Operanden. Als **Nebeneffekt** wird der Wert des Operanden um 1 inkrementiert. Bei Pointern wird um eine Objektgröße vom Typ, auf den der Pointer zeigt, inkrementiert. Der Inkrementoperator kann nur auf **modifizierbare L-Werte** angewandt werden.

Beispiele:

```
a = 1;
b = a++;            /* Ergebnis: b = 1, Nebeneffekt: a = 2    */
ptr++;
```

9.6.1.4 Präfix-Inkrementoperator: ++A

Der Rückgabewert ist der um 1 inkrementierte Wert des Operanden. Als **Nebeneffekt** wird der Wert des Operanden um 1 inkrementiert. Bei Pointern wird um eine Objektgröße vom Typ, auf den der Pointer zeigt, inkrementiert. Der Inkrementoperator kann nur auf **modifizierbare L-Werte** angewandt werden.

Beispiele:

```
a = 1;
b = ++a;            /* Ergebnis: b = 2, Nebeneffekt: a = 2    */
++ptr;
```

9.6.1.5 Postfix-Dekrementoperator: A--

Der Rückgabewert ist der unveränderte Wert des Operanden. Als **Nebeneffekt** wird der Wert des Operanden um 1 dekrementiert. Bei Pointern wird um eine Objektgröße des Typs, auf den der Pointer zeigt, dekrementiert. Der Dekrementoperator kann nur auf **modifizierbare L-Werte** angewandt werden.

Beispiele:

```
a = 1;
b = a--;            /* Ergebnis: b = 1, Nebeneffekt: a = 0    */
ptr--;
```

9.6.1.6 Präfix-Dekrementoperator: --A

Der Rückgabewert ist der um 1 dekrementierte Wert des Operanden. Als **Nebeneffekt** wird der Wert des Operanden um 1 dekrementiert. Bei Pointern wird um eine Objektgröße vom Typ, auf den der Pointer zeigt, dekrementiert. Der Dekrementoperator kann nur auf **modifizierbare L-Werte** angewandt werden.

Beispiele:

```
a = 1;
b = --a;            /* Ergebnis: b = 0, Nebeneffekt: a = 0    */
--ptr;
```

9.6.2 Zweistellige arithmetische Operatoren

Im Folgenden werden die zweistelligen **Operatoren** mit ihren Operanden

- Additionsoperator: A + B
- Subtraktionsoperator: A - B
- Multiplikationsoperator: A * B
- Divisionsoperator: A / B
- und Restwertoperator: A % B

anhand von Beispielen vorgestellt.

9.6.2.1 Additionsoperator: A + B

Wendet man den zweistelligen Additionsoperator auf seine Operanden an, so ist der Rückgabewert die Summe der Werte der beiden Operanden. Wie oben schon erwähnt, können Operanden Variablen, Konstanten, Funktionsaufrufe oder komplizierte Ausdrücke sein. Es gibt hier keine Nebeneffekte.

Beispiele:

```
6 + (4 + 3)
a + 1.1E1
PI + 1
f(....) + 1 /* falls f(....) einen arithm. Wert zurueckgibt */
```

9.6.2.2 Subtraktionsoperator: A - B

Wendet man den zweistelligen Subtraktionsoperator auf die Operanden A und B an, so ist der Rückgabewert die Differenz der Werte der beiden Operanden. Es gibt keine Nebeneffekte.

Beispiele:

```
6 - 4
PI - KONST_A
g(....) - f(....)   /* falls g(....) und f(....)             */
                    /* arithmetische Werte zurueckgeben       */
```

9.6.2.3 Multiplikationsoperator: A * B

Es wird die Multiplikation des Wertes von A mit dem Wert von B durchgeführt. Natürlich gelten hier die „üblichen" Rechenregeln, d. h. Klammerung vor Punkt und Punkt vor Strich. Deshalb wird im Beispiel 3 * 5 + 3 zuerst der Ausdruck 3 * 5 ausgewertet, zu dem dann anschließend 3 hinzugezählt wird. Es gibt keine Nebeneffekte.

Beispiele:

```
3 * 5 + 3      /*  Ergebnis: 18                              */
3 * (5 + 3)    /*  Ergebnis: 24                              */
```

9.6.2.4 Divisionsoperator: A / B

Bei der Verwendung des Divisionsoperators mit ganzzahligen Operanden ist das Ergebnis wieder eine ganze Zahl. Der Nachkommateil des Ergebnisses wird abgeschnitten. Eine Division durch 0 ist bei `int`-Zahlen nicht erlaubt.

> Unter C90 sollte man die ganzzahlige Division nicht für negative Operanden verwenden, da dann das Ergebnis implementierungsabhängig ist.

 (Vorsicht!)

So kann beispielsweise bei $-7/2$ das Ergebnis -3 mit dem Rest -1 oder -4 mit dem Rest $+1$ sein.

Unter C11 ist die Implementation der ganzzahligen Division mit negativen Zahlen klar definiert.

Zum einen ist das Ergebnis des Divisionsoperators definiert als das algebraische Resultat, jedoch mit abgeschnittenen Nachkommastellen[93]. Des Weiteren muss die Multiplikation des Ergebnisses der Ganzzahldivision mit dem Divisor plus das Ergebnis des entsprechenden Restwertoperators wieder die ursprüngliche Zahl ergeben:

```
(a/b) * b + (a%b) = a
```

Falls diese Berechnung nicht möglich ist (beispielsweise weil `b = 0`), dann ist sowohl das Resultat des Divisionsoperators als auch des Restwertoperators nicht definiert.

Ist mindestens ein Operand eine `double`- oder `float`-Zahl, so ist das Ergebnis eine Gleitpunktzahl. Es gibt keine Nebeneffekte.

Beispiele:

```
5 / 5        /* Ergebnis: 1                               */
5 / 3        /* Ergebnis: 1                               */
5 / 0        /* dieser Ausdruck ist nicht zulaessig       */
11.0 / 5     /* Ergebnis: 2.2                             */
-7 / 2       /* Ergebnis: -3 oder -4 unter C90            */
-7 / 2       /* Ergebnis: -3 unter C99 und C11            */
```

Beim Ausdruck `5 / 0` aus den obigen Beispielen kann schon der Compiler den Fehler erkennen und das Programm zurückweisen. Lautet der Ausdruck jedoch etwa `5 / x`, wobei `x` während des Programmlaufs erst berechnet wird, ist für den Compiler kein Fehler ersichtlich. Hat jedoch dann `x` den Wert 0, wird beim Versuch, diesen Ausdruck zu berechnen, das Programm mit einer Fehlermeldung abgebrochen.

9.6.2.5 Restwertoperator: A % B

Der Restwertoperator (auch als Modulooperator bezeichnet) gibt den Rest bei der ganzzahligen Division des Operanden `A` durch den Operanden `B` an. Eine Division durch 0 ist nicht erlaubt.

---

[93] Dies wird auch als „Rundung hin zu Null" bezeichnet.

Unter C90 sollte man den Restwertoperator nicht für negative Zahlen verwenden. Unter C11 ist das Ergebnis jedoch definiert. Vorsicht!

In Kapitel 9.6.2.4 werden die eindeutigen Regeln erläutert.

Beispiele:

```
5  % 3          /* Ergebnis: 2                            */
10 % 5          /* Ergebnis: 0                            */
3  % 7          /* Ergebnis: 3                            */
2  % 0          /* Dieser Ausdruck ist nicht zulässig     */
-7 % 2          /* Ergebnis: -1 oder 1 unter C90          */
-7 % 2          /* Ergebnis: -1 unter C99 und C11         */
```

9.6.3 Zuweisungsoperatoren

Zu den Zuweisungsoperatoren gehören

- **der einfache Zuweisungsoperator**
  (engl. **simple assignment operator**):   A   =   B

sowie die **kombinierten Zuweisungsoperatoren** (engl. **compound assignment operators**) mit ihren Operanden

- Additions-Zuweisungsoperator: A   +=   B

- Subtraktions-Zuweisungsoperator: A   -=   B

- Multiplikations-Zuweisungsoperator: A   *=   B

- Divisions-Zuweisungsoperator: A   /=   B

- Restwert-Zuweisungsoperator: A   %=   B

- Bitweises-UND-Zuweisungsoperator: A   &=   B

- Bitweises-ODER-Zuweisungsoperator: A |=   B

- Bitweises-Exklusives-ODER-Zuweisungsoperator: A   ^=   B

- Linksschiebe-Zuweisungsoperator: A   <<=   B

- und Rechtsschiebe-Zuweisungsoperator: A   >>=   B

Dabei darf zwischen den beiden Zeichen eines kombinierten Zuweisungsoperators kein Leerzeichen stehen.

9.6.3.1 Zuweisungsoperator A = B

Der Zuweisungsoperator wird in C als binärer Operator betrachtet und liefert als **Rückgabewert** den **Wert des rechten Operanden.**

Es handelt sich bei einer **Zuweisung** um einen **Ausdruck**. Dieses Konzept ist typisch für C. In Sprachen wie Pascal ist eine Zuweisung kein Ausdruck, sondern eine Anweisung.

In C können Zuweisungen wiederum in Ausdrücken weiterverwendet werden. Bei einer Zuweisung wird zusätzlich zur Erzeugung des Rückgabewertes dem linken Operanden der Wert des rechten Operanden zugewiesen. Dies wird als Nebeneffekt bezeichnet. Ohne diesen Nebeneffekt wäre es ja auch keine Zuweisung! Im Übrigen muss der linke Operand A ein L-Wert sein, also ein Speicherobjekt.

Wie zu sehen ist, sind dadurch in der Programmiersprache C auch **Mehrfachzuweisungen** möglich. Dies ist in Sprachen wie Pascal unvorstellbar. Da der Zuweisungsoperator rechtsassoziativ ist, wird der Ausdruck a = b = c von rechts nach links verknüpft. Er wird also abgearbeitet wie a = (b = c). Dies zeigt die folgende Darstellung:

1. Schritt: a   =   (b   =   c)
                                                   Rückgabewert c
                                                   Nebeneffekt: in der Speicherstelle b wird
                                                   der Wert von c abgelegt, d. h. b nimmt
                                                   den Wert von c an.

2. Schritt: a   =   c
                 Rückgabewert c
                 Nebeneffekt: in der Speicherstelle a
                 wird der Wert von c abgelegt.

Zuweisungsoperatoren haben eine geringe Priorität (siehe Kapitel 9.6.8), so dass man beispielsweise bei einer Zuweisung b = x + 3 den Ausdruck x + 3 nicht in Klammern setzen muss. Erst erfolgt die Auswertung des arithmetischen Ausdrucks, dann erfolgt die Zuweisung.

Generell sollten die Ausdrücke auf der linken und der rechten Seite des Zuweisungsoperators den gleichen Typ haben. Ist dies nicht der Fall, findet eine implizite Typumwandlung statt: Der Wert des Ausdrucks auf der rechten Seite wird in den Typ der linken Seite gewandelt.

Um eine implizite (und fehleranfällige) Typumwandlung zu vermeiden, kann man die rechte Seite mit Hilfe des Typumwandlungs-Operators selbst in den von der linken Seite gewünschten Typ wandeln.

Beispiele:

```
b = 1 + 3;
c = b = a;                  /* Mehrfachzuweisung                    */
```

9.6.3.2 Additions-Zuweisungsoperator: A += B

Der Additions-Zuweisungsoperator ist – wie der Name schon verrät – ein aus mehreren Symbolen zusammengesetzter Operator. Zum einen wird die Addition A + (B) durchgeführt. Der Rückgabewert dieser Addition ist A + (B). Zum anderen erhält die Variable A als Nebeneffekt den Wert dieser Addition zugewiesen. Damit entspricht der Ausdruck A += B semantisch genau dem Ausdruck A = A + (B). Die Klammer ist nötig, da B selbst ein Ausdruck wie z. B. b * 3 sein kann. Es wird also zuerst der Ausdruck B ausgewertet, bevor A + (B) berechnet wird. Außer der kurzen Schreibweise kann der Additions-Zuweisungsoperator gegenüber der konventionellen Schreibweise noch einen Vorteil bringen: Da der Compiler zur Laufzeit des ausführbaren Programms die Adresse der Variablen A nur einmal ermitteln muss, kann ein schnellerer Maschinencode erzeugt werden. In der Anfangszeit von C war dies unter Umständen schon von Bedeutung. Heutzutage optimieren die Compiler von selbst bereits vieles und greifen gegebenenfalls auch bei A = A + B nur einmal auf die Speicherstelle A zu.

Beispiel:

```
a += 1                     /* hat den gleichen Effekt wie ++a    */
```

9.6.3.3 Sonstige kombinierte Zuweisungsoperatoren

Für die sonstigen kombinierten Zuweisungsoperatoren gilt das Gleiche wie bei dem Additions-Zuweisungsoperator. Außer der konventionellen Schreibweise:

```
A = A op (B)
```

gibt es die zusammengesetzte kurze Schreibweise:

```
A op= B
```

Beispiele:

```
a -= 1           /* a = a - 1                         */
b *= 2           /* b = b * 2                         */
c /= 5           /* c = c / 5                         */
d %= 5           /* d = d % 5                         */
a &= 8           /* a = a & 8  Bitoperator            */
b |= 4           /* b = b | 4  Bitoperator            */
c ^= d           /* c = c ^ d  Bitoperator            */
a <<= 1          /* a = a << 1 Bitoperator            */
b >>= 1          /* b = b >> 1 Bitoperator            */
```

Bit-Operatoren werden in Kapitel 9.6.6 besprochen.

9.6.4 Relationale Operatoren

Im Folgenden werden die zweistelligen **Operatoren**

- Gleichheitsoperator: A   ==   B
- Ungleichheitsoperator: A   !=   B
- Größeroperator: A   >   B
- Kleineroperator: A   <   B
- Größergleichoperator: A   >=   B
- und Kleinergleichoperator: A   <=   B

anhand von Beispielen vorgestellt.

Relationale Operatoren werden auch als **Vergleichsoperatoren** bezeichnet. Die Priorität der Operatoren == und != (manchmal auch Äquivalenzoperatoren genannt) ist kleiner als die der Operatoren >, >=, < und <=. Besitzen die Operanden unterschiedliche Datentypen, werden implizite Typumwandlungen durchgeführt. Nebeneffekte treten bei Vergleichsoperationen nicht auf.

Der Rückgabewert von Vergleichsoperationen ist immer vom Datentyp `int`. Wenn ein Vergleich falsch ist, ist der Rückgabewert 0, wenn er wahr ist, ist der Rückgabewert 1. Vergleichsoperationen für Pointer liefern dieselben Rückgabewerte. In Kapitel 12.1.4 wird behandelt, welche Vergleiche für Pointer definiert sind.

Boolesche Werte

C kennt in seinem Sprachkern keine eigenen Datentypen für boolesche Werte (Wahrheitswerte). Statt der booleschen Werte „wahr" und „falsch" oder „true" und „false" werden einfach Zahlen verwendet. Die 0 gilt als „falsch", jede Zahl ungleich 0 wie z. B. 1, 3, -17 oder 0.1 gilt als „wahr".

Ist also der Wert eines Operanden eine von 0 verschiedene Zahl, so ist sein Wahrheitswert **wahr**. Ansonsten ist sein Wahrheitswert **falsch**. Der Rückgabewert eines relationalen oder logischen Ausdrucks ist vom Typ `int`. Es gibt keine Nebeneffekte. Logische Operatoren werden in Kapitel 9.6.5 behandelt.

9.6.4.1 Gleichheitsoperator: A == B

Mit dem Gleichheitsoperator wird überprüft, ob der Wert des linken Operanden mit dem Wert des rechten Operanden übereinstimmt. Ist das der Fall – sprich, ist der Vergleich wahr – hat der Rückgabewert den Wert 1. Andernfalls, d. h. wenn der Vergleich falsch ist, hat der Rückgabewert den Wert 0. Hierfür ein **Beispiel**:

```
....
printf ("Der Wert des Ausdruckes 1 + 2 == 3 ist: %d", 1 + 2 == 3);
....
```

Die Ausgabe am Bildschirm ist:

```
Der Wert des Ausdruckes 1 + 2 == 3 ist: 1
```

Weitere Beispiele:

```
1 + 2 == 3          /* Ergebnis: 1 (wahr)          */
2 - 2 == 1          /* Ergebnis: 0 (falsch)        */
```

Ein folgenschwerer Fehler ist in C, statt des Gleichheitsoperators == versehentlich den Zuweisungsoperator = anzuschreiben. Ein solches Programm ist oft kompilier- und lauffähig, erzeugt aber andere Ergebnisse als erwartet.

Schreibt man bei einem Vergleich einer Konstanten mit einer Variablen die Konstante stets links und die Variable rechts, also z. B.

```
3 == a
```

so merkt der Compiler den Fehler, wenn nur ein einziges anstelle von zwei Gleichheitszeichen geschrieben wird. Einer Konstanten kann nämlich kein Wert zugewiesen werden, da sie kein L-Wert ist.

Dass beim Vergleich einer Konstanten mit einer Zahl die Konstante links des Vergleichsoperators geschrieben wird, ist ein Beispiel für **defensives Programmieren**. Mit defensivem Programmieren sollen Laufzeitfehler vermieden werden.

9.6.4.2 Ungleichheitsoperator: A != B

Mit dem Ungleichheitsoperator wird überprüft, ob der Wert des linken Operanden verschieden vom Wert des rechten Operanden ist. Bei Ungleichheit hat der Rückgabewert den Wert 1. Andernfalls hat der Rückgabewert den Wert 0.

Beispiele:

```
5 != 5              /* Ergebnis: 0 (falsch)        */
3 != 5              /* Ergebnis: 1 (wahr)          */
```

9.6.4.3 Größeroperator: A > B

Mit dem Größeroperator wird überprüft, ob der Wert des linken Operanden größer als der Wert des rechten Operanden ist. Ist der Vergleich wahr, hat der Rückgabewert den Wert 1. Andernfalls hat der Rückgabewert den Wert 0.

Beispiele:

```
5 > 3               /* Ergebnis: 1 (wahr)          */
4 > 1 + 3           /* Ergebnis: 0 (falsch)        */
```

9.6.4.4 Kleineroperator: A < B

Mit dem Kleineroperator wird überprüft, ob der Wert des linken Operanden kleiner als der Wert des rechten Operanden ist. Ist der Vergleich wahr, hat der Rückgabewert den Wert 1. Andernfalls hat der Rückgabewert den Wert 0.

Beispiele:

```
(3 < 4) < 5         /* Ergebnis: 1 (wahr)          */
1 < 3 == 1          /* Ergebnis: 1 (wahr), wegen Vorrang- */
                    /* reihenfolge der Operatoren  */
```

Der Kleineroperator ist linksassoziativ, die Auswertung erfolgt also von links nach rechts. Damit sind in obigem Beispiel (3 < 4) < 5 die Klammern unnötig.

9.6.4.5 Größergleichoperator: A >= B

Der Größergleichoperator liefert genau dann den Rückgabewert 1 (wahr), wenn entweder der Wert des linken Operanden größer als der Wert des rechten Operanden ist oder der Wert des linken Operanden dem Wert des rechten Operanden entspricht. Ansonsten ist der Rückgabewert 0 (falsch).

Beispiele:

```
2 >= 1                  /*  Ergebnis: 1 (wahr)              */
1 >= 1                  /*  Ergebnis: 1 (wahr)              */
```

9.6.4.6 Kleinergleichoperator: A <= B

Der Kleinergleichoperator liefert genau dann den Rückgabewert 1 (wahr), wenn entweder der Wert des linken Operanden kleiner als der Wert des rechten Operanden ist oder der Wert des linken Operanden dem Wert des rechten Operanden entspricht. Ansonsten ist der Rückgabewert 0 (falsch).

Beispiele:

```
10 <= 11                /*  Ergebnis: 1 (wahr)              */
11 <= 11                /*  Ergebnis: 1 (wahr)              */
```

9.6.5 Logische Operatoren

Im Folgenden werden die drei **logischen Operatoren mit ihren Operanden**

- Operator für das logische UND: A   &&   B
- Operator für das logische ODER: A || B
- und logischer Negationsoperator: !A

anhand von Beispielen vorgestellt.

Achten Sie bitte auf die Schreibweise für die logischen Operatoren && und ||. C kennt nämlich auch die Bit-Operatoren & und |. Daher meldet der Compiler keinen Fehler bei einem Ausdruck wie etwa a & b. Die Wirkung der Bit-Operatoren ist jedoch eine ganz andere als die der logischen Operatoren.

Die Operatoren für das logische UND/ODER sind zweistellig, der logische Negationsoperator ist einstellig. Mit diesen Operatoren lassen sich logische Verknüpfungen von Ausdrücken durchführen. Wie schon beschrieben, können die Operanden selber zusammengesetzte Ausdrücke sein. Von den logischen Operatoren hat der Negationsoperator die höchste Priorität, der ODER-Operator die geringste (siehe Prioritätentabelle in Kapitel 9.6.8).

9.6.5.1 Operator für das logische UND: A && B

Der Operator für das logische UND liefert genau dann den Rückgabewert 1 (wahr), wenn der linke und der rechte Operand einen von 0 verschiedenen Wert – d. h. beide den Wahrheitswert wahr – haben. Ansonsten ist der Rückgabewert 0 (falsch). Die Operanden können verschiedene Typen besitzen, aber es muss ein skalarer Typ sein. Mit anderen Worten, die Operanden müssen einen arithmetischen Typ oder einen Pointertyp haben. Das folgende Bild zeigt die Wahrheitstabelle für das logische UND:

A	B	A&&B
falsch	falsch	falsch
falsch	wahr	falsch
wahr	falsch	falsch
wahr	wahr	wahr

Tabelle 9-1 Wahrheitstabelle für das logische UND

Die Wahrheitstabelle wird folgendermaßen interpretiert: Der logische Ausdruck A && B ist nur dann wahr, wenn der Ausdruck A **und** der Ausdruck B wahr sind. Dabei können die Operanden A und B Kombinationen von beliebigen Ausdrücken sein, solange sie einen skalaren Wert ergeben (siehe Kapitel 9.6.4).

Beispiele:

```
0 && 1              /*  Ergebnis: 0 (falsch)          */
5 && 6              /*  Ergebnis: 1 (wahr)            */
3 < 5 && 5 > 3      /*  Ergebnis: 1 (wahr)            */
```

9.6.5.2 Operator für das logische ODER: A || B

Der Operator für das logische ODER liefert genau dann den Rückgabewert 1 (wahr), wenn der linke oder der rechte Operand oder beide Operanden einen von 0 verschiedenen Wert, d. h. den Wahrheitswert wahr, haben. Ansonsten ist der Rückgabewert 0 (falsch). Die Operanden können verschiedene Typen besitzen, aber es muss ein skalarer Typ sein. Mit anderen Worten, die Operanden müssen einen arithmetischen Typ oder einen Pointertyp haben. Das folgende Bild zeigt die Wahrheitstabelle für das logische ODER:

A	B	A||B
falsch	falsch	falsch
falsch	wahr	wahr
wahr	falsch	wahr
wahr	wahr	wahr

Tabelle 9-2 Wahrheitstabelle für das logische ODER

Die Wahrheitstabelle wird folgendermaßen interpretiert: Der logische Ausdruck A || B ist nur dann wahr, wenn der Ausdruck A **oder** der Ausdruck B oder beide Ausdrücke wahr sind.

Beispiele:

```
0 || 1              /* Ergebnis: 1 (wahr)             */
0 || (1 && 0)       /* Ergebnis: 0 (falsch)           */
'b' == 'a' + 1 || 0 /* Ergebnis: 1 (wahr)             */
```

Bei der Auswertung des letzten Beispiels ist die Priorität der Operatoren zu beachten. Es gilt die Reihenfolge: Additionsoperator, Vergleichsoperator, dann der ODER-Operator.

9.6.5.3 Logischer Negationsoperator: !A

Mit dem einstelligen Negationsoperator werden Wahrheitswerte negiert, d. h. aus wahr wird falsch (Rückgabewert 0) und aus falsch wird wahr (Rückgabewert 1). Wird der Negationsoperator zweimal auf seinen Operanden angewandt, bleibt der Wahrheitswert unverändert. Das folgende Bild zeigt die Wahrheitstabelle für die Negation:

A	!A
wahr	falsch
falsch	wahr

Tabelle 9-3 Wahrheitstabelle für die Negation

Die Wahrheitstabelle wird folgendermaßen interpretiert: Der logische Ausdruck !A ist nur dann wahr, wenn der Ausdruck A falsch ist.

Beispiele:

```
!0              /*  Ergebnis: 1 (wahr)              */
!!5             /*  Ergebnis: 1 (wahr)              */
!0 == 1         /*  Ergebnis: 1 (wahr)              */
```

9.6.5.4 Priorität

Die Operatoren für das logische UND/ODER haben eine sehr geringe Priorität. Die Vergleichsoperatoren haben eine höhere Priorität als die logischen Operatoren. Deshalb sind Klammern für die Auswertung der Ausdrücke oft nicht notwendig. So entspricht `(a < b) && (c == d)` dem Ausdruck `a < b && c == d`. Die Klammern erhöhen lediglich die Übersichtlichkeit der Programme.

9.6.5.5 Verknüpfungsreihenfolge

Ausdrücke, die durch einen UND-Operator `&&` verknüpft sind, werden von links nach rechts abgearbeitet. Dasselbe gilt für Ausdrücke, die durch einen ODER-Operator `||` verknüpft sind. Dies gilt natürlich nicht, wenn `&&` und `||`-Operatoren gemischt sind, da der Operator `&&` eine höhere Priorität hat als der `||`-Operator.

9.6.5.6 Reihenfolge der Auswertung der Operanden

Während beispielsweise bei `a + b` nicht festgelegt ist, ob erst `a` oder erst `b` ausgewertet wird, muss der Compiler bei `A && B` sowie bei `A || B` erst den Ausdruck `A` auswerten.

Diese Auswertungsreihenfolge für die logischen Vergleichsoperatoren ist aufgrund festgelegter Sequenzpunkte genau definiert. Siehe Kapitel 9.8.

Nebeneffekte des linken Operanden werden ausgeführt, bevor die weiteren Operanden ausgewertet werden. Die Auswertung wird abgebrochen, wenn das Ergebnis schon feststeht.

Das kann dazu führen, dass Nebeneffekte der weiter rechts stehenden Ausdrücke nicht mehr ausgeführt werden.

Hierfür ein **Beispiel:**

```
1 < 0 && 2 < a++      /* a++ wird nie ausgefuehrt, da vorher */
                      /* die Auswertung abgebrochen wird.     */
```

9.6.6 Bit-Operatoren

Im Gegensatz zu anderen Programmiersprachen besitzt die Programmiersprache C Operatoren zur Bitmanipulation. Mit solchen Operatoren wird eine hardwarenahe Programmierung unterstützt. Im Folgenden werden die vier **logischen Bit-Operatoren** mit ihren Operanden:

- UND-Operator für Bits: A   &   B
- ODER-Operator für Bits: A | B
- Exklusives-ODER-Operator für Bits: A   ^   B
- und Negationsoperator für Bits: ~A

sowie die beiden **Shift-Operatoren** für Bits:

- Rechtsshift-Operator: A   >>   B
- Linksshift-Operator: A   <<   B

anhand von Beispielen vorgestellt.

Achten Sie bitte auf die Schreibweise für die Bit-Operatoren & und |. C kennt nämlich auch die logischen Operatoren && und ||. Daher meldet der Compiler keinen Fehler bei einem Ausdruck wie etwa a && b. Die Wirkung der logischen Operatoren ist jedoch eine ganz andere als die der Bit-Operatoren.

9.6.6.1 Logische Bit-Operatoren

Die logischen Bit-Operatoren dürfen nur für ganzzahlige Datentypen benutzt werden. Vorsicht ist geboten bei der Verwendung von vorzeichenbehafteten Datentypen, da hier implementierungsabhängige Aspekte auftreten. Bei vorzeichenlosen Datentypen ist die Verwendung der Bitoperatoren problemlos.

Bitoperationen finden auf allen Bits der Operanden statt. Bei den Bitoperationen werden jeweils die Bits der entsprechenden Position miteinander verknüpft.

Bits können bekanntermaßen zwei Zustände annehmen: 0 oder 1. Die 1 wird in C als wahr interpretiert, die 0 als falsch. Nebeneffekte treten bei den logischen Bit-Operatoren nicht auf.

UND-Operator für Bits: A & B

Die Operation bitweises UND findet auf allen Bits der Operanden statt. Dabei werden jeweils die Bits der entsprechenden Position miteinander verknüpft. Im Folgenden die Wahrheitstabelle für das bitweise UND:

Bit n von A	Bit n von B	Bit n von A&B
0	0	0
0	1	0
1	0	0
1	1	1

Tabelle 9-4 Wahrheitstabelle für das bitweise UND

Die Wahrheitstabelle wird folgendermaßen interpretiert: Bei der UND-Verknüpfung ist die 0 dominant, d. h. ist mindestens eines der Bits (Bit n von A oder Bit n von B) eine 0, so ist das Ergebnis 0 (falsch).

Mit dem UND-Operator für Bits kann man Bits in Bitmustern ausblenden.

Der logische UND-Operator für Bits hat eine höhere Priorität als der logische ODER-Operator für Bits.

Beispiele:

```
0 & 1            /*  0 & 1 = 0                        */
14 & 1           /*  1110 & 0001 = 0000               */
var & var        /*  var & var = var                  */
```

ODER-Operator für Bits: A | B

Die Operation bitweises ODER findet auf allen Bits der Operanden statt. Dabei werden jeweils die Bits der entsprechenden Position miteinander verknüpft. Hier die Wahrheitstabelle für das bitweise ODER:

Bit n von A	Bit n von B	Bit n von A|B
0	0	0
0	1	1
1	0	1
1	1	1

Tabelle 9-5 Wahrheitstabelle für das bitweise ODER

Die Wahrheitstabelle wird folgendermaßen interpretiert: Bei der ODER-Verknüpfung ist die 1 dominant, d. h. ist mindestens eines der Bits (Bit n von A oder Bit n von B) eine 1, so ist das Ergebnis 1 (wahr).

Mit dem ODER-Operator für Bits kann man Bits in Bitmustern einblenden.

Beispiele:

```
  0 | 1            /*  0 | 1 = 1                           */
 14 | 1            /*  1110 | 0001 = 1111                  */
var | 0            /*  var | 0 = var                       */
```

Exklusives-ODER-Operator für Bits: A ^ B

Die Operation bitweises Exklusives-ODER findet auf allen Bits der Operanden statt. Dabei werden jeweils die Bits der entsprechenden Position miteinander verknüpft. Es folgt die Wahrheitstabelle für das bitweise Exlusives-ODER:

Bit n von A	Bit n von B	Bit n von A^B
0	0	0
0	1	1
1	0	1
1	1	0

Tabelle 9-6 Wahrheitstabelle für das bitweise Exklusives-ODER

Die Wahrheitstabelle wird folgendermaßen interpretiert: Bei der Exklusives-ODER-Verknüpfung ist das Ergebnis 1 (wahr), wenn entweder Bit n von Operand A oder Bit n von Operand B eine 1 ist, aber nicht beide gleichzeitig.

Mit dem Exklusives-ODER-Operator für Bits kann man Bits invertieren.

Beispiele:

```
0 ^ 1     /*  0 ^ 1 = 1                                     */
14 ^ 1    /*  1110 ^ 0001 = 1111                            */
var ^ 0   /*  var ^ 0 = var                                 */
14 ^ 3    /*  Bit 0 und Bit 1 der Zahl 14 werden invertiert */
          /*  1110 ^ 0011 = 1101                            */
```

Negationsoperator für Bits: ~A

Die Operation bitweise Negation findet auf allen Bits des Operanden statt. Hier die Wahrheitstabelle für die bitweise Negation:

Bit n von A	Bit n von ~A
0	1
1	0

Tabelle 9-7 Wahrheitstabelle für die bitweise Negation

Die Wahrheitstabelle wird folgendermaßen interpretiert: Bei der Negation für Bits wird einfach jedes Bit invertiert (Einer-Komplement). Aus der 0 wird durch Negation eine 1 und aus der 1 eine 0.

Der Negationsoperator für Bits invertiert jedes Bit.

Beispiel:

```
unsigned char a, b;
a = 9;                  /*  a = 0000 1001                      */
b = ~a;                 /*  b = 1111 0110                      */
```

9.6.6.2 Shift-Operatoren für Bits

Mit den Shift-Operatoren werden Bits nach links mit dem Operator << oder nach rechts mit dem Operator >> verschoben (engl. shift). Es darf nur um ganzzahlige positive Stellen von Bits verschoben werden. Shift-Operationen wirken wie Multiplikationen bzw. Divisionen mit Potenzen von 2.

Rechtsshift-Operator: A >> B

Mit dem Rechtsshift-Operator >> werden die Bits von A um B Bitstellen nach rechts geschoben. Dabei gehen die B niederwertigen Bits von A verloren. Wenn der Operand A von einem unsigned-Typ ist, werden die höherwertigen Bits mit Nullen aufgefüllt, was einer Division durch 2^B entspricht. Bei einem Operanden A eines signed-Typs mit einem negativen Wert ist das Ergebnis vom Compiler abhängig – bei vielen Compilern bleibt das Vorzeichenbit erhalten.

Beispiel:

```
unsigned char a;
                                                 verloren
a = 8;                      /* 0000 1000 Bitmuster von 8   */

a = a >> 3;                 /* 0000 0001 Bitmuster von 1   */
            aufgefüllt
```

Die Verschiebung um 3 Bits nach rechts entspricht einer Division durch 2^3.

Linksshift-Operator: A << B

Bei dem Linksshift-Operator << werden die Bits von A um B Bitstellen nach links geschoben. Dabei gehen die B höherwertigen Bits von A verloren. Die nachrückenden niederwertigen Bits werden mit Nullen aufgefüllt. Falls kein Überlauf eintritt – siehe folgendes Beispiel – entspricht dies bei einem unsigned-Operanden einer Multiplikation mit 2^B. Im Falle eines Überlaufs ist das Resultat undefiniert.

Beispiel:

```
unsigned char a = 128;    /* 1000 0000 Bitmuster von 128 */
a = a << 1;               /* Overflow. Ergebnis:         */
                          /* 0000 0000                   */
a = 8;                    /* 0000 1000 Bitmuster von 8   */
          verloren                                       
a = a << 3;               /* 0100 0000 Bitmuster von 64  */
                                          aufgefüllt
```

Die Verschiebung um 3 Bits nach links entspricht einer Multiplikation mit 2^3.

9.6.7 Sonstige Operatoren

Im Folgenden werden

- der `sizeof`-Operator,
- der `_Alignof`-Operator,
- der Komma-Operator,
- der Bedingungsoperator
- und der Typumwandlungs-Operator

vorgestellt.

9.6.7.1 Der sizeof-Operator

Der Operator `sizeof` dient zur Ermittlung der Größe von Typen sowie von Datenobjekten im Hauptspeicher.

Der Operator `sizeof` darf dabei sowohl auf einen **Ausdruck**, d. h. einen L-Wert wie einen Variablennamen oder einen R-Wert, als auch auf einen **Typbezeichner** angewandt werden[94].

Die Syntax ist:

```
sizeof Ausdruck bzw. sizeof (Typname)
```

Der Rückgabewert ist dabei jeweils eine ganze Zahl, nämlich die Größe des angegebenen Operanden gemessen in Bytes.

Wenn der `sizeof`-Operator auf einen Typ angewandet wird, müssen Klammern geschrieben werden. Bei Ausdrücken können die Klammern weggelassen werden. Wenn man sich nicht merken kann (oder will), ob man bei dem Operator `sizeof` Klammern braucht oder nicht, sollte man immer Klammern setzen. Denn ein geklammerter Ausdruck bleibt syntaktisch ein Ausdruck und wird somit beim `sizeof`-Operator akzeptiert.

---

[94] Nicht jedoch auf ein Bitfeld-Objekt, einen Funktionstyp oder einen unvollständigen Typ.

Die Anzahl der Bytes wird angegeben in dem Typ `size_t`, der extra für den `sizeof`-Operator geschaffen wurde. Wie in Kapitel 14.2.2 vorgestellt wird, ist es möglich, durch die `typedef`-Vereinbarung einem bekannten Typ einen neuen Namen zu geben. Dem Typnamen `size_t` wird durch `typedef` in `<stddef.h>` ein existierender Datentyp zugewiesen und zwar so, dass der Wertebereich von `size_t` ausreichend ist, eine beliebige Speichergröße aufzunehmen. In der Regel entspricht `size_t` einem `unsigned` Integer mit 32 oder 64 Bit.

Besonders oft wird der `sizeof`-Operator zur Berechnung der Größe von Strukturen verwendet. Strukturen sind zusammengesetzte Datentypen, deren Komponenten verschiedene Datentypen haben können. Da es dem Compiler freisteht, Komponenten der Struktur auf bestimmten Wortgrenzen beginnen zu lassen, kann die Struktur ungenutzten, namenlosen Platz enthalten. Damit lässt sich die Größe einer Struktur nicht durch Addition der Größen der Komponenten ermitteln.

Das folgende Bild zeigt ein **Speicherabbild einer Struktur** für zwei verschiedene Compiler. Unbenutzte Bereiche sind grau hinterlegt:

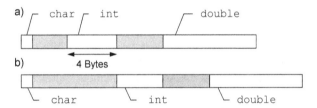

Bild 9-4 Speicherabbild für eine Struktur

Ein Compiler legt Objekte eines bestimmten Typs bei vielen Architekturen auf Speicheradressen, die ein gegebenes Vielfaches einer Byte-Adresse sind. Eine solche Anordnung von Objekten im Speicher wird als **Alignment** bezeichnet.

Der Compiler in Bild 9-4a legt `int`-Objekte auf 4-Bytegrenzen und `double`-Objekte auf 8-Bytegrenzen. Der Compiler in Bild 9-4b legt sowohl `int`- als auch `double`-Variablen auf 8-Bytegrenzen. `char`-Variablen werden in beiden Fällen auf Byte-Adressen gelegt.

Der `sizeof`-Operator wird vor allem angewandt, um Programme portabler zu machen.

So ist es beispielsweise oft nötig, unter Verwendung der Library-Funktion `memcpy()` Objekte direkt im Speicher zu kopieren oder zu verschieben. Dazu benötigt diese Funktion unter anderem die Größe des zu bearbeitenden Objektes. Statt diesen Wert nun als Konstante im Programm einzuführen, ist es bezüglich der Portierbarkeit auf andere Maschinen besser, dem Compiler die Ermittlung der Größe des Objektes zu überlassen. Sollte das Objekt auf einer anderen Maschine aufgrund der internen Darstellung eine andere Größe haben, so wird dieses Problem über den `sizeof`-Operator vom Compiler erledigt. Ein manueller Eingriff in das Programm ist also nicht erforderlich.

Der `sizeof`-Operator wertet einen Ausdruck, der ihm übergeben wurde, nicht aus. Er bestimmt lediglich den Typ des Ausdrucks und dann die Größe dieses Typs.

Beispiele:

```
int zahl = 1;
sizeof 534;             /* Ergebnis:  4 (Bytes)                    */
sizeof (int);           /* Ergebnis:  4 (Bytes)                    */
sizeof zahl++;          /* Ergebnis:  4 (Bytes)                    */
```

Der Wert von `zahl` wird also durch `sizeof zahl++` nicht verändert, da der Ausdruck `zahl++` gar nicht ausgewertet wird, sondern nur sein Typ bestimmt wird.

Die Anzahl der Elemente eines Arrays lässt sich mit `sizeof` wie folgt portabel bestimmen:

```
int a[] = {4,7,11,0,8,15};
size_t len = sizeof (a) / sizeof (a[0]);
```

Dieses Vorgehen funktioniert aber nur bei Arrays, deren Größe bei der Kompilation des Programms bereits bekannt ist. Für ein Array `a`, das beispielsweise als Pointer einer Funktion übergeben wurde, ist das Vorgehen nicht erfolgreich.

Im folgenden **Beispielprogramm** werden einige Anwendungsfälle, auch für Arrays, vorgestellt:

```
/* Datei: sizeof.c */
#include <stdio.h>

int main (void)
{
   int zahl1 = 1;
   int array[20] = {0};
   double zahl2 = 1.;

   printf ("size of integer:    %2d Bytes\n", sizeof zahl1);
   printf ("size of float:      %2d Bytes\n", sizeof (float));
   printf ("size of double:     %2d Bytes\n", sizeof zahl2);
   printf ("size of array:      %2d Bytes\n", sizeof array);
   printf ("size of array[10]:  %2d Bytes\n", sizeof array [10]);
   return 0;
}
```

Hier das Protokoll des Programmlaufs:

```
size of integer:     4 Bytes
size of float:       4 Bytes
size of double:      8 Bytes
size of array:      80 Bytes
size of array[10]:   4 Bytes
```

9.6.7.2 Der _Alignof-Operator

Der _Alignof-Operator `_Alignof(Typname)` existiert erst seit dem C11-Standard und gibt das **Alignment eines Typs** an, sprich die Bytegrenze, an welcher ein Typ ausgerichtet ist.

Genauso wie der `sizeof`-Operator gibt der `_Alignof`-Operator einen (zur Kompilierzeit bekannten) konstanten Wert des Typs `size_t` zurück.

Der _Alignof-Operator kann im Gegensatz zum `sizeof`-Operator nur für **Typen** verwendet werden, nicht aber für Ausdrücke.

Der Compiler ordnet Daten im Speicher so an, dass sie vom Prozessor möglichst effizient gelesen und geschrieben werden können. Je nach Compiler und Betriebssystem wird die Ausrichtung (engl. alignment) der verschiedenen Datentypen im Speicher unterschiedlich ausfallen. Ein Objekt eines Typs, welcher 4 Bytes benötigt, wird beispielsweise von vielen Compilern an eine Adresse gesetzt, welche durch 4 teilbar ist. Dies wird als „Alignment an eine 4-Byte-Grenze" bezeichnet. Der `_Alignof`-Operator gibt genau diese Byte-Größe für die verschiedenen Typen zurück.

Beispiele:

```
_Alignof (float);          // Ergebnis  4 (Bytes)
_Alignof (double);         // Ergebnis  8 (Bytes)
```

Die Größe eines Typs ist für die Speicherausrichtung jedoch nur dann entscheidend, wenn es sich um einen skalaren Typ handelt. Bei zusammengesetzten Typen wie Arrays oder Strukturen spielt die Größe des gesamten Typs für das Alignment keine Rolle, sondern nur die Größe und Ausrichtung der einzelnen Komponenten.

Im Folgenden ein **Beispiel** für Arrays:

```
sizeof   (int[10]);        // Ergebnis 40 (Bytes)
_Alignof (int[10]);        // Ergebnis  4 (Bytes)
```

In diesem Beispiel werden auf einem System 4 Bytes für den Datentyp `int` benötigt. Dementsprechend werden 40 Bytes Speicher für ein Array mit 10 Komponenten vom Typ `int` benötigt. Die einzelnen Elemente und somit das gesamte Array jedoch werden vom Compiler auf eine (beliebige) 4-Byte-Grenze ausgerichtet.

Interessant wird der Rückgabewert bei Strukturen. Der Compiler hat die Aufgabe, alle Elemente einer Struktur so anzuordnen, dass jedes einzelne Element an seiner vom Compiler bestimmten Ausrichtungsgrenze zu liegen kommt. Mithilfe des _Alignof-Operators kann der Programmierer herausfinden, wo der gesamte Speicherblock zu liegen kommt:

```
struct structtype{float x; double y;};
printf ("%d\n", (int)sizeof (struct structtype));
printf ("%d\n", (int)_Alignof (struct structtype));
```

Außer dem Operator `_Alignof` wurde in C11 auch der Alignment-Spezifikator **`_Alignas`** eingeführt. Variablen können mithilfe von `_Alignas` an gewisse Bytegrenzen gesetzt werden. Ob und wie ein Compiler diese Angaben umsetzen kann, ist je nach Implementation unterschiedlich.

Manche Compiler erlauben als Argument des `_Alignof`-Operators auch einen Ausdruck. Der C11-Standard sieht jedoch nur einen Typ vor. Des Weiteren beschreibt der C11-Standard eine neue Header-Datei `<stdalign.h>`, welche die Makros `alignof` und `alignas` definiert, die zu `_Alignof` und `_Alignas` ausgewertet werden.

9.6.7.3 Der Komma-Operator: A, B

Der Komma-Operator wird in der Praxis selten eingesetzt.

Ein Ausdruck `A, B` wird von links nach rechts abgearbeitet. Erst wird der Ausdruck `A` ausgewertet, dann der Ausdruck `B`. Nebeneffekte des linken Ausdrucks sind nach dessen Auswertung eingetreten.

Der Rückgabewert und -typ ist der Wert und der Typ von `B`, d. h. des rechten Operanden[95].

Die allermeisten Vorkommen des Komma-Zeichens im Quelltext sind jedoch nicht dem Komma-Operator zuzuschreiben, sondern beispielsweise Parameterlisten, Initialisierern oder `enum`-Deklarationen.

Der Komma-Operator wird nur sehr selten verwendet, da er grundsätzlich nichts anderes macht, als zwei Ausdrücke sequentiell hintereinander auszuwerten. Im Normalfall wird der Programmierer dies mittels zwei aufeinanderfolgenden Anweisungen bewerkstelligen.

Im Vergleich zu zwei aufeinanderfolgenden Anweisungen hat der Komma-Operator jedoch zwei Vorteile: Erstens gibt der gesamte Ausdruck einen Wert zurück und zweitens werden die verknüpften Ausdrücke als ein einziger Ausdruck angesehen.

Beispiel:

Wozu kann der Komma-Operator gut sein? Beispielsweise kann man damit in einer `for`-Anweisung zwei Indizes gleichzeitig bearbeiten, um eine Zeichenkette mit einem herabzuzählenden Index und einem hochzuzählenden Index umzudrehen:

```
/* Datei: revers.c */
#include <stdio.h>

int main (void)
```

---

[95] Ein Komma-Operator liefert keinen L-Wert.

```
{
   char text1 [4] = "EIN";
   char text2 [4];
   int index1, index2;
   for (index2 = 0, index1 = 2; index1 >= 0; index2++, index1--)
   {
      text2 [index2] = text1 [index1];
   }
   text2 [index2] = '\0';
   printf ("\n%s\n%s\n", text1, text2);
   return 0;
}
```

Das Programm gibt aus:

```
EIN
NIE
```

9.6.7.4 Der Bedingungsoperator: A ? B : C

Eine echte „Rarität" in der Programmiersprache C ist der Bedingungsoperator. Er ist nämlich der einzige Operator, der drei Operanden verarbeitet.

In einem **bedingten Ausdruck** A ? B : C wird zuerst der Ausdruck A ausgewertet. Ist der Rückgabewert von Ausdruck A ungleich 0, also wahr, so wird der Ausdruck B ausgewertet. Das Ergebnis von B ist dann der Rückgabewert des Bedingungsoperators. Ist jedoch der Ausdruck A gleich 0, also falsch, so wird der Ausdruck C ausgewertet.

Der Typ des bedingten Ausdrucks A ? B : C ist – unabhängig davon, ob der Rückgabewert dieses Ausdrucks B oder C ist – stets der höhere Typ (siehe Kapitel 9.7.1) der beiden Ausdrücke B und C. So ist beispielsweise der Rückgabetyp von

```
(3 > 4) ? 5.0 : 6
```

vom Typ double und der Rückgabewert ist 6.0.

Zu beachten ist, dass beim Bedingungsoperator zuerst die Bedingung ausgewertet wird. Nebeneffekte des linken Operanden werden damit auch ausgeführt, bevor die weiteren Operanden ausgewertet werden.

Beispiele:

```
1 == 1 ? 0 : 1           /*  Rueckgabewert: 0            */
0 ? 0 : 1                /*  Rueckgabewert: 1            */
```

Bedingungsoperator und return

Eine Funktion kann (siehe Kapitel 11.4.4) mit der `return`-Anweisung einen Wert an
den Aufrufer zurückliefern. Soll je nach dem Wahrheitswert von `A` der Wert von `B`
bzw. `C` zurückgegeben werden, so kann statt

```
if (A) return B;
else return C;
```

knapper

```
return A ? B : C;
```

geschrieben werden.

Assoziativität des Bedingungsoperators

Bedingte Ausdrücke können Ausdrücke enthalten, die selbst wieder bedingt sein
können. Die Abarbeitungsreihenfolge ist von rechts her (Rechtsassoziativität). So
wird

```
A ? B : C ? D : E ? F : G
```

abgearbeitet wie

```
A ? B : (C ? D : (E ? F : G))
```

9.6.7.5 Der Typumwandlungs-Operator: (Typname) Ausdruck

Eine **explizite Typumwandlung** eines beliebigen Ausdrucks kann
man mit dem **cast-Operator (Typkonvertierungs-Operator)** durchführen.

Das englische Wort cast heißt u. a. „in eine Form gießen".

Mit diesem Operator können die impliziten Typumwandlungen (siehe Kapitel 9.7), die
der Compiler automatisch durchführen würde, vermieden werden. Da implizite Typumwandlungen komplex und fehlerträchtig sind, sollte man die notwendigen Typumwandlungen möglichst immer selbst durch Einsatz des cast-Operators festlegen.

Durch

```
(Typname) Ausdruck
```

wird der Wert des Ausdrucks in den Typ gewandelt, der in der Klammer angegeben
ist.

So erwartet beispielsweise die Bibliotheksfunktion `cos()`, die in der Header-Datei
`<math.h>` deklariert ist, einen Ausdruck vom Typ `double`. Ist `n` ein ganzzahliger
Wert, dann kann mit `cos((double)n)` der Wert von `n` in `double` umgewandelt
werden, bevor er als Parameter an `cos()` übergeben wird.

Es kann nicht jeder Typ in einen beliebigen anderen Typ gewandelt werden. Möglich sind insbesondere folgende Wandlungen:

- Wandlungen zwischen Integer-Typen,
- Wandlungen zwischen Gleitpunkt-Typen,
- Wandlungen zwischen Integer- und Gleitpunkt-Typen,
- Wandlungen zwischen Pointern auf Variablen,
- Wandlungen zwischen Pointern und Integer-Typen,
- die Wandlung eines Pointers auf einen Typ von Funktionen in einen Pointer auf einen anderen Typ von Funktionen
- und Wandlungen zwischen Pointern und dem Type `void *`.

Skalare Typen sind elementare Typen und Pointertypen (siehe Kapitel 7.1). Die Wandlungen zwischen Pointern und Integer-Typen sind implementierungsabhängig.

Eine Umwandlung in den Typ `void` kann beispielsweise verwendet werden, um **explizit** darzustellen, dass der Rückgabewert einer Funktion nicht verwendet wird, wie z. B. bei `(void) printf ("%d", x);`

Ein Pointer auf ein Objekt kann in einen Pointer auf ein anderes Objekt gewandelt werden. Der resultierende Pointer kann ungültig sein, wenn das Alignment für den Typ, auf den er zeigt, nicht stimmt.

Dies symbolisiert das folgende Beispiel:

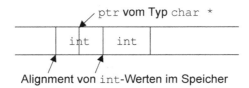

Bild 9-5 Bedeutung des Alignments von Pointern bei Typumwandlungen

Wird der Pointer `ptr` in Bild 9-5 in einen Pointer auf `int` gewandelt, so stimmt das Alignment nicht und der gewandelte Pointer zeigt auf einen unbrauchbaren Wert.

9.6.8 Prioritätentabelle der Operatoren

Die folgende Vorrangtabelle enthält die Priorität (Rangfolge) und die Assoziativität der Operatoren:

Priorität	Operatoren		Assoziativität
Priorität 1	`( )`	Funktionsaufruf	links
	`[ ]`	Array-Index	links
	`-> .`	Komponentenzugriff	links
	`++ --`	Inkrement, Dekrement als Postfix	links
	`(Typname) { }`	compound literal[96]	links
Priorität 2	`! ~`	Negation (logisch, bitweise)	rechts
	`++ --`	Inkrement, Dekrement als Präfix	rechts
	`sizeof`		rechts
	`+ -`	Vorzeichen (unär)	rechts
	`(Typname)`	cast	rechts
	`* &`	Dereferenzierung, Adresse	rechts
Priorität 3	`* /`	Multiplikation, Division	links
	`%`	modulo	links
Priorität 4	`+ -`	Summe, Differenz (binär)	links
Priorität 5	`<< >>`	bitweises Schieben	links
Priorität 6	`< <=`	Vergleich kleiner, kleiner gleich	links
	`> >=`	Vergleich größer, größer gleich	links
Priorität 7	`== !=`	Gleichheit, Ungleichheit	links
Priorität 8	`&`	bitweises UND	links
Priorität 9	`^`	bitweises Exklusives-ODER	links
Priorität 10	`|`	bitweises ODER	links
Priorität 11	`&&`	logisches UND	links
Priorität 12	`||`	logisches ODER	links
Priorität 13	`?:`	bedingte Auswertung	rechts
Priorität 14	`=`	einfache Wertzuweisung	rechts
	`+=, -=, *=,` `/=, %=, &=,` `^=, |=, <<=,` `>>=`	kombinierte Zuweisungs-operatoren	rechts
Priorität 15	`,`	Komma-Operator	links

Tabelle 9-8 Priorität und Assoziativität der Operatoren von C

Priorität 1 ist die höchste Priorität. Beispielsweise hat der Multiplikations- bzw. der Divisionsoperator eine höhere Priorität als der Additions- bzw. der Subtraktionsoperator.

Durch gezielte Klammerungen `( )` lassen sich Rangfolgen von Operatorprioritäten ändern. Siehe hierzu die folgenden **Beispiele**:

```
5 * (3 + 4)          das Ergebnis ist 35
A && (B || C)        dieser Ausdruck ist wahr, wenn die Bedingung A UND B
                     erfüllt ist, oder wenn A UND C erfüllt ist.
```

---

[96] Seit C11-Standard.

Wie man der Tabelle entnehmen kann, gilt die folgende Aussage bezüglich der Assoziativität:

Rechts-assoziativ sind: Zuweisungsoperatoren, der Bedingungsoperator und unäre Operatoren. Alle anderen Operatoren sind links-assoziativ.

Im folgenden Beispiel

```
int a, b = 1, c = 2;
a = (b + c) + (c + c) + 1;
```

ist zwar das Ergebnis eindeutig (Ergebnis = 8), jedoch ist im Standard nicht definiert, ob zuerst der Teilausdruck (b + c) oder der Teilausdruck (c + c) bewertet wird. Da der Additionsoperator linksassoziativ ist, wird nach der Auswertung die Addition von links nach rechts durchgeführt.

Bei der Addition von literalen Zahlen ist das Endergebnis jeweils dasselbe – nicht aber unbedingt im folgenden Beispiel:

```
a = f1(....) * f2(....);
```

Problematisch wird es, wenn die Funktionen f1() und f2() auf dieselben globalen Variablen zugreifen und diese verändern. Dann ist das Ergebnis nicht definiert, da der Standard nicht festlegt, welcher der beiden Funktionen f1() oder f2() zuerst bewertet wird.

Genausowenig ist festgelegt, in welcher Reihenfolge aktuelle Parameter bei einem Funktionsaufruf ausgewertet werden.

Wird bei einem Funktionsaufruf beispielsweise als erster Parameter par++ und als zweiter par++ verwendet:

```
a = f1 (par++, par++);   /* Ergebnis ist undefiniert !!!    */
```

so ist nicht festgelegt, welcher der beiden Parameter als erster berechnet wird.

Im Standard wird lediglich festgelegt, dass Nebeneffekte der Argumente **vor** dem Funktionsaufruf ausgewertet werden.

Im Zusammenhang mit dem Gebrauch der Operatoren werden häufig Fehler gemacht. Generell empfiehlt sich der Einsatz von Klammern, wenn man unsicher über die Priorität oder Assoziativität von Operatoren ist.

9.7 Implizite Typumwandlung

In C ist es nicht notwendig, dass die Operanden eines Ausdrucks vom selben Typ sind. Genauso wenig muss bei einer Zuweisung der Typ der Operanden übereinstimmen. Auch bei der Übergabe von Werten an Funktionen und bei Rückgabewerten von Funktionen (siehe Kapitel 11) können übergebene Ausdrücke bzw. der rückzugebende Ausdruck von den formalen Parametern bzw. dem Rückgabetyp verschieden sein. In solchen Fällen kann der Compiler selbsttätig **implizite (automatische) Typumwandlungen** durchführen, die nach einem von der Sprache vorgeschriebenen Regelwerk ablaufen. Diese Regeln sollen in diesem Kapitel vorgestellt werden.

Wenn man selbst dafür sorgt, dass solche Typverschiedenheiten nicht vorkommen, braucht man sich um die implizite Typumwandlung nicht zu kümmern. Insbesondere kann dieses Kapitel beim ersten Studium dieses Buchs überschlagen werden und erst bei Bedarf als Nachschlagewerk dienen.

Implizite Typumwandlungen erfolgen in C prinzipiell nur zwischen verträglichen Datentypen. Zwischen unverträglichen Datentypen gibt es keine impliziten Umwandlungen. Hier muss der Compiler einen Fehler melden.

Implizite Typumwandlungen gibt es

- bei einem Pointer auf `void` (siehe Kapitel 8.2),
- bei Operanden von arithmetischem Typ,
- bei Zuweisungen, Rückgabewerten und formalen Parametern von Funktionen.

Bei formalen Parametern wie auch bei Rückgabewerten von Funktionen wird der zu übergebende Ausdruck wie bei einer Zuweisung in den Ziel-Typ umgewandelt.

Kapitel 9.7.2 befasst sich somit nur mit der impliziten Typumwandlung bei Zuweisungen.

Wenn arithmetische Operanden als Teil einer Zuweisung auftreten, so wird stets der Operand auf der rechten Seite in den Typ auf der linken Seite umgewandelt. Bei allen anderen binären Operatoren versucht der Compiler, eine möglichst optimale Umwandlung entweder des linken, des rechten oder von beiden Operanden vorzunehmen.

Wie der Compiler diese Umwandlung bewerkstelligt, kann in Kapitel 9.7.1.2 nachgelesen werden.

Die Sprache C weist jedem arithmetischen Typ eine sogenannte Mächtigkeit beziehungsweise eine Rangordnung zu. Ein Typ ist grundsätzlich mächtiger als ein anderer, wenn sein Werteumfang größer ist. Bei arithmetischen Operanden gilt generell, dass der „kleinere" Datentyp in den „größeren" Datentyp umgewandelt wird. Bei Zuweisungen kommen neben diesen Umwandlungen auch Wandlungen vom „größeren" in den „kleineren" Datentyp vor.

Es soll nicht unerwähnt bleiben, dass auch für die **explizite Typkonvertierung** mit Hilfe des cast-Operators (siehe Kapitel 9.6.7)

```
(Typname) Ausdruck
```

genau dieselben Konvertierungsvorschriften gemäß Kapitel 9.7.3 gelten wie für die implizite Typkonvertierung.

Auch die explizite Typumwandlung mit dem cast-Operator wird nach den Konvertierungsregeln für eine Zuweisung durchgeführt.

9.7.1 Gewöhnliche arithmetische Konversionen

Gewöhnliche arithmetische Konversionen werden bei binären Operatoren **mit Ausnahme von Zuweisungsoperatoren und dem logischen && und ||** durchgeführt . Sie werden auch beim ternären Bedingungsoperator ?: durchgeführt. Das Ziel ist es, einen gemeinsamen Typ der Operanden des binären Operators zu erhalten, der auch der Typ des Ergebnisses ist.

Beispiel:

Wird die Celsius-Temperatur `celsius` aus der Temperatur in Grad Fahrenheit, `fahr`, die in diesem Beispiel eine `int`-Größe sein soll, gemäß folgender Rechenvorschrift

```
celsius = (5.0 / 9) * (fahr - 32);
```

ermittelt, so wird bei der Berechnung der rechten Seite der Zuweisung automatisch die `int`-Konstante 9 und der Ausdruck `(fahr - 32)` in `double`-Darstellung gewandelt, da `5.0` eine `double`-Zahl ist.

Regel

Dieses Beispiel ist eine Anwendung der folgenden Regel:

Verknüpft ein binärer Operator einen ganzzahligen und einen Gleitpunktoperanden, so erfolgt eine Umwandlung des ganzzahligen Operanden in einen Gleitpunktwert. Anschließend wird eine Gleitpunktoperation durchgeführt.

9.7.1.1 Die int- und double-Erweiterung

Die Typen `int` und `double` werden in C als Default-Typen angenommen. Für den Fall, dass beispielsweise Parameter bei Auslassungspunkten ... übergeben werden oder bei binären Operatoren, welche die verwendeten Operandentypen nicht unterstützen, wird vom Compiler automatisch versucht, die Operanden zu dem Default-Typ zu erweitern, welcher den Werteumfang des Ursprungstyps abzubilden vermag.

Dies wird als **Typ-Erweiterung** (engl. **type promotion**) bezeichnet und verläuft nach folgenden Regeln:

Wenn der Typ `signed int` den Wertebereich des ursprünglichen Typs vollständig abbilden kann, wird der ursprüngliche Typ automatisch in den Typ `signed int` erweitert. Wenn stattdessen der Typ `unsigned int` den Wertebereich des ursprünglichen Typs vollständig abbilden kann, wird der ursprüngliche Typ automatisch in den Typ `unsigned int` erweitert.

Wenn eine Gleitpunktzahl als Parameter der Auslassungspunkte . . . einer Funktion übergeben wird, wird jedes Auftreten des Typs `float` automatisch zum Typ `double` erweitert.

9.7.1.2 Allgemeines Regelwerk in C90

Bei binären Operatoren werden arithmetische Operanden in einen gemeinsamen Typ umgewandelt.

D. h. in

```
Ausdruck1 Operator Ausdruck2
```

werden `Ausdruck1` und `Ausdruck2` auf den gleichen Typ gebracht. Von diesem Typ ist auch das Ergebnis. Die Umwandlung erfolgt in den höheren Typ der folgenden Hierarchie:

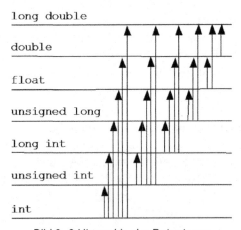

Bild 9–6 Hierarchie der Datentypen

Das allgemeine Regelwerk für diese Konvertierung lautet dabei:

Zunächst wird geprüft, ob einer der beiden Operanden vom Typ `long double` ist. Ist einer von diesem Typ, dann wird der andere ebenfalls in `long double` umgewandelt.

Ist dies nicht der Fall, so wird, wenn einer der beiden Operanden vom Typ `double` ist, der andere in `double` umgewandelt.

Ist dies nicht der Fall, so wird, wenn einer der beiden Operanden vom Typ `float` ist, der andere in `float` umgewandelt.

Ist dies nicht der Fall, so werden beide der Integer-Erweiterung unterworfen. Ist dann einer der beiden Operanden vom Typ `unsigned long int`, so wird der andere in `unsigned long int` umgewandelt.

Ist dies nicht der Fall, so wird, wenn einer der beiden Operanden vom Typ `long int` ist und der andere vom Typ `unsigned int` ist, folgendermaßen vorgegangen: Wenn der Typ `long int` alle Werte des Typs `unsigned int` darstellen kann, wird der eine Operand von `unsigned int` in `long int` umgewandelt. Andernfalls werden beide in den Typ `unsigned long int` umgewandelt.

Ist dies nicht der Fall, so wird, wenn einer der beiden Operanden vom Typ `long int` ist, der andere in den Typ `long int` umgewandelt.

Ist dies nicht der Fall, so wird, wenn einer der beiden Operanden vom Typ `unsigned int` ist, der andere in `unsigned int` umgewandelt.

Ist dies nicht der Fall, so haben beide den Typ `int`.

Beispiel:

```
2 * 3L + 1.1
```

Die Multiplikation wird vor der Addition ausgeführt. Bevor die Multiplikation durchgeführt wird, wird die `2` in den Typ `long` gewandelt. Das Ergebnis der Multiplikation wird in den Typ `double` gewandelt und anschließend wird die Addition ausgeführt.

9.7.1.3 Allgemeines Regelwerk in C11

In C11 wurden die Umwandlungsregeln ein wenig abgeändert. Zum einen kommt der Typ `long long int` sowie der Typ `_Bool` hinzu, zum anderen werden `signed` und `unsigned` Typen als gleich mächtig betrachtet.

Folgendes ist somit die Hierarchie der arithmetischen Typen nach C11:

```
long double
double
float
signed / unsigned long long int
signed / unsigned long int
signed / unsigned int
signed / unsigned short int
signed / unsigned char
_Bool
```

Die Regeln für die Gleitpunkt-Typen sind dieselben wie unter C90. Haben jedoch beide arithmetischen Operanden einen Integer-Typ, so werden folgende Regeln abgearbeitet:

Beide Operanden werden der Integer-Erweiterung (siehe Kapitel 9.7.1.1) unterworfen. Das bedeutet, dass nun beide Operanden mindestens die Mächtigkeit des Typs `signed int` oder `unsigned int` besitzen. Haben nun beide Operanden denselben Typ, so wird nicht weiter konvertiert.

Andernfalls, wenn beide Operanden einen `signed`-Typ oder beide Operanden einen `unsigned`-Typ haben, so wird der Operand mit dem weniger mächtigen Typ in denjenigen des mächtigeren umgewandelt.

Andernfalls, wenn beide Typen gleich mächtig, aber unterschiedlich vorzeichenbehaftet sind, so wird der `signed`-Typ in den `unsigned`-Typ umgewandelt.

Andernfalls, wenn der mächtigere Typ `unsigned` ist, so wird der andere Typ in eben diesen `unsigned`-Typ umgewandelt.

Andernfalls, wenn der mächtigere Typ `signed` ist und er den Werteumfang des weniger mächtigeren `unsigned`-Typs abbilden kann, so wird der weniger mächtigere Typ in eben diesen `signed`-Typ umgewandelt.

Andernfalls werden beide Operanden in den `unsigned`-Typen umgewandelt, welcher denselben Rang hat wie derjenige des `signed`-Typen.

9.7.2 Zuweisungen, Rückgabewerte und Argumente von Funktionen

Stimmt der Typ der Variablen links des Zuweisungsoperators = nicht mit dem Typ des Ausdrucks auf der rechten Seite des Zuweisungsoperators überein, so findet eine implizite Konvertierung statt, wenn die Typen links und rechts „verträglich" sind. Ansonsten wird eine Fehlermeldung generiert. Arithmetische Typen sind verträgliche Typen.

Bei der Zuweisung wird der rechte Operand in den Typ des linken Operanden umgewandelt, d. h. der Resultattyp einer Zuweisung ist der des linken Operanden.

Implizite Typumwandlungen sind sehr gefährlich, da man sie oft nicht richtig einschätzt. Sorgen Sie am besten selbst dafür, dass die Typen rechts und links des Zuweisungsoperators übereinstimmen! (Vorsicht!)

Der Programmierer kann implizite Umwandlungen vermindern, indem er bereits beim Schreiben der literalen Konstanten im Quellcode die Zahlen mit dem korrekten Suffix typisiert. Siehe dazu Kapitel 6.2.3.2.

9.7.3 Konvertiervorschriften

Im Folgenden werden die Wandlungsvorschriften zwischen verschiedenen Typen behandelt. Ein Compiler versucht grundsätzlich, die Konvertierung zwischen verschiedenen Typen – wenn immer möglich – werterhaltend zu gestalten. Sprich: Der umgewandelte Wert im Ziel-Typ entspricht – wenn immer möglich – dem ursprünglichen Wert im Ursprungs-Typ.

Wann immer der Werteumfang eines Ziel-Typs nicht ausreichend ist, um den zu konvertierenden Wert aufzunehmen, werden Fehler passieren, welche je nach Standard und Compiler implementationsabhängig sein können.

9.7.3.1 Umwandlungen zwischen Integer-Typen

Eine Konvertierung zwischen Integer-Typen ergibt genau dann den ursprünglichen arithmetischen Wert, wenn der Ziel-Typ den ursprünglichen Wert abbilden kann.

Andernfalls kann bei heutigen Compilern normalerweise davon ausgegangen werden, dass die höherwertigen Bits eines nicht abbildbaren Wertes einfach abgeschnitten werden.

In allen anderen Fällen ist das Resultat implementationsspezifisch.

9.7.3.2 Umwandlungen zwischen Integer- und Gleitpunkt-Typen

Wenn ein Wert aus einem Integer-Typ in einen Gleitpunkt-Typ umgewandelt wird, so werden im Prinzip als Nachkommastellen Nullen eingesetzt. Sehr große Zahlen können jedoch möglicherweise nicht exakt dargestellt werden. Das Resultat ist dann entweder der nächst höhere oder der nächst niedrigere darstellbare Wert.

Bei der Wandlung einer Gleitpunktzahl in eine Integerzahl werden die Stellen hinter dem Komma abgeschnitten[97]. Ist die Zahl zu groß und kann nicht im Wertebereich des Integer-Typs dargestellt werden, so ist der Effekt der Umwandlung nicht definiert. Sollen negative Gleitpunktzahlen in `unsigned` Integer-Werte umgewandelt werden, so ist der Effekt nicht definiert.

9.7.3.3 Umwandlungen zwischen Gleitpunkt-Typen

Die Umwandlung zwischen verschiedenen Gleitpunkt-Typen wird den Wert erhalten, wann immer dies möglich ist. Ist es nicht exakt möglich, so wird der nächst kleinere oder größere Wert genommen. Gibt es keinen solchen Wert, so ist das Resultat nicht definiert.

9.7.4 Zwei Beispiele für Typkonvertierungen

Das erste Beispiel demonstriert die Zuweisung eines `float`-Wertes an eine `int`-Variable. Das zweite Beispiel zeigt implizite Typkonvertierungen bei der Verwendung von `signed` und `unsigned int`.

---

[97] Dies entspricht einer Rundung hin zu Null.

Beispiel 1:

```
/* Datei: truncate.c */
#include <stdio.h>

int main (void)
{
   double x = 4.2;
   int zahl;

   zahl = x;
   printf ("zahl = %d\n", zahl);
   return 0;
}
```

Bei der Zuweisung `zahl = x` wird abgeschnitten. Darauf weist eine Warnung des Compilers hin. Wenn das Programm dennoch ausgeführt wird, ist die Ausgabe:

```
zahl = 4
```

Beispiel 2:

```
/* Datei: typ_konv.c */
#include <stdio.h>

int main (void)
{
   int i = -1;    /* Bits: 1111 1111 1111 1111 1111 1111 1111 1111 */
   unsigned int u = 2; /* 0000 0000 0000 0000 0000 0000 0000 0010 */
   printf ("\n%u", u * i);
                    /* Das Bitmuster von u * i =                   */
                    /* 1111 1111 1111 1111 1111 1111 1111 1110 */
                    /* wird unsigned interpretiert als            */
                    /* 4294967294.                                */
   i = u * i;       /* 4294967294 wird bei Zuweisung als         */
                    /* signed interpretiert zu -2.                */
   printf ("\n%d\n", i);
   return 0;
}
```

Die Ausgabe des Programms ist:

```
4294967294
-2
```

Gemäß obengenannten Regeln wird vor der Produktbildung `i * u` der Operand `i` in `unsigned int` umgewandelt. Bei der Zuweisung `i = i * u` ist der Operand rechts des Zuweisungszeichens vom Typ `unsigned int`. Er muss in den Typ links des Gleichheitszeichens, d. h. in `int` gewandelt werden.

9.8 Sequenzpunkte bei Nebeneffekten

Die Berechnung von Ausdrücken kann mit Nebeneffekten verbunden sein.

> Der ISO-Standard schreibt jedoch nicht genau vor, wann ein Nebeneffekt eintritt. Er gibt jedoch **Punkte in der Ausführungssequenz** eines Programms an – **Sequenzpunkte** (engl. **sequence points**) genannt – an denen die Nebeneffekte vorangegangener Ausdrücke alle eingetreten sein müssen.

> An einem solchen Sequenzpunkt dürfen andererseits Nebeneffekte von Ausdrücken, die im Programm nach einem Sequenzpunkt stehen, auf keinen Fall stattgefunden haben.

Sequenzpunkte liegen nach C90 wie auch nach C11 an folgenden Stellen vor:

- Nach der Berechnung der Argumente und des Funktionsbezeichners, bevor die Funktion aufgerufen wird.
- Bei den folgenden Operatoren jeweils nach der Auswertung des ersten Operanden und vor der Auswertung des zweiten Operanden (gemäß der Abarbeitungsrichtung des Operators):
  - eines Operators für das logische UND `&&`,
  - eines Operators für das logische ODER `||`,
  - eines Bedingungsoperators, d. h. der Bedingung `A` in `A ? B : C`,
  - eines Komma-Operators.
- Am Ende der Auswertung der folgenden Ausdrücke:
  - eines Initialisierungsausdrucks einer manuellen Initialisierung,
  - eines Ausdrucks in einer Ausdrucksanweisung,
  - der Bedingung in einer `if`-Anweisung,
  - des Selektionsausdrucks in einer `switch`-Anweisung,
  - der Bedingung einer `while`- oder `do while`-Schleife,
  - eines jeden der drei Ausdrücke einer `for`-Anweisung,
  - des Ausdrucks einer `return`-Anweisung.

Wird ein Objekt zwischen zwei aufeinanderfolgenden Sequenzpunkten mehrmals verändert, so ist das Ergebnis nicht definiert. So ist beispielsweise das Ergebnis eines Ausdrucks wie etwa

```
i++ * i++
```

nicht definiert, da beim Multiplikationsoperator kein Sequenzpunkt zwischen den Operanden vorliegt und damit der Compiler frei ist, die Reihenfolge, in der Operanden berechnet und Nebeneffekte stattfinden, selbst festzulegen. Bei einem Funktionsaufruf wird ebenfalls nur gefordert, dass Nebeneffekte von Argumenten stattgefunden haben müssen, bevor die Funktion selbst aufgerufen wird, aber die Reihenfolge, in der Parameter ausgewertet werden und wann deren Nebeneffekte stattfinden, ist ebenfalls wieder Sache des Compilers.

9.9 Zusammenfassung

Dieses Kapitel befasst sich mit Anweisungen, Ausdrücken und Operatoren.

Ein Ausdruck ist in C im einfachsten Fall der Bezeichner (Name) einer Variablen oder einer Funktion, eine Konstante oder eine Zeichenkette. Meist interessiert der Wert eines Ausdrucks. Der Wert eines Ausdrucks wird auch als sein Rückgabewert bezeichnet. Jeder Rückgabewert hat auch einen Typ. Ausdrücke können aber auch Nebeneffekte haben und Werte an Speicherstellen verändern. Durch Verknüpfungen von Operanden – ein Operand ist selbst ein Ausdruck – durch Operatoren und gegebenenfalls auch runde Klammern entstehen komplexe Ausdrücke. Die Ziele der Verknüpfungen von Operatoren und Operanden zu Ausdrücken sind:

• Die Berechnung neuer Werte. Alles, was als Verknüpfung von Operatoren geschrieben werden kann, hat einen Wert und stellt einen Ausdruck dar.
• Das Erzeugen von gewollten Nebeneffekten.
• Ein Speicherobjekt, d. h. eine Variable oder eine Funktion, zu erhalten.

Operatoren und Operanden werden in Kapitel **9.1** besprochen.

Es gibt in C die folgenden Klassen von Operatoren:

• einstellige (unäre, monadische),
• zweistellige (binäre, dyadische)
• und einen einzigen dreistelligen (ternären, triadischen), nämlich den Operator ?: als Bedingungsoperator.

Ein einstelliger (unärer) Operator hat einen einzigen Operanden. Benötigt ein Operator zwei Operanden für die Verknüpfung, so spricht man von einem zweistelligen (binären) Operator. Postfix-Operatoren sind unäre Operatoren, die hinter (post) ihrem Operanden stehen. Präfix-Operatoren sind unäre Operatoren, die vor (prä) ihrem Operanden stehen. Der Operator i++ inkrementiert die Variable i, gibt jedoch den alten Wert von i zurück. Der Rückgabewert des Ausdrucks ++i ist i+1. Als Nebeneffekt wird die Variable i inkrementiert und erhält den Wert i+1.

Ausdrücke und Anweisungen werden in Kapitel **9.2** untersucht. Ausdrücke haben immer einen Rückgabewert. Sie können damit Teil eines größeren Ausdrucks sein. Anweisungen haben keinen Rückgabewert. Anweisungen können damit nicht Teil eines größeren Ausdrucks sein. In C gibt es

• Selektionsanweisungen,
• Iterationsanweisungen,
• Sprunganweisungen.

Darüberhinaus gibt es in C

• Ausdrucksanweisungen.

In C kann jeder Ausdruck eine Anweisung werden. In C kann man einfach durch Anhängen eines Semikolons an einen Ausdruck erreichen, dass ein Ausdruck zu einer Anweisung wird. Man spricht dann von einer sogenannten Ausdrucksanweisung. In einer solchen Ausdrucksanweisung wird der Rückgabewert eines Ausdruckes nicht verwendet. Lediglich wenn Nebeneffekte zum Tragen kommen, ist eine Ausdrucks-anweisung sinnvoll.

Nebeneffekte (siehe Kapitel **9.3**) werden auch als Seiteneffekte oder Nebenwirkungen bezeichnet. Ein Nebeneffekt kann Speicherinhalte verändern. Vor der Auswertung einer Ausdrucksanweisung müssen alle vorangegangenen Nebeneffekte abgearbeitet sein. Wenn die Berechnung des Ausdrucks einer Ausdrucksanweisung abgeschlossen ist, müssen jegliche Nebeneffekte der Ausdrucksanweisung abgearbeitet sein.

Man sollte mit Nebeneffekten sparsam umgehen, da sie leicht zu unleserlichen und fehlerträchtigen Programmen führen.

In C kann es zwei Sorten von Nebeneffekten geben:

- Die beabsichtigte Änderung von Werten im Speicher durch Operatoren oder beim erneuten Auswerten einer `volatile`-Variablen.
- Das versteckte Abändern von Werten im Speicher oder beim Schreiben von Dateien innerhalb von Funktionsaufrufen.

Kapitel **9.4** befasst sich mit der Auswertungsreihenfolge komplexer Ausdrücke. Wie in der Mathematik werden als erstes Teilausdrücke in Klammern ausgewertet. Dann werden die Operatoren der Ausdrücke entsprechend festgelegter Prioritäten abgearbeitet. Wenn zwei Operatoren die gleiche Priorität besitzen, so wird mit der sogenannten Assoziativität eine Abarbeitungsrichtung festgelegt, sprich, ob die Operatoren von rechts nach links oder von links nach rechts abgearbeitet werden.

`*p++` ist gleichbedeutend mit `*(p++)` und nicht mit `(*p)++`. Da der Operator `*` auf den Rückgabewert `p` von `p++` angewandt wird, ist der Rückgabewert von `*p++` das Speicherobjekt, auf das der Pointer `p` zeigt, wobei nach der Auswertung von `p++`, wenn der Nebeneffekt stattgefunden hat, der Pointer `p` um 1 weiter zeigt.

Unter Assoziativität versteht man die Reihenfolge, wie Operatoren und Operanden verknüpft werden, wenn Operanden mit Operatoren gleicher Priorität (Vorrangstufe) miteinander verkettet sind. Beachten Sie aber bitte, dass die Reihenfolge der Verknüpfung durch Operatoren nichts mit der Reihenfolge der Auswertung der Operanden zu tun hat. Dem Compiler bleibt die Reihenfolge der Auswertung der Operanden von Operatoren freigestellt.

L- und R-Werte werden in Kapitel **9.5** diskutiert. Ein Ausdruck stellt einen L-Wert (lvalue oder left value) dar, wenn er sich auf ein Speicherobjekt bezieht. Ein solcher Ausdruck kann links und rechts des Zuweisungsoperators stehen. Ein Ausdruck, der keinen L-Wert darstellt, stellt einen R-Wert (rvalue oder right value) dar. Er bezieht sich nicht auf ein Speicherobjekt. Er darf nur rechts des Zuweisungsoperators stehen. Einem R-Wert kann man also nichts zuweisen. Bestimmte Operatoren können nur auf L-Werte angewandt werden. So kann man den Inkrementoperator `++` oder den Adressoperator `&` nur auf L-Werte anwenden.

Es ist zu beachten, dass ein Pointer zwar auf einen L-Wert zeigt, der Pointer selbst jedoch nicht zwingendermaßen als L-Wert verfügbar sein muss. Ein Pointer kann auch aus einem beliebigen Ausdruck entstehen, welcher zu einem R-Wert evaluiert.

Außer dem schon besprochenen Fall eines L-Wertes auf der linken Seite einer Zu-weisung gibt es noch folgende Operatoren, welche einen L-Wert erwarten:

- Operand des Adressoperators &,
- Operand des Inkrementoperators ++,
- Operand des Dekrementoperators --,
- der linke Operand des Punktoperators . bei Strukturen,
- der linke Operand des Zuweisungsoperators =
- oder der linke Operand des Funktionsaufruf-Operators ().

Die folgenden Rückgabewerte können in einem Ausdruck direkt als L-Werte verwen-det werden:

- Rückgabewert des Punktoperators . bei Strukturen,
- Rückgabewert des Pfeiloperators -> bei Pointern,
- Rückgabewert des Arrayelement-Operators [],
- Rückgabewert des Dereferenzierungsoperators *.

Die Zusammenstellung aller Operatoren (siehe Kapitel **9.6**) behandelt alle Operato-ren in C.

Unter C90 sollte man die ganzzahlige Division nicht für negative Operanden verwen-den, da dann das Ergebnis implementierungsabhängig ist. Unter C11 ist die Imple-mentation der ganzzahligen Division mit negativen Zahlen klar definiert. Unter C90 sollte man den Restwertoperator nicht für negative Zahlen verwenden. Unter C11 ist das Ergebnis jedoch definiert.

Es handelt sich bei einer Zuweisung um einen Ausdruck. Dieses Konzept ist typisch für C. In Sprachen wie Pascal ist eine Zuweisung kein Ausdruck, sondern eine An-weisung.

Generell sollten die Ausdrücke auf der linken und der rechten Seite des Zuweisungs-operators den gleichen Typ haben. Ist dies nicht der Fall, findet eine implizite Typum-wandlung statt: Der Wert des Ausdrucks auf der rechten Seite wird in den Typ der linken Seite gewandelt.

C kennt in seinem Sprachkern keine eigenen Datentypen für boolesche Werte (Wahrheitswerte). Statt der booleschen Werte „wahr" und „falsch" oder „true" und „false" werden einfach Zahlen verwendet. Die 0 gilt als „falsch", jede Zahl ungleich 0 wie z. B. 1, 3, -17 oder 0.1 gilt als „wahr".

Ein folgenschwerer Fehler ist in C, statt des Gleichheitsoperators == versehentlich den Zuweisungsoperator = anzuschreiben. Ein solches Programm ist oft kompilier- und lauffähig, erzeugt aber andere Ergebnisse als erwartet. Dass beim Vergleich ei-ner Konstanten mit einer Zahl die Konstante links des Vergleichsoperators geschrie-ben wird, ist ein Beispiel für defensives Programmieren. Mit defensivem Programmie-ren sollen Laufzeitfehler vermieden werden.

Achten Sie bitte auf die Schreibweise für die logischen Operatoren && und ||. C kennt nämlich auch die Bit-Operatoren & und |. Daher meldet der Compiler keinen

Fehler bei einem Ausdruck wie etwa `a & b`. Die Wirkung der Bit-Operatoren ist jedoch eine ganz andere als die der logischen Operatoren.

Ausdrücke, die durch einen UND-Operator `&&` verknüpft sind, werden von links nach rechts abgearbeitet. Dasselbe gilt für Ausdrücke, die durch einen ODER-Operator `||` verknüpft sind. Dies gilt natürlich nicht, wenn `&&` und `||`-Operatoren gemischt sind, da der Operator `&&` eine höhere Priorität hat als der `||`-Operator.

Während beispielsweise bei `a + b` nicht festgelegt ist, ob erst `a` oder erst `b` ausgewertet wird, muss der Compiler bei `A && B` sowie bei `A || B` erst den Ausdruck `A` auswerten. Nebeneffekte des linken Operanden werden damit auch ausgeführt, bevor die weiteren Operanden ausgewertet werden. Die Auswertung wird abgebrochen, wenn das Ergebnis schon feststeht. Das kann dazu führen, dass Nebeneffekte der weiter rechts stehenden Ausdrücke nicht mehr ausgeführt werden.

Achten Sie bitte auf die Schreibweise für die Bit-Operatoren `&` und `|`. C kennt nämlich auch die logischen Operatoren `&&` und `||`. Daher meldet der Compiler keinen Fehler bei einem Ausdruck wie etwa `a && b`. Die Wirkung der logischen Operatoren ist jedoch eine ganz andere als die der Bit-Operatoren.

Bitoperationen finden auf allen Bits der Operanden statt. Bei den Bitoperationen werden jeweils die Bits der entsprechenden Position miteinander verknüpft. Mit dem UND-Operator für Bits kann man Bits in Bitmustern ausblenden. Mit dem ODER-Operator für Bits kann man Bits in Bitmustern einblenden. Mit dem Exklusives-ODER-Operator für Bits man Bits invertieren. Der Negationsoperator für Bits invertiert jedes Bit.

Der Operator `sizeof` dient zur Ermittlung der Größe von Typen sowie von Datenobjekten im Hauptspeicher. Ein Compiler legt Objekte eines bestimmten Typs bei vielen Architekturen auf Speicheradressen, die ein gegebenes Vielfaches einer Byte-Adresse sind. Eine solche Anordnung von Objekten im Speicher wird als Alignment bezeichnet. Der `sizeof`-Operator wird vor allem angewandt, um Programme portabler zu machen.

Der `sizeof`-Operator wertet einen Ausdruck, der ihm übergeben wurde, nicht aus. Er bestimmt lediglich den Typ des Ausdrucks und dann die Größe dieses Typs.

Die Anzahl der Elemente eines Arrays lässt sich mit `sizeof` wie folgt portabel bestimmen:

```
int a[] = {4,7,11,0,8,15};
size_t len = sizeof (a) / sizeof (a[0]);
```

Dieses Vorgehen funktioniert aber nur bei Arrays, deren Größe bei der Kompilation des Programms bereits bekannt ist. Für ein Array `a`, das als Parameter einer Funktion genutzt wird, ist das Vorgehen nicht erfolgreich, da `sizeof (a) / sizeof (a[0])` in diesem Fall immer zu 1 ausgewertet wird.

Der `_Alignof`-Operator `_Alignof (Typname)` existiert erst seit dem C11-Standard und gibt das Alignment eines Typs an, sprich die Bytegrenze, an welcher ein

Typ ausgerichtet ist. Der `_Alignof`-Operator kann im Gegensatz zum `sizeof`-Operator nur für **Typen** verwendet werden, nicht aber für Ausdrücke. Außer dem Operator `_Alignof` wurde in C11 auch der Alignment-Spezifikator `_Alignas` eingeführt. Variablen können mithilfe von `_Alignas` an gewisse Bytegrenzen gesetzt werden. Ob und wie ein Compiler diese Angaben umsetzen kann, ist je nach Implementation unterschiedlich.

Ein Ausdruck `A, B` wird von links nach rechts abgearbeitet. Erst wird der Ausdruck `A` ausgewertet, dann der Ausdruck `B`. Nebeneffekte des linken Ausdrucks sind nach dessen Auswertung eingetreten. Die allermeisten Vorkommen des Komma-Zeichens im Quelltext sind jedoch nicht dem Komma-Operator zuzuschreiben, sondern beispielsweise Parameterlisten, Initialisierern oder `enum`-Deklarationen. Im Vergleich zu zwei aufeinanderfolgenden Anweisungen hat der Komma-Operator jedoch zwei Vorteile: Erstens gibt der gesamte Ausdruck einen Wert zurück und zweitens werden die verknüpften Ausdrücke als ein einziger Ausdruck angesehen.

Eine echte „Rarität" in der Programmiersprache C ist der Bedingungsoperator. Er ist nämlich der einzige Operator, der drei Operanden verarbeitet. In einem bedingten Ausdruck `A ? B : C` wird zuerst der Ausdruck `A` ausgewertet. Ist der Rückgabewert von Ausdruck `A` ungleich 0, also wahr, so wird der Ausdruck `B` ausgewertet. Das Ergebnis von `B` ist dann der Rückgabewert des Bedingungsoperators. Ist jedoch der Ausdruck `A` gleich 0, also falsch, so wird der Ausdruck `C` ausgewertet und ist dann das Ergebnis des Bedingungsoperators. Zu beachten ist, dass beim Bedingungsoperator zuerst die Bedingung ausgewertet wird. Nebeneffekte des linken Operanden werden damit auch ausgeführt, bevor die weiteren Operanden ausgewertet werden.

Eine explizite Typumwandlung eines beliebigen Ausdrucks kann man mit dem cast-Operator (Typkonvertierungs-Operator) durchführen.

Es kann nicht jeder Typ in einen beliebigen anderen Typ gewandelt werden. Möglich sind insbesondere folgende Wandlungen:

- Wandlungen zwischen Integer-Typen,
- Wandlungen zwischen Gleitpunkt-Typen,
- Wandlungen zwischen Integer- und Gleitpunkt-Typen,
- Wandlungen zwischen Pointern auf Variablen,
- Wandlungen zwischen Pointern und Integer-Typen,
- die Wandlung eines Pointers auf einen Typ von Funktionen in einen Pointer auf einen anderen Typ von Funktionen
- und Wandlungen zwischen Pointern und dem Type `void *`.

Ein Pointer auf ein Objekt kann in einen Pointer auf ein anderes Objekt gewandelt werden. Der resultierende Pointer kann ungültig sein, wenn das Alignment für den Typ, auf den er zeigt, nicht stimmt.

Rechts-assoziativ sind: Zuweisungsoperatoren, der Bedingungsoperator und unäre Operatoren. Alle anderen Operatoren sind links-assoziativ.

Bei der Addition von literalen Zahlen ist das Endergebnis jeweils dasselbe – nicht aber unbedingt im folgenden Beispiel:

```
a = f1(....) * f2(....);
```

Problematisch wird es, wenn die Funktionen `f1()` und `f2()` auf dieselben globalen Variablen zugreifen und diese verändern. Dann ist das Ergebnis nicht definiert, da der Standard nicht festlegt, welcher der beiden Faktoren zuerst bewertet wird. Genausowenig ist festgelegt, in welcher Reihenfolge aktuelle Parameter bei einem Funktionsaufruf ausgewertet werden. Im Standard wird lediglich festgelegt, dass Nebeneffekte der Argumente vor dem Funktionsaufruf ausgewertet werden.

Kapitel **9.7** behandelt implizite Typumwandlungen in C. Implizite Typumwandlungen gibt es

- bei einem Pointer auf `void`,
- bei Operanden von arithmetischem Typ,
- bei Zuweisungen, Rückgabewerten und Übergabeparametern von Funktionen.

Bei formalen Parametern wie auch bei Rückgabewerten von Funktionen wird der zu übergebende Ausdruck wie bei einer Zuweisung in den Ziel-Typ umgewandelt.

Wenn arithmetische Operanden als Teil einer Zuweisung auftreten, so wird stets der Operand auf der rechten Seite in den Typ auf der linken Seite umgewandelt. Bei allen anderen binären Operatoren versucht der Compiler, eine möglichst optimale Umwandlung entweder des linken, des rechten oder von beiden Operanden vorzunehmen. Die Sprache C weist jedem arithmetischen Typ eine sogenannte Mächtigkeit beziehungsweise eine Rangordnung zu. Ein Typ ist grundsätzlich mächtiger als ein anderer, wenn sein Werteumfang größer ist. Bei arithmetischen Operanden gilt generell, dass der „kleinere" Datentyp in den „größeren" Datentyp umgewandelt wird. Bei Zuweisungen kommen neben diesen Umwandlungen auch Wandlungen vom „größeren" in den „kleineren" Datentyp vor.

Auch die explizite Typumwandlung mit dem cast-Operator wird nach den Konvertierungsregeln für eine Zuweisung durchgeführt.

Gewöhnliche arithmetische Konversionen werden bei binären Operatoren mit Ausnahme von Zuweisungsoperatoren und dem logischen `&&` und `||` durchgeführt . Sie werden auch beim ternären Bedingungsoperator `?:` durchgeführt. Das Ziel ist es, einen gemeinsamen Typ der Operanden des binären Operators zu erhalten, der auch der Typ des Ergebnisses ist. Verknüpft ein binärer Operator einen ganzzahligen und einen Gleitpunktoperanden, so erfolgt eine Umwandlung des ganzzahligen Operanden in einen Gleitpunktwert. Anschließend wird eine Gleitpunktoperation durchgeführt. Bei binären Operatoren werden arithmetische Operanden in einen gemeinsamen Typ umgewandelt. Bei der Zuweisung wird der rechte Operand in den Typ des linken Operanden umgewandelt, d. h. der Resultattyp einer Zuweisung ist der des linken Operanden.

Implizite Typumwandlungen sind sehr gefährlich, da man sie oft nicht richtig einschätzt. Sorgen Sie am besten selbst dafür, dass die Typen rechts und links des Zuweisungsoperators übereinstimmen!

Kapitel **9.8** bespricht die Sequenzpunkte bei Nebeneffekten. Die Berechnung von Ausdrücken kann mit Nebeneffekten verbunden sein. Der ISO-Standard schreibt jedoch nicht genau vor, wann ein Nebeneffekt eintritt. Er gibt jedoch Punkte in der Aus-

führungssequenz eines Programms an – Sequenzpunkte (engl. sequence points) genannt – an denen die Nebeneffekte vorangegangener Ausdrücke alle eingetreten
sein müssen. An einem solchen Sequenzpunkt dürfen andererseits Nebeneffekte
von Ausdrücken, die im Programm nach einem Sequenzpunkt stehen, auf keinen
Fall stattgefunden haben.

9.10 Übungsaufgaben

Aufgabe 9.1: Ungleichheitsoperator A != B

Lesen Sie zwei `int`-Zahlen ein. Wenn die beiden Zahlen nicht gleich sind, soll folgender Text ausgegeben werden:

```
Die Zahlen sollten GLEICH sein!
```

Aufgabe 9.2: Operator && für das logische UND

Gegeben sei das folgende Programm:

```c
#include <stdio.h>

int main (void)
{
   int kontonummer, pin;
   printf ("\nBitte geben Sie Ihre Kontonummer ein: ");
   scanf ("%d", &kontonummer);
   printf ("\nBitte geben Sie Ihre PIN ein: ");
   scanf ("%d", &pin);
   if (kontonummer == 13017)
   {
      if (pin != 10037)
         printf ("\nFalsche Eingabe!");
      else
         printf ("Sie wurden erfolgreich angemeldet.");
   }
   else
      printf ("\nFalsche Eingabe!");
   return 0;
}
```

Nun soll das Programm von Ihnen so modifiziert werden, dass nur noch eine `if`-`else`-Anweisung verwendet wird. Die Funktionalität des Programms soll dabei erhalten bleiben. Verwenden Sie dabei den Operator `&&` für das logische UND.

Aufgabe 9.3: Wandlung von hexadezimal in dezimal

Im Dialog soll der Benutzer aufgefordert werden, eine gültige Hexadezimalzahl (ohne Vorzeichen!), beispielsweise `FFA` einzugeben. Für die Eingabe sollen kleine und große Buchstaben zugelassen sein. Das Programm soll die zugehörige Dezimalzahl ausgeben. Gibt der Benutzer eine ungültige Hexadezimalzahl ein, so soll die Fehlermeldung `"Keine Hexadezimalzahl"` am Bildschirm erscheinen.

Hinweis:

Um die eingelesenen Zeichen in Zahlenwerte umzuwandeln, muss vom eingegebenen ASCII-Zeichenwert ein Basiswert abgezogen werden. Dieser Basiswert ist natürlich für Zahlen, Kleinbuchstaben und Großbuchstaben unterschiedlich:

1. Fall: `(c >= '0') && (c <= '9')`:   `c - '0';`
Der Wert von `'0'` ist 48.
So hat das Zeichen `'1'` den Wert $49 - 48 = 1$

2. Fall: `(c >= 'A') && (c <= 'F')`:   `c - 'A' + 10;`
So hat das Zeichen `'A'` den Wert `'A'` $-$ `'A'` $+ 10 = 10$

3. Fall: `(c >= 'a') && (c <= 'f')`:   `c - 'a' + 10;`
So hat das Zeichen `'a'` den Wert `'a'` $-$ `'a'` $+ 10 = 10$

Aufgabe 9.4: Bedingungsoperator

Schreiben Sie das folgende Programm um:

```
#include <stdio.h>

int main (void)
{
    int i, x, y;
    x = 1;
    y = 2;
    x == y ? (i = 1) : (i = 0);
    printf ("\ni = %d", i);
    return 0;
}
```

Ersetzen Sie hierbei den Bedingungsoperator durch eine `if`-Anweisung mit `else`-Teil.

Aufgabe 9.5: Der Subtraktions-Zuweisungsoperator

Erläutern Sie, was das folgende Programm tut. Überzeugen Sie sich durch einen Programmlauf.

```
#include <stdio.h>

int main (void)
{
    int a;
    int b;
    printf ("Gib zwei ganze positive Zahlen ein: ");
    scanf ("%d %d", &a, &b);
    while (a >= b) a -= b;
    printf ("\n??????? ist : %d\n", a);
    return 0;
}
```

Aufgabe 9.6: Die do while-Schleife, else if und der Operator || für das logische ODER

a) Analysieren Sie das nachfolgende Programm. Ersetzen Sie die `else if`-Anweisung durch den Operator `||` für das logische ODER, sodass nur eine `if-else`-Anweisung im Programm steht.

```
#include <stdio.h>

#define SPITZE          1
#define GUT             2
#define BEFRIEDIGEND    3
#define AUSREICHEND     4
#define DURCHGEFALLEN   5
#define JA              1
#define NEIN            0

int main (void)
{
    unsigned int note, bestanden;

    printf ("\nGeben Sie bitte eine Note (1-5) ein: ");
    scanf ("%u", &note);

    if (note == SPITZE) bestanden = JA;
    else if (note == GUT) bestanden = JA;
    else if (note == BEFRIEDIGEND) bestanden = JA;
    else if (note == AUSREICHEND) bestanden = JA;
    else bestanden = NEIN;
    bestanden ? printf ("\nJA, ") : printf ( "\nNICHT ");
    printf ("WEITER SO !\n");
    return 0;
}
```

b) Erweitern Sie jetzt das Programm aus Teilaufgabe a: Solange keine gültigen Eingabewerte, d. h. Werte kleiner 1 oder größer 5, eingegeben werden, soll `scanf()` wiederholt werden. Benutzen Sie dafür eine do `while`-Schleife.

Hinweise:

Die do `while`-Schleife ist eine annehmende bzw. nicht abweisende Schleife. Das bedeutet: die Schleife wird mindestens einmal durchlaufen. Die `while`-Bedingung wird dann nach jedem Schleifendurchlauf geprüft. Es ist darauf zu achten, dass in der do `while`-Schleife nach der `while`-Bedingung – anders als bei der `while`-Schleife – ein Strichpunkt steht.

Aufgabe 9.6: Gebrauch verschiedener Operatoren

Gegeben sei:

```
int a = 2, b = 1;     /* Diese Anweisungen sind Grundlage */
int * ptr = &b;       /* fuer jede der Aufgaben a) bis o) */
```

Finden Sie ohne C-Compiler heraus, welcher Wert der Variablen a in den einzelnen Anweisungen a) bis o) zugewiesen wird. Beachten Sie dabei genau die Priorität der entsprechenden Operatoren. Erläutern Sie, wie Sie auf das Ergebnis kommen. Verifizieren Sie ihr theoretisch ermitteltes Ergebnis gegebenenfalls durch einen Programmlauf.

```
a) a  = b = 2;
b) a  = 5 * 3 + 2;
c) a  = 5 * (3 + 2);
```

```
d) a *= 5 + 5;
e) a %= 2 * 3;
f) a  = !(--b == 0);
g) a  = 0 && 0 + 2;
h) a  = b++ * 2;
i) a  = - 5 - 5;
j) a  = -(+b++);
k) a  = 5 == 5 && 0 || 1;
l) a  = ((((((b + b) * 2) + b) && b || b)) == b);
m)a  = b ? 5 - 3 : b;
n) a  = 5 ** ptr;
o) a  = b + (++b);
```

Kapitel 10

Kontrollstrukturen

10 Kontrollstrukturen

Die sequenzielle Programmausführung kann durch Kontrollstrukturen beeinflusst werden. So können in Abhängigkeit von der Bewertung von Ausdrücken Anweisungen übergangen oder ausgeführt werden. Nach den Kontrollstrukturen der Strukturierten Programmierung, nämlich der Sequenz (siehe Kapitel 10.1), Selektion (siehe Kapitel 10.2) und Iteration (siehe Kapitel 10.3), werden in Kapitel 10.4 Sprunganweisungen besprochen.

10.1 Blöcke – Kontrollstrukturen für die Sequenz

Erfordert die Syntax eines Programms genau eine einzige Anweisung, wie beispielsweise bei der Selektion, so können dennoch mehrere Anweisungen geschrieben werden, wenn man sie in Form eines Blockes zusammenfasst.

Das folgende Bild symbolisiert einen **Block** (engl. **compound statement**):

```
{
    Anweisung_1
    Anweisung_2
    Anweisung_3
        .
        .
        .
    Anweisung_n
}
```

Bild 10-1 Ein Block in einem Programm

Die geschweiften Klammern { und } stellen die **Blockbegrenzer** dar. Die Anweisungen zwischen den Blockbegrenzern werden sequenziell abgearbeitet. Ein Block wird deshalb auch als **Kontrollstruktur für die Sequenz** bezeichnet. Bild 10-2 zeigt mehrere Anweisungen, die zu einem Block gruppiert sind, in Form eines Struktogramms:

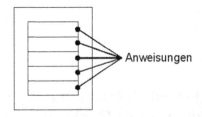

Bild 10-2 Ein Block ist eine Sequenz von Anweisungen

Ein **Block** (eine **zusammengesetzte** oder **geblockte Anweisung**) kann an jeder Stelle eingesetzt werden, an der eine beliebige Anweisung stehen kann.

Ein Block zählt syntaktisch als eine einzige Anweisung.

Blöcke werden noch ausführlich in Kapitel 11.1 behandelt.

10.2 Kontrollstrukturen für die Selektion

Von einer **Selektion** spricht man zum einen, wenn man eine Anweisung nur dann ausführen will, wenn eine bestimmte Bedingung zutrifft. Zum anderen möchte man mit Selektionsanweisungen auch zwischen zwei Möglichkeiten (entweder/oder) bzw. zwischen mehreren Möglichkeiten (entweder/oder.../oder/ansonsten) genau eine einzige auswählen.

10.2.1 Einfache Alternative – if und else

Die Syntax der **einfachen Alternative** ist:

```
if (Ausdruck)
    Anweisung1
else
    Anweisung2
```

Das folgende Bild zeigt das zugehörige Struktogramm:

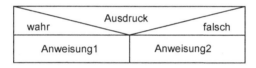

Bild 10-3 Struktogramm von `if-else`

Bei der einfachen Alternative wird die Bedingung `Ausdruck` berechnet. Trifft die Bedingung zu (hat also einen von 0 verschiedenen Wert), so wird die Anweisung `Anweisung1` ausgeführt. Trifft die Bedingung nicht zu (hat also den Wert 0), so wird die Anweisung `Anweisung2` ausgeführt.

0 gilt als falsch und eine von 0 verschiedene Zahl als wahr.

Soll mehr als eine einzige Anweisung ausgeführt werden, so ist ein Block zu verwenden, der syntaktisch als eine einzige Anweisung zählt. Hierfür ein **Beispiel**:

```
if (Ausdruck) ....
{
    Anweisung 1.1
    Anweisung 1.2
}
```

```
else
{
    Anweisung 2.1
    Anweisung 2.2
}
```

Der `else`-Zweig ist optional. Entfällt der `else`-Zweig, so spricht man von einer **bedingten Anweisung**. Hierfür ein **Beispiel**:

```
if (Ausdruck)
{
    Anweisung
}
```

Das folgende Bild zeigt das Struktogramm der bedingten Anweisung:

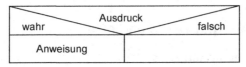

Bild 10-4 Struktogramm der bedingten Anweisung

Bei einer **bedingten Anweisung** wird die Anweisung nur dann ausgeführt, wenn die Bedingung zutrifft. Trifft die Bedingung zu, so wird zu der Anweisung übergegangen, die der bedingten Anweisung nachfolgt.

Das Schlüsselwort `if` prüft immer den numerischen Wert des Ausdrucks in Klammern, ob er 0 oder eine von 0 verschiedene Zahl ist. Der Rückgabewert eines Vergleichs wie z. B. `a == 0` ist 0 (falsch) bzw. 1 (wahr). Siehe hierzu auch Kapitel 9.6.4. Somit kann man bei der Prüfung eines Ausdrucks `a` auf den Wahrheitswert wahr statt

```
if (a != 0) ....
```

auch abgekürzt

```
if (a) ....
```

schreiben.

Geschachtelte if- und else-Anweisungen

Im `if`-Zweig und auch im `else`-Zweig einer `if`-Anweisung darf eine beliebige Anweisung stehen. Das kann wiederum auch eine `if`-Anweisung selbst sein. Es entstehen so geschachtelte `if`-Anweisungen.

Mit geschachtelten `if`-Anweisungen können relativ komplexe Bedingungen ausgedrückt werden wie etwa in folgendem Beispiel, in dem das Maximum (`max`) von drei Zahlen `a`, `b` und `c` berechnet wird:

```
if (a > c)
    if (b > a) max = b;
```

```
    else max = a;
else
    if (b > c) max = b;
    else max = c;
```

Die if-Anweisung mit mehreren else-Zweigen wird als **Mehrfachbedingung** bezeichnet und in Kapitel 10.2.2 genauer behandelt.

Da der else-Zweig einer if-else-Anweisung optional ist, entsteht eine Mehrdeutigkeit, wenn ein else-Zweig in einer verschachtelten Folge von if-else-Anweisungen fehlt. Dem wird dadurch begegnet, dass der else-Zweig immer mit dem letzten if verbunden wird, für das noch kein else-Zweig existiert.

So gehört im folgenden **Beispiel**

```
if (a)
    if (b > c)
        printf ("%d\n", b);
    else
        printf ("%d\n", c);
```

der else-Zweig – wie die Regel oben aussagt – zum letzten, inneren if. Eine von Programmierern eventuell versuchte Umgehung der Zuordnung der if- und else-Zweige durch Einrücken (z. B. mit Tabulator) kann der Compiler nicht erkennen, da für ihn Whitespace-Zeichen nur die Bedeutung von Trennern haben, aber sonst vollkommen bedeutungslos sind. Um eine andere Zuordnung zu erreichen, müssen entsprechende geschweifte Klammern gesetzt und somit Blöcke definiert werden wie im folgenden **Beispiel**:

```
if (a)
{
    if (b > c) printf ("%d\n", b);
}
else
    printf ("%d\n", c);
```

10.2.2 Mehrfache Alternative – else if

Das else if ist die allgemeinste Möglichkeit für eine **Mehrfach-Selektion**, d. h. um eine Auswahl unter verschiedenen Alternativen zu treffen.

Durch wiederholtes Einsetzen einer bedingten Anweisung in den jeweils letzten else-Zweig entsteht eine Mehrfach-Selektion:

```
if (Ausdruck_1)
    Anweisung_1
else if (Ausdruck_2)
    Anweisung_2
else if (Ausdruck_3)
    Anweisung_3
```

```
      .
      .
      .
else if (Ausdruck_n)
   Anweisung_n
else                        /* der else-Zweig              */
   Anweisung_else           /* ist optional                */
```

Im Folgenden das Struktogramm für eine solche Anweisung:

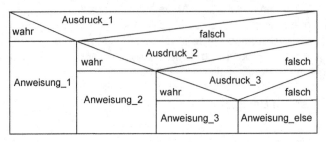

Bild 10-5 Beispiel für ein Struktogramm der Mehrfachselektion mit `else if`

In der angegebenen Reihenfolge wird ein Vergleich nach dem anderen durchgeführt. Bei der ersten Bedingung, die wahr ist, wird die zugehörige Anweisung abgearbeitet und die Mehrfach-Selektion abgebrochen. Dabei kann statt einer einzelnen Anweisung stets auch ein Block von Anweisungen stehen, da ein Block syntaktisch einer einzigen Anweisung gleichgestellt ist.

Der letzte `else`-Zweig ist optional. Hier können alle anderen Fälle behandelt werden, die in der `if`-`else`-`if`-Kette nicht explizit aufgeführt sind. Ist dies nicht notwendig, so kann der `else`-Zweig entfallen.

Dieser `else`-Zweig wird oft zum Abfangen von Fehlern, z. B. bei einer Benutzereingabe, verwendet. Betätigt der Benutzer eine ungültige Taste, kann er in diesem `else`-Teil „höflichst" auf sein Versehen hingewiesen werden.

10.2.3 Mehrfache Alternative – switch

Für eine Mehrfach-Selektion, d. h. eine Selektion unter mehreren Alternativen, kann auch die `switch`-Anweisung verwendet werden, falls die Alternativen ganzzahligen Werten eines Ausdrucks von einem Integer-Typ entsprechen.

Die Syntax der `switch`-Anweisung lautet:

```
switch (Ausdruck)
{
   case k1:
      Anweisungen_1
      break;
   case k2:
      Anweisungen_2
      break;
```

```
       .
       .
       .
   case kn:
      Anweisungen_n
      break;
   default:                        /* ist              */
      Anweisungen_default          /* optional         */
      break;
}
```

Jeder Alternative geht eine – oder eine Reihe – von `case`-**Marken** mit ganzzahligen Konstanten `k1, ..., kn` oder konstanten Ausdrücken voraus.

Ein Beispiel für eine `case`-Marke ist:

```
case 5:
```

Ein Beispiel[98] für eine Reihe von `case`-Marken ist:

```
case 1:   case 3:   case 5:
```

Die vorangegangene `switch`-Anweisung wird durch das folgende Struktogramm visualisiert:

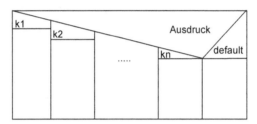

Bild 10-6 Struktogramm einer `switch`-Anweisung

Hat der Ausdruck der `switch`-Anweisung den gleichen Wert wie einer der konstanten Ausdrücke der `case`-Marken, so wird die Ausführung des Programms mit der Anweisung hinter dieser `case`-Marke weitergeführt. Stimmt keiner der konstanten Ausdrücke mit dem `switch`-Ausdruck überein, so wird zu `default` gesprungen.

`default` ist optional. Benötigt die Anwendung keinen `default`-Fall, kann dieser entfallen und das Programm würde beim Nichtzutreffen aller aufgeführten konstanten Ausdrücke nach der `switch`-Anweisung fortgeführt. Die Reihenfolge der `case`-Marken ist beliebig. Auch die `default`-Marke muss nicht als letzte stehen. Am übersichtlichsten ist es, wenn die `case`-Marken nach aufsteigenden Werten geordnet sind und `default` am Schluss steht.

Eine wichtige Bedingung für die `switch`-Anweisung ist, dass alle `case`-Marken unterschiedlich sein müssen.

---

98 Siehe dazu auch das Beispiel in Kapitel 10.2.3.2.

Wird durch die `switch`-Anweisung eine passende `case`-Marke gefunden, werden die anschließenden Anweisungen bis zum `break` ausgeführt. `break` springt dann zu der auf die `switch`-Anweisung folgenden Anweisung (siehe auch Kapitel 10.4.1).

Fehlt die `break`-Anweisung, so werden die nach der nächsten `case`-Marke folgenden Anweisungen abgearbeitet. Dies geht so lange weiter, bis ein `break` gefunden wird oder bis das Ende der `switch`-Anweisung erreicht ist.

Bei der Umsetzung eines Struktogramms in ein C-Programm sollte jeder `case`-Fall mit einer `break`-Anweisung abgeschlossen werden. Wird eine `break`-Anweisung vergessen, führt das in aller Regel zu schwer zu entdeckenden Fehlern.

Die folgenden Unterschiede zur mehrfachen Alternative mittels `else if` bestehen:

a) `switch` prüft nur auf die Gleichheit von Werten, wohingegen bei `else if` logische Ausdrücke ausgewertet werden.

b) Der Bewertungsausdruck der `switch`-Anweisung kann nur ganzzahlige Werte oder Zeichen verarbeiten. Zeichen werden als Integer-Zahlen interpretiert.

c) Die Effizienz der `switch`-Anweisung ist gegenüber der `else if`-Anweisung in der Regel besser, da bedingt durch die konstanten `case`-Marken der Compiler bessere Optimierungsmöglichkeiten hat. Im Falle der `else if`-Bedingungen kann die Auswertung normalerweise erst zur Laufzeit erfolgen.

d) Die Übersichtlichkeit bzw. Erweiterbarkeit ist bei `switch` besser als bei `else if`.

e) Moderne Compiler können bei `switch` auf die vollständige Auflistung aller Aufzählungskonstanten eines Aufzählungstyps (`enum`) prüfen. Dadurch werden keine Fälle vergessen. Aufzählungstypen werden in Kapitel 7.2.4 behandelt.

Statt umfangreicher `else if`-Konstruktionen sollte – falls möglich – bevorzugt die effiziente mehrfache Alternative `switch` benutzt werden.

10.2.3.1 Sichtbarkeit von Variablen in case-Blöcken

Seit C99 kann man eine Variable innerhalb eines `switch`-Blockes definieren.

Hierbei ist jedoch Vorsicht geboten:

Werden innerhalb der geschweiften Klammern der `switch`-Anweisung Variablen definiert, so sind sie grundsätzlich im gesamten `switch`-Block sichtbar. Sie werden jedoch nur in demjenigen `case`-Fall initialisiert, in welchem ihre Definition steht.

Springt das Programm somit während der Laufzeit zu einer `case`-Marke, wo die Variable nicht initialisiert wird, so führt jedes Ansprechen einer solchen Variablen zu undefinierten Werten.

Im folgenden **Beispiel** wird bei `case 2:` fälschlicherweise eine Zahl angesprochen, welche in einem anderen `case`-Fall initialisiert wurde:

```c
#include <stdio.h>
int main (void)
{
   switch(2)
   {
      case 1:
         printf ("Die Variable i wird initialisiert...\n");
         int i = 0;
         printf ("Die Variable i hat den Wert %i\n", i);
        break;
      case 2:
         printf ("Die Variable i hat den Wert %i\n", i);
         break;
   }
   return 0;
}
```

Das Programm arbeitet hier mit uninitialisierten Werten. Um solche Fehler zu vermeiden, wird empfohlen, innerhalb einer `switch`-Anweisung keine Variablen-Definitionen zu machen. Wenn es jedoch dennoch nötig ist, eine solche Definition vorzunehmen, so wird empfohlen, um die Anweisungen des definierenden `case`-Falles geschweifte Klammern zu setzen. Beispielsweise:

```c
case 1:
{
   printf ("Die Variable i wird nun initialisiert...\n");
   int i = 0;
   printf ("Die Variable i hat den Wert %i\n", i);
   break;
}
```

Fügt man diesen Code in das obige Beispiel ein, so wird der Compiler auch sofort einen Fehler melden, weil bei `case 2:` eine nun nicht mehr sichtbare Variable angesprochen werden soll.

Es folgen nun zwei Beispiele, in denen zwischen mehreren Alternativen mittels einer `switch`-Anweisung gewählt wird.

10.2.3.2 Beispiel mit einer ganzen Zahl als Argument von switch

Im folgenden Beispiel wird der Fall aufgrund des Werts einer ganzen Zahl bestimmt:

```c
/* Datei: switch1.c */
#include <stdio.h>

int main (void)
{
   int zahl;
```

```
printf ("\nEingabe: ");
scanf ("%d", &zahl);
switch (zahl)
{
   case 2:
   case 4:
      printf ("\nEs war eine gerade Zahl zwischen 1 und 5\n");
      break;
   case 1:
   case 3:
   case 5:
      printf ("\nEs war eine ungerade Zahl zwischen 1 und 5\n");
      break;
   default:
      printf ("\nEs war keine Zahl zwischen 1 und 5\n");
}
return 0;
}
```

Der folgende Dialog wurde geführt:

```
Eingabe: 4
Es war eine gerade Zahl zwischen 1 und 5
```

10.2.3.3 Beispiel mit einer Aufzählungskonstanten als Argument von switch

Besonders schön lesbar wird der Code, wenn man die ganzzahligen Konstanten im `switch` durch symbolische Konstanten ersetzt, deren Bedeutung dem Leser sofort klar ist. Das Definieren der symbolischen Konstanten kann durch `#define` oder noch besser durch `enum` – wie im folgenden Beispiel – realisiert werden. Hier ein Beispiel mit einer Aufzählungskonstanten:

```
/* Datei: switch2.c */
#include <stdio.h>
int main (void)
{
   enum color {RED, GREEN, BLUE};                       /*(1)*/
   enum color col = GREEN;                              /*(2)*/
   switch (col)
   {
   case RED:
      printf (" RED");
      break;
   case GREEN:                                          /*(3)*/
      printf (" GREEN");
      break;
   case BLUE:
      printf (" BLUE");
      break;
   default:
      printf (" undefined color!");
   }
   return 0;                                            /*(4)*/
}
```

Die Ausgabe am Bildschirm ist:

```
GREEN
```

Das Programm `switch2.c` nutzt zur Aufzählung von Konstanten den Datentyp `enum color`. Bei Kommentar `(1)` werden den Konstanten `RED`, `GREEN` und `BLUE` die Integerwerte 0, 1 und 2 zugewiesen. Nun wird bei Kommentar `(2)` eine Variable `col` vom Typ `enum color` angelegt und der Wert `GREEN` zugewiesen. In der folgenden `switch`-Anweisung werden aufgrund des Wertes `GREEN` von `col` die Anweisungen bei `case GREEN:` ausgeführt. Die `break`-Anweisung bewirkt schließlich ein Verlassen der `switch`-Anweisung. Das heißt, dass die nächste, auf die `switch`-Anweisung folgende Anweisung, die durch den Kommentar `(4)` gekennzeichnet ist, ausgeführt wird.

Würde man in diesem Beispiel die `break`-Anweisungen vergessen, so würde auf dem Bildschirm ausgegeben: `GREEN BLUE undefined color!`.

10.3 Kontrollstrukturen für die Iteration

Zur Iteration gehören als Kontrollstrukturen die abweisende Schleife mit `while` (siehe Kapitel 10.3.1), die abweisende Schleife mit `for` (siehe Kapitel 10.3.2) und die annehmende Schleife mit `do while` (siehe Kapitel 10.3.3).

10.3.1 Abweisende Schleife mit while

Die Syntax der `while`-Schleife lautet:

```
while (Ausdruck)
   Anweisung
```

Das folgende Bild zeigt das zugehörige Struktogramm:

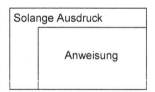

Bild 10-7 Struktogramm der `while`-Schleife

In einer `while`-Schleife kann eine Anweisung in Abhängigkeit von der Bewertung eines Ausdrucks wiederholt ausgeführt werden. Da der Ausdruck vor der Ausführung der Anweisung bewertet wird, spricht man auch von einer **„abweisenden" Schleife**.

Der Ausdruck wird berechnet und die Anweisung nur dann ausgeführt, wenn der Ausdruck wahr ist. Danach wird die Berechnung des Ausdrucks und die eventuelle

Ausführung der Anweisung wiederholt. Um keine Endlosschleife zu erzeugen, muss daher der Wert des Bewertungsausdrucks im Schleifenrumpf, d. h. in der Anweisung Anweisung, verändert werden. Sollen mehrere Anweisungen ausgeführt werden, so ist ein Block zu verwenden.

Beispiel:

Das folgende Beispiel zeigt die Manipulation des Wertes der Abbruchbedingung im Schleifenrumpf:

```
/* Datei: while1.c */
#include <stdio.h>
int main (void)
{
    int lv = 0;
    while (lv < 10)                                              /*(1)*/
    {                                                            /*(2)*/
        printf ("%d", lv);
        if (lv < 9)
        {
            printf (", ");
        }
        lv++;         /* Manipulation des Werts der Abbruchbedingung */
    }                                                            /*(3)*/
    return 0;                                                    /*(4)*/
}
```

Die Ausgabe am Bildschirm ist:

```
0, 1, 2, 3, 4, 5, 6, 7, 8, 9
```

Das Programm while1.c wertet vor jeder Ausführung des **Schleifenrumpfes** (das ist der Block begrenzt durch Kommentar (2) und (3)) die Bedingung im **Schleifenkopf** (lv < 10 – bei Kommentar (1)) aus. Ist diese Bedingung ungleich 0 (wahr), dann wird der Anweisungsblock ausgeführt. Dies wiederholt sich solange, wie die Bedingung erfüllt ist. Sobald die Laufvariable lv den Wert 10 annimmt, ist die Bedingung nicht mehr erfüllt (falsch) und der Schleifenrumpf wird nicht mehr ausgeführt. Das Programm arbeitet dann mit der ersten Anweisung nach der Schleife weiter (bei Kommentar (4)). Die bedingte Anweisung in der Schleife dient dazu, beim letzten Durchlauf der Schleife kein Komma mehr auszugeben.

10.3.2 Abweisende Schleife mit for

Die for-Schleife ist wie die while-Schleife eine abweisende Schleife, da erst geprüft wird, ob die Bedingung für ihre Ausführung zutrifft.

Die Syntax der for-Schleife lautet:

```
for (Ausdruck_1; Ausdruck_2; Ausdruck_3)
    Anweisung
```

Die `for`-Anweisung ist äquivalent zu der folgenden `while`-Schleife[99]:

```
Ausdruck_1;
while (Ausdruck_2)
{
    Anweisung
    Ausdruck_3;
}
```

Dies zeigt das folgende Struktogramm:

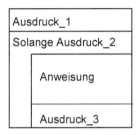

Bild 10-8 Struktogramm der `for`-Schleife

Die `for`-Schleife enthält drei Schritte:

- Initialisierung einer Laufvariablen[100], welche die Anzahl der Schleifendurchläufe zählt, in Ausdruck `Ausdruck_1`,
- Prüfung der Schleifenbedingung[101] in Ausdruck `Ausdruck_2`,
- gegebenenfalls Ausführung der Anweisung `Anweisung` und Erhöhung des Wertes der Laufvariablen in `Ausdruck_3`, falls kein Abbruch erfolgte.

In einer gebräuchlichen Form wird die `for`-Schleife so verwendet, dass die Ausdrücke `Ausdruck_1` und `Ausdruck_3` Zuweisungen an die Laufvariable sind und `Ausdruck_2` eine Bedingung über den Wert der Laufvariablen ist.

Der aktuelle Wert der Laufvariablen bleibt auch dann erhalten, wenn die `for`-Schleife mit der `break`-Anweisung (siehe Kapitel 10.4.1) verlassen wird, und kann somit außerhalb der Schleife abgefragt werden.

Die Laufvariable einer `for`-Schleife, die bereits vor der Schleife definiert wird, enthält nach dem Verlassen der Schleife immer den zuletzt in der Schleife berechneten Wert.

---

[99] Vorausgesetzt, der bei der `for`-Schleife optionale `Ausdruck_2` ist tatsächlich vorhanden. Die Äquivalenz ist auch gegeben, wenn die optionalen Ausdrücke `Ausdruck_1` bzw. `Ausdruck_3` fehlen.
[100] Statt **Laufvariable** ist auch der Begriff **Schleifenindex** gebräuchlich.
[101] Statt **Schleifenbedingung** wird auch der Begriff **Abbruchbedingung** verwendet.

10.3.2.1 Beispiel

Hier ein Beispiel einer typischen `for`-Schleife:

```
int lv;
for (lv = 0; lv < 10; lv = lv + 1)
{
  printf ("Die Zahl ist %d\n", lv);
}
```

Die Laufvariable (der Schleifenindex) `lv` in diesem Beispiel zählt die Zahl der Schleifendurchläufe hoch. Für die Erhöhung des Wertes der Laufvariablen kann statt `lv = lv + 1` auch genauso gut `lv++` oder `++lv` geschrieben werden. Alle drei Schreibweisen sind hier äquivalent. Entscheidend ist nur, dass die Laufvariable erhöht wird. Der Rückgabewert des Ausdrucks `Ausdruck_3` wird verworfen.

Natürlich ist es von der Syntax her möglich, dass statt `lv++` beispielsweise auch `a = lv++` geschrieben wird, wobei `a` eine bereits definierte Variable sein soll. Dann wird ebenfalls die Laufvariable erhöht, aber darüber hinaus noch der Wert der Variablen `a` verändert. Solche Kunststücke können leicht übersehen werden und machen deshalb das Programm schlecht lesbar.

10.3.2.2 Änderung der Sichtbarkeit von Laufvariablen seit C99

Seit dem C99-Standard ist es zudem möglich, beim `Ausdruck_1` eine Laufvariable zu vereinbaren. Diese Laufvariable hat nur für die Ausdrücke `Ausdruck_1`, `Ausdruck_2` und `Ausdruck_3` sowie für die Anweisung (bzw. den Anweisungsblock) der `for`-Schleife Gültigkeit.

> Eine nur in der Schleife sichtbare Laufvariable kann außerhalb der `for`-Schleife nicht angesprochen werden.

Diese neue Möglichkeit existiert zusätzlich zu der alten, bei der die Laufvariable vor der Schleife definiert wird. Diese Einschränkung der Sichtbarkeit der Laufvariablen ist sinnvoll, denn in den meisten Fällen ist der Zustand der Laufvariablen nach Abarbeitung der Schleife nicht mehr von Bedeutung. Wenn Variablen nicht sichtbar sind, werden unbeabsichtigte Fehler mit ihnen vermieden.

Das obige Beispiel könnte mit der neuen Möglichkeit also folgendermaßen geschrieben werden:

```
for (int lv = 0; lv < 10; lv = lv + 1)
{
  printf ("Die Zahl ist %d\n", lv);
}
```

10.3.2.3 Beispiel für eine inkrementierende for-Schleife

Im folgenden Beispiel werden die Zahlen 0 bis 9 am Bildschirm ausgegeben:

```
/* Datei: for1.c */
#include <stdio.h>

int main (void)
{
   int lv;
   for (lv = 0;lv < 10; lv = lv + 1)                        /*(1)(2)*/
   {                                                        /*(3)*/
      printf ("%d", lv);
      if (lv < 9)
      {
         printf (", ");
      }
   }                                                        /*(4)*/
   return 0;
}
```

Die Ausgabe am Bildschirm ist:

0, 1, 2, 3, 4, 5, 6, 7, 8, 9

Die Laufvariable `lv` wird zu Beginn der Schleife mit dem Wert 0 initialisiert. Ist die Bedingung bei Kommentar (1) wahr, dann wird der **Schleifenrumpf (Schleifenkörper)** (Kommentar (3) bis (4)) ausgeführt. Anschließend wird die Laufvariable bei Kommentar (2) um eins erhöht und geprüft, ob die Schleifenbedingung (bei Kommentar (1)) einen weiteren Durchlauf durch den Schleifenrumpf zulässt. Ist dies der Fall, so erfolgt der Ablauf des Schleifenrumpfes und **wieder** die Erhöhung der Laufvariablen. Das Ganze wird solange wiederholt, wie die Laufvariable kleiner als 10 ist. Da immer nach der Ausführung des Anweisungsblocks der Schleifenzähler erhöht wird, ist sein Wert am Ende um eins größer als Durchläufe des Anweisungsblocks erfolgt sind. Bei obigem Programm ist also `lv == 10`.

10.3.2.4 Beispiel für eine dekrementierende for-Schleife

Das nächste Beispiel zeigt eine Schleife, bei welcher der Wert der Laufvariablen in jedem Durchgang verringert wird:

```
/* Datei: for2.c */
#include <stdio.h>
int main (void)
{
   int lv;
   for (lv = 2; lv >= 0; lv--)
   {
      printf ("%d", lv);
      if (lv > 0)
      {
         printf (", ");
      }
   }
   return 0;
}
```

Die Ausgabe am Bildschirm ist:

```
2, 1, 0
```

Diese Schleife wird ausgeführt, solange die Laufvariable `lv` größer gleich 0 ist. Nach jedem Durchlauf wird die Laufvariable `lv` um eins verringert.

10.3.2.5 Beispiel für die Berechnung einer Summe

Das folgende Programm `for3.c` addiert zur Variablen `summe` bei jedem Durchlauf den aktuellen Wert der Laufvariablen:

```c
/* Datei: for3.c */
#include <stdio.h>
int main (void)
{
   int lv;
   int summe = 0;
   for (lv = 1; lv < 10; lv++)
   {
      summe = summe + lv;                                    /*(1)*/
   }
   printf ("Die Gesamtsumme ist: %d\n", summe);
   return 0;
}
```

Die Ausgabe am Bildschirm ist:

```
Die Gesamtsumme ist: 45
```

Bei Kommentar `(1)` wird – von rechts nach links gelesen – zuerst die Laufvariable zum aktuellen Wert der Variablen `summe` addiert und dann diese Summe der Variablen `summe` zugewiesen.

10.3.2.6 Beispiel für die Bearbeitung von Arrays in einer for-Schleife

Das folgende Programm zeigt, wie Arrays mit Hilfe von Schleifen elegant bearbeitet werden können:

```c
/* Datei: for4.c */
int main (void)
{
   int lv;
   int array1 [20];
   int array2 [20];
   for (lv = 0; lv < 20; lv++)
   {
      array1[lv] = lv;
      array2[lv] = array1[lv] * 2;
   }
```

```
   return 0;
}
```

Das Programm weist dem Arrayelement `array1[lv]` immer zuerst den aktuellen Wert der Laufvariablen von `lv` zu. Danach wird dem Arrayelement `array2[lv]` der doppelte Wert des Elements `array1[lv]` zugewiesen.

In dem obigen Beispiel hat die Variable `lv` nach der `for`-Schleife den Wert 20.

10.3.2.7 Beispiele mit höherem Schwierigkeitsgrad

Um die `for`-Schleife etwas eingehender zu behandeln, hier und im folgenden Kapitel 10.3.2.8 noch ein paar Beispiele mit etwas höherem Schwierigkeitsgrad.

Das folgende Programm `for5.c` verwendet u. a. 2er-Schritte in einer Schleife:

```
/* Datei: for5.c */
#include <stdio.h>
int main (void)
{
   int lv;
   for (lv = 12; lv >= 0; lv = lv - 2)      /* 12 bis 0         */
   {                                        /* in 2er-Schritten */
      printf ("%d",lv);                     /* ausgeben         */
      if (lv > 0)
      {
         printf (", ");
      }
   }
   printf ("\n");
   for (lv = -1; lv >= -13;
         lv = lv - 2)                       /* -1 bis -13       */
   {                                        /* in 2er-Schritten */
      printf ("%d", lv);                    /* ausgeben         */
      if (lv > -12)
      {
         printf (", ");
      }
   }
   printf ("\n");
   for (lv = 0; lv <= 6; lv = lv + 1)       /* 0 bis 6          */
   {                                        /* in 1er-Schritten */
      printf ("%d", lv * lv);               /* quadrieren       */
      if (lv < 6)                           /* und ausgeben     */
      {
         printf (", ");
      }
   }
   printf ("\n");
   return 0;
}
```

Die Ausgabe am Bildschirm ist:

```
12, 10, 8, 6, 4, 2, 0
-1, -3, -5, -7, -9, -11, -13
0, 1, 4, 9, 16, 25, 36
```

10.3.2.8 Beispiel für verschachtelte for-Schleifen

Zum Abschluss der `for`-Schleife noch ein Beispiel mit verschachtelten Schleifen. Es sollen die Primzahlen aufgezählt werden:

```c
/* Datei: for6.c Primzahlen */
#include <stdio.h>
int main (void)
{
    int lv1;
    int lv2;
    int teiler;
    printf ("Primzahlen:\n");
    for (lv1 = 2, teiler = 0;    /* Beachten Sie den Komma-Operator */
         lv1 <= 101;
         lv1 = lv1 + 1, teiler = 0)                              /*(1)*/
    {
        for (lv2 = 2; lv2 < lv1; lv2 = lv2 + 1)                  /*(2)*/
        {
            if (lv1 % lv2 == 0)                                 /*(3)*/
            {
                teiler = 1;                                     /*(4)*/
            }
        }
        if (teiler == 0)                                        /*(5)*/
        {
            printf ("%d", lv1);
            if (lv1 < 101)
            {
                printf (", ");
            }
        }
    }
    return 0;
}
```

Die Ausgabe am Bildschirm ist:

```
Primzahlen:
2, 3, 5, 7, 11, 13, 17, 19, 23, ..., 101
```

Das Programm `for6.c` berechnet die Primzahlen bis 101. Dazu wird in einer äußeren `for`-Schleife (Kommentar `(1)`) die Laufvariable `lv1` von 2 bis 101 hochgezählt[102]. Dann prüft die innere Schleife, die nach Teilern von `lv1` sucht, ob `lv1` modulo `lv2` (modulo ist in C der `%`-Operator) null ergibt (Kommentar `(3)`), also ob `lv1`

---

[102] Es wird erst bei 2 begonnen, da 0 und 1 keine Primzahlen sind.

durch lv2 ohne Rest teilbar ist. Ist das der Fall, dann ist lv1 keine Primzahl, da sie ja in zwei Faktoren ohne Rest zerlegt werden kann. Diese Prüfung läuft so lange, wie lv2 kleiner als lv1 ist. Falls lv1 beim gesamten Durchlaufen der inneren Schleife nicht durch lv2 ohne Rest teilbar ist, liegt eine Primzahl vor (teiler == 0). Dann wird bei Kommentar (5) die Primzahl auf dem Bildschirm ausgegeben. Beachten Sie, dass im Schleifenkopf der äußeren Schleife nach dem Schleifendurchlauf teiler auf 0 gesetzt wird.

Hier noch eine etwas verbesserte Variante:

```c
/* Datei: for7.c Primzahlen optimiert */
#include <stdio.h>
int main (void)
{
   int lv1;
   int lv2;
   int teiler;
   printf ("Primzahlen:\n");
   for (lv1 = 2, teiler = 0;              /* Komma-Operator beachten */
        lv1 <= 101;
        lv1 ++, teiler = 0)
   {
      for (lv2 = 2;
           lv2 * lv2 <= lv1 && teiler == 0;                 /*(1)*/
           lv2++)
      {
         if (lv1 % lv2 == 0)
         {
            teiler = 1;
         }
      }
      if (teiler == 0)
      {
         printf ("%d",lv1);
         if (lv1 < 101)
         {
            printf (", ");
         }
      }
   }
   return 0;
}
```

Die Ausgabe am Bildschirm ist:

```
Primzahlen:
2, 3, 5, 7, 11, 13, 17, 19, 23, ..., 101
```

Im Unterschied zum Programm for6.c wird nun in der inneren Schleife schon abgebrochen, wenn lv2 * lv2 > lv1 ist. Denn wenn eine Zahl n in zwei ganzzahlige Faktoren p, q zerlegbar ist, dann ist mindestens einer der beiden Faktoren kleiner oder gleich der Wurzel von n. Da beim Primzahltest ja nicht beide Faktoren bekannt sein müssen, sondern der kleinere Faktor als Teiler schon sicher sagt, dass eine Zahl nicht prim ist, reicht es, nur solange zu suchen, wie lv2 * lv2 <= lv1 ist.

Außerdem muss natürlich nur so lange in der inneren Schleife ein Teiler gesucht werden, bis ein Teiler gefunden wird (`&& teiler == 0` bei Kommentar `(1)`).

10.3.3 Annehmende Schleife mit do while

Die Syntax der `do while`-Schleife ist:

```
do
{
    Anweisung
} while (Ausdruck);
```

Das folgende Bild zeigt das entsprechende Struktogramm:

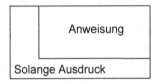

Bild 10-9 Struktogramm der `do while`-Schleife

Die `do while`-Schleife ist eine **„annehmende Schleife"**, da zuerst die Anweisung `Anweisung` der Schleife einmal ausgeführt wird. Danach wird der Ausdruck `Ausdruck` bewertet. Die Anweisung `Anweisung` und die Bewertung des Ausdrucks werden solange fortgeführt, wie der Ausdruck wahr ist.

Die `do while`-Schleife wird also genauso wie die `while`-Schleife und die `for`-Schleife beendet, wenn der `Ausdruck` falsch wird.

Die Anweisung `Anweisung` der `do while`-Schleife wird auf jeden Fall mindestens einmal durchlaufen, da die Bewertung des Ausdrucks erst am Ende der Schleife erfolgt. Das ist hingegen bei der `while`-Schleife und der `for`-Schleife anders.

Im Gegensatz zur `do while`-Schleife können die `for`- und `while`-Schleife durchaus ihre Anweisung `Anweisung` auch überhaupt nicht ausführen, nämlich dann, wenn die Schleifenbedingung von Anfang an falsch ist.

Im Gegensatz zu allen anderen Schleifen wird bei der `do while`-Schleife ein Semikolon nach der Schleifenbedingung verlangt, weil hier das Ende der Anweisung erreicht ist.

10.3.3.1 Erstes Beispiel für do while

Im folgenden Beispiel werden ganze Zahlen eingelesen und aufaddiert, bis eine 0 eingegeben wird. Da eine Zahl erst eingelesen werden muss, ehe sie geprüft werden kann, bietet sich hier eine annehmende Schleife an. Hier das erwähnte Beispiel:

```
/*....*/
int zahl;
long summe = 0;

do
{
   scanf ("%d", &zahl);
   summe += zahl;
} while (zahl);              /* Hier muss ein Strichpunkt stehen ! */
/*....*/
```

10.3.3.2 Zweites Beispiel für do while

In diesem Beispiel wird eine Zahlenreihe von 0 bis 9 ausgegeben:

```
/* Datei: dowhile1.c */
#include <stdio.h>
int main (void)
{
   int lv = 0;
   do
   {
     printf ("%d",lv);
     if (lv < 9)
     {
         printf (", ");
     }
     lv ++;
   } while (lv < 10);
   return 0;
}
```

Die Ausgabe am Bildschirm ist:

0, 1, 2, 3, 4, 5, 6, 7, 8, 9

Diese do while-Schleife wird bearbeitet, solange lv < 10 ist.

10.3.4 Endlosschleife sowie leere Anweisung

Nun die Endlosschleife und die leere Anweisung.

10.3.4.1 Endlosschleife

Jeder der drei Ausdrücke kann bei der for-Anweisung entfallen. Die Strichpunkte müssen aber trotz fehlendem Ausdruck stehen bleiben. Fehlt der Ausdruck Ausdruck_1, so entfällt die Initialisierung. Fehlt der Ausdruck Ausdruck_3, so fehlt die Erhöhung der Laufvariablen. Fehlt der Ausdruck Ausdruck_2, so gilt die Bedingung immer als wahr und die Schleife wird nicht mehr automatisch beendet.

Durch Weglassen des Ausdrucks `Ausdruck_2` kann somit in einfacher Weise eine Endlosschleife programmiert werden. Die geläufigste Form ist dabei, alle drei Ausdrücke wegzulassen, wie im folgenden Beispiel:

```
for ( ; ; )         /* Endlosschleife */
{
    /*. . . .*/
}
```

Eine andere Möglichkeit ist, die `while`-Schleife zu verwenden und die Bedingung auf `true`, also z. B. 1, zu setzen:

```
while (1)           /* Endlosschleife */
{
    /*. . . .*/
}
```

Endlosschleifen ohne eine Abbruchbedingung sind in der Regel nicht sinnvoll. Man findet die Abbruchbedingung meist mit einer `break`-Anweisung im Schleifenrumpf, so dass die Schleife verlassen werden kann.

Die `break`-Anweisung wird in Kapitel 10.4 beschrieben.

10.3.4.2 Leere Anweisung

Die Grammatikregeln von C verlangen, dass in den Kontrollstrukturen mindestens eine Anweisung enthalten ist, deren Ausführung kontrolliert werden soll. So muss zum Beispiel von `for` grundsätzlich eine Anweisung abhängen. Diese Anweisung kann auch eine sogenannte **leere Anweisung** sein, die nur aus einem leeren Block besteht, wie im folgenden **Beispiel**:

```
/*....*/
long zahl;
/* primitive Warteschlange des Programms */
for (zahl = 0; zahl < 100000; zahl++)
{
}
/*....*/
```

Als leere Anweisung ist außer dem leeren Block auch der Strichpunkt möglich.

Ist an einer von der Syntax für eine Anweisung vorgesehenen Stelle in einem Programm ausnahmsweise keine Anweisung notwendig, so muss dort trotzdem eine leere Anweisung, d. h. ein `;` oder besser ein leerer Block `{ }` stehen, um die Syntax zu erfüllen.

Die Erfahrung lehrt, dass früher oder später anstelle einer leeren Anweisung oftmals doch noch Programmanweisungen eingefügt werden. Wurde nun anstatt des Blockes ein Strichpunkt verwendet, so kann leicht übersehen werden, dass nur die erste Anweisung, die anstelle des Strichpunkts eingefügt wurde, zur Schleife gehört. Alle weiteren neu eingefügten Zeilen gehören jedoch nicht zum `for`, sondern werden als normale Anweisungen nach Beendigung der Schleife nur genau einmal ausgeführt.

Vorsicht!

So steuert im folgenden **Beispiel** die `for`-Schleife nicht den Aufruf der `printf()`-Anweisung, sondern nur eine leere Anweisung:

```
for (zahl = 0; zahl < 100; zahl++);       /* Semikolon! */
printf ("Bin AUSSERHALB der Schleife\n");
```

Achten Sie bei dem Beispiel auf den `;` am Ende der Zeile mit `for`.

10.4 Sprunganweisungen

Mit der `break`-Anweisung (Kapitel 10.4.1) kann eine `do while-`, `while-`, `for-`Schleife und `switch`-Anweisung abgebrochen werden. Die `continue`-Anweisung (Kapitel 10.4.2) dient zum Sprung in den nächsten Schleifendurchgang bei einer `while-`, `do while-` und `for`-Schleife. Mit der `goto`-Anweisung (Kapitel 10.4.3) kann man innerhalb einer Funktion an eine Marke springen. Zu den Sprunganweisungen zählt auch die `return`-Anweisung. Mit `return` springt man aus einer Funktion an die aufrufende Stelle zurück. Die `return`-Anweisung wird in Kapitel 11.4.4 behandelt.

10.4.1 break

Bisher wurde eine Schleife erst beendet, wenn ein Ausdruck einen bestimmten Wert annahm. Einen anderen Weg, eine Schleife bzw. eine `switch`-Anweisung zu beenden, ist die Anweisung `break`.

Mit der `break`-Anweisung kann eine `do while-`, `while-` und `for`-Schleife und eine `switch`-Anweisung abgebrochen werden. Abgebrochen wird aber immer nur die aktuelle Schleife bzw. `switch`-Anweisung. Sind mehrere Schleifen oder `switch`-Anweisungen geschachtelt, wird lediglich die innerste verlassen.

Das folgende **Beispiel** zeigt das Verlassen einer Schleife mit `break`:

```
/*....*/
char eingabe;

for ( ; ; ) /* Schleife */
{
```

```
/* Die Funktion getchar() liest ein einzelnes Zeichen von der  */
/* Tastatur ein                                                 */

eingabe = getchar();    /* (siehe Kapitel 16.7.1)               */
if (eingabe == 'Q')
{
    break;
}
/* hier koennen weitere Anweisungen folgen                      */
}
/*....*/
```

10.4.2 continue

Die continue-Anweisung ist wie die break-Anweisung eine Sprunganweisung. Im Gegensatz zu break wird aber eine Schleife nicht verlassen, sondern der Rest der Anweisungsfolge der Schleife übersprungen und ein neuer Schleifendurchgang gestartet.

Die continue-Anweisung kann auf die do while-, die while- und die for-Schleife angewandt werden. Bei do while und while wird nach continue direkt zum Bedingungstest der Schleife gesprungen. Bei der for-Schleife wird zuerst noch der Ausdruck_3 (siehe Kapitel 10.3.2) ausgeführt. Das folgende Bild zeigt den Kontrollfluss bei den verschiedenen Arten von Schleifen:

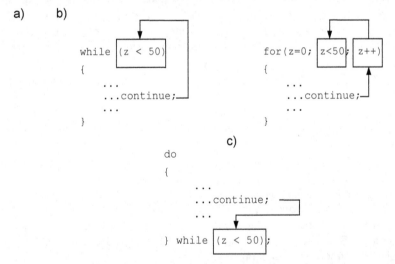

Bild 10-10 Kontrollfluss bei der continue-Anweisung für eine while-Schleife (a), eine for-Schleife (b) und eine do while-Schleife (c)

Angewandt wird die continue-Anweisung zum Beispiel, wenn an einer gewissen Stelle des Schleifenrumpfes mit einem Test festgestellt werden kann, ob der „umfangreiche" Rest noch ausgeführt werden muss bzw. darf.

Vorsicht ist geboten bei komplexen Schleifen, welche Speicherverwaltungsfunktionen (siehe Kapitel 18) aufrufen. Gerade bei der `continue`-Anweisung kann es vorkommen, dass innerhalb einer Schleife allokierte Speicherbereiche vergessen werden. Dadurch verschwendet das Programm Speicher, der daraufhin während der Laufzeit des Programmes nie mehr zur Verfügung stehen wird.

Das Vergessen von allokiertem Speicher wird Memory-Leak genannt. Vorsicht!

Beispiel:

Das folgende Beispiel zeigt die Verwendung von `continue` in einer `while`-Schleife. Die `continue`-Anweisung führt hier dazu, dass nur positive Zahlen angezeigt werden. Jetzt das Programm:

```c
/* Datei: continue.c */
#include <stdio.h>

int main (void)
{
    int lv = 0;
    int zahl;
    do
    {
        printf ("Geben Sie bitte eine positive Integer-Zahl ein: ");
        lv = lv + 1;
        scanf ("%d", &zahl);
        if (zahl <= 0)
        {
            continue;
        }
        printf ("Die Zahl war: %d\n", zahl);
    } while (lv < 5);
    return 0;
}
```

Ein Beispiel für einen Programmlauf ist:

```
Geben Sie bitte eine positive Integer-Zahl ein: 1
Die Zahl war: 1
Geben Sie bitte eine positive Integer-Zahl ein: 2
Die Zahl war: 2
Geben Sie bitte eine positive Integer-Zahl ein: -10
Geben Sie bitte eine positive Integer-Zahl ein: 2
Die Zahl war: 2
Geben Sie bitte eine positive Integer-Zahl ein: 7
Die Zahl war: 7
```

10.4.3 goto und Marken

Will man strukturiert programmieren, so benötigt man die `goto`-Anweisung eigentlich nicht. Dennoch gibt es Programme, welche die `goto`-Anweisung verwenden. Mit `goto` wird an eine vom Programmierer angegebene Marke ohne Prüfung eines Ausdrucks gesprungen.

Eine Marke wird direkt hinter dem `goto` angegeben. Sie wird nicht vorher deklariert. Eine Marke wird definiert durch einen Namen, der mit einem Doppelpunkt abgeschlossen ist – für alle Assembler-Programmierer eine Selbstverständlichkeit. Stehen darf eine Marke vor jeder beliebigen Anweisung und die Gültigkeit einer Marke erstreckt sich über die ganze Funktion. Damit kann nicht aus einer Funktion herausgesprungen werden.

Beispiel:

```
while (....)
{
    while (....)
    {
        ....
        if (Abbruch)
        {
            goto Weiter_nach_Schleife;
        }
    }
    ....
}
Weiter_nach_Schleife: Anweisung                          /*(1)*/
....
```

Streit um die goto-Anweisung

Der Streit um die `goto`-Anweisung ist legendär: Viele Aufsätze und Gegenaufsätze um das Thema wurden verfasst. Am berühmtesten ist wohl der Artikel „Go To Statement Considered Harmful" [Dij68], was im Deutschen etwa „Goto ist gefährlich" bedeutet.

Sicher ist der Einsatz der `goto`-Anweisung zum Zwecke der regulären Kontrollflusssteuerung – zum Beispiel zum Bau einer Schleife – zu verdammen. Anders sehen die Dinge im Fehlerfall aus. So ist das Herausspringen aus mehrfach geschachtelten Schleifen im Fehlerfall eine sinnvolle Anwendung.

Es wären ansonsten in dem obigen Beispiel mehrere `break`-Anweisungen mit vorheriger Bedingungsabfrage notwendig, um dasselbe Ergebnis zu erhalten, nämlich das Erreichen der Anweisung nach den verschachtelten Schleifen bei Kommentar (1). Der Code würde sehr unleserlich, alleine um hoffentlich recht selten vorkommende Ausnahmen wie Abbrüche zu behandeln.

10.5 Zusammenfassung

Dieses Kapitel befasst sich mit Kontrollstrukturen. Die sequenzielle Programmausführung kann durch Kontrollstrukturen beeinflusst werden. So können in Abhängigkeit von der Bewertung von Ausdrücken Anweisungen übergangen oder ausgeführt werden. Es werden die Kontrollstrukturen der Strukturierten Programmierung, nämlich die Sequenz, Iteration und Selektion besprochen. Ferner werden Sprunganweisungen behandelt.

Kapitel **10.1** befasst sich mit Blöcken, der Kontrollstruktur für die Sequenz. Erfordert die Syntax eines Programms genau eine einzige Anweisung, wie beispielsweise bei der Selektion, so können dennoch mehrere Anweisungen geschrieben werden, wenn man sie in Form eines Blockes zusammenfasst. Ein Block (eine zusammengesetzte oder geblockte Anweisung) kann an jeder Stelle eingesetzt werden, an der eine beliebige Anweisung stehen kann. Ein Block zählt syntaktisch als eine einzige Anweisung.

Kapitel **10.2** befasst sich mit der Selektion. Zur Selektion gehören die einfache Alternative und die mehrfache Alternative mit `else if` und `switch`. Bei der einfachen Alternative wird die Bedingung `Ausdruck` berechnet. Trifft diese Bedingung zu (hat also einen von 0 verschiedenen Wert), so wird die Anweisung `Anweisung1` ausgeführt. Trifft die Bedingung nicht zu (hat also den Wert 0), so wird die Anweisung `Anweisung2` ausgeführt. 0 gilt als falsch und eine von 0 verschiedene Zahl als wahr.

Bei einer bedingten Anweisung wird die Anweisung nur ausgeführt, wenn die Bedingung zutrifft. Trifft die Bedingung zu, so wird zu der Anweisung übergegangen, die der bedingten Anweisung nachfolgt. Im `if`-Zweig und auch im `else`-Zweig einer `if`-Anweisung darf eine beliebige Anweisung stehen. Das kann wiederum auch eine `if`-Anweisung selbst sein. Es entstehen so geschachtelte `if`-Anweisungen. Da der `else`-Zweig einer `if-else`-Anweisung optional ist, entsteht eine Mehrdeutigkeit, wenn ein `else`-Zweig in einer verschachtelten Folge von `if-else`-Anweisungen fehlt. Dem wird dadurch begegnet, dass der `else`-Zweig immer mit dem letzten `if` verbunden wird, für das noch kein `else`-Zweig existiert.

Das `else if` ist die allgemeinste Möglichkeit für eine Mehrfach-Selektion, d. h. um eine Auswahl unter verschiedenen Alternativen zu treffen. Der letzte `else`-Zweig ist optional. Hier können alle anderen Fälle behandelt werden, die in der `if-else-if`-Kette nicht explizit aufgeführt sind. Ist dies nicht notwendig, so kann der `else`-Zweig entfallen.

Für eine Mehrfach-Selektion, d. h. eine Selektion unter mehreren Alternativen, kann auch die `switch`-Anweisung verwendet werden, falls die Alternativen ganzzahligen Werten eines Ausdrucks von einem Integer-Typ entsprechen. Hat der Ausdruck der `switch`-Anweisung den gleichen Wert wie einer der konstanten Ausdrücke der `case`-Marken, so wird die Ausführung des Programms mit der Anweisung hinter dieser `case`-Marke weitergeführt. Stimmt keiner der konstanten Ausdrücke mit dem `switch`-Ausdruck überein, so wird zu `default` gesprungen. Eine wichtige Bedingung für die `switch`-Anweisung ist, dass alle `case`-Marken unterschiedlich sein müssen. Fehlt die `break`-Anweisung, so werden die nach der nächsten `case`-Marke

folgenden Anweisungen abgearbeitet. Dies geht so lange weiter, bis ein `break` gefunden wird oder bis das Ende der `switch`-Anweisung erreicht ist. Bei der Umsetzung eines Struktogramms in ein C-Programm sollte jeder `case`-Fall mit einer
`break`-Anweisung abgeschlossen werden. Wird eine `break`-Anweisung vergessen,
führt das in aller Regel zu schwer zu entdeckenden Fehlern. Statt umfangreicher
`else` `if`-Konstruktionen sollte – falls möglich – bevorzugt die effizientere mehrfache
Alternative `switch` benutzt werden.

Seit C99 kann man eine Variable innerhalb eines `switch`-Blockes definieren.
Werden innerhalb der geschweiften Klammern der `switch`-Anweisung Variablen
definiert, so sind sie grundsätzlich im gesamten `switch`-Block sichtbar. Sie werden
jedoch nur in demjenigen `case`-Fall initialisiert, in welchem ihre Definition steht.

Die Iteration wird in Kapitel **10.3** behandelt. Zur Iteration gehören als Kontrollstrukturen die abweisenden Schleifen mit `while` und mit `for` sowie die annehmende
Schleife mit `do while`.

In einer `while`-Schleife kann eine Anweisung in Abhängigkeit von der Bewertung eines Ausdrucks wiederholt ausgeführt werden. Da der Ausdruck vor der Ausführung
der Anweisung bewertet wird, spricht man auch von einer „abweisenden" Schleife.

Die `for`-Schleife ist wie die `while`-Schleife eine abweisende Schleife, da erst geprüft wird, ob die Bedingung für ihre Ausführung zutrifft. In einer gebräuchlichen
Form wird die `for`-Schleife so verwendet, dass die Ausdrücke `Ausdruck_1` und
`Ausdruck_3` Zuweisungen an die Laufvariable sind und `Ausdruck_2` eine Bedingung über den Wert der Laufvariablen ist. Die Laufvariable einer `for`-Schleife, die
bereits vor der Schleife definiert wird, enthält nach dem Verlassen der Schleife immer
den zuletzt in der Schleife berechneten Wert. Für die `for`-Schleife kann seit C99 und
auch in C11 die Sichtbarkeit der Laufvariablen auf den Block der `for`-Schleife eingeschränkt werden. Eine nur in der Schleife sichtbare Laufvariable kann außerhalb
der `for`-Schleife nicht angesprochen werden.

Die `do while`-Schleife ist eine „annehmende Schleife", da zuerst die Anweisung
`Anweisung` der Schleife einmal ausgeführt wird. Danach wird der Ausdruck `Aus-
druck` bewertet. Die Anweisung `Anweisung` und die Bewertung des Ausdrucks
werden solange fortgeführt, wie der Ausdruck wahr ist. Die Anweisung `Anweisung`
der `do while`-Schleife wird auf jeden Fall mindestens einmal durchlaufen, da die
Bewertung des Ausdrucks erst am Ende der Schleife erfolgt. Das ist hingegen bei
der `while`-Schleife und der `for`-Schleife anders.

Endlosschleifen ohne eine Abbruchbedingung sind in der Regel nicht sinnvoll. Man
findet die Abbruchbedingung meist mit einer `break`-Anweisung im Schleifenrumpf,
sodass die Schleife verlassen werden kann.

Ist an einer von der Syntax für eine Anweisung vorgesehenen Stelle in einem Programm ausnahmsweise keine Anweisung notwendig, so muss dort trotzdem eine
leere Anweisung, d. h. ein `;` oder ein besser ein leerer Block `{}` stehen, um die Syntax zu erfüllen.

Kapitel **10.4** behandelt Sprunganweisungen. Mit der `break`-Anweisung kann eine `do while`-, `while`- und `for`-Schleife und eine `switch`-Anweisung abgebrochen werden. Abgebrochen wird aber immer nur die aktuelle Schleife bzw. `switch`-Anweisung. Sind mehrere Schleifen oder `switch`-Anweisungen geschachtelt, wird lediglich die innerste verlassen.

Die `continue`-Anweisung ist wie die `break`-Anweisung eine Sprunganweisung. Im Gegensatz zu `break` wird aber eine Schleife nicht verlassen, sondern der Rest der Anweisungsfolge der Schleife übersprungen und ein neuer Schleifendurchgang gestartet. Angewandt wird die `continue`-Anweisung zum Beispiel, wenn an einer gewissen Stelle des Schleifenrumpfes mit einem Test festgestellt werden kann, ob der „umfangreiche" Rest noch ausgeführt werden muss bzw. darf.

Will man strukturiert programmieren, so benötigt man die `goto`-Anweisung eigentlich nicht. Dennoch gibt es Programme, welche die `goto`-Anweisung verwenden. Mit `goto` wird an eine vom Programmierer angegebene Marke ohne Prüfung eines Ausdrucks gesprungen. Sicher ist der Einsatz der `goto`-Anweisung zum Zwecke der regulären Kontrollflusssteuerung – zum Beispiel zum Bau einer Schleife – zu verdammen. Anders sehen die Dinge im Fehlerfall aus. So ist das Herausspringen aus mehrfach geschachtelten Schleifen im Fehlerfall eine sinnvolle Anwendung.

10.6 Übungsaufgaben

Aufgabe 10.1: Reihenentwicklung der Exponentialfunktion

Die Exponentialfunktion e^z soll mit Hilfe einer Reihenentwicklung berechnet werden. Schreiben Sie ein Programm in C, welches die ersten N Glieder der Reihenentwicklung:

$$e^z \quad = \quad 1 \quad\quad +\frac{z}{1!} \quad\quad +\frac{z^2}{2!}+ \;.... \;+ \frac{z^{N-1}}{(N-1)!} + \;....$$

$$\text{1.\,Glied} \qquad\qquad \text{2.\,Glied} \qquad \text{3.\,Glied} \qquad\qquad \text{N.\,Glied}$$

aufsummiert. z soll reell und N soll ganzzahlig sein. z und N sollen im Dialog eingelesen und das Ergebnis auf dem Bildschirm ausgegeben werden.

Hinweis:

Die Terme der Reihe sind in einer Schleife aufzusummieren. Dabei soll die Fakultät in der Schleife selbst berechnet werden (keine Bibliotheksfunktion!).

Aufgabe 10.2: Ein- und Ausgabe mit Hilfe der Funktion scanf()

a) Schreiben Sie ein Programm, welches eine einzelne römische Ziffer in die entsprechende Dezimalzahl umwandelt. Lesen Sie hierfür einen einzelnen Buchstaben von der Tastatur ein mittels der Funktion scanf():

```
int j;
char c;
j = scanf ("%c", &c);
```

Verwenden Sie die folgende Umwandlungstabelle. Eine ungültige Eingabe soll zum Abbruch des Programmes führen.

I = 1   V = 5   X = 10   L = 50   C = 100   D = 500   M = 1000

b) Erweitern Sie dieses Programm, sodass auch Kleinbuchstaben eingegeben werden können.

c) Erweitern Sie das Programm so, dass beliebig viele römische Ziffern eingegeben werden können. Lesen Sie hierfür die untenstehenden Erläuterungen zur Funktion scanf().

d) Addieren Sie die eingelesenen Ziffern und geben Sie das Resultat aus. Test Sie Ihre Implementation mit der römischen Zahl MDCCCCLXXXIIII, welche 1984 ergeben sollte.

e) Betrachten Sie die folgenden römischen Buchstabenkombinationen:

IV = 4   IX = 9   XL = 40   XC = 90   CD = 400   CM = 900

Erweitern Sie Ihr Programm, so dass diese Kombinationen erkannt werden können. Testen Sie Ihre Implementation mit der römischen Zahl MCMLXXXIV, welche ebenfalls 1984 ergeben sollte.

Achtung, dies ist eine schwierige Aufgabe. Tipp: Lesen Sie wie bisher die Ziffern einzeln ein. Speichern Sie dabei die im vorherigen Schleifendurchgang benutzte Ziffer in einer zusätzlichen Variablen und korrigieren Sie in jedem Schleifendurchlauf die Summe, falls eine der oben angegebenen Buchstabenkombinationen auftaucht.

Erläuterungen zur Funktion scanf()[103]

Es kann passieren, dass bei einem Programm keine korrekten Eingaben von der Tastatur erfolgen. Sollen eine ganze Zahl i und eine Fließkommazahl x über die Tastatur eingelesen werden (`scanf ("%d %e", &i, &x);`), so kann es beispielsweise vorkommen, dass fälschlicherweise `13 abc` eingegeben wird. Das offensichtliche Problem bei dieser Eingabe ist, dass `abc` nicht dem erlaubten Format einer `float`-Zahl entspricht. In diesem Fall wird zwar in der Variablen i der erwartete Wert `13` stehen, der Inhalt von x ist jedoch undefiniert. Um solche Fälle aufzudecken, gibt `scanf()` als Rückgabewert die Anzahl der erfolgreich gelesenen Werte zurück. Der Rückgabewert von `scanf()` muss daher immer überprüft werden, wenn nicht ausgeschlossen werden kann, dass unpassende Eingaben kommen. Danach ist allerdings auch noch darauf zu achten, dass der Eingabepuffer mit den fehlerhaften Zeichen gelöscht wird, da sie ja nicht gelesen werden konnten und somit noch nicht verarbeitet wurden. Hierzu enthält Kapitel 16.7.2 mehr Information sowie ein Beispiel zur Vorgehensweise.

---

[103] Die Funktion `scanf()` wird ausführlich in Kapitel 16.7.2.1 beschrieben.

Kapitel 11

Blöcke und Funktionen

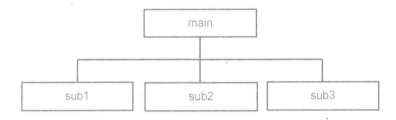

11 Blöcke und Funktionen

Ein Block stellt eine Folge von Anweisungen ohne einen eigenen Namen dar. Diese Folge von Anweisungen wird sequenziell im Programmcode ausgeführt.

Eine Funktion ist eine Folge von Anweisungen mit einem Namen, die nach einem Funktionsaufruf ausgeführt werden.

Im Folgenden werden Blöcke und Funktionen detailliert behandelt. Kapitel 11.1 diskutiert die Struktur und Kapitel 11.2 die Schachtelung von Blöcken. Kapitel 11.3 widmet sich der Gültigkeit, Sichtbarkeit und Lebensdauer von Variablen. Die Definition und der Aufruf bzw. die Vorwärtsdeklaration von Funktionen werden in Kapitel 11.4 bzw. 11.5 erklärt. Die Gültigkeitsbereiche von Namen werden in Kapitel 11.6 vorgestellt. Um einer Funktion eine beliebige Anzahl von Parametern zu übergeben, ist die Ellipse vorgesehen, welche in Kapitel 11.7 besprochen wird. In Kapitel 11.8 werden rekursive Funktionen vorgestellt. Inline-Funktionen, die es erst seit C99 gibt, werden in Kapitel 11.9 behandelt. Funktionen ohne Wiederkehr – durch C11 eingeführt – sind Inhalt von Kapitel 11.10.

11.1 Struktur eines Blockes in C90 und C11

Der Block als Kontrollstruktur für die Sequenz wurde bereits in Kapitel 10.1 vorgestellt.

Die Anweisungen eines Blockes werden durch Blockbegrenzer – in C, C++, Java und C# sind dies die geschweiften Klammern – zusammengefasst. Statt Block ist auch die Bezeichnung **zusammengesetzte Anweisung** (engl. **compound statement**) üblich.

Einen Block benötigt man aus den folgenden Gründen:

- zum einen ist der Rumpf einer Funktion ein Block,
- zum anderen gilt ein Block syntaktisch als eine einzige Anweisung und kann im Programm auch da stehen, wo von der Syntax her nur eine einzige Anweisung zugelassen ist wie z. B. im `if`- oder `else`-Zweig einer `if`-Anweisung,
- und drittens dient ein Block zum logischen Gliedern von Anweisungsfolgen.

Ein Block hat in C90 den folgenden Aufbau:

```
{
    Vereinbarungen
    Anweisungen
}
```

Damit müssen in C90 die Vereinbarungen immer vor den Anweisungen stehen. Nach dem Blockbegrenzer, der schließenden geschweiften Klammer, kommt kein Strichpunkt.

Nach C99 und C11 dürfen Vereinbarungen und Anweisungen gemischt werden.

Hierzu wurde von Stroustrup aus C++ das Konzept des **declaration statement** (der **Vereinbarungsanweisung**) übernommen. Nach diesem Konzept werden Variablen erst angelegt, wenn man sie benötigt. Ein Vorteil dieses Konzepts ist, dass Variablen mit einer kürzeren Lebensdauer prinzipiell die Zahl der Fehler reduzieren. Es wird vermieden, dass Variablen am Anfang einer Funktion (eines Blockes) definiert werden müssen und anschließend immer wieder – auch für verschiedene Zwecke – gebraucht werden.

In Bild 11-1 ist die zulässige Blockstruktur nach C11 dargestellt:

```
{
    . . . . .
    Deklarationsanweisungen
    . . . . .
    Anweisungen
    . . . . .
    Deklarationsanweisungen
    . . . . .
    Anweisungen
    . . . . .
}
```

Bild 11-1 Zulässige Blockstruktur nach C11

Vereinbarungen umfassen **Definitionen** von Variablen und Funktionen sowie **Deklarationen** von Variablen und Funktionen.

Vereinbarungen werden in Kapitel 7.3.1 besprochen.

Generell können Definitionen und Deklarationen von Variablen an folgenden Stellen vorgenommen werden:

* außerhalb von Funktionen
* sowie innerhalb von Funktionen und Blöcken.

Beim Anlegen lokaler Variablen sollte immer ein minimaler Gültigkeitsbereich angestrebt werden.

Variablen sollten immer möglichst nahe an ihrer ersten Verwendung angelegt werden.

Ist eine Variable nur in einem Block von Nutzen, so sollte sie auch erst in diesem angelegt werden. So können die Ressourcen nach dem Verlassen des Blocks freigegeben werden und ein Leser der Methode kann sich sicher sein, dass die Variable danach keine Rolle mehr spielt. Dies erhöht die Wart- und Lesbarkeit des Codes und macht die Programme weniger fehleranfällig.

11.2 Schachtelung von Blöcken

Da eine Anweisung eines Blocks selbst wieder ein Block sein kann, können Blöcke geschachtelt werden.

Das folgende Bild symbolisiert die Schachtelung von Blöcken:

```
{
     . . . .
     {
          . . . .    | Innerer   Äußerer
     }               | Block     Block
     . . . .
}
```

Bild 11-2 Schachtelung von Blöcken

Vereinbarungen, die innerhalb eines Blockes festgelegt werden, sind lokal für diesen Block.

In einem Block lokal definierte Variablen und deklarierte Namen sind nur innerhalb dieses Blockes sichtbar, in einem umfassenden Block sind sie unsichtbar.

In C können in jedem Block – auch in inneren Blöcken – Vereinbarungen durchgeführt werden.

Beispiel:

Dass in inneren Blöcken lokale Variablen eingeführt werden können, ist auch in dem folgenden Beispiel zu sehen, bei dem in den inneren Blöcken des „wahr"- und „falsch"-Zweiges der if-Anweisung lokale Variablen eingeführt werden:

```c
/* Datei: sichtbar.c */
#include <stdio.h>
void eingabe (int * alpha)
{
   printf ("Gib a ein: ");
   scanf ("%d", alpha);
}

int main (void)
{
   int x = 5;
   int a;
   eingabe (&a);
   if (a > 0)
   {
```

```
      int y = 4; // blocklokal
      printf ("\ny hat den Wert %d", y);
      printf ("\nx hat den Wert %d", x);
   }
   else
   {
      int x = 4; // blocklokal
      printf ("\nx hat den Wert %d", x);
   }
   printf ("\nDer Wert von a ist %d", a);
   return 0;
}
```

Beispiele für einen Programmlauf sind:

```
Gib a ein: 1
y hat den Wert 4
x hat den Wert 5
Der Wert von a ist 1
```

und

```
Gib a ein: -1
x hat den Wert 4
Der Wert von a ist -1
```

11.3 Gültigkeit, Sichtbarkeit und Lebensdauer

Die **Lebensdauer** einer Variablen ist die Zeitspanne, in der das Laufzeitsystem des Compilers einer Variablen einen **Platz im Speicher** zur Verfügung stellt. Mit anderen Worten, während ihrer Lebensdauer besitzt eine Variable einen Speicherplatz.

Die **Gültigkeit** einer Variablen bedeutet, dass an einer Programmstelle der Namen einer Variablen dem Compiler durch eine Vereinbarung bekannt ist.

Die **Sichtbarkeit** einer Variablen bedeutet, dass man von einer Programmstelle aus diese Variable sieht, das heißt, dass man auf sie über ihren Namen zugreifen kann.

Eine Variable kann gültig sein und von einer Variablen desselben Namens verdeckt werden und deshalb nicht sichtbar sein.

Auf eine verdeckte Variable kann nur über ihre Adresse zugegriffen werden, nicht aber über ihren Namen.

Für die **Sichtbarkeit von Variablen** gilt:

- **Variablen in inneren Blöcken** sind nach außen nicht sichtbar.
- **Globale Variablen und Variablen in äußeren Blöcken** sind in inneren Blöcken sichtbar, wenn sie nicht verdeckt werden.
- Wird jedoch in einem Block eine lokale Variable definiert mit demselben Namen wie eine globale Variable oder wie eine Variable in einem umfassenden Block, so ist innerhalb des Blocks nur die lokale Variable sichtbar. Die globale Variable bzw. die Variable in dem umfassenden Block wird durch die Namensgleichheit **verdeckt**.

Dieses **Blockkonzept für die Sichtbarkeit** ist eine grundlegende Eigenschaft blockorientierter Sprachen seit ALGOL 60. Es hat den Vorteil, dass man bei der Einführung lokaler Namen in der Namenswahl vollkommen frei ist, es sei denn, man möchte auf eine globale Variable oder eine Variable eines umfassenden Blockes zugreifen. Dann darf man ihren Namen nicht verdecken. In C befinden sich nämlich alle Variablennamen eines Programms im gleichen Namensraum[104].

Für die **Lebensdauer von Variablen** gilt:

- Globale Variablen leben solange wie das Programm.
- Lokale Variablen werden beim Aufruf eines Blockes gültig und beim Verlassen dieses Blockes wieder ungültig.

Die folgende Tabelle fasst die Sichtbarkeit, die Gültigkeitsbereiche und die Lebensdauer für lokale und globale (externe) Variablen zusammen:

Variable	Sichtbarkeit	Gültigkeitsbereich	Lebensdauer
lokal	im Block, einschließlich der inneren Blöcke, ab Vereinbarung	ab Block-Beginn, sprich der öffnenden geschweiften Klammer	Block
global (extern)	im Programm ab Vereinbarung einschließlich der inneren Blöcke (siehe Kapitel 15.2.2)	ab Programmstart (siehe Kapitel 15.2.2)	Programm

Tabelle 11-1 Sichtbarkeit[105], Gültigkeit und Lebensdauer.

Zwischen Gültigkeit und Sichtbarkeit ist jedoch zu trennen. Wenn eine Variable nicht gültig ist, ist sie auch nicht sichtbar. Eine Variable kann aber gültig sein und dennoch nicht sichtbar. Wenn eine Variable sichtbar ist, ist sie auch stets gültig.

In C++ ist es im Gegensatz zu C möglich, auf eine durch eine lokale Variable gleichen Namens verdeckte globale Variable mit Hilfe eines speziellen Operators zuzu-

---

[104] Siehe Kapitel 14.3 (Namensräume).
[105] Bei der Sichtbarkeit ist angenommen, dass ein Name nicht verdeckt wird.

greifen. Dieser neue Operator in C++ ermöglicht es also, eine gültige, jedoch unsichtbare globale Variable sichtbar zu machen.

Lokale Variablen wie auch formale Parameter verbergen globale (externe) Variablen mit gleichem Namen oder lokale Variablen in einem
umfassenden Block. Sie verbergen sogar nicht nur die Namen externer Variablen, sondern auch die Namen von Funktionen, da Funktionen denselben Namensraum wie Variablen haben.

Dies ist im folgenden **Beispiel** zu sehen:

```
/* Datei: quadrat.c */
#include <stdio.h>

double quadrat (double n)
{
    return n * n;
}

int main (void)
{
    int resultat;
    int quadrat;
    double x = 5;
    resultat = quadrat (x);
    printf ("%d", resultat);
    return 0;
}
```

Hier wird durch die lokale Variable `quadrat` die Funktion `quadrat()` verborgen[106].
Der Visual C++ Compiler beschwert sich bei

```
resultat = quadrat (x);
```

und gibt die Meldung "`error C2063: 'quadrat' : Keine Funktion`" aus.

Beispiel:

In Bild 11-3a zeigt der große graue Balken die Lebensdauer der globalen Variablen
`x`. Sie lebt solange wie das Programm. Sichtbar ist sie im gesamten Programm ab
der Stelle ihrer Definition. Im Beispiel bedeutet dies: `x` ist sichtbar in der Funktion
`sub1()` und in der Funktion `sub2()`, nicht aber in der Funktion `main()`. Die lokale
Variable `alpha` lebt nur solange, wie die Funktion `sub1()` lebt, das heißt, während
ihrer Abarbeitung. Sichtbar ist sie nur innerhalb der Funktion `sub1()` ab der Stelle
ihrer Definition.

In Bild 11-3b ist die globale Variable `x` innerhalb der Funktion `sub1()` nicht sichtbar,
da sie in `sub1()` durch den Namen `x` der lokalen Variablen `x` verdeckt wird. Diese
Verdeckung des Namens wird im Englischen auch als **shadowing** bezeichnet:

---

[106] Siehe Kapitel 14.3 (Namensräume).

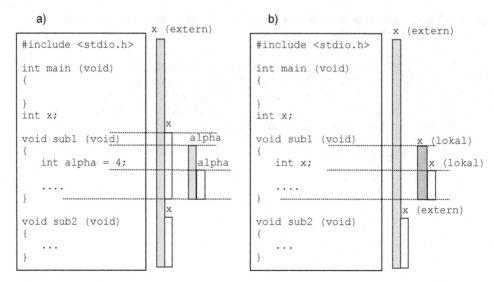

*Bild 11-3 Sichtbarkeit und Lebensdauer (grauer Balken: Lebensdauer, weißer Balken: Sicht-
barkeit)*

11.4 Definition und Aufruf von Funktionen

Kapitel 11.4.1 behandelt die Definition von Funktionen. In Kapitel 11.4.2 werden for-
male und aktuelle Parameter erklärt. Die Syntax eines Funktionsaufrufs wird in Kapi-
tel 11.4.3 erläutert. Der Rücksprung mit oder ohne Rückgabewert mit der `return`-
Anweisung wird in Kapitel 11.4.4 beschrieben. Kapitel 11.4.5 befasst sich mit der in
C nicht vorhandenen Call by reference-Schnittstelle. Als Alternative dazu wird in
Kapitel 11.4.6 die Übergabe von Pointern über die Parameterliste vorgestellt.

11.4.1 Definition von Funktionen

> Die Definition einer Funktion besteht in C aus dem Funktionskopf und
> dem Funktionsrumpf. Der Funktionskopf legt die Aufruf-Schnittstelle
> der Funktion fest. Der Funktionsrumpf enthält lokale Vereinbarungen
> und die Anweisungen der Funktion.

Die Aufgabe einer Funktion ist es, aus Eingabedaten Ausgabedaten zu erzeugen.

Eingabedaten für eine Funktion können

- Werte globaler Variablen
- oder aber an die Parameterliste übergebene Werte (Argumente)

sein.

Ausgabedaten einer Funktion können

- Änderungen an globalen Variablen,
- der Rückgabewert der Funktion

- oder Änderungen an Variablen, deren Adresse an die Funktion über die Parameterliste übergeben wurde,

sein.

Rückgabewerte mit `return` oder über die Parameterliste werden in Kapitel 11.4.4 bzw. Kapitel 11.4.6 behandelt.

Dass Funktionen globale Variablen verwenden, wird aus dem Blickwinkel des Software Engineering nicht gerne gesehen, da bei der Verwendung globaler Variablen leicht die Übersicht verloren geht und es unter Umständen zu schwer zu findenden Fehlern kommen kann. Wenn man sauber arbeitet, verwendet man Übergabeparameter.

Dennoch kann es – vor allem bei der hardwarenahen Programmierung – zu Situationen kommen, wo man aus Performance-Gründen gezwungen ist, globale Variablen zu verwenden.

Funktionskopf und Funktionsrumpf

Die Definition einer Funktion umfasst ihren **Funktionskopf** und **Funktionsrumpf**.

Die Syntax der Definition einer Funktion sieht folgendermaßen aus:

```
rueckgabetyp funktionsname (typ_1 formaler_parameter_1,
                            typ_2 formaler_parameter_2,
                            . . . . . ,
                            typ_n formaler_parameter_n)
{
    // Anweisungen des Funktionsrumpfs
}
```

Wird der Rückgabetyp weggelassen, was man sich nicht angewöhnen sollte, so wird in C90 als Default-Wert vom Compiler der Rückgabetyp `int` verwendet. Dies ist in C99 und C11 nicht so. Der Compiler soll hier eine Warnung ausgeben.

Der **Funktionskopf** beschreibt, wie eine Funktion aufgerufen werden kann, mit anderen Worten die Aufrufschnittstelle der Funktion. Der **Funktionsrumpf** in den geschweiften Klammern stellt einen Block dar und enthält die Anweisungen der Funktion.

In C gibt es nicht nur Parameterlisten mit einer **fest definierten Anzahl von Parametern**. Es gibt auch Parameterlisten mit einer **variablen Anzahl** von Parametern. Solche Parameterlisten können mit Hilfe einer sogenannten Auslassung oder **Ellipse** – das sind drei Punkte am Ende der Parameterliste `(...)` – konstruiert werden.

Ein Beispiel dafür ist die Funktion `printf()`, die so viele Argumente ausdrucken muss, wie man ihr übergibt. Auf variable Parameterlisten wird in Kapitel 11.7 eingegangen.

Hat eine Funktion **keinen Übergabeparameter**, so wird an den Funktionsnamen bei der Definition ein Paar runder Klammern angehängt, welches den Datentyp `void` enthält. Ansonsten folgen dem Funktionsnamen in den Klammern die Übergabeparameter, getrennt durch Kommas.

Wird der Typ `void` als Rückgabetyp angegeben, so kann zwar mit `return` die Funktion verlassen werden, ein Rückgabewert ist dabei aber nicht notwendig und auch nicht möglich. Ansonsten muss immer ein Wert mit `return` zurückgegeben werden.

Siehe Kapitel 11.4.4.

Funktionen mit Rückgabewert `void` werden in vielen anderen Sprachen wie z. B. Pascal als Prozedur bezeichnet.

Diese `void`-Funktionen (Prozeduren also) werden eingesetzt, wenn eine Funktion nichts berechnet, sondern lediglich auf dem Bildschirm oder dem Drucker Ausgaben durchführt. Während in manchen Funktionssammlungen sozusagen alle Funktionen den Rückgabetyp `void` besitzen, definieren andere Funktionssammlungen grundsätzlich zu jeder Funktion einen Rückgabewert, welcher oftmals zum Weiterreichen von Fehlercodes verwendet wird. Die Entscheidung, wie mit dem Rückgabewert umgegangen wird, liegt alleine beim Programmierer.

Es ist möglich, verschiedene Funktionen eines Programms auf verschiedene Dateien zu verteilen. Eine Funktion muss dabei jedoch stets am Stück in einer einzigen Datei enthalten sein.

Vorerst werden nur Programme betrachtet, die aus einer einzigen Datei bestehen. In Kapitel 22 werden Programme, die aus mehreren Dateien bestehen, behandelt.

11.4.1.1 Parameterlose Funktionen

Parameterlose Funktionen wie z. B.

```
void printGestrichelteLinie (void)
{
    printf ("----------------------------------------------------");
}
```

werden definiert mit einem Paar von runden Klammern hinter dem Funktionsnamen, die anstelle von Übergabeparametern und ihren Datentypen den Datentyp `void` enthalten.

Der Aufruf erfolgt durch Anschreiben des Funktionsnamens, gefolgt von einem Paar runder Klammern, z. B. durch

```
printGestrichelteLinie();    /* Aufruf                              */
```

11.4.1.2 Funktionen mit Parametern

Als Beispiel für eine Funktion mit Parametern wird die Funktion `ausgebenPLZ()` betrachtet, die die ihr übergebene Postleitzahl auf dem Bildschirm ausgeben soll:

```
void ausgebenPLZ (int plz)
{
   printf ("Die Postleitzahl ist: ");
   printf ("%05d\n", plz) /* Ausgabe 5 Stellen, links mit 0en    */
                          /* aufgefuellt                          */
}
```

Der Aufruf für dieses Beispiel kann erfolgen mit

```
ausgebenPLZ (aktPlz);   /* Aufruf mit dem Parameter aktPlz        */
```

Hier ist `aktPlz` der aktuelle Parameter. Er ist die Postleitzahl, die auf dem Bildschirm ausgegeben werden soll.

Anstelle der Begriffe **formaler Parameter** und **aktueller Parameter** wird oft auch das Begriffspaar **Parameter** und **Argument** verwendet.

11.4.2 Formale und aktuelle Parameter

Ein formaler Parameter wird als lokale Variable angelegt und mit dem Wert des entsprechenden aktuellen Parameters initialisiert. Anders gesagt, der Wert des aktuellen Parameters wird dem formalen Parameter zugewiesen und damit **kopiert**:

```
typ_n formaler_parameter_n = aktueller_parameter_n;
```

Im Falle des oben aufgeführten Funktionsaufrufs `ausgebenPLZ (aktPlz)` wird beim Aufruf der Funktion eine lokale Kopie von `aktPlz` im formalen Parameter `plz` angelegt. Die Funktion arbeitet nur mit der lokalen Kopie `plz` und kann den aktuellen Parameter `aktPlz` nicht beeinflussen. Werden Parameter als Kopie ihres Werts übergeben, so nennt man das **call by value**.

Bei einem **call by value** wird der Wert eines aktuellen Parameters an eine Funktion übergeben. Dabei kann man den aktuellen Parameter von der aufgerufenen Funktion aus nicht abändern, da die aufgerufene Funktion ja mit einer Kopie des aktuellen Parameters arbeitet. Ist ein Ändern aber nötig, so muss stattdessen mit Pointern als Übergabeparametern gearbeitet werden.

Pointer als Übergabeparameter werden in Kapitel 11.4.5 behandelt.

Der aktuelle Parameter braucht keine Variable zu sein. Er kann ein beliebiger **Ausdruck** sein.

Ein formaler Parameter ist eine spezielle lokale Variable. Deshalb darf ein formaler Parameter nicht denselben Namen wie eine andere lokale Variable tragen. Vorsicht!

So ist beispielsweise

```
void nichtgut (int x)
{
    int x;
    . . . . .      /* Anweisungen */
}
```

falsch, da der Name x zweimal für eine lokale Variable verwendet wird.

11.4.3 Syntax eines Funktionsaufrufs

Wird **kein Parameter** übergeben, so ist die Syntax des Funktionsaufrufs `funktionsname()`, beispielsweise also `printGestrichelteLinie()`.

In C gibt es kein Schlüsselwort für Funktionen. Funktionen erkennt man deshalb immer daran, dass nach dem Funktionsnamen ein Paar runder Klammern folgt.

Hat eine Funktion **formale Parameter,** so muss **beim Aufruf an jeden formalen Parameter** ein **aktueller Parameter** übergeben werden.

Erlaubt ist, dass der Typ eines aktuellen Parameters verschieden ist vom Typ des formalen Parameters, wenn zwischen diesen Typen implizite Typwandlungen möglich sind. Diese impliziten Typumwandlungen finden dann beim Aufruf statt. Da implizite Typwandlungen oft nicht auf Anhieb verständlich sind, ist es immer besser, wenn der Typ des aktuellen mit dem Typ des formalen Parameters übereinstimmt. Das Regelwerk für die implizite Typumwandlung von Parametern (siehe Kapitel 9.7) ist dasselbe wie bei einer Zuweisung, da beim Aufruf tatsächlich eine Zuweisung des Werts des aktuellen Parameters an den formalen Parameter stattfindet.

11.4.4 Rücksprung mit oder ohne Rückgabewert – die return-Anweisung

Die `return`-Anweisung beendet den Funktionsaufruf. Das Programm kehrt zu der Anweisung, in der die Funktion aufgerufen wurde, zurück und beendet diese Anweisung. Anschließend wird die nächste Anweisung nach dem Funktionsaufruf abgearbeitet.

Eine Funktion muss keinen Resultatwert liefern. Sie hat dann den Rückgabetyp `void`. Soll ein **Resultatwert** geliefert werden, so erfolgt dies mit Hilfe der `return`-**Anweisung**[107], es sei denn, globale Variablen werden geändert oder der in Kapitel

---

[107] `return` gehört zu den Sprunganweisungen.

11.4.6 vorgestellte Mechanismus der Rückgabe von Werten über die Parameterliste mit Hilfe von Pointern wird benutzt.

Hat eine Funktion einen von `void` verschiedenen Rückgabetyp, so muss sie mit `return` einen Wert zurückgeben. Nach `return` kann ein beliebiger Ausdruck stehen:

```
return ausdruck;
```

> Mit Hilfe der `return`-Anweisung ist es möglich, den Wert eines Ausdrucks, der in der Funktion berechnet wird (das Funktionsergebnis), an den Aufrufer der Funktion zurückzugeben.

Wenn der Typ von `ausdruck` nicht mit dem Resultattyp der Funktion übereinstimmt, führt der Compiler eine implizite Typumwandlung durch. Das Regelwerk für die implizite Typumwandlung (siehe Kapitel 9.7) ist dasselbe wie bei einer Zuweisung. Ist die implizite Typumwandlung nicht möglich, resultiert eine Fehlermeldung.

Auch wenn man es oft sieht, so ist es dennoch nicht notwendig, den rückzugebenden Ausdruck in runde Klammern einzuschließen.

Steht hinter `return` kein Ausdruck wie im Folgenden:

```
return;
```

so wird die Funktion verlassen, ohne einen Wert zurückzugeben. Dies ist möglich, wenn die Funktion den Rückgabetyp `void` hat.

> Enthält ein Funktionsrumpf einer Funktion mit dem Rückgabetyp `void` keine `return`-Anweisung, so wird die Funktion beim Erreichen der den Funktionsrumpf abschließenden geschweiften Klammer beendet, wobei kein Ergebnis an den Aufrufer zurückgeliefert wird.

Gibt eine Funktion mit `return` einen Wert zurück, so kann dieser Rückgabewert in Ausdrücken weiterverwendet werden. So kann der Rückgabewert in die Berechnung komplexer Ausdrücke einfließen, er kann einer Variablen zugewiesen werden oder an eine andere Funktion übergeben werden.

Beispiele:

```
wert = sin (alpha);             /* Zuweisung des Rueckgabe-   */
                                /* wertes an eine Variable    */
                                /* Zum Sinus siehe Anhang A.2 */

/* Weiterverwendung des Rueckgabewertes in einem Ausdruck     */
hangabtrieb = gewicht * sin (alpha);
```

> Es ist nicht zwingend notwendig, dass der Rückgabewert einer Funktion abgeholt wird.

So liefert beispielsweise die Funktion `printf()` als Rückgabewert die Anzahl der ausgegebenen Zeichen. Dieser Rückgabewert wird meist nicht abgeholt, wie in folgendem Beispiel:

```
printf ("Der Rueckgabewert wird hier nicht abgeholt");
```

Durch das Anhängen eines Strichpunktes wird der Ausdruck `printf (". . . .")` hier zu einer Ausdrucksanweisung.

Funktionen, die **keinen Rückgabewert** haben, können nicht in die Berechnung von Ausdrücken einfließen. Sie können auch nicht auf der rechten Seite einer Zuweisung – eine Zuweisung stellt auch einen Ausdruck dar – verwendet werden. Sie können nur als Ausdrucksanweisung angeschrieben werden.

11.4.5 Call by reference-Schnittstelle

Manche Programmiersprachen wie z. B. C++ kennen außer der **call by value**-Schnittstelle auch eine **call by reference**-Schnittstelle. Eine call by reference-Schnittstelle ermöglicht es, über Übergabeparameter nicht nur Werte in eine Funktion hinein, sondern auch aus ihr herauszubringen. In C++ gibt es also nicht nur **Werteparameter**, die mit call by value übergeben werden, sondern auch **Referenzparameter**, die per call by reference übergeben werden.

Bei einem Referenzparameter passiert das Folgende: Jede Operation auf einem formalen Referenzparameter der Parameterliste erfolgt tatsächlich auf dem zugehörigen aktuellen Parameter. Mit anderen Worten:

Bei einer call by reference-Schnittstelle – die es in C nicht gibt – ist der Name des formalen Referenzparameters nur ein Aliasname für die referenzierte Variable, den aktuellen Parameter. Jede Operation auf dem formalen Parameter findet tatsächlich auf dem aktuellen Parameter statt.

Ein Aliasname ist einfach ein zweiter Name für dieselbe Variable. Eine Variable kann sowohl über ihren eigentlichen als auch über ihren Aliasnamen angesprochen werden.

11.4.6 Pointer über die Parameterliste

In C ist eine call by reference-Schnittstelle als Sprachmittel nicht vorgesehen. Man kann das Verhalten einer call by reference-Schnittstelle, nämlich Werte über die Parameterliste an den Aufrufer zu übergeben, auch mit der call by value-Schnittstelle erreichen, indem man einen Pointer auf den aktuellen Parameter mit call by value übergibt.

Dies zeigt das folgende **Beispiel**:

```
/* Datei: ref.c */
#include <stdio.h>
```

```
void init (int * alpha)
{
    *alpha = 10;
}

int main (void)
{
    int a;
    init (&a);
    printf ("Der Wert von a ist %d", a);
    return 0;
}
```

 Die Ausgabe am Bildschirm ist:

```
Der Wert von a ist 10
```

Also wird der Variablen a der Wert 10 zugewiesen. Das folgende Bild symbolisiert die Zwischenschritte bei dem Funktionsaufruf init (&a) der Funktion init (int *alpha):

1)
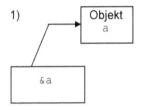

Vor dem Funktionsaufruf von init() wird der aktuelle Parameter von init(), d. h. &a, berechnet.

2)

Der Wert des aktuellen Parameters &a wird an den formalen Parameter, den Pointer alpha, zugewiesen. In anderen Worten, alpha wird mit der Adresse von a initialisiert.

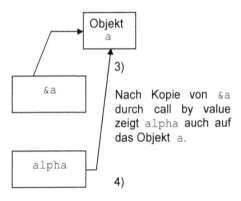

3)

Nach Kopie von &a durch call by value zeigt alpha auch auf das Objekt a.

4)

```
*alpha = 10
```

Dem Objekt, auf das alpha zeigt, wird der Wert 10 zugewiesen.

Bild 11-4 Beispiel für einen Funktionsaufruf

Wird eine Funktion init (int * alpha) aufgerufen durch init (& a), so wird die lokale Variable alpha beim Aufruf angelegt und mit dem Wert des aktuellen Parameters initialisiert, hier also mit der Adresse von a. Man kann sich das als Kopiervorgang vorstellen:

```
int * alpha = &a
```

Damit steht im formalen Parameter alpha die Adresse der Variablen a.

In der Anweisung

```
*alpha = 10;
```

wird dem Objekt, auf das der Pointer `alpha` zeigt, `*alpha` eben, der Wert 10 zugewiesen. `alpha` zeigt aber auf `a`.

Eine Funktion kann ein per Pointer übergebenes Objekt mittels des `const`-Schlüs-
selwortes vor Schreibzugriffen schützen. So kann im obigen Beispiel der Funktionskopf beispielsweise folgendermaßen definiert werden:

```
void init (const int * alpha)
```

Mit dieser Angabe kann der Programmierer grundsätzlich davon ausgehen, dass die
Variable `alpha` durch den Aufruf dieser Funktion nicht verändert werden wird. Die
Anweisung `*alpha = 10;` innerhalb der Funktion wird bei diesem Funktionskopf
vom Compiler als Fehler markiert.

Die Angabe `const int *` bedeutet "Ein Pointer auf einen konstanten `int`-Wert". Der Pointer selbst kann verändert werden, der `int`-
Wert hingegen ist als `const` deklariert und jeglicher Schreibzugriff
wird vom Compiler geahndet.

Während die Angabe `int const *` dasselbe bedeutet wie `const int *`, bedeutet `int * const` hingegen, dass der Pointer als `const` deklariert ist und nicht der `int`-Wert!

Vorsicht!

Diese Art der Parameterübergabe wird als **const-safe-Programmierung** bezeichnet.
Der Programmierer geht dabei davon aus, dass innerhalb solcher Funktionen keine
krummen Dinger mit den Pointern gedreht werden und somit seine Daten vor
Schreibzugriffen wirksam durch den Compiler geschützt sind.

const-safe-Programmierung ist für Programmier-Einsteiger oftmals
sehr hinderlich, da der Compiler tatsächlich jegliche Schreibzugriffe
verweigert. Für erfahrene Programmierer bietet es eine wertvolle Hilfe
und führt zu einem guten Programmierstil. Für Einsteiger wird empfohlen, ein Programm erst allmählich const-safe zu gestalten und sich
hierbei bei jedem Parameter zu überlegen: Braucht die Funktion auf
das entsprechende Objekt einen Schreibzugriff?

Vorsicht!

11.5 Vorwärtsdeklaration von Funktionen

Im Rahmen der Standardisierung von C durch das ANSI-Komitee wurde festgelegt,
dass die Konsistenz zwischen Funktionskopf und Funktionsaufrufen vom Compiler
überprüft werden soll. Wenn der Compiler aber prüfen soll, ob eine Funktion richtig
aufgerufen wird, dann muss ihm beim Aufruf der Funktion die Schnittstelle der Funktion, d. h. der Funktionskopf, bereits bekannt sein.

Steht aber die Definition einer Funktion im Programmcode erst nach ihrem Aufruf, so muss eine **Vorwärtsdeklaration** der Funktion erfolgen, indem vor dem Aufruf die Schnittstelle der Funktion deklariert wird.

Mit der **Vorwärtsdeklaration** wird dem Compiler der Name der Funktion, der Typ ihres Rückgabewerts und der Aufbau ihrer Parameterliste bekannt gemacht. Stimmen die Vorwärtsdeklaration – der sogenannte **Funktionsprototyp** – , der Aufruf der Funktion und die Definition der Funktion nicht überein, so resultiert eine Warnung des Compilers oder ein Kompilierfehler.

Beispiel für eine Vorwärtsdeklaration:

Im folgenden Beispiel wird die Funktion `init()` in der Funktion `main()` aufgerufen. Die Definition von `init()` erfolgt jedoch im folgenden Programm erst nach dem Aufruf:

```
/* Datei: fktproto.c */
#include <stdio.h>

void init (int * beta);          /* das ist der Funktionsprototyp   */

int main (void)
{
    int a;
    init (&a);                   /* Aufruf von init()               */
    printf ("Der Wert von a ist %d", a);
    return 0;
}

void init (int * alpha)     /* hier kommt die Funktionsdefinition */
{
    *alpha = 10;
}
```

Die Ausgabe am Bildschirm ist:

```
Der Wert von a ist 10
```

In diesem Programm wurde vor der `main()`-Funktion der Funktionsprototyp

```
void init (int * beta);
```

angegeben, was einer Vorwärtsdeklaration entspricht.

Ein Funktionsprototyp entspricht vom Aufbau her einem Funktions-kopf. Dabei sind aber die folgenden Abweichungen zur Struktur des Funktionskopfes zugelassen:

- Der Name eines Parameters im Prototyp muss nicht mit dem Na-men des entsprechenden formalen Parameters im Funktionskopf übereinstimmen.
- Der Name eines formalen Parameters kann im Prototyp auch weg-gelassen werden. Entscheidend aber ist, dass der Typ jedes forma-len Parameters angegeben wird.
- Im Gegensatz zu einem Funktionskopf wird ein Funktions-Prototyp mit einem Semikolon abgeschlossen.

Identisch zwischen Prototyp und Funktionskopf müssen der Rückga-betyp sowie die Anzahl, die Datentypen und die Reihenfolge der for-malen Parameter sein.

So könnte im obigen Beispiel `fktproto.c` der Funktionsprototyp auch wie folgt ge-schrieben werden:

```
void init (int *);
```

Wird bei einem Prototyp oder bei einer Funktionsdefinition kein Rück-gabetyp angegeben (also auch nicht `void`), dann setzt der Compiler in C90 automatisch den Rückgabetyp `int` für diese Funktion ein. In C99 und C11 ist diese implizite Typerweiterung nicht gestattet. Viele Compiler tun es aus Kompatibilitätsgründen jedoch trotzdem, geben aber eine entsprechende Warnung aus.

11.5.1 Behandlung von Library-Funktionen

Diese Regeln gelten auch für Library-Funktionen (Bilbiotheksfunktionen). Will man also Library-Funktionen aufrufen, so müssen ihre Prototypen bekannt sein. Diese be-finden sich – neben Makros und Konstanten – in den Header-Dateien.

Durch das Einbinden der Header-Dateien werden die Funktionsproto-typen der Library-Funktionen eingefügt.

So war bisher in den meisten Beispielen die Zeile `#include <stdio.h>` vorhan-den. Der Präprozessor (siehe Kapitel 21), der diese Zeile bearbeitet, sorgt dafür, dass an dieser Stelle der Inhalt der Datei `<stdio.h>` übersetzt wird, in der unter anderem die Prototypen der Funktionen für die Ein- und Ausgabe stehen. Dadurch kennt dann der Compiler die Prototypen der Library-Funktionen, während er den anschließenden Programmtext übersetzt. Anhang A stellt die verschiedenen Klassen von Bibliotheksfunktionen des ISO-Standards vor.

11.5.2 Eigene Header-Dateien

Bei einem Programm, das in mehrere Quelldateien aufgeteilt ist, muss man bei der Übersetzung jeder Datei, in der man eine Funktion aufruft, einen Prototypen zur Verfügung stellen. Fügt jeder Programmierer in seiner Datei einen eigenen Prototypen ein, dann kann leicht ein Wildwuchs entstehen. Der Übersetzer kann dann nicht gänzlich prüfen, ob alle Prototypen zur Funktionsdefinition passen, ob alle Funktionsprototypen für die gleiche Funktion untereinander verträglich sind, etc. Aus Gründen der Projektorganisation ist es günstig, nur einen einzigen Prototypen für eine Funktion zu haben, der überall da benutzt wird, wo die Funktion aufgerufen wird.

Die folgenden Regeln haben sich als zweckmäßig herausgestellt und ermöglichen größtmögliche Konsistenz über Dateigrenzen hinweg:

1. Jede Funktion, die außerhalb der Datei benutzt werden soll, in der sie definiert ist, erhält einen Prototypen in einer Header-Datei.
2. Jede Quellcodedatei, die einen Aufruf einer Funktion enthält, inkludiert die entsprechende Header-Datei.
3. Die Quelldatei, die die Definition einer Funktion enthält, soll die Header-Datei ebenfalls inkludieren.

Regel 1 gewährleistet, dass nur ein einziger Funktionsprototyp für eine Funktion existiert. Regel 2 erlaubt es dem Übersetzer, die aufrufende Funktion zu überprüfen, ob sie verträglich mit dem Prototypen ist. Regel 3 schließlich stellt sicher, dass der Compiler prüfen kann, ob der Prototyp zur Definition passt. Auf die Verwendung eigener Header-Dateien wird in Kapitel 22 noch ausführlich eingegangen.

Dadurch, dass Header-Dateien somit von verschiedensten Dateien eingebunden werden, kann es passieren, dass ein und dieselbe Header-Datei innerhalb einer Übersetzungseinheit mehrfach eingebunden wird. Damit dies nicht passiert, behilft man sich in C mit einer bedingten Kompilierung, welche in Kapitel 22.3.2.3 nachgelesen werden kann.

11.6 Gültigkeitsbereiche von Namen

Der Compiler kompiliert dateiweise. Er kennt nur die Namen in der aktuell bearbeiteten Datei. Namen in anderen Dateien sind ihm nicht bekannt.

In einer Datei gibt es vier Gültigkeitsbereiche (engl. scopes) von Namen:

- Datei,
- Funktion,
- Block
- und Funktionsprototyp.

Innerhalb einer Datei gelten die folgenden Regeln für die Gültigkeit von Namen:

- Namen externer Variablen sind ab ihrer Deklaration, d. h. ab der Definition einer externen Variablen bzw. einer extern-Deklaration (siehe Kapitel 15.2.2) bekannt. Die Gültigkeit erstreckt sich bis zum Ende der Datei.

- Namen von Funktionen sind ab ihrer Deklaration, d. h. ab der Definition einer Funktion bzw. ab der Vorwärtsdeklaration (Funktionsprototyp) oder ab der `extern`-Deklaration bekannt. Die Gültigkeit erstreckt sich bis zum Ende der Datei.

- Namen, die in Blöcken eingeführt werden, verlieren am Blockende ihre Bedeutung.

- Namen der formalen Parameter von Funktionen gelten nur innerhalb der entsprechenden Funktion. Da formale Parameter den Stellenwert von lokalen Variablen haben und der Funktionsrumpf einen Block darstellt, kann man hier auch vom Gültigkeitsbereich des Blocks des Funktionsrumpfes sprechen.

- Namen von formalen Parametern in Prototypen sind nur dort bekannt. Sie haben aber – siehe Kapitel 11.5 – keine Bedeutung und können auch weggelassen werden.

- Der Name einer Marke kann in einer `goto`-Anweisung an einer beliebigen Stelle einer Funktion, in der er auftritt, benutzt werden. Der Gültigkeitsbereich ist die Funktion.

11.7 Die Ellipse ... – ein Mittel für variable Parameteranzahlen

> Die Programmiersprache C bietet neben den Funktionen mit fester Parameteranzahl auch eine Möglichkeit, Funktionen so zu definieren, dass eine beliebige Anzahl von Parametern übergeben werden kann. Die Kennzeichnung einer solchen Funktion erfolgt mit der **Ellipse** oder **Auslassung** in der formalen Parameterliste. Die Ellipse besteht aus drei Punkten `...`, die nach dem letzten explizit angeschriebenen formalen Parameter in der Parameterliste angegeben werden können. Dabei muss die Funktion mindestens einen explizit angegebenen Parameter enthalten.

Beim Aufruf muss die Anzahl der aktuellen Parameter mindestens so groß sein wie die Anzahl der explizit angeschriebenen formalen Parameter. Folgendes Beispiel zeigt die Definition einer Funktion mit variabler Parameterliste:

```
int var_func (int zahl1, double zahl2, ...);
```

Beispiele zum Aufruf der Funktion `var_func()` sind:

```
....
int z1 = 3;
double z2 = 5.4;

var_func (z1, z2, "String");  /* 1 zusaetzlicher String      */
var_func (z1, z2, 19, 27);    /* 2 zusaetzliche Integerwerte  */
var_func (z1, z2);            /* keine zusaetzlichen Parameter */
var_func (z1);               /* !! Fehler: nur 1 Parameter !! */
....
```

Da die Parameter des variablen Anteils nicht als feste formale Parameter definiert werden können, kann der Compiler für den variablen Anteil natürlich keine Typüberprüfung der aktuellen Übergabeparameter gegen die formalen Parameter durchführen.

Die Funktion mit der variabel langen Parameterliste muss jedoch erfahren, wie viele Werte und von welchem Typ an sie übergeben werden, damit sie die ihr übergebenen Daten richtig auswertet. Die einfachste Möglichkeit ist gegeben, wenn die aktuellen Parameter alle vom selben Typ sind. Dann kann man als letzten aktuellen Parameter einen Wert übergeben, der als Endekennung dient. Diese Endekennung wird auch Wächter, oder auf Englisch „sentinel" genannt. Im folgenden Beispiel `ellipse.c` wird dies gezeigt.

Im Rumpf einer Funktion muss der Programmierer nun Zugriff auf die aktuellen Parameterwerte bekommen. Im Normalfall hat er diesen Zugriff über den Namen eines formalen Parameters, bei der Ellipse aber gibt es keine Namen. C stellt daher ein Hilfsmittel zur Verfügung, nämlich Typen und Makros, die in der Datei `<stdarg.h>` definiert sind und mit denen dieser Zugriff auf die einzelnen Parameter möglich wird. Das folgende Beispiel zeigt die Handhabung auf.

Die Funktion `qualitaet()` in diesem Beispiel erhält als ersten Parameter einen Schwellwert zur Bewertung einer Messreihe, um mit Hilfe des Schwellwertes den prozentualen Ausschuss einer Menge von Prüflingen zu ermitteln. Die nächsten Parameter stellen die aktuellen Messwerte der Prüflinge dar, die mit dem Schwellwert zu vergleichen sind. Der Wert ENDE, der mit keinem gültigen Messwert übereinstimmen darf, zeigt das Ende der Messreihe an. Hier das Programm:

```c
/* Datei: ellipse.c */
#include <stdio.h>
#include <stdarg.h>

const double SCHWELLE = 3.0;
const double ENDE = -1;

double qualitaet (double, ...);


int main (void)
{
   printf ("\n\nDer Ausschuss betraegt %5.2f %%", 100 *
           qualitaet (SCHWELLE, 2.5, 3.1, 2.9, 3.2, ENDE));
   printf ("\nDer Ausschuss betraegt %5.2f %%", 100 *
           qualitaet (SCHWELLE, 4.2, 3.8, 3.4, 2.9, 2.7, ENDE));
   /* Beachten Sie, dass das Prozent-Zeichen bei printf()     */
   /* als %% angegeben wird                                   */
   return 0;
}

double qualitaet (double schwellwert, ...)
{
   int anzahl_schlechter_Teile = 0;
   double wert;
   int lv = 0;
```

```
va_list listenposition;

for (va_start (listenposition, schwellwert);              /* 1 */
       (wert = va_arg (listenposition, double)) != ENDE;    /* 2 */
       lv ++)
{
    if (wert > schwellwert) anzahl_schlechter_Teile++;
}
va_end (listenposition);                                    /* 3 */
return (double)anzahl_schlechter_Teile / lv;
}
```

Die Ausgabe des Programms ist:

```
Der Ausschuss betraegt 50.00 %
Der Ausschuss betraegt 60.00 %
```

Der Zugriff auf die aktuellen Parameter erfolgt mit Hilfe der Funktion va_start() (siehe /* 1 */). va_start() benötigt als erstes aktuelles Argument eine Variable vom Typ va_list, hier listenposition genannt, als zweiten aktuellen Parameter erhält va_start() den letzten festen Parameter der Parameterliste – hier die Variable schwellwert. Die Variable listenposition wird von va_start() so initialisiert, dass sie auf den ersten variablen Parameter zeigt. Die Variable listenposition wird anschließend von va_arg() benutzt.

Die Funktion va_arg() (siehe /* 2 */) liefert als Ergebniswert den Wert des aktuellen Parameters, auf den listenposition aktuell zeigt. Der Typ dieses Parameters wird als zweites Argument an va_arg() übergeben. Mit jedem weiteren Aufruf von va_arg() zeigt listenposition auf den nächsten Parameter. Der Abschluss ist erreicht, wenn listenposition auf ENDE zeigt.

va_end() (siehe /* 3 */) ist vor dem Rücksprung aus der Funktion mit der variablen Parameterliste aufzurufen und dient zur Freigabe des Speichers, auf den listenposition zeigt.

va_start() und va_arg() sind tatsächlich Makros mit Parametern (Makros, siehe Kapitel 21), va_end() kann ein Makro oder eine Funktion sein. Ihre Prototypen sind in der Datei <stdarg.h> definiert.

11.8 Rekursive Funktionen

Im Folgenden wird auf die Rekursion und Iteration eingegangen. Es wird jeweils ein Algorithmus erklärt und dann beispielhaft jeweils Code für eine iterative und eine rekursive Lösung gezeigt und erklärt.

11.8.1 Iteration und Rekursion

Ein Algorithmus heißt **rekursiv**, wenn er Abschnitte enthält, die sich selbst direkt oder indirekt aufrufen. Er heißt **iterativ**, wenn bestimmte Abschnitte des Algorithmus innerhalb einer einzigen Ausführung des Algorithmus mehrfach durchlaufen werden.

Iteration und Rekursion sind Prinzipien, die oft als Alternativen für die Programmkonstruktion erscheinen. Theoretisch sind Iteration und Rekursion äquivalent, weil man jede Iteration in eine Rekursion umformen kann und umgekehrt. In der Praxis gibt es allerdings oftmals den Fall, dass die iterative oder rekursive Lösung auf der Hand liegt, dass man aber auf die dazu alternative rekursive bzw. iterative Lösung nicht so leicht kommt.

Die Rekursion eignet sich, wie man noch sehen wird, zunächst einmal gut zum Umkehren von Reihenfolgen z. B. von 1, 2, 3, 4 in 4, 3, 2, 1. Zum anderen wird die Rekursion jedoch meist angewandt, um Wachstumsvorgänge (z. B. Zellwachstum in der Biologie) einfach zu modellieren oder um Lösungsalgorithmen von „Rätseln", zum Beispiel dem Finden eines Weges im Labyrinth mit Backtracking, zu programmieren. Auch beim Implementieren von „teile und herrsche"-Algorithmen (engl. divide and conquer) leistet die Rekursion wertvolle Dienste. Beispiele für die beiden Ansätze werden beim Suchen und beim Backtracking in Kapitel 20 erklärt.

Bei rekursiven Algorithmen, die „nach einer Problemlösung suchen", ist es bei einer schrittweisen „Suche" nach solch einer Lösung erforderlich, nicht erfolgreiche Ansätze zu verwerfen und an einer vorherigen Stelle der Lösungssuche erneut fortzufahren. Diese Vorgehensweise führt zum Begriff Backtracking.

Backtracking ist bei einer baumartigen Lösungsuche die Rückkehr aus einer Sackgasse zu einer vorhergehenden Stelle im Lösungsbaum, von der aus ein erneuter Lösungsversuch gestartet werden soll.

Programmtechnisch läuft eine Iteration auf eine Schleife, eine **direkte Rekursion** auf den Aufruf einer Funktion durch sich selbst hinaus. Es gibt aber auch eine indirekte Rekursion. Eine **indirekte Rekursion** liegt beispielsweise vor, wenn zwei oder mehr Funktionen sich wechselseitig bzw. im Kreis aufrufen.

Da dies schnell unübersichtlich werden kann, wird in der Praxis versucht, eine indirekte Rekursion zu vermeiden bzw. durch eine direkte Rekursion zu ersetzen. In der Praxis tritt die indirekte Rekursion eher als unbeabsichtigter Programmierfehler auf.

11.8.2 Iterative und rekursive Berechnung der Fakultätsfunktion

Das Prinzip der Iteration und der Rekursion von Funktionen soll an dem folgenden Beispiel der Berechnung der Fakultätsfunktion veranschaulicht werden. Bei der Rekursion kommt der Stack vor. Daher soll im folgenden Kapitel zunächst auf den Stack eingegangen werden.

11.8.2.1 Die LIFO-Struktur eines Stacks

Als **Stack** wird ein Speicherbereich bezeichnet, auf dem Informationen temporär abgelegt werden können. Ein Stack wird auch als **Stapel** bezeichnet. Ganz allgemein ist das Typische an einem Stack, dass auf die Information, die zuletzt abgelegt worden ist, als erstes wieder zugegriffen werden kann. Denken Sie z. B. an einen Bücherstapel. Sie beginnen mit dem ersten Buch, legen darauf das zweite, dann das dritte und so fort. In diesem Beispiel soll beim fünften Buch Schluss sein. Beim Abräumen nehmen Sie zuerst das fünfte Buch weg, dann das vierte, dann das dritte und so weiter, bis kein Buch mehr da ist. Bei einem Stack ist es nicht erlaubt, Elemente von unten oder aus der Mitte des Stacks wegzunehmen. Die Datenstruktur eines Stacks wird als **LIFO-Datenstruktur** bezeichnet. LIFO bedeutet "**Last-In-First-Out**", d. h. das, was als Letztes abgelegt wird, wird wieder als Erstes entnommen. Das Ablegen eines Elementes auf dem Stack wird als `push()`-Operation, das Wegnehmen eines Elementes als `pop()`-Operation bezeichnet.

In der Sprache C werden bei Funktionsaufrufen die übergebenen Parameter, die lokalen Variablen und der Pointer auf die aktuelle Anweisung einer unterbrochenen Funktion (Befehlspointer) auf einem Stack abgelegt. Der Programmierer muss sich nicht darum kümmern. Wenn eine Funktion aufgerufen wird, werden die benötigten Parameter einfach auf den Stack gelegt. Wenn aus einer Funktion zurückgesprungen wird, werden die auf dem Stack abgelegten Parameter wieder entfernt.

11.8.2.2 Algorithmus für die iterative Berechnung der Fakultätsfunktion

Iterativ ist die Fakultätsfunktion definiert durch:

n! = 1 * 2 * ... * n

Damit ist:

2! = 1! * 2
3! = 2! * 3
4! = 3! * 4

Iterativ kann man dann n! folgendermaßen berechnen:

Schritt 1:   Da 1!   = 1 ist, startet man mit
                    fakuneu = 1

Schritt 2:   fakualt = fakuneu
                    fakuneu = fakualt * 2
...

Schritt n: fakualt = fakuneu
                    fakuneu = fakualt * n

Damit hat man durch wiederholtes Anwenden desselben Algorithmus von Schritt 1 bis Schritt n die Fakultät berechnet. Die Schritte wurden durchnummeriert. Bezeichnet man die Schrittnummer als Laufvariable lv, dann hat man Folgendes getan:

Schritt 1:   Initialisierung:
                 faku bekommt einen Anfangswert (Startwert) zugeordnet, d. h. faku = 1.
                 Die Laufvariable lv wird auf 1 gesetzt: lv = 1.
Schritt 2 bis n:
                 Prüfe, ob lv kleiner gleich n.
                 Falls diese Bedingung erfüllt ist, tue das Folgende:
                 {
                     Nehme den Wert von faku, der im letzten Schritt
                     berechnet wurde. Multipliziere ihn mit der Laufvariablen. Das so
                     gebildete Produkt ist der Wert von faku im aktuellen Schritt.
                     Erhöhe nun die Laufvariable um 1.
                 }

11.8.2.3 Iterative Berechnung der Fakultätsfunktion als Programm

Der oben gefundene Algorithmus lässt sich leicht programmieren:

```
/* Datei: it_faku.c */
#include <stdio.h>
int main (void)
{
   unsigned int n;
   unsigned int lv;
   long faku;
   printf ("\nEingabe: n = ");
   scanf ("%d", &n);
   for (faku = 1L, lv = 1; lv <= n; lv = lv + 1)
   {
      faku = faku * lv;
   }
   printf ("\nFakultaet(%d) = %ld\n",
           --lv,        /* --lv, da die for-Schleife ja am      */
           faku);       /* Ende noch die Laufvariable erhoeht   */
   return 0;
}
```

Beispiel für einen Programmablauf:

```
Eingabe: n = 3

Fakultaet(3) = 6
```

11.8.2.4 Algorithmus für die rekursive Berechnung der Fakultätsfunktion

Rekursiv ist die Fakultätsfunktion definiert durch:

n! = n * (n-1)!
1! = 1

Im Gegensatz zur Iteration schaut man jetzt auf eine Funktion f(n) und versucht, diese Funktion durch sich selbst – aber mit anderen Aufrufparametern – darzustellen.

Die mathematische Analyse ist im Beispiel der Fakultätsfunktion ziemlich leicht, denn man sieht sofort, dass

f(n) = n * f (n-1)

ist. Damit hat man das Rekursionsprinzip bereits gefunden. Dies ist jedoch nur die eine Seite der Medaille, denn die Rekursion darf nicht ewig gehen! Das Abbruchkriterium wurde bereits oben erwähnt. Es heißt:

1! = 1

Durch n! = n * (n-1)! lässt sich also die Funktion f(n) auf sich selbst zurückführen, d. h. f(n) = n * f(n-1). f(n-1) ergibt sich wiederum durch f(n-1) = (n-1) * f(n-2). Nach diesem Algorithmus geht es jetzt solange weiter, bis das Abbruchkriterium erreicht ist. Das Abbruchkriterium ist bei 1! erreicht, da dort der Wert der Fakultät, 1 eben, bekannt ist.

Dieser Algorithmus lässt sich leicht programmieren. Die Funktion `faku()` enthält zwei Zweige:

- Der eine Zweig wird verwendet, wenn die **Abbruchbedingung nicht erreicht** ist. Hier ruft die Funktion sich selbst wieder auf. Hierbei ist zu beachten, dass die Anweisung, in der die Funktion aufgerufen wird, gar nicht abgearbeitet werden kann, solange die aufgerufene Funktion kein Ergebnis zurückliefert, sondern selbst wiederum nur die Funktion mit einem anderen Argument aufruft. Das bedeutet, dass das Programm sich merken muss, wo es steht. Anschließend wird die Kontrolle an die aufgerufene Funktion übergeben. Diese bleibt auch beim Aufruf der Funktion stehen und die Kontrolle geht an die aufgerufene Funktion über und so weiter.
- Der andere Zweig wird angesprungen, wenn die **Abbruchbedingung erreicht** ist. Ist die Abbruchbedingung erreicht, so hat die Funktion zum erstenmal einen Rückgabewert. Damit kann die aufrufende Funktion an der Stelle weiterarbeiten, an der sie stehen geblieben ist und kann bis zum Ende ablaufen und wieder einen Rückgabewert für die ihr übergeordnete Funktion erzeugen usw.

11.8.2.5 Rekursive Berechnung der Fakultätsfunktion als C-Programm

```
/* Datei: rek_faku.c */
#include <stdio.h>

long faku (unsigned int n)
{
    printf ("\nn: %d", n);
    if (n > 1)
    {
        return n * faku (n - 1);
    }
    else
    {
        return 1;
    }
}
```

```
int main (void)
{
    unsigned int n;
    long z;
    printf ("\nEingabe: n = ");
    scanf ("%d", &n);
    z = faku (n);
    printf ("\nFakultaet(%d) = %ld\n", n, z);
    return 0;
}
```

Beispiel für einen Programmablauf:

```
Eingabe: n = 3

n: 3
n: 2
n: 1
Fakultaet(3) = 6
```

Die folgende Skizze in Bild 11-5 veranschaulicht am Beispiel der Berechnung von faku(3) den rekursiven Aufruf von faku() bis zum Erreichen des Abbruchkriteriums und die Beendigung aller wartenden faku()-Funktionen nach Erreichen des Abbruchkriteriums:

Fakultät von 3 rekursiv berechnen:

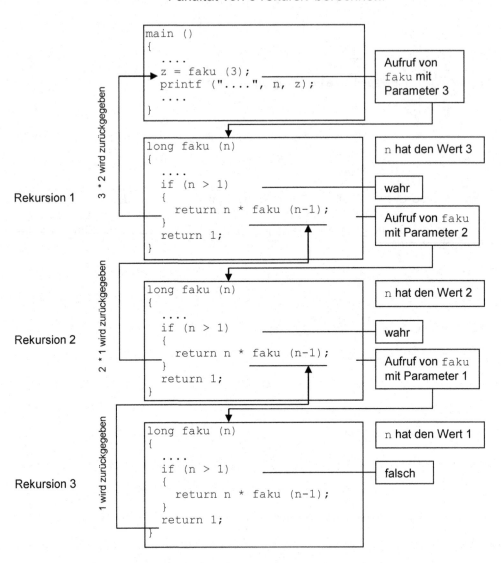

Bild 11-5 Verfolgung der rekursiven Aufrufe für `faku(3)`

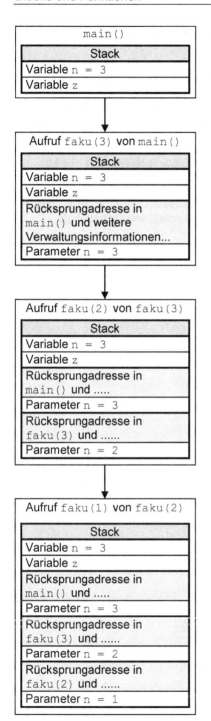

Aufbau des Stacks für `faku(3)`:

Bei jedem Aufruf von `faku()` werden die Rücksprungadresse und weitere Verwaltungsinformationen auf einem Stack abgelegt, der durch das Laufzeitsystem verwaltet wird. Auch die übergebenen Parameter (hier nur einer) werden auf diesem Stack abgelegt. Dabei wächst der Stack mit der Rekursionstiefe der Funktion.

Der letzte Aufruf von `faku()` mit dem Parameter `n = 1` bewirkt keine weitere Rekursion, da ja die Abbruchbedingung erfüllt ist.

Der Abbau des Stacks geschieht in umgekehrter Reihenfolge, wie aus dem folgenden Bild ersichtlich wird.

Bild 11-6 Aufbau des Stacks für `faku(3)`

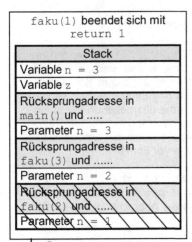

faku(1) **beendet sich mit**
return 1

Stack
Variable n = 3
Variable z
Rücksprungadresse in main() und .....
Parameter n = 3
Rücksprungadresse in faku(3) und ......
Parameter n = 2
Rücksprungadresse in faku(2) und .....
Parameter n = 1

Abbau des Stacks für faku(3):

Beim Beenden der aufgerufenen Funktion werden auf dem Stack die lokalen Variablen (inklusive der formalen Parameter) freigegeben und die Rücksprungadresse und sonstigen Verwaltungsinformationen abgeholt. Der Rückgabewert wird in diesem Beispiel über ein Register an die aufrufenden Funktionen zurückgegeben. Der Rückgabewert kann auf verschiedene Weise an die aufrufende Funktion zurückgegeben werden, beispielsweise auch über den Stack. Dies ist vom Compiler abhängig.

↓ Übergabe des Rückgabewertes über Register

faku(2) **beendet sich mit**
return 2

Stack
Variable n = 3
Variable z
Rücksprungadresse in main() und .....
Parameter n = 3
Rücksprungadresse in faku(3) und .....
Parameter n = 2

↓ Übergabe des Rückgabewertes über Register

faku(3) **beendet sich mit**
return 6

Stack
Variable n = 3
Variable z
Rücksprungadresse in main() und weitere Verwaltungsinformationen...
Parameter n = 3

↓ Übergabe des Rückgabewertes über Register

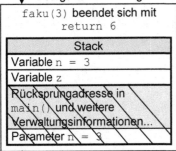

main()

Stack
Variable n = 3
Variable z = 6

Bild 11-7 Abbau des Stacks für faku(3)

Wird `faku()` von der `main()`-Funktion mit dem Argument 3 aufgerufen, so wird `faku(3)` abgearbeitet, bis zur Zeile `return n * faku(n - 1)`. Der Rückgabewert von `faku(n - 1)` fehlt, da ja `faku(n - 1)` noch nicht ausgeführt wurde. An dieser Stelle wird `faku()` mit dem neuen Argument 2 erneut aufgerufen. `faku(3)` wird aber noch nicht beendet, sondern wartet auf den Rückgabewert von `faku(2)`. Um bei dem erneuten Aufruf von `faku()` den lokalen Parameter n nicht zu überschreiben, wird dieser auf dem Stack abgelegt[108]. Damit das Programm nach Beendigung von `faku(2)` wieder an die richtige Stelle zurückspringen kann, wird die Rücksprungadresse ebenfalls auf dem Stack abgelegt.

`faku(2)` wird wieder bis zur Stelle `faku(n - 1)` abgearbeitet, an der nun der Rückgabewert von `faku(1)` fehlt. Die lokale Variable n von `faku(2)` und die Rücksprungadresse werden wieder auf dem Stack abgelegt und `faku(1)` aufgerufen. `faku(1)` beendet nun die Rekursion, da hier die Bedingung falsch ist und so kein erneuter Aufruf von `faku()` erfolgt, sondern nun `faku(1)` den Wert 1 an `faku(2)` zurückgibt. Bei diesem Rücksprung an die auf dem Stack befindliche Rücksprungadresse wird auch n von `faku(2)` wieder vom Stack geholt und nun kann `faku(2)` die Berechnung von n * `faku(1)` durchführen und den Wert 2 an `faku(3)` zurückgeben. `faku(3)` kann jetzt die Berechnung n * `faku(2)` durchführen und den Wert 6 an z in der `main()`-Funktion zurückgeben. Damit sind alle von der Funktion `faku()` auf den Stack abgelegten Daten wieder abgeholt und alle Aufrufe beendet.

Eine zu hohe Zahl von rekursiven Aufrufen führt zum Überlauf des Stacks. Vorsicht!

Auch wenn es nicht zum Stacküberlauf kommen sollte, so ist dennoch zu berücksichtigen, dass die Rekursion mehr Speicherplatz und Rechenzeit erfordert als die entsprechende iterative Formulierung. Wenn man den zu einem rekursiven Algorithmus entsprechenden iterativen Algorithmus kennt, so ist dem iterativen Algorithmus üblicherweise der Vorzug zu geben.

11.8.3 Beispiel für iterative und rekursive Berechnung der Binärdarstellung

Es soll die in Kapitel 7.2 eingeführte Binärdarstellung einer Zahl berechnet werden. Bei diesem Beispiel wird ebenfalls deutlich, welche Unterschiede zwischen einer iterativen und einer rekursiven Lösung bestehen und welche Vorteile die Rekursion bieten kann.

```
/* Datei: binaerit.c */
#include <stdio.h>
void binaerZahlIter (unsigned int zahl1)
{
   /* Anzahl Bytes des Typs int * 8 Bit je Byte */
   int array [sizeof (int)*8];
   int zahl2;
   int index;
```

---
[108] Siehe Kapitel 11.8.2.1.

```
for (index = 0; index < (sizeof (int) * 8); index++)
{
    array[index] = 0;
}
for (zahl2 = 0; zahl1; zahl2++, zahl1 /= 2)
{
    array[zahl2] = zahl1 % 2;
}
for (--zahl2; zahl2 >= 0; zahl2--)
{
    printf ("%d ", array[zahl2]);
}
}

int main()
{
    unsigned int rueck;
    unsigned int zahl;
    printf ("Binaerdarstellung:\n");
    do
    {
        printf ("\nBitte geben Sie eine Zahl ein: ");
        rueck = scanf ("%d", &zahl);
        binaerZahlIter (zahl);
    } while (rueck != 0);
    return 0;
}
```

Beispiel für einen Programmablauf:

```
Binaerdarstellung:

Bitte geben Sie eine Zahl ein: 35
1 0 0 0 1 1
```

Die folgende Tabelle visualisiert das Umwandeln der Zahl 35 dezimal in eine Dual-zahl mit Hilfe des Modulo-Operators:

Rechen-schritt	array						Ergebnis	Rest
	[5]	[4]	[3]	[2]	[1]	[0]		
35 / 2	0	0	0	0	0	**1**	17	1
17 / 2	0	0	0	0	**1**	1	8	1
8 / 2	0	0	0	**0**	1	1	4	0
4 / 2	0	0	**0**	0	1	1	2	0
2 / 2	0	**0**	0	0	1	1	1	0
1 / 2	**1**	0	0	0	1	1	0	1
							Dualzahl 1 0 0 0 1 1	

Tabelle 11-2 Umwandeln der Zahl 35 dezimal in eine Dualzahl mit dem Modulo-Operator

Das Programm `binaerit.c` berechnet aus einer gegebenen Dezimalzahl die zuge-hörige Dualzahl (siehe auch Anhang C.3). Dies geschieht durch Iteration. Wird eine

Dezimalzahl durch 2 geteilt, so ist der Rest (also 0 oder 1) die letzte Stelle der zugehörigen Dualzahl (siehe Tabelle 11-2). Teilt man nun das Ergebnis des Teilvorganges wieder durch 2, so ist der Rest die vorletzte Stelle der Dualzahl usw. Da aber nun die letzte Stelle der Dualzahl an erster Stelle im Array `array` steht, muss dieses Array mit einer `for`-Schleife rückwärts ausgegeben werden. Deshalb wird der Schleifenzähler `zahl2` erniedrigt, damit die erste Stelle der Dualzahl als letzte ausgegeben wird.

Da die Umkehr der Reihenfolge mit einer Rekursion einfacher auszuführen ist, jetzt zum Vergleich noch die rekursive Lösung:

```c
/* Datei: binaerre.c */
#include <stdio.h>
void binaerZahlReku (unsigned int zahl)
{
   if (zahl > 0)
   {
      binaerZahlReku (zahl / 2);
      printf ("%d ", zahl % 2);
   }
}


int main()
{
   unsigned int rueck;
   unsigned int zahl;
   printf ("Binaerdarstellung:\n");
   do
   {
      printf ("\nBitte geben Sie eine Zahl ein: ");
      rueck = scanf ("%d", &zahl);
      binaerZahlReku (zahl);
   } while (rueck != 0);
   return 0;
}
```

Beispiel für einen Programmablauf:

```
Binaerdarstellung:

Bitte geben Sie eine Zahl ein: 39
1 0 0 1 1 1
```

Da die Rekursion hier vor der Ausgabe der Dualziffern durchgeführt wird, beginnt das Programm mit der Ausgabe einer Dualziffer erst, wenn die letzte Modulo-Operation durchgeführt wurde. Dies ist aber gerade die erste Stelle der Dualzahl. Dann werden rückwärts alle weiteren Stellen mit `zahl % 2` ausgegeben. Wie man sieht, ist die Realisierung einer „Reihenfolgeumkehr" rekursiv mit weniger Aufwand zu realisieren als iterativ. Das liegt daran, dass der Programm-Stack als Zwischenspeicher zum Umkehren der Reihenfolge verwendet werden kann und dies im Gegensatz zur iterativen Lösung sogar ohne zu wissen, wie viele Binärziffern die Zahl letztendlich hat.

11.9 Inline-Funktionen

Inline-Funktionen wurden mit C99 in C eingeführt und in C11 beibehalten. Einer Inline-Funktion muss das Schlüsselwort `inline` vorangestellt werden. Hier ein **Beispiel**:

```
inline double dot3(double* vec1, double* vec2)
{
   return vec1[0] * vec2[0] + vec1[1] * vec2[1]
          + vec1[2] * vec2[2];
}
```

Inline-Funktionen definieren ganz normale Funktionen, können jedoch ähnlich wie Makros vom Compiler an der aufzurufenden Stelle direkt in den Code hineinkopiert werden.

Inline-Funktionen haben gegenüber Makros den Vorteil, dass sie wie normale Funktionen mit aktuellen Parametern aufgerufen werden können. Der Compiler kann die Parameter wie auch den Rückgabewert prüfen.

Eine Inline-Funktion hat das Ziel, eine solche Funktion so schnell wie möglich zu machen. Es obliegt dem Compiler, ob er das Schlüsselwort `inline` akzeptiert. Ist die Inline-Funktion zu lang, so kann er einen normalen Unterprogrammaufruf daraus machen. In anderen Worten, das Ergebnis ist implementierungsabhängig.

Es ist sinnvoll, Inline-Funktionen anstelle von `define`-Makros einzusetzen. Der Programmcode einer Inline-Funktion wird vom Compiler an der Stelle des Aufrufs eingesetzt. Damit ist das Programm so schnell, als ob der Code direkt eingefügt worden wäre. Der aufwendige Aufruf eines Unterprogramms entfällt.

Da der Compiler den Code für das Kopieren und Einsetzen kennen muss, muss die Implementation einer Inline-Funktion mit interner Bindung definiert, sprich während der Kompilation als Quellcode verfügbar sein.

Es ist jedoch erlaubt, gleichzeitig zur internen `inline`-Funktion eine Definition mit externer Bindung bereitzustellen. Ist dies der Fall, so gilt die Inline-Implementation als Alternative zur externen Funktion. Falls die Inline-Implementation aus irgendwelchen Gründen nicht geeignet ist, wird der Compiler einen normalen Funktionsaufruf der externen Funktion ausführen. Wann genau welche Funktion aufgerufen wird, ist compilerspezifisch.

Da `inline`-Funktionen während der Kompilation als Quellcode verfügbar sein müssen, werden sie häufig in Header-Dateien geschrieben. Da jedoch Header-Dateien oftmals in mehreren Übersetzungseinheiten gleichzeitig eingebunden werden, kann es passieren, dass am Ende in mehreren Übersetzungseinheiten ein und dieselbe `inline`-Funktion mehrfach definiert wird. Der Linker wird somit einen Fehler melden. Damit dies nicht passiert, behilft man sich bei `inline`-Funktionen in Header-Dateien mit dem Trick, die `inline`-Funktion zusätzlich als `static` zu vereinbaren. Dadurch wird gewährleistet, dass die Implementation der `inline`-Funktion nur innerhalb der aktuellen Übersetzungseinheit sichtbar sein wird. Der Nachteil hierbei ist, dass `inline`-Funktionen, welche aufgrund der Entscheidung des Compilers nicht in den Programmcode eingesetzt, sondern als Funktionsaufruf realisiert werden, in mehreren Objektdateien als exakte Kopie vorliegen. Da `inline`-Funktionen jedoch tendenziell eher klein sind, ist auch der dadurch entstehende Platzverbrauch vernachlässigbar und wird meistens in Kauf genommen.

11.10 Funktionen ohne Wiederkehr in C11

Es gibt einige wenige Funktionen, die nie zu ihrem Aufrufer zurückkehren, z. B. weil sie das Programm beenden. Dies lässt sich nun dem Compiler mit dem Schlüsselwort `_Noreturn` mitteilen, das mit C11 eingeführt wurde. Mit diesem Wissen ist es dem Compiler möglich, bessere Optimierungen beim Übersetzen durchzuführen.

Analysewerkzeuge können besser beim Debugging helfen, indem sie z. B. prüfen können, ob noch Code nach einer Funktion ohne Wiederkehr steht, der niemals erreicht werden kann.

Beispielsweise die `exit()`-Funktion[109] wird nun folgendermaßen deklariert:

```
_Noreturn void exit(int status);
```

Alternativ lässt sich dafür auch die neue Header-Datei `<stdnoreturn.h>` verwenden. Die Deklaration sieht dann wie folgt aus:

```
#import <stdnoreturn.h>
noreturn void exit(int status);
```

Welche der beiden Notationen verwendet wird, ist dem Programmierer überlassen.

11.11 Zusammenfassung

Dieses Kapitel behandelt Blöcke und Funktionen. Ein Block stellt eine Folge von Anweisungen ohne einen eigenen Namen dar. Diese Folge von Anweisungen wird sequenziell im Programmcode ausgeführt. Eine Funktion ist eine Folge von Anweisungen mit einem Namen, die nach einem Funktionsaufruf ausgeführt werden.

Kapitel **11.1** behandelt Blöcke. Die Anweisungen eines Blockes werden durch Blockbegrenzer – in C, C++, Java und C# sind dies die geschweiften Klammern – zusammengefasst. Statt Block ist auch die Bezeichnung zusammengesetzte Anweisung (engl. compound statement) üblich.

Ein Block hat in C90 den folgenden Aufbau:

```
{
    Vereinbarungen
```

---

[109] Näheres zur `exit()`-Funktion wird in Kapitel 17.2.1.1 beschrieben.

```
    Anweisungen
}
```

Nach C99 und C11 dürfen Vereinbarungen und Anweisungen gemischt werden. Vereinbarungen umfassen Definitionen von Variablen und Funktionen sowie Deklarationen von Variablen und Funktionen. Generell können Definitionen und Deklarationen von Variablen an folgenden Stellen vorgenommen werden:

- außerhalb von Funktionen
- sowie innerhalb von Funktionen und Blöcken.

Variablen sollten immer möglichst nahe an ihrer ersten Verwendung angelegt werden.

Kapitel **11.2** befasst sich mit der Schachtelung von Blöcken. Da eine Anweisung eines Blocks selbst wieder ein Block sein kann, können Blöcke geschachtelt werden. In einem Block lokal definierte Variablen und deklarierte Namen sind nur innerhalb dieses Blockes sichtbar, in einem umfassenden Block sind sie unsichtbar. In C können in jedem Block – auch in inneren Blöcken – Vereinbarungen durchgeführt werden.

Kapitel **11.3** behandelt die Gültigkeit, Sichtbarkeit und Lebensdauer von Variablen. Die Lebensdauer einer Variablen ist die Zeitspanne, in der das Laufzeitsystem des Compilers einer Variablen einen Platz im Speicher zur Verfügung stellt. Mit anderen Worten, während ihrer Lebensdauer besitzt eine Variable einen Speicherplatz. Die Gültigkeit einer Variablen bedeutet, dass an einer Programmstelle der Namen einer Variablen dem Compiler durch eine Vereinbarung bekannt ist. Die Sichtbarkeit einer Variablen bedeutet, dass man von einer Programmstelle aus diese Variable sieht, das heißt, dass man auf sie über ihren Namen zugreifen kann.

Für die Sichtbarkeit von Variablen gilt:

- Variablen in inneren Blöcken sind nach außen nicht sichtbar.
- Globale Variablen und Variablen in äußeren Blöcken sind in inneren Blöcken sichtbar, wenn sie nicht verdeckt werden.
- Wird jedoch in einem Block eine lokale Variable definiert mit demselben Namen wie eine globale Variable oder wie eine Variable in einem umfassenden Block, so ist innerhalb des Blocks nur die lokale Variable sichtbar. Die globale Variable bzw. die Variable in dem umfassenden Block wird durch die Namensgleichheit verdeckt.

Für die Lebensdauer von Variablen gilt:

- Globale Variablen leben solange wie das Programm.
- Lokale Variablen werden beim Aufruf eines Blockes gültig und beim Verlassen dieses Blockes wieder ungültig.

Eine Variable kann gültig sein und von einer Variablen desselben Namens verdeckt werden und deshalb nicht sichtbar sein. Lokale Variablen wie auch formale Parameter verbergen globale (externe) Variablen mit gleichem Namen oder lokale Variablen in einem umfassenden Block. Sie verbergen sogar nicht nur die Namen externer Variablen, sondern auch die Namen von Funktionen, da Funktionen denselben Namensraum wie Variablen haben.

Kapitel **11.4** befasst sich mit der Definition und dem Aufruf von Funktionen. Die Definition einer Funktion besteht in C aus dem Funktionskopf und dem Funktionsrumpf. Der Funktionskopf legt die Aufruf-Schnittstelle der Funktion fest. Der Funktionsrumpf enthält lokale Vereinbarungen und die Anweisungen der Funktion.

Dass Funktionen globale Variablen verwenden, wird aus dem Blickwinkel des Software Engineering nicht gerne gesehen, da bei der Verwendung globaler Variablen leicht die Übersicht verloren geht und es unter Umständen zu schwer zu findenden Fehlern kommen kann. Wenn man sauber arbeitet, verwendet man Übergabeparameter.

Die Syntax der Definition einer Funktion sieht folgendermaßen aus:

```
rueckgabetyp funktionsname (typ_1 formaler_parameter_1,
                            typ_2 formaler_parameter_2,
                                  . . . . .           ,
                            typ_n formaler_parameter_n)
{
    // Anweisungen des Funktionsrumpfs
}
```

Wird der Rückgabetyp weggelassen, was man sich nicht angewöhnen sollte, so wird in C90 als Default-Wert vom Compiler der Rückgabetyp `int` verwendet. Dies ist in C99 und C11 nicht so. Der Compiler soll hier eine Warnung ausgeben.

Wird der Typ `void` als Rückgabetyp angegeben, so kann zwar mit `return` die Funktion verlassen werden, ein Rückgabewert ist dabei aber nicht notwendig und auch nicht möglich. Ansonsten muss immer ein Wert mit `return` zurückgegeben werden. Funktionen mit Rückgabewert `void` werden in vielen anderen Sprachen wie z. B. Pascal als Prozedur bezeichnet.

Es ist möglich, verschiedene Funktionen eines Programms auf verschiedene Dateien zu verteilen. Eine Funktion muss dabei jedoch stets am Stück in einer einzigen Datei enthalten sein.

Anstelle der Begriffe formaler Parameter und aktueller Parameter wird oft auch das Begriffspaar Parameter und Argument verwendet.

Ein formaler Parameter wird als lokale Variable angelegt und mit dem Wert des entsprechenden aktuellen Parameters initialisiert. Anders gesagt, der Wert des aktuellen Parameters wird dem formalen Parameter zugewiesen und damit kopiert:

```
typ_n formaler_parameter_n = aktueller_parameter_n;
```

Bei einem call by value wird der Wert eines aktuellen Parameters an eine Funktion übergeben. Dabei kann man den aktuellen Parameter von der aufgerufenen Funktion aus nicht abändern, da die aufgerufene Funktion ja mit einer Kopie des aktuellen Parameters arbeitet. Ist ein Ändern aber nötig, so muss stattdessen mit Pointern als Übergabeparametern gearbeitet werden.

Der aktuelle Parameter braucht keine Variable zu sein. Er kann ein beliebiger Ausdruck sein. Ein formaler Parameter ist eine spezielle lokale Variable. Deshalb darf ein formaler Parameter nicht denselben Namen wie eine andere lokale Variable tragen.

Hat eine Funktion formale Parameter, so muss beim Aufruf an jeden formalen Parameter ein aktueller Parameter übergeben werden.

Die `return`-Anweisung beendet den Funktionsaufruf. Das Programm kehrt zu der Anweisung, in der die Funktion aufgerufen wurde, zurück und beendet diese Anweisung. Anschließend wird die nächste Anweisung nach dem Funktionsaufruf abgearbeitet. Mit Hilfe der `return`-Anweisung ist es möglich, den Wert eines Ausdrucks, der in der Funktion berechnet wird (das Funktionsergebnis), an den Aufrufer der Funktion zurückzugeben. Enthält ein Funktionsrumpf einer Funktion mit dem Rückgabetyp `void` keine `return`-Anweisung, so wird die Funktion beim Erreichen der den Funktionsrumpf abschließenden geschweiften Klammer beendet, wobei kein Ergebnis an den Aufrufer zurückgeliefert wird. Es ist nicht zwingend notwendig, dass der Rückgabewert einer Funktion abgeholt wird.

Bei einer call by reference-Schnittstelle – die es in C nicht gibt – ist der Name des formalen Referenzparameters nur ein Aliasname für die referenzierte Variable, den aktuellen Parameter. Jede Operation auf dem formalen Parameter findet tatsächlich auf dem aktuellen Parameter statt. In C ist eine call by reference-Schnittstelle als Sprachmittel nicht vorgesehen. Man kann das Verhalten einer call by reference-Schnittstelle, nämlich Werte über die Parameterliste an den Aufrufer zu übergeben, auch mit der call by value-Schnittstelle erreichen, indem man einen Pointer auf den aktuellen Parameter mit call by value übergibt.

Wird eine Funktion `init (int * alpha)` aufgerufen durch `init (& a)`, so wird die lokale Variable `alpha` beim Aufruf angelegt und mit dem Wert des aktuellen Parameters initialisiert, hier also mit der Adresse von `a`. Man kann sich das als Kopiervorgang vorstellen:

```
int * alpha = &a
```

Die Angabe `const int *` bedeutet "Ein Pointer auf einen konstanten `int`-Wert". Der Pointer selbst kann verändert werden, der `int`-Wert hingegen ist als `const` deklariert und jeglicher Schreibzugriff wird vom Compiler geahndet.

Während die Angabe `int const *` dasselbe bedeutet wie `const int *`, bedeutet `int * const` hingegen, dass der Pointer als `const` deklariert ist und nicht der `int`-Wert!

const-safe-Programmierung ist für Programmier-Einsteiger oftmals sehr hinderlich, da der Compiler tatsächlich jegliche Schreibzugriffe verweigert. Für erfahrene Programmierer bietet es eine wertvolle Hilfe und führt zu einem guten Programmierstil. Für Einsteiger wird empfohlen, ein Programm erst allmählich const-safe zu gestalten und sich hierbei bei jedem Parameter zu überlegen: Braucht die Funktion auf das entsprechende Objekt einen Schreibzugriff?

Kapitel **11.5** behandelt die Vorwärtsdeklaration von Funktionen. Mit der Vorwärtsdeklaration wird dem Compiler der Name der Funktion, der Typ ihres Rückgabewerts und der Aufbau ihrer Parameterliste bekannt gemacht. Stimmen die Vorwärtsdeklaration – der sogenannte Funktionsprototyp – , der Aufruf der Funktion und die Definition der Funktion nicht überein, so resultiert eine Warnung des Compilers oder ein Kompilierfehler.

Ein Funktionsprototyp entspricht vom Aufbau her einem Funktionskopf. Dabei sind aber die folgenden Abweichungen zur Struktur des Funktionskopfes zugelassen:

- Der Name eines Parameters im Prototyp muss nicht mit dem Namen des entsprechenden formalen Parameters im Funktionskopf übereinstimmen.
- Der Name eines formalen Parameters kann im Prototyp auch weggelassen werden. Entscheidend aber ist, dass der Typ jedes formalen Parameters angegeben wird.

Identisch zwischen Prototyp und Funktionskopf müssen der Rückgabetyp sowie die Anzahl, die Datentypen und die Reihenfolge der formalen Parameter sein.

Wird bei einem Prototyp oder bei einer Funktionsdefinition kein Rückgabetyp angegeben (also auch nicht `void`), dann setzt der Compiler in C90 automatisch den Rückgabetyp `int` für diese Funktion ein. In C99 und C11 ist diese implizite Typerweiterung nicht gestattet. Viele Compiler tun es aus Kompatibilitätsgründen jedoch trotzdem, geben aber eine entsprechende Warnung aus.

Durch das Einbinden der Header-Dateien werden die Funktionsprototypen der Library-Funktionen eingefügt.

Die folgenden Regeln haben sich als zweckmäßig herausgestellt und ermöglichen größtmögliche Konsistenz über Dateigrenzen hinweg:

1. Jede Funktion, die außerhalb der Datei benutzt werden soll, in der sie definiert ist, erhält einen Prototypen in einer Header-Datei.
2. Jede Quellcodedatei, die einen Aufruf einer Funktion enthält, inkludiert die entsprechende Header-Datei.
3. Die Quelldatei, die die Definition einer Funktion enthält, soll die Header-Datei ebenfalls inkludieren.

Kapitel **11.6** befasst sich mit Gültigkeitsbereichen von Namen. In einer Datei gibt es vier Gültigkeitsbereiche von Namen:

- Datei,
- Funktion,
- Block und
- Funktionsprototyp.

Kapitel **11.7** behandelt die Ellipse ... – ein Mittel für variable Parameteranzahlen. Die Programmiersprache C bietet neben den Funktionen mit fester Parameteranzahl auch eine Möglichkeit, Funktionen so zu definieren, dass eine beliebige Anzahl von Parametern übergeben werden kann. Die Kennzeichnung einer solchen Funktion erfolgt mit der Ellipse oder Auslassung in der formalen Parameterliste. Die Ellipse besteht aus drei Punkten . . ., die nach dem letzten explizit angeschriebenen formalen

Parameter in der Parameterliste angegeben werden können. Dabei muss die Funktion mindestens einen explizit angegebenen Parameter enthalten.

Da die Parameter des variablen Anteils nicht als feste formale Parameter definiert werden können, kann der Compiler für den variablen Anteil natürlich keine Typüberprüfung der aktuellen Übergabeparameter gegen die formalen Parameter durchführen.

Kapitel **11.8** befasst sich mit rekursiven Funktionen. Ein Algorithmus heißt rekursiv, wenn er Abschnitte enthält, die sich selbst direkt oder indirekt aufrufen. Er heißt iterativ, wenn bestimmte Abschnitte des Algorithmus innerhalb einer einzigen Ausführung des Algorithmus mehrfach durchlaufen werden.

Bei rekursiven Algorithmen, die „nach einer Problemlösung suchen", ist es bei einer schrittweisen „Suche" nach solch einer Lösung erforderlich, nicht erfolgreiche Ansätze zu verwerfen und an einer vorherigen Stelle der Lösungssuche erneut fortzufahren. Diese Vorgehensweise führt zum Begriff Backtracking. Backtracking ist bei einer baumartigen Lösungsuche die Rückkehr aus einer Sackgasse zu einer vorhergehenden Stelle im Lösungsbaum, von der aus ein erneuter Lösungversuch gestartet werden soll.

Programmtechnisch läuft eine Iteration auf eine Schleife, eine direkte Rekursion auf den Aufruf einer Funktion durch sich selbst hinaus. Es gibt aber auch eine indirekte Rekursion. Eine indirekte Rekursion liegt beispielsweise vor, wenn zwei oder mehr Funktionen sich wechselseitig bzw. im Kreis aufrufen.

Eine zu hohe Zahl von rekursiven Aufrufen führt zum Überlauf des Stacks.

Kapitel **11.9** behandelt Inline-Funktionen. Inline-Funktionen definieren ganz normale Funktionen, können jedoch ähnlich wie Makros vom Compiler an der aufzurufenden Stelle direkt in den Code hineinkopiert werden. Inline-Funktionen haben gegenüber Makros den Vorteil, dass sie wie normale Funktionen mit aktuellen Parametern aufgerufen werden können. Der Compiler kann die Parameter wie auch den Rückgabewert prüfen.

Es ist sinnvoll, Inline-Funktionen anstelle von `define`-Makros einzusetzen. Der Programmcode einer Inline-Funktion wird vom Compiler an der Stelle des Aufrufs eingesetzt. Damit ist das Programm so schnell, als ob der Code direkt eingefügt worden wäre. Der aufwendige Aufruf eines Unterprogramms entfällt.

Kapitel **11.10** erörtert Funktionen ohne Wiederkehr in C11. Es gibt einige wenige Funktionen, die nie zu ihrem Aufrufer zurückkehren, z. B. weil sie das Programm beenden. Dies lässt sich nun dem Compiler mit dem Schlüsselwort `_Noreturn` mitteilen, das mit C11 eingeführt wurde. Mit diesem Wissen ist es dem Compiler möglich, bessere Optimierungen beim Übersetzen durchzuführen.

11.12 Übungsaufgaben

Aufgabe 11.1: Blöcke

Welche Zahlenwerte werden von dem folgenden Programm ausgegeben?

Analysieren Sie das Programm und ersetzen Sie die ? in der im Folgenden dargestellten Ausgabe durch die entsprechenden Ausgabewerte. Starten Sie das Programm erst nach Ihrer Analyse.

```
main - der Wert von x ist ?
f2 - der Wert von x ist ?
f1 - der Wert von x ist ?
main - der Wert von x ist ?
```

Hier das Programm:

```c
#include <stdio.h>

int x = 5;

void f1 (int * u)
{
   int x = 4;
   *u = 6;
   printf ("\nf1   - der Wert von x ist %d", x);
}

void f2 (int x)
{
   printf ("\nf2   - der Wert von x ist %d", x);
}

int main (void)
{
   printf ("\n\nmain - der Wert von x ist %d", x);
   f2 (7);
   f1 (&x);
   printf ("\nmain - der Wert von x ist %d", x);
   return 0;
}
```

Aufgabe 11.2: Funktionen

Das folgende Programm soll den Ersatzwiderstand R einer Parallelschaltung aus zwei Widerständen R1 und R2 bestimmen. Die Formel lautet:

1/R = 1/R1 + 1/R2 oder R = (R1 * R2) / (R1 + R2)

Die Werte von R1 und R2 sollen im Dialog eingegeben werden. Wird für einen der beiden Widerstände R1 bzw. R2 0 eingegeben, so soll solange erneut zur Eingabe aufgefordert werden, bis beide Widerstände von 0 verschieden sind. Hierfür ist eine do while-Schleife zu verwenden.

Ausgegeben werden soll der Wert der beiden Widerstände und der berechnete Ersatzwiderstand.

Ergänzen Sie die fehlenden Stellen des folgenden Programms. Fehlende Stellen sind durch .... gekennzeichnet.

```c
#include <stdio.h>

....
....
....

int main (void)
{
    float r1;
    float r2;
    float r;
    ....
    berechnung (r1, r2, &r);
    ausgabe (r1, r2, r);
    return 0;
}

void eingabe (float * u, float * v)
{
    ....
}

void berechnung (float x, float y, float * z)
{
    ....
}

void ausgabe (float a, float b, float c)
{
    printf ("\nDer Ersatzwiderstand von %f und %f ist %f",
            a, b, c);
}
```

Aufgabe 11.3: Rückgabe mit return und über die Parameterliste

Das folgende Programm dient zur Berechnung des Durchschnitts von 10 int-Zahlen, die im Dialog eingegeben werden. Der berechnete Durchschnitt wird von der Funktion durchschnitt1() über die Parameterliste und von der Funktion durchschnitt2() mit return zurückgegeben. Schreiben Sie die Funktionen einlesen(), durchschnitt1() und durchschnitt2(). Fehlende Teile sind mit .... gekennzeichnet. Es wird mit dem globalen Array a gearbeitet.

```c
#include <stdio.h>
#define MAX 10
/* Globale Variable    */
int a [MAX];

/* Funktionsprototypen */
void einlesen (void);
void durchschnitt1 (float *);
float durchschnitt2 (void);
```

```
int main (void)
{
    float erg;
    einlesen ();
    durchschnitt1 (&erg);      /* Rueckgabe ueber die Parameterliste */
    printf ("\nDer Durchschnitt der eingegebenen Zahlen ist: %f",
              erg);
    erg = durchschnitt2 ();   /* Rueckgabe mit return              */
    printf ("\nDer Durchschnitt der eingegebenen Zahlen ist: %f",
              erg);
    return 0;
}


void einlesen (void)
{
    int lv;
    for (lv = 0; lv < MAX; lv ++)
    {
        printf ("\nGib den Wert des Elementes mit dem Index %d ein: ",
                  lv);
        scanf (....);
    }
}

....
```

Aufgabe 11.4: Simulation von call by reference. Funktionsprototyp

Das folgende Programm soll zwei `float`-Zahlen `a` und `b` einlesen und ihren Wert am Bildschirm ausgeben. Für das Einlesen wird die Funktion `einlesen()` verwendet. Fehlende Stellen im Programm sind mit .... gekennzeichnet. Bringen Sie das Programm zum Laufen!

```
#include <stdio.h>

void einlesen (float *, float *); /* Funktionsprototyp */

int main (void)
{
    float a, b;
    einlesen (...., ....);
    printf ("\na ist %6.2f", a);
    printf ("\nb ist %6.2f", b);
    return 0;
}


void einlesen (float * x, float * y)
{
    printf ("\nGib einen float-Wert fuer a ein: ");
    scanf ("%e", ....);
    printf ("\nGib einen float-Wert fuer b ein: ");
    scanf ("%e", ....);
}
```

Aufgabe 11.5: Übergabeparameter

Schreiben Sie eine Funktion `rechne_kreisdaten()`, die den Umfang und die Fläche eines Kreises aus dem Radius berechnet.

Die Funktion erhält drei Übergabeparameter: den Radius und zwei Zeiger auf `double`-Variablen, in welche die Funktion `rechne_kreisdaten()` die Fläche und den Umfang des Kreises zurückschreibt.

Die Ein- und Ausgabe erfolgt in `main()`.

Für einen Kreis mit Radius R gilt:

Fläche = PI * R * R
Umfang = 2 * PI * R

Hinweis:

Zur Definition der Konstante `PI` siehe Kapitel 6.2.3.

Aufgabe 11.6. Rekursion

Welche Ausgabe erwarten Sie von dem folgenden Programm, wenn Sie

`123<RETURN>`

eingeben. Was wird auf dem Stack abgelegt?

Schreiben Sie das Ergebnis auf. Testen Sie anschließend das Programm.

```
#include <stdio.h>

void spiegle (void)
{
    int c;
    c = getchar();
    if (c != '\n')
    {
        spiegle ();
    }
    putchar (c);
}
int main (void)
{
    printf ("\n\n\n");
    spiegle();
    return 0;
}
```

Aufgabe 11.7: Potenzen iterativ berechnen

Die Potenz $(a+b)^n$ soll für ganzzahliges positives n iterativ berechnet werden. Hierzu dient das folgende Programm. Fehlende Teile sind durch .... gekennzeichnet. Ergänzen Sie die fehlenden Teile der Funktion `iter()`, welche $(a+b)^n$ iterativ berechnen soll.

```
#include <stdio.h>

.... iter (....)
{
    ....
}

void eingabe (float * ptr_alpha, float * ptr_beta, int * ptr_hoch)
{
    printf ("\nGib einen Wert fuer a ein [float]: ");
    scanf ("%f", ptr_alpha);
    printf ("\nGib einen Wert fuer b ein [float]: ");
    scanf ("%f", ptr_beta);
    printf ("\nGib einen positiven Wert fuer n ein [int]: ");
    scanf ("%d", ptr_hoch);
}

int main (void)
{
    float a;
    float b;
    float resultat_iterativ;
    int n;

    eingabe (&a, &b, &n);
    printf ("\n\n a %6.2f, b %6.2f, n %d", a, b, n);
    resultat_iterativ = iter (a, b, n);
    printf ("\nErgebnis iterativ: %14.6f", resultat_iterativ);
    return 0;
}
```

Aufgabe 11.8: Potenzen rekursiv berechnen

Die Potenz $(a+b)^n$ soll für ganzzahliges positives n rekursiv berechnet werden. Hierzu dient das folgende Programm. Fehlende Teile sind durch .... gekennzeichnet.

Ergänzen Sie die fehlenden Teile der Funktion reku(), welche $(a+b)^n$ rekursiv berechnen soll.

```
#include <stdio.h>

.... reku (....)
{
    ....
}

void eingabe (float * ptr_alpha, float * ptr_beta, int * ptr_hoch)
{
    printf ("\nGib einen Wert fuer a ein [float]: ");
    scanf ("%f", ptr_alpha);
    printf ("\nGib einen Wert fuer b ein [float]: ");
    scanf ("%f", ptr_beta);
    printf ("\nGib einen positiven Wert fuer n ein [int]: ");
    scanf ("%d", ptr_hoch);
}
```

```
int main (void)
{
    float a;
    float b;
    float resultat_rekursiv;
    int n;
    eingabe (&a, &b, &n);
    printf ("\n\n a %6.2f, b %6.2f, n %d", a, b, n);
    resultat_rekursiv = reku (a, b, n);
    printf ("\nErgebnis rekursiv: %14.6f", resultat_rekursiv);
    return 0;
}
```

Aufgabe 11.9: Reihe iterativ berechnen

Gegeben sei die Reihe:

$$y = \quad a \quad + \quad (a + 1 * x) + (a + 2 * x) + \dots \quad (a + (n - 1) * x) + \dots$$

1. Glied   2. Glied   3. Glied   n. Glied

Die Reihe soll bei n = N abgebrochen werden (das N-te Glied wird noch aufsummiert). Die Werte für a, x und N werden im Dialog eingegeben. y soll iterativ berechnet und ausgegeben werden. Hierzu dient das folgende C-Programm. Ergänzen Sie die mit .... gekennzeichneten fehlenden Teile:

```
#include <stdio.h>

void einlesen (....)
{
    printf ("\nGib einen ganzzahligen Wert fuer a ein: ");
    scanf ("%d", u);
    printf ("\nGib einen reellen Wert fuer x ein: ");
    scanf ("%f", v);
    printf ("\nGib einen ganzzahligen Wert fuer N ein: ");
    scanf ("%d", w);
}

float iter (int p1, float p2, int p3)
{
    ....
}
void ausgeben (float z)
{
    printf ("\nDie Summe der Reihe ist: %f", z);
}
int main (void)
{
    int a;
    float x;
    int N;
    float summe_it;
    einlesen (&a, &x, &N);
    summe_it = iter (a, x, N);
    ausgeben (summe_it);
    return 0;
}
```

Aufgabe 11.10: Reihe rekursiv berechnen

Gegeben sei die Reihe:

y =   a   +   (a + 1 * x) + (a + 2 * x) + ...   (a + (n - 1) * x) + ...
  1. Glied   2. Glied   3. Glied   n. Glied

Die Reihe soll bei n = N abgebrochen werden (das N-te Glied wird noch auf-summiert). Die Werte für a, x und N werden im Dialog eingegeben. y soll rekursiv be-rechnet und ausgegeben werden. Hierzu dient das folgende C-Programm. Ergänzen Sie die fehlenden Teile:

```c
#include <stdio.h>

void einlesen (....)
{
    printf ("\nGib einen ganzzahligen Wert fuer a ein: ");
    scanf ("%d", u);
    printf ("\nGib einen reellen Wert fuer x ein: ");
    scanf ("%f", v);
    printf ("\nGib einen ganzzahligen Wert fuer N ein: ");
    scanf ("%d", w);
}

float reku (int p1, float p2, int p3)
{
    ....
}

void ausgeben (float z)
{
    printf ("\nDie Summe der Reihe ist: %f", z);
}

int main (void)
{
    int a;
    float x;
    int N;
    float summe_rek;
    einlesen (&a, &x, &N);
    summe_rek = reku (a, x, N);
    ausgeben (summe_rek);
    return 0;
}
```

Kapitel 12

Fortgeschrittene Programmierung mit Pointern

12 Fortgeschrittene Programmierung mit Pointern

Kapitel 12.1 befasst sich mit Arrays und insbesondere mit der Äquivalenz der Darstellung durch Arrayelemente oder durch Pointer, der Pointerarithmetik für Arrays und der Initialisierung von Arrays. In Kapitel 12.2 wird die Übergabe von Arrays und Zeichenketten an Funktionen behandelt. Zur Speicherung von konstanten Zeichenketten hat man zwei Möglichkeiten. Zum einen kann man ein `char`-Array definieren und dort die konstante Zeichenkette ablegen. Zum anderen kann man die Speicherung der konstanten Zeichenkette, die ja eine Konstante darstellt, dem Compiler überlassen und sich nur durch den Rückgabewert der Zeichenkette einen Pointer auf das erste Element der Zeichenkette geben lassen. Dies wird in Kapitel 12.3 analysiert. Kapitel 12.4 hat das Kopieren von Zeichenketten zum Inhalt. Kapitel 12.5 gibt Beispiele zum „von Hand"-Kopieren von Zeichenketten. Standardfunktionen zur Stringverarbeitung bzw. zur Verarbeitung von Speicherinhalten werden in Kapitel 12.6 dargestellt. Kapitel 12.7 befasst sich mit eindimensionalen Arrays von Pointern und Pointern auf Pointer. Kapitel 12.8 beschreibt Pointer auf Funktionen.

12.1 Pointer und Elemente von Arrays

Wie aus Kapitel 8 bereits bekannt ist, wird ein eindimensionales Array folgendermaßen definiert:

```
int alpha [5];    /* Definition des Arrays alpha.           */
                  /* Das Array hat Platz fuer 5 int-Zahlen  */
```

> Eindimensionale Arrays werden mit eckigen Klammern definiert wie z. B. durch:
>
> ```
> int alpha [5];
> ```

Eine einfache Möglichkeit, einen Pointer auf ein Arrayelement zeigen zu lassen, besteht darin, auf der rechten Seite des Zuweisungsoperators den **Adressoperator** & wie folgt auf ein Arrayelement anzuwenden:

```
int * pointer;         /* Definition des Pointers pointer   */
                       /* vom Typ Pointer auf int           */
pointer = &alpha[i-1]; /* pointer zeigt auf das i-te        */
                       /* Arrayelement                      */
```

Hat `i` den Wert 1, so zeigt der Pointer `pointer` auf das erste Element des Arrays. Dieses hat den Index 0.

Durch Anwendung des Adressoperators & auf das `i`-te Arrayelement `alpha[i-1]` und die Zuweisung `pointer = &alpha[i-1]` erhält man mit der Zuweisung

```
pointer = &alpha[i-1];
```

einen `pointer` auf das `i`-te Arrayelement.

12.1.1 Äquivalenz von Array- und Pointernotation

Das folgende Bild zeigt verschiedene Pointer auf ein eindimensionales Array:

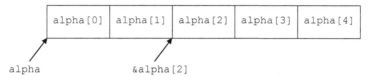

| alpha[0] | alpha[1] | alpha[2] | alpha[3] | alpha[4] |

alpha   &alpha[2]

Bild 12-1 Pointer auf ein Array

Dabei gibt es für das erste Element zwei gleichwertige Schreibweisen:

* `alpha[0]`

* und mit Verwendung des in Kapitel 8.1.6 behandelten Dereferenzierungsoperators auch `*alpha`.

In der Sprache C wird ein Arrayname i. Allg. zu einem Zeiger auf das erste Element des Arrays ausgewertet.[110]

12.1.2 Vergleich von Arrays

In C ist es mit dem Vergleichsoperator nicht möglich, zwei Arrays auf identischen Inhalt zu überprüfen, wie z. B. durch `arr1 == arr2`. Der Grund dafür ist, dass der Name eines eindimensionalen Arrays beim Gleichheitsoperator zur Speicheradresse des ersten Arrayelements auswertet. Es wird mit `arr1 == arr2` also nur verglichen, ob `arr1` und `arr2` auf dieselbe Adresse zeigen.

Für den Vergleich zweier eindimensionaler Arrays gibt es allerdings zwei Möglichkeiten. Die eine Möglichkeit ist die Überprüfung der einzelnen Arrayelemente in einer Schleife. Die andere, elegantere Möglichkeit wird mit der standardisierten Funktion `memcmp()` durchgeführt (siehe Kapitel 12.6.2.3). Die Library-Funktion `memcmp()` führt den byteweisen Vergleich einer Anzahl von Speicherstellen durch, die an über Parameter vorgegebenen Positionen im Adressraum des Computers liegen.

12.1.3 Arrayname als nicht modifizierbarer L-Wert

Ein Array – spezifiziert durch seinen Arraynamen – wird normalerweise zu einem Pointer auf seinen Komponententyp ausgewertet, es sei denn, es ist der Operand des `sizeof`-Operators oder des Adressoperators &. Während der Arrayname das Array selbst und somit einen L-Wert bezeichnet, entspricht die Adresse des ersten Elements einem R-Wert. Neben dem `sizeof`-Operator und dem Adressoperator & sowie der Initialisierung mittels einer konstanten Zeichenkette gibt es in C keine Operation, die auf einem Array als ganzes – also dem L-Wert – ausgeführt werden kann.

---

[110] Mit den in Kapitel 12.1.3 beschriebenen Ausnahmen.

Sowohl mit als auch ohne Adressoperator ergibt die Angabe des Arraynamens somit einen Pointer. Die beiden Pointer haben jedoch nicht denselben Typ, wie das folgende Beispiel zeigt. Während die Angabe ohne Adressoperator zum Typ `int *` auswertet, ergibt der Adressoperator den Typ `int * [5]`. Der Compiler wird somit bei der zweiten Zuweisung eine Warnung ausgeben:

```
int alpha [5];
int * pointer;
pointer = alpha;  /* pointer zeigt auf das 1. Arrayelement */
pointer = &alpha; /* pointer zeigt auf das 1. Arrayelement */
```

Um diese Warnung zu unterdrücken, kann entweder einfach mit `(int *) &alpha` der Typ gecastet werden, oder aber korrekterweise mit `&alpha[0]` explizit die Adresse des ersten Elements angesprochen werden.

Ausdrücke wie `alpha++` oder `alpha--` sind nicht erlaubt, da der Arrayname hier in einen Pointer, also einen R-Wert, gewandelt wird, der Inkrement- und der Dekrementoperator aber modifizierbare L-Werte voraussetzen. Ein Arrayname kann auch nicht auf der linken Seite einer Zuweisung stehen, da eine Zuweisung links vom Zuweisungsoperator ebenfalls einen modifizierbaren L-Wert erfordert.

Einer Pointervariablen kann ein Wert zugewiesen werden, einem Arraynamen nicht. Vorsicht!

12.1.4 Pointerarithmetik

Bevor die Möglichkeiten der Pointerarithmetik erläutert werden, soll der in Kapitel 8.1 vorgestellte `NULL`-Pointer eingehender betrachtet werden.

Die Konstante `NULL` ist in `<stddef.h>` als `0` definiert. Sie kann gleichbedeutend verwendet werden mit einem typfreien Pointer auf die Adresse `0`, d. h. gleichbedeutend mit `(void *) 0`.

Der Compiler akzeptiert beide Möglichkeiten. Dies wird im folgenden **Beispielprogramm** demonstriert:

```
/* Datei: null_ptr.c */
#include <stdio.h>

int main (void)
{
    int * pointer;
    pointer = 0;      /* Das ist der Wert der Konstanten NULL      */
    printf ("\n%p", pointer);
    pointer = (void *) 0;
    printf ("\n%p", pointer);
    return 0;
}
```

Die Ausgabe des Programms ist:

```
00000000
00000000
```

Unter dem Begriff **Pointerarithmetik** fasst man die Menge der zulässigen Operationen mit Pointern zusammen. Diese Operationen werden im Folgenden dargestellt:

- **Zuweisungen mit Pointern**

Pointern vom Typ `void *` dürfen Pointer eines anderen Datentyps zugewiesen werden und Pointern eines beliebigen Datentyps dürfen Pointer vom Typ `void *` zugewiesen werden.

In C++ hingegen wird ein Fehler ausgegeben, wenn links `void *` und rechts ein anderer Pointer steht. Hier ist ein Cast erforderlich.

Der `NULL`-Pointer kann – da er gleichwertig zu `(void *)0` ist – natürlich ebenfalls jedem anderen Pointer zugewiesen werden.

Bei Zuweisungen, an denen ein Pointer auf `void` rechts oder links vom Zuweisungsoperator = steht, wird in C die Typüberprüfung des Compilers aufgehoben und Adresswerte können kopiert werden. Pointer verschiedener Datentypen dürfen einander nicht zugewiesen werden.

- **Addition und Subtraktion bei Pointern**

Pointer können unter bestimmten Voraussetzungen (z. B. Verweis auf Elemente desselben eindimensionalen Arrays) voneinander abgezogen werden. Zu einem Pointer kann eine ganze Zahl addiert oder von ihm abgezogen werden.

- **Vergleiche von Pointern**

Zwei Pointer können auf Gleichheit bzw. Ungleichheit verglichen werden, wenn beide Pointer denselben Typ haben oder einer der beiden der `NULL`-Pointer ist. Ein „größer" oder „kleiner" ist unter bestimmten Voraussetzungen (z. B. Verweis auf Elemente desselben eindimensionalen Arrays) möglich.

- **Andere Operationen**
  Andere Operationen sind nicht erlaubt.

Im Folgenden soll auf die Addition und Subtraktion bei Pointern und auf Vergleiche, an denen Pointer beteiligt sind, genauer eingegangen werden.

12.1.4.1 Addition und Subtraktion bei Pointern

Wird ein Pointer vom Typ `int *` um 1 erhöht, so zeigt er um ein `int`-Objekt weiter. Wird ein Pointer vom Typ `float *` um 1 erhöht, so zeigt er um ein `float`-Objekt weiter. Die Erhöhung um 1 bedeutet, dass der Pointer immer um ein Speicherobjekt vom Typ, auf den der Pointer zeigt, weiterläuft.

Das folgende Bild symbolisiert, dass die Pointerarithmetik in Längeneinheiten des Typs, auf den der Pointer zeigt, vonstatten geht:

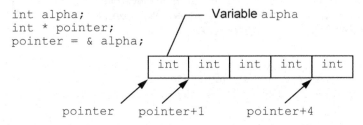

```
int alpha;                          Variable alpha
int * pointer;
pointer = & alpha;
```

Bild 12-2 Pointerarithmetik

Verweist ein Pointer auf eine Variable des falschen Typs, so interpretiert der Dereferenzierungsoperator den Inhalt der Speicherzelle, auf die der Pointer zeigt, gemäß dem Typ des Pointers und nicht gemäß dem Typ der Variablen, die an der Speicherstelle abgelegt wurde. Vorsicht!

Wenn ein Pointer um 1 erhöht wird, so bedeutet dies, dass er nun um die Größe des Typs, auf den er verweist, weiter zeigt. Nach der Variablen `alpha` in obigem Bild können Variablen eines anderen Typs liegen. Der Pointer lässt sich nicht beirren, er läuft im `int`-Raster weiter.

Ein Pointer wird bei Erhöhung oder Erniedrigung mit 1 um die Anzahl Bytes verschoben, welche der Größe des durch den Pointer referenzierten Typs entspricht.

Die Anzahl Bytes, um welche ein Pointer bei der Erhöhung verschoben wird, wird vom Compiler mit dem `sizeof`-Operator berechnet. Der `sizeof`-Operator wird auf den referenzierten Typ angewandt. Im obigen Beispiel ist dies der Typ `int`. Ein Pointer kann aber auch auf einen zusammengesetzten Typ wie eine Struktur oder ein Array zeigen. Dementsprechend größer wird die Byte-Anzahl sein.

Genauso können Pointer erniedrigt werden.

Während jedoch `pointer + 1` und `1 + pointer` äquivalent sind, ist `1 - pointer` nicht möglich, wohl aber `pointer - 1`. Vorsicht!

Generell gilt:

Ein Pointer, der auf ein Element in einem eindimensionalen Array zeigt, und ein ganzzahliger Wert dürfen addiert werden.

Zeigt der Pointer nach einer Erhöhung um einen ganzzahligen Wert nicht mehr in das Array, dann ist das Resultat eines Speicherzugriffs über diese Adresse undefiniert.

Es ist durchaus möglich und manchmal auch beabsichtigt, dass ein Pointer auf eine Position außerhalb eines Arrays zeigt. Man darf nur mit dieser Adresse nicht auf den Speicher zugreifen, wie bereits angemerkt wurde. Man weiß ja auch nicht, auf welche Variable der Pointer nun zeigt.

Ist `pointer1` ein Pointer auf das `i`-te Element und `pointer2` ein Pointer auf das `j`-te Element des eindimensionalen Arrays `eindimarray`, so gilt bekanntlich:

```
pointer1 == (eindimarray + i - 1)
```
und `pointer2 == (eindimarray + j - 1)`.

Dann erhält man – wenn `j > i` ist – mit `(eindimarray + j - 1) - (eindimarray + i - 1)` die Anzahl der Elemente zwischen den Pointern, da das Ergebnis ja `j - i` ist. Dies bedeutet: durch `pointer2 - pointer1` ergibt sich die Anzahl der Elemente zwischen den Pointern. Falls `j < i`, ist das Ergebnis negativ.

Das folgende **Beispiel** zeigt eine typische Art der Schleifenprogrammierung, bei der am Ende der Pointer auf das erste Element nach dem Array zeigt:

```
/* Datei: ptr_add.c */
#include <stdio.h>

int main (void)
{
   int alpha [5] = {1, 2, 3, 4, 5};
   int * pointer;
   int lv = 0;
   pointer = alpha;
   while (lv < 5)
   {
      printf ("\n%d", *pointer);
      pointer++;
      lv++;
   }
   return 0;
}
```

Damit nimmt hier beispielsweise beim letzten Schleifendurchgang `pointer` den Wert `alpha + 5` an.

12.1.4.2 Vergleiche von Pointern

Wenn zwei Pointer auf dasselbe Speicherobjekt zeigen oder beide NULL sind, so ergibt der Test auf Gleichheit (==) den booleschen Wert „wahr".

Für Pointer, die auf Elemente des gleichen eindimensionalen Arrays zeigen, kann aus dem Ergebnis der Vergleiche „größer" (>) oder „kleiner" (<) geschlossen werden, dass das eine Element "weiter vorne" im Array liegt als das andere.

Das gleiche gilt für zwei Pointer, die auf Komponenten derselben Struktur zeigen. In allen anderen Fällen hat das Ergebnis dieser Vergleiche keine besondere Bedeutung.

Es sei angemerkt, dass relationale Vergleiche von Pointern untereinander heutzutage höchstens bei Abbruchbedingungen – wie bei der for-Schleife – verwendet werden.

12.1.5 Spielerische Erkundung von Fischer und Friederich

Das folgende Beispiel demonstriert die Verwendung von Pointern auf void. Die beiden Studenten Fischer und Friederich waren in den Übungen zur C-Vorlesung unterfordert und dachten sich deshalb eine Zusatzaufgabe aus. Sie wollten dabei auf eine Speicherstelle, an die sie einen short int-Wert schreiben wollten, auch mit einem Pointer auf unsigned char zugreifen, um das Low- und das High-Byte der short int-Variablen abzugreifen. Sie arbeiteten dabei auf einem Rechner, bei dem der Datentyp short int 2 Bytes umfasste. Dazu mussten natürlich die beiden Pointer pointer1, ein Pointer auf eine short int-Variable, und pointer2, ein Pointer auf eine unsigned char-Variable, zu Beginn auf dieselbe Adresse zeigen.

Das folgende Bild zeigt, wie Pointer verschiedener Typen auf dieselbe Adresse zeigen:

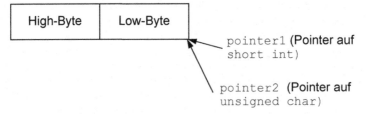

Bild 12-3 Pointer verschiedener Typen auf dieselbe Adresse

Eine direkte Zuweisung

```
pointer2 = pointer1;
```

ist nicht möglich, da beide Pointer von einem verschiedenen Typ sind[111]. Deshalb wurde dummy, ein Pointer vom Typ Pointer auf void, eingeführt und über

```
dummy = pointer1;
pointer2 = dummy;
```

in zwei Schritten die Adresse von pointer1 in die Variable pointer2 kopiert. Hier nun das Programm von Fischer und Friederich:

```
/* Datei: ptrarith.c */
/* Programm zur Zerlegung einer short int-Zahl in das          */
/* niederwertige und das hoeherwertige Byte                    */
#include <stdio.h>

int main (void)
{
    short int zahl, * pointer1; /* pointer1 ist ein Pointer     */
                                /* auf short int                */
    void * dummy;               /* untypisierter Pointer        */
    unsigned char * pointer2;   /* pointer2 ist ein Pointer     */
                                /* auf unsigned char            */

    zahl = 0x7FED;              /* Wertzuweisung an Variable zahl */
    printf ("Zahl ist: %x \n", zahl);
    pointer1 = &zahl;           /* pointer1 auf                 */
                                /* short int-Variable zahl setzen */
    printf ("\npointer1 zeigt auf die Adresse: ");
    printf ("%p \n", pointer1);
    printf ("Der Inhalt an der Adresse pointer1 ist: %x \n",
            *pointer1);

    /* Pointertyp-Konvertierung                                 */
    dummy = pointer1;           /* Adresse von pointer1 in dummy */
                                /* kopieren                     */
    pointer2 = dummy;           /* Adresse von dummy nach       */
                                /* pointer2 kopieren            */
                                /* Direkte Zuweisung            */
                                /* pointer2 = pointer1          */
                                /* ist nicht moeglich, da       */
                                /* unterschiedliche Typen       */

    /* Ausgabe des niederwertigen Bytes                         */
    printf ("\nAusgabe des niederwertigen Bytes:\n");
    printf ("\npointer2 zeigt auf die Adresse: %p \n", pointer2);
    printf ("Der Inhalt an der Adresse pointer2 ist: %x \n",
            *pointer2);
    pointer2 = pointer2 + 1;    /* pointer2 wird um 1 erhoeht    */
    printf ("\n\npointer2 wurde um 1 erhoeht\n");

    /* Ausgabe des hoeherwertigen Bytes                         */
    printf ("\nAusgabe des hoeherwertigen Bytes:\n");
    printf ("\npointer2 zeigt jetzt auf die Adresse: ");
    printf ("%p \n", pointer2);
    printf ("Der neue Inhalt an der Adresse pointer2");
    printf (" ist: %x \n\n", *pointer2);
    return 0;
}
```

---

[111] Es hätte natürlich gecastet werden können.

Hier das Protokoll des Programm-Laufs. Die vom Programm ausge-
gebene Adresse ist von mehreren Faktoren abhängig und ist daher
nur ein Beispiel:

```
Zahl ist: 7fed

pointer1 zeigt auf die Adresse: 0012FF50
Der Inhalt an der Adresse pointer1 ist: 7fed

Ausgabe des niederwertigen Bytes:

pointer2 zeigt auf die Adresse: 0012FF50
Der Inhalt an der Adresse pointer2 ist: ed


pointer2 wurde um 1 erhoeht

Ausgabe des hoeherwertigen Bytes:

pointer2 zeigt jetzt auf die Adresse: 0012FF51
Der neue Inhalt an der Adresse pointer2 ist: 7f
```

Beachten Sie, dass die Adressausgabe bei Angabe des Formatelements %p (p steht für pointer) implementierungsabhängig ist.

Je nach Rechnerarchitektur kann das High-Byte an der um 1 höheren
oder an der um 1 niedrigeren Adresse liegen als das Low-Byte. Diese
beiden Anordnungsmöglichkeiten werden als **Little-Endian-** bzw. **Big-
Endian-Anordnung** bezeichnet.

Das folgende Bild zeigt die Little-Endian-Byte-Anordnung und die Big-Endian-Byte-
Anordnung:

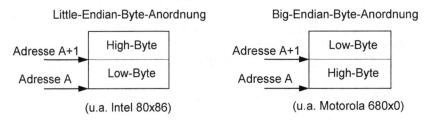

Bild 12-4 Byte-Anordnungen

Das Beispiel von Fischer und Friederich wurde für einen Rechner mit Little-Endian-
Anordnung geschrieben.

12.1.6 Initialisierung von Arrays

Die Initialisierung von Arrays kann **automatisch** oder **manuell** erfolgen.

12.1.6.1 Automatische Initialisierung

Wie einfache globale Variablen werden auch **globale Arrays mit 0 initialisiert**, d. h. alle Elemente eines globalen Arrays bekommen beim Starten automatisch den Wert 0 zugewiesen. **Lokale Arrays** werden **nicht automatisch initialisiert**.

12.1.6.2 Manuelle Initialisierung

Bei der manuellen Initialisierung eines Arrays ist nach der eigentlichen Definition des Arrays ein Gleichheitszeichen gefolgt von einer **Liste von Initialisierungswerten** (**Initialisierungsliste**) anzugeben.

Diese Liste enthält in geschweiften Klammern { } die einzelnen Werte getrennt durch Kommas. Als Werte können Konstanten oder Ausdrücke aus Konstanten angegeben werden wie im folgenden Beispiel:

```
int alpha [3] = {1, 2 * 5, 3};
```

Diese Definition ist gleichwertig zu

```
int alpha [3];
alpha[0] = 1;
alpha[1] = 2 * 5;
alpha[2] = 3;
```

Spezialregel für Arrays

Da es mit der oben beschriebenen Methode sehr mühsam ist, Arrays zu initialisieren, gibt es die folgende Regel für Arrays:

Werden bei der Initialisierung von Arrays weniger Werte angegeben als das Array Elemente hat, so werden die restlichen, nicht initialisierten Elemente mit **dem Wert 0 belegt**.

So werden im Folgenden durch:

```
short alpha [200] = {3, 105, 17};
```

die ersten 3 Arrayelemente explizit mit Werten belegt und die restlichen 197 Elemente haben den Wert 0.

Generell ist es nicht möglich, ein Element in der Mitte eines Arrays zu initialisieren, ohne dass die vorangehenden Elemente auch initialisiert werden. Enthält die Initialisierungsliste mehr Werte als das Array Elemente hat, so meldet der Compiler einen Fehler.

Initialisierung mit impliziter Längenbestimmung

Bei der Initialisierung mit impliziter Längenbestimmung wird die Größe des Feldes – also die Anzahl seiner Elemente – nicht bei der Definition angegeben, d. h. die eckigen Klammern bleiben leer. Die Größe wird vom Compiler durch Abzählen der Anzahl der Elemente in der Initialisierungsliste festgelegt.

So enthält das Array

```
int alpha [] = {1, 2, 3, 4}; /*  implizite Initialisierung  */
```

4 Elemente. Natürlich hätte man die Größe 4 auch in den eckigen Klammern explizit angeben können.

Das Array `int alpha []` wird als **Array ohne Längenangabe** bezeichnet[112].

Zunächst ist die Größe des Arrays unbestimmt. Erst durch die Initialisierung wird die Größe des Arrays festgelegt.

Das Sprachmittel der Initialisierung mit impliziter Längenbestimmung wird vor allem bei Zeichenketten verwendet (siehe Kapitel 12.1.9). Bei langen Zeichenketten ist das Abzählen fehlerträchtig. Es wird besser dem Compiler überlassen.

Häufig wird bei Arrays mit impliziter Längenbestimmung eine Endemarkierung als letztes Element des Arrays festgelegt, beispielsweise der Wert NULL. Dieser als Wächter oder auf Englisch „sentinel" bezeichnete Marker kann daraufhin im Code verwendet werden, um die tatsächliche Länge des Arrays bei Bedarf automatisch zu ermitteln.

Initialisierung mittels compound literal

In C11 kann ein Array auch mittels eines sogenannten compound literals (siehe Kapitel 13.3.2) direkt, also ohne Vereinbarung eines Typs angegeben werden. Im Folgenden ein erstes **Beispiel** für ein compound literal:

```
/* Datei: compoundliteral.c */
int main (void)
{
   int i;
   int alpha[] = (int[4]) {1, 2, 3, 4};
   for (i = 0; i < 4; i++)
   {
      printf ("%d\n", alpha[i]);
   }
   return 0;
}
```

---

[112] Es stellt einen sogenannten unvollständigen Typ dar. Nach dem Ende der Initialisierungsliste ist der Typ nicht mehr unvollständig.

Die Ausgabe des Programms ist:

```
1
2
3
4
```

12.1.7 Mehrdimensionale Arrays

In C ist es wie in anderen Programmiersprachen möglich, mehrdimensionale Arrays zu verwenden. **Mehrdimensionale Arrays** entstehen durch das Anhängen zusätzlicher eckiger Klammern wie im folgenden Beispiel:

```
int alpha [3][4];
```

Interpretiert man `alpha[3][4]` als ein eindimensionales Array:

alpha [0]
alpha [1]
alpha [2]

Bild 12-5 `alpha` als eindimensionales Array mit 3 Zeilen

so hat jedes dieser Elemente des eindimensionalen Arrays selbst wieder 4 Elemente:

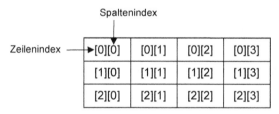

Bild 12-6 Indizierung der Arrayelemente von `alpha`

Damit kann man `alpha` als ein zweidimensionales Array aus 3 Zeilen und 4 Spalten interpretieren. Da der Index stets bei 0 beginnt, wird das Element des Arrays `alpha` in der Zeile 2 und Spalte 4 bezeichnet durch:

```
alpha[1][3]
```

In obiger Abbildung wird dieses Element gekennzeichnet durch seinen Index `[1][3]`. Dieses Element kann durch eine Zuweisung wie z. B.

```
alpha[1][3] = 6;
```

initialisiert werden. Wie ein eindimensionales Array kann auch ein mehrdimensionales Array bereits bei seiner Definition initialisiert werden, beispielsweise durch:

```
int alpha [3][4] = {
                      {1,  3,  5,  7},
                      {2,  4,  6,  8},
                      {3,  5,  7,  9},
                   }
```

Dabei wird durch {1,3,5,7} die erste Zeile, durch {2,4,6,8} die zweite Zeile, usw. initialisiert. Das folgende Bild zeigt die Werte der einzelnen Arrayelemente:

1	3	5	7
2	4	6	8
3	5	7	9

Bild 12-7 Werte der einzelnen Elemente des Arrays alpha

Allgemein kann ein n-dimensionales Array als ein eindimensionales Array, dessen Komponenten (n - 1)-dimensionale Arrays sind, interpretiert werden. Diese Interpretation ist rekursiv, da ein Array auf ein Array mit einer um 1 geringeren Dimension zurückgeführt wird. Daher ist es offensichtlich, dass die Initialisierungsliste eines mehrdimensionalen Arrays geschachtelte Klammern enthalten kann.

Wenn ein Array Elemente hat, die selbst ebenfalls Arrays sind, so gelten die Initialisierungsregeln rekursiv. Ist ein Element eines Arrays selbst ein Array und beginnt seine Initialisierung mit einer linken geschweiften Klammer, dann initialisiert die anschließende Liste von Initialisierungswerten die Elemente des inneren Arrays. Natürlich dürfen nicht mehr Initialisierungswerte als Elemente vorhanden sein.

Es ist möglich, geschweifte Klammern bei der Initialisierung auch auszulassen. Beginnt die Initialisierung des inneren Arrays nicht mit einer linken geschweiften Klammer, dann werden nur genügend Initialisierungen für die Bestandteile des inneren Arrays aus der Liste entnommen. Sind noch Initialisierungswerte übrig, so werden sie für das nächste Element des äußeren Arrays herangezogen. So ist beispielsweise:

```
float a [3][4] ={
                    {  1,        3,        5,        7 },
        /* a[0]:  a[0][0]   a[0][1]   a[0][2]   a[0][3]       */

                    {  2,        4,        6,        8 },
        /* a[1]:  a[1][0]   a[1][1]   a[1][2]   a[1][3]       */

                    {  3,        5,        7,        9 }
        /* a[2]:  a[2][0]   a[2][1]   a[2][2]   a[2][3]       */
                };
```

äquivalent zu

```
float a [3][4] = {1, 3, 5, 7, 2, 4, 6, 8, 3, 5, 7, 9};
```

Die Initialisierung von a beginnt im Falle der 2. Möglichkeit mit einer linken geschweiften Klammer, nicht aber die Initialisierung von a[0]. Deshalb werden 4 Elemente für die Initialisierung von a[0] benutzt, die nächsten 4 für die Initialisierung von a[1] und die letzten 4 für die Initialisierung von a[2].

Unvollständige Initialisierung bei mehrdimensionalen Arrays

Ebenso wie bei einem eindimensionalen Array ist auch bei einem mehrdimensionalen Array mit festgelegten Dimensionen eine unvollständige Initialisierung möglich. Dabei dürfen sowohl Zeilen fehlen als auch Spalten innerhalb einer Zeile unvollständig initialisiert sein. Alle nicht initialisierten Elemente werden mit 0 initialisiert. Natürlich können Initialisierungen nur am Ende einer Zeile bzw. die letzten Zeilen ganz weggelassen werden, da ansonsten eine eindeutige Zuordnung der Werte zu den Elementen nicht möglich wäre. So wird durch

```
int alpha [3][4] = {
                     {1},
                     {1,1}
                   };
```

die folgende Matrix von Werten erzeugt:

```
1 0 0 0
1 1 0 0
0 0 0 0
```

12.1.8 Konstante Zeichenketten – Arrays aus Zeichen

Eine **konstante Zeichenkette**[113] besteht aus einer Folge von Zeichen, die in Anführungszeichen eingeschlossen sind, wie z. B. `"hello"`.

> Eine konstante Zeichenkette wird vom Compiler intern als ein Array von Zeichen gespeichert. Dabei wird als letztes Element des Arrays automatisch ein zusätzliches Zeichen, das Zeichen `'\0'` (**Nullzeichen**), angehängt, um das Stringende anzuzeigen.

Bibliotheksfunktionen, die Strings ausgeben oder bearbeiten, benötigen dieses Zeichen, damit sie das Stringende erkennen. Deshalb kann das Nullzeichen nicht als normales Zeichen innerhalb eines Strings verwendet werden. Braucht man es aus irgendeinem Grund, so muss man mit Einzelzeichen (Zeichenkonstanten) arbeiten, da die Bibliotheksfunktionen für die Stringverarbeitung beim ersten Nullzeichen ihre Arbeit einstellen.

Speichert man Zeichenketten in `char`-Arrays, so muss stets ein Speicherplatz für das Nullzeichen als letztes Zeichen vorgesehen werden, wenn man Bibliotheksfunktionen für die Stringverarbeitung verwenden will. Tut man dies nicht, so muss man die Länge einer Zeichenkette selbst feststellen, sich diese merken und dann eine zeichenweise Verarbeitung bis zum Erreichen des letzten Zeichens durchführen.

Die Speicherung eines Strings mit einem zusätzlichen Nullzeichen am Ende wird umgangssprachlich als „C-String" bezeichnet. Die Speicherung eines Strings mit einer zusätzlichen Längenangabe am Anfang wird umgangssprachlich als „Pascal-String" bezeichnet, da diese Art der String-Speicherung in der Programmiersprache Pascal üblich war. In diesem Buch wird jedoch auf „Pascal-Strings" nicht weiter eingegangen.

---

[113] Eine Zeichenkette wird auch als String bezeichnet.

Wie jede andere Konstante auch stellt eine konstante Zeichenkette einen Ausdruck dar.

> Der Rückgabewert einer konstanten Zeichenkette ist ein Pointer auf das erste Zeichen der Zeichenkette. Der Typ des Rückgabewertes ist `char *`.

12.1.9 char-Arrays

Arrays aus `char`-Elementen, beispielsweise

```
char buffer [20];
```

werden verwendet, um Zeichenfolgen abzuspeichern. Als Arrayname wurde hier das Wort `buffer` verwendet.

> Als **Puffer** (engl. **buffer**) wird ein Speicher bezeichnet, der Daten vorübergehend zwischenspeichert, die von einer Funktion bereitgestellt und von einer anderen Funktion zu einem späteren Zeitpunkt verwendet werden sollen.

Definiert man eine solche Puffer-Variable als ein Array von Zeichen, so kann man in diesem Puffer Zeichen einzeln mit Werten belegen, z. B. durch:

```
buffer[0] = 'a';
```

Initialisiert man ein `char`-Array manuell sofort bei seiner Definition, so kann – wie bei jedem eindimensionalen Array – eine Initialisierungsliste in geschweiften Klammern verwendet werden. Die einzelnen Werte der Liste – hier die Zeichen – werden durch Kommas getrennt wie im folgenden Beispiel:

```
char buffer [20] = {'Z', 'e', 'i', 'c', 'h', 'e', 'n',
                    'k', 'e', 't', 't', 'e', '\0'};
```

> Da das Anschreiben einer Initialisierungsliste als Array von Zeichen mit den vielen Hochkommas sehr mühsam ist, kann man ein `char`-Array auch mit einer Zeichenkette initialisieren.

Dies würde im Falle des obigen Beispiels dann folgendermaßen aussehen:

```
char buffer [20] = "Zeichenkette";
```

Beide manuellen Initialisierungen **sind vom Speicherinhalt her äquivalent**. Die zweite Formulierung stellt eine Abkürzung für die erste, längere Schreibweise dar. Die zweite Form der Initialisierung stellt allerdings einen **Sonderfall** dar, den es nur für eindimensionale Arrays von Zeichen gibt. Das Array wird mit den Zeichen der Zeichenkette initialisiert, wobei ein zusätzliches, abschliessendes Null-Zeichen '\0' automatisch angehängt wird.

Auch eine Initialisierung

```
char buffer [20] = {"Zeichenkette"};
```

ist möglich, aber nicht üblich.

Eine direkte Zuweisung einer Zeichenkette an ein eindimensionales Array kann nur bei der Initialisierung erfolgen. Im weiteren Programmablauf sind spezielle Bibliotheksfunktionen für diese Zwecke notwendig. Eine Zuweisung einer Zeichenkette an ein eindimensionales Array mit Hilfe des Zuweisungsoperators ist im weiteren Programmverlauf nicht möglich.

12.2 Übergabe von Arrays und Zeichenketten an Funktionen

Kapitel 12.2.1 behandelt die Übergabe von Arrays als aktueller Parameter einer Funktion und Kapitel 12.2.2 befasst sich mit der Übergabe von Zeichenketten. In Kapitel 12.2.3 wird die Ausgabe von Zeichenketten und von `char`-Arrays behandelt.

12.2.1 Übergabe von Arrays

Bei der Übergabe eines Arrays an eine Funktion wird als aktueller Parameter der Arrayname angegeben. Dieser wird bei Aufruf der Funktion in einen Pointer auf das erste Element des Arrays ausgewertet.

Der formale Parameter für die Übergabe eines eindimensionalen Arrays kann ein Array ohne Längenangabe sein, d. h. ein Array mit leeren eckigen Klammern – oder wegen der Pointereigenschaft des Arraynamens – auch ein Pointer auf den Komponententyp des Arrays.

Beide Möglichkeiten sind äquivalent und werden im folgenden **Beispiel** ausgeführt. Natürlich kann auch ein Teil-Array übergeben werden, indem einfach ein Pointer auf das erste Element des Teil-Arrays und die Anzahl der Komponenten übergeben wird. Hier das Programm:

```
/* Datei: arraypar.c */
#include <stdio.h>
#define GROESSE 3

void init (int *, int);
void ausgabe (int [], int);

int main (void)
{
    int i [GROESSE];
    init (i, GROESSE);
    ausgabe (i, GROESSE);
    return 0;
}
```

```
void init  (int * alpha, int dim) /* hier ist alpha ein Pointer   */
{                                 /* auf den Elementtyp eines Arrays */
   int lv;
   for (lv = 0; lv < dim; lv++)
   {
       printf ("Eingabe Komponente mit Index %d von i: ", lv);
       scanf ("%d", alpha++);
   }
}

void ausgabe (int alpha[], int dim) /* hier ist alpha vom Typ      */
{                                   /* eines Arrays ohne Längenangabe */
   int lv;
   for (lv = 0; lv < dim; lv++)
   {
       printf ("\ni[%d] hat den Wert: %d", lv, alpha[lv]);
   }
}
```

Ein Beispiel für einen Programmlauf ist:

```
Eingabe Komponente mit Index 0 von i: 1
Eingabe Komponente mit Index 1 von i: 2
Eingabe Komponente mit Index 2 von i: 3
i[0] hat den Wert: 1
i[1] hat den Wert: 2
i[2] hat den Wert: 3
```

12.2.2 Übergabe von Zeichenketten

Da Zeichenketten vom Compiler intern als char-Arrays gespeichert werden, ist die Übergabe von Zeichenketten identisch mit der Übergabe von char-Arrays. Der formale Parameter einer Funktion, die eine Zeichenkette übergeben bekommt, kann vom Typ char * oder char[] sein.

Dadurch, dass in einer Zeichenkette ein Nullzeichen das Ende definiert, benötigen Funktionen, die mit Zeichenketten arbeiten, keinen zusätzlichen Parameter mit einer Längenangabe. Falls nötig, kann die Länge der Zeichenkette auch über die Funktion strlen() (siehe Kapitel 12.6.1.5) berechnet werden.

12.2.3 Ausgabe von Zeichenketten und von char-Arrays

Der Rückgabewert einer Zeichenkette ist ein Pointer auf das erste Element der Zeichenkette. Damit ist klar, was bei der Übergabe einer Zeichenkette an die Funktion printf() wie im folgenden Beispiel

```
printf ("hello, world\n");
```

passiert. An die Funktion printf() wird ein Pointer auf die konstante Zeichenkette "hello, world\n" übergeben. Diese Zeichenkette ist vom Compiler als Zeichen-Array abgespeichert. Da printf() den Pointer auf das erste Zeichen des Zeichen-

Arrays erhält, ist `printf()` in der Lage, den Inhalt des Arrays auszudrucken. Die Funktion `printf()` druckt beginnend vom ersten Zeichen alle Zeichen des Arrays aus, bis sie ein Nullzeichen `'\0'` findet.

Stringvariablen als aktueller Parameter

Soll an `printf()` keine konstante Zeichenkette, sondern eine **Stringvariable** als Parameter übergeben werden, so erwartet `printf()` als Formatelement dabei `%s`. Das Umwandlungszeichen `s` des Formatelements steht für String.

> Eine **Stringvariable** ist ein Pointer auf ein Array von Zeichen mit `'\0'` als letztem Zeichen.

> Stringvariablen als Argumente werden von `printf()` mit Hilfe des Formatelements `%s` ausgegeben.

Im Folgenden werden einige Beispiele gezeigt, in denen an `printf()` keine konstanten Zeichenketten, sondern Stringvariablen übergeben werden.

Erstes **Beispiel**:

```
char buffer [] = {'h', 'e', 'l', 'l', 'o', '\0'};
printf ("\n%s", buffer);
```

Hier ist der Puffer `buffer` ein eindimensionales Array, das gerade groß genug ist, um die Folge von Zeichen aufzunehmen, mit denen der Puffer initialisiert wird. Damit die Funktion `printf()` das Ende des `char`-Arrays findet, wird das Nullzeichen als Steuerzeichen nach dem letzten Nutzzeichen in der Initialisierungsliste angehängt. Die Initialisierung hätte natürlich genauso gut durch die Zeichenkette `"hello"` erfolgen können. Der Arrayname `buffer` wird – wie bereits bekannt – zu einem Pointer auf das erste Element des Arrays ausgewertet.

Im nächsten **Beispiel**:

```
char * pointer = "hello";
printf ("\n%s", pointer);
```

ist `pointer` ein Pointer, der so initialisiert ist, dass er auf die konstante Zeichenkette `"hello"` zeigt, d. h. `pointer` zeigt auf das erste Zeichen des Zeichen-Arrays, in dem die Zeichenkette vom Compiler intern abgelegt ist.

12.3 Vergleich von char-Arrays und Pointern auf Zeichenketten

Eine Zeichenkette kann grundsätzlich als ein Array mit Elementen des Typs `char` geschrieben werden:

```
char buffer [256];
```

Die Elemente dieses Arrays können wie bei jedem anderen Array mittels der Angabe des Index angesprochen und verändert werden:

```
buffer[0] = 'h';
buffer[1] = 'e';
buffer[2] = 'l';
buffer[3] = 'l';
buffer[4] = 'o';
buffer[5] = '\0';
```

Um eine solche Zeichenkette zu definieren, kann der Inhalt des Arrays auch direkt bei der Vereinbarung des Arrays angegeben werden:

```
char buffer [] = "hello";
```

Hierbei kann die Längenangabe des Arrays sogar weggelassen werden, da der Compiler automatisch genügend Zeichen inklusive des abschliessenden Null-Bytes reserviert und befüllt.

Dabei ist zu beachten, dass der in die Quelldatei geschriebene Ausdruck `"hello"` eine konstante Zeichenkette darstellt, was im Englischen als **string literal** bezeichnet wird. Eine solche Zeichenkette wird an einer vom Compiler fest vorgegebenen Stelle im Programm gespeichert.

Bei der Initialisierung des Arrays `buffer` mit einer konstanten Zeichenkette wird die Zeichenkette explizit in das Array hineinkopiert. Somit existieren nach einer Initialisierung zwei Zeichenketten im Speicher: Die konstante Zeichenkette im Programmcode sowie die nicht konstante Zeichenkette in dem Array `buffer`.

Eine Änderung einer konstanten Zeichenkette ist von der Sprache nicht vorgesehen, d. h. nicht erlaubt.

Der Inhalt einer konstanten Zeichenkette kann jedoch einfach in eine nicht konstante Zeichenkette wie beispielsweise `buffer` kopiert werden. Die Elemente des Arrays `buffer` sind nicht konstant und können beliebig verändert werden wie z. B. durch:

```
buffer[1] = 'a';
```

Nach dieser Anweisung lautet der im Array `buffer` gespeicherte String `"hallo"`. Jedoch ist es nicht möglich, die Variable `buffer`, also das Array selbst, auf einen anderen Speicherort zeigen zu lassen.

Eine Zeichenkette kann jedoch auch mithilfe eines Pointers auf das erste Element der Zeichenkette angesprochen werden, z. B. durch

```
const char * pointer = "hello";
```

Hier wird der Pointer auf das `'h'` von `"hello"` dem Pointer `pointer` zugewiesen. Der Pointer sollte hierbei mit dem Qualifikator `const` ausgestattet sein (siehe Kapitel 12.4), da es sich bei `"hello"` – wie gesagt – um eine konstante Zeichenkette im Programmcode handelt.

Bei einem Pointer auf eine konstante Zeichenkette ist es nicht erlaubt, Elemente mit neuen Werten zu belegen, z. B. durch

```
pointer[1] = 'a';
```

Wie der Name sagt, soll eine konstante Zeichenkette in der Tat konstant sein. Das Resultat einer solchen Änderung ist also nicht definiert. Der Compiler kann solche Änderungen allerdings zulassen, denn unter C ist das Weglassen von `const` bei der Vereinbarung des Pointers erlaubt. Wenn jedoch eine solche Änderung passiert, stürzt ein Programm auf heutigen Betriebssystemen normalerweise ab. Unter C++ gibt der Compiler einen Fehler aus, wenn versucht wird, das `const` wegzulassen.

> Eine **Stringvariable** kann durch die Pointernotation `const char *` `pointer` oder als Kopie in einem Array ohne Längenangabe `char` `buffer[]` bzw. als Array mit ausreichend festgelegter Größe definiert werden.

> Bei einem `char`-Array `buffer` kann der in ihm gespeicherte String verändert werden. Die Variable `buffer` selbst hingegen kann nicht verändert werden.

Während der Arrayname `buffer` das Array selbst darstellt, wird in der Variable `pointer` nur der Pointer auf das erste Element des Arrays gespeichert. Die Variable `pointer` kann jedoch auch eine neue Adresse als Wert zugewiesen bekommen, z. B. durch

```
pointer = "hallo";
```

Es ist jedoch selbstverständlich auch erlaubt, einen Zeiger auf ein selbst definiertes Array zuzuweisen, z. B. durch

```
pointer = buffer;
```

Da hierbei das Array `buffer` eine nicht konstante Zeichenkette darstellt, können die durch `pointer` angesprochenen Werte ohne Probleme verändert werden:

```
pointer[0] = 'H';
```

Diese Zuweisung ist natürlich nur möglich, wenn die Variable `pointer` ohne `const` deklariert wurde. Nach dieser Anweisung enthält das Array `buffer` den String `"Hallo"`.

12.4 Das Schlüsselwort const bei Pointern und Arrays

> Mit Hilfe des Schlüsselworts `const` können schreibgeschützte Variablen vereinbart werden, indem man einer normalen Definition der Variablen mit Initialisierung das Schlüsselwort `const` voranstellt.

Siehe hierzu auch Kapitel 7.4.1.1.

Die sofortige Initialisierung der Konstanten ist verbindlich! Wie soll sie auch sonst einen Wert bekommen? Sie ist ja eine Konstante und kann später nicht verändert werden! Somit dürfen sie natürlich auch nicht auf der linken Seite von Zuweisungen auftreten.

Die Deklaration mit `const` kann auch auf zusammengesetzte Datentypen angewendet werden. So bedeutet

```
const int feld [] = {1, 2, 3};
```

dass alle Feldelemente `feld[0]`, `feld[1]` und `feld[2]` Konstanten sind.

Aufpassen muss man bei der Anwendung des Schlüsselwortes `const` im Zusammenhang mit Pointern. Angenommen, ein `char`-Array sei definiert durch

```
char blick [] = "Er will es blicken";
```

Dann bedeutet

```
const char * text = blick;
```

nicht, dass der Pointer `text` konstant ist, sondern dass dieser Pointer auf eine konstante Zeichenkette zeigt. Demnach ist

```
text[1] = 's';
```

nicht möglich, wohl aber kann der Pointer auf eine andere konstante Zeichenkette zeigen, beispielsweise durch:

```
text = "Jetzt blicke auch ich durch";
```

Soll ein konstanter Pointer eingeführt werden, so muss `const` nach dem Pointerzeichen stehen wie im folgenden Beispiel:

```
char lili [] = "Ich liebe Lili";
char * const hugo = lili;
```

Man kann sich diese Notation leicht merken, indem man `char * const hugo` von rechts nach links liest mit den Worten „`hugo` ist ein konstanter (`const`) Pointer (`*`) auf `char`".

Dann ist zwar

```
hugo[13] = 'o';
```

möglich, wird allerdings vielleicht der Lili nicht gefallen.

```
hugo = "Ich liebe Susi";
```

ist allerdings jetzt nicht mehr möglich. Bei

```
const char * const hugo = lili;
```

bleibt `hugo` stets unzertrennlich mit `Lili` verbunden, da zum einen der Pointer `hugo` konstant ist und auch die Zeichenkette als Konstante geschützt ist.

Der Schutz eines `const`-Werts gilt auch für **Übergabeparameter**, beispielsweise

```
void f (const int * pointer)
{
   pointer[3] = 15;          /* Fehler !                   */
   ...
}
```

In diesem Kontext wird `const` in erster Linie zum Schutz von Variablen oder konstanten Zeichenketten, deren Adressen als Parameter übergeben werden, benutzt. Damit kann man auf eine solche Variable oder Zeichenkette nur lesend zugreifen. Im folgenden Beispiel

```
printf ("Hier bin ich\n");
```

bekommt die Funktion `printf()` einen Pointer auf die konstante Zeichenkette `"Hier bin ich\n"` als Argument übergeben.

Der Funktionsprototyp von `printf()` zeigt durch den formalen Parameter in der Definition von `printf()`

```
int printf (const char * formatstring, ...);
```

an, dass nur lesend und nicht schreibend auf die konstante Zeichenkette zugegriffen werden kann.

Strings als aktuelle Parameter können von einer Funktion nicht verändert werden, wenn der entsprechende formale Parameter vom Typ `const char *` ist.

Eine Funktion kann auch ein `const` Ergebnis liefern, z. B. einen Pointer auf eine konstante Zeichenkette. Hierzu muss beim Rückgabetyp der Modifikator `const` angegeben werden.

12.5 Beispiele für das Kopieren von Zeichenketten von Hand

Natürlich verwendet man zum Kopieren von Zeichenketten in der Praxis Standardfunktionen zur Stringverarbeitung (siehe Kapitel 12.6.1). Im Folgenden jedoch soll eine Zeichenkette „von Hand" von einem Puffer `alpha` in einen Puffer `beta` kopiert werden, um die Möglichkeiten der Pointertechnik zu demonstrieren.

Die entsprechende Programmstelle könnte folgendermaßen aussehen:

```
char alpha [30]  = "zu kopierender String";
char beta [30]   = "";

int lv = 0;
while (alpha[lv] != '\0')    /* alle Zeichen bis auf das '\0'-    */
{                            /* Zeichen werden in der Schleife    */
   beta[lv] = alpha[lv];     /* kopiert                           */
   lv++;
}
```

```
beta[lv] = '\0';              /* '\0'-Zeichen wird von Hand      */
                              /* angehaengt                      */
```

Die Anweisungen zum Kopieren könnte man verkürzen zu:

```
int lv = 0;
while ((beta[lv] = alpha[lv]) != '\0')
{
    lv++;
}
```

da der Rückgabewert von `(beta[lv] = alpha[lv])` der Wert von `beta[lv]` nach der Zuweisung ist und die Belegung von `beta[lv]` mit dem Wert von `alpha[lv]` als Nebeneffekt erfolgt. Wenn `alpha[lv] == '\0'` ist, wird die Zuweisung noch ausgeführt, die Laufvariable jedoch nicht mehr erhöht.

Noch knapper kann man schreiben:

```
int lv = 0;
while (beta[lv] = alpha[lv])
{
    lv++;
}
```

da der Wert von `'\0'` gleich 0 ist und damit dem Wahrheitswert „falsch" entspricht.

Während hier das Kopieren mit Hilfe von Array-Komponenten durchgeführt wurde, soll im Folgenden das Kopieren mit Hilfe von Pointern demonstriert werden. In der Pointerschreibweise muss man berücksichtigen, dass `alpha` und `beta` Array-Variablen und deshalb nicht veränderbar sind. Siehe dazu auch die Erläuterungen in Kapitel 12.1.3. Um somit veränderbare Zeiger auf die Arrays zu erhalten, müssen die Pointer

```
char * ptralpha = alpha;
char * ptrbeta  = beta;
```

vereinbart werden. `ptralpha` zeigt auf `alpha[0]` und `ptrbeta` zeigt auf `beta[0]`. Damit kann man nun schreiben:

```
while (*ptralpha != '\0')
{
    *ptrbeta = *ptralpha;
    ptralpha++; /* der Pointer zeigt jetzt auf das naechste  */
                /* zu kopierende Zeichen                     */
    ptrbeta++;  /* der Pointer zeigt jetzt auf das naechste  */
                /* Zeichen des Puffers beta[30]              */
}
*ptrbeta = '\0';
```

Eine knappere Formulierung ist:

```
while (*ptralpha != '\0')
{
    *ptrbeta++ = *ptralpha++;
}
*ptrbeta = '\0';
```

Der Rückgabewert von `ptralpha++` ist `ptralpha`. Mit dem Operator `*` wird `ptralpha` dereferenziert, d. h. das Zeichen, auf das `ptralpha` zeigt, wird kopiert. Entsprechendes gilt für `ptrbeta++`. Nach der Ausdrucksanweisung muss der Nebeneffekt stattgefunden haben, d. h. vor dem nächsten Kopiervorgang zeigen `ptralpha` und `ptrbeta` jeweils um ein Zeichen weiter.

Noch kürzer wäre

```
while (*ptrbeta++ = *ptralpha++);
```

Hierbei wird erstens ausgenutzt, dass eine Zuweisung auch einen Nebeneffekt hat, so dass das zugewiesene Zeichen `ptralpha` sich nach der Anweisung an der Stelle `ptrbeta` befindet. Zweitens wird die Schleife abgebrochen, wenn ein zu kopierendes Zeichen gleich dem Nullzeichen `'\0'` ist, da der zugewiesene Wert beim Zuweisungsoperator gleichzeitig als Rückgabewert und somit als Ausdruck für die Bedingung der `while`-Schleife dient. Das Nullzeichen `'\0'` ist das letzte Zeichen vor dem Abbruch der Iteration, das kopiert wurde. Man spart sich also sogar noch die Zuweisung des Nullzeichens nach der Schleife! Wie diese Beispiele auch zeigen, benötigt man im Gegensatz zur Array-Schreibweise bei der Formulierung mit Pointern die Laufvariable `lv` nicht mehr.

12.6 Standardfunktionen zur Stringverarbeitung und Speicherbearbeitung[114]

Im Folgenden werden zwei Gruppen von Standardfunktionen vorgestellt, die es dem Programmierer erlauben, Strings bzw. allgemein die Inhalte bestimmter Speicherstellen zu bearbeiten. Die erste Gruppe hat Namen, die mit **str** beginnen, die Namen der zweiten Gruppe beginnen mit **mem**. Die erste Gruppe dient zur Stringverarbeitung. Diese Funktionen erkennen das Stringende-Zeichen `'\0'`. Die andere Gruppe berücksichtigt das Nullzeichen nicht. Sie arbeitet auf Puffern und erwartet vom Programmierer die Angabe der entsprechenden Pufferlänge. Beide Gruppen stellen unter anderem Funktionen zum Kopieren, Vergleichen oder Anhängen zur Verfügung.

In diesem Buch werden nur die einfachsten Funktionen dieser beiden Gruppen behandelt. Gerade für die String-Funktionen gibt es in den Standardbibliotheken viele weitere Funktionen, welche beispielsweise mit wide characters umgehen oder einzelne Zeichen oder gar ganze Zeichenketten innerhalb eines Strings suchen können. Im C11-Standard wurden zudem für bestimmte Funktionen zusätzlich sogenannte „sichere" Funktionen definiert, welche eine Prüfung der übergebenen Pufferlänge ermöglichen. Die Gesamtheit aller verfügbaren Funktionen kann an dieser Stelle nicht angesprochen werden.

12.6.1 Einige Stringverarbeitungsfunktionen

Im Folgenden werden aus der Menge der Stringverarbeitungsfunktionen die Funktionen

---

[114] Bei den in diesem Kapitel aufgeführten Funktionen `strcpy()`, `strcat()` und `memcpy()` haben die Pointer in der Liste der formalen Parameter nach dem C11-Standard den Qualifikator `restrict`.

- `strcpy()`   zum Kopieren von Strings,
- `strncpy()`   zum Kopieren von Strings mit Längenangabe,
- `strcat()`   zum Anhängen eines Strings an einen anderen,
- `strcmp()`   zum Vergleichen von Strings,
- `strlen()`   zum Ermitteln der Stringlänge

vorgestellt.

Alle Funktionen werden im Folgenden nach dem Schema

- Syntax,
- Beschreibung,
- Rückgabewert
- und Beispiel

besprochen. Unter der Überschrift Syntax werden der Prototyp einer Funktion und die für die Verwendung dieser Funktion erforderlichen Include-Files angegeben.

Jede dieser Funktionen erhält als aktuelle(n) Parameter zwei bzw. einen Pointer auf einen String. Ein solcher Pointer kann dabei ein Pointer auf eine konstante Zeichenkette oder ein Pointer auf eine Arrayvariable (`char`-Array) sein, in der ein String gespeichert ist.

Nach dem ISO-Standard wird als Include-Datei für die Funktionen zur Stringbearbeitung stets die Datei `<string.h>` benötigt.

12.6.1.1 Die Funktion strcpy()

Die Funktion `strcpy()` kopiert einen String an eine andere Adresse.

Syntax nach C90:

```
#include <string.h>
char * strcpy (char * dest, const char * src);
```

Beschreibung:

Die Funktion `strcpy()` kopiert den Inhalt des Strings, auf den der Pointer `src` zeigt, an die Adresse, auf die der Pointer `dest` zeigt.

Kopiert wird der gesamte Inhalt einschließlich des Stringende-Zeichens `'\0'`.

Die Funktion `strcpy()` überprüft dabei nicht, ob der Puffer, dessen Adresse übergeben wurde, genügend Platz zur Verfügung stellt. Hierfür muss der Programmierer selbst Sorge tragen. Wenn zwischen zwei sich überlappenden Objekten kopiert wird, ist das Verhalten undefiniert.

In C11 werden die beiden Parameter mit dem `restrict`-Schlüsselwort deklariert, siehe Kapitel 8.4.

Ist der zu kopierende Puffer größer als der Zielpuffer, dann werden nachfolgende Speicherobjekte überschrieben! **Vorsicht!**

Rückgabewert:

Die Funktion `strcpy()` gibt als Rückgabewert den Pointer `dest` zurück.

Beispiel:

```
/* Datei: strcpy.c */
#include <stdio.h>
#include <string.h>

int main (void)
{
   char string1 [25];
   char string2 [] = "Zu kopierender String";
   printf ("Der kopierte String ist: %s\n", strcpy (string1,
           string2));
   return 0;
}
```

Die Ausgabe ist:

```
Der kopierte String ist: Zu kopierender String
```

12.6.1.2 Die Funktion strncpy()

Die Funktion `strncpy()` kopiert genauso wie `strcpy()` einen String an eine andere Adresse, wird jedoch garantiert nicht mehr als eine vorgegebene Anzahl Zeichen kopieren.

Syntax nach C90:

```
#include <string.h>
char * strcnpy (char * dest, const char * src, size_t n);
```

Beschreibung:

Die Funktion `strncpy()` kopiert den Inhalt des Strings, auf den der Pointer `src` zeigt, an die Adresse, auf die der Pointer `dest` zeigt. Es werden dabei maximal `n` Zeichen kopiert.

Hat der zu kopierende String weniger Zeichen als n Zeichen, so werden die restlichen Zeichen in `dst` mit dem Stringende-Zeichen `'\0'` aufgefüllt.

Hat der zu kopierende String (inklusive dem Stringende-Zeichen `'\0'`) mehr Zeichen als n, so wird die Kopie beim n-ten Zeichen abgebrochen. Der String an der Adresse `dst` ist in diesem Falle nicht mit einen Stringende-Zeichen abgeschlossen.

Der Parameter n der Funktion `strncpy()` kann somit genutzt werden, um sicherzustellen, dass der Puffer `dst`, dessen Adresse übergeben wurde, nicht durch das Kopieren überquillt. Wenn zwischen zwei sich überlappenden Objekten kopiert wird, ist das Verhalten undefiniert.

In C11 werden die beiden Parameter `src` und `dst` mit dem `restrict`-Schlüsselwort deklariert, siehe Kapitel 8.4.

Rückgabewert:

Die Funktion `strncpy()` gibt als Rückgabewert den Pointer `dst` zurück.

Beispiel:

```
/* Datei: strncpy.c */
#include <stdio.h>
#include <string.h>

int main (void)
{
   char string1 [] = "XXXXXXXXXXXXXXXXXXXXXXXX";
   char string2 [] = "Zu kopierender String";
   printf ("Der kopierte String ist: %s\n",
           strncpy (string1, string2, 10));
   return 0;
}
```

Die Ausgabe ist compilerabhängig. Beim Visual C++ Compiler ist die Ausgabe:

```
Der kopierte String ist: Zu kopiereXXXXXXXXXXXXXX
```

12.6.1.3 Die Funktion strcat()

Die Funktion `strcat()` hängt einen String an einen anderen an.

Syntax nach C90:

```
#include <string.h>
char * strcat (char * dest, const char * src);
```

Beschreibung:

Die Funktion `strcat()` [115] hängt an den String, auf den der Pointer `dest` zeigt, den String an, auf den der Pointer `src` zeigt. Dabei wird das Stringende-Zeichen `'\0'` des Strings, auf den der Pointer `dest` zeigt, vom ersten Zeichen des Strings, auf den der Pointer `src` zeigt, überschrieben. Angehängt wird der gesamte String, auf den der Pointer `src` zeigt, einschließlich des Zeichens `'\0'`.

Die Funktion `strcat()` prüft dabei nicht, ob genügend Speicher im String, auf den der Pointer `dest` zeigt, vorhanden ist. Die Kontrolle des zur Verfügung stehenden Speichers steht ganz in der Verantwortung des Programmierers. Wenn sich die Speicherbereiche, auf die die Pointer `dest` und `src` zeigen, überlappen, ist das Verhalten undefiniert.

In C11 werden die beiden Parameter mit dem `restrict`-Schlüsselwort deklariert, siehe Kapitel 8.4.

Reicht der Puffer nicht aus, werden nachfolgende Speicherobjekte überschrieben. Vorsicht!

Rückgabewert:
Der Rückgabewert der Funktion `strcat()` ist ein Pointer auf den zusammengefügten String, also der Pointer `dest`.

Beispiel:
```c
/* Datei: strcat.c */
#include <stdio.h>
#include <string.h>

int main (void)
{
   char string [50] = "concatenate";
   printf ("%s\n", string);
   printf ("%s\n", strcat (string, " = zusammenfuegen"));
   return 0;
}
```

Die Ausgabe ist:

```
concatenate
concatenate = zusammenfuegen
```

12.6.1.4 Die Funktion strcmp()

Die Funktion `strcmp()` vergleicht zwei Strings zeichenweise.

---

[115] cat von concatenate (engl.) = zusammenfügen.

Syntax:

```
#include <string.h>
int strcmp (const char * s1, const char * s2);
```

Beschreibung:

Die Funktion `strcmp()` führt einen zeichenweisen Vergleich der beiden Strings, auf die die Pointer `s1` und `s2` zeigen, durch. Die beiden Strings werden solange verglichen, bis ein Zeichen unterschiedlich oder bis ein Stringende-Zeichen `'\0'` erreicht ist.

Rückgabewert:

Die Funktion `strcmp()` gibt folgende Rückgabewerte zurück:

- `< 0`   wenn der String, auf den der Pointer `s1` zeigt, lexikografisch kleiner ist als der String, auf den der Pointer `s2` zeigt,
- `== 0` wenn der String, auf den der Pointer `s1` zeigt, lexikografisch gleich dem String ist, auf den der Pointer `s2` zeigt,
- `> 0`   wenn der String, auf den der Pointer `s1` zeigt, lexikografisch größer ist als der String, auf den der Pointer `s2` zeigt.

Die Werte < 0 bzw. > 0 entstehen durch den Vergleich zweier unterschiedlicher `unsigned char`-Zeichen.

Der Vergleich von zwei Strings mit der Methode `strcmp()` erfolgt durch einen Vergleich der einzelnen Zeichen an den äquivalenten Positionen in den beiden Strings, und zwar von links nach rechts.

Beim Vergleich werden die entsprechenden Zeichen voneinander subtrahiert. Sobald das Ergebnis der Subtraktion eine Zahl ungleich 0 ist, wird der Vergleich abgebrochen. Sind die Strings ungleich lang und bis zum letzten Zeichen des kürzeren Strings gleich, so wird das entsprechende Zeichen des längeren Strings mit dem Stringbegrenzungszeichen `'\0'` des kürzeren Strings verglichen.

Beispiel:

```
/* Datei: strcmp.c */
#include <stdio.h>
#include <string.h>

int main (void)
{
   printf ("%d\n", strcmp ("abcde", "abCde"));
   printf ("%d\n", strcmp ("abcde", "abcde"));
   printf ("%d\n", strcmp ("abcd", "abcde"));
   return 0;
}
```

Die Ausgabe beim Visual C++ Compiler ist:

```
1
0
-1
```

12.6.1.5 Die Funktion strlen()

Die Funktion strlen() bestimmt die Zeichenzahl eines Strings.

Syntax:

```
#include <string.h>
size_t strlen (const char * s);
```

Beschreibung:

Die Funktion strlen() bestimmt die Anzahl der Zeichen des Strings, auf den der Pointer s zeigt.

Rückgabewert:

Die Funktion strlen() liefert als Rückgabewert die Anzahl der Zeichen des Strings, auf den der Pointer s zeigt. Das Stringende-Zeichen '\0' wird dabei nicht mitgezählt.

Beispiel:

```
/* Datei: strlen.c */
#include <stdio.h>
#include <string.h>
int main (void)
{
   char string [] = "So lang ist dieser String:";
   printf ("So gross ist das char-Array: %d\n", sizeof (string));
   printf ("%s %d\n", string, strlen (string));
   return 0;
}
```

Die Ausgabe ist:

```
So gross ist das char-Array: 27
So lang ist dieser String: 26
```

Dieses Programm zeigt den Unterschied zwischen sizeof und strlen() auf. Mit sizeof wird die Größe des Arrays ermittelt und mit strlen(), wie weit es aktuell gefüllt ist.

Die Funktion `strlen()` liefert die Länge eines Strings zurück, ohne das Zeichen `'\0'` mitzuzählen. Will man beispielsweise prüfen, ob ein `char`-Array groß genug zur Aufnahme einer Zeichenkette ist, dann muss man noch `+1` zur Länge der Zeichenkette dazu addieren.

Vorsicht!

12.6.2 Funktionen zur Speicherbearbeitung

Im Folgenden werden aus der Menge der Funktionen zur Speicherbearbeitung, die mit „mem" beginnen, die Funktionen

- `memcpy()`,
- `memmove()`,
- `memcmp()`,
- `memchr()`
- und `memset()`

vorgestellt.

Zwischen diesen Funktionen und den „str"-Funktionen bestehen die folgenden Unterschiede:

- Die formalen Parameter sind vom Typ `void *` statt `char *` und erlauben damit die Übergabe beliebiger Speicherobjekte. Diese Objekte werden von den „mem"-Funktionen byteweise, d. h. wie ein Zeichen-Array, behandelt.
- Diese Funktionen prüfen nicht selbstständig auf das Vorliegen des Nullzeichens `'\0'`, da sie für beliebige Objekte gedacht sind. Sie erhalten daher stets als aktuellen Parameter die Anzahl der jeweils zu bearbeitenden Bytes.

Wenn die Grenzen eines Objektes überschritten werden, ist das Verhalten der Funktionen undefiniert. Nach dem ISO-Standard wird als Include-Datei für die Funktionen zur Speicherbearbeitung stets die Datei `<string.h>` benötigt.

12.6.2.1 Die Funktion memcpy()

Die Funktion `memcpy()` kopiert Zeichen von einem Puffer in einen anderen Puffer.

Syntax nach C90:

```
#include <string.h>
void * memcpy (void * dest, const void * src, size_t n);
```

Beschreibung:

Die Funktion `memcpy()` kopiert n Bytes aus dem Puffer, auf den der Pointer `src` zeigt, in den Puffer, auf den der Pointer `dest` zeigt. Handelt es sich bei den Puffern, auf die die Pointer `src` und `dest` zeigen, um überlappende Speicherbereiche, so ist das Ergebnis der Kopieraktion undefiniert.

In C11 werden die beiden Parameter mit dem `restrict`-Schlüsselwort deklariert, siehe Kapitel 8.4.

> Ist der zu kopierende Puffer größer als der Zielpuffer, dann werden nachfolgende Speicherobjekte überschrieben! Vorsicht!

Rückgabewert:

Der Rückgabewert der Funktion `memcpy()` ist der Pointer `dest`.

Beispiel:

```
/* Datei: memcpy.c */
#include <stdio.h>
#include <string.h>
int main (void)
{
  int i;
  int array1 [10] = {1, 2, 3, 4, 5, 6, 7, 8, 9, 10};
  int array2 [3]  = {333, 444, 555};
  memcpy (array1+2, array2, sizeof (array2));
  for (i=0; i<10; i++){printf ("%d, ", array1[i]);}
  return 0;
}
```

Die Ausgabe ist:

```
Ergebnis: 1, 2, 333, 444, 555, 6, 7, 8, 9, 10
```

12.6.2.2 Die Funktion memmove()

> Die Funktion `memmove()` kopiert Zeichen von einem Puffer in einen anderen – und zwar auch bei überlappenden Speicherbereichen korrekt.

Syntax:

```
#include <string.h>
void * memmove (void * dest, const void * src, size_t n);
```

Beschreibung:

Die Funktion `memmove()` kopiert n Bytes aus dem Puffer, auf den der Pointer `src` zeigt, in den Puffer, auf den der Pointer `dest` zeigt. Im Gegensatz zur Funktion `memcpy()` ist bei der Funktion `memmove()` sichergestellt, dass bei überlappenden Speicherbereichen das korrekte Ergebnis erzielt wird.

Die Funktion `memmove()` liest bei der Kopieraktion zuerst alle Zeichen und beginnt dann erst zu schreiben. Der Puffer, auf den der Pointer `src` zeigt, kann dabei überschrieben werden.

Ist der zu kopierende Puffer größer als der Zielpuffer, dann werden nachfolgende Speicherobjekte überschrieben! Vorsicht!

Rückgabewert:

Der Rückgabewert der Funktion `memmove()` ist der Pointer `dest`.

Beispiel:

```c
/* Datei: memmove.c */
#include <stdio.h>
#include <string.h>

int main (void)
{
    char string [] = "12345678";
    memmove (string + 2, string, strlen (string) - 2);
    printf ("Ergebnis: %s\n", string);
    return 0;
}
```

Ausgabe:

```
Ergebnis: 12123456
```

12.6.2.3 Die Funktion memcmp()

Die Funktion `memcmp()` vergleicht Bytes aus zwei verschiedenen Puffern.

Syntax:

```c
#include <string.h>
int memcmp (const void * s1, const void * s2, size_t n);
```

Beschreibung:

Die Funktion `memcmp()` führt einen byteweisen Vergleich der ersten `n` Bytes der an die Pointer `s1` und `s2` übergebenen Puffer durch. Die Puffer werden solange verglichen, bis entweder ein Byte unterschiedlich oder die Anzahl `n` Bytes erreicht ist.

Rückgabewert:

Die Funktion `memcmp()` gibt folgende Rückgabewerte zurück:

< 0 wenn das erste Byte, das in beiden Puffern verschieden ist, im Puffer, auf den der Pointer `s1` zeigt, einen kleineren Wert hat,

== 0 wenn `n` Bytes der beiden Puffer gleich sind,

> 0 wenn das erste in beiden Puffern verschiedene Byte im Puffer, auf den der Pointer s1 zeigt, einen größeren Wert hat.

Beispiel:

```c
/* Datei: memcmp.c */
#include <stdio.h>
#include <string.h>

int main (void)
{
   char string1 [] = {0x01, 0x02, 0x03, 0x04, 0x05, 0x06};
   char string2 [] = {0x01, 0x02, 0x03, 0x14, 0x05, 0x06};
   printf ("Vergleich String1 mit String2 ergibt: %d \n",
           memcmp (string1, string2, sizeof (string1)));
   return 0;
}
```

Die Ausgabe beim Visual C++ Compiler ist:

```
Vergleich String1 mit String2 ergibt: -1
```

Die Bildung des Rückgabewertes ist compilerabhängig. Der Visual C++ Compiler gibt bei einem Unterschied der Zeichen lediglich eine positive oder negative Zahl aus, was nach dem ISO-Standard genügt.

12.6.2.4 Die Funktion memchr()

Die Funktion memchr() durchsucht einen Puffer nach einem bestimmten Zeichen.

Syntax:

```c
#include <string.h>
void * memchr (const void * s, int c, size_t n);
```

Beschreibung:

Die Funktion memchr() durchsucht nach einer Konversion von c in den Datentyp unsigned char die ersten n Bytes des Puffers, auf den der Pointer s zeigt, nach dem Wert von c. Dabei werden alle n Bytes des Puffers als unsigned char interpretiert.

Rückgabewert:

Wird der Wert von c gefunden, so gibt die Funktion memchr() einen Pointer auf das erste Vorkommen im Puffer, auf den der Pointer s zeigt, zurück. Ist der Wert von c in den ersten n Bytes nicht enthalten, so wird der NULL-Pointer zurückgegeben.

Beispiel:

```
/* Datei: memchr.c */
#include <stdio.h>
#include <string.h>

int main (void)
{
   char str1 [] = "Zeile1: Text";
   char * str2;
   if((str2 = memchr (str1, ':', strlen (str1))) != NULL)
   {
      /* memchr() liefert einen Pointer str2 auf das Zeichen ':'  */
      /* str2 + 2 zeigt um 2 Zeichen nach dem ':' weiter, also     */
      /* auf das 'T'                                                */
      printf ("%s\n", str2 + 2);
   }
   return 0;
}
```

Die Ausgabe ist:

```
Text
```

12.6.2.5 Die Funktion memset()

Die Funktion memset() setzt die ersten Bytes eines Puffers auf den Wert eines vorgegebenen Zeichens.

Syntax:

```
#include <string.h>
void * memset (void * s, int c, size_t n);
```

Beschreibung:

Die Funktion memset() setzt die ersten n Bytes des Puffers, auf den der Pointer s zeigt, auf den Wert des Zeichens c, das nach unsigned char konvertiert wurde.

Rückgabewert:

Der Rückgabewert der Funktion memset() ist der Pointer s.

Beispiel:

```
/* Datei: memset.c */
#include <stdio.h>
#include <string.h>

int main (void)
{
   char string [20] = "Hallo";
```

```
    printf ("Ergebnis: %s\n", memset (string, '*', 5));
    return 0;
}
```

Die Ausgabe ist:

```
Ergebnis: *****
```

12.7 Beispiele für eindimensionale Arrays von Pointern und Pointer auf Pointer

Kapitel 12.7.1 zeigt Beispiele für eindimensionale Arrays von Pointern und Kapitel 12.7.2 für Pointer auf Pointer. Kapitel 12.7.3 befasst sich mit einem Beispiel für die Initialisierung eindimensionaler Arrays von Pointern und Kapitel 12.7.4 mit einem Vergleich eines zweidimensionalen Arrays gegen ein eindimensionales Array von Pointern.

12.7.1 Beispiele für eindimensionale Arrays von Pointern

Ein Pointer ist eine Variable, in der die Adresse eines anderen Speicherobjektes (Variable, Funktion) gespeichert ist. Entsprechend einem eindimensionalen Array von gewöhnlichen Variablen kann natürlich auch ein eindimensionales Array von Pointervariablen gebildet werden, wie im folgenden Beispiel eines eindimensionalen Arrays aus 3 Pointern auf char zu sehen ist:

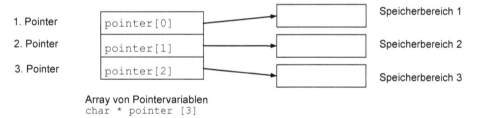

Bild 12-8 Array aus drei Pointervariablen

In der Praxis wird häufig mit Arrays von Pointern im Zusammenhang mit Strings von unterschiedlicher Länge gearbeitet.

Arbeitet man mit einem String fester Länge, so legt man ein Zeichenarray einer festen Größe an, wie z. B. char a [20]. Ist die Länge eines Strings von vornherein nicht fest definiert, so verwendet man meist einen Pointer wie z. B. char * pointer und lässt den Pointer auf die Zeichenkette zeigen. Arbeitet man mit mehreren Zeichenketten, deren Länge nicht von vornherein bekannt ist, so verwendet man ein eindimensionales Array von Pointern auf char.

Im folgenden **Beispiel** stellt char * pointer [3] ein eindimensionales Array von drei Pointern auf char dar, die auf drei Zeichenketten (Strings) zeigen:

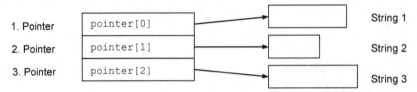

Bild 12-9 Eindimensionales Array aus 3 Pointern auf Zeichenketten

Will man beispielsweise diese Strings sortieren, so muss dies nicht mit Hilfe von aufwendigen Kopieraktionen für die Strings durchgeführt werden. Es werden lediglich die Pointer so verändert, dass die geforderte Sortierung erreicht wird.

Die beiden folgenden Bilder zeigen die Pointer vor und nach dem Sortieren der Strings:

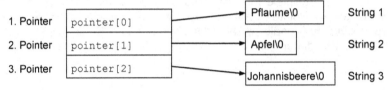

Bild 12-10 Pointer vor dem Sortieren

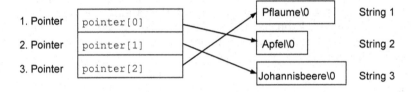

Bild 12-11 Pointer nach dem Sortieren

Ein weiteres **Beispiel** ist die folgende Funktion:

```
void textausgabe (char * textPointer[], int anz_Zeilen)
{
   int zahl;
   for (zahl = 0; zahl < anz_Zeilen; zahl++)
      printf ("%s\n", textPointer[zahl]);
}
```

Die Funktion `textausgabe()` gibt zeilenweise einen Text auf dem Bildschirm aus. Als Parameter werden

a) ein eindimensionales Array aus Pointern auf `char`
b) und die Anzahl an Zeilen

übergeben.

In Kapitel 12.2.1 wurde erläutert, dass der formale Parameter für die Übergabe eines Arrays in der Notation eines Arrays ohne Längenangaben geschrieben werden kann. Damit ist die Notation `char * textPointer[]` verständlich. Die Angabe `[]` ist jedoch äquivalent zu einem Pointer. Somit könnte man alternativ als aktuellen Parameter `char * * textPointer` schreiben, also ein Pointer auf einen Pointer.

12.7.2 Beispiel für Pointer auf Pointer

Die Variable `pointer` aus Kapitel 12.7.1 ist ein eindimensionales Array aus drei Elementen. Jedes Element ist ein Pointer auf einen `char`-Wert. Das Arrayelement `pointer[i]` zeigt auf die `(i+1)`-te Zeichenkette. Wird dieser Pointer dereferenziert durch `*pointer[i]`, so erhält man das erste Zeichen dieser Zeichenkette.

Im Folgenden soll nun das Beispiel `textausgabe()` etwas anders formuliert werden:

```c
void textausgabe (char ** textPointer, int anz_Zeilen)
{
   while (anz_Zeilen-- > 0)
      printf ("%s\n", *textPointer++);
}
```

Die beiden Schreibweisen `char ** textPointer` und `char * textPointer[]` sind bei formalen Parametern gleichwertig.

Bei der Übergabe eines Arrays wird als aktueller Parameter ein Pointer auf das erste Element des Arrays übergeben, daher ist bei dem formalen Parameter sowohl `char ** textPointer` als auch `char * textPointer[]` zugelassen. Das folgende Bild soll einen Pointer auf einen Pointer veranschaulichen:

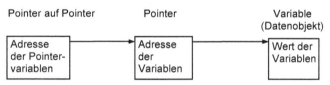

Bild 12-12 Pointer auf Pointer

Folgender Aufruf der oben gezeigten Funktion `textausgabe()` demonstriert die Funktionsweise von Pointern auf Pointer:

```c
int main (void)
{
   char * zeilen[5] = {
      "Mein",
      "Computer",
      "kennt",
      "Else",
      "nicht"
   };
   textausgabe (&zeilen[1], 3);
   return 0;
}
```

Der formale Parameter `char ** textPointer` bekommt beim Aufruf der Funktion `textausgabe()` als aktuellen Parameter die Adresse des ersten Elements des

Arrays übergeben. Zu Beginn der Funktion `textausgabe()` zeigt `textPointer` also auf das Element `zeilen[1]`, wo ein Pointer auf den String `"Computer"` gespeichert ist. Der derereferenzierte Pointer `*textPointer` wird der Funktion `printf()` übergeben, welche einen Pointer auf `char` erwartet. Gleichzeitig wird mit dem Inkrement-Operator die Variable `textPointer` um eine Einheit erhöht. Somit zeigt `textPointer` nach dem ersten Durchgang der Schleife auf das Element `zeilen[2]`, wo ein Pointer auf den String `"kennt"` gespeichert ist. Die Schleife wird solange fortgesetzt, bis alle Strings ausgegeben sind.

Das folgende Bild zeigt ein eindimensionales Array von Pointern auf Strings:

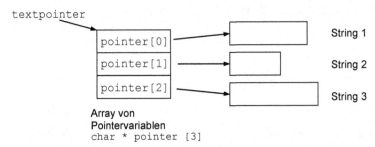

Bild 12-13 `textPointer` zeigt auf ein eindimensionales Array von Pointern auf Strings

12.7.3 Beispiel für die Initialisierung von Arrays von Pointern

Das folgende Beispiel `fehler.c` zeigt eine Funktion `fehlertext()`, die bei der Übergabe eines Fehlercodes einen Pointer auf den entsprechenden Fehlertext zurückliefert:

```
/* Datei: fehler.c */
#include <stdio.h>

/* fehlertext: liefert Text der entsprechenden Fehler-Nr. n */
const char * fehlertext (int n);

int main (void)
{
   int fehlernummer;
   printf ("Geben Sie bitte eine Fehlernummer von 1 bis 6 ein: ");
   scanf ("%d", &fehlernummer);
   printf ("\nText zu Fehler %d: %s\n",
      fehlernummer, fehlertext (fehlernummer));
   return 0;
}

const char * fehlertext (int n)
{
   /* Initialisierung der Fehlertexte */
   static const char * err_desc[] = {
      "kein Fehler",
      "Fehlertext 1",        "Fehlertext 2",
      "Fehlertext 3",        "Fehlertext 4",
      "Fehlertext 5",        "Fehlertext 6" };
```

```
        return (n < 0 || n > 6) ? "Fehlercode existiert nicht" :
                err_desc[n];
}
```

Ein Beispiel für einen Programmlauf ist:

```
Geben Sie bitte eine Fehlernummer von 1 bis 6 ein: 2

Text zu Fehler 2: Fehlertext 2
```

Die Funktion `main()` dient hier nur zu Testzwecken. In einem richtigen Programm wird die Funktion `fehlertext()` zur Laufzeit im Fehlerfall von anderen Funktionen aufgerufen, welche die Fehlernummer übergeben und den Fehlertext zurückerhalten, um ihn auszugeben.

Das Array von Pointern auf `const char * err_desc[]` muss als `static` angelegt werden, da hier eine lokale Pointervariable aus der Funktion zurückgegeben wird (siehe auch Kapitel 15.5.2). Ohne `static` wäre der Rückgabewert der Funktion nach dem Funktionsende undefiniert, da nach Ablauf einer Funktion ihre normalen lokalen Variablen ungültig werden. Mit dem Schlüsselwort `static` bleiben die Fehlertexte als interne Variablen über die gesamte Laufzeit des Programms permanent im Speicher.

12.7.4 Vergleich zweidimensionales Array gegen eindimensionales Array von Pointern

Der Unterschied zwischen einem eindimensionalen Array von Pointern und einem zweidimensionalen Array ist, dass bei mehrdimensionalen Arrays die Anzahl der Elemente fest vorgegeben ist, bei eindimensionalen Arrays von Pointern hingegen nur die Anzahl an Pointern.

So ist

```
int array_2d [5][10];
```

ein Array mit insgesamt 50 `int`-Elementen und

```
int * pointer_array [5];
```

ein eindimensionales Array von 5 Pointern auf `int`.

Der Vorteil des Arrays aus Pointern `pointer_array` besteht darin, das die '2-te Dimension' der einzelnen Elemente des Arrays unterschiedlich groß sein kann. D. h. im Gegensatz zum `array_2d` muss nicht jedes Element 10 `int`-Werte haben.

Die häufigste Anwendung besteht deshalb darin, ein Array unterschiedlich langer Strings zu bilden wie im Falle der Funktion `fehlertext()` in Kapitel 12.7.3:

```
char * err_desc [] = {
        "Fehlercode existiert nicht",      /* 27 Bytes */
        "Fehlertext 1",                    /* 13 Bytes */
        "Fehlertext 2" };                  /* 13 Bytes */
```

Mit dieser Definition werden insgesamt 53 Bytes für die Zeichen der Zeichenketten benötigt. Zusätzlich benötigen die Pointer noch einige Bytes.

Zum Vergleich:

```
char err_desc1 [][27] = {
      "Fehlercode existiert nicht",    /* 27 Bytes */
      "Fehlertext 1",                  /* 27 Bytes */
      "Fehlertext 2" };                /* 27 Bytes */
```

Hier muss mindestens die Anzahl an Elementen reserviert werden, die der längste String benötigt. Dies sind 27 Bytes für "Fehlercode existiert nicht". Die restlichen Strings benötigen zwar nur je 13 Zeichen, für sie sind aber ebenfalls 27 Zeichen reserviert. Somit benötigt err_desc1 insgesamt 81 Bytes[116].

Die Einsparung an Speicherplatz zeigt sich eindrucksvoll, wenn beispielsweise eine Maximallänge von 255 Zeichen festgelegt wird, die gespeicherten Strings jedoch durchschnittlich nur rund 10 Zeichen benötigen. Werden in einer solchen Struktur 1 Million Strings gespeichert, so benötigt das zweidimensionale Array 256 Megabytes, das Pointer-Array jedoch gerade mal rund 10 Megabytes.

12.8 Pointer auf Funktionen

Pointer auf Funktionen sind ein spezieller Pointertyp, welcher in einer Variablen die Adresse einer aufzurufenden Funktion speichern kann.

> Über einen Pointer können Funktionen auch als Parameter an andere Funktionen übergeben werden.

Damit kann von Aufruf zu Aufruf eine unterschiedliche Funktion als Argument übergeben werden. Ein bekanntes Beispiel für die Anwendung von Pointern auf Funktionen ist die Übergabe unterschiedlicher Funktionen an eine Sortierfunktion, um beispielsweise aufsteigend oder absteigend zu sortieren.

Ein weiteres Einsatzgebiet von Pointern auf Funktionen ist die **Interrupt-Programmierung**, bei der man eine Interrupt-Behandlung ermöglicht, indem man in die Interrupt-Tabelle des Betriebssystems den Pointer auf die Interrupt-Service-Routine schreibt. Bei einem Interrupt wird dann die entsprechende Interrupt-Service-Routine (ISR) aufgerufen.

Das folgende Bild zeigt eine Interrupt-Tabelle:

---

[116] Diese Zahlen sind nur als grobes Maß zu betrachten. Da Speicherobjekte eines gegebenen Typs immer an bestimmten Adressen beginnen (Alignment), ist zumindest im Falle der Pointerlösung der Speicherverbrauch infolge des Alignments etwas größer als hier berechnet.

Pointer auf ISR n
. . .
. . .
Pointer auf ISR 2
Pointer auf ISR 1

Bild 12-14 Die Interrupt-Tabelle

12.8.1 Vereinbarung eines Pointers auf eine Funktion

Ein Funktionsname bezeichnet in C den Adressbereich, in welchem eine Funktion ausprogrammiert ist. Durch Vereinbarung eines Pointers auf eine Funktion wird die Adresse der ersten Anweisung (genauer gesagt, des ersten Maschinenbefehls) einer Funktion gespeichert.

Die Vereinbarung eines Funktionspointers sieht auf den ersten Blick etwas kompliziert aus, wie im folgenden Beispiel:

```
int (*ptr) (char);
```

`ptr` ist hierbei ein Pointer auf eine Funktion mit einem Rückgabewert vom Typ `int` und einem Übergabeparameter vom Typ `char`. Das erste Klammernpaar ist unbedingt nötig, da es sich sonst an dieser Stelle um einen gewöhnlichen Funktionsprototypen handeln würde. Infolge der Klammern muss man lesen „`ptr` ist ein Pointer auf". Dann kommen entsprechend der Operatorpriorität die runden Klammern. Also ist „`ptr` ein Pointer auf eine Funktion mit einem Übergabeparameter vom Typ `char`". Als letztes wird das `int` gelesen, d. h. die Funktion hat den Rückgabetyp `int`.

Wie funktioniert aber nun das Arbeiten mit einem Pointer auf eine Funktion? Dem noch nicht gesetzten Pointer auf eine Funktion muss hierzu eine Adresse einer bekannten Funktion desselben Typs zugewiesen werden, beispielsweise so:

```
ptr = &funktionsname;
```

Der Standard lässt bei der Ermittlung der Adresse einer Funktion statt `&funktionsname` auch `funktionsname` zu, da ein Funktionsname genauso wie eine Array-Variable[117] bei Auftreten im Code automatisch in seine Adresse ausgewertet wird.

12.8.2 Aufruf einer Funktion

Da nun `ptr` (Pointer auf eine Funktion) die Adresse der Funktion `funktionsname` enthält, kann der Aufruf der Funktion auch durch die Dereferenzierung des Pointers erfolgen – man beachte dabei auch hier die Klammerung um den dereferenzierten Pointer:

---

[117] Mit Ausnahme beim Adressoperator oder dem `sizeof`-Operator.

```
  ...                                              ...
int main (void)            ←→           int main (void)
{                                       {
                                            ptr = funktionsname;
   ...                     äquivalent       ...
   int a;                                   int a;
   a = funktionsname ('A');                 a = (*ptr) ('A');
   ...                                      ...
}                                       }
```

> Für einen Funktionsaufruf kann ein Pointer auf eine Funktion auch
> gleichwertig mit dem Funktionsnamen selbst verwendet werden.

Daher wäre im obigen Beispiel statt des Aufrufs `a = (*ptr) ('A')` auch der Aufruf
`a = ptr ('A')` möglich, bei dem `ptr` wie ein Funktionsname benutzt wird.

Das gezeigte Beispiel zeigt nur die syntaktischen Möglichkeiten, aber so werden
Pointer auf Funktionen normalerweise nicht benutzt, sondern Pointer auf Funktionen
werden meist als Parameter an Funktionen übergeben, die dann über den Pointer
auf die Funktion zugreifen und etwas mit der Funktion "machen", wie etwa die Kurve
der Funktion plotten, Nullstellen der Funktion bestimmen etc.

12.8.3 Beispiel für Pointer auf eine Funktion

Manche Problemstellungen lassen sich durch den Einsatz von Pointern auf Funktionen elegant lösen, besonders wenn man diese als Übergabeparameter beim Aufruf
einer anderen Funktion nutzt.

Das folgende Programm zeigt einen Einsatz von Pointern auf Funktionen. Die Funktion `eval_time()` ist durch die Übergabe eines Pointers auf eine Funktion in der
Lage, die Durchlaufzeit jeder übergebenen Funktion passenden Typs elegant zu berechnen, hier in diesem Beispiel die Zeit bis zum Drücken der <RETURN>-Taste :

```c
/* Datei: fkt_ptr.c */
#include <stdio.h>
#include <time.h>
#include <math.h>

void f1 (void)
{
   printf ("Druecken Sie bitte Enter:");
   getchar ();
}

/* Pointer auf eine Funktion als Uebergabeparameter */
double eval_time (void (*ptr)(void))
/* nach dem Standard ist double eval_time (void ptr (void)) */
/* hierzu aequivalent                                       */
{
   time_t begin, end;
   begin = time (NULL);
   (*ptr)();           /* Hier wird eine Funktion aufgerufen, */
                       /* die an der Adresse ptr beginnt       */
```

```
                          /* aequivalent hierzu ist: ptr();      */
   end = time (NULL);
   return difftime (end, begin);
}

int main (void)
{
   printf ("Zeit bis Enter gedrueckt wurde: %3.0f sec\n\n",
      eval_time (f1));
   printf ("Zeit bis Enter gedrueckt wurde: %3.0f sec\n\n",
      eval_time (f1));
   return 0;
}
```

Hier ein Beispiel für die Ausgabe des Programms:

```
Druecken Sie bitte Enter:
Zeit bis Enter gedrueckt wurde:    2 sec

Druecken Sie bitte Enter:
Zeit bis Enter gedrueckt wurde:    1 sec
```

Die Funktion time() liefert als Rückgabewert die aktuelle Kalenderzeit in einer Darstellung, die vom Compiler abhängig ist. Die Funktion difftime() berechnet die Zeit zwischen zwei Zeitangaben in Sekunden.

12.8.4 Beispiel Nullstellen mit dem Newtonschen Iterationsverfahren

Als ein weiteres Beispiel für den Einsatz von Pointern auf Funktionen ist nachfolgend ein Programm zur Nullstellenbestimmung einer beliebigen Funktion f(x) aufgeführt. Die Nullstellenbestimmung wird mit Hilfe des Newtonschen Iterationsverfahrens durchgeführt.

Als ein Beispiel für f(x) soll die Funktion

f(x) = x – cos (x)

verwendet werden. Das Iterationsverfahren nach Newton lautet:

x(i+1) = x(i) – f(x(i)) / f '(x(i))

i ist dabei die Nummer des Iterationsschrittes, f '(x) stellt die erste Ableitung von f(x) dar. Der Abbruch der Iteration soll erfolgen, wenn die Differenz für die Nullstelle abs(x(i+1)-x(i)) zwischen zwei Iterationsschritten geringer als Epsilon ist.

Für das angegebene Beispiel ist f '(x) gegeben durch 1 + sin(x).

Die Funktion berechne_nullstelle() des folgenden Programms kann Nullstellen beliebiger Funktionen f(x) ermitteln. In das Programm kann interaktiv der Näherungswert für die Nullstelle und die Genauigkeit (Epsilon) eingegeben werden.

Hier das Programm:

```c
/* Datei: newton.c */
#include <stdio.h>
#include <math.h>

double f (double x)
{
    return (x - cos(x));
}

double fstrich (double x)
{
    return (1 + sin (x));
}

double berechne_nullstelle (double x, double genauigkeit,
                            double (*f) (double),
                            double (*fstrich) (double))
/* aequivalent hierzu ist:                                    */
/* double berechne_nullstelle (double x, double genauigkeit,  */
/*                     double f (double),                      */
/*                     double fstrich (double))                */
{
    double z = x;        /* Naeherungswert fuer die Nullstelle bei */
                         /* der Iteration                          */
    do
    {
        x = z;
        z = x - (*f)(x) / (*fstrich)(x);
        /* aequivalent hierzu ist:                  */
        /* z = x - f (x) / fstrich(x);              */
    } while (fabs (z - x) > genauigkeit);
    /* Die Funktion fabs() gibt den Betrag einer ihr uebergebenen */
    /* Gleitpunktzahl zurueck.                                    */

    return z;
}

int main (void)
{
    double rohwert;      /* Rohwert fuer die Nullstelle            */
    double epsilon;      /* Genauigkeit der Nullstellenbestimmung  */

    printf ("\nGib den Rohwert fuer die Nullstelle ein: ");
    scanf ("%lf", &rohwert);

    printf ("\nGib den Wert fuer Epsilon ein: ");
    scanf ("%lf", &epsilon);

    printf ("\nDie Nullstelle ist bei: %10.2f\n",
            berechne_nullstelle (rohwert, epsilon, f, fstrich));
    return 0;
}
```

Hier ein Beispiel für die Ausgabe des Programms:

```
Gib den Rohwert für die Nullstelle ein: 1

Gib den Wert für epsilon ein: 0.01

Die Nullstelle ist bei:      0.74
```

Ein weiteres Beispiel für Pointer auf Funktionen im Zusammenspiel mit der Bibliotheksfunktion `qsort()` ist in Kapitel 20.1.5 zu finden.

12.9 Zusammenfassung

Dieses Kapitel befasst sich mit der fortgeschrittenen Programmierung mit Pointern.

Kapitel **12.1** analysiert Pointer und Elemente von Arrays. Eindimensionale Arrays werden mit eckigen Klammern definiert wie z. B. durch:

```
int alpha [5]; // dieses Array hat 5 Komponenten vom Typ int
```

In der Sprache C wird ein Arrayname i. Allg. zu einem Zeiger auf das erste Element des Arrays ausgewertet. Ein Array – spezifiziert durch seinen Arraynamen – wird normalerweise zu einem Pointer auf seinen Komponententyp ausgewertet, es sei denn, es ist der Operand des `sizeof`-Operators oder des Adressoperators `&`. Während der Arrayname das Array selbst und somit einen L-Wert bezeichnet, entspricht die Adresse des ersten Elements einem R-Wert. Neben dem `sizeof`-Operator und dem Adressoperator `&` sowie der Initialisierung mittels einer konstanten Zeichenkette gibt es in C keine Operation, die auf einem Array als ganzes – also dem L-Wert – ausgeführt werden kann. Sowohl der Arrayname selbst als auch der Adressoperator angewandt auf den Arraynamen stellen einen konstanten Pointer auf das erste Element des Arrays dar. Einer Pointervariablen kann ein Wert zugewiesen werden, einem Arraynamen nicht.

Die Konstante `NULL` ist in `<stddef.h>` als 0 definiert. Sie kann gleichbedeutend verwendet werden mit einem typfreien Pointer auf die Adresse 0, d. h. gleichbedeutend mit `(void *)` 0. Pointern vom Typ `void *` dürfen Pointer eines anderen Datentyps zugewiesen werden und Pointern eines beliebigen Datentyps dürfen Pointer vom Typ `void *` zugewiesen werden. In C++ hingegen wird ein Fehler ausgegeben, wenn links `void*` und rechts ein anderer Pointer steht. Hier ist ein Cast erforderlich. Bei Zuweisungen, an denen ein Pointer auf `void` rechts oder links vom Zuweisungsoperator = steht, wird die Typüberprüfung des Compilers in C aufgehoben und Adresswerte können kopiert werden. Pointer verschiedener Datentypen dürfen einander nicht zugewiesen werden.

Pointer können unter bestimmten Voraussetzungen (z. B. Verweis auf Elemente desselben eindimensionalen Arrays) voneinander abgezogen werden. Zu einem Pointer kann eine ganze Zahl addiert oder von ihm abgezogen werden. Zwei Pointer können auf Gleichheit bzw. Ungleichheit verglichen werden, wenn beide Pointer denselben Typ haben oder einer der beiden der `NULL`-Pointer ist. Ein „größer" oder „kleiner" ist unter bestimmten Voraussetzungen (z. B. Verweis auf Elemente desselben eindimensionalen Arrays) möglich. Wird ein Pointer vom Typ `int *` um 1 erhöht, so zeigt er um ein `int`-Objekt weiter. Wird ein Pointer vom Typ `float *` um 1 erhöht, so zeigt er um ein `float`-Objekt weiter. Die Erhöhung um 1 bedeutet, dass der Pointer immer um ein Speicherobjekt vom Typ, auf den der Pointer zeigt, weiterläuft. Verweist ein Pointer auf eine Variable des falschen Typs, so interpretiert der Dereferenzierungsoperator den Inhalt der Speicherzelle, auf die der Pointer zeigt, gemäß dem Typ des Pointers und nicht gemäß dem Typ der Variablen, die an der Speicherstelle abgelegt wurde. Während jedoch `pointer + 1` und `1 + pointer` äquivalent sind, ist `1 - pointer` nicht möglich, wohl aber `pointer - 1`. Ein Pointer, der auf ein Element in einem eindimensionalen Array zeigt, und ein ganzzahliger Wert dürfen addiert werden. Zeigt der Pointer nach einer Erhöhung um einen ganzzahligen Wert nicht mehr in das Array, dann ist das Resultat eines Speicherzugriffs über diese Adresse undefiniert. Wenn zwei Pointer auf dasselbe Speicherobjekt zeigen oder beide `NULL` sind, so ergibt der Test auf Gleichheit (==) den booleschen Wert „wahr". Für Pointer, die auf Elemente des gleichen eindimensionalen Arrays zeigen, kann aus dem Ergebnis der Vergleiche „größer" (>) oder „kleiner" (<) geschlossen werden, dass das eine Element "weiter vorne" im Array liegt als das andere.

Wie einfache globale Variablen werden auch globale Arrays mit 0 initialisiert, d. h. alle Elemente eines globalen Arrays bekommen beim Starten automatisch den Wert 0 zugewiesen. Lokale Arrays werden nicht automatisch initialisiert. Bei der manuellen Initialisierung eines Arrays ist nach der eigentlichen Definition des Arrays ein Gleichheitszeichen gefolgt von einer Liste von Initialisierungswerten (Initialisierungsliste) anzugeben. Werden bei der Initialisierung von Arrays weniger Werte angegeben als das Array Elemente hat, so werden die restlichen, nicht initialisierten Elemente mit dem Wert 0 belegt. Bei der Initialisierung mit impliziter Längenbestimmung wird die Größe des Feldes – also die Anzahl seiner Elemente – nicht bei der Definition angegeben, d. h. die eckigen Klammern bleiben leer. Die Größe wird vom Compiler durch Abzählen der Anzahl der Elemente in der Initialisierungsliste festgelegt. Das Array `int alpha []` wird als Array ohne Längenangabe bezeichnet.

In C ist es wie in anderen Programmiersprachen möglich, mehrdimensionale Arrays zu verwenden. Mehrdimensionale Arrays entstehen durch das Anhängen zusätzlicher eckiger Klammern, wie im folgenden Beispiel:

```
int alpha [3][4];
```

Wenn ein Array Elemente hat, die selbst ebenfalls Arrays sind, so gelten die Initialisierungsregeln rekursiv. Ist ein Element eines Arrays selbst ein Array und beginnt seine Initialisierung mit einer linken geschweiften Klammer, dann initialisiert die anschließende Liste von Initialisierungswerten die Elemente des inneren Arrays. Natürlich dürfen nicht mehr Initialisierungswerte als Elemente vorhanden sein.

Eine konstante Zeichenkette wird vom Compiler intern als ein Array von Zeichen gespeichert. Dabei wird als letztes Element des Arrays automatisch ein zusätzliches Zeichen, das Zeichen `'\0'` (Nullzeichen), angehängt, um das Stringende anzuzeigen. Der Rückgabewert einer konstanten Zeichenkette ist ein Pointer auf das erste Zeichen der Zeichenkette. Der Typ des Rückgabewertes ist `char *`.

Als Puffer (engl. buffer) wird ein Speicher bezeichnet, der Daten vorübergehend zwischenspeichert, die von einer Funktion bereitgestellt und von einer anderen Funktion zu einem späteren Zeitpunkt verwendet werden sollen.

Da das Anschreiben einer Initialisierungsliste mit den vielen Hochkommas als Array von Zeichen sehr mühsam ist, kann man ein `char`-Array auch mit einer Zeichenkette initialisieren. Eine direkte Zuweisung einer Zeichenkette an ein eindimensionales Array kann nur bei der Initialisierung erfolgen. Im weiteren Programmablauf sind spezielle Bibliotheksfunktionen für diese Zwecke notwendig. Eine Zuweisung einer Zeichenkette an ein eindimensionales Array mit Hilfe des Zuweisungsoperators ist im weiteren Programmverlauf nicht möglich.

In Kapitel **12.2** wird die Übergabe von Arrays und von Zeichenketten an Funktionen behandelt. Der formale Parameter für die Übergabe eines eindimensionalen Arrays kann ein Array ohne Längenangabe sein, d. h. ein Array mit leeren eckigen Klammern – oder wegen der Pointereigenschaft des Arraynamens – auch ein Pointer auf den Komponententyp des Arrays. Da Zeichenketten vom Compiler intern als `char`-Arrays gespeichert werden, ist die Übergabe von Zeichenketten identisch mit der Übergabe von `char`-Arrays. Der formale Parameter einer Funktion, die eine Zeichenkette übergeben bekommt, kann vom Typ `char *` oder `char[]` sein.

Eine Stringvariable ist ein Pointer auf ein Array von Zeichen mit `'\0'` als letztem Zeichen. Stringvariablen als Argumente werden von `printf()` mit Hilfe des Formatelements `%s` ausgegeben.

In Kapitel **12.3** wird die Verwendung von `char`-Arrays und von Pointern auf Zeichenketten analysiert. Eine Änderung einer konstanten Zeichenkette ist von der Sprache nicht vorgesehen, d. h. nicht erlaubt. Eine Stringvariable kann durch die Pointernotation `const char * pointer` oder als Kopie in einem Array ohne Längenangabe `char buffer[]` bzw. als Array mit ausreichend festgelegter Größe definiert werden. Bei einem `char`-Array `buffer` kann der in ihm gespeicherte String verändert werden. Die Variable `buffer` selbst hingegen kann nicht verändert werden. Im Falle der Pointernotation zeigt der Pointer `pointer` auf eine (möglicherweise konstante) Zeichenkette und ist somit ein R-Wert. Das Array selbst und die darin enthaltenen Elemente dagegen sind L-Werte.

Das Schlüsselwort `const` bei Pointern und Arrays ist Inhalt von Kapitel **12.4**. Mit Hilfe des Schlüsselworts `const` können schreibgeschützte Variablen vereinbart werden, indem man einer normalen Definition mit Initialisierung das Schlüsselwort `const` voranstellt. Strings als aktuelle Parameter können von einer Funktion nicht verändert werden, wenn der entsprechende formale Parameter vom Typ `const char *` ist.

Kapitel **12.5** gibt Beispiele für das Kopieren von Zeichenketten von Hand.

Kapitel **12.6** befasst sich mit den Standardfunktionen zur Stringverarbeitung und Speicherbearbeitung:

- Die Funktion `strcpy()` kopiert einen String an eine andere Adresse. Kopiert wird der gesamte Inhalt einschließlich des Stringende-Zeichens `'\0'`. Ist der zu

kopierende Puffer größer als der Zielpuffer, dann werden nachfolgende Speicherobjekte überschrieben!

- Die Funktion strcat() hängt einen String an einen anderen an. Reicht der Puffer
  nicht aus, werden nachfolgende Speicherobjekte überschrieben.
- Die Funktion strcmp() vergleicht zwei Strings zeichenweise. Der Vergleich von
  zwei Strings mit der Methode strcmp() erfolgt durch einen Vergleich der
  einzelnen Zeichen an den äquivalenten Positionen in den beiden Strings, und
  zwar von links nach rechts.
- Die Funktion strncmp() vergleicht zwei Strings zeichenweise. Der Vergleich
  kann zusätzlich zu der Funktion strcmp() nach einer angegebenen Zeichenzahl
  enden.
- Die Funktion strlen() bestimmt die Zeichenzahl eines Strings. Die Funktion
  strlen() liefert die Länge eines Strings zurück, ohne das Zeichen '\0' mitzu-
  zählen. Will man beispielsweise prüfen, ob ein char-Array groß genug zur
  Aufnahme einer Zeichenkette ist, dann muss man noch +1 zur Länge der Zeichen-
  kette dazu addieren.
- Die Funktion memcpy() kopiert Zeichen von einem Puffer in einen anderen Puffer.
  Ist der zu kopierende Puffer größer als der Zielpuffer, dann werden nachfolgende
  Speicherobjekte überschrieben!
- Die Funktion memcmp() vergleicht Bytes aus zwei verschiedenen Puffern.
- Die Funktion memchr() durchsucht einen Puffer nach einem bestimmten Zeichen.
- Die Funktion memset() setzt die ersten Bytes eines Puffers auf den Wert eines
  vorgegebenen Zeichens.

Kapitel **12.7** betrachtet Beispiele für eindimensionale Arrays von Pointern und Pointer
auf Pointer. In der Praxis wird häufig mit Arrays von Pointern im Zusammenhang mit
Strings von unterschiedlicher Länge gearbeitet. Die beiden Schreibweisen char **
textPointer und char * textPointer[] sind bei formalen Parametern gleichwertig. Der Unterschied zwischen einem eindimensionalen Array von Pointern und
einem zweidimensionalen Array ist, dass bei mehrdimensionalen Arrays die Anzahl
der Elemente fest vorgegeben ist, bei eindimensionalen Arrays von Pointern hingegen nur die Anzahl an Pointern.

Kapitel **12.8** behandelt Pointer auf Funktionen. Über einen Pointer können Funktionen auch als Parameter an andere Funktionen übergeben werden. Ein Funktionsname bezeichnet in C den Adressbereich, in welchem eine Funktion ausprogrammiert ist. Durch Vereinbarung eines Pointers auf eine Funktion wird die Adresse der
ersten Anweisung (genauer gesagt, des ersten Maschinenbefehls) einer Funktion
gespeichert. Für einen Funktionsaufruf kann ein Pointer auf eine Funktion auch
gleichwertig mit dem Funktionsnamen selbst verwendet werden.

12.10 Übungsaufgaben

Aufgabe 12.1: Scannen eines Zeichenstroms

Das folgende Programm hat die Aufgabe, einen über die Tastatur eingegebenen Zeichenstrom in ein `char`-Array zu speichern, solange bis entweder ein `'$'` eingegeben wird oder bis 60 Zeichen erreicht sind. Danach soll das Eingabe-Array in ein Ausgabe-Array kopiert werden, wobei jedes im Zeichenstrom eingegebene Zeichen `'%'` in ein Zeichen `'*'` konvertiert (umgewandelt) werden soll. Die Zahl der durchgeführten Konvertierungen ist zu berechnen. Am Bildschirm ausgegeben werden soll das eingegebene Array, das konvertierte Array sowie die Zahl der Konvertierungen.

Fehlende Teile des Programms sind durch . . . . gekennzeichnet.

a) Ergänzen Sie die fehlenden Teile für die Eingabe.

b) Ergänzen Sie die fehlenden Teile für die Konvertierung.

c) Geben Sie das eingegebene Array, das konvertierte Array sowie die Zahl der Konvertierungen mit Hilfe der `printf()`-Funktion aus.

Hier das Programm:

```
#include <stdio.h>
#include <stdlib.h>

int main (void)
{
   char eingabe_string [61];
   char ausgabe_string [61];
   int  zaehler;
   int  subst_zahl;
   . . . .

   /*    Initialisierung    */
   subst_zahl = 0;

   /*    Eingabe            */

   . . . .

   /*    Konvertierung      */
   . . . .

   /*    Ausgabe            */
   . . . .

   return 0;
}
```

Aufgabe 12.2: Arrays in C

Geben Sie an, was das folgende Programm auf dem Bildschirm ausgibt. Leerzeichen (blanks) sind durch das Zeichen ⎵ darzustellen.

```
#include <stdio.h>

int main (void)
{
    int lv;
    char * text = "Dichter und Denker";
    char spruch [20] = "alles weise Lenker";
    printf ("\n");
    for (lv = 1; lv <= 3; lv++) printf ("%c", text[lv]);
    printf ("%c", spruch[5]);
    spruch[9] = 's';
    spruch[10] = 's';
    spruch[11] = spruch[5];
    spruch[12] = '\0';
    printf ("%s", spruch + 6);
    *(spruch +5) = '\0';
    printf ("%s\n", spruch);
    return 0;
}
```

Aufgabe 12.3: Ausgabe von Zeichenketten mit printf()

Testen Sie folgende Programme:

Erläuterungen:

Zeichenketten (Pointer auf `char`) werden mit Hilfe des Formatelements `%s` mit der Funktion `printf()` ausgegeben, wie in folgenden Beispielen gezeigt:

```
#include <stdio.h>

int main (void)
{
    char hello [] = {'h', 'e', 'l', 'l', 'o', '\0'};
    printf ("\n%s", hello);
    return 0;
}
```

Hier ist `hello` ein eindimensionales Array, das gerade groß genug ist, um die Folge von Zeichen einschließlich des Nullzeichens aufzunehmen, mit denen es initialisiert wird.

Und nun das nächste Beispiel:

```
#include <stdio.h>

int main (void)
{
    char hello [] = "hello";
    printf ("\n%s", hello);
    return 0;
}
```

Hier ist `hello` ein eindimensionales Array, das gerade groß genug ist, um die Folge von Zeichen und das Nullzeichen `'\0'` aufzunehmen, mit denen es initialisiert wird. Die Initialisierung mit einer Zeichenkette ist äquivalent mit einer Initialisierung durch ein eindimensionales Array von Zeichen und dem Nullzeichen `'\0'`.

Und nun ein Beispiel mit Pointern:

```
#include <stdio.h>

int main (void)
{
   char * ptrhello = "hello";
   printf ("\n%s", ptrhello);
   return 0;
}
```

ptrhello ist ein Pointer, der so initialisiert ist, dass er auf die konstante Zeichenkette "hello" zeigt.

Aufgabe 12.4: Pointer und Arrays bei Zeichenketten

Ergänzen Sie die fehlenden Teile der Funktionen strcpy1() und strcpy2(), die durch .... gekennzeichnet sind. Hinweis: Die beiden Funktionen werden in Aufgabe 12.5 verwendet.

```
#include <stdio.h>
/* strcpy1(): t nach s kopieren; Version mit Arrayindex        */

void strcpy1 (char * s, char * t)
{
  int i = 0;
  while (.... != '\0') i++;
}
/* Anmerkung: das i-te Element von t wird an das i-te Element von */
/* s zugewiesen. Dann wird geprueft, ob der Inhalt dieses         */
/* Elementes gleich '\0' ist. Solange diese Bedingung nicht       */
/* erfuellt ist, wird i hochgezaehlt.                             */

/* strcpy2(): t nach s kopieren; Version mit Pointern            */
void strcpy2 (char * s, char * t)
{
   while ((....) != '\0')
   {
      s++;
      t++;
   }
}
```

```
/* Anmerkung: in der Bedingung wird nun das Objekt, auf das       */
/* der Pointer s und der Pointer t zeigt, verwendet. Uebergeben   */
/* wird beim Aufruf der Pointer auf das 0-te Element. Das 0-te    */
/* Element von t wird nun an das 0-te Element von s zugewiesen,   */
/* und es wird ueberprueft, ob das Element gleich '\0' ist. Ist   */
/* dies nicht der Fall, so werden die Pointer s und t jeweils um  */
/* 1 erhoeht.                                                     */
```

Aufgabe 12.5: Kopieren von Strings

Überprüfen Sie die Implementierungen strcpy1() und strcpy2() der Stringcopy-Funktion von Aufgabe 12.4 durch folgendes Testprogramm:

```
#include <stdio.h>

int main (void)
{
   char text [80];
   char bufneu [80] = "Guten Tag";
   char buffer [80] = "How do you do";
   printf ("\n\n\n Gib einen String <80 Zeichen ein: ");
   scanf ("%s", text);
   printf ("\n Jetzt kommt der Inhalt des Buffers text: %s", text);
   printf ("\n Jetzt kommt der Inhalt des Buffers bufneu: %s",
           bufneu);
   strcpy1 (bufneu, text);
   printf ("\n Inhalt des Puffers bufneu nach ");
   printf ("strcpy1 (bufneu, text): %s", bufneu);
   printf ("\n In Puffer buffer steht: %s", buffer);
   strcpy2 (bufneu, buffer);
   printf ("\n Inhalt des Puffers bufneu nach ");
   printf ("strcpy2 (bufneu, buffer): %s", bufneu);
   return 0;
}
```

Aufgabe 12.6: Das Schlüsselwort const

Ersetzen Sie den Prototyp von `dangerous_print()` durch einen passenden Prototypen mit dem Funktionsnamen `secure_print()`. Die Funktion `secure_print()` soll einen Pointer vom Typ `int *` übergeben bekommen.

Hier das gefährliche Programm. Sorgen Sie dafür, dass der Compiler einen Fehler meldet, wenn unerlaubte Änderungen an dem Objekt wie in der Anweisung der Funktion `dangerous_print` durchgeführt werden:

```
void dangerous_print (int *);

int main (void)
{
   int alpha = 6;
   printf ("\nmain - Der Wert von alpha ist %d", alpha);
   dangerous_print (&alpha);
   printf ("\nmain - Der Wert von alpha ist %d", alpha);
   return 0;
}

void dangerous_print (int * ptr)
{
   printf ("\ndangerous_print - Der Wert von alpha ist %d",
           (*ptr)++);
}
```

Aufgabe 12.7: Übergabe von char-Arrays

Schreiben Sie eine C-Funktion `string_index()`, die ein bestimmtes Zeichen in einem String sucht und den Index des ersten Auftretens im String bestimmt. Der String und das zu suchende Zeichen sollen dabei im Dialog eingelesen werden. Die Ein- und Ausgabe soll in `main()` erfolgen.

Die Funktion `string_index()` soll zwei Übergabeparameter für den String und das Zeichen enthalten.

Als Rückgabewert von `string_index()` soll die Position des ersten Auftretens des Zeichens im String zurückgegeben werden, bzw. –1, falls das Zeichen nicht vorkommt. Beachten Sie, dass das erste Zeichen im String die Position 0 erhält.

Aufgabe 12.8: Zeichenkettenverarbeitung

Implementieren Sie eine Funktion mit dem Funktionskopf

```
void isHexadezimal (void)
```

Die Funktion `isHexadezimal()` liest Zeichenketten von der Tastatur ein, bis eine leere Zeichenkette eingegeben wird. Die Funktion `isHexadezimal()` liest eine Zeichenkette von der Tastatur ein. Für jedes Zeichen soll eine Ausgabe in der folgenden Form erfolgen:

```
Bitte Zeichenkette eingeben: aBrt12
a: Ist eine Hex-Ziffer
B: Ist eine Hex-Ziffer
r: Ist keine Hex-Ziffer
t: Ist keine Hex-Ziffer
1: Ist eine Hex-Ziffer
2: Ist eine Hex-Ziffer
```

Aufgabe 12.9: Zeichenketten aneinander fügen

Entwickeln Sie ein Programm, das zwei Zeichenketten einliest, die zweite an die erste Zeichenkette hängt und die daraus resultierende Zeichenkette wieder ausgibt. Gehen Sie von folgendem Programm für die Funktion `main` aus:

```
#include <stdio.h>
#define MAXLENGTH 80+1

int main (void)
{
   void einlesen (int, char[]);
   void verarbeiten (char[], char[]);
   void ausgeben (char[]);

   char s1 [MAXLENGTH];
   char s2 [MAXLENGTH];

   einlesen (1, s1);
   einlesen (2, s2);
   verarbeiten (s1, s2);
   ausgeben (s1);
   return 0;
}
```

Ein typischer Dialog könnte dann folgendermaßen aussehen:

```
Geben Sie eine maximal 40 Zeichen lange Zeichenkette_1 ein:
aaa
Geben Sie eine maximal 40 Zeichen lange Zeichenkette_2 ein:
```

```
bbb
Die zusammengesetzte Zeichenkette lautet: aaabbb
```

a) Programmieren Sie die Funktion `einlesen()`. Beachten Sie dazu den oben aufgeführten Bildschirmdialog!

b) Programmieren Sie die Funktion `verarbeiten()`, die die Zeichenkette `s2` an die Zeichenkette `s1` anfügt und die nun um `s2` verlängerte Zeichenkette `s1` zurückliefert. Die Funktion `strcat()` soll dabei nicht verwendet werden.

c) Programmieren Sie die Funktion `ausgeben()`, die die verbundene Zeichenkette ausgibt.

d) Warum darf der Anwender Ihres Programms keine beliebig lange Zeichenkette eingeben?

Aufgabe 12.10: Zeichenkettenverarbeitung

Programmieren Sie eine Funktion mit dem Prototyp

```
int check (const char * str1, const char * str2);
```

Die Funktion `check()` gibt die erste Position in `str1` an, an der der Teilstring `str2` im String `str1` beginnt. Tritt `str2` in `str1` nicht auf, so wird `-1` zurückgegeben.

Hinweise: `<string.h>` soll hier nicht zur Verfügung stehen.

a) Schreiben Sie sich deshalb die Funktion

```
int laenge (const char * str);
```

Die Funktion `laenge()` gibt die Länge des Strings `str` zurück.

b) Schreiben Sie ein Programm, mit dem die Funktion `check()` getestet werden kann.

Kapitel 13

Strukturen, Unionen und Bitfelder

13 Strukturen, Unionen und Bitfelder

Dieses Kapitel behandelt Strukturen, Unionen und Bitfelder und zwar die Struktur in Kapitel 13.1, Unionen in Kapitel 13.2, anonyme Typen und Objekte in Kapitel 13.3 und Bitfelder als Komponenten von Strukturen und Unionen in Kapitel 13.4.

13.1 Records auf der Platte und Strukturen

Eine zusammengesetzte Datenstruktur mit einer festen Anzahl von Komponenten, die unterschiedliche Typen haben können, konnte man bereits in COBOL definieren. Eine solche zusammengesetzte Datenstruktur wurde von N. Wirth in Pascal als Datentyp eingeführt und dort **Record** genannt. Der Name Record wurde von N. Wirth nach dem Satz einer Datei auf der Platte gewählt, welcher im Englischen „record" genannt wird. Ein solcher „record" auf der Platte kann bekanntermaßen Komponenten verschiedener Typen enthalten.

Im Falle einer Angestelltendatei kann ein solcher Satz folgendermaßen aussehen:

Personal-nummer	Nachname	Vorname	Straße	Haus-nummer	Postleit-zahl	Wohnort	Gehalt

Bild 13-1 Felder eines Satzes einer Datei

Die einzelnen Felder dieses Beispiels können beispielsweise die folgenden Typen haben:

int	char[20]	char[20]	char[20]	int	int	char[20]	float

Bild 13-2 Datentypen der Felder eines Satzes

Ein Record in einer Programmiersprache stellt eine zusammengesetzte Variable dar, die wie ein Satz auf der Platte Komponenten von verschiedenem Typ enthalten kann. Records sind in der deutschen Literatur auch unter dem Begriff **Verbund** bekannt. In C werden sie **Struktur** genannt. In Anlehnung an den Plattensatz werden die Komponenten eines Records oder einer Struktur oft auch **Feld** bzw. **Datenfeld** genannt. Vor allem in der Java-Literatur wird der Begriff Datenfeld bevorzugt, während in C **Komponente** und **Member** gängige Begriffe sind.

Einheiten für das Lesen von einer Platte bzw. das Schreiben auf die Platte sind Datensätze. Einzelne Felder eines Satzes kann man nicht auf die Platte schreiben oder von ihr lesen.

Eine zusammengesetzte Variable vom Typ einer Struktur kann eins-zu-eins als Datensatz auf die Platte geschrieben werden. Umgekehrt kann ein Satz der Platte eins-zu-eins in einer Strukturvariablen abgelegt werden.

Eine Struktur enthält semantisch zusammengehörige Daten in einem zusammengesetzten Datentyp.

13.1.1 Vereinbarung von Strukturtypen und Strukturvariablen

Ein **Strukturtyp** ist ein **selbst definierter zusammengesetzter Datentyp**, welcher aus einer festen Anzahl von Komponenten besteht, die jeweils einen Namen haben. Im Unterschied zu den Komponenten eines Arrays können die Komponenten einer Struktur verschiedene Typen haben.

Während der Zugriff auf ein Arrayelement mit Hilfe eines Index erfolgt, kann auf eine Komponente einer Struktur nur über ihren Namen zugegriffen werden.

In der Typdefinition einer Struktur muss für jede **Komponente** deren **Namen** und **Typ** angegeben werden[118].

Um einen Strukturtyp festzulegen, wird das Schlüsselwort `struct` verwendet. Die allgemeine Form für einen **Strukturtyp** lautet:

```
struct name
{
    komponententyp_1 komponente_1;    ,
    komponententyp_2 komponente_2;
    . . . .
    komponententyp_n komponente_n;
};
```

Der hier selbst definierte **Typbezeichner** ist `struct Etikett`. Dieser Datentyp ist definiert durch den Inhalt der geschweiften Klammern. `struct` ist ein Schlüsselwort und `name` ist ein frei vergebbarer Bezeichner, das sogenannte Etikett (engl. structure tag). Ein **Etikett** charakterisiert den **Typnamen** bzw. **Typbezeichner** einer Struktur. Werden die Variablen vom Typ der Struktur sofort bei der Definition dieser Struktur angelegt, so kann das Etikett weggelassen werden.

Als Komponententypen dürfen keine Funktionen oder unvollständige Typen[119] auftreten. Im Gegensatz zu C sind bei C++ auch Funktionen als Komponenten zugelassen. Eine Komponente einer Struktur heißt im Englischen **Member**, daher kommt auch die Bezeichnung **Membervariable**, die gleichbedeutend mit **Komponentenvariable** ist.

---

[118] Eine Ausnahme sind anonyme Strukturen und Unions in C11 (siehe Kapitel 13.3.1)
[119] Siehe Array ohne Längenangabe in Kapitel 12.1.6 und die Vorwärtsdeklaration einer Struktur in Kapitel 19.1.1.

Definition einer Strukturvariablen mit Hilfe eines Strukturtyps

Eine Variable eines Strukturtyps, eine Strukturvariable, besteht aus **Komponentenvariablen**:

Strukturvariable

Komponenten-variable 1	Komponenten-variable 2	...	Komponenten-variable n

Bild 13-3 Symbolische Darstellung einer Struktur- und von Komponentenvariablen

Eine solche zusammengesetzte Variable wird auch **Strukturvariable** genannt.

Hat man eine Strukturvariable, so erfolgt der Zugriff auf eine Komponente dieser Variablen über den Punktoperator.

Besteht eine Strukturvariable a beispielsweise aus zwei Komponenten mit den Namen x und y, so greift man über a.x bzw. a.y auf die Komponenten dieser Strukturvariable zu.

Ist ein Strukturtyp struct name dem Compiler bereits bekannt, so deklariert man eine Strukturvariable dieses Typs durch

```
struct name strukturvariable;
```

Beispiele für **Typvereinbarungen** von Strukturen sind:

```
struct adresse
{
   char strasse [20];
   int  hausnummer;
   int  postleitzahl;
   char stadt [20];
};

struct student
{
   int matrikelnummer;
   char name [20];
   char vorname [20];
   struct adresse wohnort;
};
```

Beispiele für die **Definition von Strukturvariablen** sind:

```
struct student meyer, mueller;
struct student semester [50];   /* ein Array aus 50 Studenten*/
```

Hierzu die folgenden Erläuterungen:

● meyer ist eine Strukturvariable. Sie hat vier Komponenten matrikelnummer, name, vorname, wohnort.

- Die Komponenten können von beliebigem Typ sein, also auch selbst wieder eine Struktur, wie hier die Komponente `wohnort` des Datentyps `struct student`.
- Die Definition des Strukturtyps `struct adresse` muss seiner Verwendung im Datentyp `struct student` vorausgehen.
- Auch die Elemente eines Arrays können wie im Falle des Arrays `semester` vom Typ einer Struktur sein.
- Alle Komponentennamen einer Struktur müssen verschieden sein.
- In verschiedenen Strukturen dürfen Komponenten gleichen Namens auftreten, da jede Struktur einen eigenen Namensraum hat (siehe Kapitel 14.3).

Beispiele für die Verwendung von **Komponentenvariablen** sind:

```
meyer.matrikelnummer = 716347;
```

Hier wurde die Komponentenvariable `matrikelnummer` initialisiert.

Man kann durch mehrfaches Verwenden des Punktoperators auch Komponentenvariablen von Komponentenvariablen ansprechen.

Bei mehrfach zusammengesetzten Strukturen kann man über das mehrfache Anwenden des Punktoperators auf geschachtelte Komponenten zugreifen.

Dies zeigt das Beispiel:

```
meyer.wohnort.postleitzahl = 73733;
```

Einzelheiten zum Punktoperator folgen in Kapitel 13.1.4.

Das Initialisieren von Komponentenvariablen, die Zeichenketten darstellen (im obigen Beispiel `name` und `vorname`) kann nicht durch eine einfache Zuweisung mit "=" erfolgen, sondern es muss stattdessen die Stringverarbeitungsfunktion `strcpy()` aus Kapitel 12.6.1.1 verwendet werden. Hierfür zwei **Beispiele**:

```
strcpy (meyer.name, "Meyer");
strcpy (meyer.wohnort.stadt, "Esslingen");
```

Natürlich können die Werte von Komponentenvariablen auch ausgegeben werden:

```
printf ("%6d %5d %s\n",
        meyer.matrikelnummer,
        meyer.wohnort.postleitzahl,
        meyer.name);
```

13.1.2 Verschiedene Möglichkeiten zur Definition von Strukturvariablen

Es ist möglich, gleichzeitig den Typ einer Struktur festzulegen sowie auch Variablen dieses neuen Typs zu definieren. Hierzu ein Beispiel:

```
struct kartesische_koordinaten
{
   float x;
   float y;
} punkt1;
```

Hier wird sowohl der Typ `struct kartesische_koordinaten` festgelegt als auch eine Variable `punkt1` vom Typ dieser Struktur definiert. Weitere Variablen dieses Typs können später über den Typnamen `struct kartesische_koordinaten` definiert werden, wie z. B. durch:

```
struct kartesische_koordinaten punkt2, punkt3;
```

Man beachte, dass der Name eines Etiketts, der Name einer Komponente und der Name einer Strukturvariablen identisch sein dürfen[120]. Dies macht dem Compiler keine Probleme, da er aus dem Kontext schließt, um welche Größe es sich handelt. Für den menschlichen Leser ist eine solche Namensgleichheit nicht zu empfehlen, da sie leicht zu Missverständnissen führen kann.

Das Weglassen des Etiketts, d. h. des Typnamens, wie beim folgenden Beispiel

```
struct
{
   float x;
   float y;
} punkt1, punkt2, punkt3;
```

ist nur sinnvoll, wenn sofort alle Variablen eines Typs definiert werden, da ohne einen Typnamen später keine Variablen dieses Typs mehr vereinbart werden können.

13.1.3 Zulässige Operationen

Auf Strukturvariablen gibt es 4 Operationen:

- die Zuweisung,
- die Selektion einer Komponente,
- die Ermittlung der Größe und Speicheranordnung einer Struktur mit Hilfe des `sizeof`- und `_Alignof`-Operators (seit C11)
- und die Ermittlung der Adresse der Strukturvariablen.

Zuweisung bei Strukturvariablen

Liegen zwei Strukturvariablen `a` und `b` vom gleichen Strukturtyp vor, so kann der Wert der einen Variablen der anderen zugewiesen werden, z. B. durch

```
a = b;
```

Bei dieser Zuweisung werden alle Komponentenwerte der Variablen `b` den jeweiligen Komponenten der Variablen `a` zugewiesen.

---

[120] Sie liegen in verschiedenen Namensräumen (siehe Kapitel 14.3).

Vorsicht ist geboten bei Komponenten, die Pointer sind: Bei einer Zuweisung wird nur der Pointer kopiert, nicht aber der Inhalt, auf den der
Pointer zeigt.

Selektion einer Komponente einer Strukturvariablen

Liegt eine Strukturvariable vor, so wird eine Komponente über den Punktoperator se-
lektiert (siehe Kapitel 13.1.4). Liegt ein Pointer auf eine Strukturvariable vor, so kann
man sich die entsprechende Komponente mit Hilfe des Pfeiloperators -> beschaffen
(siehe Kapitel 13.1.4).

Ermittlung der Größe einer Struktur und ihres Alignment

Die Größe eines Strukturtyps oder einer Strukturvariablen im Arbeitsspeicher kann
nicht aus der Größe der einzelnen Komponenten berechnet werden, da Compiler die
Komponenten oft auf bestimmte Wortgrenzen (**Alignment**) legen. Zur Ermittlung der
Größe einer Struktur im Arbeitsspeicher muss der Operator `sizeof` (siehe Kapitel
9.6.7.1) verwendet werden, z. B. `sizeof (struct kartesische_koordina-`
`ten)`. Mit Hilfe des `_Alignof`-Operators kann seit dem C11-Standard das Alignment der ganzen Struktur ermittelt werden.

Ermittlung der Adresse einer Struktur

Die Adresse einer Strukturvariablen `a` wird wie bei Variablen von einfachen Datentypen mit Hilfe des Adressoperators ermittelt, d. h. durch `&a`.

Operationen auf Komponentenvariablen

Strukturen muss man komponentenweise vergleichen. Ein Vergleich von zwei Strukturvariablen mit Vergleichsoperatoren ist nicht möglich.

Auf Komponentenvariablen sind diejenigen Operationen zugelassen,
die für den entsprechenden Komponententyp möglich sind.

Auch können die Adressen von Komponentenvariablen mit Hilfe des Adressoperators bestimmt werden wie in folgenden Beispielen:

```
char * name_ptr = &meyer.name;
strcpy(&meyer.vorname, "Enno");
```

13.1.4 Selektion der Komponenten

Zum Zugriff auf Komponenten stehen der **Punktoperator** und der **Pfeiloperator** zur
Verfügung. Als Beispiel werden die erreichten Zeiten eines Ausdauersportlers in einem Strukturtyp mit dem Etikett `Lauf` gespeichert. Hier wird die Variable `lauf1`
vereinbart:

```
struct Lauf
{
    float km;    // Anzahl gerannte Kilometer
    int   s;     // Benötigte Sekunden für die Strecke.
} lauf1;
```

Im Folgenden werde ein Pointer `laufptr` auf Variablen des Datentyps `struct Lauf` definiert:

```
struct Lauf * laufptr;
```

Dieser Pointer `laufptr` soll nun auf den Lauf `lauf1` zeigen. Dies wird erreicht, indem dem Pointer `laufptr` die Adresse `&lauf1` zugewiesen wird:

```
laufptr = &lauf1;
```

Dann kann auf die Komponenten des Laufs `lauf1` zugegriffen werden über:

`lauf1.km`	**bzw.**	`laufptr->km`
`lauf1.s`	**bzw.**	`laufptr->s`

So können etwa die Felder des Laufs `lauf1` initialisiert werden durch:

```
lauf1.km = 10.f;
laufptr->s = 2700;
```

Damit hat der Sportler im Lauf `lauf1` 10 Kilometer in 45 Minuten zurückgelegt.

Wenn man über einen Pointer auf eine Strukturkomponente zugreifen will, kann man statt des Pfeiloperators auch den Punktoperator benutzen, wenn man vorher auf den Pointer den Dereferenzierungsoperator anwendet. Die folgende Zeile ist äquivalent zu der Initialisierung der Komponente `s` im Beispiel oben:

```
(*laufptr).s = 2700;
```

Die runden Klammern sind wegen der Vorrangreihenfolge der Operatoren erforderlich. Der Pfeiloperator `->` wird an der Tastatur durch ein Minuszeichen und ein Größerzeichen erzeugt.

Die Selektionsoperatoren (Auswahloperatoren) `.` und `->` haben die gleiche Vorrangstufe. Sie werden von links nach rechts abgearbeitet.

Beachten Sie, dass zwar der Operand des Punktoperators `.` ein L-Wert sein muss, nicht aber unbedingt der Operand des Pfeil-Operators `->`. Siehe hierzu das folgende **Programmbeispiel:**

```
/* Datei: struct.c */
#include <stdio.h>

int main (void)
{
   struct Lauf
   {
      float km;   // Anzahl gerannte Kilometer
      int s;      // Benötigte Sekunden für die Strecke.
   } lauf1;

   (&lauf1)-> km = 10.f;        /* &lauf1 ist ein R-Wert      */
   lauf1.s = 2700;              /*  lauf1 ist ein L-Wert      */
```

```
printf ("\n%.01f Kilometer in %d:%02d Minuten\n",
    lauf1.km,                    /*    lauf1 ist ein L-Wert     */
    (&lauf1)-> s / 60,           /*    &lauf1 ist ein R-Wert    */
    (*&lauf1). s % 60);          /*    *&lauf1 ist ein L-Wert   */
return 0;
}
```

Hier die Ausgabe des Programms:

```
10.0 Kilometer in 45:00 Minuten
```

Hat man beispielsweise eine Strukturvariable `lauf`, so erhält man deren Komponente `s` über den **Punktoperator** durch `lauf.s`

Hat man einen Pointer `laufptr` auf eine Strukturvariable `lauf`, so erhält man die Komponente `s` der Strukturvariablen `lauf` über den **Pfeiloperator** durch `laufptr->s`.

Mehrfach zusammengesetzte Strukturen

Im Folgenden werden Strukturvariablen als Komponenten eines Datentyps betrachtet. Mit anderen Worten, es sollen **mehrfach zusammengesetzte Strukturen** eingeführt werden. Als Anwendungsbeispiel soll der Trainingsplan des Sportlers für einen Tag dienen:

```
struct Trainingsplan
{
    struct Lauf morgenrunde;
    struct Lauf mittagsrunde;
    struct Lauf abendrunde;
};
```

Nehmen wir an, der Sportler habe am Montag sein Training absolviert. So sei `montag` eine Variable vom Typ `struct Trainingsplan`:

```
struct Trainingsplan montag;
```

Die `km`-Angabe der Mittagsrunde erhält man dann durch:

```
montag.mittagsrunde.km
```

13.1.5 Übergabe von Strukturvariablen an Funktionen und Rückgabe

Strukturen werden als zusammengesetzte Variablen komplett an Funktionen übergeben. Es gibt hier keinen Unterschied zu Variablen von einfachen Datentypen wie beispielsweise `float` oder `int`.

Man muss nur einen formalen Parameter vom Typ der Struktur einführen und als aktuellen Parameter eine Strukturvariable dieses Typs übergeben.

Auch die Rückgabe einer Strukturvariablen unterscheidet sich nicht
von der Rückgabe einer einfachen Variablen.

Der Rückgabetyp der Funktion muss selbstverständlich vom Typ der Strukturvariablen sein, die zurückgegeben werden soll.

Bei der Übergabe von Strukturen werden sämtliche Komponenten genau gleich wie
bei einer Zuweisung (siehe Kapitel 13.1.3) kopiert. Dies kann jedoch ineffizient sein,
da Strukturen häufig vergleichsweise große Datenmengen speichern. Somit ist die
Übergabe von ganzen Strukturen eher selten anzutreffen. Viel häufiger werden
Strukturen per Pointer übergeben. Hierbei muss jedoch beachtet werden, dass in der
aufgerufenen Funktion keine lokale Kopie, sondern nur der Pointer auf die Struktur
der aufrufenden Funktion verfügbar ist. Jede Änderung innerhalb der aufgerufenen
Funktion ändert somit die Struktur außerhalb.

13.1.6 Initialisierung einer Struktur mit einer Initialisierungsliste

Eine Initialisierung einer Strukturvariablen kann direkt bei der Definition der Strukturvariablen mit Hilfe einer Initialisierungsliste durchgeführt werden.

Dies zeigt das folgende Beispiel:

```
struct student Maier =
{
    66202,
    "Maier",
    "Herbert",
    {
        "Schillerplatz",
        20,
        73730,
        "Esslingen"
    }
};
```

Natürlich muss der Datentyp struct student (siehe Kapitel 13.1.1) bereits bekannt sein. Die Initialisierungsliste enthält die Werte für die einzelnen Komponenten
getrennt durch Kommas. Da die Komponentenvariable wohnort selbst eine Struktur
ist, erfolgt die Initialisierung der Komponentenvariable wohnort wieder über eine Initialisierungsliste.

Array- und Strukturtypen[121] werden in C auch als Aggregattypen bezeichnet. Ein **Aggregattyp** ist ein anderes Wort für zusammengesetzter Typ. Wegen dieser Gemeinsamkeit erfolgt die Initialisierung von
Strukturen und Arrays analog.

---

[121] Eine Union ist kein Aggregattyp, da sie nur **eine einzige** Komponente zu einem bestimmten
      Zeitpunkt enthält.

Automatische[122] Strukturvariablen können auch durch die Zuweisung einer Strukturvariablen des gleichen Typs oder durch einen Funktionsaufruf, der eine Strukturvariable zurückliefert, initialisiert werden. Automatische Variablen haben die Eigenschaften lokaler Variablen und werden auf dem Stack angelegt.

In C11 kann eine Strukturvariable auch mittels eines sogenannten compound literals (siehe Kapitel 13.3.2) initialisiert werden.

13.1.7 Initialisierung einzelner Komponenten einer Struktur

Seit C99 können **einzelne Komponenten einer Strukturvariablen initialisiert** werden (engl. **designated initializers**).

Betrachtet werde wieder die geschachtelte Struktur:

```
struct adresse
{
    char strasse [20];
    int  hausnummer;
    int  postleitzahl;
    char stadt [20];
};

struct student
{
    int matrikelnummer;
    char name [20];
    char vorname [20];
    struct adresse wohnort;
};
```

Einzelne Komponenten einer Strukturvariablen `Hering` vom Typ `struct student` können seit C99 wie im folgenden **Beispiel** initialisiert werden durch:

```
struct student Hering =
{
    .matrikelnummer = 4711,
    .name = "Hering"
};
```

Man muss dabei nicht auf die Reihenfolge der Komponenten achten. Man hätte auch schreiben können:

```
struct student Hering =
{
    .name = "Hering",
    .matrikelnummer = 4711
};
```

Werden die Elemente einer Struktur in der gleichen Reihenfolge initialisiert, wie sie bei der Deklaration des Typs angegeben wurden, so muss man den Elementnamen nicht angeben wie im folgenden **Beispiel**:

---

[122] Siehe Kapitel 15.6.

```
struct student Hering =
{
   4711,          // Initialisierung der Matrikelnummer
   "Hering",      // Initialisierung des Namens
   "Peter"        // Initialisierung des Vornamens
};
```

Unvollständige Initialisierungen und Initialisierungen ohne Angabe des Elementnamens sind eine große Fehlerquelle und führen zu Unleserlichkeit. Auch wenn der Compiler dies zulässt, sollte immer das zu initialisierende Element angegeben werden. Genauso sollte die unvollständige Initialisierung nur mit Bedacht verwendet werden.

Will man auf eine bestimmte Komponente zugreifen und anschließend in derselben Reihenfolge weiterinitialisieren, so braucht man die Namen der folgenden Komponenten nicht wie im folgenden **Beispiel**:

```
struct student Hering =
{
   .name = "Hering",   // Initialisierung des Namens
   "Peter"             // Initialisierung des Vornamens
};
```

Werden nur einzelne Komponenten einer Struktur initialisiert, so werden die nicht aufgeführten Elemente automatisch mit null initialisiert.

Hierfür ein **Beispiel**:

```
struct student Hering =
{
                        // Initialisierung der Matrikelnummer mit 0
   .name = "Hering",    // Initialisierung des Namens
   .vorname = "Peter"   // Initialisierung des Vornamens
                        // Der Compiler schreibt an die Speicher-
                        // stelle der Struktur adresse genau
                        // sizeof (struct adresse) Nullen.

};
```

13.1.8 Stringvariablen in Strukturen

Stringvariablen in Strukturen können char-Arrays oder Pointervariablen vom Typ char * sein.

Dies zeigt das folgende **Beispiel**:

```
struct name
{
   char name [20];
   char * vorname;
};
```

Im Falle des `char`-Arrays „gehören" alle Zeichen zu der entsprechenden Strukturvariablen, im Falle der Pointervariablen vom Typ `char *` steht in der entsprechenden Komponente nur ein Pointer auf einen String, d. h. auf ein `char`-Array, das sich nicht in der Struktur selbst befindet. Oftmals wird für dieses „strukturexterne" Array eine konstante Zeichenkette verwendet.

In beiden Fällen kann die **Initialisierung mit konstanten Zeichenketten** erfolgen wie im folgenden **Beispiel**:

```
struct name Maier = {"Maier", "Herbert"};
```

Bei Änderungen des Strings ist im Falle, dass die Komponente ein `char`-Array ist, die Funktion `strcpy()` (siehe Kapitel 12.6.1.1) zu verwenden. Im Falle der Pointervariablen kann durch eine Zuweisung ein neuer Pointer, z. B. auf eine andere konstante Zeichenkette, zugewiesen werden.

13.1.9 Anwendungsmöglichkeiten von Strukturen

Die Verwendung von **Strukturen** empfiehlt sich immer bei **semantisch zusammengehörenden strukturierten** Daten. Einzelkomponenten mit unterschiedlichen Datentypen können als zusammengehörige Struktur wesentlich bequemer gehandhabt werden.

Hier ein einfaches **Beispiel** für eine Filmdatenbank:

```c
/* Datei: moviedatabase.c */
#include <stdio.h>

enum Medium {MEDIUM_DVD, MEDIUM_BLUERAY};

struct Movie
{
   enum Medium medium;
   char        name[50];
   int         dauer;
   const char * tags[10];
};

void printMovie (const struct Movie* movie)
{
   int tagindex = 0;
   if (movie->medium == MEDIUM_DVD) {printf ("DVD: \"");}
   if (movie->medium == MEDIUM_BLUERAY) {printf ("BlueRay: \"");}
   printf ("%s", movie->name);
   printf ("\", %d Minuten\nTags:\n", movie->dauer);
   while (movie->tags[tagindex])
   {
      printf ("\"%s\"\n", movie->tags[tagindex]);
      tagindex++;
   }
   printf ("\n");
}

int main (void)
{
```

```
struct Movie film1 =
{
    MEDIUM_BLUERAY,
    "Lion King",
    85,
    {"Simba", "Circle of Life"}
};
struct Movie film2 =
{
    MEDIUM_DVD,
    "Terminator 2",
    147,
    {"Bad to the bone", "T-1000", "Hasta la vista"}
};

printMovie (&film1);
printMovie (&film2);
return 0;
}
```

Auch viele Systemfunktionen liefern logisch zusammengehörige Daten in Form von Strukturen oder Pointern auf Strukturen zurück. Die benötigten Daten erhält man dann durch Zugriff auf die einzelnen Komponenten der Struktur.

So enthält beispielsweise die im Folgenden gezeigte **Struktur** `tm` (siehe `<time.h>`) alle wichtigen Daten, die sich aus der Sekundenanzahl berechnen lassen:

```
struct tm
{
    int tm_sec;               /* Sekunden  -       [0,59]    */
    int tm_min;               /* Minuten   -       [0,59]    */
    int tm_hour;              /* Stunden   -       [0,23]    */
    int tm_mday;              /* Tag       -       [1,31]    */
    int tm_mon;               /* Monat     -       [0,11]    */
    int tm_year;              /* Jahre seit 1900             */
    int tm_wday;              /* Tage seit Sonntag - [0,6]   */
    int tm_yday;              /* Tage seit 1. Januar -[0,365] */
    int tm_isdst;             /* Daylight Saving Time        */
};
```

Dieser Datentyp wird von der Funktion `localtime()` genutzt, um die Sekundenanzahl, die von der Funktion `time()` berechnet wird, strukturiert zurückzugeben.

Die Systemzeit eines Computers wird in der Regel als Anzahl der Sekunden seit Mitternacht des 1. Januars 1970 ausgegeben. Da sich aus der Anzahl der Sekunden sowohl die Uhrzeit, das Datum und weitere Zusatzinformationen ableiten lassen, müssten mehrere Funktionen geschrieben werden, die jeweils die gesuchte Information in einem bestimmten Format liefern. Um dies zu vermeiden, nützt man Strukturen, um dort alle zusammengehörigen Informationen abzuspeichern.

13.1.9.1 Beispielprogramm Systemzeit

Das folgende Beispiel zeigt die Verwendung der Struktur `tm` in Verbindung mit der Funktion `localtime()`. Dieses Beispiel gibt für die Startzeit des Programms die Uhrzeit, das Datum und den Wochentag auf dem Bildschirm aus:

```
/* Datei: datum.c */
#include <time.h>
#include <stdio.h>

int main (void)
{
   time_t sekunden;
   struct tm * ortszeit;
   char * tag [] = {"Sonntag", "Montag", "Dienstag", "Mittwoch",
                    "Donnerstag", "Freitag", "Samstag"};

   time (&sekunden);    /* Speichern der Sekundenanzahl beim    */
                        /* Programmstart in der Variablen sekunden */
   ortszeit = localtime (&sekunden); /* Umrechnen der Sekunden    */
                                     /* und speichern in Struktur */
   printf ("Inhalt der Struktur:\n\n");
   printf ("Stunden:Minuten:Sekunden \n");
   printf ("%02d:%02d:%02d\n\n", ortszeit->tm_hour,
           ortszeit->tm_min, ortszeit->tm_sec);            /* (1) */
   printf ("Tag.Monat.Jahr\n");
   printf ("%02d.%02d.%d \n\n", ortszeit->tm_mday,         /* (2) */
           ortszeit->tm_mon+1, (1900+(ortszeit->tm_year)));
   printf ("Wochentag: \t %s \n", tag[ortszeit->tm_wday]); /* (3) */
   return 0;
}
```

Eine mögliche Ausgabe des Programms ist:

```
Inhalt der Struktur:

Stunden:Minuten:Sekunden
16:54:41

Tag.Monat.Jahr
19.03.2014

Wochentag:        Mittwoch
```

Das Programm `datum.c` ruft mit der Funktion `time()` die aktuelle Systemzeit in Sekunden ab. Dann wird die Sekundenanzahl durch die Funktion `localtime()` in Uhrzeit, Datum und vergangene Tage umgerechnet und in der Struktur `ortszeit` vom Typ `tm` gespeichert. Die einzelnen Werte der Struktur werden dann als Uhrzeit (Kommentar `(1)`) bzw. Datum (Kommentar `(2)`) oder als Wochentag (Kommentar `(3)`) ausgegeben. Da die Strukturvariable `tm_wday` die Anzahl der Tage seit Sonntag zurückliefert, kann man dies zur Ausgabe eines Wochentages nutzen, indem man `tm_wday` als Index eines `char`-Arrays benutzt.

13.1.9.2 Beispielprogramm Jahr-2038-Problem

Bei der Zeitermittlung mittels Sekunden seit 01.01.1970 ergibt sich im Jahr 2038 ein Problem, das **Jahr-2038-Problem**: Da `size_t` in der Regel eine 32-Bit `long int`-Zahl ist, ergibt sich daraus ein maximaler Wert von 2147483647 für die Anzahl der Sekunden. Dies entspricht einem Datum vom 19.01.2038, wie das folgende Beispiel zeigt:

```c
/* Datei: maxdatum.c */
#include <limits.h>
#include <time.h>
#include <stdio.h>

int main (void)
{
   time_t maxDatum = INT_MAX;                               /* (1) */
   struct tm * ptrMaxDatum;
   ptrMaxDatum = gmtime (&maxDatum); /* Umrechnen der Sekunden    */
                                     /* und speichern in Struktur */
   printf ("Die 32-Bit-Zeit laeuft ab: \n");
   printf ("am %02d.%02d.%d",ptrMaxDatum->tm_mday,
           (ptrMaxDatum->tm_mon+1), (1900+(ptrMaxDatum->tm_year)));
   printf ("\tum %02d:%02d:%02d Uhr\n\n", ptrMaxDatum->tm_hour,
           ptrMaxDatum->tm_min, ptrMaxDatum->tm_sec);
   return 0;
}
```

Als Sekundenanzahl wird hier einfach der größtmögliche Wert einer `long int`-Zahl verwendet. (Kommentar `(1)`). Dann wird mit diesem Wert das Datum und die Uhrzeit berechnet (wie bereits beim vorhergehenden Beispiel `datum.c` erklärt).

Hier die Ausgabe des Programms:

```
Die 32-Bit-Zeit laeuft ab:
am 19.1.2038    um 03:14:07 Uhr
```

Bis zum Jahr 2038 dauert es zwar noch ein paar Jahre, aber die Probleme, die dann kommen werden, dürften denen des Jahr-2000-Problemes nur um wenig nachstehen.

13.2 Unionen

Eine Union besteht wie eine Struktur aus einer Reihe von Komponenten mit unterschiedlichen Datentypen. Im Gegensatz zur Struktur werden bei einer Union die Komponenten nicht hintereinander im Speicher abgebildet, sondern alle Alternativen beginnen an derselben Adresse. Der Speicherplatz wird vom Compiler so groß angelegt, dass der Speicherplatz auch für die größte Alternative reicht.

> Bei einer Union ist zu einem bestimmten Zeitpunkt jeweils nur eine einzige Komponente einer Reihe von alternativen Komponenten gespeichert.

Als Beispiel wird hier eine Union vom Typ `union vario` eingeführt:

```
union vario
{
    int   intnam;
    long  longnam;
    float floatnam;
} variant;
```

Hierbei ist `vario` das **Etikett** (engl. **union tag**) des **Union-Typs**. Ein Wert aus dem Wertebereich eines jeden der drei in der Union enthaltenen Datentypen kann an die Variable `variant` zugewiesen und in Ausdrücken benutzt werden. Man muss jedoch aufpassen, dass die Benutzung konsistent bleibt.

Der Programmierer muss verfolgen, welcher Typ jeweils in der Union gespeichert ist. Der Datentyp, der entnommen wird, muss derjenige sein, der zuletzt gespeichert wurde. Vorsicht!

Für Unionen gibt es die gleichen Operationen wie für Strukturen:

- die Zuweisung,
- die Selektion einer Komponente,
- die Ermittlung der Größe und Speicheranordnung einer Union mit Hilfe des `sizeof`- und `_Alignof`-Operators (seit C11)
- und die Ermittlung der Adresse einer Union.

Die Auswahl von Komponenten erfolgt wie bei Strukturen über den Punkt- bzw. den Pfeiloperator. Hierzu die **Beispiele**:

```
int x;
variant.intnam = 123;
x = variant.intnam;
```

oder

```
union vario * ptr;
ptr = &variant;
x = ptr->intnam;
```

Unionen können in Strukturen und Arrays auftreten und umgekehrt.

Da weder beim Kompilieren noch zur Laufzeit die Zugriffe auf die jeweiligen Komponenten überprüft werden, gelten Unionen heutzutage als verpönt. Unionen werden außer in der Systemprogrammierung kaum mehr verwendet. Stattdessen haben sich andere Methoden durchgesetzt, welche die Funktionalität von Unionen nachbilden, jedoch sicherer und viel einfacher zu warten sind.

Für den interessierten Leser werden hier noch einige fortgeschrittene Informationen und ein Beispiel gezeigt.

Wenn ein Pointer auf eine Union in den Typ eines Pointers auf eine Alternative umgewandelt wird, so verweist das Resultat auf diese Alternative. Voraussetzung ist natürlich, dass diese Alternative die gerade aktuell gespeicherte Alternative darstellt.

Dies ist u. a. im folgenden **Beispiel** zu sehen:

```
/* Datei: union.c */
#include <stdio.h>

int main (void)
{
   union zahl
   {
      int    intnam;
      long   longnam;
      float  floatnam;
   };

   union zahl feld [2], * ptr;
   float * floatptr;

   /* Groesse einer Union und ihrer Alternativen            */
   printf ("\nGroesse der Union: %d", sizeof (union zahl));
   printf ("\nGroesse der Array-Komponenten: %d", sizeof (feld[1]));
   printf ("\nGroesse von int  : %d", sizeof (int));
   printf ("\nGroesse von long : %d", sizeof (long));
   printf ("\nGroesse von float: %d\n", sizeof (float));

   feld[0].longnam = 5L;
   printf ("\nInhalt von feld[0]: %ld", feld[0].longnam);
   feld[0].intnam = 10;
   printf ("\nInhalt von feld[0]: %d", feld[0].intnam);
   feld[0].floatnam = 100.0;
   printf ("\nInhalt von feld[0]: %6.2f", feld[0].floatnam);
   printf ("\n-----------------------------------");

   feld[1] = feld[0];                 /* Zuweisung einer Union      */
   printf ("\nInhalt von feld[1]: %6.2f", feld[1].floatnam);
   feld[1].floatnam += 25.;
   ptr = &feld[1];                    /* Adresse einer Union        */
   /* Umwandlung Zeiger auf Union in Zeiger auf Alternative       */
   floatptr = (float *) ptr;

   printf ("\nInhalt von feld[1]: %6.2f",
           ptr -> floatnam);                  /* Inhalt Alternative */
   printf ("\nInhalt von feld[1]: %6.2f",
           *floatptr);                        /* Inhalt Alternative */
   printf ("\ndas war's\n\n\n");

   return 0;
}
```

Hier die Ausgabe des Programms:

```
Groesse der Union: 4
Groesse der Array-Komponenten: 4
Groesse von int  : 4
Groesse von long : 4
Groesse von float: 4

Inhalt von feld[0]: 5
Inhalt von feld[0]: 10
Inhalt von feld[0]: 100.00
------------------------------------
Inhalt von feld[1]: 100.00
Inhalt von feld[1]: 125.00
Inhalt von feld[1]: 125.00
das war's
```

Das Programm wurde mit einem Compiler kompiliert, bei dem der Datentyp `int` 32 Bits und `long` ebenfalls 32 Bits Länge hat.

Bei einer Union kann nur eine **Initialisierung** der ersten Alternative erfolgen. Diese Initialisierung erfolgt durch einen in geschweiften Klammern stehenden konstanten Ausdruck.

Eine Variable vom Typ `union zahl` aus obigem Beispiel kann also nur mit einem konstanten `int`-Ausdruck initialisiert werden.

Automatische[123] Variablen vom Typ einer Union können auch durch die Zuweisung eines Ausdrucks vom selben Typ initialisiert werden.

13.3 Anonyme Typen und Objekte

Normalerweise werden Felder von Strukturen und Unionen genauso wie Variablen stets mit einem eindeutigen Namen versehen. Dadurch sind diese Komponenten klar ansprechbar. Nicht immer jedoch will der Programmierer Variablen oder Felder explizit ansprechen, beispielsweise wenn Variablen nur einen einmaligen Übergabewert für eine Funktion darstellen oder die Felder eines Strukturtyps direkt einer übergeordneten Struktur angehören sollen.

Seit dem Standard C11 wurde genau aus diesem Grund standardisiert, dass Strukturtypen, Union-Typen und Variablen auch anonym, also ohne Namen oder Etikett, vereinbart werden können. In Kapitel 13.3.1 werden anonyme Strukturen und Variablen genauer behandelt. In Kapitel 13.3.2 werden die anonymen Variablen, genannt compound literals, beschrieben. Die Initialisierung eines Arrays mithilfe eines compound literals wurde als Beispiel bereits in Kapitel 12.1.6.2 gezeigt.

---

[123] Automatische Variablen haben die Eigenschaften lokaler Variablen und werden auf dem Stack angelegt, siehe Kapitel 15.5.1.

13.3.1 Anonyme Strukturen und Unionen

C11 führt anonyme Strukturen und Unionen ein. Dies sind Deklarationen von Strukturen und Unionen ohne einen Variablennamen innerhalb von benannten Strukturen oder Unionen.

Beispiel:

```
struct MeineStruktur
{
    int komponente1;
    struct
    {
        int komponente2;
    };      // Variablenname fehlt
    union
    {
        int komponente3;
        int komponente4;
    };      // Variablenname fehlt
};
```

Da die Struktur und die Union keine Variablennamen besitzen, lassen sich die Komponenten innerhalb der namenlosen Struktur und Union ansprechen, als wären die Komponenten direkt Teil der übergeordneten benannten Struktur oder Union:

```
// Zugriff auf die Komponenten
struct MeineStruktur strukturvariable;
strukturvariable.komponente1;
strukturvariable.komponente2;
strukturvariable.komponente3;
strukturvariable.komponente4;
```

Dabei ist zu beachten, dass die Namen der einzelnen Komponenten in der Struktur für eine eindeutige Zuordnung verschieden sein müssen. Der Aufruf einer Komponente innerhalb einer eingebetteten Struktur oder Union wird damit einfacher und kürzer, der Programmcode wird übersichtlicher.

Viele Compiler erlaubten anonyme Strukturen und Unionen bereits vor C11, führten jedoch teilweise zu sehr komplizierten Fehlermeldungen.

13.3.2 Compound Literals

Ein compound literal ist ein Ausdruck, der ein anonymes Objekt (Objekt ohne Namen) erzeugt, dessen Wert durch eine Initialisierungsliste gegeben ist.

Der Typ des Objektes steht in runden Klammern vor der Initialisierungsliste. Ein compound literal ist ein L-Wert.

Der Typname spezifiziert einen vollständigen Objekttyp oder ein Array von unbe-
kannter Länge, aber nicht einen Arraytyp variabler Länge. Alle Einschränkungen für
die „normale" Initialisierungsliste gelten auch für compound literals.

Beispiel:

Herkömmlich z. B.: `int array[3] = {1, 2, 3};`
Mit compound literals: `(int [3]){1, 2, 3}; // anonymes Objekt`

Weitere **Beispiele** [dobbcl]:

```
(int) {1}
(const int) {2}
(struct point} {0,0}
(union u) {1.4}
```

Compound literals erlauben eine Notation ähnlich wie literale Konstanten für Arrays,
Strukturen, Unionen und andere Typen (außer den Arrays variabler Länge). Ein
compound literal kann an jeder Stelle benutzt werden, an der ein Objekt desselben
Typs wie das compound literal benutzt werden kann. Hierfür ein **Beispiel**:

```
int x;
x = (int) {1} + (int) {4710};
```

Die Adresse eines compound literals ist die Adresse des anonymen Objekts, das
durch das compound literal erklärt wird. Wenn das compound literal keinen mit
`const` qualifizierten Typ hat, kann das compound literal über einen Pointer auf das
compound literal abgeändert werden.

Beispiele:

```
int * p;
p = (int [3]){1, 2, 3};
*(p+1) = 0; // setzt die zweite Komponente auf 0

struct point * p;
p = & (struct point) {0, 0};
p->x =        1;
p->y =        1;
// der Punkt hat die Koordinaten (1,1)
```

Wird ein anonymes Objekt **außerhalb einer Funktion** angelegt, ist die Lebensdauer
statisch während des Programmlaufs. Da die Initialisierung stattfindet, bevor ein Programm läuft, müssen die Initialisierer in der Initialisierungsliste konstante Ausdrücke
sein. **Innerhalb einer Funktion** erfolgt die Initialisierung, wenn der entsprechende
Block im Programmablauf erreicht wird. Die Ausdrücke in der Initialisierungsliste können in diesem Fall beliebige zur Laufzeit zu berechnende Ausdrücke sein.

Wenn man in der Initialisierungsliste für Aggregate (Struktur, Array) nur einige Initialisierer liefert, werden die ersten Elemente initialisiert und die anderen mit null des entsprechenden Typs. Wie bei jeder anderen Initialisierungsliste mit geschweiften Klammern können „designated inititializers" verwendet werden, d. h. nur einzelne Elemente können gezielt initialisiert werden.

Beispiel:

```
punkt = (struct point){.x = 3}; // nur die x-Koordinate wird
                                // initialisiert
```

Bei einem anonymen Array ohne Längenangabe bestimmt sich die Länge des Arrays aus der Zahl der Elemente des Arrays.

Compound literals sind vor allem praktisch, um namenlose Variablen an Funktionen zu übergeben. Hierfür ein **Beispiel**:

Herkömmlich:

```
int array[3] = {1, 2, 3};
machWas (array);
```

Mit compound literals: `machWas ((int [3]){1, 2, 3});`

13.4 Bitfelder – Komponenten von Strukturen und Unionen

Bis zu dieser Stelle wurden lediglich die Bitoperationen | (bitweises ODER), & (bitweises UND), ^ (Exklusives-ODER) und ~ (Einer-Komplement) als Möglichkeit zur Bitmanipulation in der Programmiersprache C vorgestellt. Hierbei kann man durch gezieltes Verknüpfen der Operanden mit einem entsprechenden Bitmuster Bits setzen oder löschen. Eine weitere Möglichkeit, um mit Bits zu arbeiten, stellen die Bitfelder dar. **Bitfelder** ermöglichen es, Bits zu gruppieren.

Ein Bitfeld besteht aus einer angegebenen Zahl von Bits (einschließlich eines eventuellen Vorzeichenbits) und wird als ganzzahliger Typ betrachtet. Ein Bitfeld kann eine Komponente einer Struktur oder Union sein. Die Länge des Bitfeldes wird vom Bitfeld-Namen durch einen Doppelpunkt getrennt.

Aufgrund der enormen Fortschritte betreffend verfügbarem Speicherplatz werden Bitfelder heutzutage kaum mehr eingesetzt. Sie werden jedoch manchmal in der hardwarenahen Programmierung verwendet, wo Hardware-Bausteine über Bitmasken programmiert werden können.

Bitfelder sind von der jeweiligen Implementierung des Compilers abhängig. So sind z. B. die zulässigen Typen für ein Bitfeld und die physische Anordnung der verschiedenen Bitfelder im Speicher je nach Compiler unterschiedlich.

Ein Bitfeld wird wie eine normale Komponente einer Struktur mit dem Punkt-Operator . angesprochen. Der Pfeil-Operator -> ist je nach Compilerhersteller zugelassen oder auch nicht, da ein Bitfeld nicht immer eine Adresse hat (siehe unten).

Im Folgenden wird das Beispiel einer Struktur mit Bitfeldern als Komponenten behandelt. Die Definition eines solchen Strukturtyps ist:

```
struct name
{
   bitfeldtyp_1 bitfeld_1 : bitanzahl_1;
   bitfeldtyp_2 bitfeld_2 : bitanzahl_2;
   ....
   bitfeldtyp_n bitfeld_n : bitanzahl_n;
};
```

Zulässige Datentypen, Behandlung des Vorzeichenbits

Die Datentypen, die in einem Bitfeld verwendet werden dürfen, sind eingeschränkt. Nach dem Standard dürfen lediglich die Typen int, signed int oder unsigned int und unter C11 auch der Typ _Bool verwendet werden. Bei manchen Compilern wie z. B. beim Visual C++ Compiler sind auch die Typen char, short und long jeweils signed und unsigned erlaubt. Letztendlich ist der Datentyp eines Bitfeldes für die Interpretation der einzelnen Bits ausschlaggebend. Hierbei spielt auch eine entscheidende Rolle, ob das Bitfeld signed oder unsigned ist. Beim Typ signed wird normalerweise das Most Significant Bit (MSB) für die Darstellung des Vorzeichenbits in Zweierkomplement-Form benutzt[124]. Ist das MSB gleich 1, so wird die Zahl als negative Zahl interpretiert. Im folgenden Beispiel werden sowohl signed- als auch unsigned-Bitfelder gezeigt:

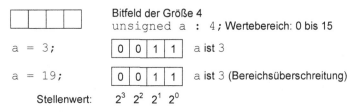

Bild 13-4 Zuweisungen an Bitfelder vom Typ unsigned

Werden einem unsigned-Bitfeld Werte zugewiesen, die außerhalb des Wertebereichs des Bitfeldes liegen, so wird mit der Modulo-Arithmetik (siehe Kapitel 7.2) ein Überlauf vermieden.

Ein weiteres Problem tritt auf, wenn wie in Bild 13-5 bei der Zuweisung der Zahl 9 in das Bitfeld signed b : 4 eine Bereichsüberschreitung auftritt:

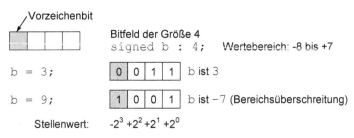

Bild 13-5 Zuweisungen an Bitfelder vom Typ signed

---

[124] Ob das höchste Bit eines int-Bitfeldes als Vorzeichenbit genommen wird, ist implementierungsabhängig.

Das Bitfeld b hat eigentlich einen Zahlenbereich von -8 bis +7. Bei einer Zuweisung einer Zahl außerhalb des Zahlenbereichs werden die Bits den Stellen entsprechend hart zugewiesen, ohne dass vom Compiler auf einen Überlauf hingewiesen wird. Entsprechend der Darstellung im Zweierkomplement wird bei 7+1 das höchste Bit gesetzt, die anderen Bits sind 0. Daraus ergibt sich der Wert -8. Aus der Zahl 9 wird dann in dem Bitfeld entsprechend eine -7, 10 entspricht -6, und so fort.

Zum Abschluss sei noch einmal erwähnt, dass Bitfelder sehr implementierungsabhängig sind, was durch den ISO-Standard gewünscht wurde. Dies führt dazu, dass bei der Portierung von Programmen, die Bitfelder enthalten, große Vorsicht angeraten ist.

Beispiel für den Einsatz von Bitfeldern

Da in modernen Computern sehr verschwenderisch mit Speicherplatz umgegangen werden kann, sind Bitfelder nur noch sehr selten anzutreffen. Im folgenden Beispiel nehmen wir in einem Gedankenexperiment jedoch an, dass wir nicht mit den modernsten Maschinen ausgestattet wären. Nehmen wir an, dass wir einen alten Textbildschirm vor uns hätten, der nur Buchstaben, aber keine einzelnen Pixel darstellen kann.

Im folgenden Beispiel sollen Funktionen auf den Textbildschirm gezeichnet werden, zum einen die Funktion y = sin (x), dann die Funktion y = cos (x) und noch die Funktion y = sin (x) * cos (x).

Hier zunächst die Ausgabe des folgenden Programms:

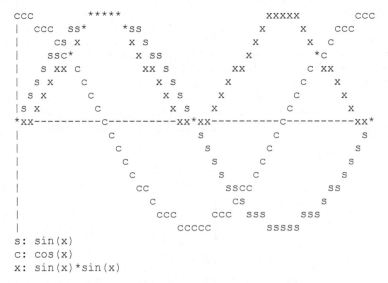

Es werden also drei Funktionen und ein Achsensystem gezeichnet. Wenn ein Punkt von mehreren Funktionen gebraucht wird, so wird ein '*' gezeichnet. Das Diagramm wird von folgendem Programm erzeugt:

```
/* Datei: bitfeld.c */
#include <stdio.h>
#include <math.h>

#define HOEHE  17
#define BREITE 53

int main (void)
{
   /* Struktur fuer einen Plot-Punkt:                         (1) */
   static struct plotPunkt
   {
      unsigned char fnktNr : 2;       /* Nummer der Funktion, zu    */
                                      /* der der Punkt gehoert      */
      unsigned char xAchse : 1;       /* Punkt gehoert zur X-Achse */
      unsigned char yAchse : 1;       /* Punkt gehoert zur Y-Achse */
      unsigned char mehrfachGesetzt : 1;
              /* Falls mehr als eine Funktion auf den Punkt trifft */
   } ausgabeArray[HOEHE][BREITE];                      /* (2) */
                               /* D. h. 17 Zeilen x 53 Spalten */

   const double PI = 4. * atan (1.);                   /* (3) */
   int i;                                       /* Laufendes x */
   int j;                                       /* Laufendes y */

   /* Achsen in ausgabeArray eintragen:                       (4) */
   for (i = 0; i < BREITE; i++)
      ausgabeArray[HOEHE/2][i].xAchse = 1;
   for (j = 0; j < HOEHE; j++)
      ausgabeArray[j][0].yAchse = 1;

   /* ausgabeArray mit Funktionsnummer je Funktion fuellen: (5)   */
   for (i = 0; i < BREITE; i++)
   {
      int f;
      double y [3]; /* Fuer die 3 Funktionswerte der 3 Funktionen */
      double x = (double) i / (BREITE-1) * 2. * PI;
      y[0] = sin (x);
      y[1] = cos (x);
      y[2] = y[0] * y[0];   /* == sin(x) * sin(x)                 */
      for (f = 0; f < sizeof (y) / sizeof (y[0]); f++)
      {
         j = (int) ((1. - y[f]) / 2. * (HOEHE-1) + 0.5);
         /* Schon eine Funktion in diesem Punkt?             (6) */
         if (ausgabeArray[j][i].fnktNr > 0)
            ausgabeArray[j][i].mehrfachGesetzt = 1;
         else
            ausgabeArray[j][i].fnktNr = f+1;
      }
   }

 /* ausgabeArray drucken:                                     (7) */
   for (j = 0; j < HOEHE; j++)
   {
      for (i = 0; i < BREITE; i++)
      {
         if (ausgabeArray[j][i].mehrfachGesetzt)  printf ("*");
         else if (ausgabeArray[j][i].fnktNr == 1) printf ("s");
```

```
            else if (ausgabeArray[j][i].fnktNr == 2) printf ("c");
            else if (ausgabeArray[j][i].fnktNr == 3) printf ("x");
            else if (ausgabeArray[j][i].xAchse)      printf ("-");
            else if (ausgabeArray[j][i].yAchse)      printf ("|");
            else                                     printf (" ");
      }
      printf ("\n");
   }
   printf ("s: sin(x)\n");
   printf ("c: cos(x)\n");
   printf ("x: sin(x)*sin(x)\n");
   return 0;
}
```

Bei Kommentar (1) wird die Struktur für Punkte mit den Bitfeldern definiert. Für die Funktionsnummer (fnktNr) werden 2 Bits vergeben, was insgesamt das Zeichnen von drei Funktionen ermöglicht (punkt.fnktNr == 0 bedeutet, dass in diesem Punkt keine Funktion steht). Die anderen Komponenten werden mit jeweils einem Bit versehen, da sie Wahrheitswerte darstellen. Wenn zum Beispiel bei einem Punkt punkt.xAchse == 1 steht, so gehört dieser Punkt zur X-Achse.

Bei Kommentar (2) wird ein Array ausgabeArray mit 17 Zeilen x 53 Spalten zum Zeichnen der Funktionen angelegt. Die Konstante PI wird bei Kommentar (3) mit Hilfe der atan()-Funktion bestimmt. Ab Kommentar (4) werden die Punkte des Arrays, die zu den X- und Y-Achsen gehören, durch Setzen der Komponenten xAchse bzw. yAchse initialisiert.

Ab Kommentar (5) werden für alle benötigten X-Werte die Werte der drei Funktionen berechnet und in dem Punkt im Array ausgabeArray eingetragen, welcher durch die Funktion getroffen wird. Falls für einen Punkt schon eine Funktion eingetragen worden ist, so wird bei Kommentar (6) stattdessen diese Tatsache in der Komponente mehrfachGesetzt des Punktes vermerkt.

Ab Kommentar (7) schließlich werden in einer doppelten for-Schleife alle Punkte des Arrays ausgabeArray zeilenweise ausgegeben. Durch verkettete Fallunterscheidungen mit den Komponenten mehrfachGesetzt, fnktNr, xAchse und yAchse eines jeden Punktes wird der jeweils richtige Kennbuchstabe ausgegeben.

Hätte man ohne den Einsatz von Bitfeldern für jede Komponente der Struktur plotPunkt mindestens einen unsigned char angesetzt, so wären 4 Bytes je Punkt benötigt worden. Durch den Einsatz von Bitfeldern konnte der Speicherbedarf je Punkt auf 1 Byte reduziert werden.

Beachten Sie, dass vor rund 30 Jahren solche Bildschirme noch zum Standard gehörten und Speicherplatz in Kilobytes angegeben wurde, nicht in Gigabytes. Jedes Byte, das gespart werden konnte, war wertvoll.

13.5 Zusammenfassung

In diesem Kapitel werden Strukturen, Unionen und Bitfelder behandelt.

In Kapitel **13.1** werden Strukturen besprochen. Einheiten für das Lesen von einer Platte bzw. das Schreiben auf die Platte sind Datensätze. Einzelne Felder eines Satzes kann man nicht auf die Platte schreiben oder von ihr lesen. Eine zusammengesetzte Variable vom Typ einer Struktur kann eins-zu-eins als Datensatz auf die Platte geschrieben werden. Umgekehrt kann ein Satz der Platte eins-zu-eins in einer Strukturvariablen abgelegt werden. Eine Struktur enthält semantisch zusammengehörige Daten in einem zusammengesetzten Datentyp. Während der Zugriff auf ein Arrayelement mit Hilfe eines Index erfolgt, kann auf eine Komponente einer Struktur nur über ihren Namen zugegriffen werden.

In der Typdefinition einer Struktur muss für jede Komponente deren Namen und Typ angegeben werden. Hat man eine Strukturvariable, so erfolgt der Zugriff auf eine Komponente dieser Variablen über den Punktoperator. Bei mehrfach zusammengesetzten Strukturen kann man über das mehrfache Anwenden des Punktoperators auf geschachtelte Komponenten zugreifen.

Auf Strukturvariablen gibt es 4 Operationen:

* die Zuweisung,
* die Selektion einer Komponente,
* die Ermittlung der Größe und Speicheranordnung einer Struktur mit Hilfe des `sizeof`- und `_Alignof`-Operators (seit C11)
* und die Ermittlung der Adresse der Strukturvariablen.

Vorsicht ist geboten bei Komponenten, die Pointer sind: Bei einer Zuweisung wird nur der Pointer kopiert, nicht aber der Inhalt, auf den der Pointer zeigt.

Auf Komponentenvariablen sind diejenigen Operationen zugelassen, die für den entsprechenden Komponententyp möglich sind. Die Selektionsoperatoren (Auswahloperatoren) `.` und `->` haben die gleiche Vorrangstufe. Sie werden von links nach rechts abgearbeitet.

Hat man beispielsweise eine Strukturvariable `lauf`, so erhält man deren Komponente `s` über den Punktoperator durch `lauf.s`. Hat man einen Pointer `laufptr` auf eine Strukturvariable `lauf`, so erhält man die Komponente `s` der Strukturvariablen `lauf` über den Pfeiloperator durch `laufptr->s`.

Strukturen werden als zusammengesetzte Variablen komplett an Funktionen übergeben. Es gibt hier keinen Unterschied zu Variablen von einfachen Datentypen wie beispielsweise `float` oder `int`. Auch die Rückgabe einer Strukturvariablen unterscheidet sich nicht von der Rückgabe einer einfachen Variablen.

Eine Initialisierung einer Strukturvariablen kann direkt bei der Definition der Strukturvariablen mit Hilfe einer Initialisierungsliste durchgeführt werden. Array- und Strukturtypen werden in C auch als Aggregattypen bezeichnet. Ein Aggregattyp ist ein anderes Wort für zusammengesetzter Typ. Wegen dieser Gemeinsamkeit erfolgt die

Initialisierung von Strukturen und Arrays analog. Seit C99 können einzelne Komponenten einer Strukturvariablen initialisiert werden (engl. designated initializers). Unvollständige Initialisierungen und Initialisierungen ohne Angabe des Elementnamens
sind eine große Fehlerquelle und führen zu Unleserlichkeit. Auch wenn der Compiler
dies zulässt, sollte immer das zu initialisierende Element angegeben werden. Genauso sollte die unvollständige Initialisierung nur mit Bedacht verwendet werden. Werden nur einzelne Komponenten (Elemente) einer Struktur initialisiert, so werden die
nicht aufgeführten Elemente automatisch mit null initialisiert.

Stringvariablen in Strukturen können `char`-Arrays oder Pointervariablen vom Typ
`char *` sein.

Strukturen werden verwendet, um semantisch zusammengehörende Daten „am
Stück" weiterzugeben. Die Verwendung von Strukturen empfiehlt sich immer bei semantisch zusammengehörenden strukturierten Daten. Einzelkomponenten mit unterschiedlichen Datentypen können als zusammengehörige Struktur wesentlich bequemer gehandhabt werden.

Kapitel **13.2** beschäftigt sich mit Unionen. Bei einer Union ist zu einem bestimmten
Zeitpunkt jeweils nur eine einzige Komponente einer Reihe von alternativen Komponenten gespeichert. Der Programmierer muss verfolgen, welcher Typ jeweils in
der Union gespeichert ist. Der Datentyp, der entnommen wird, muss derjenige sein,
der zuletzt gespeichert wurde. Für Unionen gibt es die gleichen Operationen wie für
Strukturen:

- die Zuweisung,
- die Selektion einer Komponente,
- die Ermittlung der Größe und Speicheranordnung einer Union mit Hilfe des
  `sizeof`- und `_Alignof`-Operators (seit C11)
- und die Ermittlung der Adresse einer Union.

Wenn ein Pointer auf eine Union in den Typ eines Pointers auf eine Alternative umgewandelt wird, so verweist das Resultat auf diese Alternative. Voraussetzung ist natürlich, dass diese Alternative die gerade aktuell gespeicherte Alternative darstellt.
Bei einer Union kann nur eine Initialisierung der ersten Alternative erfolgen. Diese Initialisierung erfolgt durch einen in geschweiften Klammern stehenden konstanten
Ausdruck.

Kapitel **13.3** befasst sich mit anonymen Typen und Objekten. C11 führt anonyme
Strukturen und Unionen ein. Dies sind Deklarationen von Strukturen und Unionen
ohne Etikett, d. h. ohne einen Typnamen, und ohne einen Variablennamen innerhalb
von benannten Strukturen oder Unionen. Ein compound literal ist ein Ausdruck, der
ein anonymes Objekt (Objekt ohne Namen) erzeugt, dessen Wert durch eine Initialisierungsliste gegeben ist.

Mit Kapitel **13.4** werden Bitfelder als Komponenten von Stukturen und Unionen besprochen. Ein Bitfeld besteht aus einer angegebenen Zahl von Bits (einschließlich eines eventuellen Vorzeichenbits) und wird als ganzzahliger Typ betrachtet. Ein Bitfeld
kann eine Komponente einer Struktur oder Union sein. Die Länge des Bitfeldes wird
vom Bitfeld-Namen durch einen Doppelpunkt getrennt. Bitfelder sind von der jeweiligen Implementierung des Compilers abhängig. So sind z. B. die zulässigen Typen für

ein Bitfeld und die physische Anordnung der verschiedenen Bitfelder im Speicher je nach Compiler unterschiedlich. Ein Bitfeld wird wie eine normale Komponente einer Struktur mit dem Punkt-Operator . angesprochen. Der Pfeil-Operator -> ist je nach Compilerhersteller zugelassen oder auch nicht, da ein Bitfeld nicht immer eine Adresse hat. Zum Abschluss sei noch einmal erwähnt, dass Bitfelder sehr implementierungsabhängig sind, was durch den ISO-Standard gewünscht wurde. Dies führt dazu, dass bei der Portierung von Programmen, die Bitfelder enthalten, große Vorsicht angeraten ist.

13.6 Übungsaufgaben

Aufgabe 13.1: Initialisierung von Strukturen. Pointer auf Strukturen. Übergabe eines Pointers auf eine Strukturvariable an eine Funktion

a) Notieren Sie, was Sie als Ausgabe des folgenden Programms erwarten. Verifizieren Sie Ihr Ergebnis durch einen Programmlauf!

```c
#include <stdio.h>

struct adresse
{
    char            strasse [30];
    char            ort [30];
    unsigned long   telefonnummer;
};

struct person
{
    unsigned long   personalnummer;
    char            nachname [20];
    char            vorname [20];
    struct adresse  adr;
    double          gehalt;
};

int main (void)
{
    struct person gross =
    {
        123,
        "Gross",
        "Max",
        {
            "Muehlenweg 1",
            "73732 Esslingen",
            260633L
        },
        5000.00
    };

    struct person * ptr1;
    struct adresse  * ptr2;
    ptr1 = &gross;
    ptr2 = &gross.adr;
    printf ("\nDaten von Herrn Gross:");
    printf ("\nPersonalnummer: %ld", gross.personalnummer);
    printf ("\nPersonalnummer: %ld", ptr1->personalnummer);
    printf ("\nNachname: %s", gross.nachname);
    printf ("\nNachname: %s", ptr1->nachname);
    printf ("\nVorname:  %s", gross.vorname);
    printf ("\nVorname:  %s", ptr1->vorname);
    printf ("\nStrasse:  %s", gross.adr.strasse);
    printf ("\nStrasse:  %s", ptr1->adr.strasse);
    printf ("\nStrasse:  %s", ptr2->strasse);
```

```
       printf ("\nOrt:      %s", ptr1->adr.ort);
       printf ("\nOrt:      %s", ptr2->ort);
       printf ("\nTelefon:  %ld", ptr1->adr.telefonnummer);
       printf ("\nTelefon:  %ld", ptr2->telefonnummer);
       printf ("\nGehalt:   %10.2f Euro", gross.gehalt);
       printf ("\nGehalt:   %10.2f Euro", ptr1->gehalt);
       return 0;
   }
```

b) Ändern Sie das Programm um. Alle Daten von Herrn Gross sollen mit Hilfe der Funktion `drucke_ang()` ausgegeben werden. An die Funktion `drucke_ang()` soll ein Pointer auf das Objekt `gross` übergeben werden.

Aufgabe 13.2: Ringstruktur

Drei Messdatenstrukturen werden in Form einer Ringstruktur im Arbeitsspeicher abgelegt, wobei die Verkettung der Strukturen nur in einer Richtung erfolgt (siehe Bild 13-6).

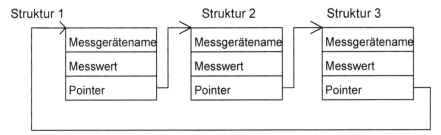

Bild 13-6 Als Ringstruktur verkettete Strukturen

Zur Realisierung der Ringstruktur dient das folgende Programm (fehlende Teile des Programms sind durch .... gekennzeichnet):

```
#include <stdio.h>

struct messdaten
{
   char *  messgeraetename;
   float   messwert;
   struct messdaten * ptr;
};

void ausgabe (struct messdaten *);

int main (void)
{
   struct messdaten struktur1, struktur 2, struktur 3;
   struct messdaten * ptr1, * ptr2, * ptr3;

   ptr1 = &struktur1;
   ptr2 = &struktur2;
   ptr3 = &struktur3;
   /* Struktur initialisieren        */

   /* Messgeraetenamen initialisieren */
   struktur1.messgeraetename = "Sensor1";
   struktur2.messgeraetename = "Sensor2";
```

```
    struktur3.messgeraetename = "Sensor3";

    /* Messwerte initialisieren */
    struktur1.messwert = 1.0;
    struktur2.messwert = 2.0;
    struktur3.messwert = 3.0;

    /* Pointer initialisieren:
       damit Verkettung der Ringstruktur erzeugen */
    struktur1.ptr = ....;              /* zeigt auf Struktur 2 */
    struktur2.ptr = ....;              /* zeigt auf Struktur 3 */
    struktur3.ptr = ....;              /* zeigt auf Struktur 1 */

    /*  Ausgabe */
    ausgabe (ptr1);
    return 0;
}

void ausgabe (struct messdaten * pointer1)
{
    struct messdaten * pointer2, * pointer3;

    /* Messgeraetenamen von Struktur 1 ausgeben   */
    printf (....);
    /* Messwert von Struktur 1 ausgeben           */
    printf (....);

    pointer2 = ....; /* Pointer2 berechnen        */
    /* Messgeraetenamen von Struktur 2 ausgeben   */
    printf (....);
    /* Messwert von Struktur 2 ausgeben           */
    printf (....);

    /* Pointer 3 berechnen */
    pointer3 = ....;
    /* Messgeraetenamen von Struktur 3 ausgeben   */
    printf (....);
    /* Messwert von Struktur 3 ausgeben           */
    printf (....);
}
```

Ergänzen Sie die fehlenden Teile des Hauptprogramms, das heißt, verketten Sie die Strukturen, **wie im Bild angegeben** und ergänzen Sie die fehlenden Teile der Funktion ausgabe(). Die Funktion ausgabe() gibt für alle drei Strukturen den Messgerätenamen und den Messwert am Bildschirm aus. Beachten Sie, dass nur ein Pointer an die Funktion übergeben wird und nicht deren drei.

Aufgabe 13.3: fgets().[125] strcpy(). Strukturen

Die Funktion fgets() (siehe Kapitel 16.6.4.3) liest in einen gewünschten Puffer (erster Parameter) mit einer Maximalgröße (zweiter Parameter) Strings von der Tastatur (dritter Parameter: stdin) ein.

---

[125] gets() wurde wegen mangelnder Sicherheit im C11-Standard durch die Funktionen fgets() (siehe Kapitel 16.7.1) und gets_s() (siehe Kapitel 16.8.1) ersetzt.

Ergänzen Sie die fehlenden Teile des folgenden Programms. Fehlende Teile sind durch .... gekennzeichnet. Die Postleitzahl soll zunächst in einen lokalen Puffer eingelesen werden. Mit Hilfe von `strcpy()` ist in das Feld `plz` der Struktur `ang_typ` automatisch der String "D-" zu kopieren. In die Folgezeichen soll der Inhalt des lokalen Buffers kopiert werden.

```c
#include <stdio.h>
#include <string.h>

struct ang_typ
{
   char anrede [10];
   char name [30];
   char strasse [30];
   char plz [10];
   char ort [30];
   int geb_jahr;
};

.... ang_daten_einlesen (void)
{
   struct ang_typ ang_satz;
   char buff [10];

   printf ("\nGib die Anrede ein: ");
   fgets (...., ...., stdin);

   printf ("\nGib den Namen ein: ");
   fgets (...., ...., stdin);

   printf ("\nGib die Strasse mit Hausnummer ein: ");
   fgets (...., ...., stdin);

   printf ("\nGib die Postleitzahl ein: ");
   fgets (...., ...., stdin);
   ......

   printf ("\nGib den Ort ein: ");
   fgets (...., ...., stdin);

   printf ("\nGib das Geburtsjahr ein: ");
   scanf ("%d", ....);
   return ....;
}

void ang_daten_ausgeben (struct ang_typ ang)
{
   printf ("\nAnrede: %s\n", ....);
   printf ("Name: %s\n", ....);
   printf ("Strasse mit Hausnummer: %s\n", ....);
   printf ("PLZ: %s\n", ....);
   printf ("Ort: %s\n", ....);
   printf ("Geboren: %4d\n", ....);
}
```

```
int main (void)
{
    struct ang_typ m_ang_satz;

    m_ang_satz = ang_daten_einlesen ();
    ang_daten_ausgeben (m_ang_satz);
    return 0;
}
```

Aufgaben 13.4: Eindimensionales Array von Pointern

Analysieren Sie das folgende Programm und schreiben Sie die Ausgabe auf.

Machen Sie anschließend einen Programmlauf und überprüfen Sie Ihre Resultate.

```
#include <stdio.h>
#define N 10

int main (void)
{
    int lv;
    struct komplex
    {
        float x;
        float y;
    } zahl [N] = {
                        {1., 10.},
                        {2., 20.},
                        {3., 30.},
                        {4., 40.},
                        {5., 50.},
                        {6., 60.},
                        {7., 70.},
                        {8., 80.},
                        {9., 90.},
                        {10., 100.}
                    };

    struct komplex * ptr [N];
    for (lv = 0; lv <= (N - 1); lv++) ptr[lv] = &zahl[lv];

    for (lv = 0; lv <= (N - 1); lv++)
    {
        printf ("\n %6.2f    %6.2f", zahl[lv].x, zahl[lv].y);
        printf ("\n %6.2f    %6.2f", ptr[lv]->x, ptr[lv]->y);
    }
    return 0;
}
```

Aufgabe 13.5: strcpy() und strcat()

Das folgende Programm soll dazu dienen, eine Nachricht vom Typ `message_typ` im Dialog zu erstellen. Schreiben Sie die Funktionen `eingabe()`, `message_gen()` und `drucke()`. In der Funktion `eingabe()` sollen der Funktionscode, der Absender, der Adressat und der Nachrichtentext eingelesen werden. Die Funktion `message_gen()` soll daraus eine Nachricht generieren. Da alle Nachrichten von der Hochschule nach außen gehen sollen, soll mit Hilfe der Funktion `strcat()` der

String "Hochschule::" vor den eingegebenen Absender in die Nachricht geschrieben
werden. Die Funktion drucke() dient dazu, die Nachricht auf dem Bildschirm anzuzeigen, ehe sie versandt wird. Das Abschicken ist nicht Teil dieser Übungsaufgabe.

```c
#include <stdio.h>
#include <string.h>

struct messagekopf
{
    int functioncode;
    char absender [20];
    char adressat [10];
};

struct message_typ
{
    struct messagekopf header;
    char messagetext [20];
};

int main (void)
{
    int fc;
    char absender [20];
    char adressat [10];
    char m_text [20];
    struct message_typ message;
    eingabe (&fc, absender, adressat, m_text);
    message = message_gen (fc, absender, adressat, m_text);
    drucke (message);
    return 0;
}
```

Kapitel 14

Komplexere Vereinbarungen, eigene Typnamen und Namensräume

14 Komplexere Vereinbarungen, eigene Typnamen und Namensräume

Kapitel 14.1 befasst sich mit komplexeren Vereinbarungen, bei denen man auf die Vorrang-Reihenfolge der Operatoren (operator precedence) achten muss, damit die entsprechende Vereinbarung korrekt interpretiert wird. Kapitel 14.2 erklärt mit Hilfe des Schlüsselworts `typedef`, wie eigene Typnamen als Aliasnamen zu bestehenden (meist länglichen) Typbezeichnungen vereinbart werden können. Kapitel 14.3 behandelt Namensräume und analysiert, in welchem Zusammenhang Namen gleich sein dürfen oder verschieden sein müssen.

14.1 Komplexere Vereinbarungen

Vereinbarungen in C können im Allgemeinen nicht stur von links nach rechts gelesen werden. Stattdessen muss man die Vorrang-Reihenfolge der Operatoren (siehe Kapitel 9.6.8) beachten. Im Folgenden werden einige komplexere Datentypen vorgestellt, bei denen diese Reihenfolge eine Rolle spielt.

> Bei komplexeren Vereinbarungen ist die Vorrang-Reihenfolge der Operatoren (operator precedence) zu beachten.   Vorsicht!

14.1.1 Komplexere Vereinbarungen von Variablen und Funktionen

Im Folgenden werden

- Arrays von Pointern,
- Pointer auf Arrays,
- Funktionen mit Rückgabewert „Pointer auf"
- und Pointer auf Funktionen

behandelt.

14.1.1.1 Array von Pointern

Durch die folgende Programmzeile wird ein Array von Pointern vereinbart:

```
int * alpha [8];
```

Vereinbart wird eine Variable mit dem Namen `alpha`. Es ist zu beachten, dass der Klammer-Operator `[]` Vorrang vor dem `*`-Operator hat. Daher wird auf den Namen `alpha` als erstes der Operator `[8]` angewandt: `alpha` ist also ein eindimensionales Array mit 8 Komponenten. Der Typ einer Komponente ist `int *`, also Pointer auf `int`. Damit ist `alpha` ein eindimensionales Array von Pointern auf `int` mit 8 Array-komponenten.

Wegen der Rangfolge der Operatoren ist `alpha` in

```
int * alpha [8];
```

ein Array aus 8 Komponenten, wobei jede Komponente den Typ `int *`, d. h. Pointer auf `int`, hat.

14.1.1.2 Pointer auf ein Array

`alpha` soll jetzt ein Pointer sein. Dies wird durch die Benutzung von Klammern erzwungen:

```
(* alpha)
```

Damit ist `alpha` ein „Pointer auf". Er soll jetzt auf ein Array aus 8 `int`-Komponenten zeigen. Damit ergibt sich die folgende Programmzeile:

```
int (*alpha) [8]
```

Der Pointer `pointername` in

```
int (*pointername) [8]
```

ist ein Pointer auf ein `int`-Array mit acht Komponenten.

14.1.1.3 Funktion mit Rückgabewert „Pointer auf"

Im Folgenden wird der Ausdruck `int * func (....)` betrachtet. Die vier Punkte in Klammern symbolisieren die formalen Parameter.

Die Klammern haben eine höhere Priorität als der `*`. Damit ist `func()` eine Funktion mit dem Rückgabewert Pointer auf `int`.

`int * func (....)` ist eine Funktion mit dem Rückgabewert Pointer auf `int`.

14.1.1.4 Pointer auf eine Funktion

Es wird nun der Ausdruck `int * (* pointer_Fkt) (....)` analysiert.

Wegen der Klammern wird zuerst

```
(* pointer_Fkt)
```

ausgewertet. Damit ist `pointer_Fkt` ein Pointer.

Wegen der runden Klammern `(....)`, die Vorrang vor dem Operator `*` von `int *` haben, ist

```
(* pointer_Fkt) (....)
```

ein Pointer auf eine Funktion. Der Rückgabetyp dieser Funktion ist `int` `*`. Also ist `pointer_Fkt` ein Pointer auf eine Funktion mit einem Rückgabewert vom Typ Pointer auf `int`.

Der `pointer_Fkt` des Ausdrucks

```
int *(* pointer_Fkt) (....)
```

ist ein Pointer auf eine Funktion, welche einen `int`-Zeiger zurückgibt.

14.1.2 Komplexere Datentypen

Lässt man den Bezeichner in einer Vereinbarung weg, so steht der Typ da. Beispiele für Typen sind:

Typbezeichnung	Bedeutung
`int *`	Pointer auf `int`
`float [10]`	Array mit 10 `float`-Komponenten
`char * [20]`	Array von 20 Pointern auf `char`
`int (*) [10]`	Pointer auf ein Array von 10 `int`-Komponenten
`int (*) (char, char *)`	Pointer auf eine Funktion mit einer Parameterliste mit Parametern vom Typ `char` und Pointer auf `char` und dem Rückgabetyp `int`.

Anmerkung: Funktionen können nicht als Typ angegeben werden. Sie müssen als Funktionspointer vereinbart werden.

14.2 Vereinbarung eigener Typnamen als Aliasnamen

Die in Kapitel 14.1 vorkommenden Typbezeichnungen zeigen, dass Typbezeichnungen sehr umfangreich und komplex sein können. Um diese Typbezeichnungen nicht immer so ausführlich hinschreiben zu müssen, erlaubt C die Vereinbarung eigener Typnamen, die quasi Aliasnamen[126] für Typbezeichnungen darstellen.

Eigene **Typnamen** als Aliasnamen zu bestehenden Typbezeichnungen können in C mit Hilfe von `typedef` vereinbart werden.

Durch die `typedef`-Vereinbarung wird kein neuer Datentyp eingeführt. Es wird lediglich ein zusätzlicher Name für einen existenten Typ oder einen im Rahmen der `typedef`-Deklaration definierten Typ eingeführt.

Eigene Typnamen (Aliasnamen) sind besonders bei zusammengesetzten Datentypen nützlich, um Schreibarbeit zu sparen.

---

[126] Ein Aliasname ist ein zweiter gültiger Name.

Beispielsweise darf `struct` bzw. `enum` bei den Typen `struct Punkt` und `enum Farbe` nicht weggelassen werden, sondern muss immer hingeschrieben werden – außer man vereinbart einen Aliasnamen für sie.

14.2.1 Beispiel für einen zusammengesetzten Datentyp

Das folgende Beispiel führt einen neuen Typnamen für einen vorliegenden zusammengesetzten Datentyp ein:

```
struct student { int matrikelnummer;
                 char name [20];
                 char vorname [20];
                 struct adresse wohnort;
               }; /* alter Typ */

typedef struct student studi;   /* neuer Typ */

studi semester [50];       /* Array semester mit 50 Struk- */
                           /* turen vom Typ studi          */
```

Man hätte natürlich genauso

```
struct student semester [50];
```

schreiben können, spart sich jedoch durch das Schreiben von `studi` das vielleicht lästige Schreiben von `struct student` und verbessert auch die Lesbarkeit eines Programms.

14.2.2 Verwendung von typedef bei einfachen Datentypen

Die Definition von Aliasnamen mit Hilfe von `typedef` funktioniert selbstverständlich auch für einfache Datentypen. Beispielsweise wird durch die Vereinbarung

```
typedef int integer;
```

der Typname `integer` synonym zu `int`. Der Typ `integer` kann dann bei Vereinbarungen, Umwandlungsoperationen usw. genauso verwendet werden wie der Typ `int`:

```
integer len, maxLen;
integer * array[8];
```

Sinnvoll ist die Definition solcher Aliasnamen beispielsweise beim Schreiben portabler Programme – siehe Kapitel 14.2.5.

14.2.3 Syntax einer typedef-Anweisung

Man beachte, dass der in `typedef` vereinbarte neue Typname in der Typvereinbarung nicht direkt nach `typedef` steht, sondern nach dem Datentyp, zu dem er synonym ist.

14.2.4 Neuer Typname plus zusätzlicher Aliasname

Es ist auch möglich, auf einmal sowohl einen neuen Datentyp als auch einen zusätzlichen Aliasnamen einzuführen.

Dies wird im folgenden Beispiel gezeigt:

```
typedef struct point { int x;
                       int y;
                     } punkt;
```

Innerhalb der geschweiften Klammern werden die Komponenten des neuen Datentyps `struct point` festgelegt. Der zusätzliche Aliasname ist `punkt`.

Damit kann man Punkte sowohl über

```
struct point p1;
```

als auch kürzer über

```
punkt p2;
```

definieren.

Ferner könnte das Etikett `point` weggelassen werden:

```
typedef struct { int x;
                 int y;
               } punkt;
```

Dadurch wird die Typvereinbarung noch einfacher. Es gibt jedoch Compiler, die bei Fehlern mit solchen unbenannten Strukturen sehr unleserliche Fehlermeldungen generieren.

14.2.5 Vorwärtsdeklaration und Information Hiding mit typedef

Strukturtypen werden häufig mittels eines zusätzlichen `typedef` vereinbart. Der Name des neuen Datentyps kann hierbei derselbe sein wie das Etikett des `struct`-Typs. Häufig wird folgendes Schema angewendet:

```
typedef struct MyStruct MyStruct;
struct MyStruct {.....};
```

Damit wird ein Typ mittels `typedef` vereinbart, der denselben Namen hat wie die Struktur mit dem gleichnamigen Etikett. Der Vorteil hierbei ist, dass der Programmierer das Schlüsselwort `struct` nicht immer hinschreiben muss und selbst innerhalb der Strukturdefinition `{....}` ein Pointer auf den Typ `MyStruct` gespeichert werden kann.

Es ist zu beachten, dass das `typedef`-Schlüsselwort keinen vollständigen Typ verlangt. Der durch das `typedef` vereinbarte, unvollständige Typ bleibt solange unvollständig, bis er vervollständigt wird.

Durch die sofortige Deklaration der Struktur gleich nach der `typedef`-Zeile wird dies erledigt.

Dies ist zudem nützlich für das sogenannte Information Hiding, wo mittels einer solchen `typedef`-Vereinbarung dem Programmierer ein Typ zur Verfügung gestellt wird, die tatsächliche Deklaration der dahinterliegenden Struktur jedoch in einer dem Programmierer nicht zugänglichen Quelldatei steht.

In C++ ist die `typedef`-Zeile nicht mehr nötig. Statt `typedef struct Mystruct Mystruct;` kann der Typ auch einfach mit `struct Mystruct;` vereinbart werden und ist ab dann als der Typ `Mystruct` verfügbar.

14.2.6 Bedeutung von typedef für portable Datentypen

Von Bedeutung ist die `typedef`-Deklaration sowohl für die Einführung einfacher Typnamen bei zusammengesetzten Datentypen als auch aus Portabilitätsgründen.

Die Definition eigener Typnamen ist dann praktisch, wenn Programme portiert werden sollen, die maschinenabhängige Datentypen enthalten. Definiert man eigene Datentypen, so treten die nicht portablen Datentypen nur einmal im Programm auf, nämlich in der `typedef`-Vereinbarung. Ansonsten kommen sie im Programm nicht vor.

Auf einem anderen Rechner braucht man dann nur in der `typedef`-Vereinbarung den maschinenabhängigen Datentyp durch den entsprechenden maschinenabhängigen Datentyp des anderen Rechners zu ersetzen.

Hierfür gleich ein **Beispiel**:

Vereinbart man beispielsweise auf einem Rechner einen eigenen Typnamen `INT` durch

```
typedef int INT;
```

so ist diese Vereinbarung auf einem anderen Rechner beispielsweise in

```
typedef short INT;
```

abzuändern, wenn man auf beiden Rechnern denselben Wertebereich für `INT` haben möchte.

14.3 Namensräume

In Kapitel 13.1 wurde erwähnt, dass im selben Gültigkeitsbereich der Name eines Etiketts, der Name einer Komponente und der Name einer Strukturvariablen identisch sein dürfen, da sie in verschiedenen Namensräumen liegen.

Nach dem ISO-Standard werden die folgenden Namensräume unterschieden:

- Ein Namensraum für Namen von Marken.
- Ein gemeinsamer Namensraum – nicht drei – für die Namen von
  Etiketten von Strukturen, Unionen, Aufzählungstypen.
- Namensräume für die Komponentennamen von Strukturen und
  Unionen. Dabei hat jede Struktur oder Union ihren eigenen Na-
  mensraum für ihre Komponenten.
- Ein Namensraum für alle anderen Bezeichner von Variablen, Funk-
  tionen, `typedef`-Namen, Aufzählungskonstanten.

Mit anderen Worten:

Namen, die zu verschiedenen Namensräumen gehören, dürfen auch
innerhalb desselben Gültigkeitsbereichs gleich sein.

Demnach ist das Folgende durchaus möglich:

```
typedef struct punkt {      ... } punkt;
```

Hier wird also der Typ `struct punkt` und sein Aliasname `punkt` eingeführt. `punkt`
als Etikett-Name einer Struktur und `punkt` als `typedef`-Name liegen in verschiedenen Namensräumen.

Hingegen meldet der Compiler einen Fehler bei folgenden Deklarationen, da es für
alle Etiketten nur einen einzigen Namensraum gibt:

```
struct farbe {int rot; int gruen; int blau;};
enum farbe {rot, gruen, blau};
/* Etikett farbe zum zweiten Mal */
```

Die Aufzählungskonstante `rot` und der Komponentenname `rot` stören sich jedoch
nicht, denn sie liegen wiederum in unterschiedlichen Namensräumen.

Generell gilt für die Sichtbarkeiten von Namen:

- Namen in inneren Blöcken sind nach außen nicht sichtbar.
- Externe Namen und Namen in äußeren Blöcken sind in inneren
  Blöcken sichtbar, wenn sie nicht verdeckt werden.
- Namen in inneren Blöcken, die identisch zu externen Namen oder
  Namen in einem umfassenden Block sind, verdecken im inneren
  Block die externen Namen bzw. die Namen des umfassenden
  Blocks durch die Namensgleichheit, wenn sie im selben Namens-
  raum sind.

14.4 Zusammenfassung

Dieses Kapitel analysiert komplexere Vereinbarungen, bei denen man auf die Vor-rang-Reihenfolge der Operatoren achten muss, damit die entsprechende Vereinba-rung korrekt interpretiert wird. Es wird ferner die Bildung eigener Typnamen mit Hilfe von `typedef` als meist kürzere Aliasnamen zu bestehenden Typbezeichnungen un-tersucht. Außerdem werden Namensräume behandelt. Es wird also untersucht, in welchem Zusammenhang Namen gleich sein dürfen oder verschieden sein müssen.

Kapitel **14.1** befasst sich mit komplexeren Vereinbarungen, bei denen die Priorität der Operatoren beachtet werden muss. Bei komplexeren Vereinbarungen ist die Vor-rang-Reihenfolge der Operatoren (operator precedence) zu beachten.

Wegen der Rangfolge der Operatoren ist `alpha` in

```
int * alpha [8];
```

ein Array aus 8 Komponenten, wobei jede Komponente den Typ `int *`, d. h. Pointer auf `int` hat.

Der Pointer `pointername` in

```
int (*pointername) [8]
```

ist ein Pointer auf ein `int`-Array mit acht Komponenten.

Die Klammern der Parameterliste einer Funktion haben eine höhere Priorität als der Operator `*`. Damit ist

```
int * func (....)
```

eine Funktion mit dem Rückgabewert Pointer auf `int`.

Der Pointer `pointer_Fkt` des Ausdrucks

```
int *(* pointer_Fkt) (....)
```

ist ein Pointer auf eine Funktion, welche einen Zeiger auf `int` zurückgibt.

Kapitel **14.2** befasst sich mit der Bildung eigener Typnamen als Aliasnamen. Eigene Typnamen als Aliasnamen zu bestehenden Typbezeichnungen können in C mit Hilfe von `typedef` vereinbart werden.Durch die `typedef`-Vereinbarung wird kein neuer Datentyp eingeführt. Es wird lediglich ein zusätzlicher Name für einen existenten Typ oder einen im Rahmen der `typedef`-Deklaration definierten Typ eingeführt. Eigene Typnamen (Aliasnamen) sind besonders bei zusammengesetzten Datentypen nütz-lich, um Schreibarbeit zu sparen. Es ist auch möglich, auf einmal sowohl einen neu-en Datentyp als auch einen zusätzlichen Aliasnamen einzuführen. Es ist zu beach-ten, dass das `typedef`-Schlüsselwort keinen vollständigen Typ verlangt. Der durch das `typedef` vereinbarte, unvollständige Typ bleibt solange unvollständig, bis er vervollständigt wird. Von Bedeutung ist die `typedef`-Deklaration sowohl für die Ein-führung einfacher Typnamen bei zusammengesetzten Datentypen als auch aus Por-tabilitätsgründen. Auf einem anderen Rechner braucht man dann nur in der `typedef`-Vereinbarung den maschinenabhängigen Datentyp durch den entsprechenden maschinenabhängigen Datentyp des anderen Rechners zu ersetzen.

Kapitel **14.3** analysiert Namensräume. Es wird also analysiert, in welchem Zusammenhang Namen gleich sein dürfen oder verschieden sein müssen. Namen, die zu verschiedenen Namensräumen gehören, dürfen auch innerhalb desselben Gültigkeitsbereichs gleich sein.

Nach dem ISO-Standard werden die folgenden Namensräume unterschieden:

- Ein Namensraum für Namen von Marken.
- Ein gemeinsamer Namensraum – nicht drei – für die Namen von Etiketten von Strukturen, Unionen, Aufzählungstypen.
- Namensräume für die Komponentennamen von Strukturen und Unionen. Dabei hat jede Struktur oder Union ihren eigenen Namensraum für ihre Komponenten.
- Ein Namensraum für alle anderen Bezeichner von Variablen, Funktionen, `typedef`-Namen, Aufzählungskonstanten.

Namen, die zu verschiedenen Namensräumen gehören, dürfen auch innerhalb desselben Gültigkeitsbereichs gleich sein.

Generell gilt für die Sichtbarkeiten von Namen:

- Namen in inneren Blöcken sind nach außen nicht sichtbar.
- Externe Namen und Namen in äußeren Blöcken sind in inneren Blöcken sichtbar, wenn sie nicht verdeckt sind.
- Namen in inneren Blöcken, die identisch zu externen Namen oder Namen in einem umfassenden Block sind, verdecken im inneren Block die externen Namen bzw. die Namen des umfassenden Blocks durch die Namensgleichheit, wenn sie im selben Namensraum sind.

Kapitel 15

Speicherklassen

Code	Daten	Stack	Heap
	Speicherklasse extern static	Speicherklasse auto register	

15 Speicherklassen

Bei der Übersetzung eines Programms hat ein Compiler die Aufgabe, das erzeugte Programm im Speicher geeignet anzuordnen. Hierzu gehört zum einen der Programmcode selbst (der Maschinencode) als auch die Daten, welche mittels Variablen angesprochen werden können.

Die Namen von Variablen sind zur Laufzeit nicht mehr vorhanden. Der Compiler errechnet für Variablen, wie viel Speicherplatz sie benötigen und welche relative Adresse sie haben. Zur Laufzeit wird mit den Adressen der Variablen und nicht mit ihren Namen gearbeitet.

Typinformationen sind in C nur für den Compiler wichtig. Im ausführbaren Programm sind im Falle von C keine Informationen über die Typen enthalten.

Ein Compiler wird jedoch anhand der Typinformation für jede Variable ausreichend Speicher reservieren. An welchem Ort dieser Speicher reserviert wird, hängt von der Art einer Variablen ab.

Sowohl lokale als auch externe Variablen können sogenannten Speicherklassen zugeordnet werden.

Was diese Speicherklassen bedeuten und welche Auswirkungen sie auf die Speicherung der in den Variablen befindlichen Daten hat, wird in den folgenden Kapiteln erklärt.

C11 kennt die Speicherklassen

- `typedef`
- `extern`
- `static`
- `_Thread_local`
- `auto`
- und `register`.

Die Speicherklasse `_Thread_local` wird in Kapitel 23.4.2 bei den in C11 optionalen Threads behandelt.

`typedef` zählt nur formal (syntaktisch) zu den Speicherklassen. Vorsicht!

Die Speicherklassen `extern`, `static`, `auto` und `register` werden in diesem Kapitel besprochen.

Kapitel 15.1 behandelt die Segmente Code, Daten, Heap und Stack eines ablauffähigen C-Programms. Kapitel 15.2 behandelt für ein Programm aus mehreren Dateien die Adressauflösung der physischen Adressen der verschiedenen Dateien in einen virtuellen Adressraum des gesamten Programms. Kapitel 15.3 bis 15.5 untersuchen die verschiedenen Speicherklassen von C, die für das Arbeiten mit lokalen und globalen Daten wichtig sind. Kapitel 15.6 befasst sich mit der automatischen und nicht automatischen Initialisierung. Kapitel 15.7 schließlich gibt tabellarisch einen Überblick über die verschiedenen, in diesem Kapitel behandelten Speicherklassen.

15.1 Segmente des Adressraums eines Programms

Der Adressraum eines ablauffähigen C-Programms – beispielsweise einer Datei `programm.exe` – besteht grob aus den vier Segmenten (Regionen): Code, Daten, Heap und Stack.

Das folgende Bild zeigt die vier Segmente des Adressraums eines Programms:

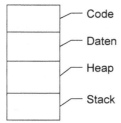

— Code

— Daten

— Heap

— Stack

Bild 15-1 Adressraum eines Programms

Im **Code-Segment** liegt das Programm in Maschinencode vor.

Häufig werden in diesem Segment auch Konstanten (insbesondere Textkonstanten) abgelegt. Damit der Maschinencode oder die Konstanten nicht verändert werden können, kann das Code-Segment mit einem Schreibschutz versehen werden, wenn dies vom Betriebssystem und der Hardware unterstützt wird.

Bis zu dem hier vorliegenden Kapitel wurde für Programme aus einer einzigen Datei zwischen

- lokalen
- und externen Variablen

unterschieden.

Lokale Variablen werden zu Beginn eines Blockes angelegt und leben solange, bis dieser Block abgearbeitet ist. Sie sind nur innerhalb des Blockes sichtbar. Externe Variablen leben so lange wie das Programm.

Externe Variablen sind für alle Funktionen sichtbar, die nach ihrer Definition in derselben Datei definiert werden. Sie werden deswegen auch als für diese Funktionen **globale Variablen** bezeichnet.

Lokale Variablen[127] werden vom C-Compiler auf dem Stack[128] angelegt, **externe (globale)** im **Daten-Segment** und **dynamische Speicherblöcke** im **Heap**[129].

Auf dem Stack werden ferner die Parameter einer Funktion und die
Rücksprungadresse abgelegt, wenn sie durch den Aufruf einer anderen Funktion oder durch Aufruf von sich selbst unterbrochen wird.

Externe (globale) Variablen werden im Daten-Segment abgelegt. Dieses Segment wird beim Programmstart vom Lader automatisch bereitgestellt und die einzelnen Variablen werden im Falle einer manuellen
Initialisierung korrekt initialisiert. Nicht manuell initialisierte Variablen
werden hierbei automatisch auf Null gesetzt.

Im Gegensatz zum Code-Segment sind die Daten innerhalb des Daten-Segments
nicht mit einem Schreibschutz versehen, sondern können vom Programmierer verändert werden. Es ist jedoch nicht möglich, die Menge an hierfür benötigtem Speicherplatz während der Laufzeit des Programmes zu verändern. Es steht soviel Platz im
Daten-Segment zur Verfügung, wie das Programm bei seinem Start belegt hat. Im
Heap kann man jedoch dynamische Speicherblöcke anlegen (siehe Kapitel 18).

Dynamische Speicherblöcke werden im **Heap** beispielsweise mit
Hilfe der Library-Funktion `malloc()` angelegt. Sie können nicht über
einen Namen angesprochen werden. Der Pointer, den die Funktion
`malloc()` liefert, ist die einzige Möglichkeit, auf die dynamische Variable zuzugreifen.

Lebensdauer und Gültigkeit von dynamischen Speicherblöcken unterliegen nicht den Blockgrenzen der Funktion, innerhalb der sie geschaffen wurden.

Dynamische Speicherblöcke sind gültig und sichtbar bis zu ihrer expliziten Vernich-
tung durch die Library-Funktion `free()` bzw. bis zum Programmende.

15.2 Der Linker

C unterstützt eine getrennte Kompilierung. Dies bedeutet, dass es möglich ist, ein
großes Programm in Module zu zerlegen, die getrennt kompiliert werden.

---

[127] **Lokale Variablen** sind Variablen, die in einer Funktion oder einem zusammengehörigen Abschnitt
einer Funktion, einem sogenannten Block (siehe Kapitel 10.1), eingeführt werden.
[128] **Stack** (engl.) bedeutet Stapel.
[129] **Heap** (engl.) bedeutet Halde.

Der Begriff **Modul** ist vieldeutig. Hier wird unter Modul eine **separat kompilierfähige Einheit**, mit anderen Worten eine **Übersetzungseinheit**, verstanden. Ein Modul entspricht einer Quelldatei. Verschiedene Quelldateien werden getrennt übersetzt.

Für jede Quelldatei wird eine Objektdatei mit Maschinencode erzeugt. Dieser Maschinencode ist nicht ablauffähig, zum einen, weil die Library-Funktionen noch fehlen, zum anderen, weil die Adressen von Funktionen und Variablen anderer Dateien noch nicht bekannt sind. Die Aufgabe des Linkers ist es nun, die Querbezüge zwischen den Dateien herzustellen. Er bindet die erforderlichen Library-Routinen und das Laufzeitsystem hinzu und bildet einen Adressraum für das Gesamtprogramm, sodass jede Funktion und globale Variable an einer eindeutigen Adresse liegt.

15.2.1 Virtuelle Adressen

Der **Linker** erzeugt das ausführbare Programm. Er baut einen virtuellen Adressraum des Programms auf, der aus virtuellen (logischen) Adressen besteht, die einfach der Reihe nach durchgezählt werden. In diesem virtuellen Adressraum hat jede Funktion und jede globale Variable ihre eigene Adresse.

Überschneidungen, dass mehrere Funktionen oder globale Variablen an derselben Adresse liegen, darf es nicht geben.

Im Folgenden soll betrachtet werden, was mit einem Programm beim Kompilieren und Linken passiert. Eine erste Übersicht zu diesem Thema wurde bereits in Kapitel 5 gegeben. Insbesondere sei hier auf Bild 5-1 verwiesen.

Ein Programm im Quellcode hat noch keine Adressen. Die Objekte einer Programmeinheit (Hauptprogramm, Unterprogramm) werden durch Namen bezeichnet. Beim Kompilieren werden die Objekte an relativen Adressen innerhalb der jeweiligen Objektdatei abgelegt.

Die Bezüge zu anderen Programmeinheiten sind zunächst noch nicht gegeben. Sie werden durch den Linker hergestellt.

Der Linker fügt die einzelnen Adressräume der Objektdateien sowie erforderlicher Library-Files so zusammen, dass sich die Adressen nicht überlappen und dass die Querbezüge gegeben sind.

Hierzu stellt er eine **Symbol-Tabelle** (**Linker Map**) her, welche alle Querbezüge (Adressen globaler bzw. externer Variablen, Einsprungadressen der Programmeinheiten, d. h. des Hauptprogramms und der Funktionen) enthält. Der Linker bindet die kompilierten Objektdateien, die aufgerufenen Bibliotheksfunktionen und das Laufzeitsystem (Fehlerfunktionen, Speicherverwaltungsroutinen, etc.) zu einem ablauffähigen Programm (executable program). Durch den Linkvorgang wird ein einheitlicher Adressraum für das gesamte Programm hergestellt.

Der Linker legt nur virtuelle Adressen in einem virtuellen Adressraum fest. Damit ist das Programm im Arbeitsspeicher verschiebbar. Die Zuordnung von virtuellen zu physischen Adressen (Adressen mit einer eindeutigen Position in den Memory-Chips) führt dann die Komponente Memory Management des Betriebssystems (ggf. unter Zuhilfenahme der Memory Management Unit der Hardware) durch.

15.2.2 Bindungen

Außer dem Gültigkeitsbereich und der Lebensdauer hat ein Name auch eine Bindung.

Externe Variablen und Funktionen haben eine **externe Bindung**. Dies bedeutet, dass eine Funktion oder externe Variable aus allen Dateien eines Programms unter dem gleichen Namen ansprechbar ist und dass dieser Name eindeutig für das ganze Programm ist.

Externe Variablen und Funktionen, die als `static` vereinbart werden, haben eine **interne Bindung**. Ihr Name ist nur innerhalb ihrer eigenen Datei sichtbar und kollidiert nicht mit demselben Namen mit interner Bindung in anderen Dateien.

Dies wird in Kap. 15.4 gezeigt.

Bei der Übersetzung eines Programmes müssen die verwendeten Variablennamen und Funktionsnamen ihren jeweiligen Definitionen, sprich den Speicherorten von Variablen bzw. Implementierungen der Funktionen zugeordnet werden.

Bei Symbolen mit **interner Bindung** müssen die jeweiligen Definitionen direkt vorliegen, d. h. sich in der zu übersetzenden Datei befinden.

Die Zuordnung erledigt dann der **Compiler**.

Bei **externer Bindung** muss sich die Definition von Variablen bzw. Funktionen nicht in derselben Übersetzungseinheit befinden.

Die Zuordnung von Symbolen mit externer Bindung zu ihren entsprechenden Definitionen über mehrere Objektdateien hinweg wird vom **Linker** übernommen.

Objekte mit interner Bindung existieren eindeutig in einer Datei, Objekte mit externer Bindung eindeutig für das ganze Programm.

In einer Übersetzungseinheit können mehrere Deklarationen mit gleichem Namen existieren, solange sie in Typ und Bindung übereinstimmen. Es muss jedoch immer genau eine Definition dieses Namens existieren. Die Definition kann sich entweder in derselben Übersetzungseinheit oder aber in einer anderen Übersetzungseinheit befinden. Entsprechend werden schlussendlich alle Deklarationen eines Namens entweder durch den Compiler oder aber den Linker mit dieser einen Definition verbunden.

Mehrfache identische Deklarationen sind also möglich. Erscheint jedoch in derselben Übersetzungseinheit (Datei) derselbe Name mit externer und interner Bindung, dann ist das Verhalten undefiniert.

15.3 Programme aus mehreren Dateien – die Speicherklasse extern

Im Folgenden soll als Beispiel ein Programm aus zwei Dateien betrachtet werden:

Datei `ext1.c`   Datei `ext2.c`

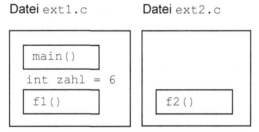

Bild 15-2 Programm aus mehreren Dateien

Die Datei `ext1.c` enthält die Funktionen `main()` und `f1()`, die Datei `ext2.c` enthält die Funktion `f2()`. Die Funktion `f2()` möchte dabei auf die in der Datei `ext1.c` definierte externe Variable `zahl` zugreifen. Deklariert man in der Datei `ext2.c` die Variable `zahl` vor ihrer Verwendung mit der Speicherklasse `extern` durch

```
extern int zahl;
```

so ist die Variable `zahl` dem Compiler an der Stelle ihrer Verarbeitung in `f2()` bereits bekannt. Schlussendlich muss der Linker die Verbindung zwischen beiden Dateien herstellen, so dass der Zugriff auf die in der Datei `ext1.c` definierte externe Variable `zahl` erfolgt.

Eine **mit `extern` deklarierte Variable** darf **nur in einer einzigen Datei definiert** werden, in den anderen Dateien wird sie mit Hilfe der `extern`-Deklaration referenziert. Die Definition legt die Adresse einer externen Variablen fest. Der Linker setzt in den anderen Dateien, die über die `extern`-Deklaration diese Variable referenzieren, die Adresse dieser Variablen ein.

Eine externe Variable kann im Programm nicht an der Stelle einer `extern`-Deklaration manuell initialisiert werden. Eine manuelle Initialisierung ist nur bei ihrer Definition möglich.

> Externe Variablen werden vom Compiler an der Stelle ihrer Definition automatisch mit 0 initialisiert, falls sie nicht manuell initialisiert werden.

Will beispielsweise die Funktion `main()` auf die Funktion `f1()` zugreifen, so muss vor ihr der Funktionsprototyp für `f1()` notiert werden. Will die Funktion `main()` auf die Funktion `f2()` zugreifen, so muss vor ihr der Funktionsprototyp für `f2()` notiert werden.

Will `main()` auf die externe Variable `zahl` zugreifen, die in derselben Datei, aber erst nach `main()` definiert ist, so muss man die Variable `zahl` ebenfalls vor ihrer Verwendung als extern deklarieren durch

```
extern int zahl;
```

> Formal sieht eine `extern`-Deklaration einer Variablen wie die Definition aus, es wird nur zusätzlich das Schlüsselwort `extern` vorangestellt.

Die **extern**-Deklaration von `zahl` kann im Funktionsrumpf von `main()` bzw. `f2()` oder kann extern vor der entsprechenden Funktion erfolgen.

> Eine `extern`-Deklaration kann im Funktionsrumpf einer Funktion oder bereits vor der Funktion selbst erfolgen.

> Um die Übersicht zu wahren, werden `extern`-Deklarationen meist außerhalb aller Funktionen zu Beginn einer Datei angeschrieben. Die so deklarierten externen Variablen und Funktionen gelten dann in der ganzen Datei. Dabei werden sie oft in einer **Header-Datei** abgelegt, die zu Beginn der Datei mit `#include` eingefügt wird.

> Möchte man in einer Datei auf Funktionen oder externe Daten zugreifen, die in anderen Dateien definiert sind, so braucht man eine `extern`-**Deklaration**. Bei Funktionen kann das Schlüsselwort `extern` weggelassen werden.

Auf das Schreiben eigener Header-Dateien wird ausführlich in Kapitel 21 eingegangen.

Die in Kapitel 15.3.1 und 15.3.2 folgenden Beispielprogramme illustrieren die Verwendung der `extern`-Deklaration in den Dateien `ext1.c` und `ext2.c`[130] ohne und

---

[130] Da jede der Dateien `ext1.c` und `ext2.c` getrennt kompiliert wird, muss jede dieser Dateien die Header-Datei `<stdio.h>` mit `#include` einfügen.

mit Header-Datei. Weitere Beispielprogramme für die Nutzung von `extern`-Deklarationen und Header-Dateien sind in Kapitel 22 zu finden.

15.3.1 Beispielprogramm extern-Deklaration ohne Header-Datei

Hier wird keine Header-Datei zur Aufnahme der `extern`-Deklaration verwendet:

```
/* Datei: ext1.c */
#include <stdio.h>

extern void f2 (void);
void f1 (void);
extern int zahl;

int main (void)
{
   printf ("\nhier ist main, zahl = %d", zahl);
   f1 ();
   f2 ();
   return 0;
}

int zahl = 6;

void f1 (void)
{
   printf ("\nhier ist f1, zahl = %d", zahl);
}

/* Datei: ext2.c */
#include <stdio.h>

extern int zahl;

void f2 (void)
{
   printf ("\nhier ist f2, zahl = %d", zahl);
}
```

15.3.2 Beispielprogramm extern-Deklaration mit Header-Datei

Hier wird eine Header-Datei zur Aufnahme der `extern`-Deklaration verwendet:

```
/* Datei: ext.h */
extern void f1 (void);
extern void f2 (void);
extern int zahl;

/* Datei: ext1.c */
#include <stdio.h>
#include "ext.h"   /* Die Anfuehrungszeichen sagen dem Compiler,   */
                   /* dass er mit der Suche der Header-Datei ext.h */
int main (void)    /* im aktuellen Verzeichnis beginnen soll       */
{
   printf ("\nhier ist main, zahl = %d", zahl);
```

```
   f1();
   f2();
   return 0;
}

int zahl = 6;

void f1 (void)
{
   printf ("\nhier ist f1, zahl = %d", zahl);
}

/* Datei: ext2.c */
#include <stdio.h>
#include "ext.h"

void f2 (void)
{
   printf ("\nhier ist f2, zahl = %d", zahl);
}
```

Kompilieren und Linken auf der Kommandozeile kann man beispielsweise unter dem Visual Studio[131] durch das Kommando:

```
cl /Feext ext1.c ext2.c
```

Die ablauffähige Einheit heißt dann bei Windows-Systemen `ext.exe`.

In der Regel geht man zum Kompilieren und Linken eines Programms aus mehreren Dateien nicht auf die Kommandoebene, sondern legt in einer integrierten Entwicklungsumgebung wie z. B. dem Visual Studio ein sogenanntes „Projekt" an, nimmt die einzelnen Quelldateien in das Projekt auf und kompiliert und linkt im Dialog.

Die Programmausgabe ist:

```
hier ist main, zahl = 6
hier ist f1, zahl = 6
hier ist f2, zahl = 6
```

Es wäre auch möglich gewesen, in der Datei `ext1.c` anstelle von

```
extern void f2 (void);
```

nur

```
void f2 (void);
```

zu schreiben, da der Compiler bei Funktionen defaultmäßig die Speicherklasse `extern` einsetzt.

---

[131] Rufen Sie zuvor im Konsolenfenster die Kommandoprozedur `vcvars32.bat` auf. Diese wird mit dem Visual Studio im Verzeichnis `C:\Programme\Microsoft Visual Studio 9.0\VC\bin` installiert.

15.3.3 Die extern-Deklaration bei Arrays

Für die Nutzung der Speicherklasse extern bei Arrays ist Folgendes zu beachten:

Die Größe eines Arrays kann bei der Definition des Arrays angegeben werden, das Array kann natürlich auch als Array ohne Längenangabe mit Initialisierungsliste definiert werden, da dann die Größe vom Compiler berechnet wird. In einer extern-Deklaration hingegen kann ein Array ohne Längenangabe stehen, da an dieser Stelle die Größe keine Rolle spielt, sondern nur über den Namen ein Bezug zu der eigentlichen Definition hergestellt werden soll.

15.3.4 Beispiel für die extern-Deklaration bei Arrays

Das folgende Beispiel demonstriert die extern-Deklaration für Arrays:

```
/* Datei: ext_arr1.c */
#include <stdio.h>

extern void f2 (void);
void f1 (void);

int main (void)
{
   extern int array [];

   printf ("\nhier ist main, array[0] = %d", array [0]);
   printf ("\nhier ist main, array[1] = %d", array [1]);
   f1();
   f2();
   return 0;
}

int array[] = {6, 12};

void f1 (void)
{
   printf ("\nhier ist f1, array[0] = %d", array [0]);
   printf ("\nhier ist f1, array[1] = %d", array [1]);
}

/* Datei: ext_arr2.c */
#include <stdio.h>

void f2 (void)
{
   extern int array[];
   printf ("\nhier ist f2, array[0] = %d", array [0]);
   printf ("\nhier ist f2, array[1] = %d", array [1]);
}
```

Natürlich hätte extern int array [] nicht im Rumpf von main(), sondern genauso gut vor der Definition der main()-Funktion angeschrieben oder mittels einer Header-Datei inkludiert werden können. Entscheidend ist, dass vor dem Zugriff auf das Array array in main() dieses Array als extern deklariert wird.

Die Ausgabe ist:

```
hier ist main, array[0] = 6
hier ist main, array[1] = 12
hier ist f1, array[0] = 6
hier ist f1, array[1] = 12
hier ist f2, array[0] = 6
hier ist f2, array[1] = 12
```

15.4 Programme aus mehreren Dateien – die Speicherklasse static für externe Definitionen

Generell kann man alle globalen Variablen und Funktionen aus einer anderen Datei benutzen, indem man in seiner Datei entsprechende `extern`-Deklarationen aufnimmt. Dies entspricht nicht immer der Intention des Programmierers der anderen Datei, der die Variablen und Funktionen definiert. Um seine Definitionen vor nicht erwünschter Benutzung zu schützen, ist es in C möglich, Daten und Funktionen innerhalb einer Datei so zu kapseln, dass diese nur innerhalb der eigenen Datei verwendet werden können.

Hat man beispielsweise in einer Datei zwei Funktionen, die auf eine globale Variable dieser Datei zugreifen müssen, und möchte aber den Funktionen der anderen Dateien den Zugriff auf die Variable verwehren, so kann man dies dadurch erreichen, dass man diese Variable durch Angabe des Schlüsselwortes `static` als Teil der `static`-Speicherklasse definiert. Dies ist eine Definition. Das Schlüsselwort `static` bedeutet internal Linkage, was bedeutet, dass eben genau an dieser Stelle die Definition stattfindet, keine Deklaration. Dann nützt auch eine `extern`-Deklaration dieser Variablen in einer anderen Datei nichts. Die statische (`static`) globale Variable ist außerhalb ihrer eigenen Datei unsichtbar. Auf die gleiche Weise kann man auch verhindern, dass Funktionen der eigenen Datei missbräuchlich von Funktionen in anderen Dateien aufgerufen werden können.

> Funktionen und externe Variablen, die der Speicherklasse `static` angehören, sind nur in ihrer eigenen Datei sichtbar. Das Schlüsselwort `static` führt hier zu einer internen Bindung des entsprechenden Namens. Funktionen aus anderen Dateien können auf diese Funktionen und Variablen nicht zugreifen.

Damit kann mit Hilfe der Speicherklasse `static` das Prinzip des **Information Hiding in C-Programmen** realisiert werden. Eine ausführliche Behandlung dieses Aspektes erfolgt in Kapitel 22.

Beispiel

Das folgende Beispiel zeigt, dass es der Funktion `f2()` in der Datei `stat2.c` nicht möglich ist, auf die statische globale Variable `zahl` in der Datei `stat1.c` zuzugreifen und dass die Funktion `main()` in der Datei `stat1.c` nicht auf die statische Funktion `f2()` in der Datei `stat2.c` zugreifen kann:

```
/* Datei: stat1.c */
#include <stdio.h>

void f1 (void);
extern void f2 (void);

static int zahl = 6;
int main (void)
{
   printf ("\nhier ist main, zahl = %d", zahl);
   f1();
   f2();
   return 0;
}

void f1 (void)
{
   printf ("\nhier ist f1, zahl = %d", zahl);
}
/* Datei: stat2.c */
#include <stdio.h>

static void f2 (void)
{
   extern int zahl;
   printf ("\nhier ist f2, zahl = %d", zahl);
}
```

Dieses Programm kann ohne Fehlermeldung kompiliert werden. Beim Linken erscheinen jedoch die Fehlermeldungen:

```
stat1.obj : Verweis auf nicht aufgeloestes externes Symbol "_f2" in
Funktion "_main".
stat2.obj : Nichtaufgeloestes externes Symbol "_zahl".
```

15.5 Speicherklassen bei lokalen Variablen

Bei lokalen Variablen[132] gibt es drei verschiedene Speicherklassen:

- Speicherklasse `auto`,
- Speicherklasse `register` und
- Speicherklasse `static`.

15.5.1 Automatische Variablen

Automatische Variablen werden so bezeichnet, weil sie automatisch angelegt werden und automatisch verschwinden. Sie sind nur innerhalb des Blockes sichtbar, in dem sie definiert sind, und leben vom Aufruf des Blockes bis zum Ende des Blockes.

---

[132] Thread-lokale Variablen werden in Kapitel 23.4.2 behandelt.

Automatische Variablen sind **lokale Variablen** ohne Angaben einer Speicherklasse, mit Angabe der Speicherklasse `auto` sowie mit Angabe der Speicherklasse `register`.

Auch **formale Parameter**

- ohne Angabe einer Speicherklasse
- sowie mit Angabe der Speicherklasse `register`

stellen **automatische Variablen** dar.

Automatische Variablen ohne Angaben einer Speicherklasse sowie bei Angabe der Speicherklasse `auto` werden auf dem Stack angelegt.

Wird ein Block betreten, so wird eine automatische Variable – sei es eine automatische Variable der Speicherklasse `auto` bzw. eine automatische Variable ohne Angabe einer Speicherklasse – auf dem Stack dort angelegt, wo der Stackpointer hinzeigt. Nach dem Verlassen des Blockes wird der Speicherplatz der Variablen auf dem Stack durch Modifikation des Stackpointers zum Überschreiben frei gegeben.

Eine automatische Variable wird bei jedem Blockeintritt erneut angelegt. Wenn sie nicht manuell initialisiert wird, so ist der Wert der Variablen undefiniert. Es ist nicht garantiert, dass diese Variable bei nochmaligem Aufruf der Funktion oder des Blockes den vorherigen Wert noch enthält.   ◀Vorsicht!▶

15.5.1.1 Beispielprogramm für automatische Variablen ohne Angabe einer Speicherklasse

Lokale Variablen und formale Parameter ohne Angabe einer Speicherklasse sind automatische Variablen. Bis zu dem hier vorliegenden Kapitel gab es nur solche lokale Variablen und formale Parameter.

Das folgende Beispiel demonstriert für lokale Variablen ohne Angabe einer Speicherklasse, dass eine automatische Variable bei jedem Blockeintritt neu angelegt und manuell initialisiert wird.

Beispiel:

```
/* Datei: auto1.c */
#include <stdio.h>

void beispiel (void)
{
   int zahl = 0;
   printf ("\nzahl = %d", zahl++); /* Das Inkrementieren hier   */
}                                  /* bleibt ohne Auswirkung    */
```

```
int main (void)
{
    int lv;
    for (lv = 0; lv <= 2; lv++) beispiel ();
    return 0;
}
```

Hier die Ausgabe des Programms:

```
zahl = 0
zahl = 0
zahl = 0
```

15.5.1.2 Beispiel für die Speicherklasse auto

Lokale Variablen der Speicherklasse `auto` sind automatische Variablen wie lokale Variablen ohne Angabe einer Speicherklasse.

Im folgenden Beispiel sind `term1` und `term2` Variablen der Speicherklasse `auto`.

```
/* Datei: auto2.c */
#include <stdio.h>

float produkt (float faktor1, float faktor2)
{
    return faktor1 * faktor2;
}

int main (void)
{
    auto float term1, term2;    /* Das Schluesselwort auto koennte  */
    printf ("\nGib die Faktoren ein: ");    /* man auch weglassen   */
    scanf ("%f %f", &term1, &term2);
    printf ("Das Produkt von %f und %f ist %f", term1, term2,
            produkt (term1, term2));
    return 0;
}
```

In der Regel lässt man das Schlüsselwort `auto` weg.

15.5.1.3 Speicherklasse register

Mit Hilfe des Schlüsselwortes `register` kann man dem Compiler empfehlen, formale Parameter und lokale Variablen in Registern des Prozessors statt im Arbeitsspeicher abzulegen[133].

Hier ein Beispiel für die Verwendung des Schlüsselwortes `register`:

```
void beispiel (register long a)
{
```

---

[133] Zugriffe auf Register des Prozessors sind schneller als Zugriffe auf den Arbeitsspeicher.

```
    register int b;
    ....
}
```

Die Ablage in Registern ist nur für bestimmte Datentypen möglich. Der Compiler muss diesem Wunsch nicht nachkommen. Auf `register`-Variablen darf der Adressoperator & nicht angewandt werden. Vorsicht!

Die einzige Speicherklasse, die bei einem formalen Parameter explizit angegeben werden kann, ist `register`.

Die Speicherklasse `register` sollte nur für häufig benutzte Variablen eingesetzt werden, um die Zugriffszeit zu reduzieren. Gut optimierende Compiler erkennen jedoch solche Variablen durch geeignete Analyseverfahren und legen diese Variablen selbstständig – wenn immer möglich – in Registern ab.

Daher ist die Verwendung von `register` nur in speziellen Fällen vorteilhaft.

15.5.2 Speicherklasse static für lokale Variablen

Wird eine lokale Variable mit dem Schlüsselwort `static` versehen, so dient sie als lokaler, aber permanenter Speicher innerhalb eines Blockes oder einer Funktion. Permanent bedeutet hier, dass die Variable ihren Wert zwischen zwei Funktionsaufrufen nicht verliert.

Statische lokale Variablen werden vom Compiler nicht auf dem Stack angelegt, sondern im Speicherbereich der globalen Variablen. Sie werden dadurch **permanent** und behalten ihren Wert auch zwischen zwei Funktionsaufrufen bei. Eine **manuelle Initialisierung** wird **nur** beim **ersten Aufruf** ausgeführt. Statische lokale Variablen haben also eine andere Lebensdauer als normale lokale Variablen. Bezüglich der **Sichtbarkeit** verhalten sich statische lokale Variablen aber nach wie vor **wie normale lokale Variablen**.

15.5.2.1 Beispiel zu statischen Variablen

Dass eine manuelle Initialisierung von statischen lokalen Variablen nur beim ersten Aufruf durchgeführt wird, zeigt das folgende Beispiel:

```
/* Datei: static.c */
#include <stdio.h>
void beispiel (void)
{
  static int a = 1;
  printf ("\na = %d", a++);
}
```

```
int main (void)
{
   int lv;
   for (lv = 0; lv <= 2; lv++) beispiel ();
   return 0;
}
```

 Hier die Ausgabe des Programms:

```
a = 1
a = 2
a = 3
```

Aus der Ausgabe wird ersichtlich, dass in der Variablen a die Anzahl der Aufrufe der Funktion beispiel() mitgezählt wird. Ohne das Schlüsselwort static wäre das nicht möglich.

Statische lokale Variablen werden wie globale Variablen automatisch mit 0 initialisiert, wenn sie nicht manuell initialisiert werden. Gewöhnen Sie sich aus Sicherheitsgründen bei statischen Variablen eine manuelle Initialisierung an! Vorsicht!

15.5.2.2 Weiteres Beispiel zur Lebensdauer einer statischen Variablen

Das folgende Beispiel zeigt, dass eine statische lokale Variable als permanenter Speicher während der gesamten Programmausführung dienen kann – im Gegensatz zu einer normalen lokalen Variablen, deren Speicher nach jedem Funktionsaufruf zum Überschreiben freigegeben wird. In diesem Falle ist die Variable summe, die den Kontostand enthält, permanent. Der Kontostand wird zwar durch eine Buchung in dem Funktionsaufruf geändert, bleibt dann aber bis zur nächsten Buchung erhalten. Hier das bereits erwähnte Programm:

```
/* Datei: bank.c */
#include <stdio.h>

void bilanz (float);

int main (void)
{
   int status;
   float delta;
   printf ("\nGeben Sie bitte die Kontenbewegungen ein:");
   printf ("\nNach der letzten Eingabe beenden Sie mit Strg+Z.\n");
   while ((status = scanf ("%f", &delta)) != EOF)
   {
      bilanz (delta);
   }
   return 0;
}

void bilanz (float buchung)
{
   static float summe = 0.f;
   printf ("\n Zu Beginn ist der Kontenstand %.2f", summe);
   printf ("\n Gebucht wurde: %.2f", buchung);
```

```
    summe += buchung;
    printf ("\n Der neue Kontenstand ist: %.2f\n", summe);
}
```

Die Kontenbewegungen können manuell nach dem Aufruf des Programms eingegeben oder dem Programm vorgefertigt in einer Datei zur Verfügung gestellt werden.
Im letzteren Fall erfolgt der Aufruf des Programms bank.exe beispielsweise durch

bank < test.dat[134]

Dabei enthält die Datei test.dat die drei Zeilen:

```
+3
-6
+5
```

Die Ausgabe des Programms war:

```
Geben Sie bitte die Kontenbewegungen ein:
Nach der letzten Eingabe beenden Sie mit Strg+Z.

Zu Beginn ist der Kontenstand 0.00
Gebucht wurde: 3.00
Der neue Kontenstand ist: 3.00

Zu Beginn ist der Kontenstand 3.00
Gebucht wurde: -6.00
Der neue Kontenstand ist: -3.00

Zu Beginn ist der Kontenstand -3.00
Gebucht wurde: 5.00
Der neue Kontenstand ist: 2.00
```

15.6 Automatische und nicht automatische Initialisierung von Variablen

In der Programmiersprache C werden externe und statische lokale Variablen bei der
Initialisierung anders behandelt als automatische Variablen.

Externe Variablen und statische lokale Variablen werden automatisch
mit 0 initialisiert. Automatische Variablen werden nicht automatisch initialisiert. Ihr Wert ist undefiniert und entspricht dem zufälligen Bitmuster an ihrer Speicherstelle – ein sinnfreier Wert.

Im Falle einer manuellen Initialisierung werden externe und statische
Variablen nur ein einziges Mal initialisiert. Automatische Variablen, die
manuell initialisiert werden, erhalten diesen Wert bei jedem Blockeintritt bzw. Funktionsaufruf.

---

[134] Der Umlenkoperator < wird in Kapitel 16.3 besprochen.

> Externe und statische Variablen werden manuell initialisiert durch **konstante Ausdrücke**, automatische Variablen können durch Werte **beliebiger Ausdrücke** – auch Funktionsaufrufe – manuell initialisiert werden.

Bei automatischen Variablen stellt eine manuelle Initialisierung letztlich nichts anderes als eine Abkürzung für eine Zuweisung dar.

15.7 Überblick über die Speicherklassen sequentieller Programme

Die folgende Tabelle zeigt die Gültigkeit und die Lebensdauer von Variablen der verschiedenen Speicherklassen:

Speicher-klasse	Gültigkeit	Lebensdauer	automat. Initialisierung	Segment
register	Block	Block	nein	Stack oder in Register
auto	Block	Block	nein	Stack
static lokale Variable	Block	Programm	mit 0	Daten
static externe Variable	in Datei ab Definition, in anderen Dateien nicht	Programm	mit 0	Daten
extern	in Programm ab Definition bzw. ab extern-Deklaration	Programm	mit 0	Daten

Tabelle 15-1 Überblick über die Speicherklassen sequentieller Programme

15.8 Zusammenfassung

Dieses Kapitel beschäftigt sich mit Speicherklassen.

Die Namen von Variablen sind zur Laufzeit nicht mehr vorhanden. Der Compiler errechnet für Variablen, wie viel Speicherplatz sie benötigen und welche relative Adresse sie haben. Zur Laufzeit wird mit den Adressen der Variablen und nicht mit ihren Namen gearbeitet.

Sowohl lokale als auch externe Variablen können sogenannten Speicherklassen zugeordnet werden. C11 kennt die Speicherklassen

- typedef
- extern
- static
- _Thread_local
- auto
- und register.

typedef zählt nur formal (syntaktisch) zu den Speicherklassen.

Kapitel **15.1** befasst sich mit dem Adressraum eines ablauffähigen C-Programms. Der Adressraum eines ablauffähigen C-Programms – beispielsweise einer Datei `programm.exe` – besteht grob aus den vier Segmenten (Regionen): Code, Daten, Heap und Stack. Im Code-Segment liegt das Programm in Maschinencode vor.

Externe Variablen sind für alle Funktionen sichtbar, die nach ihrer Definition in derselben Datei definiert werden. Sie werden deswegen auch als für diese Funktionen globale Variablen bezeichnet. Lokale Variablen werden vom C-Compiler auf dem Stack angelegt, externe (globale) im Daten-Segment und dynamische Speicherblöcke im Heap. Auf dem Stack werden ferner die Parameter einer Funktion und die Rücksprungadresse abgelegt, wenn sie durch den Aufruf einer anderen Funktion oder durch Aufruf von sich selbst unterbrochen wird.

Externe (globale) Variablen werden im Daten-Segment abgelegt. Dieses Segment wird beim Programmstart vom Lader automatisch bereitgestellt und die einzelnen Variablen werden im Falle einer manuellen Initialisierung korrekt initialisiert. Nicht initialisierte Variablen werden hierbei automatisch auf Null gesetzt.

Dynamische Speicherblöcke werden im Heap beispielsweise mit Hilfe der Library-Funktion `malloc()` angelegt. Sie können nicht über einen Namen angesprochen werden. Der Pointer, den die Funktion `malloc()` liefert, ist die einzige Möglichkeit, auf die dynamische Variable zuzugreifen. Lebensdauer und Gültigkeit von dynamischen Speicherblöcken unterliegen nicht den Blockgrenzen der Funktion, innerhalb der sie geschaffen wurden.

Kapitel **15.2** befasst sich mit den virtuellen Adressen eines Programms bei Vorliegen mehrerer Dateien sowie mit der internen und externen Bindung von Namen.

Der Begriff Modul ist vieldeutig. Hier wird unter Modul eine separat kompilierfähige Einheit, mit anderen Worten eine Übersetzungseinheit, verstanden. Ein Modul entspricht einer Quelldatei. Verschiedene Quelldateien werden getrennt übersetzt.

Der Linker baut einen virtuellen Adressraum des Programms auf, der aus virtuellen (logischen) Adressen besteht, die einfach der Reihe nach durchgezählt werden. In diesem virtuellen Adressraum hat jede Funktion und jede globale Variable ihre eigene Adresse.

Ein Programm im Quellcode hat noch keine Adressen. Die Objekte einer Programmeinheit (Hauptprogramm, Unterprogramm) werden durch Namen bezeichnet. Beim Kompilieren werden die Objekte an relativen Adressen innerhalb der jeweiligen Objektdatei abgelegt. Der Linker fügt die einzelnen Adressräume der Objektdateien sowie erforderlicher Library-Files so zusammen, dass sich die Adressen nicht überlappen und dass die Querbezüge gegeben sind.

Externe Variablen und Funktionen haben eine externe Bindung. Dies bedeutet, dass unter dem gleichen Namen eine Funktion oder externe Variable aus allen Dateien eines Programms ansprechbar ist und dass dieser Name eindeutig für das ganze Programm ist. Externe Variablen und Funktionen, die als `static` vereinbart werden, haben eine interne Bindung. Ihr Name ist nur innerhalb ihrer eigenen Datei sichtbar und kollidiert nicht mit demselben Namen mit interner Bindung in anderen Dateien. Bei Symbolen mit interner Bindung müssen die jeweiligen Definitionen direkt vorliegen,

d. h. sich in der zu übersetzenden Datei befinden. Bei externer Bindung muss sich die Definition von Variablen bzw. Funktionen nicht in derselben Übersetzungseinheit befinden. Objekte mit interner Bindung existieren eindeutig in einer Datei, Objekte mit externer Bindung eindeutig für das ganze Programm.

In einer Übersetzungseinheit können mehrere Deklarationen mit gleichem Namen existieren, solange sie in Typ und Bindung übereinstimmen. Es muss jedoch immer genau eine Definition dieses Namens existieren. Die Definition kann sich entweder in derselben Übersetzungseinheit oder aber in einer anderen Übersetzungseinheit befinden. Entsprechend werden schlussendlich alle Deklarationen eines Namens entweder durch den Compiler oder aber den Linker mit dieser einen Definition verbunden

Kapitel **15.3** analysiert die Speicherklasse `extern`. Eine mit `extern` deklarierte Variable darf nur in einer einzigen Datei definiert werden, in den anderen Dateien wird sie mit Hilfe der `extern`-Deklaration referenziert. Die Definition legt die Adresse einer externen Variablen fest. Der Linker setzt in den anderen Dateien, die über die `extern`-Deklaration diese Variable referenzieren, die Adresse dieser Variablen ein. Externe Variablen werden vom Compiler an der Stelle ihrer Definition automatisch mit 0 initialisiert, falls sie nicht manuell initialisiert werden. Formal sieht eine `extern`-Deklaration einer Variablen wie die Definition aus, es wird nur zusätzlich das Schlüsselwort `extern` vorangestellt.

Eine `extern`-Deklaration kann im Funktionsrumpf einer Funktion oder bereits vor der Funktion selbst erfolgen. Um die Übersicht zu wahren, werden `extern`-Deklarationen meist außerhalb aller Funktionen zu Beginn einer Datei angeschrieben. Die so deklarierten externen Variablen und Funktionen gelten dann in der ganzen Datei. Dabei werden sie oft in einer Header-Datei abgelegt, die zu Beginn der Datei mit `#include` eingefügt wird. Möchte man in einer Datei auf Funktionen oder externe Daten zugreifen, die in anderen Dateien definiert sind, so braucht man eine `extern`-Deklaration. Bei Funktionen kann das Schlüsselwort `extern` weggelassen werden.

Kapitel **15.4** behandelt die Speicherklasse `static` und ihren Nutzen bei der Verwendung mehrerer Dateien. Funktionen und externe Variablen, die der Speicherklasse `static` angehören, sind hier nur in ihrer eigenen Datei sichtbar. Das Schlüsselwort `static` führt hier zu einer internen Bindung des entsprechenden Namens. Funktionen aus anderen Dateien können auf diese Funktionen und Variablen nicht zugreifen.

Kapitel **15.5** untersucht die möglichen Speicherklassen bei lokalen Variablen. Automatische Variablen werden so bezeichnet, weil sie automatisch angelegt werden und automatisch verschwinden. Sie sind nur innerhalb des Blockes sichtbar, in dem sie definiert sind, und leben vom Aufruf des Blockes bis zum Ende des Blockes. Automatische Variablen sind lokale Variablen ohne Angaben einer Speicherklasse, mit Angabe der Speicherklasse `auto` sowie mit Angabe der Speicherklasse `register`. Auch formale Parameter ohne Angabe einer Speicherklasse sowie mit Angabe der Speicherklasse `register` stellen automatische Variablen dar. Automatische Variablen ohne Angaben einer Speicherklasse sowie bei Angabe der Speicherklasse `auto` werden auf dem Stack angelegt.

Eine automatische Variable wird bei jedem Blockeintritt erneut angelegt. Wenn sie nicht manuell initialisiert wird, so ist der Wert der Variablen undefiniert. Es ist nicht garantiert, dass die Variable bei nochmaligem Aufruf der Funktion oder des Blockes den vorherigen Wert noch enthält.

In der Regel lässt man das Schlüsselwort `auto` weg.

Mit Hilfe des Schlüsselwortes `register` kann man dem Compiler empfehlen, formale Parameter und lokale Variablen in Registern des Prozessors statt im Arbeitsspeicher abzulegen. Die Ablage in Registern ist nur für bestimmte Datentypen möglich. Der Compiler muss diesem Wunsch nicht nachkommen. Auf `register`-Variablen darf der Adressoperator `&` nicht angewandt werden. Die einzige Speicherklasse, die bei einem formalen Parameter explizit angegeben werden kann, ist `register`. Die Speicherklasse `register` sollte nur für häufig benutzte Variablen eingesetzt werden, um die Zugriffszeit zu reduzieren. Gut optimierende Compiler erkennen jedoch solche Variablen durch geeignete Analyseverfahren und legen diese Variablen selbstständig – wenn immer möglich – in Registern ab.

Statische lokale Variablen werden vom Compiler nicht auf dem Stack angelegt, sondern im Speicherbereich der globalen Variablen. Sie werden dadurch permanent und behalten ihren Wert auch zwischen zwei Funktionsaufrufen bei. Eine manuelle Initialisierung wird nur beim ersten Aufruf ausgeführt. Statische lokale Variablen haben also eine andere Lebensdauer als normale lokale Variablen. Bezüglich der Sichtbarkeit verhalten sich statische lokale Variablen aber nach wie vor wie normale lokale Variablen. Statische lokale Variablen werden wie globale Variablen automatisch mit 0 initialisiert, wenn sie nicht manuell initialisiert werden. Gewöhnen Sie sich aus Sicherheitsgründen bei statischen Variablen eine manuelle Initialisierung an!

Kapitel **15.6** befasst sich mit der automatischen und nichtautomatischen Initialisierung von Variablen. Externe Variablen und statische lokale Variablen werden automatisch mit 0 initialisiert. Automatische Variablen werden nicht automatisch initialisiert. Ihr Wert ist undefiniert und entspricht dem zufälligen Bitmuster an ihrer Speicherstelle – ein sinnfreier Wert. Im Falle einer manuellen Initialisierung werden externe und statische Variablen nur ein einziges Mal initialisiert. Automatische Variablen, die manuell initialisiert werden, erhalten diesen Wert bei jedem Blockeintritt bzw. Funktionsaufruf. Externe und statische Variablen werden manuell initialisiert durch konstante Ausdrücke, automatische Variablen können durch Werte beliebiger Ausdrücke – auch Funktionsaufrufe – manuell initialisiert werden.

Kapitel **15.7** gibt einen tabellarischen Überblick über die Speicherklassen von C für sequentielle Programme.

15.9 Übungsaufgaben

Aufgabe 15.1: Speicherklassen. Programme aus mehreren Dateien

Schreiben Sie ein Programm, welches 2 float-Zahlen a und b einliest (Funktion einlesen()), den Durchschnitt ausrechnet (Funktion durchschnitt()), den Quotienten (Funktion quotient()), das Produkt (Funktion produkt()), die Summe (Funktion summe()) und die Differenz berechnet (Funktion differenz()).

Alle Funktionen sollen in main() aufgerufen werden. Jede Funktion steht in einer eigenen Datei:

Funktion	Datei
main()	main.c
einlesen()	einlesen.c
durchschnitt()	durchschnitt.c
quotient()	quotient.c
produkt()	produkt.c
summe()	summe.c
differenz()	differenz.c

Die Zahl a soll eine globale Variable sein und soll in der Datei main.c stehen. Die Zahlen a und b sollen über die Parameterliste von einlesen() an main() übergeben werden. Die Ergebnisse der arithmetischen Operationen sollen bei durchschnitt(), quotient() und produkt() über die Parameterliste, bei summe() und differenz() als Rückgabewert übergeben werden.

Hier die Datei main.c:

```
#include <stdio.h>

extern void einlesen (float *, float *);
extern void durchschnitt (float, float *);
extern void quotient (float, float *);
extern void produkt (float, float *);
extern float summe (float);
extern float differenz (float);

float a;

int main (void)
{
   float b;
   float mittel;
   float quot;
   float prod;
   float summ;
   float diff;

   einlesen (&a, &b);
   durchschnitt (b, &mittel);
   quotient (b, &quot);
   produkt (b, &prod);

   summ = summe (b);
```

```
      diff = differenz (b);
      printf ("\n a = %6.2f, b = %6.2f", a, b);
      printf ("\n der Mittelwert von a und b ist %6.2f", mittel);
      printf ("\n das Produkt a*b ist %6.2f", prod);
      printf ("\n der Quotient a/b ist %6.2f", quot);
      printf ("\n die Summe a + b ist %6.2f", summ);
      printf ("\n die Differenz ist %6.2f", diff);
      return 0;
}
```

Aufgabe 15.2: Speicherklassen

Schreiben Sie das Programm kalkulator, welches aus den Dateien main.c, einlesen.c und durchschnitt.c bestehen soll.

Die Datei einlesen.c soll die Funktion einlesen() enthalten, die Datei durchschnitt.c die Funktion durchschnitt(). Dabei soll die Funktion einlesen() zehn int-Werte vom Bediener anfordern und in das Array a in der Datei main.c schreiben. Die Funktion durchschnitt() soll den Durchschnitt aller Werte des Arrays berechnen.

Ergänzen Sie im folgenden Programm die durch .... gekennzeichneten fehlenden Teile.

```
/* Datei main.c */
#include <stdio.h>

int a [10];
....

int main (void)
{
   float erg;
   einlesen ();
   durchschnitt (&erg);
   printf ("\nDer Durchschnitt der eingegebenen Zahlen ist: %f "
           , erg);
   return 0;
}

/* Datei einlesen.c */
#include <stdio.h>

....

/* Datei durchschnitt.c */
#include <stdio.h>

....
```

Kapitel 16

Ein- und Ausgabe

16 Ein- und Ausgabe

Programme laufen fast immer nach dem Schema "Eingabe/Verarbeitung/Ausgabe" (EVA-Prinzip) ab. Schon daran ist die Wichtigkeit der Ein- und Ausgabe von Programmen zu erkennen.

> Ein gutes Ein-/Ausgabe-System ist für die Akzeptanz einer Programmiersprache von großer Bedeutung.

Die Ein- und Ausgabe in einem Programm kann unterschiedlichen Zwecken dienen. Die wichtigsten Fälle sind: Kommunikation mit einem Anwender über die Tastatur, den Bildschirm etc. und Zugriff auf die Daten, die in einem Dateisystem auf einem Massenspeicher langfristig gespeichert sind.

> Für die Ein- und Ausgabe stellt C eine Standardbibliothek zur Verfügung. Durch Einbinden der Header-Datei `<stdio.h>` kann auf eine große Anzahl nützlicher Prototypen von Ein- und Ausgabefunktionen der Standardbibliothek zugegriffen werden, die auf dem Konzept von **Datenströmen (streams)** basieren.

Ein Datenstrom kann eine Datenquelle wie eine Tastatur bzw. ein Datenziel wie einen Bildschirm mit dem Programm verbinden. Mit Hilfe eines Datenstroms kann ein Programm aber auch mit einer Datei verbunden werden. Dateien können dabei sowohl Datenquelle als auch Datenziel sein.

> Das Architekturprinzip von UNIX, nämlich Dateien und Peripheriegeräte über Datenströme in gleicher Weise zu behandeln, ist ebenso auch in C zu finden.

Es muss hier noch erwähnt werden, dass die Sprache C keinen Standard für grafische Oberflächen zur Interaktion mit dem Benutzer definiert und dass solche Programme nur über zusätzliche, meist betriebssystem- und/oder compilerabhängige Bibliotheken für grafische Oberflächen erstellt werden können. Darauf kann im Rahmen dieses Buches nicht eingegangen werden.

Kapitel 16.1 behandelt die Speicherung von Daten in Dateisystemen. Kapitel 16.2 erklärt das Ein-/Ausgabekonzept von C und Kapitel 16.3 die Standardeingabe und die Standardausgabe in C. Die High-Level-Bibliotheksfunktionen, die es dem Programmierer erlauben, unabhängig vom verwendeten Betriebssystem zu programmieren, und die betriebssystemnahen Low-Level-Bibliotheksfunktionen zur Ein- und Ausgabe in C werden in Kapitel 16.4 vorgestellt. High-Level-Funktionen werden in den folgenden Kapiteln genauer behandelt. In Kapitel 16.5 werden allgemeine High-Level-Funktionen für den Zugriff auf Dateien wie das Öffnen und Schließen von Dateien unter Verwendung von Filepointern erklärt. Kapitel 16.6 und 16.7 befassen sich mit dem Schreiben in Dateien beziehungsweise dem Lesen von Dateien mit Hilfe der High-Level-Funktionen von C. In Kapitel 16.8 werden die alternativen Funktionen für mehr Sicherheit bei der Ein- und Ausgabe in C11 beschrieben.

16.1 Speicherung von Daten in Dateisystemen

Bei der Datenverarbeitung ist die automatische Verarbeitung von Daten mit Hilfe von Programmen das Hauptziel. Programme, die vom Prozessor bearbeitet werden sollen, müssen für die Dauer ihrer Abarbeitung in den Hauptspeicher geladen werden. Die dauerhafte Speicherung der Programme und ihrer Daten erfolgt auf Massenspeichern.

 Massenspeicher wie z. B. eine Festplatte werden mit Hilfe des Betriebssystems angesprochen und verwaltet. Die Komponente des Betriebssystems, die dafür verantwortlich ist, ist das **Dateisystem (file system)**.

Nicht jedes Betriebssystem muss ein Dateisystem haben. In der Prozessdatenverarbeitung werden auch Betriebssysteme verwendet, die keine Massenspeicher verwalten. Bei Betriebssystemen, welche auf Massenspeicher zugreifen, konnte aufgrund der Vielfalt der Geräte, ihrer unterschiedlichsten Hardware-Eigenschaften und Verwaltungs-Mechanismen der Zugriff auf Dateien der peripheren Speicher früher im Allgemeinen nicht direkt durch die Programmiersprache erfolgen, sondern wurde durch Routinen des Betriebssystems ausgeführt, die für die entsprechende Programmiersprache zur Verfügung gestellt wurden. Für die verschiedenartigen Massenspeicher wie Festplatten, Disketten, CDs, Memorysticks, etc. wurden im Laufe der Zeit durch die Betriebssysteme zunehmend komfortablere Dateisysteme bereitgestellt.

 Eine **Datei (file)** ist eine Zusammenstellung von **logisch** zusammengehörigen Daten, die als eine Einheit behandelt werden und unter einem dem Betriebssystem bekannten **Dateinamen (file name)** abgespeichert werden.

Erst durch UNIX, das Geräte als Dateien behandelte, und durch das Konzept der Datenströme wurde es möglich, von der Programmiersprache aus mit Dateizugriffsfunktionen direkt auf Peripheriegeräte zuzugreifen. Vor dem Programmierer bleibt dabei das spezielle Dateisystem verborgen. Dies symbolisiert das folgende Bild:

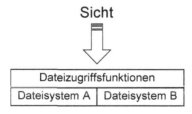

Bild 16-1 Dateizugriffsfunktionen verbergen das Dateisystem

Über einen Datenstrom kann der Programmierer direkt auf die Festplatte schreiben oder von ihr lesen (siehe Kapitel 16.6 und 16.7). Programme können damit leichter portiert werden, da sie nicht von den Interna des Dateisystems eines bestimmten Betriebssystems abhängen, sondern eine wohldefinierte Programmschnittstelle benutzen.

16.1.1 Dateien unter UNIX – das Streamkonzept

Die Programmiersprache C wurde geschrieben, um mit ihrer Hilfe das Betriebssystem UNIX zu implementieren. Die Architekturvorstellungen beim Entwurf von UNIX spiegeln sich deshalb auch in C wider.

Eine **Datei** unter UNIX ist ein einziger mit einem Namen versehener Datensatz beliebiger Länge, der aus einer Folge von Bytes besteht. Ein solcher Datensatz aus beliebig vielen Bytes wird im Englischen als **Datenstrom (stream)** bezeichnet.

Ein Stream ist eine Folge von Zeichen. Die Bedeutung dieser Zeichen (Buchstaben, Zahlen, Bitmuster) spielt dabei für die Verarbeitung durch das Dateisystem keine Rolle.

Da das Dateisystem als Struktureinheit nur Bytes kennt, bietet es keine Unterstützung für das Lesen und das Schreiben von strukturierten Informationen. Hierfür werden jedoch in C Bibliotheksfunktionen bereitgestellt.

Die Dateien des Dateisystems, die der Programmierer anspricht, sind in UNIX also Folgen von Bytes oder Byte-Arrays.

Das **Interpretieren eines Stroms von Bytes** beim Lesen oder Schreiben hat nicht durch das Dateisystem, sondern durch den **Anwender** zu erfolgen.

Der Anwender nimmt die Interpretation des Zeichenstroms meist nicht selbst vor, sondern bedient sich hierzu der Bibliotheksfunktionen, die es beispielsweise erlauben, wie in einer Textdatei zeilenweise zu lesen oder zu schreiben oder wie in einer satzorientierten Datei Sätze fester Länge[135], die binär gespeichert werden, zu lesen oder zu schreiben.

Programme, die über Dateien kommunizieren, müssen sich über das Format, wie die entsprechende Datei beschrieben und gelesen wird, verständigen.

Die Umsetzung auf das byteweise arbeitende Dateisystem nehmen die Bibliotheksfunktionen vor, die Umsetzung vom Dateisystem auf die eigentliche Gerätehardware der Gerätetreiber (engl. device driver).

---

[135] Bei einer Datei mit Sätzen fester Länge hat jeder Datensatz dieselbe Struktur. Ein Beispiel hierfür ist eine Angestelltendatei mit Sätzen wie in Bild 13-2 gezeigt.

16.1.2 Schichtenmodell von UNIX für die Ein- und Ausgabe

 Ein von einem Anwender geschriebenes Programm greift nicht direkt auf die Ein-/Ausgabegeräte zu, sondern auf **C-Bibliotheksfunktionen**, die für die Ein-/Ausgabe vorgesehen sind. Diese wiederum rufen **Systemfunktionen des Betriebssystems** auf.

Das Besondere an UNIX ist, dass sämtliche Ein- und Ausgaben über ein **Dateisystem** im **Kernel** des Betriebssystems gehen – nicht nur die Ein-/Ausgaben von und zu der Festplatte, sondern generell für alle Peripheriegeräte wie Bildschirm, Tastatur und so fort. Im Folgenden ein Bild der Architektur von UNIX:

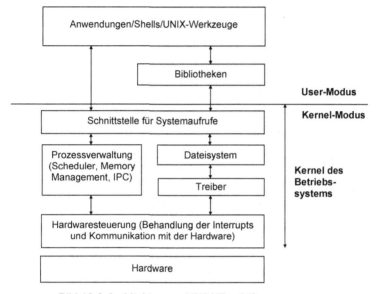

Bild 16-2 Architektur von UNIX [Bac91]

Alle Ein-/Ausgaben eines Anwendungsprogramms beziehen sich in UNIX auf Dateien im Dateisystem.

Die Geräteabhängigkeit ist bei UNIX durch das Dateisystem verborgen.

Die Geräte selbst werden durch **Treiberprogramme** (engl. **device driver**) angesteuert. Der Kernel ist derjenige Teil des Betriebssystems, der in einem besonders geschützten Modus (**Kernel-Modus**) läuft, damit beispielsweise Programmierfehler eines Anwenders keinen Schaden anrichten können. Der Kommandointerpreter – bei UNIX **Shell** genannt – und UNIX-Werkzeuge sind auch Teile des Betriebssystems. Sie werden jedoch nicht im Kernel-Modus, sondern im **User-Modus** ausgeführt und haben damit denselben Schutz wie normale Anwendungsprogramme.

In dieser Architektur lassen sich sowohl **blockorientierte Geräte** wie Festplatten als auch **zeichenorientierte Schnittstellen** wie Tastaturen oder Netzwerkschnittstellen in einfacher Weise einbinden. Jedes Gerät wird vom Nutzer durch einen Namen, der wie ein Dateiname aussieht, angesprochen und die Ein- und Ausgabe erfolgt durch das Lesen von Dateien bzw. Schreiben in Dateien, **als ob Geräte gewöhnliche Dateien auf einer Festplatte wären**.

Es ist sogar möglich und üblich, dass ein Gerät wie eine Festplatte oder ein Band zwei Gerätetreiber hat, eine Block- und eine Zeichenschnittstelle. Aber so tief – bis zu den Gerätetreibern – muss der Programmierer nicht sehen. Er ruft seine C-Bibliotheksfunktionen auf, die auf das Dateisystem zugreifen. Was darunter liegt, ist verborgen.

16.2 Das Ein-/Ausgabe-Konzept von C

C bietet selbst keine Sprachmittel für die Ein- und Ausgabe. Für die Ein- und Ausgabe werden stattdessen Bibliotheksfunktionen verwendet, die jedoch wie die Sprache selbst standardisiert sind. Ihre Schnittstellen sind in der Header-Datei `<stdio.h>` aufgeführt.

Auf eine Datei wird in einem C-Programm über eine **Dateivariable** wie z. B.

- einen sogenannten **File-Pointer** (siehe Kapitel 16.5)
- oder über eine **systemspezifische Datei-Identifikation** (siehe Anhang B)

zugegriffen.

Eine Datei liegt dabei normalerweise im Dateisystem und hat einen Namen, den das Dateisystem und auch der Nutzer versteht, z. B. den Namen `TEST.DAT`. Zur Laufzeit wird dann die Verknüpfung zwischen der Dateivariablen und der Datei auf der Festplatte hergestellt.

Der Nutzer muss in seinem Programm beim Öffnen einer Datei sagen, welche Dateivariable des Programms er mit welcher Datei des Dateisystems verknüpfen möchte.

Dies erfolgt z. B. durch eine Anweisung

```
fp = fopen ("TEST.DAT", "w");
```

Hier wird mit der Standardfunktion `fopen()` eine Datei `TEST.DAT` zum Schreiben (w für write) geöffnet und mit der Dateivariablen `fp`[136] verknüpft. `fp` stellt bildlich gesprochen den Kanal vom Programm zur Datei auf der Festplatte dar.

---

[136] `fp` soll File-Pointer bedeuten.

Das folgende Bild zeigt den Kanal `fp` zur Festplatte:

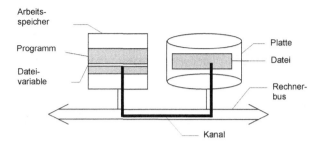

Bild 16-3 Der Kanal verbindet das Programm mit der Datei

Über diesen Kanal `fp` kann in dem oben skizzierten Fall (`"w"`) nur geschrieben werden. Prinzipiell kann jedoch über einen Kanal gelesen oder geschrieben werden.

Physische und logische Ebene

Ein Nutzer sieht nur die logische Ebene einer Datei, in anderen Worten die Struktur ihrer Informationen und nicht die Blöcke auf der Festplatte. Die Informationen einer Datei, die der Nutzer als eine logische Einheit sieht, können physisch auf zahlreiche Plattenblöcke aufgeteilt sein. Diese Plattenblöcke einer Datei müssen nicht unbedingt sequentiell hintereinander auf der Festplatte liegen, sondern können über die Festplatte verstreut sein. Um die physischen Blöcke einer Festplatte braucht sich der Nutzer nicht zu kümmern.

> Die logische Struktur einer Datei wird auf die physischen Blöcke einer Festplatte durch das Dateisystem umgesetzt.

Die einzige Stelle, an der man im Programm noch das Dateisystem sieht, ist die Verknüpfung einer Dateivariablen des Programms, die den (logischen) Kanal zum Peripheriegerät repräsentiert, mit dem Namen einer Datei, der dem Dateisystem bekannt ist. Der **Kanal zur Datei** wird vom Betriebssystem zur Verfügung gestellt.

16.3 Standardeingabe und -ausgabe in C

> Vom Laufzeitsystem des C-Compilers werden die Standardkanäle für die
>
> - **Standardeingabe**,
> - **Standardausgabe**
> - und **Standardfehlerausgabe**
>
> in Form der globalen File-Pointer `stdin`, `stdout` und `stderr` zur Verfügung gestellt.

Das Laufzeitsystem initialisiert diese File-Pointer vor dem Programmstart. Normalerweise stellen diese Standardkanäle Kanäle zum Bildschirm bzw. zur Tastatur dar. Sie können aber auch beim Programmstart mit Hilfe von Kommandos an das Betriebssystem auf Dateien oder andere Geräte umgelenkt werden. Diese File-Pointer stehen jedem C-Programm zur Verfügung und stellen ein wichtiges Hilfsmittel für die Ein-/Ausgabe dar.

Der Erfolg von UNIX hängt unter anderem auch mit seiner großen Flexibilität im Umgang mit Dateien zusammen. Hierbei haben sich zwei Konzepte als sehr nützlich erwiesen – weshalb sie auch von Windows übernommen wurden – nämlich

- die Umlenkung (Umleitung) der Ein- und Ausgabe
- und das Pipelining.

Die Umlenkung der Ein- und Ausgabe wird in Kapitel 16.3.1, das Pipelining in Kapitel 16.3.2 vorgestellt.

16.3.1 Umlenkung der Ein- und Ausgabe

> Das Umlenken der Standardein- und -ausgabe erfolgt auf der Kommandoebene des Betriebssystems unter Windows gleich wie unter UNIX, nämlich durch die **Umlenkoperatoren** > und <.

16.3.1.1 Umlenkung der Standardausgabe

Die **Umlenkung der Standardausgabe** erfolgt wie im folgenden Beispiel:

```
myprog > test.out
```

Die vom Programm `myprog` an die Standardausgabe geleiteten Zeichen werden in die Datei `test.out` geschrieben. Zum Beispiel werden alle Ausgaben von `printf()` jetzt in die Datei `test.out` geschrieben.

> Von einer Umlenkung merkt ein Programm nichts.

Unter UNIX wird – wie oben gezeigt – einfach `myprog > test.out<RETURN>` in einer Shell abgesetzt. Danach steht die Datei `test.out` im aktuellen Verzeichnis.

Unter Windows kann man ebenfalls mit `myprog > test.out<RETURN>` oder mit `myprog.exe > test.out<RETURN>` in die Datei `test.out` ausgeben.

16.3.1.2 Umlenkung der Standardeingabe

Die **Umlenkung der Standardeingabe** erfolgt wie im folgenden Beispiel:

```
myprog < test.inp
```

Damit kommen die Eingaben für das Programm `myprog` nicht mehr von der Tastatur, sondern aus der Datei `test.inp`. Auch hier merkt das Programm nichts davon. Es behandelt jedes Byte so, als wäre es von der Tastatur gekommen.

16.3.1.3 Umlenkung der Standardeingabe und der Standardausgabe

Beide Umlenkungsarten können auch kombiniert werden, das heißt, man kann Standardein- und -ausgabe gleichzeitig umlenken:

```
myprog < test.inp > test.out
```

Die Eingabe erfolgt dann nicht mehr von der Tastatur und die Ausgabe geht nicht mehr an den Bildschirm.

Die Angaben zur Umlenkung der Standardeingabe und der Standardausgabe werden dabei nicht an das Programm weitergeleitet, sondern die Umlenkung wird vom Kommandointerpreter des Betriebssystems durchgeführt.

16.3.1.4 Standardfehlerausgabe

Damit Fehlermeldungen nach wie vor trotz erfolgter Umlenkung der Standardausgabe am Bildschirm erscheinen können, gibt es einen dritten, unabhängigen Standardkanal, die **Standardfehlerausgabe**. Auch diese kann mit Mitteln des Betriebssystems umgelenkt werden.

16.3.2 Pipelining

Durch **Pipes** werden mehrere Programme in der Weise verbunden, dass die **Standardausgabe des einen Programms** als **Standardeingabe des anderen Programms** verwendet wird.

Das Pipelining erfolgt auf der Kommandoebene des Betriebssystems unter Windows gleich wie unter UNIX in der Form:

```
Programm1 | Programm2
```

Der senkrechte Strich bedeutet, dass die Ausgabe von `Programm1` umgeleitet und zur Eingabe von `Programm2` wird. Diese Syntax soll durch ein bekanntes Beispiel aus der UNIX-Welt illustriert werden. Die mittels einer Pipe verbundenen Kommandos

```
ls | sort
```

geben eine sortierte Liste der Dateien des aktuellen Verzeichnisses aus. Hierbei wird die Standardausgabe des Programms `ls` als Standardeingabe an das Programm `sort` gegeben.

Die Standardausgabe eines Programms wird durch den Pipe-Operator | zur Standardeingabe für das nächste Programm.

Der dabei verwendete **Puffer**, in den das eine Programm hineinschreibt und aus dem das andere Programm herausliest, wird als **Pipe** bezeichnet.

Der Mechanismus wird als **Fließbandverarbeitung** oder **Pipelining** bezeichnet. Der Vorteil ist zum einen, dass hierbei kein Zugriff zur Festplatte erforderlich ist, sondern nur zum Arbeitsspeicher. Im Arbeitsspeicher wird quasi eine temporäre Datei angelegt, die wieder automatisch gelöscht wird. Durch das Hintereinanderreihen von Programmen mit Hilfe von Pipes kann man mächtige Funktionen erzeugen. Die einzelnen Programme können dabei ziemlich klein sein.

> Ein Programm, welches nur Daten von der Standardeingabe liest, diese verarbeitet und sein Resultat nur auf die Standardausgabe schreibt, wird als **Filter** bezeichnet. Verschiedene Filter können durch Pipes verbunden werden.

Im Folgenden seien `prog2` und `prog3` Filter. Das Programm `prog3` soll den Output von `prog2` auf die Standardausgabe als Input über die Standardeingabe entgegennehmen. Dann lassen sich diese Filter mit `prog1`, welches Ausgaben an die Standardausgabe erzeugt, mit Hilfe einer weiteren Pipe verbinden:

```
prog1 | prog2 | prog3
```

16.3.3 Funktionen für die Standardeingabe und -ausgabe

Wie man sieht, eröffnet die Programmierung mit der Standardein- und -ausgabe sehr viele Möglichkeiten: Diese Programme können sowohl mit Bildschirm und Tastatur arbeiten, bei Bedarf, beispielsweise wenn sie im Hintergrund arbeiten sollen, ihre Daten aber auch aus Dateien beziehen oder ihre Ergebnisse in Dateien ablegen. Sie sind nicht von speziellen Dateinamen abhängig, sondern bei jedem Programmstart kann eine andere Datei in einer Umlenkung berücksichtigt werden. Einfache Programme können über Pipes zu komplexeren Operationen verknüpft werden, ohne dass in eines der Programme eingegriffen werden muss.

> Wegen der herausragenden Bedeutung der Standardeingabe und Standardausgabe stellt die C-Bibliothek eigene Funktionen für die Standardeingabe und die Standardausgabe zur Verfügung.

Häufig sind diese nur als Makros implementiert, die vom Präprozessor auf Aufrufe von Funktionen des Betriebssystems umgesetzt werden. Sie stellen also nur Abkürzungen dar, da sie häufig benutzt werden. Ihre Existenz bedeutet nicht, dass die Standardein- und -ausgabe und "normale" Dateien unterschiedlich behandelt werden.

16.4 High- und Low-Level-Bibliotheksfunktionen zur Ein- und Ausgabe

> Die C-Bibliothek implementiert als Modell für die Eingabe und Ausgabe das Stream-Konzept, welches von UNIX her bekannt ist. Eine Datei wird als ein Array von Zeichen betrachtet.

Arbeitet das Betriebssystem anders, so wird dies durch die Bibliotheksfunktionen von C verborgen.

Die Bibliotheksfunktionen zur Ein-/Ausgabe in C lassen sich untertei-len in

- High-Level-Funktionen
- und Low-Level-Funktionen.

Die **High-Level-Funktionen** bieten eine einfache und portable Schnittstelle für den Umgang mit Dateien. Wie oben bereits erwähnt, gibt es spezielle Funktionen, die auf die **Standardein-** bzw. **-ausgabe** zugreifen, wie z. B. `scanf()` und `printf()`, und Funktionen, die auf **Dateien auf einer Festplatte** zugreifen, wie z. B. `fscanf()` und `fprintf()`.

Der Name `printf()` ist eine Abkürzung für "print formatted". `printf()` dient zur formatierten Ausgabe auf die Standardausgabe.

So können z. B. `int`-Zahlen, die rechnerintern im Zweierkomplement gespeichert sind, formatiert, d. h. in einer lesbaren Form, als Folge von Zeichen ausgegeben werden.

Das erste f von `fprintf()` kommt von "file". `fprintf()` dient also nicht speziell zur Ausgabe an die Standardausgabe, sondern allge-mein zur formatierten Ausgabe in Dateien des Dateisystems.

High-Level-Funktionen werden in den folgenden Kapiteln genauer behandelt. In Ka-pitel 16.5 werden allgemeine High-Level-Funktionen für den Zugriff auf Dateien wie das Öffnen und Schließen von Dateien unter Verwendung von Filepointern erklärt. Kapitel 16.6 und 16.7 befassen sich mit dem Schreiben in Dateien mit Hilfe von High Level-Funktionen unter Verwendung von File-Pointern beziehungsweise dem Lesen von Dateien mit Hilfe von High-Level-Funktionen unter Verwendung von File-Poin-tern.

Die **Low-Level-Funktionen für den Dateizugriff** sind Bibliotheks-funktionen, die C-Aufrufe von Betriebssystemfunktionen bieten.

Die Low-Level-Funktionen werden auch **elementare Ein-/Ausgabefunktionen** ge-nannt.

Die High-Level-Dateizugriffsfunktionen der Standardbibliothek sind – zumindest unter UNIX – mit Hilfe von Aufrufen der Low-Level-Funk-tionen für den Dateizugriff implementiert.

Die Low-Level-Funktionen sind in Anhang B beschrieben.

Low-Level-Funktionen bieten auch Möglichkeiten für die Ein- und Ausgabe, die es bei den High-Level-Funktionen nicht gibt.

Die Low-Level-Funktionen haben jedoch den Nachteil, dass sie nicht unabhängig vom Betriebssystem standardisiert sind und deshalb vom Betriebssystem abhängig sind.

Für UNIX-Betriebssysteme sind sie jedoch durch den POSIX-Standard standardisiert. Die Low-Level-Funktionen haben eine große Bedeutung für die Systemprogrammierung unter UNIX, z. B. für die Programmierung der Interprozesskommunikation zwischen Betriebssystemprozessen. Die High-Level-Dateizugriffsfunktionen hingegen verstecken das Betriebssystem. Damit sind Programme, welche nur die High-Level-Dateizugriffsfunktionen verwenden, **portabel**, d. h. sie können auf andere Rechner bzw. Betriebssysteme übertragen werden und laufen auch dort.

Weiterführende Dokumentation der Funktionen

Die Low-Level- wie auch die High-Level-Funktionen bieten eine unglaubliche Vielzahl an Optionen, welche den Rahmen dieses Buches sprengen würden. In den folgenden Kapiteln werden nur die wichtigsten Vertreter der High-Level-Funktionen mit den geläufigsten Parametern beschrieben.

Für eine umfassende Dokumentation dieser Funktionen wird auf die in jeder heutigen IDE eingebauten Hilfe verwiesen. Unter Unix oder Systemen mit Unix-ähnlichen Terminals können alle benötigten Informationen beispielsweise auch mittels folgender Kommandozeile abgefragt werden:

```
man 3 printf
```

Diese sogenannten **man pages** (Manual-Seiten) sind in sämtlichen Unix-ähnlichen Systemen eingebaut. Auch im Web können mittels einfacher Suche nach `man printf` oder einfach `printf` eben diese man pages abgerufen werden.

16.5 Der File-Pointer bei High-Level-Funktionen

Der Zugriff auf eine Datei über die High-Level Dateizugriffsfunktionen wird über einen **File-Pointer** durchgeführt. Der **File-Pointer** wird beim Öffnen einer Datei von der Funktion `fopen()` zurückgegeben und zeigt auf eine Struktur vom Typ `FILE`. Je nach Betriebssystem und Compiler sind die Inhalte der `FILE`-Struktur unterschiedlich.

Variablen vom Type `FILE *` bezeichnet man im Allgemeinen als **stream**. Andere Bezeichnungen sind **File-Pointer** oder **Dateivariable**. Die Struktur `FILE` ist in der Include-Datei `<stdio.h>` definiert.

Der Benutzer muss die Struktur `FILE` nicht kennen, da der Inhalt der Struktur nur für die Implementierung der High-Level-Dateifunktionen relevant ist und von diesen Funktionen gegenüber dem Programmierer verborgen wird.

Die Struktur `FILE` verfügt über einen **Dateipuffer**. Dies bedeutet, dass die Funktionen des High-Level-Dateizugriffs zum Lesen und Schreiben grundsätzlich nur auf einen Dateipuffer zugreifen, der sich im Hauptspeicher befindet. Dies beschleunigt Lese- und Schreibprozesse erheblich, da Zugriffe auf den Hauptspeicher um ein Vielfaches schneller sind als auf eine Datei. Das tatsächliche Schreiben und Lesen des Puffers wird nur dann durchgeführt, wenn dies erforderlich ist. Bei Ausgabedateien kann der Programmierer mittels der `fflush()`-Funktion (siehe Kapitel 16.5.2) den Puffer manuell leeren.

Die Struktur `FILE` speichert zudem Flags, die den Status einer Datei darstellen. Unter anderem wird der Dateiende-Status (End-Of-File, `EOF`) und der Fehlerstatus des Streams vermerkt. Diese beiden Status können mit den Funktionen `feof()`[137] und `ferror()`[137] abgefragt werden.

Standard-File-Pointer

Es gibt bereits vordefinierte Standard-File-Pointer, die das Ansprechen der Ein- und Ausgabegeräte gestatten. Die folgenden File-Pointer sind in `<stdio.h>` als symbolische Konstanten definiert:

File-Pointer	Ansprechbare Ein-/Ausgabegeräte
`stdin`	Standardeingabe (Tastatur)
`stdout`	Standardausgabe (Bildschirm)
`stderr`	Standardfehlerausgabe (Bildschirm)

Tabelle 16-1 Standard File-Pointer

Diese File-Pointer entsprechen konstanten Pointern auf den Typ `FILE *`.

Unter dem Betriebssystem UNIX gibt es die drei reservierten Namen für die Standardkanäle `stdin`, `stdout` und `stderr`. Beim Start eines Programms werden die File-Pointer automatisch vom Laufzeitsystem mit den entsprechenden Standardkanälen und damit mit den in der obigen Tabelle genannten Ein-/Ausgabegeräten verknüpft[138]. Die File-Pointer sind damit initialisiert – ein Aufruf von `fopen()` ist nicht nötig und auch nicht möglich.

Die **Standardfehlerausgabe** ist eine zusätzliche Einheit zu `stdout`. Schreibt man Fehlermeldungen nicht nach `stdout`, sondern nach `stderr`, so kann verhindert werden, dass die Fehlerausgaben beim Umlenken der Standardausgabe nicht mehr am Bildschirm sichtbar sind.

Man sollte es sich zur Angewohnheit machen, Fehler und Warnungen nie mit `printf(....)` oder mit `fprintf (stdout, ....)` nach `stdout` auszugeben. Man sollte sie immer nach `stderr` mit `fprintf (stderr, ....)` ausgeben.

---

[137] Siehe Kapitel 16.5.4.

[138] Auf der Ebene des Betriebssystems kann die Zuordnung der Standardkanäle zu Geräten bzw. Dateien aber auch geändert werden – etwa durch Umlenkung oder Pipelining. Siehe dazu Kapitel 16.3.

Wird nämlich die Standardausgabe in eine Datei umgelenkt (mit >), so bleiben die Fehler- und Warnungsausgaben am Bildschirm sichtbar und man kann sehr leicht feststellen, ob und wie oft es Fehler und Warnungen gab.

16.5.1 Öffnen und Schliessen von Dateien

Wenn mit Dateien gearbeitet wird, müssen sie normalerweise zuerst geöffnet werden. Dies geschieht beispielsweise, indem angegeben wird, unter welchem Dateinamen eine Datei im Betriebssystem aufzufinden ist. Wenn die Datei erfolgreich geöffnet wurde, kann der Programmierer andere Funktionen aufrufen, um die Datei zu manipulieren oder um Daten aus ihr herauszulesen. Am Ende der Verarbeitung wird die Datei wieder geschlossen.

> Die Funktion `fopen()` öffnet eine Datei mit bestimmten Zugriffsrechten wie z. B. zum Lesen oder Schreiben. Die Funktion `fclose()` schliesst alle Schreibvorgänge ab und schließt die Datei.

Die beiden Funktionen `fopen()` und `fclose()` haben die folgenden Prototypen:

```
FILE * fopen  (const char * filename, const char * mode);
int    fclose (FILE * stream);
```

In C11 sind die beiden Parameter von `fopen()` zusätzlich mit dem `restrict`-Schlüsselwort deklariert.

Die Funktion `fopen()` öffnet die durch `filename` definierte Datei mit dem im Parameter `mode` in doppelten Anführungszeichen angegebenen Schalter für das Zugriffsrecht. Wenn die Datei erfolgreich geöffnet werden konnte, gibt die Funktion einen Pointer auf `FILE` zurück. Im Fehlerfall wird `NULL` zurückgegeben.

Wenn die Datei im Programm nicht mehr benötigt wird, kann einfach die Funktion `fclose()` mit dem entsprechenden File-Pointer aufgerufen werden. Sodann werden sämtliche Schreibvorgänge abgeschlossen – wenn noch welche pendent waren – und der Datei-Stream vom Programm getrennt.

> Grundsätzlich sollte eine Datei immer sofort nach Abschluss der Dateibearbeitung geschlossen werden. Dies verhindert einen eventuellen Datenverlust bei einem späteren Programmabsturz. Außerdem ist die Anzahl der gleichzeitig geöffneten Dateien durch das Betriebssystem begrenzt.

Ein einfaches Beispiel:

```
FILE * fp;
if ((fp = fopen ("antwort.txt", "w")) != NULL)
{
    fprintf (fp, "Zweiundvierzig\n");
    fclose (fp);
}
```

Hier wird eine Datei zum Schreiben im Textmodus geöffnet. `"w"` ist der Parameter `mode`, `w` ist der sogenannte **Schalter**. Folgendes sind die wichtigsten Schalter:

Schalter	Beschreibung
r	Öffnen einer Datei ausschließlich zum Lesen.
w	Datei zum Schreiben erzeugen. Existiert die Datei bereits, so wird sie überschrieben.
a	Öffnen einer Datei zum Anfügen. Existiert die Datei bereits, so werden neue Daten an das Dateiende angefügt, ansonsten wird die Datei neu erzeugt.
b	Zusatz-Schalter für das Öffnen einer Datei im Binärmodus.

Tabelle 16-2 Die wichtigsten Schalter des Parameters `mode` der Funktion `fopen()`

Die Funktion `fopen()` bietet eine noch weitaus größere Auswahl an Modi, beispielsweise um eine Datei sowohl lesend als auch schreibend zu öffnen oder damit man sich ab dem C11-Standard gar vom Betriebssystem Exklusiv-Rechte erbitten kann. Hier wird auf die weiterführende Dokumentation – wie in Kapitel 16.4 besprochen – verwiesen.

Zum Öffnen einer Datei für eine binäre Ein-/Ausgabe muss zusätzlich der Buchstabe b als Schalter angegeben werden wie z. B. `"rb"` oder `"wb"`. Wenn dieser Schalter nicht angegeben wird, so wird eine Datei im Textmodus geöffnet.

Der Unterschied zwischen einer Datei im **Text-** und im **Binärmodus** ist, dass im Textmodus – im Falle von Windows-Compilern – beim Schreiben eines Zeilenendes ein `LF` durch ein `CR` `LF` (Carriage Return, Line Feed) ersetzt wird, zum anderen wird beim Lesen ein `CR` `LF` durch ein `LF` ersetzt. Wenn die Datei im Binärmodus geöffnet wurde, wird dieser Ersetzungsvorgang nicht durchgeführt.

Bei UNIX-Compilern wird der Schalter b zwar akzeptiert, es gibt jedoch keinen Unterschied zwischen Text- und Binärmodus. Es wird auf den Ersetzungsvorgang am Zeilenende komplett verzichtet.

Zusätzlich zu `fopen()` und `fclose()` gibt es die Funktion `freopen()`, welche versucht, einen bereits geöffneten Filepointer zu schliessen und danach mittels eines neuen Modus erneut zu öffnen. Hier wird auf eine genauere Behandlung verzichtet.

16.5.2 Puffersteuerung

Wie bereits besprochen, hat ein File-Pointer einen Puffer, welcher einzelne Lese- und Schreib-Operationen enorm beschleunigen kann. Wünscht der Programmierer an einem Punkt im Programm explizit, dass der Puffer geleert werden soll, so kann er dies mit einem Aufruf der Funktion `fflush()` erreichen. Mit den Funktionen `setbuf()` und `setvbuf()` kann zudem für jeden File-Pointer einzeln gesteuert werden, was genau gepuffert werden soll.

Die Prototypen für die Funktionen sind die folgenden:

```
int   fflush (FILE * stream);
int   setvbuf(FILE * stream, char * buf, int mode, size_t size);
void setbuf (FILE * stream, char * buf);
```

In C11 sind die ersten beiden Parameter von `setvbuf()` und `setbuf()` zusätzlich mit dem `restrict`-Schlüsselwort deklariert.

Die Funktion `fflush()` sorgt bei einem **Ausgabestrom** dafür, dass alle in den Dateipuffern existierenden und noch nicht geschriebenen Daten auf die Festplatte geschrieben werden. Die Wirkungsweise von `fflush()` auf einen **Eingabestrom** ist laut Standard undefiniert.

Mittels der Funktion `setvbuf()` kann gesteuert werden, wie groß der Puffer eines File-Pointers sein soll, wie er genutzt werden soll, und es kann sogar ein eigener Puffer angegeben werden. Die Funktion `setbuf()` ist nur eine vereinfachte Version von `setvbuf()` und ruft selbige Funktion mit vorgegebenen Standardwerten auf. Hier wird auf die weiterführende Dokumentation verwiesen.

16.5.3 Navigieren innerhalb von Dateien

Ein File-Pointer speichert intern, wo genau sich das Programm momentan in der Datei befindet. Wird eine Datei beispielsweise im Lesemodus `"r"` geöffnet, so zeigt der interne Dateipositionszeiger zu Beginn auf den Anfang der Datei. Beim Lesen einer Datei rückt der Dateipositionszeiger allmählich vor, bis dass schlussendlich das Ende der Datei erreicht wird. Wenn der Programmierer es wünscht, kann er jedoch den Dateipositionszeiger beliebig verschieben.

Mittels der Funktion `ftell()` kann ermittelt werden, an welcher Position sich der Dateipositionszeiger gerade befindet. Mittels `fseek()` kann der Dateipositionszeiger auf eine beliebige relative oder absolute Position innerhalb der Datei gesetzt werden. Die Funktion `rewind()` setzt den Zeiger zurück zum Anfang der Datei.

Folgendes sind die Prototypen der Funktionen:

```
long ftell   (FILE * stream);
int   fseek   (FILE * stream, long offset, int whence);
void rewind (FILE * stream);
```

Diese Funktionen erlauben es dem Programmierer, den Dateipositionszeiger innerhalb von binären Dateien beliebig zu setzen. Für Textdateien jedoch funktionieren diese Funktionen nur unzuverlässig, da die automatische Umwandlung von `CR` in `CR LF` unter Windows ein einwandfreies Arbeiten bei Dateien im Textmodus verhindert. Für Textdateien, welche Zeichen des Typs `wchar_t` speichern, gibt es seit C11 zusätzlich die Funktionen `fgetpos()` und `fsetpos()`, welche eine exakte Positionierung erlauben. Hier in diesem Buch werden sie nicht weiter angesprochen.

Die Funktion `fseek()` setzt den Dateipositions-Zeiger der durch `stream` definierten Datei auf die Position, die `offset` Bytes von `whence` entfernt ist. Für den Parameter `whence` sind in `<stdio.h>` 3 Konstanten definiert:

SEEK_SET	offset ist relativ zum Dateianfang
SEEK_CUR	offset ist relativ zur aktuellen Position
SEEK_END	offset ist relativ zum Dateiende

Tabelle 16-3 Konstanten für den Parameter whence für die Suche in Dateien

Die Funktion `rewind()` positioniert den Dateipositions-Zeiger der durch `stream` definierten Datei an den Dateianfang und setzt zusätzlich sämtliche Fehler-Flags zurück.

16.5.4 Fehlerbehandlung

Ein File-Pointer speichert nebst dem obengenannten Dateipositionszeiger auch Status- und Fehler-Flags. Für den Programmierer ist es beispielsweise beim Lesen einer Datei wichtig zu wissen, ob der Dateipositionszeiger am Ende der Datei angelangt ist.

In einigen Funktionen zur Ein-/Ausgabe in Dateien kann nicht zwischen einem eigentlichen Fehler bei der Dateiverarbeitung und dem Erreichen des Dateiendes unterschieden werden. Um den Stream in einem solchen Fall genauer zu analysieren, werden folgende Funktionen bereitgestellt:

```
int  feof    (FILE * stream);
int  ferror  (FILE * stream);
void clearerr (FILE * stream);
```

Die Funktion `feof()` prüft, ob das Dateiende erreicht ist. Die Funktion `ferror()` prüft das Fehlerflag einer Datei. Die Funktion `clearerr()` setzt das Dateiende- und das Fehlerflag einer Datei zurück.

Die Funktionen `feof()` und `ferror()` geben eine Zahl ungleich Null zurück, wenn das entsprechende Flag gesetzt ist. Was genau die zurückgegebene Zahl aussagt, ist jedoch implementationsspezifisch.

Bei jeder Funktion der Standardbibliotheken (nicht nur bei Verwendung von `<stdio.h>`), bei welcher ein Fehler passiert, wird die globale Fehlervariable `errno` mit einem fest vorgegebenen Wert gesetzt. Alle möglichen Fehlernummern können in der Standard-Headerdatei `<errno.h>` nachgelesen werden. Zudem kann der Programmierer mittels der Funktion `perror()`

```
int  perror  (const char * s);
```

sich eine lesbare Fehlermeldung ausgeben lassen. Der übergebene String wird mit einem Doppelpunkt ausgegeben, gefolgt von der entsprechenden Fehlermeldung.

16.5.5 Beispiel für den Umgang mit File-Pointern

Hier wird in einem etwas ausführlicheren Beispiel gezeigt, wie mit den in diesem Kapitel vorgestellten Funktionen umgegangen wird. Es wird eine Datei eingelesen mit
einzelnen Zahlen in mehreren Zeilen. Aus dieser Datei wird eine Ausgabedatei generiert, in welcher die Zahlen als auf 1 normierte, kumulative Verteilfunktion aufgelistet
sind. Jetzt das Beispielprogramm:

```c
/* Datei: verteilung.c */
#include "stdlib.h"
#include "stdio.h"

int main(void)
{
    FILE * infile;
    FILE * outfile;
    char number[10];
    int sum = 0;
    int cumulation = 0;

    // Oeffnen der Input-Datei
    infile  = fopen ("input.txt", "r");
    if (infile == NULL)
    {
        perror("Inputdatei"); exit(1);
    }

    // Oeffnen der Output-Datei
    outfile = fopen ("result.txt", "w");
    if (outfile == NULL){
        perror ("Outputdatei"); exit(1);
    }

    // Lesen der Zahlen:
    while (!feof(infile))
    {
        fgets (number, 10, infile);          // Einlesen einer Zeile
        sum += atoi (number);                // Umwandeln in int
    }

    // Zuruecksetzen der Input-Datei.
    // Auch moeglich: rewind (infile);
    fseek (infile, 0, SEEK_SET);

    // Berechnen der kumulativen Verteilfunktion
    while (!feof(infile))
    {
        fgets (number, 10, infile);          // Einlesen einer Zeile
        fprintf (outfile, "%f\n", (double)cumulation / sum);
        cumulation += atoi (number);         // Umwandeln in int
    }
    fprintf (outfile, "%f\n", 1.);
    fflush (outfile); // Nicht noetig. Einfach zur Demo.

    // Schliessen der Dateien
    fclose (outfile);
```

```
    fclose (infile);

    return 0;
}
```

Die Datei `input.txt` auf der linken Seite ergibt die Datei
`result.txt` auf der rechten Seite:

```
54          0.000000
63          0.210117
88          0.455253
52          0.797665
            1.000000
```

Die Ausgabe dieses Beispiels könnte nun beispielsweise als Eingabe für ein Programm dienen, welches aus diesen Zahlen eine grafische Darstellung dieser kumulativen Verteilfunktion erstellt.

16.5.6 Operationen auf Dateien

Der C-Standard sieht ein paar wenige Funktionen vor, mit denen ein Programmierer mit dem Betriebssystem kommunizieren kann, um neue Dateien anzulegen, Dateien umzubenennen oder gar Dateien zu löschen.

Die Funktionen mit den folgenden Prototypen

```
char * tmpnam(char *s);
FILE * tmpfile(void);
int rename (const char *old, const char *new);
int remove (const char *filename);
```

werden hier kurz erläutert.

Die Funktion `tmpnam()` erstellt einen eindeutigen Dateinamen, welcher keinem anderen Namen einer existierenden Datei entspricht. Mit der Funktion `tmpfile()` erstellt und öffnet das Betriebssystem eine neue, binäre Datei mit Schreibzugriff, welche einen eindeutigen Namen besitzt, aber nur temporär existiert. Die Datei wird am Ende des Programmes oder beim Schliessen der Datei automatisch wieder gelöscht.

Mit der Funktion `rename()` kann eine Datei umbenannt werden. Die Funktion `remove()` löscht in der Regel eine Datei.

16.6 Schreiben in Dateien mit High-Level-Funktionen

Wenn eine Datei erfolgreich im Schreib-Modus geöffnet wurde, kann sie mit Hilfe verschiedener Funktionsaufrufe mit Daten gefüllt werden. Das Schreiben von Daten geschieht grundsätzlich zeichenweise, das heißt, jedes Byte wird einzeln vom Hauptspeicher in die Datei geschrieben.

Die Funktion `fputc()` ist die grundlegendste Funktion, um Daten in eine Datei zu schreiben. Unter dem Namen `putc()` ohne `f` existiert zudem ein Makro, welches exakt dasselbe tut wie `fputc()`, jedoch als Makro ausprogrammiert ist. Das Makro sollte somit nicht verwendet werden, wenn dessen Parameter Ausdrücke mit Nebeneffekten darstellen. Die Prototypen von `fputc()` bzw. `putc()` sind:

```
int fputc (int c, FILE * stream);
int  putc (int c, FILE * stream);
```

Die Funktion `fputc()` schreibt das (von `int` in `unsigned char` umgewandelte) Zeichen `c` in die durch `stream` definierte Datei. Die Funktion `fputc()` liefert bei fehlerfreier Abarbeitung das geschriebene Zeichen `c` zurück. Im Fehlerfall wird das Fehlerflag für den Stream gesetzt und `EOF` zurückgegeben.

Die Funktion `fputc()` schreibt ein einzelnes Zeichen (ein Byte) in einen gegebenen Filepointer. Wenn die Datei als Binärdatei geöffnet wurde, so wird das Byte ohne weitere Konvertierung direkt in die Datei geschrieben. Wenn die Datei als Textdatei geöffnet wurde, so werden gegebenenfalls Zeilenende-Zeichen je nach Betriebssystem umkonvertiert.

Alle anderen Schreib-Funktionen bauen auf `fputc()` auf. Der Programmierer muss sich also beim Öffnen der Datei genau überlegen, ob die Datei als Binärdatei oder als Textdatei behandelt werden soll.

Im Folgenden werden die erweiterten Schreib-Funktionen der Standardbibliothek `<stdio.h>` vorgestellt. Hier wird grob unterschieden zwischen Objekten und formatierten Strings.

16.6.1 Schreiben von Objekten

Unter Objekten werden hier Strings und Arrays verstanden. Die folgenden Funktionen erlauben es dem Programmierer, Strings und ganze Arrays mittels eines einzigen Funktionsaufrufes in eine Datei zu speichern:

```
int fputs      (const char * s, FILE * stream);

size_t fwrite (const void * ptr,
               size_t size,
               size_t nmemb,
               FILE * stream);
```

Die Funktion `fputs()` schreibt einen String in eine Datei. Die Funktion `fwrite()` schreibt ganze Arrays von Objekten in eine Datei.

Die Funktion `fputs()` schreibt den String, auf den der Pointer `s` zeigt, in die durch `stream` definierte Datei. Beim Schreiben wird das Stringende-Zeichen `'\0'` nicht in die Datei gestellt.

Die Funktion `fwrite()` schreibt `nmemb` Objekte der Größe `size` aus dem Array, auf das der Pointer `ptr` zeigt, in die durch `stream` definierte Datei. Insgesamt werden maximal `nmemb` * `size` Bytes geschrieben. Der Datentyp `size_t` ist in `<stddef.h>` definiert[139].

Für die Ausgabe auf dem Standard-Ausgabegerät gibt es zudem folgende Funktionsprototypen:

```
int puts    (const char * s);
int putchar (const char * s);
```

Hierbei entspricht `puts()` der Funktion `fputs()` und `putchar()` entspricht dem Makro `putc()`. Bei beiden Funktionen wird als `stream` die Standardausgabe `stdout` verwendet.

Bei der Funktion `puts()` wird die Ausgabe mit einem automatisch angehängten Zeilenende ergänzt. Das abschliessende Nullzeichen `'\0'` wird jedoch nicht geschrieben.

16.6.2 Schreiben von formatierten Strings

Die Funktion `printf()` („print formatted") dient zur formatierten Ausgabe von Werten von Ausdrücken auf der **Standardausgabe**.

Dabei soll der Wert der entsprechenden Ausdrücke formatiert, d. h. für den Menschen lesbar sein.

Der Funktionsprototyp von `printf()` lautet:

```
int printf (const char * format, ...);
```

In C11 ist der Parameter `format` zusätzlich mit dem `restrict`-Schlüsselwort deklariert. Der Prototyp steht in der Header-Datei `<stdio.h>`.

Im Folgenden werden in Kapitel 16.6.2.1 zuerst die verschiedenen Varianten von `printf()` vorgestellt. Daraufhin wird ab Kapitel 16.6.2.2 erklärt, wie genau Ausdrücke formatiert werden können.

16.6.2.1 Varianten von printf()

Mit `printf()` werden Werte formatiert ausgegeben. Ein **Ausdruck** mit einem Wert kann all das sein, was einen Wert hat, z. B. eine Konstante, eine Variable, ein Funktionsaufruf, der einen Wert zurückgibt, oder die Verknüpfung eines Ausdrucks mit einem anderen Ausdruck durch Operatoren und runde Klammern.

Bevor jedoch erklärt wird, wie genau Ausdrücke formatiert werden können, werden die verschiedenen Varianten von `printf()` vorgestellt:

---

[139] Der Datentyp `size_t` wurde bereits im Zusammenhang mit dem `sizeof`-Operator in Kapitel 9.6.7 erläutert.

Von dieser Funktion gibt es verschiedene Implementierungen, welche allesamt dieselben Formatierungen vornehmen, jedoch unterschiedliche Ein- und Ausgänge besitzen. Die entsprechenden Funktionen werden durch unterschiedliche Präfixe vor dem `printf` ausgedrückt:

`printf`	Ausgabe nach `stdout`
`fprintf`	Ausgabe in Datei (`f` = File)
`sprintf`	Ausgabe in String
`snprintf`	Ausgabe in String mit Maximallänge
`vprintf`	Ausgabe nach `stdout`, Parameter aus variabler Parameterliste
`vfprintf`	Ausgabe in Datei (`f` = File), Parameter aus variabler Parameterliste
`vsprintf`	Ausgabe in String, Parameter aus variabler Parameterliste
`vsnprintf`	Ausgabe in String mit Maximallänge, Parameter aus variabler Parameterliste

Die Funktion `printf()` muss in der Lage sein, beliebig viele Argumente zu formatieren. Daher enthält der Prototyp von `printf()` auch die Auslassung (`...`). Die Auslassung wird meist als **Ellipse** bezeichnet. Wenn die Funktion jedoch das v-Präfix besitzt, so werden die Eingabewerte anstelle der Auslassung mittels einer variablen Parameterliste mit dem Typ `va_list` angegeben. Hier werden diese Funktionen nicht weiter behandelt. Weitere Informationen zu variablen Parameterlisten und den Ellipsen können in Kapitel 11.7 nachgelesen werden.

Das Präfix `f` sorgt dafür, dass die Ausgabe nicht auf die Standardausgabe `stdout` erfolgt, sondern in einen beliebigen Filepointer. Der Prototyp der Funktion `fprintf()` lautet:

```
int fprintf  (FILE * stream, const char * format, ...);
```

In C11 sind die beiden erwähnten Parameter zusätzlich mit dem `restrict`-Schlüsselwort deklariert.

Die Präfixe `s` und `sn` sorgen dafür, dass die Ausgabe nicht auf die Standardausgabe `stdout` erfolgt, sondern in einen String. Folgendes sind die Prototypen:

```
int sprintf  (char * s, const char * format, ...);
int snprintf (char * s, size_t n, const char * format, ...);
```

In C11 sind die beiden genannten Pointer-Parameter wiederum zusätzlich mit dem `restrict`-Schlüsselwort deklariert.

Bei beiden Funktionen wird die formatierte Ausgabe in den durch `s` gegebenen String gespeichert. Beide Funktionen hängen automatisch an das Ende des formatierten Strings ein Null-Byte an. Der Programmierer muss selbst dafür sorgen, dass der in `s` gegebene Puffer groß genug ist für alle Bytes inklusive des abschliessenden Nullzeichens.

Bei der `sn`-Variante kann der Programmierer jedoch explizit angeben, wie groß der String maximal sein darf. Die Funktion wird sodann die Ausgabe rechtzeitig abbrechen, damit der Puffer nicht überlaufen kann.

16.6.2.2 Formatieren von Werten

Der Prototyp der Funktion `printf()` deklariert vor der Ellipse nur einen einzigen formalen Parameter, den Parameter `format`. Dieser Parameter ist vom Typ Pointer auf `char` und stellt den sogenannten **Formatstring** dar. Mit dieser Zeichenkette wird gesteuert, wie die restlichen Parameter formatiert werden sollen.

Der Formatstring enthält sogenannte **Formatelemente**, welche allesamt mit dem Prozent-Zeichen `%` eingeleitet werden. Für jedes Formatelement in der Zeichenkette des ersten Argumentes muss ein weiteres Argument als Teil der Ellipse übergeben werden. An derjenigen Stelle der Zeichenkette, an der das Formatelement steht, erfolgt die Ausgabe des entsprechenden Argumentes.

Die Reihenfolge der weiteren Argumente der Funktion `printf()` und deren Typ muss mit der Reihenfolge und Art der Formatelemente im Formatstring übereinstimmen. Der Formatstring wird von links nach rechts abgearbeitet. Gewöhnliche Zeichen in diesem String werden auf die Standardausgabe geschrieben. Die Formatelemente bestimmen das Format der auszugebenden weiteren Argumente.

Enthält der Format-String keine Formatelemente, so stellt diese Zeichenkette einfach einen String dar, der ausgegeben werden soll, wie im Beispiel:

```
printf ("\nAusgaben:");
```

Wenn der Format-String jedoch Formatelemente enthält, so ermittelt die Funktion `printf()` anhand der dem `%`-Zeichen nachgestellten Zeichen, wie genau ein übergebener Wert formatiert werden soll.

Formatelemente beginnen mit einem `%`-Zeichen. Jedes Formatelement wird durch **Umwandlungszeichen** beendet.

Je nach Formatelement können zwischen dem einleitenden `%`-Zeichen und dem abschliessenden Umwandlungszeichen weitere Formatierungs-Zeichen stehen. Diese werden bei den Ganzzahlen (siehe Kapitel 16.6.2.3) und Gleitpunktzahlen (siehe Kapitel 16.6.2.4) genauer erläutert.

Ein Umwandlungszeichen definiert, was der übergebene Parameter für einen Typ besitzt und wie er dargestellt werden soll. Folgende Tabelle definiert die wichtigsten Umwandlungszeichen:

Um-wand-lungs-zeichen	Typ des Arguments ggf. nach automatischer Konvertierung[1]	Ausgabe erfolgt ...	Ausgabe als Typ
Ausgabe von Ganzzahlen			
`d` oder `i`	`int`	dezimal, gegebenenfalls mit Vorzeichen.	`int`
`o`	`unsigned int`	oktal ohne Vorzeichen (ohne führende null).	`unsigned int`
`x, X`	`unsigned int`	hexadezimal ohne Vorzeichen in Klein- bzw. Großbuchstaben (ohne führendes 0x bzw. 0X).	`unsigned int`
`u`	`unsigned int`	ohne Vorzeichen in dezimaler Form.	`unsigned int`
`c`	`int`	als Zeichen. Dabei wird das Argument in den Typ `unsigned char` gewandelt.	`unsigned char`
Ausgabe von Strings			
`s`	`char *`	als Zeichenkette. Zeichen des Arrays werden bis zum Null-zeichen (jedoch nicht einschließ-lich) geschrieben.	`char *`
Ausgabe von Gleitpunktzahlen			
`f`	`double`	als dezimale Zahl.	`double`
`e, E`	`double`	als Exponentialzahl, wobei das den Exponenten anzeigende e klein bzw. groß geschrieben ist.	`double`
`g, G`	`double`	als Exponentialzahl bzw. als Dezimalzahl in Abhängigkeit vom Wert. Nullen am Schluss sowie ein Dezimalpunkt am Schluss werden nicht ausgegeben.	`double`
Ausgabe von Pointern			
`p`	Pointertyp	als Adresse[1].	
Ausgabe des %-Zeichens			
`%`[1]		als %-Zeichen.	
Speicherung der Anzahl geschriebener Zeichen			
`n`	`int *`	In das übergebene Argument wird die Zahl der von `printf()` geschriebenen Zeichen abgelegt.	keine Wandlung

Tabelle 16-4 Wichtige Umwandlungszeichen

Hierzu ein einfaches Beispiel:

```
printf ("a = %d b = %f", zahl1, zahl2);
```

Der **Rückgabewert** von `printf()` ist die Anzahl der von `printf()` ausgegebenen Zeichen. Tritt ein Fehler bei der Ausgabe auf, so wird ein negativer Wert zurückgegeben.

Wenn die **Formatelemente** nicht zum **Typ der Argumente** passen oder die Zahl der Argumente nicht stimmt, wird die Ausgabe von `printf()` falsch oder kann gar zum Absturz des Programmes führen.

Vorsicht!

16.6.2.3 Wichtige Formate für die Ausgabe von Ganzzahlen

Bei Ganzzahlen wird die **Feldbreite** der Ausgabe angegeben durch `%nd`. Die Zahl `n` legt dabei die Feldbreite, d. h. die Anzahl der Stellen, fest.

Ist die Zahl schmäler als die angegebene Feldbreite, so wird mit Leerzeichen bis zur angegebenen Feldbreite aufgefüllt[140].

Da die angegebene Feldbreite vom Compiler ignoriert wird, wenn sie nicht ausreicht, spricht man oft von der sogenannten **minimalen Feldbreite**.

Wenn vor der Feldbreite eine `0` (Null) geschrieben wird, so wird die Zahl von links her mit Nullen aufgefüllt, sodass sie die Feldbreite voll ausnutzt. Wird vor die Feldbreite ein Minus-Zeichen geschrieben, so wird die Zahl nicht rechtsbündig, sondern linksbündig ausgegeben. Wenn zusätzlich ein Plus-Zeichen geschrieben wird, wird das Vorzeichen der Zahl auch für positive Werte ausgegeben.

Im folgenden Beispiel sind die wichtigsten Formatelemente zu beobachten:

```
int x = 99;
printf ("\n%d Dalmatiner", x);
printf ("\n%5d Dalmatiner", x);
printf ("\n%05d Dalmatiner", x);
printf ("\n%-5d Dalmatiner", x);
printf ("\n%+5d Dalmatiner", x);
printf ("\n%0+5d Dalmatiner", x);
printf ("\n%-+5d Dalmatiner", x);
```

Die Ausgabe ist:

```
99 Dalmatiner
   99 Dalmatiner
00099 Dalmatiner
99    Dalmatiner
  +99 Dalmatiner
+0099 Dalmatiner
+99   Dalmatiner
```

---

[140] Siehe hierzu beispielsweise das Programm zur Zinsberechnung in Kapitel 2.4.

16.6.2.4 Wichtige Formate für die Ausgabe von Gleitpunktzahlen

Im Folgenden werden die verschiedenen Formate von **Gleitpunktzahlen** betrachtet:

```
/* Datei: printf1.c */
#include <stdio.h>

int main (void)
{
   double a = 0.000006;
   double b = 123.4;
   printf ("\na:\n%e \n%E \n%f \n%g \n%G", a, a, a, a, a);
   printf ("\nb:\n%g \n%G\n", b, b);
   return 0;
}
```

Die Ausgabe ist:

```
a:
6.000000e-06
6.000000E-06
0.000006
6e-06
6E-06
b:
123.4
123.4
```

Die Formatelemente `%e` und `%E` dienen zur Darstellung einer Gleitpunktzahl als Exponentialzahl mit Mantisse und Exponent.

Dabei wird das `e`, das den Exponenten charakterisiert, bei Angabe von `%e` als kleines `e` ausgegeben, bei Angabe von `%E` als großes `E`. Das Formatelement `%f` dient zur Ausgabe als Dezimalzahl. `%g` und `%G` geben je nach Größe der Zahl diese als Exponentialzahl oder als Dezimalzahl aus.

Mit Hilfe der Formatelemente von `printf()` zur Ausgabe von **Gleitpunktzahlen als Dezimalzahlen** kann die **Gesamtbreite der Ausgabe (Feldbreite)** und die **Zahl der Stellen hinter dem Dezimalpunkt** beeinflusst werden, wie aus den folgenden Beispielen ersichtlich ist:

`%f`   Gibt eine Gleitpunktzahl im Default-Format des Compilers aus.

`%5.2f`   Gibt eine Gleitpunktzahl mit insgesamt 5 Stellen aus, 2 hinter dem Punkt, 1 für den Punkt und 2 vor dem Punkt.

`%5.0f`   Die Gleitpunktzahl wird mit 5 Stellen ausgegeben ohne Punkt und ohne Stelle nach dem Punkt.

`%.3f`   Es sollen 3 Stellen hinter dem Punkt und der Punkt ausgegeben werden. Für die Zahl der Stellen vor dem Punkt erfolgt keine Anweisung.

Für die Formatangaben vor dem Dezimalpunkt können dieselben Formatierungsmöglichkeiten benutzt werden wie bei den Ganzzahlen.

Das folgende **Programmbeispiel** verwendet diese Formatelemente:

```
/* Datei: printf2.c */
#include <stdio.h>

int main (void)
{
   float zahl = 12.3456f;
   printf ("\nzahl = %f", zahl);
   printf ("\nzahl = %5.2f", zahl);
   printf ("\nzahl = %5.0f", zahl);
   printf ("\nzahl = %.3f\n", zahl);
   return 0;
}
```

Hier die Ausgabe des Programms:

```
zahl = 12.345600
zahl = 12.35
zahl =    12
zahl = 12.346
```

16.6.2.5 Wichtige Formate für die Ausgabe von Zeichenketten

Zeichenketten werden ausgegeben mit dem Formatelement %s

Dies zeigt das folgende **Beispiel**:

```
/* Datei: printf3.c */
#include <stdio.h>

int main (void)
{
   char * s1  = "ist";
   printf ("Programmieren %s einfach\n", s1);
   printf ("Programmieren %6s einfach\n", s1);
   printf ("Programmieren %-6s einfach\n", s1);
   return 0;
}
```

Die Ausgabe ist:

```
Programmieren ist einfach
Programmieren    ist einfach
Programmieren ist    einfach
```

Bei der Ausgabe von char-Arrays erhält die Funktion printf() einen Pointer auf das erste Zeichen eines char-Arrays. Die Funktion printf() gibt die Zeichen des Arrays aus, bis ein Nullzeichen '\0' gefunden wird. Das Nullzeichen wird nicht ausgegeben.

Zeichenketten mit Angabe einer positiven Feldbreite werden rechtsbündig ausgegeben. Wird die Feldbreite negativ angegeben, so wird
die Zeichenkette linksbündig ausgegeben.

16.7 Lesen von Dateien mit High-Level-Funktionen

Für das Lesen von Dateien existieren grundsätzlich äquivalente Funktionen wie für
das Schreiben von Dateien (gemäß Kapitel 16.6). Beim Lesen werden die Funktionen jedoch mit `fget()` anstatt mit `fput()`, mit `fread()` anstatt mit `fwrite()`
beziehungsweise mit `fscan()` anstatt mit `fprint()` bezeichnet.

Grundsätzlich können die obigen Erklärungen somit analog für das Lesen von Datei-
en angewendet werden. Dennoch gibt es bei den Lese-Funktionen ein paar nen-
nenswerte Ausnahmen. Bereits bei den Prototypen der grundlegendsten Funktion
gibt es eine zusätzliche Funktion. Im Folgenden werden die Lese-Funktionen der
Standardbibliothek mit demselben Aufbau wie bei den Schreib-Funktionen durchge-
arbeitet.

Wenn eine Datei erfolgreich im Lese-Modus geöffnet wurde, können die in der Datei
enthaltenen Daten mit Hilfe verschiedener Funktionsaufrufe in Variablen des Programmes eingelesen werden. Genauso wie beim Schreiben von Dateien findet das
Lesen grundsätzlich zeichenweise statt. Das heißt, dass jedes Byte einzeln von der
Datei gelesen und in den Hauptspeicher übertragen wird.

Die Funktion `fgetc()` ist die grundlegendste Funktion, um Daten von einer Datei
einzulesen. Unter dem Namen `getc()` ohne `f` existiert wiederum ein Makro, welches exakt dasselbe tut wie `fgetc()`, jedoch als Makro ausprogrammiert ist. Das
Makro sollte nicht verwendet werden, wenn die Parameter Ausdrücke mit Nebeneffekten darstellen. Nebst den folgenden beiden Prototypen gibt es noch die zusätzliche Funktion `ungetc()`, die weiter unten behandelt wird. Hier die Prototypen:

```
int  fgetc (FILE * stream);
int   getc (FILE * stream);
int ungetc (int c, FILE * stream);
```

Die Funktion `fgetc()` liest – wenn vorhanden – das nächste Zeichen als `unsigned`
`char` aus der durch `stream` definierten Datei und konvertiert es nach `int`. Im Fehlerfall wird das Fehlerflag für den Stream gesetzt und `EOF` zurückgegeben.

Die Funktion `fgetc()` liest ein Zeichen aus einer Datei. Wenn die Datei als Binärdatei geöffnet wurde, so wird das Byte ohne weitere Konvertierung direkt übertragen. Wenn die Datei als Textdatei geöffnet
wurde, so werden gegebenenfalls Zeilenende-Zeichen je nach Betriebssystem umkonvertiert.

Alle anderen Lese-Funktionen bauen auf `fgetc()` auf. Der Programmierer muss
sich also beim Öffnen der Datei genau überlegen, ob die Datei als Binärdatei oder
als Textdatei behandelt werden soll.

Mit der Funktion `ungetc()` kann man ein Zeichen `c` für eine erneute Leseoperation in die durch `stream` definierte Datei zurückstellen. Dabei verhält sich die Funktion `ungetc()` ähnlich wie die Funktion `fputc()`, wird jedoch durch die Standardbibliotheken dahingehend unterstützt, dass diese Funktion auch auf nur lesbaren Dateien angewendet und mindestens ein Funktionsaufruf garantiert ausgeführt werden kann.

Damit ist es möglich, ganz einfach Parser zu schreiben, welche jeweils ein einzelnes Zeichen lesen und daraufhin entscheiden, ob das Zeichen zusammen mit den nachfolgenden Zeichen als zusammengehöriges Token gelesen werden soll. Das Programm stellt in diesem Falle das Zeichen einfach wieder in die Datei zurück und liest daraufhin das Token vollständig ein.

Die Funktion `ungetc()` stellt ein Zeichen in eine Datei zurück. Direkt nach dem Zurückstellen kann das Zeichen wieder z. B. mit der Funktion `fgetc()` gelesen werden.

Im Folgenden werden die erweiterten Lese-Funktionen der Standardbibliothek `<stdio.h>` vorgestellt. Genauso wie bei den Schreib-Funktionen wird grob unterschieden zwischen Objekten und formatierten Strings.

16.7.1 Lesen von Objekten

Die folgenden Funktionen erlauben es dem Programmierer, Strings und ganze Arrays mittels eines einzigen Funktionsaufrufes aus einer Datei einzulesen:

```
char * fgets (char * s, int n, FILE * stream);

size_t fread (void * ptr,
              size_t size,
              size_t nmemb,
              FILE * stream);
```

Die Funktion `fgets()` liest einen String aus einer Datei. Die Funktion `fread()` liest ganze Arrays von Objekten aus einer Datei.

Die Funktion `fgets()` liest aus der durch `stream` definierten Datei und schreibt das Ergebnis in den Puffer, auf den der Pointer `s` zeigt. Das Lesen wird abgebrochen, wenn entweder das Zeilenende-Zeichen `'\n'` oder das Dateiende erreicht ist oder `n - 1` Zeichen gelesen wurden. Das Zeilenende-Zeichen wird in den Puffer kopiert, ein Dateiende-Zeichen nicht. An die in den Puffer geschriebenen Zeichen wird als Stringende-Zeichen das Zeichen `'\0'` angehängt.

Die Funktion `fread()` liest `nmemb` Objekte der Größe `size` aus der durch `stream` definierten Datei aus und schreibt diese in das Array, auf das der Pointer `ptr` zeigt. Insgesamt werden maximal `nmemb * size` Bytes gelesen.

Für die Eingabe vom Standard-Eingabegerät gibt es zudem folgende Funktionsprototypen:

```
int     getchar (void);
char * gets_s (char * s, rsize_t n);   // erst seit C11
```

Hierbei entspricht `getchar()` dem Makro `getc()` und `gets_s()` entspricht der Funktion `fgets()`. Bei beiden Funktionen wird als `stream` die Standardeingabe `stdin` verwendet.

Bei beiden Funktionen ist zu beachten, dass die Standardeingabe zeilengepuffert ist. Das bedeutet, dass die Funktionen `getchar()` und `gets_s()` solange warten, bis eine Eingabezeile mit `<RETURN>` abgeschlossen wurde. Mit der Eingabe eines `<RETURN>` wird der Tastaturpuffer geleert und als Dateipuffer von `stdin` an das Programm übergeben. Erst dann können die Funktionen den Dateipuffer nutzen.

Mit der Funktion `getchar()` wird ein einzelnes Zeichen vom Eingabestrom `stdin` gelesen.

Das Zeichen wird als `unsigned char` gelesen und in `int` umgewandelt.

`gets_s()` liest einen String von der Standardeingabe `stdin` in ein Array von `n` Zeichen ein, auf das der Pointer `s` zeigt. Die Funktion garantiert, dass nicht mehr als `n - 1` Zeichen gelesen werden und der Puffer somit nicht überlaufen kann. Es werden solange Zeichen von `stdin` eingelesen, bis ein Zeilenende-Zeichen oder das Zeichen `EOF` auftritt. Ein Zeilenende-Zeichen wird entfernt. An das letzte in das Array eingelesene Zeichen wird ein Stringende-Zeichen `'\0'` angehängt.

Die Funktion `gets_s()` existiert erst seit dem C11-Standard. Vor dem C11-Standard wurde von den Standardbibliotheken eine Funktion `gets()` unterstützt, welche jedoch keinen Parameter `n` aufwies. Somit konnte ein eingelesener String einen Überlauf des Puffers verursachen. Mehr Informationen zu sicheren Ein- und Ausgabefunktionen können in Kapitel 16.8 nachgelesen werden.

Bei der veralteten Funktion `gets()` wird nicht geprüft, ob das Array auf das `s` zeigt, groß genug dimensioniert ist! Falls es zu klein ist, kommt es zu Speicherüberschreibungen und unter Umständen zum Programmabsturz.

16.7.2 Lesen von formatierten Strings

Die Funktion `scanf()` („scan formatted") dient zum Einlesen von formatierten Werten von der **Standardeingabe**.

Es sei angemerkt, dass wie in Kapitel 16.7.1 beschrieben, die Standardeingabe zeilengepuffert ist. Der Funktionsprototyp von `scanf()` lautet:

```
int scanf (const char * format, ...);
```

In C11 ist der Parameter `format` zusätzlich mit dem `restrict`-Schlüsselwort deklariert.

Im Folgenden werden in Kapitel 16.7.2.1 zuerst die verschiedenen Varianten von `scanf()` vorgestellt. Daraufhin wird in Kapitel 16.7.2.2 erklärt, wie Ausdrücke formatiert eingelesen werden können.

16.7.2.1 Varianten von scanf()

Mit `scanf()` werden Werte formatiert eingelesen. Die Werte werden schlussendlich in Variablen – also L-Werten – gespeichert.

Bevor jedoch erklärt wird, wie Ausdrücke formatiert eingelesen werden können, werden die verschiedenen Varianten von `scanf()` vorgestellt:

Von dieser Funktion gibt es verschiedene Implementierungen, welche allesamt dieselben Formatierungen einlesen können, jedoch unterschiedliche Ein- und Ausgänge besitzen. Die entsprechenden Funktionen werden durch unterschiedliche Präfixe vor dem `scanf()` ausgedrückt:

scanf	Eingabe aus `stdin`
fscanf	Eingabe aus Datei (`f` = File)
sscanf	Eingabe aus String
vscanf	Eingabe aus `stdin`, Parameter aus variabler Parameterliste
vfscanf	Eingabe aus Datei (`f` = File), Parameter aus variabler Parameterliste
vsscanf	Eingabe aus String, Parameter aus variabler Parameterliste

Die Funktion `scanf()` muss in der Lage sein, beliebig viele Werte einzulesen. Daher enthält der Prototyp von `scanf()` auch die Auslassung (`...`). Genauso wie bei `printf()` können mit dem `v`-Präfix die aufzufüllenden Variablen anstelle der Auslassung mittels einer variablen Parameterliste mit dem Typ `va_list` angegeben werden. Hier werden diese Funktionen nicht weiter behandelt. Weitere Informationen zu variablen Parameterlisten und den Ellipsen können in Kapitel 11.7 nachgelesen werden.

Das Präfix `f` sorgt dafür, dass die Eingabe nicht von der Standardeingabe `stdin` erfolgt, sondern von einem beliebigen Filepointer. Folgendes ist der Prototyp der Funktion:

```
int fscanf (FILE * stream, const char * format, ...);
```

In C11 sind die beiden Parameter zusätzlich mit dem `restrict`-Schlüsselwort deklariert.

Das Präfix `s` sorgt dafür, dass die Eingabe von einem String erfolgt. Folgendes ist der Prototyp:

```
int sscanf( const char * s, const char * format, ...);
```

In C11 sind die beiden Pointer-Parameter wiederum zusätzlich mit dem `restrict`-Schlüsselwort deklariert.

Bei dieser Funktion wird die formatierte Ausgabe von dem in `s` gegebenen String extrahiert.

Es ist anzumerken, dass im Gegensatz zu den Schreib-Funktionen hier keine `sn`-Variante existiert. Während beim Schreiben in einen String der gegebene Puffer `s` ohne Angabe der Größe des Puffers überlaufen könnte, kann beim Lesen von einem '\0'-terminierten String ein ebensolcher Überlauf nicht stattfinden, da die Funktion nicht über das '\0'-Zeichen hinaus liest.

16.7.2.2 Formatiertes Einlesen von Werten

Genauso wie bei den Schreib-Funktionen hat die Funktion `scanf()` den Parameter `format`. Dieser Formatstring enthält grundsätzlich genau dieselben Formatelemente mit dem Prozent-Zeichen `%` wie die Funktion `printf()`. Für genaue Erklärungen der Formatelemente wird somit auf die Beschreibung der Schreib-Funktionen in Kapitel 16.6.2.2 verwiesen.

Bitte beachten Sie:

> Während die Funktion `printf()` als Argumente bis auf den Formatstring Ausdrücke mit Werten erwartet, erwartet die Funktion `scanf()` **Adressen von Variablen**.

Beim Lesen von formatierten Werten muss der Programmierer normalerweise nur angeben, von welchem Typ die Variable ist, in welcher der Wert gespeichert werden soll.

> Stimmt ein Formatelement nicht mit dem Typ des entsprechenden Argumentes überein, so kann das Programm abstürzen.

Vorsicht!

Des Weiteren hat `scanf()` ein spezielles Verhalten bei fehlerhaftem Lesen. Wird von der Eingabe ein nicht kompatibler Wert gelesen (beispielsweise ein String anstatt einer Ganzzahl), so resultiert ein Fehler. Wird bei einem Formatelement ein solch inkompatibler Wert gelesen, so beendet `scanf()` bei genau diesem Formatelement seine Tätigkeit und stellt das unverdauliche Zeichen zurück in die Standardeingabe.

Als **Rückgabewert** gibt die Funktion `scanf()` die Anzahl der erfolgreich eingelesenen Eingabefelder zurück. Geht das Einlesen beim ersten Formatelement schief, so ist 0 der Rückgabewert. Der Rückgabewert von `scanf()` muss stets überprüft werden, um nicht verträgliche Eingaben erkennen und behandeln zu können.

Wird `scanf()` wiederholt hintereinander aufgerufen, so beginnt der nächste Aufruf von `scanf()` im Zeichenstrom der Standardeingabe nach dem zuletzt erfolgreich eingelesenen Zeichen. Hat jedoch die `scanf()`-Funktion bei einem Lesevorgang eine fehlerhafte Eingabe nicht geschluckt, so steht diese immer noch im Puffer und wird der armen `scanf()`-Funktion beim nächsten Aufruf von `scanf()` erneut vorgesetzt. Hier hilft nur, mit Hilfe des Rückgabewerts zu überprüfen, ob `scanf()` alles erfolgreich eingelesen hat. Ist dies nicht der Fall, so sollte man den Eingabepuffer lö-schen, damit der darin stehende "Schrott" entfernt wird.

Steht im **Formatstring** ein **Whitespace-Zeichen** wie z. B. ein Leerzeichen oder ein Newline-Zeichen '\n', so bedeutet es für scanf(), alle Whitespace-Zeichen, die von der Standardeingabe kommen, zu überlesen. scanf() liest diese Zeichen aus der Standardeingabe und wirft sie weg. Ein unvorsichtigerweise im Formatstring an ungünstiger Stelle angegebenes Leerzeichen oder Newline-Zeichen kann zu uner-warteten Effekten führen.

Die Funktion scanf() ist nützlich für einfache Eingaben, kann jedoch sehr kompli-ziert werden, wenn komplexe Daten damit gelesen werden sollen. Die Vielzahl an Möglichkeiten der Funktion scanf() kann in diesem Buch nicht behandelt werden. Abschliessend wird im Folgenden ein einfaches **Programmbeispiel** vorgestellt, wel-ches einen einfachen Einstieg in das Einlesen von Parametern über die Standardein-gabe ermöglicht:

```c
/* Datei: scanf1.c */
#include <stdio.h>

int main (void)
{
    int anzahl;
    int zahl;
    printf ("\n\nEingabe: ");
    anzahl = scanf ("%d", &zahl);
    printf ("%d Wert erfolgreich eingelesen, ", anzahl);
    printf ("\nder Wert war %d.\n", zahl);
    return 0;
}
```

Der folgende Dialog wurde geführt:

```
Eingabe: 3
1 Wert erfolgreich eingelesen,
der Wert war 3.
```

16.8 Alternative Funktionen für mehr Sicherheit nach C11

„Der Programmierer weiß, was er tut" – dieser Ansatz ist früher wie heute ein Kern-punkt der Philosophie der Programmiersprache C. Der Programmierer soll demnach durch die Sprache nicht in seinem Handeln eingeschränkt werden. Diese Tatsache eröffnet ihm sehr viele Möglichkeiten, die er in anderen Sprachen – wie z. B. in Java – nicht hat. Allerdings stellt dieser Ansatz auch ein recht großes Sicherheitsproblem dar. Aus Unachtsamkeit können sehr leicht unbeabsichtigte Pufferüberläufe auftre-ten. Sie sind häufig das Ergebnis, wenn ein Programmierer wichtige Abfragen ver-gisst, etwas übersieht oder schlicht und einfach eben nicht ganz so genau weiß, was er tut. Die Auswirkungen können ganz harmlos oder aber sehr schwerwiegend sein, wie z. B. der Absturz des Systems oder das Löschen wichtiger Daten. Sie lassen sich von vornherein nicht vorhersagen. Pufferüberläufe können außerdem von außen ausgenutzt werden, um Angriffe auf das System zu starten, was in Zeiten des Inter-nets keine Seltenheit mehr ist.

Viele Funktionen zur Datei- und String-Manipulation der Standardbibliothek in C vertrauten früher darauf, dass der Programmierer beim Einlesen Arrays bereitstellte, die groß genug für die Anzahl der einzulesenden Zeichen waren. Die Standardbibliothek stellte zudem auch wie z. B. bei der Funktion `gets()` keine Möglichkeiten bereit, diesen Umstand zu überprüfen. Die Überprüfung musste der Programmierer selbst vornehmen. Ein guter Programmierstil war es, wenn die Größe der `char`-Arrays so gewählt wurde, dass dieser Puffer für den Gebrauch ausreichte. Waren diese Arrays allerdings doch nicht groß genug, dann wurden Daten über das Array hinaus in den Speicher geschrieben und damit eventuell andere Daten oder gar Programmanweisungen überschrieben. Das Programm erfuhr nie etwas davon, wenn es tatsächlich zum Pufferüberlauf kam und hatte daher keine Möglichkeit, den Anwender zu warnen oder diesen Fehler irgendwie zu behandeln. Ein solch nachlässiger Programmierstil wurde früher von der Standardbibliothek indirekt gefördert, da viele Funktionen keine Überprüfungsmöglichkeiten bereitstellten, um solche Pufferüberläufe zu verhindern.

Viele alte Funktionen der C-Standardbibliothek konnten zu Sicherheitsproblemen führen. Beispielsweise verhinderte es die Funktion `gets()` in keinster Weise, dass es zu Pufferüberläufen kommen konnte.

Um beispielsweise Pufferüberläufe zu verhindern, führt C11 die sogenannten **Bounds-Checking-Interfaces** ein. Es handelt sich hierbei um eine optionale Erweiterung, die eine Sammlung von alternativen sicheren Funktionen zu bereits existierenden unsicheren Funktionen der Standardbibliothek bereitstellt. Diese neuen Funktionen haben alle ein abschließendes `_s` am Ende ihres Namens, um sie von den normalen Funktionen unterscheiden zu können.

Diese neuen Funktionen sollen ein sicheres Programmieren fördern, indem sie beispielsweise die Puffergröße prüfen und Fehlermeldungen ausgeben, wenn der Puffer nicht groß genug ist. Damit können Pufferüberläufe einfacher vermieden werden. Diese und weitere Vorteile bieten die rund 60 neuen Funktionen z. B. für die Bereiche Ein- und Ausgabe, das Arbeiten mit Streams oder Zeitfunktionen. Hier in diesem Buch werden sie nur konzeptionell angesprochen.

Da die Bounds-Checking-Interfaces eine optionale Erweiterung in C11 sind, existiert ein Makro, über das sich prüfen lässt, ob die neuen sicheren Funktionen überhaupt verfügbar sind. Ist das Makro `__STDC_WANT_LIB1__` als 1 definiert, dann sind diese Funktionen enthalten, ist es aber als 0 definiert, dann sind sie nicht in der Bibliothek enthalten. Ist dieses Makro dagegen gar nicht definiert, dann ist es implementierungsabhängig, ob diese neuen Sicherheitsfunktionen in der Standardbibliothek enthalten sind oder nicht.

Die Funktion `gets_s()` ist z. B. eine der neuen sicheren Funktionen.

Sie wurde in Kapitel 16.7.1 eingeführt und wird in Kapitel 16.8.1 exemplarisch nochmals detailiert vorgestellt.

Das Benutzen einer alternativen sicheren _s-Funktion anstatt ihres unsicheren Gegenparts aus der Standardbibliothek bringt verschiedene Vorteile mit sich. Die wichtigsten werden hier aufgeführt:

- Pufferüberläufe werden verhindert.
- Ergebnisstrings erhalten immer ein abschließendes '\0'-Zeichen.
- Zugriffsrechte können eingeschränkt werden.
- Rückgabewerte sind einheitlich vom Typ `errno_t` und geben Aufschluss über den Erfolg der durchgeführten Operation.

> Jede Funktion mit _s am Ende kann ihr jeweiliges Gegenstück (ohne _s) ersetzen.

Hierbei müssen nur ein bis zwei Zeilen Code geändert werden.

16.8.1 Die Funktion gets_s()

Die Standardbibliotheksfunktion `gets()` nach C90:

```
#import <stdio.h>
char *gets(char *s);
```

liest eine Zeile aus der Standard-Eingabe (`stdin`) ein, bis sie auf ein Newline-Zeichen (\n) oder ein End of File stößt (`EOF`) und schreibt sie in einen Puffer, der vom Aufrufer zur Verfügung gestellt wird. Diese Funktion kennt allerdings ihre maximal verfügbare Puffergröße nicht. Dies stellt ein Sicherheitsproblem dar, da es sehr leicht zu Pufferüberläufen kommen kann. Aus diesem Grund gilt `gets()` als unsichere Funktion, wird seit C99 als veraltet eingestuft und ist mit C11 schließlich aus dem Standard entfernt worden. Ersetzt wird sie durch die Funktion `gets_s()`:

```
char *gets_s(char *s, rsize_t n);
```

> Die `gets_s()`-Funktion arbeitet im Prinzip fast genauso wie ihr Vorgänger `gets()`. Sie liest allerdings nur maximal n - 1 Zeichen ein, da ihr Puffer n - 1 Zeichen plus das anzuhängende Zeichen '\0' aufnehmen kann. Ist die maximale Anzahl einzulesender Zeichen erreicht, dann wird der Lesevorgang beendet, auch wenn das Zeilenende noch nicht erreicht ist.

Wird das Zeilenende erreicht, dann wird das Newline-Zeichen nicht mit in den Puffer geschrieben. Nachdem das letzte Zeichen eingelesen wurde, wird ein abschließendes '\0'-Zeichen ans Ende des Puffers eingefügt.

Die Funktion `gets_s()` ist allerdings Teil der optionalen Erweiterung von C11. Als Alternative wird im Standard auf die `fgets()`-Funktion verwiesen:

```
char *fgets(char *s, int n, FILE *stream);
```

Diese Funktion verhält sich ganz ähnlich wie `gets_s()`. Sie liest statt von der Standard-Eingabe von einer Datei ein und schreibt – im Gegensatz zu `gets_s()` – dabei auch das Newline-Zeichen in den Puffer, falls es vorkommt. Will man von der Tastatur einlesen, so muss man einfach `stdin` als Filepointer angeben.

16.8.2 Die Funktion fopen_s()

Eine weitere Funktion aus den Bounds-Checking Interfaces ist die Funktion `fopen_s()`:

```
#include <stdio.h>
errno_t fopen_s(FILE * restrict * restrict streamptr,
                const char * restrict filename,
                const char * restrict mode);
```

Im Prinzip macht die Funktion `fopen_s()` genau dasselbe wie die Funktion `fopen()`, sie öffnet eine Datei. Der Pointer `streamptr` auf den Stream wird der Funktion als Parameter übergeben. Konnte die Datei erfolgreich geöffnet werden, dann zeigt `streamptr` auf die neu geöffnete Datei, ansonsten ist dieser Pointer `NULL`. Der Rückgabewert der Funktion ist eine ganze Zahl vom Typ `errno_t`. Gibt die Funktion eine `0` zurück, dann war das Öffnen der Funktion erfolgreich. Als Modus sind alle Modi zulässig, die auch für die `fopen()`-Funktion gelten.

16.9 Zusammenfassung

Dieses Kapitel befasst sich mit der Ein- und Ausgabe von C. Ein gutes Ein-/Ausgabe-System ist für die Akzeptanz einer Programmiersprache von großer Bedeutung. Für die Ein- und Ausgabe stellt C eine Standardbibliothek zur Verfügung. Durch Einbinden der Header-Datei `<stdio.h>` kann auf eine große Anzahl nützlicher Prototypen von Ein- und Ausgabefunktionen der Standardbibliothek zugegriffen werden, die auf dem Konzept von Datenströmen (streams) basieren. Das Architekturprinzip von UNIX, nämlich Dateien und Peripheriegeräte über Datenströme in gleicher Weise zu behandeln, ist ebenso auch in C zu finden.

Kapitel **16.1** analysiert die Speicherung von Daten in Dateisystemen. Massenspeicher wie z. B. eine Festplatte werden mit Hilfe des Betriebssystems angesprochen und verwaltet. Die Komponente des Betriebssystems, die dafür verantwortlich ist, ist das Dateisystem (file system). Eine Datei (file) ist eine Zusammenstellung von logisch zusammengehörigen Daten, die als eine Einheit behandelt werden und unter einem dem Betriebssystem bekannten Dateinamen (file name) abgespeichert werden. Dateien werden normalerweise auf einer Festplatte gespeichert.

Eine Datei unter UNIX ist ein einziger mit einem Namen versehener Datensatz beliebiger Länge, der aus Bytes besteht. Ein solcher Datensatz aus beliebig vielen Bytes wird im Englischen als Datenstrom (stream) bezeichnet. Ein Stream ist eine Folge von Zeichen. Die Bedeutung dieser Zeichen (Buchstaben, Zahlen, Bitmuster) spielt dabei für die Verarbeitung durch das Dateisystem keine Rolle. Das Interpretieren eines Stroms von Bytes beim Lesen oder Schreiben hat nicht durch das Dateisystem, sondern durch den Anwender zu erfolgen.

Programme, die über Dateien kommunizieren, müssen sich über das Format, wie die entsprechende Datei beschrieben und gelesen wird, verständigen.

Ein von einem Anwender geschriebenes Programm greift nicht direkt auf die Ein-/ Ausgabegeräte zu, sondern auf C-Bibliotheksfunktionen, die für die Ein-/Ausgabe vorgesehen sind. Diese wiederum rufen Systemfunktionen des Betriebssystems auf.

Alle Ein-/Ausgaben eines Anwendungsprogramms beziehen sich in UNIX auf Dateien im Dateisystem. Die Geräteabhängigkeit ist bei UNIX durch das Dateisystem verborgen. In der Architektur von UNIX lassen sich sowohl blockorientierte Geräte wie Festplatten und zeichenorientierte Schnittstellen wie Tastaturen oder Netzwerkschnittstellen in einfacher Weise einbinden. Jedes Gerät wird vom Nutzer durch einen Namen, der wie ein Dateiname aussieht, angesprochen und die Ein- und Ausgabe erfolgt durch das Lesen von Dateien bzw. Schreiben in Dateien, als ob Geräte gewöhnliche Dateien auf einer Festplatte wären.

Kapitel **16.2** behandelt das Ein-/Ausgabe-Konzept von C. C bietet selbst keine Sprachmittel für die Ein- und Ausgabe. Für die Ein- und Ausgabe werden stattdessen Bibliotheksfunktionen verwendet, die jedoch wie die Sprache selbst standardisiert sind. Die Schnittstellen der Bibliotheksfunktionen sind in der Header-Datei `<stdio.h>` aufgeführt.

Der Nutzer muss in seinem Programm beim Öffnen einer Datei sagen, welche Dateivariable des Programms er mit welcher Datei des Dateisystems verknüpfen möchte.

Die logische Struktur einer Datei wird auf die physischen Blöcke einer Festplatte durch das Dateisystem umgesetzt.

Kapitel **16.3** befasst sich mit der Standardein- und -ausgabe in C. Vom Laufzeitsystem des C-Compilers werden die Standardkanäle für die

- Standardeingabe,
- Standardausgabe
- und Standardfehlerausgabe

in Form der globalen File-Pointer `stdin`, `stdout` und `stderr` zur Verfügung gestellt.

Das Umlenken der Standardein- und -ausgabe erfolgt auf der Kommandoebene des Betriebssystems unter Windows gleich wie unter UNIX, nämlich durch die Umlenkoperatoren > und <. Von einer Umlenkung merkt ein Programm nichts.

Durch Pipes werden mehrere Programme in der Weise verbunden, dass die Standardausgabe des einen Programms als Standardeingabe des anderen Programms verwendet wird.

Die Standardausgabe eines Programms wird durch den Pipe-Operator | zur Standardeingabe für das nächste Programm. Der dabei verwendete Puffer, in den das eine Programm hineinschreibt und aus dem das andere Programm herausliest, wird als Pipe bezeichnet. Ein Programm, welches nur Daten von der Standardeingabe liest, diese verarbeitet und sein Resultat nur auf die Standardausgabe schreibt, wird als Filter bezeichnet. Verschiedene Filter können durch Pipes verbunden werden.

Wegen der herausragenden Bedeutung der Standardeingabe und Standardausgabe stellt die C-Bibliothek eigene Funktionen für die Standardeingabe und die Standardausgabe zur Verfügung.

Der Unterschied zwischen den High- und Low-Level-Bibliotheksfunktionen zur Ein- und Ausgabe in C wird in Kapitel **16.4** besprochen. Die C-Bibliothek implementiert als Modell für die Eingabe und Ausgabe das Stream-Konzept, welches von UNIX her bekannt ist. Eine Datei wird als ein Array von Zeichen betrachtet.

Die Bibliotheksfunktionen zur Ein-/Ausgabe in C lassen sich unterteilen in

- High-Level-Funktionen
- und Low-Level-Funktionen.

Die Funktion `printf()` gehört zu den High-Level-Funktionen. Der Name `printf()` ist eine Abkürzung für "print formatted". Formatiert bedeutet: lesbar für einen Menschen. `printf()` dient zur formatierten Ausgabe auf die Standardausgabe. Das erste f von `fprintf()` kommt von "file". `fprintf()` dient also nicht speziell zur Ausgabe an die Standardausgabe, sondern allgemein zur formatierten Ausgabe in Dateien des Dateisystems.

Die Low-Level-Funktionen für den Dateizugriff sind Bibliotheksfunktionen, die C-Aufrufe von Betriebssystemfunktionen bieten. Die High-Level-Dateizugriffsfunktionen der Standardbibliothek sind – zumindest unter UNIX – mit Hilfe von Aufrufen der Low-Level-Funktionen für den Dateizugriff implementiert. Die Low-Level-Funktionen haben jedoch den Nachteil, dass sie nicht unabhängig vom Betriebssystem standardisiert sind und deshalb vom Betriebssystem abhängig sind.

Kapitel **16.5** befasst sich mit dem Ansprechen von Dateien mit einem File-Pointer bei den High-Level-Funktionen. Der Zugriff auf eine Datei über die High-Level Dateizugriffsfunktionen wird über einen File-Pointer durchgeführt. Der File-Pointer wird beim Öffnen einer Datei von der Funktion `fopen()` zurückgegeben und zeigt auf eine Struktur vom Typ `FILE`. Je nach Betriebssystem und Compiler sind die Inhalte der `FILE`-Struktur unterschiedlich. Variablen vom Type `FILE *` bezeichnet man im Allgemeinen als stream. Andere Bezeichnungen sind File-Pointer oder Dateivariable. Die Struktur `FILE` ist in der Include-Datei `<stdio.h>` definiert.

Man sollte es sich zur Angewohnheit machen, Fehler und Warnungen nie mit `printf(....)` oder mit `fprintf (stdout, ....)` nach `stdout` auszugeben. Man sollte sie immer nach `stderr` mit `fprintf (stderr, ....)` ausgeben. Wird nämlich die Standardausgabe in eine Datei umgelenkt (mit >), so bleiben die Fehler- und Warnungsausgaben am Bildschirm sichtbar und man kann sehr leicht feststellen, ob und wie oft es Fehler und Warnungen gab.

Die Funktion `fopen()` öffnet eine Datei mit bestimmten Zugriffsrechten wie z. B. zum Lesen oder Schreiben. Die Funktion `fclose()` schliesst alle Schreibvorgänge ab und schließt die Datei. Grundsätzlich sollte eine Datei immer sofort nach Abschluss der Dateibearbeitung geschlossen werden. Dies verhindert einen eventuellen Datenverlust bei einem späteren Programmabsturz. Außerdem ist die Anzahl der gleichzeitig geöffneten Dateien durch das Betriebssystem begrenzt.

Der Unterschied zwischen einer Datei im Text- und im Binärmodus ist, dass im Textmodus – im Falle von Windows-Compilern – beim Schreiben eines Zeilenendes ein LF durch ein CR LF (Carriage Return, Line Feed) ersetzt wird, zum anderen wird beim Lesen ein CR LF durch ein LF ersetzt. Wenn die Datei im Binärmodus geöffnet wurde, wird dieser Ersetzungsvorgang nicht durchgeführt.

Die Funktion fflush() sorgt bei einem Ausgabestrom dafür, dass alle in den Dateipuffern existierenden und noch nicht geschriebenen Daten auf die Festplatte geschrieben werden. Die Wirkungsweise von fflush() auf einen Eingabestrom ist laut Standard undefiniert.

Mittels der Funktion ftell() kann ermittelt werden, an welcher Position sich der Dateipositionszeiger gerade befindet. Mittels fseek() kann der Dateipositionszeiger auf eine beliebige relative oder absolute Position innerhalb der Datei gesetzt werden. Die Funktion rewind() setzt den Zeiger zurück zum Anfang der Datei.

Die Funktion feof() prüft, ob das Dateiende erreicht ist. Die Funktion ferror() prüft das Fehlerflag einer Datei. Die Funktion clearerr() setzt das Dateiende- und das Fehlerflag einer Datei zurück.

Die Funktion tmpnam() erstellt einen eindeutigen Dateinamen, welcher keinem anderen Namen einer existierenden Datei entspricht. Mit der Funktion tmpfile() erstellt und öffnet das Betriebssystem eine neue, binäre Datei mit Schreibzugriff, welche einen eindeutigen Namen besitzt, aber nur temporär existiert. Die Datei wird am Ende des Programmes oder beim Schliessen der Datei automatisch wieder gelöscht.

Mit der Funktion rename() kann eine Datei umbenannt werden. Die Funktion remove() löscht in der Regel eine Datei.

Kapitel **16.6** befasst sich mit dem Schreiben in Dateien mit High-Level-Funktionen.

Die Funktion fputc() schreibt ein einzelnes Zeichen (ein Byte) in einen gegebenen Filepointer. Wenn die Datei als Binärdatei geöffnet wurde, so wird das Byte ohne weitere Konvertierung direkt in die Datei geschrieben. Wenn die Datei als Textdatei geöffnet wurde, so werden gegebenenfalls Zeilenende-Zeichen je nach Betriebssystem umkonvertiert.

Die Funktion fputs() schreibt einen String in eine Datei. Die Funktion fwrite() schreibt ganze Arrays von Objekten in eine Datei.

Die Funktion printf() („print formatted") dient zur formatierten Ausgabe von Werten von Ausdrücken auf der Standardausgabe.

Die Reihenfolge der weiteren Argumente der Funktion printf() und deren Typ muss mit der Reihenfolge und Art der Formatelemente im Formatstring übereinstimmen. Der Formatstring wird von links nach rechts abgearbeitet. Gewöhnliche Zeichen in diesem String werden auf die Standardausgabe geschrieben. Die Formatelemente bestimmen das Format der auszugebenden weiteren Argumente.

Enthält der Format-String keine Formatelemente, so stellt diese Zeichenkette einfach einen String dar, der ausgegeben werden soll, wie im Beispiel:

```
printf ("\nAusgaben:");
```

Formatelemente beginnen mit einem %-Zeichen. Jedes Formatelement wird durch Umwandlungszeichen beendet.

Wenn die Formatelemente nicht zum Typ der Argumente passen oder die Zahl der Argumente nicht stimmt, wird die Ausgabe von printf() falsch oder kann gar zum Absturz des Programmes führen.

Bei Ganzzahlen wird die Feldbreite der Ausgabe angegeben durch %nd. Die Zahl n legt dabei die Feldbreite, d. h. die Anzahl der Stellen, fest.

Die Formatelemente %e und %E dienen zur Darstellung einer Gleitpunktzahl als Exponentialzahl mit Mantisse und Exponent.

Zeichenketten werden ausgegeben mit dem Formatelement %s.

Bei der Ausgabe von char-Arrays erhält die Funktion printf()einen Pointer auf das erste Zeichen eines char-Arrays. Die Funktion printf() gibt die Zeichen des Arrays aus, bis ein Nullzeichen '\0' gefunden wird. Das Nullzeichen wird nicht ausgegeben. Zeichenketten mit Angabe einer positiven Feldbreite werden rechtsbündig ausgegeben. Wird die Feldbreite negativ angegeben, so wird die Zeichenkette linksbündig ausgegeben.

Kapitel **16.7** behandelt das Lesen von Dateien mit den High-Level-Funktionen von C.

Die Funktion fgetc() liest ein Zeichen aus einer Datei. Wenn die Datei als Binärdatei geöffnet wurde, so wird das Byte ohne weitere Konvertierung direkt übertragen. Wenn die Datei als Textdatei geöffnet wurde, so werden gegebenenfalls Zeilenende-Zeichen je nach Betriebssystem umkonvertiert.

Die Funktion ungetc() stellt ein Zeichen in eine Datei zurück. Direkt nach dem Zurückstellen kann das Zeichen wieder z. B. mit der Funktion fgetc() gelesen werden.

Die Funktion fgets() liest einen String aus einer Datei. Die Funktion fread() liest ganze Arrays von Objekten aus einer Datei.

Mit der Funktion getchar() wird ein einzelnes Zeichen vom Eingabestrom stdin gelesen.

gets_s() liest einen String von der Standardeingabe stdin in ein Array von n Zeichen ein, auf das der Pointer s zeigt. Die Funktion garantiert, dass nicht mehr als n - 1 Zeichen gelesen werden und der Puffer somit nicht überlaufen kann. Es werden solange Zeichen von stdin eingelesen, bis ein Zeilenende-Zeichen oder das Zeichen EOF auftritt. Ein Zeilenende-Zeichen wird entfernt. An das letzte in das Array eingelesene Zeichen wird ein Stringende-Zeichen '\0' angehängt.

Bei der veralteten Funktion `gets()` wird nicht geprüft, ob der Eingabepuffer groß genug dimensioniert ist! Falls er zu klein ist, kommt es zu Speicherüberschreibungen und unter Umständen zum Programmabsturz.

Die Funktion `scanf()` („scan formatted") dient zum Einlesen von formatierten Werten von der Standardeingabe.

Während die Funktion `printf()` als Argumente bis auf den Formatstring Ausdrücke mit Werten erwartet, erwartet die Funktion `scanf()` Adressen von Variablen.

Stimmt ein Formatelement nicht mit dem Typ des entsprechenden Argumentes überein, so kann das Programm abstürzen.

Kapitel **16.8** diskutiert alternative Funktionen für mehr Sicherheit nach C11. Viele alte Funktionen der C-Standardbibliothek konnten zu Sicherheitsproblemen führen. Beispielsweise verhinderte es die Funktion `gets()` in keinster Weise, dass es zu Pufferüberläufen kommen konnte. Um beispielsweise Pufferüberläufe zu verhindern, führt C11 die sogenannten Bounds-Checking-Interfaces ein. Es handelt sich hierbei um eine optionale Erweiterung, die eine Sammlung von alternativen sicheren Funktionen zu bereits existierenden unsicheren Funktionen der Standardbibliothek bereitstellt. Diese neuen Funktionen haben alle ein abschließendes `_s` am Ende ihres Namens, um sie von den normalen Funktionen unterscheiden zu können.

Die Funktion `gets_s()` ist z. B. eine der neuen sicheren Funktionen. Jede Funktion mit `_s` am Ende kann ihr jeweiliges Gegenstück (ohne `_s`) ersetzen. Die `gets_s()`-Funktion arbeitet im Prinzip fast genauso wie ihr Vorgänger `gets()`. Sie liest allerdings nur maximal $n - 1$ Zeichen ein, da ihr Puffer $n - 1$ Zeichen plus das anzuhängende Zeichen '\0' aufnehmen kann. Ist die maximale Anzahl einzulesender Zeichen erreicht, dann wird der Lesevorgang beendet, auch wenn das Zeilenende noch nicht erreicht ist.

16.10 Übungsaufgaben

Hinweis: Wird bei der Funktion `fopen()` als Dateiname ein String wie „TEST.DAT"
angegeben, so wird die Datei im aktuellen Arbeitsverzeichnis geöffnet. Das aktuelle
Arbeitsverzeichnis ist aber dem Nutzer u.U. gar nicht bekannt und ist von Programm
zu Programm unterschiedlich. Es empfiehlt sich daher, für die Übungen absolute
Pfade anzugeben, z. B. „C:/CBUCH/TEST.DAT".

Aufgabe 16.1: Formatiert auf Festplatte schreiben bzw. von der Festplatte lesen

a) Schreiben Sie ein Programm, das im Dialog N Zahlen einliest und formatiert in
   eine Datei schreibt.
b) Schreiben Sie ein zweites Programm, das den Durchschnitt dieser Zahlen
   berechnet.

Aufgabe 16.2: Zeichenweise Ein- und Ausgabe

Testen Sie die folgenden Programme. Erweitern Sie das zweite Programm so, dass
es nicht nur die erste Zeile der Datei ausliest, sondern die ganze Datei. Verwenden
Sie die Funktion `feof()`! Für die Datei TEST.DAT können Sie jede beliebige
Textdatei nutzen.

```c
/* Anhaengen einer interaktiv eingegebenen Zeile an die Datei    */
/* TEST.DAT                                                      */
#include <stdio.h>

int main (void)
{
    FILE * fp;
    int    c;

    if ((fp = fopen ("TEST.DAT", "a")) == NULL)
        fprintf (stderr, "Kann Datei %s nicht eroeffnen\n",
                 "TEST.DAT");
    else
    {
        printf ("\nGeben Sie Zeichen ein, Ende durch ^Z:\n");
        while ((c = getchar()) != EOF)
        {
            /* Tastatureingaben an das Ende der Datei haengen    */
            fputc (c, fp);
        }
        fclose (fp);
    }
    return 0;
}


/* Liest eine Textzeile aus der Datei in einen String.          */
#include <stdio.h>
#define N 81

int main (void)
{
    FILE * fp;
    char puffer [N];
```

```
    int   c;
    int   i;

    fp = fopen ("TEST.DAT", "r");
    for (i = 0; (i < (N - 1)) && ((c = fgetc (fp)) != EOF)
                && (c!= '\n'); i++)
    {
        puffer[i] = c;
    }
    puffer[i] = '\0';
    printf ("\nDie Zeile lautete:\n%s", puffer);
    fclose (fp);
    return 0;
}
```

Aufgabe 16.3: Blockweise Ein- und Ausgabe.

Testen Sie das folgende Programm. Ändern Sie es so ab, dass nicht nur die 7 `int`-Zahlen, sondern auch die 3 `float`-Zahlen aus der Datei `TEST.DAT` eingelesen werden. Die Datei TEST.DAT können Sie mit dem zweiten Programm erzeugen.

```
#include <stdio.h>
#define N 10

int main (void)
{
    int buffer [N];
    FILE * fp;
    int ergebnis;
    int lv = 0;

    if ((fp = fopen ("TEST.DAT", "rb")) == NULL)
        printf ("\nKann Datei nicht oeffnen");
    else
    {
        ergebnis = fread (buffer, sizeof (int), N, fp);
        printf ("\n");
        for (lv = 0; lv < ergebnis; lv ++)
        {
            printf ("\nIn den buffer[%d] wurde aus der Datei ", lv);
            printf ("TEST.DAT die folgende Zahl eingelesen: %d",
                    buffer[lv]);
        }
        if (feof (fp))
            printf ("\nDateiende erreicht");
        fclose (fp);
        printf ("\nInsgesamt wurden %d Zahlen aus der Datei gelesen",
                ergebnis);
    }
    return 0;
}
```

Zweites Programm:

```c
#include <stdio.h>
#define iN 7
#define fN 3

int iArr [iN] = { 1, 2, 3, 4, 5, 6, 7 };
float fArr [fN] = { 1.1f, 2.2f, 3.3f };

int main (void)
{

   FILE * fp;
   if ((fp = fopen ("TEST.DAT", "wb")) == NULL)
      printf ("\nKann Datei nicht oeffnen.");
   else
   {
      fwrite (iArr, sizeof (int), iN, fp);
      fwrite (fArr, sizeof (float), fN, fp);
   }
   fclose (fp);
   return 0;
}
```

Aufgabe 16.4: Stringweise Ein- und Ausgabe.

Testen Sie die folgenden Programme. Geben Sie die Anfangsadresse des Puffers `buffer` des zweiten Programms am Bildschirm aus.

```c
/* Anhaengen einer Zeichenkette an die Datei TEST.DAT.            */
#include <stdio.h>

int main (void)
{
   FILE * fp;
   char * str = "Zeichenkette, die in die Datei geschrieben wird\n";

   if ((fp = fopen ("TEST.DAT", "a")) == NULL)
      fprintf (stderr, "Kann die Datei nicht oeffnen \n");
   else
   {
      fputs (str, fp);
      fclose (fp);
   }
   return 0;
}
```

```c
/* Liest die 1. Zeile aus der Datei TEST.DAT in einen Puffer ein. */
#include <stdio.h>
#define N 81

int main (void)
{
   FILE * fp;
   char buffer [N];

   if ((fp = fopen ("TEST.DAT", "r")) == NULL)
```

```
        fprintf (stderr, "\n Kann die Datei nicht oeffnen\n");
    else
    {
        if (fgets (buffer, N, fp) != NULL)
        {
            printf ("\n 1. Zeile in der Datei TEST.DAT:\n %s",
                    buffer);
        }
        fclose (fp);
    }
    return 0;
}
```

Aufgabe 16.5: fflush()

a) Warum funktioniert das folgende Programm nicht korrekt, wenn statt einer Zahl ein Sonderzeichen eingegeben wird? Beseitigen Sie das Fehlverhalten des Programms unter Windows, indem Sie `fflush()` an der geeigneten Stelle aufrufen.

```
#include <stdio.h>
int a;
int status;

int main (void)
{
    printf ("\n Gib eine ganze Zahl ein: ");
    status = scanf ("%d", &a);
    while (!status)
    {
        printf ("\n Eine ganze Zahl soll eingegeben werden: ");
        status = scanf ("%d", &a);
    }
    printf ("\n Die Zahl war: %d", a);
    return 0;
}
```

b) `fflush()` ist für `stdin` im ISO-Standard nicht definiert, d. h. die Funktion ist implementierungsabhängig. Will man portabel sein, so muss der Eingabepuffer von Hand geleert werden. Leeren Sie im Programm von Aufgabe a) den Puffer von Hand, wenn er "Schrott" enthält.

Aufgabe 16.6: Dateien und Strukturen

Gegeben seien Dateien, die der Verwaltung von Lagerbeständen dienen. Eine solche Datei, zum Beispiel "lager.lst", sieht typischerweise folgendermaßen aus:

Artikelnummer	Lagerbestand	Gewicht je Stück	Preis in Euro
9169;	500;	6,334;	19,47
4464;	962;	29,358;	15,48
9961;	827;	23,281;	28,15
5436;	827;	11,942;	4,00

Es kann davon ausgegangen werden, dass in jeder Zeile genau ein Artikel steht und dass zu jedem Artikel alle Angaben vollständig und korrekt sind. Es sind also keine Prüfungen auf negative oder fehlende Zahlen nötig.

a) Schreiben Sie eine Funktion zu folgendem Prototyp

```
unsigned int anzahlArtikel (char * dateiName);
```

die für einen gegebenen Dateinamen dateiName die entsprechende Datei lesend öffnet und ermittelt, wie viele Artikel (d. h. Zeilen) in der Datei hinterlegt sind.

Sollte die Datei nicht geöffnet werden können, so soll eine entsprechende Fehlermeldung ausgegeben und das Programm sofort mit exit (-1) beendet werden.

b) Schreiben Sie eine Funktion zu folgendem Prototyp

```
void transferInDollar (
                    char * dateiNameIn,
                    char * dateiNameOut
                );
```

die für einen gegebenen Eingabe-Dateinamen dateiNameIn die entsprechende Datei lesend öffnet und eine Datei mit dem Namen dateiNameOut erzeugt, die in punkto Artikelnummer, Lagerbestand und Gewicht der Eingabedatei entspricht, jedoch den Preis in Dollar angibt. Der Umrechnungsfaktor Euro in Dollar soll zuvor von der Tastatur eingelesen werden. Sollte eine Datei nicht geöffnet werden können, so sollen entsprechende Fehlermeldungen ausgegeben und das Programm sofort mit exit(-2) beendet werden.

Aufgabe 16.7: Dateien, Strukturen und Arrays

Gegeben sei der folgende Strukturtyp, welcher der Verwaltung von Lagerbeständen dient:

```
#define NAME_LEN (15+1)
enum kategorieEnum {SCHREIBWAREN, DROGERIE, SONSTIGE};
typedef struct artikelTyp
{
    unsigned int nr;                /* Eindeutige Artikelnummer*/
    enum kategorieEnum kategorie; /* Kategorie des Artikels */
    unsigned int anz;               /* Anzahl auf Lager      */
    double preis;                   /* Preis pro Stueck      */
    char name [NAME_LEN];           /* Name des Artikels     */
} artikelTyp;
```

Ausgegeben werden solche Artikel durch folgende Funktion:

```
void artikel_print (FILE * f, const artikelTyp * const art)
{
    fprintf (f, "%d\n", art->nr);
    fprintf (f, "%d\n", art->kategorie);
    fprintf (f, "%d\n", art->anz);
    fprintf (f, "%f\n", art->preis);
```

```
    fprintf (f, "%s\n", art->name);
}
```

a) Wozu dienen die zwei Qualifikatoren const beim zweiten Parameter?

b) Mehrere Artikel in einem Array lassen sich mit folgender Funktion ausgeben:

```
void artikel_printArray (FILE * f, artikelTyp arts[],
                         const unsigned int num)
{
    unsigned int i;
    for (i = 0; i < num; i++)
    {
        artikel_print (f, &arts[i]);
    }
}
```

Diese Funktion kann im Hauptprogramm zum Beispiel so aufgerufen werden:

```
int main (void)
{
    artikelTyp a[] = {{SCHREIBWAREN, 2, 100.,
                        "Cascardi Fueller"},
                       {DROGERIE, 200, 10., "LaBelle Seife"},
                       {DROGERIE, 100,  3., "R-Tips"},
                       {SONSTIGE, 400,  1., "Cq Banane"}
                      };
    artikel_printArray (stdout, a, 3);
    return 0;
}
```

Wie kann mit Hilfe des sizeof-Operators das gefährliche Festlegen der Anzahl der Elemente im Array a durch die literale Konstante "3" beim Aufruf der Funktion artikel_printArray() vermieden werden?

c) Schreiben Sie eine Funktion zu folgendem Prototyp

```
void artikel_printKategorienLagerWerte (
        FILE * f,              /* Filepointer, auf dem      */
                              /* ausgegeben wird           */
        artikelTyp arts[], /* Array mit Artikeln        */
        const unsigned int num
                              /* Anzahl der Artikel in arts */
                              );
```

welche für das Array arts – nach Kategorien getrennt – das durch den Lagerbestand gebundene Kapital aufsummiert. Die Ausgabe für das Array a aus Teilaufgabe b) mit dem Aufruf

```
artikel_printKategorienLagerWerte (stdout, a, 3);
```

sollte dann so aussehen:

```
Summe Kategorie Nr.    0:        200.00
```

```
Summe Kategorie Nr.     1:       2300.00
Summe Kategorie Nr.     2:        400.00
```

d) Geben Sie mit der Funktion `artikel_printKategorienLagerWerte()` einen Bericht in der Datei `lagerKapital.lst` aus. Sie können dabei nicht sicher davon ausgehen, dass Sie die Datei auf die Festplatte schreiben können. Falls Sie nicht schreiben können, soll die Bearbeitung mit einer Fehlermeldung beendet werden. Sie dürfen jedoch alte Berichte ohne Nachfrage löschen.

Aufgabe 16.8: Funktionen. Dateien und statische lokale Variablen

Schreiben Sie ein Programm aus den Funktionen `main()`, `eingabe()` und `zaehlroutine()`. Die Funktion `eingabe()` soll einen ganzzahligen Wert `N` einlesen und an das Hauptprogramm übergeben (über die Parameterliste, nicht über globale Variablen). Das Hauptprogramm soll in einer Schleife die Funktion `zaehlroutine()` N-mal aufrufen.

Die Funktion `zaehlroutine()` soll mitzählen, wie oft sie aufgerufen wurde, und soll bei jedem Aufruf in die Datei `ZAEHL.DAT` mit Hilfe von `fprintf()` ausgeben:

```
function zaehlroutine wurde jetzt zum x-ten Mal aufgerufen.
```

Dabei muss `x` der aktuellen Anzahl der Aufrufe entsprechen.

Kapitel 17

Programmaufruf und -beendigung

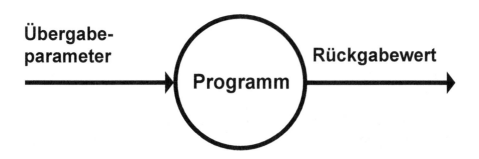

17 Programmaufruf und -beendigung

Kapitel 17.1 untersucht die Übergabe von Argumenten beim Aufruf eines Programms. Kapitel 17.2 befasst sich mit der Beendigung von Programmen.

17.1 Übergabe von Argumenten beim Programmaufruf

Informationen an ein Programm können beim Start des Programms in der Kommandozeile als Argumente (Kommandozeilenargumente) übergeben werden.

Beim Start-up des Programms wird die Funktion `main()` aufgerufen. Es ist nicht nötig, einen Prototypen für die Funktion `main()` zu schreiben. Es gibt zwei Möglichkeiten für die Definition von `main()`:

```
int main (void) { /* ... */ }
```

oder

```
int main (int argc, char * argv[]) { /* ... */ }
```

Will man Argumente an das Programm übergeben, so ist die zweite Variante von `main()` zu wählen.

Für die Übergabe von Argumenten an die Funktion `main()` sind zwei spezielle formale Parameter vorgesehen – `argc` (**argument counter**) und `argv` (**argument vector**).

Die Funktion `main()` darf normalerweise nur diese beiden formalen Parameter aufweisen.[141] Es ist üblich, diese beiden formalen Parameter als `argc` und `argv` zu bezeichnen, obwohl jeder beliebige Name möglich wäre, da es sich um die Namen von formalen Parametern handelt, die lokal zu ihrer Funktion sind. Die Typen dieser formalen Parameter müssen `int` und `char * []` bzw. `char **` sein. `argc` ist die Anzahl der übergebenen Argumente und ist vom Typ `int`. `argv` ist ein eindimensionales Array von Pointern auf `char`. Der String, auf den der erste Pointer zeigt, ist das erste Argument der Kommandozeile, d. h. der Programmname.

Die Anzahl der übergebenen Argumente beträgt in der Regel mindestens 1, da der Programmname als erstes Argument zählt.[142]

Da `char * argv[]` ein Array ohne Längenangabe ist, können theoretisch beliebig viele Argumente übergeben werden. Im Standard wird verlangt, dass `argv[argc]` ein `NULL`-Pointer ist.

---

[141] In manchen Umgebungen sind weitere Argumente erlaubt, wie beispielsweise die Umgebungsvariablen eines Terminals oder plattformspezifische Werte. Diese sind jedoch nicht standardisiert.

[142] Ausnahme: Programme, welche ohne Unterstützung eines Betriebssystems laufen, besitzen möglicherweise keinen Namen. Der Wert von `argc` wird in diesem Fall 0 statt 1 sein.

Da es sich bei `argv` um ein eindimensionales Array von Pointern handelt, welches als Übergabeparameter äquivalent zu einem Pointer auf Pointer ist, kann man statt

```
char * argv []
```

auch

```
char ** argv
```

schreiben. Beide Varianten werden vom Compiler akzeptiert.

Wichtig bei der Übergabe von Zahlen ist, dass eine Zahl als String übergeben wird und vor ihrer Verwendung erst in einen `int`-Wert umgewandelt werden muss.

Diese Umsetzung kann z. B. mit der Standardfunktion `atoi()` (ascii **to** **i**nteger) erfolgen (siehe auch Anhang A).

Im Folgenden ein **Beispiel zur Veranschaulichung des Argumentvektors**:

```
copy file_a.doc file_b.doc
```

In diesem Fall ist `copy` das ausführbare Programm und es erhält zwei Argumente (`file_a.doc` und `file_b.doc`). Hierbei soll das Programm `copy` von der Datei `file_a.doc` eine Kopie unter dem Namen `file_b.doc` anlegen. Voraussetzung hierfür ist, dass die Funktion `main()` im Quellprogramm `copy.c` nicht als `main (void)` angegeben ist, sondern in der Variante mit den zwei bereits vorgestellten Parametern:

```
int main (int argc, char * argv[])
```

Beim Aufruf von `copy.exe` (siehe oben) erhält `argc` die Anzahl der übergebenen Argumente, d. h. die Zahl 3, und die Komponenten von `argv` erhalten Pointer auf die Argumente bzw. den `NULL`-Pointer.

Das folgende Bild zeigt den Argumentvektor für dieses Beispiel:

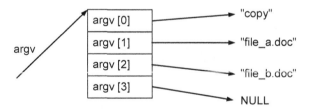

Bild 17-1 Der Argumentvektor beim Beispiel `copy`

Beispielprogramm:

Als Beispiel soll ein ausführbares Programm `addieren` geschrieben werden, bei dem die zwei übergebenen Zahlen addiert werden sollen.

Hier das Programm im Quellcode:

```
/* Datei: addiere.c */
#include <stdio.h>
#include <stdlib.h>

int main (int argc, char * argv[])
{
   if (argc == 3)
      printf ("%s + %s = %d\n", argv[1], argv[2],
              atoi (argv[1]) + atoi (argv[2]));
   else
      printf ("Bitte 2 Argumente uebergeben\n");
   return 0;
}
```

Der Dialog mit dem Programm soll beispielsweise sein:

```
addiere 3 8        Aufruf des Programms
3 + 8 = 11         Ausgabe des Programms
```

Um Fehlfunktionen zu vermeiden, sollte immer überprüft werden, ob auch die korrekte Anzahl an Argumenten übergeben wurde. Beachten Sie die Umwandlung der Argumente mit der Standardfunktion `atoi ()` vor der Addition.

17.2 Beendigung von Programmen

Programme können in C90 beendet werden

- im Hauptprogramm `main ()` durch die `return`-Anweisung,
- an beliebiger Stelle des Programms mit einem **normalen Abbruch** durch einen Aufruf der `exit ()`-Funktion (siehe Kapitel 17.2.1.1) bzw. der `_Exit ()`-Funktion (siehe Kapitel 17.2.1.3)
- sowie an beliebiger Stelle des Programms mit einem **abnormalen Abbruch** durch einen Aufruf der `abort ()`-Funktion (siehe Kapitel 17.2.1.4).

Mit C11 neu hinzugekommen ist die `quick_exit ()`-Funktion für einen **normalen Abbruch** (siehe Kapitel 17.2.1.5).

return aus dem Hauptprogramm

In der `main ()`-Funktion kann das Programm sowohl mit der `return`-Anweisung als auch mit der `exit ()`-Funktion verlassen werden. Beide bieten die Möglichkeit, den Wert eines Ausdrucks zurückzugeben und sind im Falle von `main ()` in ihrer Wirkung gleich.

In einer anderen Funktion als der `main ()`-Funktion ist die Wirkung unterschiedlich: mit `return` wird nur der aktuelle Funktionsaufruf beendet, während mit `exit ()` das Programm selbst abgebrochen wird.

Vorsicht!

Wird ein Programm von der Kommandozeile z. B. durch

```
c:\>programm<RETURN>
```

gestartet, so wird in diesem Kommando der Rückgabewert nicht abgeholt.

Ruft man `main()` beispielsweise von einer Kommandoprozedur unter Windows oder UNIX auf, so macht es Sinn, den Rückgabewert von `main()` in der Kommandoprozedur abzuholen und je nach Ergebnis entsprechend zu reagieren.

Im Folgenden einige Funktionen aus der Standardbibliothek.

17.2.1 Einige Funktionen der Standardbibliothek

Dieses Kapitel beschreibt in den Kapiteln 17.2.1.1 bis 17.2.1.6 die Funktionen `exit()`, `atexit()`, `_Exit()`, `abort()`, `quick_exit()` und `at_quick_exit()`.

17.2.1.1 Die Funktion exit()[143]

Die `exit()`-Funktion ist vermutlich die am meisten genutzte Funktion, um ein Programm an einer **beliebigen Stelle** im Code zu **beenden**.

Die Funktion **exit()** dient dazu, ein Programm „**geordnet**" **abzubrechen** und einen Statuswert zurückzugeben. Ein Statuswert gleich 0 bedeutet ein erfolgreiches Ende, während ein Statuswert ungleich 0 einen Fehlercode darstellt, der von der Anwendung, also dem Programm, abhängt.

Syntax:
```
#include <stdlib.h>
void exit (int status);[144]
```

Funktionsbeschreibung:
Ein Aufruf der Funktion `exit()` bewirkt einen **normalen Programmabbruch**. Zuerst werden alle Funktionen, die bei der `atexit()`-Funktion (siehe Kapitel 17.2.1.2) registriert worden sind, in der umgekehrten Reihenfolge ihrer Registrierung aufgerufen. Es werden dann alle noch nicht geschriebenen Ausgabepuffer in ihre zugeordnete Datei geschrieben und alle offenen Dateien geschlossen. Ferner werden temporäre Dateien, die mit der `tmpfile()`-Funktion[145] erzeugt wurden, gelöscht. Dann wird die Kontrolle an die Umgebung, von der aus das Programm gestartet wurde, zurückgegeben. Es ist implementierungsabhängig, wie der **Status** `status` an diese Umgebung geliefert wird. Wenn der Wert des Status `status` gleich 0 ist oder `EXIT_SUCCESS`, so bedeutet dies eine erfolgreiche Beendigung. Hat der Status

---

[143] Die Funktion `_Exit()` macht nur eine normale Beendigung. Im Gegensatz zur Funktion `exit()` wird von der Funktion `_Exit()` dabei nur das Programm beendet. Es werden vorher keine weiteren Funktionen ausgeführt oder andere automatische Aufräumarbeiten durchgeführt.

[144] Rückgabewert `_Noreturn void` nach dem C11-Standard

[145] Siehe Anhang A.3

status den Wert EXIT_FAILURE[146], bedeutet dies eine nicht erfolgreiche Beendigung. Andere Statuswerte sind anwendungsspezifisch. Auf diese Weise können Kommandoprozeduren auf eine erfolgreiche oder nicht erfolgreiche Programmdurchführung reagieren. Die Makros EXIT_SUCCESS und EXIT_FAILURE sind in <stdlib.h> definiert.

Rückkehr:
Die Funktion exit() kann nicht zu ihrem Aufrufer zurückkehren, da das Programm abgebrochen wird.

17.2.1.2 Die Funktion atexit()

Die Funktion atexit() registriert eine Funktion, damit diese bei bei einem normalen Programmabruch von der Funktion exit() ausgeführt wird.

Syntax:
```
#include <stdlib.h>
int atexit (void (* func) (void))
```

Funktionsbeschreibung:
Die Funktion atexit() registriert eine Funktion, auf die func verweist. Eine registrierte Funktion wird bei einem normalen Programmabbruch, d. h. wenn die Funktion exit() aufgerufen wird oder wenn das Hauptprogramm die Kontrolle zurückgibt, ohne Argumente aufgerufen.

Rückgabewert:
Bei erfolgreicher Registrierung wird von atexit() der Wert 0, ansonsten ein von 0 verschiedener Wert zurückgegeben.

Beispiel:
```
/* Datei: atexit.c */
#include <stdio.h>
#include <stdlib.h>

void final_1 (void)
{
    printf ("\nfinal_1 ist dran");
}

void final_2 (void)
{
    printf ("\nfinal_2 ist dran");
}

void final_3 (void)
{
    printf ("\nfinal_3 ist dran");
}
```

---

[146] Normalerweise hat EXIT_SUCCESS den Wert 0 und EXIT_FAILURE den Wert 1.

```
int main (void)
{
   atexit (final_1);
   atexit (final_2);
   atexit (final_3);
   printf ("\nmain ist dran");
   exit (EXIT_SUCCESS);   /* aequivalent zu return EXIT_SUCCESS   */
}
```

Das Ergebnis eines Programmlaufs ist:

```
main ist dran
final_3 ist dran
final_2 ist dran
final_1 ist dran
```

Nach dem Standard müssen mindestens 32 Funktionen registriert werden können. Diese werden alle aufgerufen und zwar in der Reihenfolge der Registrierung. Wird eine Funktion mehrmals registriert, wird sie auch mehrmals aufgerufen.

17.2.1.3 Die Funktion _Exit()

Die Funktion `_Exit()` führt eine sofortige Beendigung durch. Im Gegensatz zur Funktion `exit()` wird von der Funktion `_Exit()` dabei nur das Programm beendet. Ein Aufruf angemeldeter Funktionen und weitere automatische Aufräumarbeiten fehlen.

Syntax:
```
#include <stdlib.h>
void _Exit (int status);[147]
```

Funktionsbeschreibung:
Im Gegensatz zur Funktion `exit()` wird nur das Programm beendet. Es werden vorher keine weiteren Funktionen ausgeführt oder andere automatische Aufräumarbeiten durchgeführt. Der **Status**, der an die Umgebung geliefert wird, wird wie bei der Funktion `exit()` bestimmt.

Rückkehr:
Die Funktion `_Exit()` kann nicht zu ihrem Aufrufer zurückkehren, da das Programm abgebrochen wird.

17.2.1.4 Die Funktion abort()

Der Aufruf der Funktion `abort()` führt zu einem **abnormalen Abbruch** des Programms, es sei denn, das durch diese Routine ausgelöste Signal[148] `SIGABRT` wird durch einen eigenen Signalhandler abgefangen und verarbeitet, um ein normales Programmende zu erreichen.

---

[147] Rückgabewert `_Noreturn void` nach dem C11-Standard
[148] Signale und Signalhandler können im Rahmen dieses Buches nicht behandelt werden.

Syntax:
```
#include <stdlib.h>
void abort (void);¹⁴⁹
```

Funktionsbeschreibung:
Da es implementierungsabhängig ist, ob Daten, die im Puffer stehen, noch in ihre zugeordnete Datei geschrieben werden, offene Dateien geschlossen und temporäre
Dateien entfernt werden, ist meist der Einsatz eines eigenen Signalhandlers erforderlich. Ein implementierungsspezifischer **Fehlerstatus** wird als Signal an die Umgebung geliefert.

Rückkehr:
Die Funktion `abort()` kann nicht zu ihrem Aufrufer zurückkehren.

17.2.1.5 Die Funktion quick_exit() nach C11

Mit C11 neu hinzugekommen ist die `quick_exit()`-Funktion.

Die Funktion `quick_exit()` sorgt für einen normalen Programmabbruch. Vor dem Abbruch werden die mithilfe der Funktion
`at_quick_exit()` registrierten Funktionen ausgeführt.

Syntax:
```
#include <stdlib.h>
_Noreturn void quick_exit(int status);
```

Funktionsbeschreibung:
Die `quick_exit()`-Funktion führt – wie die Funktion `exit()` und `_Exit()` – zu
einem normalen Programmende. Eigene mit `at_quick_exit()` registrierte Funktionen werden beim Aufruf der `quick_exit()`-Funktion wieder in umgekehrter Reihenfolge ihrer Registrierung aufgerufen und ausgeführt. Anschließend wird das Programm beendet. Sonstige automatische Aufräumarbeiten – wie bei der `exit()`-
Funktion – gibt es nicht. Die Kontrolle wird an die Umgebung durch den Aufruf von
`_Exit (status)` zurückgegeben.

Rückkehr:
Die Funktion `quick_exit()` kann nicht zu ihrem Aufrufer zurückkehren.

17.2.1.6 Die Funktion at_quick_exit() nach C11

Die Funktion `at_quick_exit()` registriert eine Funktion, damit diese bei bei einem normalen Programmabruch von der Funktion
`quick_exit()` ausgeführt wird.

---
¹⁴⁹ Rückgabewert `_Noreturn void` nach dem C11-Standard

Syntax:
```
#include <stdlib.h>
int at_quick_exit(void (*func)(void));
```

Funktionsbeschreibung:
Analog zur `atexit()`-Funktion lassen sich eigene Funktionen mit der Funktion `at_quick_exit()` registrieren. Die Funktion `at_quick_exit()` registriert die Funktion, auf die `func` zeigt, bei der Funktion `quick_exit()`. Auch hier können nach Standard mindestens 32 Funktionen registriert werden. Eine solche Funktion wird dann ohne Argumente gerufen, wenn `quick_exit()` ausgeführt wird.

Rückgabewert:
Die Funktion `at_quick_exit()` gibt bei Erfolg 0 zurück, bei Misserfolg einen Wert ungleich 0.

17.2.2 Beispiel für eine Abfrage des Rückgabewertes

Das folgende Beispiel ruft unter Windows in einer Kommandoprozedur `open.bat` das Programm `open.exe` auf. Der Exit-Status von `open.exe` wird vom Laufzeitsystem des Compilers an die `ERRORLEVEL`-Variable übergeben und von der Batch-Datei `open.bat` ausgewertet.

Hier die Batch-Datei `open.bat`:

```
ECHO OFF
OPEN
IF ERRORLEVEL 1 GOTO FATAL

IF ERRORLEVEL 0 ECHO Open erfolgreich gelaufen
GOTO ENDE

:FATAL
ECHO Fehler bei Open, Returnstatus = 1
:ENDE
```

Und nun der Quellcode des Programms `open.exe`:

```c
/* Datei: open.c */
#include <stdio.h>

int main (void)

{
   FILE * fp;

   if ((fp = fopen ("AUFGABE.C", "r")) == NULL)
   {
      printf ("\nAUFGABE.C nicht vorhanden\n");
      return 1;
   }
   fclose (fp);
   printf ("\nAUFGABE.C vorhanden\n");
   return 0;
}
```

Je nachdem, ob die Datei `AUFGABE.C` im aktuellen Pfad vorhanden ist oder nicht, gibt das Programm aus:

```
AUFGABE.C vorhanden
```

bzw.

```
AUFGABE.C nicht vorhanden
```

Und nun soll die Ausgabe der Kommandoprozedur `open.bat` gezeigt werden.

Je nachdem, ob die Datei `AUFGABE.C` im aktuellen Pfad vorhanden ist oder nicht, gibt die Kommandoprozedur aus:

```
AUFGABE.C vorhanden
Open erfolgreich gelaufen
```

bzw.

```
AUFGABE.C nicht vorhanden
Fehler bei Open, Returnstatus = 1
```

17.3 Zusammenfassung

Dieses Kapitel befasst sich mit der Übergabe von Argumenten an ein Programm beim Programmaufruf und mit dem Programmabbruch.

Kapitel **17.1** befasst sich mit der Übergabe von Argumenten beim Programmaufruf. Informationen an ein Programm können beim Start des Programms in der Kommandozeile als Argumente (Kommandozeilenargumente) übergeben werden. Für die Übergabe von Argumenten an die Funktion `main()` sind zwei spezielle formale Parameter vorgesehen – `argc` (argument counter) und `argv` (argument vector). Die Anzahl der übergebenen Argumente beträgt in der Regel mindestens 1, da der Programmname als erstes Argument zählt. Wichtig bei der Übergabe von Zahlen ist, dass eine Zahl als String übergeben wird und vor ihrer Verwendung erst in einen `int`-Wert umgewandelt werden muss. Beim Aufruf eines Programms erhält `argc` die Anzahl der übergebenen Argumente und die Komponenten von `argv` erhalten Pointer auf die Argumente bzw. den `NULL`-Pointer.

Kapitel **17.2** behandelt die Beendigung von Programmen. In der `main()`-Funktion kann das Programm sowohl mit der `return`-Anweisung als auch mit der `exit()`-Funktion verlassen werden. Beide bieten die Möglichkeit, den Wert eines Ausdrucks zurückzugeben und sind im Falle von `main()` in ihrer Wirkung gleich.

In einer anderen Funktion als der `main()`-Funktion ist die Wirkung unterschiedlich: mit `return` wird nur der aktuelle Funktionsaufruf beendet, während mit `exit()` das Programm selbst abgebrochen wird.

Die Funktion `exit()` dient dazu, ein Programm „geordnet" abzubrechen und einen Statuswert zurückzugeben. Ein Statuswert gleich 0 bedeutet ein erfolgreiches Ende, während ein Statuswert ungleich 0 einen Fehlercode darstellt, der von der Anwendung, also dem Programm, abhängt.

Die Funktion `atexit()` registriert eine Funktion, damit diese bei bei einem normalen Programmabruch von der Funktion `exit()` ausgeführt wird.

Die Funktion `_Exit()` führt eine sofortige Beeendigung durch. Im Gegensatz zur Funktion `exit()` wird von der Funktion `_Exit()` dabei nur das Programm beendet. Es werden vorher keine weiteren Funktionen ausgeführt oder andere automatische Aufräumarbeiten durchgeführt. Ein Aufruf angemeldeter Funktionen und weitere automatische Aufräumarbeiten fehlen.

Der Aufruf der Funktion `abort()` führt zu einem abnormalen Abbruch des Programms, es sei denn, das durch diese Routine ausgelöste Signal `SIGABRT` wird durch einen eigenen Signalhandler abgefangen und verarbeitet, um ein normales Programmende zu erreichen.

Die Funktion `quick_exit()` sorgt für einen normalen Programmabbruch. Vor dem Abbruch werden die mithilfe der Funktion `at_quick_exit()` registrierten Funktionen ausgeführt.

Seit C11 kann mit `at_quick_exit()` eine Funktion registriert werden, damit diese bei bei einem normalen Programmabruch von der Funktion `quick_exit()` ausgeführt wird.

Kapitel 18

Dynamische Speicher-zuweisung

18 Dynamische Speicherzuweisung

Bislang wurde stets mit Variablen gearbeitet, deren Struktur und Größe bereits während des Kompilierens bekannt waren. Es gibt jedoch viele Situationen, bei denen weder der Programmierer noch der Compiler voraussagen kann, wie viel Speicherplatz verbraucht werden wird, so zum Beispiel, wenn eine (beliebig große) Datei eingelesen werden soll.

Die Sprache C bietet Mechanismen an, welche es dem Programmierer erlauben, zur Laufzeit des Programmes dynamisch eine variable Menge an Bytes zu reservieren und wieder freizugeben. Diese sogenannten dynamischen Speicherblöcke oder Speicherbereiche befinden sich nicht wie die üblichen Variablen im Daten- oder Stack-Segment, sondern im sogenannten Heap-Segment eines Programmes.

Der Heap ist ein Segment eines Programms[150] neben den Segmenten Code, Daten und Stack. Aufgabe des Heaps ist es, Speicherplatz für die Schaffung dynamischer Speicherblöcke bereitzuhalten.

Dynamische Speicherblöcke werden in C bei Bedarf zur Laufzeit des Programms durch Aufruf der entsprechenden Library-Funktionen mit Hilfe des Laufzeitsystems auf dem Heap angelegt.

Die Verwaltung des Heaps erfolgt durch eine Komponente im Laufzeitsystem des Compilers, die auch als **Heap-Verwaltung** bezeichnet wird. Die Heap-Verwaltung entscheidet beispielsweise, an welcher Stelle des Heaps Speicherplatz reserviert wird. Die Funktionen, die vom Anwendungsprogramm aufgerufen werden, um dynamische Speicherblöcke anzulegen, geben dem Anwendungsprogramm einen Pointer auf den im Heap reservierten Speicherbereich zurück.

Dieser Pointer kann in einer Variablen mit dem passenden Typ gespeichert werden. Über diesen Pointer kann man dann auf die reservierte Speicherstelle im Heap zugreifen. Ein Programmierer kann in C durch Aufruf einer entsprechenden Library-Funktion den Speicherblock auch wieder freigeben. Dynamische Speicherblöcke stehen somit dem Programm von ihrer Erzeugung bis zu ihrer Freigabe zur Verfügung.

Die **Gültigkeit und Lebensdauer** eines **dynamischen Speicherblockes** wird **nicht** durch Blockgrenzen **bestimmt**, d. h. nicht **durch die statische Struktur des Programms**.

Nicht jede Sprache stellt die Möglichkeit zur Verfügung, dynamische Speicherblöcke zu erzeugen. Beispielsweise kannte Standard-FORTRAN keine dynamischen Speicherblöcke, Pascal hingegen stellte in der Sprache selbst die Standardfunktionen `new()` und `dispose()` zum Anfordern und Freigeben von dynamischen Speicherblöcken zur Verfügung. In C erfolgt die Reservierung von Speicherblöcken auf dem

---

[150] Der Adressraum eines Programms wird in Kapitel 15 behandelt.

Heap beispielsweise mit den Library-Funktionen `malloc()` bzw. `calloc()`, die Freigabe erfolgt mit der Library-Funktion `free()`.

Je nach System ist die Größe des Heaps stark begrenzt. Moderne Computer besitzen mehr als ausreichend Speicherplatz, dennoch sollte er nicht verschwendet werden. Wenn ständig nur Speicher angefordert und kein Speicher zurückgegeben wird, kann es zu einem Überlauf des Heaps kommen. Hinzu kommt das Problem, dass mit zunehmendem Gebrauch der Heap mehr und mehr zerstückelt wird, so dass es sein kann, dass keine größeren Speicherobjekte mehr angelegt werden können, obwohl in der Summe genügend freier Speicher vorhanden ist, aber eben nicht am Stück.

In Sprachen wie Java oder Smalltalk werden Speicherobjekte im Heap nicht explizit vom Programmierer freigegeben. Ein **Garbage Collector** gibt hier Speicherplatz, der nicht mehr referenziert wird, wieder frei. Der Garbage Collector wird in unregelmäßigen Abständen durch das Laufzeitsystem aufgerufen. Er ordnet ferner den Speicher neu, so dass größere homogene unbenutzte Speicherbereiche auf dem Heap wiederhergestellt werden. In C gibt es keinen Garbage Collector.

Kapitel 18.1 und 18.2 befassen sich mit der dynamischen Reservierung und Freigabe von Speicher. Kapitel 18.3 zeigt, wie zur Laufzeit ein Array mit einer zur Laufzeit ermittelten Größe angelegt wird.

18.1 Reservierung von Speicher

Dieses Kapitel beschreibt die Funktionen `malloc()`, `calloc()` und `realloc()`.

18.1.1 Die Funktion malloc()

Die Funktion `malloc()` dient zum dynamischen Reservieren eines Speicherobjekts im Heap.

Syntax:

```
#include <stdlib.h>
void * malloc (size_t size);
```

Beschreibung:

In C kann die Reservierung von Speicher im Heap mit der Funktion `malloc()` erfolgen. Der Name `malloc()` kommt von **m**emory **alloc**ation. Ein solchermaßen erzeugtes Speicherobjekt ist bis zum Programmende oder bis zur Rückgabe des Speichers mit `free()` gültig.

Im Gegensatz zu Pascal und C++, wo es jeweils eine Funktion `new()` gibt, welche Speicherobjekte des gewünschten Datentyps anlegt, ist die Sichtweise in C nicht so abstrakt. Der Programmierer muss der Funktion `malloc()` sagen, wie viele Bytes er haben möchte. Da der Programmierer selbst nicht weiß, wie viele Bytes eine Variable eines bestimmten Typs umfasst – und dies auf einem anderen Rechner wieder anders sein könnte – sollte er die Zahl der Bytes mit Hilfe des `sizeof`-Operators bestimmen.

Rückgabewert:

Die Funktion `malloc()` gibt einen Pointer auf den reservierten Speicherbereich zurück, wenn die Speicherreservierung durchgeführt werden konnte, ansonsten wird `NULL` zurückgegeben.

Der zurückgegebene Pointer ist vom Typ `void *` und wird bei einer Zuweisung implizit in den Typ des Pointers auf der linken Seite der Zuweisung gewandelt. Es sei daran erinnert, dass abgesehen von `void *` kein Pointer auf einen Datentyp an einen Pointer auf einen anderen Datentyp ohne explizite Umwandlung zugewiesen werden kann (siehe Kapitel 8.2).[151]

Beispiel:

```
/* Datei: malloc.c */
#include <stdio.h>
#include <stdlib.h>

int main (void)
{
   int * pointer;
   if ((pointer = malloc (sizeof (int))) != NULL)
   {
      *pointer = 3;
      printf ("pointer zeigt auf eine int-Zahl mit Wert %d\n",
              *pointer);
      free (pointer);
   }
   else
      printf ("Nicht genuegend Speicher verfuegbar\n");
   return 0;
}
```

Hier die Ausgabe des Programms:

```
pointer zeigt auf eine int-Zahl mit Wert 3
```

Die Funktion aligned_alloc()

Die Funktion `aligned_alloc()` existiert seit dem C11-Standard und erlaubt es dem Programmierer, im Gegensatz zur Funktion `malloc()` nicht nur die gewünschte Größe des Speicherblocks anzugeben, sondern zusätzlich dessen Alignment (Anordnung) im Speicher. Der Prototyp für die Funktion `aligned_alloc()` ist der Folgende:

---

[151] Wenn die Funktion `malloc()` in der Sprache C++ verwendet wird, muss man daran denken, dass ein C++ Compiler bei impliziten Umwandlungen von Pointern auf `void` eine Warnung ausgibt. In diesem Falle sollte der Rückgabewert eines `malloc()`-Aufrufes entsprechend gecastet werden.

```
void *aligned_alloc(size_t alignment, size_t size);
```

Weitere Informationen zum Alignieren (Anordnen) von Speicherbereichen können in Kapitel 9.6.7.2 nachgelesen werden.

18.1.2 Die Funktion calloc()

Die Funktion `calloc()` reserviert ebenfalls Speicher im Heap, allerdings eine bestimmte Anzahl von dynamischen Speicherblöcken. Außerdem führt sie eine Initialisierung durch.

Syntax:

```
#include <stdlib.h>
void * calloc (size_t num, size_t size);
```

Beschreibung:

Eine weitere Funktion zur Reservierung von Speicher im Heap ist die Funktion `calloc()`. Als Übergabeparameter erwartet die Funktion `calloc()` zwei Parameter. Als erster Parameter wird die Anzahl der benötigten Variablen erwartet. Der zweite Parameter entspricht der Größe einer einzelnen Variablen in Bytes.

Rückgabewert:

Die Funktion `calloc()` gibt einen Pointer auf den reservierten Speicherbereich zurück, wenn die Speicherreservierung durchgeführt werden konnte, ansonsten wird `NULL` zurückgegeben. Der Pointer ist vom Typ `void *` und wird bei einer Zuweisung implizit in den Typ des Pointers auf der linken Seite der Zuweisung gewandelt.

Im Gegensatz zu `malloc()` initialisiert `calloc()` den bereitgestellten Speicher und setzt dabei alle Bits auf 0. Dadurch wird eine irrtümliche Weiterverwendung von zuvor mit `free()` freigegebenen Daten vermieden.

Beispiel:

```
/* Datei: calloc.c */
#include <stdio.h>
#include <stdlib.h>

int main (void)
{
   int * pointer;
   if ((pointer = calloc (1, sizeof (int))) != NULL)
   {
      *pointer = 3;
      printf ("pointer zeigt auf eine int-Zahl mit Wert %d\n",
              *pointer);
      free (pointer);
   }
```

```
    else
    {
        printf ("Nicht genuegend Speicher verfuegbar\n");
    }
    return 0;
}
```

Hier die Ausgabe des Programms:

```
pointer zeigt auf eine int-Zahl mit Wert 3
```

18.1.3 Die Funktion realloc()

Mit `realloc()` kann man die Größe eines dynamischen Speicherbereichs ändern.

Syntax:

```
#include <stdlib.h>
void * realloc (void * memblock, size_t size);
```

Beschreibung:

Um den mit `malloc()` bzw. `calloc()` erzeugten dynamischen Speicherbereich auch nachträglich noch in seiner Größe ändern zu können, existiert die Funktion `realloc()`. Diese Funktion bekommt einen Pointer auf einen bereits existierenden dynamischen Speicherbereich übergeben und zusätzlich noch die Größe des gewünschten neuen Speicherbereiches. Kann der angeforderte Speicher nicht mehr an der bisherigen Adresse angelegt werden, weil kein ausreichend großer zusammenhängender Speicherbereich mehr frei ist, dann verschiebt `realloc()` den vorhandenen Speicherbereich an eine Stelle im Speicher, an der noch genügend Speicher frei ist.

Rückgabewert:

Die Funktion `realloc()` gibt einen Pointer auf den reservierten Speicherbereich zurück, wenn die Speicherreservierung durchgeführt werden konnte, ansonsten wird `NULL` zurückgegeben. Der Pointer ist vom Typ `void *` und wird bei einer Zuweisung implizit in den Typ des Pointers auf der linken Seite gewandelt.

Besonderheit:

Übergibt man an `realloc()` den `NULL`-Pointer als Adresse auf einen vorhandenen dynamischen Speicherbereich, dann arbeitet `realloc()` wie `malloc()` und gibt einen Pointer auf einen neu erstellten dynamischen Speicherbereich zurück.

Beispiel:

```
/* Datei: realloc.c */
#include <stdio.h>
```

```c
#include <stdlib.h>

int main (void)
{
    int * pointer;
    if ((pointer = malloc (sizeof (int))) != NULL)
    {
        *pointer = 3;
        printf ("Nach malloc():\n");
        printf ("pointer zeigt auf eine int-Zahl mit Wert %d\n\n",
                *pointer);
    }
    else
    {
        printf ("Nicht genuegend Speicher verfuegbar\n");
        return (-1);
    }
    pointer = realloc ((void *) pointer, 2 * (sizeof (int)));
    if (pointer == NULL)
    {
        printf ("Nicht genuegend Speicher verfuegbar\n");
        return (-1);
    }
    pointer[1] = 6;
    printf ("Nach realloc():\n");
    printf ("pointer zeigt auf eine int-Zahl mit Wert %d\n",
            *pointer);
    printf ("Das 2. Element von pointer hat den Wert %d\n\n",
            pointer[1]);
    free (pointer);
    return 0;
}
```

 Hier die Ausgabe des Programms:

```
Nach malloc():
pointer zeigt auf eine int-Zahl mit Wert 3

Nach realloc():
pointer zeigt auf eine int-Zahl mit Wert 3
Das 2. Element von pointer hat den Wert 6
```

18.2 Freigabe von Speicher

Mit `free()` kann man einen dynamischen Speicherbereich freigeben.

Syntax:

```c
#include <stdlib.h>
void free (void * pointer);
```

Beschreibung:

In C muss man den nicht mehr benötigten Speicher, der beispielsweise mit `malloc()`, `calloc()` oder `realloc()` beschafft wurde, mit Hilfe der Funktion `free()` freigeben. Der entsprechende Speicherbereich kann dann von der Heapverwaltung erneut vergeben werden.

> Wenn der Funktion `free()` ein `Null`-Pointer übergeben wird, passiert nichts.

Der formale Parameter von `free()` ist vom Typ `void *`. Damit kann ein Pointer auf einen beliebigen Datentyp übergeben werden. Die Funktion `free()` ist mit dem Pointer, den `malloc()`, `calloc()` oder `realloc()` geliefert hat, aufzurufen, ansonsten ist das Ergebnis undefiniert. Nach dem Aufruf von `free()` darf über diesen Pointer natürlich nicht mehr auf ein Speicherobjekt zugegriffen werden, da er auf kein gültiges Speicherobjekt mehr zeigt. Es ist aber selbstverständlich möglich, erneut `malloc()`, `calloc()` oder `realloc()` aufzurufen und den Rückgabewert von `malloc()`, `calloc()` oder `realloc()` dem vorher schon benutzten Pointer wieder zuzuweisen.

> Wird ein Pointer auf ein gültiges Objekt im Heap überschrieben, so dass keine Referenz auf dieses Objekt mehr besteht, so gibt es keine Möglichkeit des Zugriffs auf dieses Objekt mehr. Es ist dann unnütz Speicher im Heap verbraucht worden.

Bei Sprachen, die einen Garbage Collector vorsehen, werden solche nicht referenzierten Speicherobjekte vom Garbage Collector ermittelt und dem zur Verfügung stehenden freien Speicher zugeordnet.

Beim Programmende erfolgt automatisch die Freigabe von noch reserviertem Speicher durch das Betriebssystem.

18.2.1 Beispiel

```
/* Datei: free.c */
#include <stdio.h>
#include <stdlib.h>
#include <string.h>

int main (void)
{
   char * pointer;
   char string[] = "Ab in den Heap";
   if ((pointer = malloc (sizeof (char) * (strlen (string)+1)))
       != NULL)
   {
      strcpy (pointer, string);
      printf ("String im Heap: %s\n", pointer);
      free (pointer);
   }
```

```
    else
        printf ("Nicht genuegend Speicher verfuegbar\n");
    return 0;
}
```

Hier die Ausgabe des Programms:

```
String im Heap: Ab in den Heap
```

18.2.2 Speicherlecks

Leider wird oft nicht daran gedacht, beanspruchten Speicher wieder freizugeben. Es entstehen sogenannte **Speicherlecks**, auch engl. als Memory-Leaks bezeichnet. Im obigen Beispiel wäre dies nicht so tragisch, da das Programm ja sowieso beendet wird und die heutigen Desktop-Betriebssysteme dann eine Speicherbereinigung durchführen. Kleinere Systeme, die ja gerade oft in C implementiert werden, wie zum Beispiel Robotersteuerungen, haben jedoch meist einfachere Betriebssysteme. Dort ist dann der angeforderte Speicher auch nach dem Programmende bis zum nächsten Kaltstart des Gerätes verloren. Auch Programme auf großen Betriebssystemen können sich zu wahren Speicherfressern entwickeln, wenn nicht daran gedacht wird, angeforderten, aber mittlerweile nicht mehr benötigten Speicher wieder freizugeben.

Speicheranforderung und Speicherfreigabe verhalten sich wie eine öffnende und eine schließende Klammer, die stets paarig sein müssen. Während Compiler unpaarige Klammern entdecken können, hängen unpaarige Speicheranforderungen und Speicherfreigaben vom jeweiligen Programmablauf ab und können daher nicht von einem Compiler gefunden werden.

Man sollte es sich zur Angewohnheit machen, bei jedem `malloc()` bzw. bei jedem `calloc()` sofort zu planen, wann und wo der angeforderte Speicher wieder freigegeben wird. Oft ist es nicht möglich, dies sofort zu codieren. Dann muss man gewissenhaft eine ToDo-Liste führen und ToDo-Kommentare in den Code einfügen, damit nicht mit der Zeit immer mehr potentielle Speicherlöcher entstehen, die äußerst schwer im Nachhinein zu entdecken und zu beseitigen sind.

18.3 Dynamisch erzeugte Arrays

In der Praxis ist zur Kompilierzeit in den meisten Fällen nicht bekannt, wie viele Objekte einer Struktur gebraucht werden. Auch die Länge von Zeichenketten ist von vornherein meist schwer zu schätzen. Ein leider gern genommener Ansatz ist dann der, dass man sagt, man legt zur Compile-Zeit ein sehr großes Array mit zum Beispiel 10 000 Komponenten an und hofft dann, dass dies für alle Zeiten genug ist.

Diese Annahme trifft jedoch meist nur für eine bestimmte Zeit zu. Setzt man dagegen zur Sicherheit äußerst große Obergrenzen an, so führt dies zu ineffizienten Programmen, deren Laufzeitverhalten und Speicherbedarf zu wünschen übrig lässt. In die-

sem Abschnitt soll daher gezeigt werden, wie man zur Laufzeit ein Array dynamisch
auf dem Heap erzeugt, dessen Größe zur Laufzeit ermittelt wurde.

Mit `malloc()` kann zur Laufzeit ein Array einer aktuell berechneten
Größe angelegt werden.

An dieser Stelle ein einfaches **Beispiel**:

```c
/* Datei: einArray.c */
#include <stdio.h>
#include <stdlib.h>            /* Enthaelt den Prototyp fuer malloc()*/

int main (void)
{
    int * ptrArray = NULL;                              /* (1) */
    int anzahl = 0, index;

    printf ("Geben Sie bitte die Anzahl der Elemente ein:");
    scanf ("%d",&anzahl);
    ptrArray = malloc (sizeof (int) * anzahl);          /* (2) */
    for (index = 0; index < anzahl; index++)
    {
        ptrArray[index] = index;                        /* (3) */
        printf ("Array [%d] enthaelt den Wert %d\n",
                index,ptrArray[index]);
    }
    free (ptrArray);                                    /* (4) */
    return 0;
}
```

Hier eine mögliche Ausgabe des Programms:

```
Geben Sie bitte die Anzahl der Elemente ein: 3
Array [0] enthaelt den Wert 0
Array [1] enthaelt den Wert 1
Array [2] enthaelt den Wert 2
```

Das Programm `einArray.c` legt einen Pointer auf `int` an (Kommentar `(1)`), um
diesem mittels `malloc()` die Startadresse des im Heap reservierten Speichers zuzuweisen (Kommentar `(2)`). Nun kann auf dieses Array in normaler Weise, nämlich
mit dem Arrayindex-Operator `[]` zugegriffen werden (Kommentar `(3)`). Wird das Array nicht mehr benötigt, muss der Speicherplatz durch Aufruf der Funktion `free()`
wieder freigegeben werden (Kommentar `(4)`).

In diesem Beispiel wurde für einmal auf die Prüfung des Rückgabewertes von
`malloc()` verzichtet. Heutige Betriebssysteme können Megabytes und Gigabytes
an Speicher ohne große Mühen verwalten, weswegen ein Test auf fehlenden Speicher häufig vergessen wird. Wenn heutzutage die Funktion `malloc()` jemals fehl-
schlägt, dann hat das Programm sehr wahrscheinlich ein anderes, ernsthafteres Problem, als dass angeblich zuwenig Speicherplatz zur Verfügung stände. Auf älteren
oder kleineren Geräten jedoch sollte dieser Test nicht fehlen.

18.4 Zusammenfassung

Dieses Kapitel behandelt die dynamische Zuweisung von Speicher.

Der Heap ist ein Segment eines Programms neben den Segmenten Code, Daten und Stack. Aufgabe des Heaps ist es, Speicherplatz für die Schaffung dynamischer Speicherblöcke bereitzuhalten. Dynamische Speicherblöcke werden in C bei Bedarf zur Laufzeit des Programms durch Aufruf der entsprechenden Library-Funktionen mit Hilfe des Laufzeitsystems auf dem Heap angelegt. Die Gültigkeit und Lebensdauer eines dynamischen Speicherblockes wird nicht durch Blockgrenzen bestimmt, d. h. nicht durch die statische Struktur des Programms.

Die Reservierung von Speicher wird in Kapitel **18.1** besprochen. Die Funktion `malloc()` dient zum dynamischen Reservieren eines Speicherobjekts im Heap. Die Funktion `calloc()` reserviert ebenfalls Speicher im Heap, allerdings eine bestimmte Anzahl von dynamischen Variablen. Außerdem führt sie eine Initialisierung durch. Im Gegensatz zu `malloc()` initialisiert `calloc()` den bereitgestellten Speicher und setzt dabei alle Bits auf 0. Dadurch wird eine irrtümliche Weiterverwendung von zuvor mit `free()` freigegebenen Daten vermieden. Mit `realloc()` kann man die Größe eines dynamischen Speicherbereichs ändern.

Mit der Freigabe von Speicher befasst sich Kapitel **18.2**. Mit `free()` kann man einen dynamischen Speicherbereich freigeben. Wenn der Funktion `free()` ein `Null`-Pointer übergeben wird, passiert nichts.

Wird ein Pointer auf ein gültiges Objekt im Heap überschrieben, so dass keine Referenz auf dieses Objekt mehr besteht, so gibt es keine Möglichkeit des Zugriffs auf dieses Objekt mehr. Es ist dann unnütz Speicher im Heap verbraucht worden.

Speicheranforderung und Speicherfreigabe verhalten sich wie eine öffnende und eine schließende Klammer, die stets paarig sein müssen. Während Compiler unpaarige Klammern entdecken können, hängen unpaarige Speicheranforderungen und Speicherfreigaben vom jeweiligen Programmablauf ab und können daher nicht von einem Compiler gefunden werden.

Man sollte es sich zur Angewohnheit machen, bei jedem `malloc()` bzw. bei jedem `calloc()` sofort zu planen, wann und wo der angeforderte Speicher wieder freigegeben wird. Oft ist es nicht möglich, dies sofort zu codieren. Dann muss man gewissenhaft eine ToDo-Liste führen und ToDo-Kommentare in den Code einfügen, damit nicht mit der Zeit immer mehr potentielle Speicherlöcher entstehen, die äußerst schwer im Nachhinein zu entdecken und zu beseitigen sind.

Kapitel **18.3** untersucht dynamisch erzeugte Arrays. Mit `malloc()` kann zur Laufzeit ein Array einer aktuell berechneten Größe angelegt werden.

18.5 Übungsaufgaben

Aufgabe 18.1: malloc()

Überlegen Sie sich, was die folgenden Programme durchführen. Machen Sie im Anschluss an Ihre Überlegungen einen Probelauf.

a)

```
#include <stdio.h>
#include <stdlib.h>
#include <string.h>

void pointer_auf_int (void);

int main (void)
{
    printf ("\nhier ist main");
    pointer_auf_int();
    return 0;
}

void pointer_auf_int (void)
{
    int * ptr;
    ptr = malloc (sizeof (int));
    *ptr = 3;
    printf ("\nDer Wert des Objektes *ptr ist %d", (*ptr));
    free (ptr);
}
```

b)

```
#include <stdio.h>
#include <stdlib.h>
#include <string.h>

void pointer_auf_record (void);
struct struktur {
                int recordnummer;
                char inhalt[10];
                };

int main (void)
{
    printf ("\nhier ist main");
    pointer_auf_record();
    return 0;
}

void pointer_auf_record (void)
{
    struct struktur * ptr;
    ptr = malloc (sizeof (struct struktur));
    ptr->recordnummer = 3;
    strcpy (ptr->inhalt, "hallo");
    printf ("\nDie Recordnummer ist %d", (*ptr).recordnummer);
```

```
        printf ("\nDer Inhalt ist %s", ptr->inhalt);
        free (ptr);
    }
```

Aufgabe 18.2: malloc()

Ergänzen Sie die fehlenden Stellen des folgenden Programms. Fehlende Teile sind durch . . . . gekennzeichnet.

Die Funktion `element_erzeugen()` soll eine dynamische Variable vom Typ `struct element_typ` im Heap erzeugen und an das Hauptprogramm einen Pointer auf die dynamische Variable als Rückgabewert zurückgeben. Die Funktion `edit_element()` soll als Namen „Frank" und als Alter die Zahl 24 in die dynamische Variable eintragen. Die Funktion `ausgeben()` soll die Komponenten der dynamischen Variable am Bildschirm ausgeben.

```
#include <stdio.h>
#include <stdlib.h>
#include <string.h>

struct element_typ {
                    char name [20];
                    int alter;
                    };

.....* element_erzeugen (void)
{
....
}

void edit_element (....)
{
    ....
}

void element_ausgeben (....)
{
    ....
}

int main (void)
{
    struct element_typ * ptr_objekt;
    ptr_objekt = element_erzeugen ();
    edit_element (ptr_objekt);
    element_ausgeben (ptr_objekt);
    free (ptr_objekt);
    return 0;
}
```

Kapitel 19

Dynamische Datenstrukturen

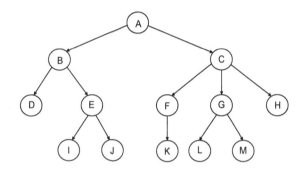

19 Dynamische Datenstrukturen

In Kapitel 19.1 werden verkettete Listen und in Kapitel 19.2 Baumstrukturen behandelt. Listen und Baumstrukturen stellen Datenstrukturen dar, die dynamisch je nach Bedarf der Anwendung auf- bzw. abgebaut werden können.

19.1 Verkettete Listen

Bei einer verketteten Liste stehen die Elemente nicht wie bei einem Array sequentiell hintereinander, sondern können beliebig im Heap verstreut sein. Da somit nicht sichergestellt ist, dass die Daten, welche auf dem Heap abgelegt werden, immer hintereinanderstehen, muss man zum Referenzieren der Elemente entweder einen Pointer auf jedes Element anlegen oder aber die einzelnen Elemente so miteinander über Pointer verknüpfen, dass jeweils ein Element auf das nächste zeigt und es möglich ist, über einen Pointer auf ein Ausgangselement und die Verknüpfungen zwischen den Elementen jedes einzelne Element wiederzufinden. Bei dieser Art der Ablage spricht man von einer **verketteten Liste**.

> Eine verkettete Liste besteht aus gleichartigen Datenelementen. Um von einem Listenelement zum nächsten zu finden, muss ein Listenelement einen Verweis (Pointer) auf das nächste Listenelement besitzen. Ein Listenelement besteht aus einem **Datenteil mit Nutzdaten** und einem **Pointer**, der **zur Verkettung** der Listenelemente dient.

Die Listenelemente werden im Heap angelegt. Sie können an beliebiger Stelle im Heap liegen. Wird ein Element in der Liste gesucht, so muss von einem Start-Pointer, der auf das erste Element der Liste zeigt, solange von einem Element zum nächsten gegangen werden, bis entweder das letzte Element der Liste erreicht oder das gesuchte Element gefunden ist.

19.1.1 Datentyp eines Listenelements

Ein Listenelement wird als eine Struktur definiert, wie z. B.

```
struct element
{
   float f;
   struct element * next;
};
```

Das Bemerkenswerte an diesem Strukturtyp ist, dass, obwohl der Typ `struct element` noch nicht definiert ist – die Definition ist erst nach der abschließenden geschweiften Klammer gültig – `struct element` bereits benutzt wird (`struct element * next`). Dies ist möglich, da – ähnlich zur Vorwärtsdeklaration von Funktionen – der Compiler den Namen der Struktur bereits mit der Deklaration `struct element` registriert.

Für die Definition eines Pointers auf eine Struktur müssen die Größe und der Aufbau der Struktur nicht bekannt sein, da alle Pointertypen dieselbe Anzahl Bytes beinhalten. Damit kann in der Definition einer Struktur eine Pointervariable als Komponente definiert werden, die auf eine Variable vom Typ der Struktur zeigt.

Die **Vorwärtsdeklaration** muss aber explizit durchgeführt werden, wenn zwei unterschiedliche Strukturen aufeinander verweisen. Hierfür ein Beispiel:

```
struct B[152];

struct A
{
    int a;
    struct B * b;
};

struct B
{
    int b;
    struct A * a;
};
```

Eine Struktur darf natürlich nur einen **Pointer** auf sich selbst beinhalten, niemals sich selbst. Im Folgenden ein Fehler:

```
struct A
{
    struct A a;   /* Fehler */
    ....
};
```

Dies würde voraussetzen, dass im Definitionsteil von `struct A` die Definition von `struct A` bereits bekannt ist, was natürlich nicht der Fall ist, da die Definition noch nicht abgeschlossen ist. Außerdem würde dies zu einer Rekursion ohne Abbruchkriterium führen und somit eine Struktur unendlicher Größe werden.

19.1.2 Einfach verkettete Liste

Die einfachste Form einer verketteten Liste ist die **Einfachverkettung**. Eine einfache Verkettung besteht darin, dass jedes Element der Liste immer einen Nachfolger hat und auf diesen mit einem Pointer verweist.

Im Folgenden werden Elemente einer verketteten Liste symbolisiert:

---

[152] `struct B` ist hier ein sogenannter unvollständiger Typ.

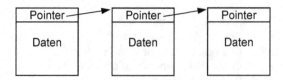

Bild 19-1 Einfach verkettete Liste

Jedes dieser Kästchen bezeichnet einen einzelnen Datenblock, welcher beispielsweise mittels der Funktion `malloc()` (siehe Kapitel 18.1.1) irgendwo im Heap reserviert wurde. Wo genau die einzelnen Datenblöcke stehen, ist irrelevant, da jedes
Kästchen über seinen `next`-Pointer festhält, wo sich der nächste Datenblock befindet.

Das letzte Element hat keinen Nachfolger und bezeichnet somit das
Ende der Liste. Um das Ende der Liste zu definieren, wird der Pointer
des letzten Elements auf `NULL` gesetzt.

Dies zeigt das folgende Bild:

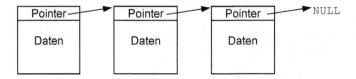

Bild 19-2 `NULL` als Endekennzeichen einer einfach verketteten Liste

Um die gesamte Liste im Heap zu finden, muss jetzt lediglich ein Pointer auf das erste Element der Liste angelegt werden. Dieser **Start-Pointer** (siehe Bild 19-3) wird oft
auch als **Anker** bezeichnet.

Im folgenden Bild ist auch der Start-Pointer eingezeichnet:

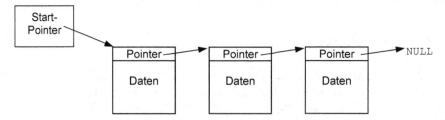

Bild 19-3 Start-Pointer auf das erste Element einer einfach verketteten Liste

Um mit der Liste arbeiten zu können, werden zwei Aktionen benötigt: das **Einfügen**
eines neuen Elements und das **Löschen** eines Elements (siehe Bild 19-4).

19.1.2.1 Neues Listenelement einfügen

Das folgende Bild zeigt das Einfügen eines Elements in eine einfach verkettete ungeordnete Liste:

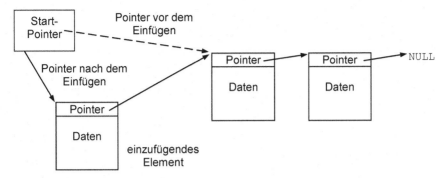

Bild 19-4 Einfügen eines Elements in eine einfach verkettete ungeordnete Liste

Ein neues Listenelement kann an einer beliebigen Stelle in die bestehende Liste eingefügt werden. Hierbei ist es das Einfachste, das neue Element am Anfang der Liste einzufügen, da ansonsten zuerst die Liste durchlaufen werden muss, um den Pointer auf die gewünschte Stelle (möglicherweise das letzte Element) zu erhalten.

Hier wird jedoch ein Nachteil von verketteten Listen offensichtlich: Wenn die Elemente einer Ordnung folgen, sprich die Liste nach vorgegebenen Kriterien aufsteigend oder absteigend sortiert sein muss, so wird das Einfügen eines einzelnen Listenelementes sehr zeitaufwendig. Siehe dazu auch Kapitel 20 über Suchen und Sortieren.

19.1.2.2 Listenelement löschen

Um ein Listenelement aus der Liste zu löschen, muss im ersten Schritt das entsprechende Element gesucht, dann die Pointer der Liste[153] neu angeordnet und als letztes das Element aus dem Heap entfernt werden.

Im Folgenden werden die Pointer einer verketteten Liste vor und nach dem Löschen gezeigt:

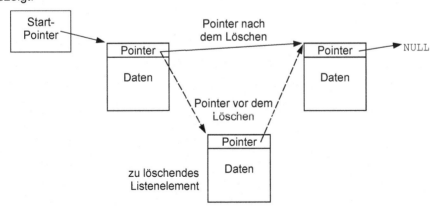

Bild 19-5 Löschung eines Elements aus einer einfach verketteten Liste

---

[153] Falls das erste Element der Liste gelöscht wird, muss der Start-Pointer berichtigt werden. Ansonsten muss der Pointer des Vorgängers des zu löschenden Elementes beim Löschvorgang auf den Nachfolger des zu löschenden Elementes gesetzt werden.

19.1.2.3 Programmbeispiel für eine einfach verkettete, ungeordnete Liste

Hier ein Programmbeispiel für eine einfach verkettete, ungeordnete Liste. Die Liste besteht aus Listenelementen, von denen jedes einen Messwert und den Namen des entsprechenden Sensors enthält. Jetzt das Programm:

```c
/* Datei: liste.c */
#include <stdlib.h>
#include <stdio.h>
#include <string.h>

struct messdaten { struct messdaten * next;
                   char    sensorname[10];
                   float   messwert;
                 };

int element_hinzufuegen (char *, float);
struct messdaten * element_suchen (char *);
int element_loeschen (char *);
void elemente_ausgeben (void);

struct messdaten * start_pointer = NULL;

int main (void)
{
    int lv;
    int anzahl;
    char name [10];
    float mw;
    struct messdaten * ptr;
    struct messdaten * ptr_2;
    printf ("\nWie viele Elemente wollen Sie eingeben? ");
    scanf ("%d", &anzahl);
    for (lv = 1; lv <= anzahl; lv++)
    {
        printf ("\nGeben Sie den Namen des Sensors %d ein: ", lv);
        scanf ("%s", name);
        printf ("Geben Sie den Messwert ein: ");
        scanf ("%f", &mw);

        if (element_hinzufuegen (name, mw) != 0)
        {
            printf ("\nFehler beim Hinzufuegen eines Elements");
            return 1;
        }
    }

    /* Ausgabe der kompletten Liste */
    elemente_ausgeben();

    printf ("\n\nWelchen Eintrag wollen Sie suchen? ");
    scanf ("%s", name);

    if ((ptr = element_suchen (name)) == NULL)
        printf ("\nElement mit Namen %s nicht vorhanden", name);
    else
        printf ("\nDer Sensor %s hat den Messwert %f",
                ptr->sensorname, ptr->messwert);
```

```
    printf ("\n\nWelchen Eintrag wollen Sie loeschen? ");
    scanf ("%s", name);

    if (element_loeschen (name) != 0)
    {
        printf ("\nFehler beim Loeschen eines Listenelements");
        return 1;
    }

    /* Ausgabe der kompletten Liste */
    elemente_ausgeben();

    /* Restliche Elemente loeschen */
    ptr = start_pointer;
    while (ptr != NULL)
    {
        ptr_2 = ptr->next;
        free (ptr);
        ptr = ptr_2;
    }
    return 0;
}

/* Neues Element an den Anfang der Liste einfuegen */
int element_hinzufuegen (char * name, float messwert)
{
    struct messdaten * ptr;

    if ((ptr = (struct messdaten *)malloc (
                        sizeof (struct messdaten))) == NULL)
        return 1;
    else
    {
        strcpy (ptr->sensorname, name);
        ptr->messwert = messwert;
        ptr->next = start_pointer;
        start_pointer = ptr;
        return 0;
    }
}

/* Element in der Liste suchen */
struct messdaten * element_suchen (char * name)
{
    struct messdaten * ptr = start_pointer;

    while (ptr != NULL && strcmp (ptr->sensorname, name))
        ptr = ptr->next;

    /* der Pointer auf das gesuchte Element wird zurueckgegeben */
    return ptr;
}

/* Element aus der Liste loeschen */
int element_loeschen (char * name)
{
    struct messdaten * ptr = start_pointer, * vorgaenger;
```

```
    while (ptr != NULL && strcmp (ptr->sensorname, name))
    {
        vorgaenger = ptr;
        ptr = ptr->next;
    }

    if (ptr == NULL)
        return 1;
    else
    {
        if (ptr == start_pointer)
            start_pointer = ptr->next;
        else
            vorgaenger->next = ptr->next;

    free (ptr);
    return 0;
    }
}
/* Ausgabe der kompletten Liste */
void elemente_ausgeben (void)
{
    struct messdaten * ptr = start_pointer;

    while (ptr != NULL)
    {
        printf ("\nDer Sensor %s hat den Messwert %f",
                ptr->sensorname, ptr->messwert);
        ptr = ptr->next;
    }
}
```

Hier ein Beispiel zur Ausgabe des Programms:

```
Wie viele Elemente wollen Sie eingeben? 3

Geben Sie den Namen des Sensors 1 ein: s1
Geben Sie den Messwert ein: 1

Geben Sie den Namen des Sensors 2 ein: s2
Geben Sie den Messwert ein: 2

Geben Sie den Namen des Sensors 3 ein: s3
Geben Sie den Messwert ein: 3

Der Sensor s3 hat den Messwert: 3.000000
Der Sensor s2 hat den Messwert: 2.000000
Der Sensor s1 hat den Messwert: 1.000000

Welchen Eintrag wollen Sie suchen? s2

Der Sensor s2 hat den Messwert 2.000000

Welchen Eintrag wollen Sie loeschen? s2

Der Sensor s3 hat den Messwert: 3.000000
Der Sensor s1 hat den Messwert: 1.000000
```

19.1.3 Andere Listenarten

Neben einer einfach verketteten Liste gibt es noch verschiedene andere Listenarten. Belegt man z. B. das letzte Element einer einfach verketteten Liste nicht mit dem Wert NULL, sondern verbindet dieses Element wieder mit dem Anfang der Liste, so ergibt sich eine **Ringstruktur**.

Das folgende Bild zeigt eine verkettete Liste als Ringstruktur:

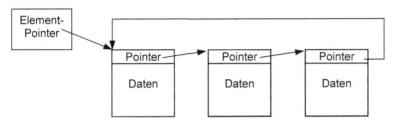

Bild 19-6 Verkettete Liste als Ringstruktur

Da ein Ring keinen Anfang hat, gibt es natürlich auch keinen speziellen Start-Pointer. Allerdings muss ein Pointer auf ein beliebiges Element der Liste (Element-Pointer in Bild 19-6) vorhanden sein. Durch die Ringstruktur kann dann jedes Element der Liste erreicht werden.

Da kein 'einfaches' Abbruchkriterium wie der NULL-Pointer bei einer linearen verketteten Liste vorhanden ist, muss beim Durchsuchen einer Ringstruktur insbesondere darauf geachtet werden, dass keine Endlosschleife programmiert wird. Vorsicht!

Speichert man in einem Listenelement außer der Adresse des Nachfolgers auch noch die Adresse des Vorgängers, so spricht man von einer **doppelt verketteten Liste**.

Im folgenden Bild wird eine doppelt verkettete Liste gezeigt:

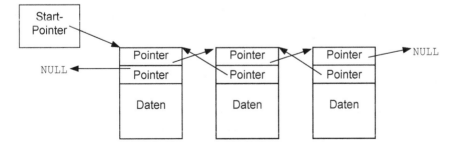

Bild 19-7 Doppelt verkettete Liste

Wie Bild 19-8 zeigt, kann diese Liste natürlich ebenso zu einer Ringstruktur angeordnet werden:

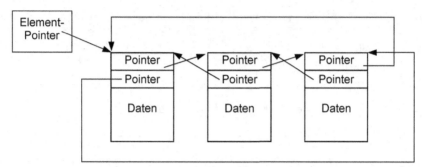

Bild 19-8 Doppelt verkettete Liste als Ringstruktur

Der Vorteil einer doppelt verketteten Liste ist, dass man sowohl vor- als auch rück-
wärts in der Liste suchen kann. Dies kann für einige Anwendungen günstig sein.
Auch das Löschen ist einfacher, da ein zu löschendes Listenelement bereits den
Pointer auf seinen Vorgänger und seinen Nachfolger enthält. Im Beispielprogramm
`liste.c` wird damit in der Funktion `element_loeschen()` die Verwendung des
Zeigers `vorgaenger` überflüssig.

Auf ein Beispiel zu einer doppelt verketteten Liste wird an dieser Stelle verzichtet. Es
sei aber darauf hingewiesen, dass die Aktionen Einfügen und Löschen mit Sorgfalt
zu programmieren sind. Eine Handskizze der einzelnen Listenelemente hilft bei der
Pointervielfalt oft weiter.

19.2 Baumstrukturen

Ein bekanntes Beispiel für Bäume aus dem Alltag ist die Evolutionstheorie nach
Darwin, wo jede Tiergattung evolutionsgeschichtlich aus einer anderen Gattung her-
vorging und gleichzeitig mehrere Untergattungen hervorbringen kann. Ein anderes
Beispiel ist das Organigramm einer großen Firma, wo zuoberst der Chef als Wurzel-
knoten steht, darunter die Filialen, darunter die Abteilungen, darunter die Gruppen,
und ganz zuunterst die Mitarbeiter.

> Bäume als Datenstrukturen können sehr gut zum effizienten Abspei-
> chern und Suchen mit Hilfe eines Schlüsselwertes eingesetzt werden.

19.2.1 Allgemeine Darstellung von Baumstrukturen

Zur Darstellung von Baumstrukturen gibt es verschiedene grafische und alpha-
numerische Möglichkeiten. In Bild 19-9 wird ein Baum durch einen Graphen aus
Knoten und Kanten dargestellt:

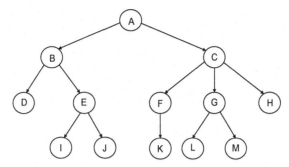

Bild 19-9 Darstellung einer Baumstruktur in Form eines Graphen aus Knoten und Kanten

Die Darstellung der Knoten ist nicht genormt. Üblicherweise werden sie kreisförmig oder rechteckig dargestellt.

Wie man leicht in Bild 19-9 sieht, stehen in der Informatik die Bäume auf dem Kopf.

Der oberste Knoten – in obigem Beispiel ist es der Knoten A – heißt **Wurzel**. Die terminalen Knoten heißen **Blätter** des Baumes. Terminale Knoten sind Knoten, die keinen **Nachfolger** (**Sohn, Kind**) haben.

Im obigen Beispiel sind es die Knoten D, I, J, K, L, M und H.

19.2.2 Formale Definition eines Baumes

Formal kann ein Baum folgendermaßen definiert werden:

* Ein Baum besteht aus einer endlichen Anzahl Knoten, die durch gerichtete Kanten verbunden sind. Dabei darf es keine disjunkten Teile geben, d. h. alle Teile müssen untereinander verknüpft sein. Es darf also kein sogenanntes loses Teil dabei sein.
* Es gibt nur einen einzigen Knoten, der keinen Eingang hat. Dieser Knoten stellt die Wurzel dar.
* Alle übrigen Knoten haben genau einen Eingang.
* Ein Knoten kann eine beliebige endliche Zahl an Ausgängen haben.

Eine Kante beschreibt eine Vater-Sohn-Beziehung, d. h. den Zusammenhang zwischen Vorgänger (Vater) und Nachfolger (Sohn). Knoten, die denselben Vater haben, werden als **Geschwister** bezeichnet. Eine gerichtete Kante geht vom Vater weg und zeigt auf den Sohn[154] wie in folgendem Bild:

Bild 19-10 Gerichtete Kante vom Vater- auf den Sohnknoten

---

[154] Steht der Vater in der Grafik stets höher als der Sohn, so wird damit implizit die Richtung der Kanten ausgedrückt. Die Pfeilspitze an den Kanten kann dann der Einfachheit halber auch weggelassen werden.

In einem Baum kann man die Vater-Sohn-Ebenen durchnummerieren. Die Wurzel erhält die Ebene 0. Alle anderen Knoten sind in anderen Ebenen abgelegt.

Als **geordnet** wird ein Baum bezeichnet, wenn die Reihenfolge der
Knoten einer vorgeschriebenen Ordnung unterliegt. Mit einer solchen
Ordnung werden nicht nur die Vater-Sohn-Ebenen, sondern wird auch
die Anordnung der Knoten innerhalb einer Ebene festgelegt.

Die Ordnung ist in folgendem Bild durch eine Dezimalhierarchie angegeben:

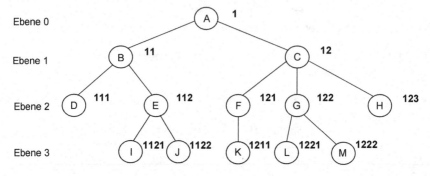

Bild 19-11 Geordneter Baum mit Knotennummern

Die Anzahl der Ziffern einer Knotennummer legt die Ebene fest. Die Nummer eines
Sohnes wird berechnet, indem an die Nummer des Vaters eine Ziffer angehängt
wird, wobei der Sohn ganz links eine 1 erhält, der nächste Sohn eine 2, und so fort.

Entfernt man die Wurzel eines Baumes, beispielsweise die Wurzel im vorangehenden Bild, so werden die Nachfolgerknoten zu den Wurzeln der entsprechenden **Teilbäume (Unterbäume)**:

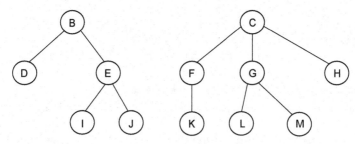

Bild 19-12 Teilbäume

Man kann den Begriff eines Baumes erweitern, wenn man auch **leere
Knoten** im Baum zulässt. Leere Knoten sind Platzhalter, die bei Bedarf echte Knoten aufnehmen können.

Als spezieller Baum ergibt sich der **leere Baum**, der aus einer leeren
Wurzel besteht und keinen einzigen echten Knoten hat.

19.2.3 Binäre Bäume

Binäre Bäume sind geordnete Bäume, für die gilt:

* Alle Knoten, die nicht leer sind, besitzen zwei Ausgänge.
* Maximal ein Sohn eines Vaterknotens kann leer sein.

Rekursiv kann ein binärer Baum folgendermaßen definiert werden:

Ein **binärer Baum**

* ist entweder leer (leerer Baum)
* oder besteht aus einem einzigen Knoten
* oder besteht aus einer Wurzel, die einen linken und einen rechten Unterbaum hat, die beide nicht zugleich leere Bäume sein dürfen.

Das folgende Bild gibt ein Beispiel für einen binären Baum:

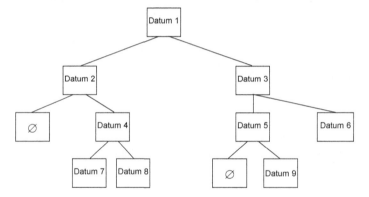

Bild 19-13 Beispiel für einen binären Baum

Bei binären Bäumen spielt die Reihenfolge der Teilbäume eine wichtige Rolle. Man darf die Reihenfolge zwischen linken und rechten Teilbäumen nicht einfach vertauschen, da es sich hier um einen geordneten Baum handelt. Würde man die Positionen der Teilbäume vertauschen, so würde man den Informationsgehalt des Baumes unzulässigerweise manipulieren.

Die im Bild 19-13 dargestellten Knoten mit dem Symbol ∅ stellen leere Knoten dar. Oftmals lässt man in der Zeichnung die leeren Knoten weg, dann muss aber aus der Anordnung der Knoten eindeutig hervorgehen, ob der rechte oder der linke Knoten leer ist.

Binäre Bäume eignen sich gut zur Darstellung von Ausdrücken mit zweistelligen Operatoren, wobei jeder Operator einen Knoten mit den zugehörigen Operanden als Teilbäume darstellt. Weiterhin werden sie bei lexikalischen Sortierverfahren eingesetzt. In diesem Falle spricht man auch von sogenannten binären Suchbäumen.

Binäre Suchbäume

Binäre Suchbäume speichern eine Menge von Daten mit einer gegebenen Sortierung. Zunächst wird auf den Aufbau eines Suchbaums eingegangen, anschließend auf den Suchvorgang.

Aufbau eines Suchbaums

Ein binärer Suchbaum wird folgendermaßen aufgebaut:

- Die Wurzel des binären Baumes erhält die erste Information, die aus einem Schlüsselwert und zusätzlichen Datenelementen bestehen kann.
- Soll eine zweite Information abgelegt werden, so wird deren Schlüsselwert mit dem Schlüsselwert der Wurzel verglichen. Ist der Schlüsselwert kleiner, so wird er mit dem Schlüsselwert des linken Nachfolgers verglichen. Ist der Schlüsselwert größer, so wird er mit dem Schlüsselwert des rechten Nachfolgers verglichen. Das wird solange wiederholt, bis es keinen Nachfolger mehr gibt. Der linke Teilbaum eines jeden Knotens besitzt also nur Informationen, deren Schlüsselwerte kleiner sind als die des rechten Teilbaums.

- Wenn es keinen Nachfolger mehr gibt, so wird ein neuer Nachfolgerknoten (Blatt) rechts oder links vom letzten Knoten gemäß dem Resultat des Vergleichs mit dem Schlüsselwert dieses Knotens erzeugt.

Wie man leicht nachprüfen kann, wurde der Baum in Bild 19-15 gemäß dieser Vorschrift aufgebaut. Die linken Teilbäume enthalten dabei Informationen, deren Schlüsselwerte kleiner als die Schlüsselwerte der Informationen der rechten Teilbäume sind. Kleiner bezieht sich hierbei auf die alphabetische Ordnung.

Bild 19-14 zeigt neben Bild 19-15 ein **Beispiel** für einen binären Suchbaum:

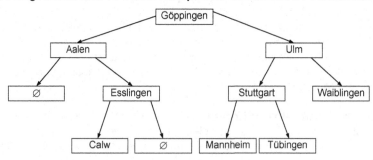

Bild 19-14 Beispiel für einen binären Suchbaum

In diesem Baum werden nur Schlüsselwerte und zwar die Namen von Ortschaften abgelegt bzw. gesucht.

Suchen

Beim Suchen wird dementsprechend verfahren. Man vergleicht als erstes den Suchbegriff mit dem Schlüsselwert der Wurzel. Ist der Suchbegriff kleiner, so sucht man im linken Teilbaum weiter, ist er gleich, so hat man den gesuchten Knoten gefunden, ist er größer, so sucht man im rechten Teilbaum weiter. Nach dieser Vorschrift sucht man weiter, bis der Knoten gefunden ist. Wird er nicht gefunden, so ist der Suchbegriff nicht im Baum enthalten. Die Höhe des Baumes (die maximale Anzahl der Ebenen) entspricht dabei der maximalen Anzahl von Vergleichen. Dementsprechend können neuen Knoten sehr schnell eingetragen und bestehende Knoten sehr schnell gesucht werden (daher der Name Suchbaum).

In dem Beispiel von Bild 19-14 werden maximal 4 Zugriffe benötigt, um ein Objekt zu finden bzw. einzusortieren.

19.2.4 Durchlaufen von binären Bäumen

Zum Durchlaufen allgemeiner geordneter Bäume gibt es zwei verschiedene Durchlaufalgorithmen: Die Präfix-Ordnung und die Postfix-Ordnung. Bei **binären Bäumen** kommt noch die **Infix-Ordnung** dazu.

Zum Durchlaufen binärer Bäume gibt es verschiedene Ordnungen.

Durchlaufordnungen für binäre Bäume sind:

- **Infix-Ordnung**
- **Präfix-Ordnung**
- **Postfix-Ordnung**

Im Folgenden werden diese Algorithmen vorgestellt:

- **Infix-Ordnung bei binären Bäumen**

Die Infix-Ordnung wird auch **symmetrischer Durchlauf** genannt. Hier wird mit einem Unterbaum in Infixordnung begonnen, dann kommt die Wurzel und dann kommt der andere Unterbaum in Infixordnung.

Die Reihenfolge ist:

1. erster Unterbaum in Infix-Ordnung,
2. dann die Wurzel
3. und dann der andere Unterbaum in Infix-Ordnung.

Wird stets mit dem linken Unterbaum begonnen, so spricht man von der **L-N-R-Ordnung** (L-N-R bedeutet Left-Node-Right). Wird stets zuerst der rechte Unterbaum verarbeitet, dann der Knoten und dann der linke Unterbaum, so spricht man von der **R-N-L-Ordnung** (R-N-L bedeutet Right-Node-Left).

- **Präfix-Ordnung bei binären Bäumen**

Beim Durchlaufen von binären Bäumen in Präfix-Ordnung wird zuerst die Wurzel verarbeitet, dann der eine Unterbaum in Präfix-Ordnung und dann der andere Unterbaum in Präfix-Ordnung.

Die Reihenfolge ist:

1. erst die Wurzel,
2. dann der eine Unterbaum in Präfix-Ordnung
3. und dann der andere Unterbaum in Präfixordnung.

Kommt der linke Unterbaum stets vor dem rechten Unterbaum dran, so spricht man von der **N-L-R-Ordnung**. Bei der **N-R-L-Ordnung** wird zuerst die Wurzel verarbeitet, dann der rechte Unterbaum in N-R-L-Ordnung und schließlich der linke Unterbaum in N-R-L-Ordnung.

- **Postfix-Ordnung bei binären Bäumen**

Beim Durchlaufen von binären Bäumen in Postfix-Ordnung wird zuerst ein Unterbaum in Postfix-Ordnung, dann der andere Unterbaum in Postfix-Ordnung und dann die Wurzel verarbeitet.

Die Reihenfolge ist:

1. der eine Unterbaum in Postfixordnung,
2. dann der andere Unterbaum in Postfix-Ordnung
3. und dann die Wurzel.

Bei der **R-L-N-Ordnung** wird stets als erstes der rechte Unterbaum in R-L-N-Ordnung verarbeitet, dann der linke Unterbaum und schließlich die Wurzel. Bei der **L-R-N-Ordnung** wird stets als erstes der linke Unterbaum in L-R-N-Ordnung verarbeitet, dann der rechte Unterbaum und schließlich die Wurzel.

Während der **symmetrische Durchlauf (Infix-Ordnung)** bei **Suchbäumen** verwendet wird, sind **Präfix- und Postfix-Ordnung** bei der **Implementierung von Sprachumwandlern** von Bedeutung. Diese beiden Ordnungen erlauben die Umwandlung arithmetischer Ausdrücke, die als binäre Bäume dargestellt sind, in klammerlose Darstellungen – nämlich in die sogenannte **Polnische** bzw. in die **Umgekehrte Polnische Notation**.

Bild 19-15 zeigt einen binären Baum:

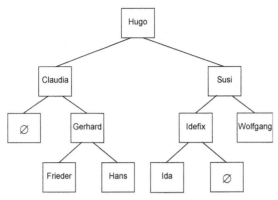

Bild 19-15 Zu durchlaufender Baum

Dieser Baum soll nun in der durch diese sechs verschiedenen Ordnungen festgelegten Reihenfolge durchlaufen werden.

Zur besseren Unterscheidung wird im Folgenden ein Knoten nur durch seinen Knotennamen und ein Unterbaum, der in einem Knoten beginnt, durch {Unterbaum Knotenname} dargestellt. Damit ergeben sich die folgenden Reihenfolgen für die Durchläufe durch die einzelnen Knoten:

Durchlauf in Infix-Ordnung

L-N-R:
{Unterbaum Claudia}, Hugo, {Unterbaum Susi}
= Claudia, {Unterbaum Gerhard}, Hugo, {Unterbaum Idefix}, Susi, Wolfgang
= Claudia, Frieder, Gerhard, Hans, Hugo, Ida, Idefix, Susi, Wolfgang

R-N-L:
{Unterbaum Susi}, Hugo, {Unterbaum Claudia}
= Wolfgang, Susi, {Unterbaum Idefix}, Hugo, {Unterbaum Gerhard}, Claudia
= Wolfgang, Susi, Idefix, Ida, Hugo, Hans, Gerhard, Frieder, Claudia

Durchlauf in Präfix-Ordnung

N-L-R:
Hugo, {Unterbaum Claudia}, {Unterbaum Susi}
= Hugo, Claudia, {Unterbaum Gerhard}, Susi, {Unterbaum Idefix}, Wolfgang
= Hugo, Claudia, Gerhard, Frieder, Hans, Susi, Idefix, Ida, Wolfgang

N-R-L:
Hugo, {Unterbaum Susi}, {Unterbaum Claudia}
= Hugo, Susi, Wolfgang, {Unterbaum Idefix}, Claudia, {Unterbaum Gerhard}
= Hugo, Susi, Wolfgang, Idefix, Ida, Claudia, Gerhard, Hans, Frieder

Durchlauf in Postfix-Ordnung

L-R-N:
{Unterbaum Claudia}, {Unterbaum Susi}, Hugo
= {Unterbaum Gerhard}, Claudia, {Unterbaum Idefix}, Wolfgang, Susi, Hugo
= Frieder, Hans, Gerhard, Claudia, Ida, Idefix, Wolfgang, Susi, Hugo

R-L-N:
{Unterbaum Susi}, {Unterbaum Claudia}, Hugo
= Wolfgang, {Unterbaum Idefix}, Susi, {Unterbaum Gerhard}, Claudia, Hugo
= Wolfgang, Ida, Idefix, Susi, Hans, Frieder, Gerhard, Claudia, Hugo

Druckt man also beispielsweise die Namen aller Knoten des Baumes aus, so kommt
man je nach Durchlauf-Ordnung zu der soeben ermittelten Reihenfolge der Namen.

Die hier vorgestellten Durchlaufalgorithmen für binäre Bäume bearbeiten durch die
Rekursion die einzelnen Teilbäume stets vollständig. Bildlich gesprochen läuft man
zuerst tief die Äste des Baumes hinunter bis zu den Blättern. Man spricht deswegen
auch von **Tiefensuchverfahren** (depth first search). Im Gegensatz dazu bearbeitet
man bei dem **Breitensuchverfahren** (breadth first search) zuerst alle Knoten auf
einer Ebene. D. h. man bearbeitet zuerst alle Söhne der Wurzel, dann alle Söhne
dieser Söhne, usw.

Auf Algorithmen für Breitensuchverfahren und weitere Algorithmen für Tiefensuchverfahren kann an dieser Stelle nicht eingegangen werden.

19.2.5 Beispielprogramm für binäre Bäume

Im Folgenden wird ein binärer Baum mit Hilfe von Strukturen und Pointern auf Strukturen realisiert. Eine Struktur repräsentiert einen Knoten. Jede Struktur enthält zwei
Pointer. Diese Pointer referenzieren dabei die Wurzel des linken bzw. die Wurzel des
rechten Teilbaums. Ist ein Teilbaum leer, so wird der NULL-Pointer als Pointer abgelegt. In einem Blatt wird folglich zweimal der NULL-Pointer abgespeichert.

Jetzt das bereits angekündigte Bild eines Binärbaums:

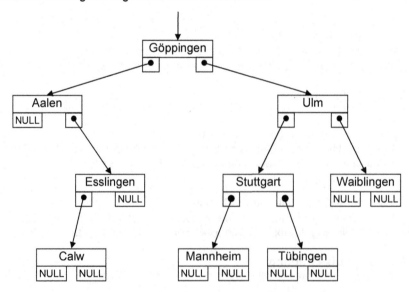

Bild 19-16 Beispiel für die Implementierung eines binären Baumes

Das folgende Programm

- baut einen binären Suchbaum auf,
- durchläuft ihn und druckt den im Knoten gespeicherten String sowie seine Nummer aus
- und erlaubt, einen Knoten im Baum zu suchen und seine Knotennummer auszugeben.

Jetzt das **Programmbeispiel**:

```c
/* Datei: baum.c */
#include <stdio.h>
#include <string.h>        /* enthaelt den Prototyp von strcmp() */
#include <stdlib.h>        /* enthaelt den Prototyp von malloc() */

struct knoten { char str[30];
                long nummer;
                struct knoten * pointer_links;
                struct knoten * pointer_rechts;
              };

const int ziffer_links  = 1;
const int ziffer_rechts = 2;

long berechne_knoten_nummer (struct knoten *, long, int);
struct knoten * knoten_einfuegen (struct knoten *, char *);
struct knoten * suche (struct knoten *, char *);
void drucke (struct knoten *);
void knoten_loeschen (struct knoten *);

struct knoten * pointer_auf_wurzel;

int main(void)
{
   char buffer [30];
   struct knoten * neu_element_pointer;
   struct knoten * ptr;

   printf ("\n\n\nEs werden nun Knoten eingelesen, ");
   printf ("(Abbruch mit $). \nGib den ersten Knoten ein: ");
   while (fgets (buffer, 30, stdin) != NULL
       && strcmp (buffer, "$"))
   {
     if ((neu_element_pointer =
        knoten_einfuegen (pointer_auf_wurzel, buffer)) != NULL)
     {
        if (pointer_auf_wurzel == NULL)
        {
           /* Adresse der Wurzel                              */
           pointer_auf_wurzel = neu_element_pointer;
           /* Nummer der Wurzel                               */
           pointer_auf_wurzel->nummer = 1L;
        }
        printf ("\nneue Knoten-Nummer: %ld",
                neu_element_pointer->nummer);
     }
```

```
        printf ("\n\nnaechsten Knoten eingeben: ");
    }
    printf ("\nNun werden die Knoten des Baumes ausgegeben\n\n");
    drucke (pointer_auf_wurzel);

    printf ("Suchen nach Knoten, bis ein $ eingegeben wird.");
    printf ("\nGib den Suchstring ein: ");
    while (fgets (buffer, 30, stdin) != NULL && strcmp (buffer,"$"))
    {
        if ((ptr = suche (pointer_auf_wurzel, buffer)) == NULL)
            printf ("\nKnoten %s nicht vorhanden", buffer);
        else
            printf ("\nKnoten %s hat die Knoten-Nummer %ld", buffer,
                    ptr->nummer);
        printf ("\n\nnaechsten Suchstring eingeben: ");
    }

    /* Zum Abschluss Loeschen aller Knoten */
    knoten_loeschen (pointer_auf_wurzel);
    return 0;
}

long berechne_knoten_nummer (struct knoten * zeiger, long nummer,
                             int ziffer)
{
    if (zeiger == pointer_auf_wurzel) nummer = 10 + ziffer;
              /* bei jedem Eintritt in die Wurzel muss wieder mit  */
              /* der Knotennummer 1 fuer die Wurzel begonnen werden */
    else
        nummer = nummer * 10 + ziffer;
    return nummer;
}

struct knoten * knoten_einfuegen (struct knoten * ptr, char * string)
{
    static long knoten_nummer;   /* Wurzel enthaelt die Nummer 1   */
    struct knoten * ptrneu;

    if (ptr == NULL)
    {
        /* wenn ptr auf leeres Blatt zeigt, wird Knoten erzeugt.   */
        if ((ptrneu =
             (struct knoten *)malloc (sizeof(struct knoten))) != NULL)
        {
            strcpy (ptrneu->str, string) ;
            /* im Knoten wird die Zeichenkette string gespeichert   */
            ptrneu->pointer_links = ptrneu->pointer_rechts = NULL;
            /* der neu erzeugte Knoten hat noch keine Kinder        */
        }
        else
        {
            printf ("\nFehler bei malloc in Funktion knoten_einfuegen");
            return NULL;
        }
    }
    else if (strcmp (string, ptr->str) < 0)
    {
        /* es wird links weitergearbeitet */
```

```
      /* Bestimmung der Knotennummer    */
      knoten_nummer = berechne_knoten_nummer (ptr, knoten_nummer,
                                               ziffer_links);

      ptrneu = knoten_einfuegen(ptr->pointer_links, string);

      if ((ptr->pointer_links == NULL) && (ptrneu != NULL))
      /* Wenn Teilbaum leer, wird der neue Knoten eingehaengt    */
      {
         ptr->pointer_links = ptrneu;
         ptrneu->nummer    = knoten_nummer;
      }
   }
   else if (strcmp(string, ptr->str) > 0)
   {
      /* es wird rechts weitergearbeitet */
      /* Bestimmung der Knotennummer    */
      knoten_nummer = berechne_knoten_nummer (ptr, knoten_nummer,
                                               ziffer_rechts);
      ptrneu = knoten_einfuegen (ptr->pointer_rechts, string);

      if ((ptr->pointer_rechts == NULL) && (ptrneu != NULL))
      /* Wenn Teilbaum leer, wird der neue Knoten eingehaengt    */
      {
         ptr->pointer_rechts = ptrneu;
         ptrneu->nummer    = knoten_nummer;
      }
   }
   else
   {
      printf ("\nEintrag in Baum bereits vorhanden");
      return NULL;
   }
   return ptrneu;         /* Zeiger auf den neuen Knoten.        */
}

struct knoten * suche (struct knoten * ptr, char * string)
{
   struct knoten * ret;
   if (ptr == NULL)
   ret = NULL;
   else
   {
      if (strcmp (string, ptr->str) < 0)
         ret = suche (ptr->pointer_links, string);
      else if (strcmp (string, ptr->str) > 0)
         ret = suche (ptr->pointer_rechts, string);
      else
         ret = ptr;
   }
   return ret;
}

void drucke (struct knoten * ptr)
{
   if (ptr!= NULL)
   {
      drucke (ptr->pointer_links);  /* linken Teilbaum ausgeben    */
```

```
      printf ("Knoten-String: %s", ptr->str);
      /* Wurzel ausgeben                                              */
      printf (" Knoten-Nummer: %ld\n", ptr->nummer);
      drucke (ptr->pointer_rechts); /* rechten Teilbaum ausgeben    */
   }
}

void knoten_loeschen (struct knoten * ptr)
{
   if (ptr != NULL)
   {
      knoten_loeschen (ptr->pointer_links);
      knoten_loeschen (ptr->pointer_rechts);
      free (ptr);
   }
}
```

Beispiel eines konkreten Binärbaums

Als Beispiel soll nun der aus Bild 19-15 bekannte Baum aufgebaut werden:

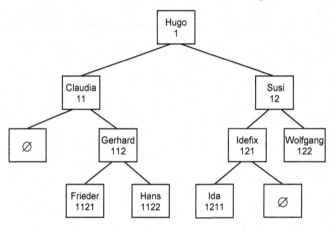

Bild 19-17 Binärbaum, der in einem Knoten einen Namen und die Knotennummer enthält

Hier das Protokoll des Programmlaufs:

Es werden nun Knoten eingelesen (Abbruch mit $).
Gib den ersten Knoten ein: Hugo

neue Knoten-Nummer: 1

naechsten Knoten eingeben: Claudia

neue Knoten-Nummer: 11

naechsten Knoten eingeben: Susi

neue Knoten-Nummer: 12

naechsten Knoten eingeben: Gerhard

neue Knoten-Nummer: 112

naechsten Knoten eingeben: Idefix

neue Knoten-Nummer: 121

naechsten Knoten eingeben: Wolfgang

neue Knoten-Nummer: 122

naechsten Knoten eingeben: Frieder

neue Knoten-Nummer: 1121

naechsten Knoten eingeben: Hans

neue Knoten-Nummer: 1122

naechsten Knoten eingeben: Ida

neue Knoten-Nummer: 1211

naechsten Knoten eingeben: $

Nun werden die Knoten des Baumes ausgegeben

Knoten-String: Claudia Knoten-Nummer: 11
Knoten-String: Frieder Knoten-Nummer: 1121
Knoten-String: Gerhard Knoten-Nummer: 112
Knoten-String: Hans Knoten-Nummer: 1122
Knoten-String: Hugo Knoten-Nummer: 1
Knoten-String: Ida Knoten-Nummer: 1211
Knoten-String: Idefix Knoten-Nummer: 121
Knoten-String: Susi Knoten-Nummer: 12
Knoten-String: Wolfgang Knoten-Nummer: 122
Suchen nach Knoten, bis ein $ eingegeben wird.
Gib den Suchstring ein: Claudia

Knoten Claudia hat die Knoten-Nummer 11

naechsten Suchstring eingeben: Hans

Knoten Hans hat die Knoten-Nummer 1122

naechsten Suchstring eingeben: Idefix

Knoten Idefix hat die Knoten-Nummer 121

naechsten Suchstring eingeben: $

Im Folgenden soll das Programm kurz vorgestellt werden:

Struktur struct knoten

Die Struktur `struct knoten` besitzt 4 Komponenten:

- Das Array `char str[30]` nimmt eine Zeichenkette, den Schlüsselwert, auf.
- `nummer` bedeutet die Knotennummer. Sie wurde vom Typ `long` gewählt, um einen frühen Zahlenüberlauf zu vermeiden.
- `pointer_links` und `pointer_rechts` sind Pointer, die auf die Wurzel des linken bzw. die Wurzel des rechten Teilbaums zeigen.

Funktion main()

Die Funktion `main()` baut zunächst einen Baum auf. Dabei wird für jeden anzulegenden Knoten ein Name eingegeben und an die Funktion `knoten_einfuegen()` übergeben. Der Aufbau des Baumes wird beendet, wenn ein $-Zeichen eingegeben wird. Anschließend gibt die Funktion `drucke()` den Inhalt des Baumes aus. Es wird dann die Funktion `suche()` aufgerufen. Es kann gesucht werden, ob bestimmte Namen im Baum vorkommen oder nicht. Die Knotennummer eines im Baum gefundenen Namens wird ausgegeben. Die Suche wird beendet, wenn ein $-Zeichen eingegeben wird.

Funktion knoten_einfuegen()

Der Funktion `knoten_einfuegen()` wird ein Pointer `ptr` auf einen Knoten und der in dem anzulegenden Knoten zu speichernde String übergeben. Ist der übergebene Pointer der `NULL`-Pointer, so wird auf ein leeres Blatt gezeigt. Deshalb kann an dieser Stelle der neue Knoten erzeugt und in den Baum eingefügt werden.

Ist der übergebene Pointer von `NULL` verschieden, so ist der Platz, auf den der Pointer zeigt, durch einen Knoten besetzt. Der einzufügende String wird mit dem String des vorhandenen Knotens verglichen. Ist der einzufügende String kleiner, so wird durch Aufruf von `knoten_einfuegen()` zum linken Sohn des vorhandenen Knotens gegangen, wobei der Pointer `ptr->pointer_links`, d. h. der Pointer auf den linken Sohn, an `knoten_einfuegen()` übergeben wird. Ist der einzufügende String größer, so wird in entsprechender Weise zum rechten Sohn gegangen. Die Funktion `knoten_einfuegen()` wird also rekursiv aufgerufen.

Ist nun der Sohn ein leeres Blatt, d. h. ist `ptr->pointer_links` bzw. `ptr->pointer_rechts` der `NULL`-Pointer, so wird das rekursive Aufrufen beendet. Es wird nun ein Knoten angelegt und in ihm der übergebene String abgespeichert. Die durch den rekursiven Aufruf unterbrochenen Funktionen werden nun in umgekehrter Reihenfolge wie vor der Unterbrechung – wie in Kapitel 11.8 besprochen – aufgerufen und zu Ende gebracht. Die einzige Funktion, die dabei noch Anweisungen abarbeitet, ist die Funktion, die `knoten_einfuegen()` mit dem `NULL`-Pointer aufgerufen hat. Sie erhält als Rückgabewert dieser Funktion den Pointer auf den neuen Knoten und kann damit den neu geschaffenen Knoten mit dem bestehenden Baum verketten. Alle früher aufgerufenen Funktionen `knoten_einfuegen()` tun nichts weiteres, als den Pointer auf den neuen Knoten als Return-Wert an ihren Vaterknoten durchzureichen.

Funktion drucke()

Die Funktion `drucke()` gibt im symmetrischen Durchlauf (in der Ordnung Left-Node-Right, also sortiert) den gesamten Baum aus, wobei für jeden Knoten der in ihm gespeicherte String und seine Knotennummer ausgegeben werden.

Funktion berechne_knoten_nummer()

Diese Funktion bestimmt beim Anlegen eines neuen Knotens für jeden von der Wurzel an durchlaufenen Knoten die Knotennummer, damit der neu anzulegende Knoten die richtige Nummer erhält.

Funktion suche()

Die Funktion `suche()` beginnt die Suche eines Knotens in der Wurzel und vergleicht den Suchstring mit dem in der Wurzel gespeicherten String. Ist der Suchstring größer als der dort gespeicherte String, so wird zum rechten Sohn gegangen und der dort gespeicherte String wird mit dem Suchstring verglichen. Dieses Verfahren wird fortgesetzt, bis der Knoten gefunden ist bzw. bis der ganze Baum durchlaufen ist. Wird der ganze Baum durchlaufen und der Knoten ist nicht gefunden, so ist er auch nicht im Baum enthalten.

19.3 Zusammenfassung

Dieses Kapitel befasst sich mit den dynamischen Datenstrukturen verkettete Liste und Baum.

Kapitel **19.1** diskutiert verkettete Listen. Eine verkettete Liste besteht aus gleichartigen Datenelementen. Um von einem Listenelement zum nächsten zu finden, muss ein Listenelement einen Verweis (Pointer) auf das nächste Listenelement besitzen. Ein Listenelement besteht aus einem Datenteil mit Nutzdaten und einem Pointer, der zur Verkettung der Listenelemente dient.

Für die Definition eines Pointers auf eine Struktur müssen die Größe und der Aufbau der Struktur nicht bekannt sein, da alle Pointertypen dieselbe Anzahl Bytes beinhalten. Damit kann in der Definition einer Struktur eine Pointervariable als Komponente definiert werden, die auf eine Variable vom Typ der Struktur zeigt.

Die einfachste Form einer verketteten Liste ist die Einfachverkettung. Eine einfache Verkettung besteht darin, dass jedes Element der Liste immer einen Nachfolger hat und auf diesen mit einem Pointer verweist. Das letzte Element hat keinen Nachfolger und bezeichnet somit das Ende der Liste. Um das Ende der Liste zu definieren, wird der Pointer des letzten Elements auf NULL gesetzt.

Neben einer einfach verketteten Liste gibt es noch verschiedene andere Listenarten. Belegt man z. B. das letzte Element einer einfach verketteten Liste nicht mit dem Wert NULL, sondern verbindet dieses Element wieder mit dem Anfang der Liste, so ergibt sich eine Ringstruktur. Da kein 'einfaches' Abbruchkriterium wie der NULL-Pointer bei einer linearen verketteten Liste vorhanden ist, muss beim Durchsuchen einer Ringstruktur insbesondere darauf geachtet werden, dass keine Endlosschleife programmiert wird.

Speichert man in einem Listenelement außer der Adresse des Nachfolgers auch noch die Adresse des Vorgängers, so spricht man von einer doppelt verketteten Liste.

Kapitel 19.2 befasst sich mit Baumstrukturen. Bäume als Datenstrukturen können sehr gut zum effizienten Abspeichern und Suchen mit Hilfe eines Schlüsselwertes eingesetzt werden. Der oberste Knoten heißt Wurzel. Die terminalen Knoten heißen Blätter des Baumes. Terminale Knoten sind Knoten, die keinen Nachfolger (Sohn, Kind) haben.

Formal kann ein Baum folgendermaßen definiert werden:

- Ein Baum besteht aus einer endlichen Anzahl Knoten, die durch gerichtete Kanten verbunden sind. Dabei darf es keine disjunkten Teile geben, d. h. alle Teile müssen untereinander verknüpft sein. Es darf also kein sogenanntes loses Teil dabei sein.
- Es gibt nur einen einzigen Knoten, der keinen Eingang hat. Dieser Knoten stellt die Wurzel dar.
- Alle übrigen Knoten haben genau einen Eingang.
- Ein Knoten kann eine beliebige endliche Zahl an Ausgängen haben.

Als geordnet wird ein Baum bezeichnet, wenn die Reihenfolge der Knoten einer vorgeschriebenen Ordnung unterliegt. Mit einer solchen Ordnung werden nicht nur die Vater-Sohn-Ebenen, sondern wird auch die Anordnung der Knoten innerhalb einer Ebene festgelegt.

Man kann den Begriff eines Baumes erweitern, wenn man auch leere Knoten im Baum zulässt. Leere Knoten sind Platzhalter, die bei Bedarf echte Knoten aufnehmen können. Als spezieller Baum ergibt sich der leere Baum, der aus einer leeren Wurzel besteht und keinen einzigen echten Knoten hat.

Ein binärer Baum

- ist entweder leer (leerer Baum)
- oder besteht aus einem einzigen Knoten
- oder besteht aus einer Wurzel, die einen linken und einen rechten Unterbaum hat, die beide nicht zugleich leere Bäume sein dürfen.

Ein binärer Suchbaum wird folgendermaßen aufgebaut:

- Die Wurzel des binären Baumes erhält die erste Information, die aus einem Schlüsselwert und zusätzlichen Datenelementen bestehen kann.
- Soll eine zweite Information abgelegt werden, so wird deren Schlüsselwert mit dem Schlüsselwert der Wurzel verglichen. Ist der Schlüsselwert kleiner, so wird er mit dem Schlüsselwert des linken Nachfolgers verglichen. Ist der Schlüsselwert größer, so wird er mit dem Schlüsselwert des rechten Nachfolgers verglichen. Das wird solange wiederholt, bis es keinen Nachfolger mehr gibt. Der linke Teilbaum eines jeden Knotens besitzt also nur Informationen, deren Schlüsselwerte kleiner sind als die des rechten Teilbaums.

- Wenn es keinen Nachfolger mehr gibt, so wird ein neuer Nachfolgerknoten (Blatt) rechts oder links vom letzten Knoten gemäß dem Resultat des Vergleichs mit dem Schlüsselwert dieses Knotens erzeugt.

Binäre Bäume können in den folgenden Ordnungen durchlaufen werden:

- Infix-Ordnung
  Zuerst werden die Knoten des linken Teilbaums in Infix-Ordnung verarbeitet, dann die Wurzel und dann die Knoten des rechten Unterbaums in Infix-Ordnung.
- Präfix-Ordnung
  Zuerst wird die Wurzel verarbeitet, dann die Knoten des ersten, zweiten und der folgenden Unterbäume in Präfix-Ordnung.
- Postfix-Ordnung
  Zuerst werden die Knoten des ersten, zweiten und der folgenden Unterbäume in Postfix-Ordnung und danach die Wurzel verarbeitet.

Beim Durchlaufen von binären Bäumen in Infix-Ordnung, dem symmetrischen Durchlauf, wird zuerst der linke Unterbaum der Wurzel im symmetrischen Durchlauf verarbeitet. Dann wird die Wurzel verarbeitet und zum Schluss wird der rechte Unterbaum der Wurzel im symmetrischen Durchlauf verarbeitet.

Beim Durchlaufen von binären Bäumen in Präfix-Ordnung wird zuerst die Wurzel verarbeitet, dann der linke Unterbaum in Präfix-Ordnung und dann der rechte Unterbaum in Präfix-Ordnung (N-L-R-Ordnung).

Beim Durchlaufen von binären Bäumen in Postfix-Ordnung wird zuerst der rechte Unterbaum in Postfix-Ordnung, dann der linke Unterbaum in Postfix-Ordnung und dann die Wurzel verarbeitet (R-L-N-Ordnung).

Während der symmetrische Durchlauf (Infix-Ordnung) bei Suchbäumen verwendet wird, sind Präfix- und Postfix-Ordnung bei der Implementierung von Sprachumwandlern von Bedeutung. Diese beiden Ordnungen erlauben die Umwandlung arithmetischer Ausdrücke, die als binäre Bäume dargestellt sind, in klammerlose Darstellungen – nämlich in die sogenannte Polnische bzw. in die Umgekehrte Polnische Notation.

19.4 Übungsaufgaben

Aufgabe 19.1: malloc()

a) Schreiben Sie ein Programm, das im Heap eine Strukturvariable vom Typ `struct point` mit den Komponenten `x` und `y` mit den Werten `3.1` bzw. `3.2` anlegt. Geben Sie die Werte der beiden Komponenten am Bildschirm aus.

b) Schreiben Sie ein Programm, welches zwei Objekte vom Typ

```
struct listenelement {
                double x;
                double y;
                struct listenelement * ptr;
                };
```

im Heap anlegt und mit `x = 3.1`, `y = 3.2` und `x = 7.4`, `y = 1.8` initialisiert. Die Erzeugung dieser Listenelemente soll in der Funktion `schaffe_listenelement()` durchgeführt werden. Das erste Listenelement soll auf das zweite zeigen. Die Funktion `schaffe_listenelement()` soll einen Pointer auf das erste Listenelement an das Hauptprogramm zurückgeben. Das Hauptprogramm soll nach dem Aufruf von `schaffe_listenelement()` die Funktion `drucke()` aufrufen, die die `x`- und `y`-Komponenten beider Objekte ausdruckt.

Aufgabe 19.2: Verkettete Liste und die Funktion malloc()

Testen Sie das folgende Programm:

```c
#include <stdio.h>
#include <stdlib.h>
#include <string.h>

int main (void)
{
   struct produkt {
                char name [20];
                int preis;
                } * pointer;

   pointer = (struct produkt *) malloc (sizeof (struct produkt));
   printf ("\n\nGib den Produktnamen ein: ");
   fgets (pointer -> name, 20, stdin);
   printf ("\nGib den Preis in Euro ein: ");
   scanf ("%d", &(pointer->preis));
   printf ("\nAusgabe der Produktdaten: ");
   printf ("Das Produkt %s kostet %d Euro",
           pointer->name, pointer->preis);
   free (pointer);
   return 0;
}
```

a) Erweitern Sie die Struktur `produkt` so, dass sie einen Pointer enthält, der auf das jeweils nächste Produkt zeigt, bzw. der `NULL` sein soll, falls es kein nächstes Produkt gibt.

b) Erweitern Sie das Programm so, dass zuerst eingelesen wird, wie viele Produkte eingelesen werden sollen. Danach werden in einer `for`-Schleife die Produkte der Reihe nach eingegeben und die Liste aufgebaut.

c) Schreiben Sie eine Funktion mit dem Funktionskopf

```
void ausgabe (struct produkt * pointer)
```

welche die Produktliste der Reihe nach ausgibt. Verwenden Sie dazu eine `while`-Schleife.

d) Schreiben Sie eine Funktion mit dem Funktionskopf

```
void ausgabe2 (struct produkt * pointer)
```

welche die Produktliste der Reihe nach ausgibt. Verwenden Sie dazu eine Rekursion. Setzen Sie die Rekursion auch dazu ein, die Reihenfolge der Ausgabe umzukehren.

e) Schreiben Sie eine Funktion mit dem Funktionskopf

```
void freigabe (struct produkt ** pointer)
```

die alle Produkte freigibt und die Pointer, die auf Produkte zeigen, auf `NULL` setzt.

Aufgabe 19.3: Verkettete Liste

Im folgenden Programm wird interaktiv eine verkettete Liste aus Artikeln erstellt.

Die Funktion `drucke()` dient zum Ausdrucken der Artikel der verketteten Liste auf dem Bildschirm (Ausgabe von Artikelname, Stückzahl und Preis pro Artikel) und zum Wegschreiben der Listenelemente in eine binäre Datei `ARTIKEL.DAT`.

Die Funktion `bilanz()` dient zum Berechnen des Gesamtwertes aller Artikel, die in der verketteten Liste gespeichert sind.

Fehlende Stellen des Programms sind durch . . . . gekennzeichnet.

```
#include <stdio.h>
#include <stdlib.h>
#include <string.h>

struct listenelement {
                char artikelname [10];
                int stueckzahl;
                float preis;
                struct listenelement * elementpointer;
                };

void drucke (....)  /* Ergaenzen Sie die fehlenden Teile         */
{
   FILE * fp;
   ....            /* ARTIKEL.DAT oeffnen zum binaeren Schreiben */
```

```
    while (....)        /* Ergaenzen Sie die fehlenden Teile        */
    {
        printf ("\nArtikelname: %-10s", ....);
        printf ("    Stueckzahl: %8d", ....);
        printf ("    Preis: %6.2f", ....);
        ....               /* aktuelles Listenelement binaer wegschreiben */
        .... = ....;       /* neuen Pointer bestimmen                */
    }
    ....                   /* ARTIKEL.DAT schliessen                 */
}

void bilanz (....)                    /* Ergaenzen Sie die fehlenden Teile */
{
    ....                              /* Ergaenzen Sie die fehlenden Teile */
    printf ("\nDer Warenwert betraegt %8.2f EUR", summe);
}

int main (void)
{
    char buffer [10];
    struct listenelement * artikelpointer;
    struct listenelement * letztpointer = NULL;

    printf ("\nArtikelnamen eingeben, Ende durch ^Z: ");
    while (fgets (buffer, 10, stdin) != NULL)
    {
        artikelpointer = malloc (sizeof (struct listenelement));
        strcpy (artikelpointer -> artikelname, buffer);
        printf ("\n    Gib die Stueckzahl ein: ");
        scanf ("%d", & (artikelpointer -> stueckzahl));
        printf ("\n    Gib den Preis ein: ");
        scanf ("%f", & (artikelpointer -> preis));
        fflush (stdin);
        artikelpointer ->elementpointer = letztpointer;
        letztpointer = artikelpointer;
        printf ("\nArtikelnamen eingeben, Ende durch ^Z: ");
        return 0;
    }

    drucke (artikelpointer);
    bilanz (artikelpointer);
}
```

Hinweis: fgets() [155] gibt NULL zurück, wenn das Dateiende (EOF) erreicht ist, siehe Kapitel 16.7.1.

a) Ergänzen Sie die fehlenden Teile der Funktion drucke().

b) Ergänzen Sie die fehlenden Teile der Funktion bilanz().

---

[155] gets() wurde wegen mangelnder Sicherheit im C11-Standard durch die Funktionen fgets() (siehe Kapitel 16.7.1) und gets_s() (siehe Kapitel 16.8.1) ersetzt.

Kapitel 20

Sortieren und Suchen

20 Sortieren und Suchen

Sortieren und Suchen sind wohl die häufigsten Tätigkeiten in der Datenverarbeitung. Das kann man auch an der historischen Entwicklung sehen: die Vorläufer der heutigen Computer waren Sortiermaschinen für Lochkarten.

Die beiden Tätigkeiten Sortieren und Suchen hängen miteinander zusammen. In einem Sprichwort heißt es: "Wer Ordnung hält, ist nur zu faul zu suchen." Frei übersetzt bedeutet es, dass **die meisten Suchverfahren am besten dann funktionieren, wenn die Daten in sortierter Form vorliegen.**

> Unter Sortieren versteht man die Realisierung einer Ordnungsrelation innerhalb einer gegebenen Menge von Objekten.

Die Objekte können dabei in einer Liste, einer Tabelle oder in einem Array stehen. Im allgemeinen Fall können die Elemente auch unterschiedliche Längen haben.

> Objekte werden sortiert, damit man später den Suchvorgang vereinfachen kann. Dabei kann das Sortierkriterium – die Ordnungsrelation – aus einem oder mehreren Schlüsseln bestehen.

So kann man beispielsweise eine Studentenliste zunächst nach Studiengängen sortieren und dann innerhalb der Studiengänge nach den Namen der Studenten suchen. Für das Sortieren existieren verschiedene Verfahren, die sich nach Aufwand, Speicherbedarf etc. unterscheiden.

> Unter **internen Sortierverfahren** versteht man Verfahren, bei denen der Sortiervorgang im Arbeitsspeicher durchgeführt wird. **Externe Sortierverfahren** arbeiten auf Daten, die in Dateien auf einem externen Speicher wie z. B. einer Platte gespeichert sind.

Im Folgenden werden **nur interne Sortier- und Suchverfahren betrachtet**, d. h. solche Verfahren, bei denen die Elemente in Arrays oder verketteten Listen (siehe Kapitel 19) im Arbeitsspeicher stehen. Wenn die Objekte sich nicht im Arbeitsspeicher, sondern in Dateien befinden, können im Prinzip die gleichen Algorithmen angewandt werden, sofern die technischen Voraussetzungen – z. B. wahlfreier Zugriff zu allen Objekten – für das jeweilige Verfahren gegeben sind.

In diesem Kapitel sind verschiedene Einsatzmöglichkeiten von Arrays (siehe Kapitel 8) sowie Anwendungen des Rekursionsprinzips (siehe Kapitel 11.8) zu finden.

Zunächst werden in Kapitel 20.1 zwei oft anzutreffende **Sortierverfahren** behandelt und verglichen, nämlich das iterative Verfahren „**Sortieren durch direktes Auswählen**" und das rekursive **Quicksort-Verfahren**.

Erst dann werden die **Suchverfahren** vorgestellt, da eines von ihnen, nämlich das Halbierungssuchen (siehe Kapitel 20.2.2) sortierte Arrays benötigt. Nach den **einfachen Suchtechniken** in Kapitel 20.2 werden in Kapitel 20.3 Suchverfahren in Listen mit **Streuspeicherung** (sogenannte **Hashverfahren**) besprochen. Abschluss des vorliegenden Hauptkapitels bildet in Kapitel 20.4 die Suche nach Lösungen von Problemen mittels **Backtracking**. Backtracking wird am Beispiel der Suche eines Weges in einem Labyrinth dargestellt.

Weitere effiziente Such- und Sortierverfahren basieren auf Baumstrukturen und wurden bereits in Kapitel 19.2 behandelt.

20.1 Interne Sortierverfahren

Im Folgenden sollen zwei grundsätzliche Algorithmen interner Sortierverfahren vorgestellt werden:

- Sortieren durch direktes Auswählen (siehe Kapitel 20.1.1)
- und Suchen mit dem Quicksort-Verfahren (siehe Kapitel 20.1.2).

Wenn es mehrere Verfahren zur Lösung des gleichen Problems gibt, stellt sich automatisch die Frage, welches das "bessere" Verfahren ist. In der Informatik werden diese Fragestellungen unter dem Stichwort **"Komplexitätsbetrachtungen"** untersucht. Dabei wird ein Verfahren bzw. ein Algorithmus im Hinblick auf seinen Speicherbedarf oder die benötigte Rechenzeit analysiert. Die Ergebnisse erlauben dann einen Vergleich der Verfahren.

Die hier vorgestellten Sortierverfahren sollen bezüglich der benötigten **Rechenzeit** miteinander verglichen werden. Dazu dienen die folgenden Vorüberlegungen, die Einfluss auf die Rechenzeit haben:

> Grundsätzlich werden für jedes Sortierverfahren Vergleichs- und Austauschoperationen benötigt. Der Aufwand wird zunächst immer für die **Anzahl der Vergleiche (V)** sowie die **Anzahl der Bewegungen (B)** von Elementen berechnet, wobei von einer Anzahl von „n" unsortierten Elementen ausgegangen wird.

Aufwands- bzw. Komplexitätsbetrachtungen sind vor allem bei einer größeren Anzahl von Elementen wichtig. Dabei geht es insbesondere darum, wie sich der Aufwand des Verfahrens in Abhängigkeit zu der Anzahl der Elemente „n" verhält.

Um die Einführung in das Sortieren einfach zu gestalten, werden hier nur eindimensionale Arrays mit ganzen Zahlen (`int`-Werte) nach aufsteigender Reihenfolge sortiert. Dabei werden die Verschiebe- bzw. Austauschoperationen direkt mit den Arrayelementen durchgeführt. Für den Vergleich von `int`-Werten genügen die Vergleichsoperatoren des C-Sprachumfanges. Die Verfahren können auf beliebige andere Schlüssel übertragen werden, wobei nur die entsprechenden Vergleichsrelationen vorhanden sein müssen.

Das nachfolgend in Kapitel 20.1.1 aufgeführte iterative Verfahren „Sortieren durch direktes Auswählen" ist vom Algorithmus her ein einfaches Verfahren. Das rekursive Quicksort-Verfahren (siehe Kapitel 20.1.2) ist vom Algorithmus her aufwendiger, benötigt aber zur Sortierung einer größeren Anzahl von Elementen weniger Rechenzeit.

20.1.1 Konzept für das iterative Sortieren durch direktes Auswählen

Sortieren durch Auswählen wird auch als **Selection-Sort** oder – je nach Sortierrichtung – als MinSort bzw. MaxSort bezeichnet.

Sortieren durch direktes Auswählen arbeitet nach folgendem Prinzip:

1) Teile das Array in folgender Weise:
   a) eine linke, sortierte Teilliste, die zu Beginn leer ist,
   b) und eine rechte, unsortierte Teilliste.
2) Suche in der rechten unsortierten Teilliste das Element mit dem kleinsten Wert.
3) Tausche das erste Element der rechten Teilliste mit dem gefundenen Element, das den kleinsten Wert hat.
4) Verlängere die linke Liste rechts um 1 Element und verkürze die rechte Liste links um ein Element. Weiter bei Schritt 2.

Dieses Verfahren wird durch folgendes Bild veranschaulicht:

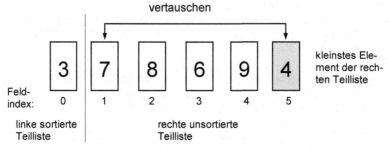

Bild 20-1 Sortieren durch Auswählen

Das genannte Verfahren beginnt mit einer leeren linken Teilliste, während die rechte Teilliste zunächst das ganze Array enthält. Das Verfahren endet, wenn die rechte Teilliste nur noch 1 Element enthält.

Die folgende Tabelle zeigt den Ablauf des Verfahrens:

Arrayindex	0	1	2	3	4	5	
	7	3	8	6	9	4	
	3←	→7	8	6	9	4	1
	3	4←	8	6	9	→7	2
	3	4	6←	→8	9	7	3
	3	4	6	7←	9	→8	4
	3	4	6	7	8←	→9	5

Arbeitsschritt

Tabelle 20-1 Ablauf des Sortierens durch Auswählen

Die linke, sortierte Teilliste ist jeweils ohne Schattierung, die rechte, unsortierte Teilliste mit Schattierung dargestellt. Die Elemente, die mit einem Pfeil gekennzeichnet sind, wurden miteinander vertauscht.

Der Mittelwert für die Anzahl der Vergleiche ist [Wir71]:

$$V_{ges}(n) = \sum_{i=1}^{n-1} i = \tfrac{1}{2}(n^2 - n).$$

Der Mittelwert für die Anzahl der Bewegungen ist [Wir71]:

$$B(n) = n\,(\ln n + g),$$

dabei ist g = 0,577216... (Eulersche Konstante).

Der mittlere Aufwand steigt für Vergleiche proportional zu **n²** (O(n²)) und für Bewegungen proportional zu **n * ln n** (O(n * ln n)).

20.1.2 Konzept für das rekursive Sortieren mit dem Quicksort-Verfahren

Das Quicksort-Verfahren wurde von Hoare [Hoa62] entwickelt. Es ist ein effizientes Sortierverfahren und ein gutes Beispiel für die Anwendung eines rekursiven Algorithmus. Der Algorithmus wird hier nur in der einfachsten Form dargestellt.

Das Verfahren arbeitet nach dem **Prinzip „teile und herrsche"**: Man teilt das Array in zwei Teile – oder genauer gesagt – in zwei Teilarrays auf.

Für das rekursive Sortieren mit dem Quicksort-Verfahren wird ein beliebiges Vergleichselement aus dem Array benötigt. Es bietet sich an, das mittlere Element des Arrays als Vergleichselement zu wählen. Die Bedingung an die Teilarrays ist dann, dass das linke Teilarray nur solche Elemente hat, die entweder gleich groß wie das Vergleichselement oder aber kleiner sind. Das rechte Teilarray hat weiterhin nur solche Elemente, die größer sind als das Vergleichselement oder aber gleich groß. Diese Teilarrays sind relativ einfach durch Vergleich und Austausch herzustellen. Danach wird das gleiche Teilungsverfahren auf das jeweilige linke und rechte Teilarray rekursiv angewandt, bis jedes Teilarray weniger als 2 Elemente hat.

Teilarrays mit einem einzigen Element sind ja trivialerweise sortiert.

Das Verfahren hat also folgende Schritte:

(1)   Auswahl eines beliebigen Vergleichselements, z. B. des mittleren Elements des Arrays:
       `vergleichselementIndex = (startLinks + startRechts) / 2;`
       Dabei stehen `startLinks` und `startRechts` für den äußerst linken bzw. äußerst rechten Index des Arrays, am Anfang also für `0` und `n - 1`.
(2)   Linkes Teilarray mit kleineren (oder gleichen) und rechtes Teilarray mit größeren (oder gleichen) Elementen erzeugen.
       (2.1) Absuchen des linken Arrays von links her, bis ein größeres Element als das Vergleichselement an der Vergleichsposition `vergleichs-elementIndex` gefunden wird. `startLinks` wird jeweils inkrementiert.

(2.2) Absuchen des Arrays von rechts her, bis ein kleineres Element als das Vergleichselement gefunden wird. `startRechts` wird jeweils dekrementiert.

(2.3) Vertauschen des gefundenen größeren Elements (aktuelle Position `startLinks`) mit dem gefundenen kleineren Element (aktuelle Position `startRechts`).

(2.4) Inkrementieren von `startLinks` und dekrementieren von `startRechts` um jeweils 1.

(2.5) Schritte 2.1 bis 2.3 wiederholen, bis sich die beiden Suchindizes überkreuzen. Die Kreuzung definiert die Stelle, an der das Array in Schritt (3) in Teilarrays zerteilt wird.

(2.6) Wenn sich das Vergleichselement nun im linken Teilarray befindet, wird es mit dem letzten Element des linken Teilarrays ausgetauscht, da definitionsgemäß alle Teilelemente im linken Teilarray kleiner oder gleich dem Vergleichselement sind. Dasselbe gilt umgekehrt für das rechte Teilarray, in dem definitionsgemäß alle Elemente größer oder gleich dem Vergleichselement sind. D. h. das Vergleichselement muss dann mit dem ersten Element des rechten Teilarrays vertauscht werden, falls sich das Vergleichselement in diesem Teilarray befindet. Das Teilarray, in welchem das Vergleichselement verschoben wurde, wird nun um einen Index verkleinert, da das Vergleichselement sich durch diesen Schritt bereits an seiner endgültigen Position befindet.

(3) Rekursive Zerlegung des linken und rechten Teilarrays gemäß (1) und (2) solange, bis die Teilarrays weniger als 2 Elemente haben.

Nach Ende von Schritt (2) stehen im linken Teilarray nur Elemente mit Werten, die kleiner als oder gleich groß wie der Wert des Vergleichselements sind, und im rechten Teilarray nur Elemente, deren Werte gleich groß wie oder größer als der Wert des Vergleichselements sind. Das folgende Bild symbolisiert den Ablauf des Verfahrens anhand eines Beispiels:

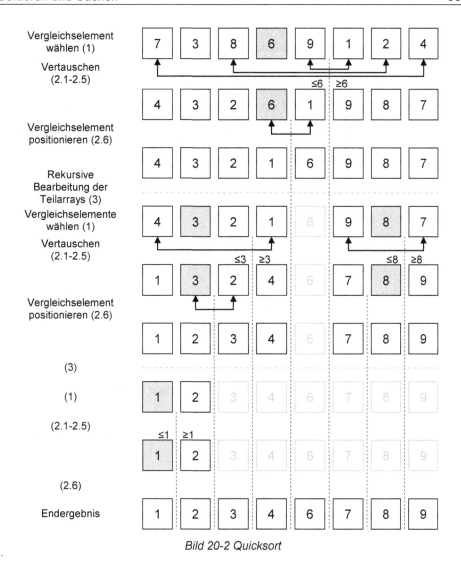

Bild 20-2 Quicksort

Die schattierten Felder im obigen Bild stellen die ausgewählten Vergleichselemente dar. Die hellgrauen Felder stellen Positionen im Array dar, die ihre endgültige Position erreicht haben und in den Verarbeitungsschritten der jeweiligen Rekursionsebene nicht betrachtet werden.

Das Vergleichselement bei den gegebenen Beispielzahlen {7, 3, 8, 6, 9, 1, 2, 4} ist wegen der in Verfahrensschritt (1) beschriebenen Vorschrift die Zahl 6. Diese Zahlen werden in zwei Teilarrays {4, 3, 2, 6, 1} und {9, 8, 7} geteilt, wobei im linken Teilarray alle Zahlen kleiner oder gleich 6, im rechten alle größer oder gleich 6 sind. Da sich im linken Teilarray das Vergleichselement befindet, und alle Elemente des linken Teilarrays kleiner oder gleich dem Vergleichselement sind, wird das Vergleichselement im Verfahrensschritt (2.6) mit dem letzten Element des linken Teilarrays getauscht. Das Vergleichselement befindet sich nach diesem Schritt an seiner endgültigen Position. Als nächstes wird dieser Zerlegungsvorgang rekursiv auf das linke Teilarray {4, 3, 2,

1} angewandt. Dieses wird mit der Vergleichszahl 3 durch Vertauschen in die Teilarrays {1, 3, 2} und {4} geteilt. Nach dem Verfahrensschritt (2.6) bleiben die Teilarrays {1, 2}, {3} und {4}, wovon lediglich das Teilarray {1, 2} rekursiv weiterbehandelt werden muss. Das Teilarray ist zufällig bereits sortiert, daher werden nur noch Vergleiche durchgeführt, aber keine Elemente mehr getauscht. Das rechte Teilarray {9, 8, 7} wird mit dem Vergleichselement 8 entsprechend in das Teilarray {9} (welches sortiert ist) und {7, 8} zerlegt. Im Verfahrensschritt (2.6) wird festgestellt, dass das Vergleichselement bereits an der letzten Position des linken Teilarrays steht, wodurch die drei Teilarrays {7}, {8}, und {9} entstehen. Damit ist der Sortiervorgang abgeschlossen.

Der **Mittelwert für die Anzahl der Vergleiche** ist:

$V_m(n) = n * ld\ n$

Der **Mittelwert für die Anzahl der Bewegungen** ist:

$B_m(n) = 1/2 * n * (ld\ n + 1)$

(ld N = Logarithmus dualis der Zahl N – das ist der Logarithmus zur Basis 2)

Die optimistische Annahme, dass das gewählte Element das Array in genau 2 gleiche Hälften teilt, trifft zwar nur selten zu. Aber auch bei zufälliger Wahl des Vergleichselements steigt der durchschnittliche Aufwand an Tauschoperationen gegenüber dem günstigsten Fall nur um den Faktor 2 * ln 2 = 1.39 an (siehe [Hoa62]). Dies ist keine wesentliche Verschlechterung des optimistischen Erwartungswertes.

Wenn allerdings **zufälligerweise immer** das größte oder das kleinste Element als Teilungselement gewählt wird, so wird Quicksort zu einem extrem langsamen Verfahren.

Bei der Zerlegung eines Arrays mit n Elementen würden in diesem Fall jeweils ein Teilarray mit n - 1 Elementen und ein Teilarray mit nur einem einzigen Element entstehen. Dadurch wird der Aufwand an Zerlegungen und die Rekursionstiefe extrem groß, da jeweils Teilarrays der Länge 1 entstehen.

Eine gute Wahl des Vergleichselements kann das schlechte Verhalten des Quicksort-Verfahrens im Extremfall (Vergleichselement ist entweder größtes oder kleinstes Element) vermeiden. Hierzu gibt es Vorschläge für eine relativ gute Wahl des Vergleichselements.

Ein Vorschlag ist beispielsweise, dass man 3 Elemente zufällig aussucht und das mittlere der 3 Elemente als Vergleichselement nimmt.

Im oben dargestellten Bild wird das Array dreimal geteilt. Dies entspricht einer Rekursionstiefe von 3.

20.1.3 Beispielprogramme für interne Sortierverfahren

Kapitel 20.1.3.1 realisiert ein Programm für das Sortieren durch Auswählen und Kapitel 20.1.3.2 für das Sortieren mit dem Quicksort-Algorithmus.

20.1.3.1 Beispielprogramm für das Sortieren durch Auswählen

Im Folgenden wird als Beispiel ein C-Programm für das Sortieren durch Auswählen angegeben:

```
/* Datei: auswahl.c (Sortieren durch Auswaehlen fuer ein Array    */
/* i mit Komponenten i[0] bis i[anzahl-1] vom Typ int)            */
#include <stdio.h>
int main(void)
{
   /* Definition und Initialisierung des Arrays:                  */
   int i[] = {7, 3, 8, 6, 9, 4};
   const int anzahl = sizeof i / sizeof i[0];
   /* Feld wird an Position zahl geteilt: das linke Teilfeld am    */
   /* Anfang leer, dann zunehmend sortiert, das rechte unsortiert */

   int zahl;
   /* sort speichert kleinstes Element aus rechtem Teilfeld,      */
   /* min den Index dazu */
   int sort, min;
   /* pos ist Laufvariable fuer rechtes Teilfeld                  */
   int pos;
    /* Ausgabe des unsortierten Arrays                            */
   printf ("Unsortiertes Array:      ");
   for (zahl = 0; zahl < anzahl; zahl++)
      printf ("%i, ", i[zahl]);
   printf ("\n");
   /* Feld an Position zahl teilen. Das Verfahren beginnt mit     */
   /* einer linken leeren Teilliste                               */
   for (zahl = 0; zahl < anzahl-1; zahl++)
   {
      /* Element zahl koennte vielleicht das Minimum der rechten  */
      /* Teilliste sein                                           */
      min = zahl;
      sort = i[zahl];
      /* Kleinstes Element und dessen Index im rechten,           */
      /* unsortierten Teilfeld suchen                             */
      for (pos = zahl + 1; pos < anzahl; pos++)
         if (sort > i[pos])
         {
            /* Kleineres Element gefunden. Es wird das neue        */
            /* Minimum fuer die weiteren Vergleiche                */
            min = pos;
            sort = i[pos];
         }
      /* Austauschen des gefundenen kleinsten Elementes mit dem    */
      /* Element am Anfang der rechten unsortierten Teilliste     */
      i[min] = i[zahl];
      i[zahl] = sort;
      /* Ausgabe des Arrays nach Vertauschung                     */
      printf ("Arbeitsschritt: %i  Array: ", zahl+1);
      for (min = 0; min < anzahl; min++)
         printf ("%i, ", i[min]);
      printf ("\n");
   }
   return 0;
}
```

Beispiel für den Programmablauf:

```
Unsortiertes Array:       7, 3, 8, 6, 9, 4,
Arbeitsschritt: 1 Array:  3, 7, 8, 6, 9, 4,
Arbeitsschritt: 2 Array:  3, 4, 8, 6, 9, 7,
Arbeitsschritt: 3 Array:  3, 4, 6, 8, 9, 7,
Arbeitsschritt: 4 Array:  3, 4, 6, 7, 9, 8,
Arbeitsschritt: 5 Array:  3, 4, 6, 7, 8, 9,
```

20.1.3.2 Beispielprogramm für das Sortieren mit dem Quicksort-Algorithmus

Im Folgenden wird als Beispiel eine C-Funktion für das Sortieren mit dem Quicksort-Algorithmus angegeben:

```
/* Datei: quicksrt.c */
#include<stdio.h>
void zerlege (int teilListe [], int startLinks, int startRechts)
{
   int i;
   int laufLinks = startLinks;
   int laufRechts = startRechts;
   int vergleichselementIndex =
       (startLinks + startRechts) / 2;                          /*(1)*/
   int vergleichselement = teilListe[vergleichselementIndex];
   do                                                           /*(2)*/
   { /* Schleife, bis laufLinks und laufRechts zusammentreffen   */
      /* Suche von links groessere Elemente als                  */
      /* Vergleichselement                               (2.1)*/
      while (teilListe[laufLinks] < vergleichselement)
         laufLinks++;
      /* Suche von rechts kleinere Elemente als                  */
      /* Vegleichselement                                (2.2)*/
      while (teilListe[laufRechts] > vergleichselement)
         laufRechts-- ;
      if (laufLinks <= laufRechts) /* Vertauschen        (2.3)*/
      {
          int zwischen = teilListe[laufLinks];
          teilListe[laufLinks] = teilListe[laufRechts];
          teilListe[laufRechts] = zwischen;
          laufLinks++; laufRechts--;
      }
   }
   while (laufLinks <= laufRechts);                      /*(2.4)*/
   /* Vorsortiertes Array ausgeben                             */
   for (i = 0; i < startLinks; i++)
      printf("   ");
   for (i=startLinks; i <= startRechts; i++)
      printf ("%i  ", teilListe[i]);
   printf ("\n");
   /* Jetzt beide Teilarrays rekursiv gleich behandeln     (3)*/
   if (startLinks < laufRechts)
      zerlege (teilListe, startLinks, laufRechts);
   if (laufLinks < startRechts)
      zerlege (teilListe, laufLinks, startRechts);
}
```

```
void quickSort (int in [], int n)
{
   zerlege (in, 0, n - 1);
}

int main(void)
{
   int test [] = {7, 3, 8, 6, 9, 1, 2, 4};
   int index, numInArray = sizeof (test) / sizeof (int);

   /* Zu sortierendes Array ausgeben                            */
   for (index=0; index < numInArray; index++)
      printf ("%i  ",test[index]);
   printf ("\n\n");

   quickSort (test, numInArray);

   /* Sortiertes Array ausgeben                                 */
   printf ("\n");
   for (index = 0; index < numInArray; index++)
      printf ("%i  ",test[index]);
   printf ("\n");
   return 0;
}
```

Beispiel für den Programmablauf:

```
7   3   8   6   9   1   2   4

4   3   2   1   9   6   8   7
1   2   3   4
1   2
        3   4
                6   9   8   7
                7   8   9

1   2   3   4   6   7   8   9
```

20.1.4 Sortierverfahren im Vergleich

Die beiden dargestellten Sortierverfahren „Sortieren durch direktes Auswählen" (Kapitel 20.1.1) und „Quicksort" (Kapitel 20.1.2) werden hier bezüglich des Aufwandes für Vergleiche und für Bewegungen einander gegenübergestellt. Anzumerken ist, dass es weitere Sortierverfahren wie z. B. „Bubblesort", „Sortieren durch direktes Einfügen" und „Shellsort" gibt, die bezüglich des Aufwandes schlechter sind als „Quicksort". Dabei wird als Ausgangssituation für die Gegenüberstellung ein unsortiertes, mit zufällig erzeugten Zahlen belegtes Array gewählt. Als Ergebnis wird die Anzahl der Vergleiche und die Anzahl der Bewegungen für verschieden große Arrays dargestellt.

Der mittlere Aufwand steigt beim Quicksort-Verfahren sowohl für Vergleiche als auch für Bewegungen proportional zu **n * ld n**. Dies ist eine erhebliche Verbesserung gegenüber dem in Kapitel 20.1.1 dargestellten iterativen Sortieralgorithmus.

Um das schlechte Verhalten im Extremfall zu vermeiden, sollte das Quicksort-Verfahren bezüglich der Wahl des Vergleichselements optimiert werden.

Die folgende Tabelle vergleicht den **Aufwand für das Sortieren** für verschieden große Arrays:

Anzahl der Arrayelemente		32	64	128	256	512	1024
Direktes Auswählen	Vergleiche	496	2016	8128	32640	130816	523776
	Bewegungen	163	366	792	1781	4077	8700
Quicksort	Vergleiche	195	499	1198	2882	6120	13885
	Bewegungen	163	342	824	1910	4140	8809

Tabelle 20-2   Vergleich des Aufwandes der Sortierverfahren für verschieden große Arrays aus Zufallszahlen

Der Aufwand des einfachen Sortierverfahrens (direktes Auswählen) steigt für Vergleiche quadratisch mit der Anzahl der Elemente an. Für eine große Anzahl von Elementen sollte daher immer eines der besseren Sortierverfahren wie Quicksort oder auch Baumstrukturen verwendet werden.

Das folgende Bild zeigt die **Anzahl der Vergleiche** der beiden Sortierverfahren:

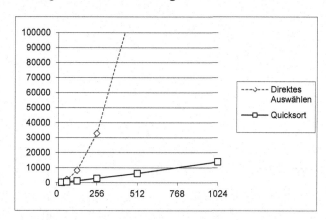

Bild 20-3 Anzahl der Vergleiche der Sortierverfahren[156]

20.1.5 Die Quicksort-Funktion der Standardbibliothek

Die Funktion `qsort()` aus der Standard-Library von C (Prototyp in `<stdlib.h>`) enthält eine optimierte Form des Quicksort-Algorithmus mit einer benutzerdefinierten Vergleichsfunktion, die mit Hilfe eines Funktionszeigers übergeben wird.

---

[156] Die Anzahl der Vergleiche aus Tabelle 20-2 wird in diesem Bild dargestellt. Der Einfachheit halber wird zwischen den Punkten linear interpoliert.

Der Prototyp ist wie folgt aufgebaut:

```
void qsort (void * base, size_t nmemb, size_t size,
            int (*compar)(const void *, const void *));
```

Die 4 Parameter der Funktion `qsort()` haben die folgende Bedeutung:

- 1. Parameter: Pointer auf das erste Element des Arrays, also in der Regel der Arrayname
- 2. Parameter: Anzahl der Elemente im Array
- 3. Parameter: Größe eines Arrayelements in Bytes (z. B. mittels `sizeof`)
- 4. Parameter: Funktionsname einer existierenden, selbst geschriebenen Vergleichsfunktion, die als Parameter zwei Pointer auf `void` übergeben bekommt, die auf zwei zu vergleichende Elemente aus dem Array zeigen. Die Funktion muss diese beiden Elemente vergleichen
und das Ergebnis des Vergleichs als `int`-Zahl wie folgt zurückgeben: Falls beide Elemente gleich sind, so wird eine 0 zurückgegeben. Ist das erste Element größer als das zweite Element, wird eine
Zahl größer 0 zurückgegeben und im umgekehrten Fall eine Zahl
kleiner 0. Kommt das erste Element gemäß der gewünschten Ordnung nach dem zweiten Element, wird eine Zahl größer 0 zurückgegeben und im umgekehrten Fall eine Zahl kleiner 0.

Die `qsort()`-Funktion ruft im Zuge des intern ablaufenden Sortiervor-
ganges immer wieder die Vergleichsfunktion auf und übergibt ihr als
Parameter zwei Pointer auf zwei zu vergleichende Elemente.

Dadurch ist es möglich, die `qsort()`-Funktion sehr flexibel einzusetzen. Da sie sich
ja nicht um den Vergleich an sich kümmern muss, können damit alle möglichen Daten sortiert werden. Der Programmierer, der die Vergleichsfunktion programmiert,
gibt ja vor, was für ihn größer, kleiner oder gleich ist. Dies muss dann für unterschiedliche Datentypen eben mit verschiedenen Vergleichsfunktionen erfolgen.

Die Pointer auf `void` können in der Vergleichsfunktion in einen entsprechenden
Pointertyp gewandelt werden (siehe Kapitel 8.2), damit der Vergleich durchgeführt
werden kann. Dieser Pointertyp muss so gewählt werden, dass mittels einer Dereferenzierung der Zugriff auf die zu vergleichenden Objekte möglich wird, wie im folgenden Beispiel bei Kommentar (1) zu sehen ist:

```
#include <stdlib.h>
#include <stdio.h>

int aufsteigend (const void * a, const void * b)
{
    return (* (int*)a - *(int*)b);                    // (1)
}

int absteigend (const void* a, const void* b){
    return (*(int*)b-*(int*)a);                       // (1)
}

#define NUM_COUNT 8
```

```
int main(void)
{
   int i;
   int test[NUM_COUNT] = {7, 3, 8, 6, 9, 1, 2, 4};        // (5)
   qsort (test, NUM_COUNT, sizeof (int), aufsteigend);
   for (i=0; i < NUM_COUNT; i++)
   {
      printf ("%d ", test[i]);
   }
}
```

Ausgabe:

1 2 3 4 5 6 7 8 9

Um die `qsort()`-Funktion aus der Standardbibliothek zu nutzen, muss nur eine solche Vergleichsfunktion für die Elemente des Arrays implementiert werden. Die Funktionalität des Quicksort-Verfahrens steht also über die Standardbibliothek ohne großen Entwicklungsaufwand zur Verfügung.

20.2 Einfache Suchverfahren

Eine häufige Anwendung in der Informationsverarbeitung ist das Suchen eines Objektes in einer Menge von Objekten gleichen Typs, wie zum Beispiel das Suchen der Daten eines bestimmten Mitarbeiters in den Personaldaten. Die folgende Tabelle symbolisiert irgendwelche Personaldaten:

Personalnummer	Name	Vorname	Abteilung
125	Müller	Hans	EK1
015	Sommer	Elke	FE
093	Braun	Charly	FE
007	Bond	Johannes	SEC
...			

Tabelle 20-3 Personaldaten

Der **Suchbegriff** bzw. **Schlüssel** ist Teil eines Objektes.

Die Objekte (Elemente) können dabei in Listen, Tabellen oder Dateien stehen, wobei im allgemeinen Fall die Objekte unterschiedliche Größen haben dürfen.

Beim Suchen kommt es dem Anwender darauf an, dass die gesuchten Elemente schnell gefunden werden.

Falls die Elemente nicht bereits sortiert sind, kann nur sequenziell gesucht werden. Sequentielles Suchen wird in Kapitel 20.2.1 behandelt.

Sequenzielles Suchen ist insbesondere für Mengen eine ineffiziente Suchmethode, da im ungünstigsten Falle alle N Elemente einer Menge mit dem Suchbegriff verglichen werden müssen.

Vorsicht!

Wenn die Objekte sortiert sind, kann der Suchvorgang wesentlich effizienter gestaltet werden (siehe Kapitel 20.2.2 – Halbierungssuchen). Um die Einführung einfach zu gestalten, werden in Kapitel 20.2.2 als Suchbegriffe nur ganzzahlige Werte (`int`-Werte) betrachtet, wobei in der zu durchsuchenden Liste immer eine aufsteigende Sortierung vorausgesetzt wird.

20.2.1 Sequenzielles Suchen

Im Folgenden sollen die Elemente einer Menge in ungeordneter Form in einer Liste angeordnet sein. Ein Beispiel für eine solche Liste ist die Personalliste in Tabelle 20-3. Eine derartige Liste kann man im Arbeitsspeicher in Form eines Arrays aus Strukturen implementieren. Auf einem Plattenspeicher würde eine solche Liste als eine Datei mit Sätzen fester Länge (siehe Kapitel 13.1) vorliegen.

Der Algorithmus "Sequenzielles Suchen" besteht aus dem Vergleich des Suchbegriffes mit den Schlüsselwerten der Elemente einer ungeordneten Menge von Elementen in Form einer Liste.

Im Beispiel von Tabelle 20-3 stellt die Personalnummer den Schlüsselwert dar. Ein Element umfasst die Datenfelder Personalnummer, Name, Vorname und Abteilung. Das Suchen wird beendet, wenn das gesuchte Element gefunden oder das Ende der Liste erreicht wurde.

Im Mittel sind bei diesem Algorithmus N/2 Suchschritte erforderlich. Bei einer relativ kleinen Liste (z. B. unter 100 Elementen) kann dieser Aufwand noch akzeptabel sein. Diese Art des Suchens erspart einen vorherigen Sortiervorgang.

Die Effizienz eines solchen Verfahrens kann gesteigert werden, wenn die am häufigsten gesuchten Elemente an den Anfang der Liste geschrieben werden. In diesem Fall muss allerdings die Suchwahrscheinlichkeit bekannt sein und die Liste vorher entsprechend aufbereitet werden.

20.2.2 Halbierungssuchen

Voraussetzung für das Halbierungssuchen, welches auch unter dem Begriff **„Binäres Suchen"** bekannt ist, ist eine **sortierte Liste** von Elementen.

Bei der Herleitung des Verfahrens wird nur das Suchen des Elementes mit dem Suchbegriff dargestellt – die Sortierung (siehe Kapitel 20.1) ist ein Vorbereitungsschritt dazu.

Die Elemente der verwendeten Liste bestehen **vereinfachend** nur aus den Schlüsselwerten, die als ganzzahlige Werte gewählt werden.

Dabei wird wie folgt vorgegangen:

- Zu Beginn ist die gesamte Liste das Suchintervall.
- Das Suchintervall wird nun halbiert. Durch Vergleich mit dem Element an der Position, an der das Intervall geteilt wurde, kann festgestellt werden, ob dieses Element das gesuchte Element ist oder ob sich das gesuchte Element im oberen oder unteren Teilintervall befindet. Die Halbierungen der Teilintervalle werden solange fortgesetzt, bis das Element gefunden wurde oder das Teilintervall leer ist. Im letzteren Falle ist das gesuchte Element nicht in der Liste.

Das Verfahren des Halbierungssuchens arbeitet korrekt für beliebige N, der Aufwand ergibt sich zu ld N Suchschritten, d. h. der Algorithmus hat die Komplexität O(ld N).

Bei 1000 Elementen ergeben sich mit diesem Verfahren somit 10 Suchschritte (ld 1000 ~ 10), während bei sequenziellem Suchen im Mittel 500 Suchschritte notwendig gewesen wären.

20.2.2.1 Konzeptionelles Beispiel für das Halbierungssuchen

Im folgenden Beispiel für das Halbierungssuchen (binäres Suchen) liegt ein geordnetes Array mit N = 4 Elementen vor. Gesucht wird das Element mit dem Wert 15. Die folgende Tabelle zeigt die Ausgangssituation:

Arrayindex	Wert
0	3
1	7
2	15
3	29

Tabelle 20-4 Ausgangssituation für binäres Suchen

Im ersten Schritt wird die Tabelle hinter dem Element mit dem Index 1 geteilt. Dann erfolgt ein Vergleich des gesuchten Elementes mit dem Element an der Teilungsstelle (Arrayindex = 1). Das gesuchte Element „15" ist größer als das Element an der Teilungsstelle, welches den Wert „7" hat. Daher wird das Element nun in der unteren Teilhälfte – dem Teil des Arrays mit den höheren Feldindizes – gesucht. Die untere Hälfte des Arrays wird an der Stelle mit dem Index 2 geteilt. Das gesuchte Element „15" steht genau an der Teilungsposition mit dem Index 2.

20.2.2.2 Programmbeispiel für das Halbierungssuchen

Im Folgenden wird als Beispiel eine C-Funktion für das binäre Suchen angegeben:

```
/* Datei: b_suchen.c */
#include <stdio.h>
#define N 15
```

```
int binaer_suchen (int suchbegriff, int feld [], int n)
/* Sucht "suchbegriff" im int-array "feld" mit binaerem Suchen.   */
/* Parameter:     suchbegriff = zu suchendes Element               */
/*                feld        = Array, in dem gesucht wird         */
/*                n           = Laenge des Feldes                  */
/* Rueckgabewert: Position des gesuchten Elementes (0 .. n - 1)    */
/*                oder -1, wenn das Element nicht gefunden wird.    */
{
   int low = 0;
   int high = n - 1;
   int mid;

   while (low <= high)
   {
      mid = (low + high) / 2;
      if (suchbegriff < feld[mid])
         high = mid - 1;
      else if (suchbegriff > feld[mid])
         low = mid + 1;
      else
         return mid;   /* gefunden       */
   }
   return -1;           /* nicht gefunden */
}

int main (void)
{
   int index, suchbegriff, x [N], lv;
   printf ("Inhalt\tIndex\n");
   for (lv = 0; lv < N; lv++)
   {
      x[lv] = lv * 2;
      printf ("%6d\t%5d\n", x[lv], lv);
   }
   printf ("Bitte Suchbegriff eingeben: ");
   scanf ("%d", &suchbegriff);

   index = binaer_suchen (suchbegriff, x, N);
   if (index == -1)
      printf ("Nicht gefunden \n");
   else
      printf ("Element = %d hat Index = %d\n", suchbegriff, index);

   return 0;
}
```

Hier ein Beispiel zur Ausgabe des Programms:

```
Inhalt   Index
     0     0
     2     1
     4     2
     6     3
     8     4
    10     5
    12     6
    14     7
    16     8
    18     9
    20    10
    22    11
    24    12
    26    13
    28    14
Bitte Suchbegriff eingeben: 4
Element = 4 hat Index = 2
```

20.2.3 Beispielprogramm mit bsearch()

Genauso wie die Funktion qsort() in Kapitel 20.1.5 bieten die Standardbibliotheken von C auch eine Implementation der binären Suche an unter dem Namen bsearch:

```
void *bsearch ( const void * key,
                const void * base,
                size_t nmemb,
                size_t size,
                int (*compar)(const void *, const void *));
```

Ähnlich wie bei der Funktion qsort() wird bei base der Pointer auf das zu durchsuchende Array angegeben, mit nmemb definiert, wie viele Elemente sich in dem Array befinden und mit size die Größe eines einzelnen Elements angegeben. Die Vergleichsfunktion compar() funktioniert genau gleich wie bei qsort(). Als zusätzlichen ersten Parameter erwartet die Funktion bsearch() jedoch einen Pointer key auf den Schlüssel, nach dem gesucht werden soll.

Wenn der Schlüssel in dem Array nicht gefunden wird, so wird ein NULL-Pointer zurückgegeben. Wenn er jedoch gefunden wird, so wird ein Pointer auf die Stelle zurückgegeben, wo er innerhalb des Arrays zu finden ist. Wenn sich mehrere gleiche Werte im Array befinden, ist undefiniert, welche der möglichen Stellen zurückgegeben wird.

Folgendes Beispiel verdeutlicht die Verwendung der Funktion bsearch():

```
/* Datei: bsearch.c */
#include <stdlib.h>
#include <stdio.h>

int aufsteigend (const void * a, const void * b)
{
   return (*(int *)a - *(int *)b);
}
```

```
int absteigend (const void* a, const void * b)
{
   return (*(int *)b - *(int *)a);
}


#define NUM_COUNT 8

int main (void)
{
   int i;
   int key = 4;
   int * keyptr;
   int test[NUM_COUNT] = {7, 3, 8, 6, 9, 1, 2, 4};
   qsort (test, NUM_COUNT, sizeof (int), aufsteigend);
   for (i=0; i < NUM_COUNT; i++)
   {
      printf ("%d ", test[i]);
   }
   keyptr = bsearch (&key, test, NUM_COUNT, sizeof (int),
            aufsteigend);
   if (keyptr)
   {
      printf ("\nSchluessel %d gefunden\n", * keyptr);
   } else {
    printf ("\nSchluessel nicht gefunden\n");
   }
}
```

20.3 Suchen nach dem Hashverfahren

Beim binären Suchen wurde der Aufwand gegenüber dem sequenziellen Suchen von O(N) auf O(ld N) reduziert. Bei 1000 Elementen werden somit bei binärem Suchen immer noch 10 Schritte benötigt. Wendet man diesen Algorithmus auf externe Daten (z. B. Dateien) an, so ist dieser Aufwand immer noch zu hoch. Wünschenswert wäre es, mit einem bis zwei Schritten direkt ein gesuchtes Element zu finden.

Mit einem bis zwei Schritten direkt ein gesuchtes Element zu finden, ist näherungsweise erreichbar, wenn aus dem Suchbegriff direkt durch Berechnung auf die Position im Array geschlossen werden kann.

20.3.1 Einführendes konzeptionelles Beispiel

Dies soll an einem kleinen Beispiel erläutert werden.

Es seien 20 verschiedene Zahlen aus dem Bereich zwischen 0 und 99 gegeben. Diese 20 Zahlen werden in einem Array mit 100 Elementen so gespeichert, dass die jeweilige Zahl i an der Position i in dem Array gespeichert wird. Die anderen, unbenutzten Positionen des Arrays werden durch eine „Frei"-Markierung (z. B. -1) als unbesetzt gekennzeichnet. Wenn nun ein Suchbegriff x vorgelegt wird (Zahl zwischen 0 und 99), so kann man durch Vergleich der Zahl x mit dem Element an Position x des Arrays feststellen, ob die Zahl sich im Array befindet oder dort nicht enthalten ist.

In diesem einführenden Beispiel könnte man sogar auf die Speicherung des Schlüssels verzichten und bräuchte nur die gegebenenfalls vorhandenen restlichen Daten eines Elementes in der Liste zu speichern.

20.3.2 Einfache Schlüsseltransformation und Konflikte

Die in dem einführenden Beispiel dargestellte Methode lässt sich für beliebige Schlüssel in der im Folgenden beschriebenen Form sinnvoll erweitern.

Es sollen **N Elemente** mit beliebigen ganzzahligen Schlüsseln (vom Typ `int`) in einer Tabelle gespeichert werden. Die Schlüssel seien beliebig verteilt über 0 ... K. Zur Speicherung der Elemente soll eine **Tabelle mit M > N Elementen** verwendet werden. **Aus dem Schlüssel wird nun die Position in der Tabelle berechnet.** An einer Position der Tabelle kann in dem betrachteten Fall jeweils ein einziger Schlüsselwert gespeichert werden.

Zunächst sei angenommen, die Tabellenlänge M sei eine Primzahl. Die **Position eines Elementes** mit dem Schlüssel x in der Tabelle kann dann durch folgende Transformation ermittelt werden:

Position = x Modulo M

Damit können auch Schlüssel, die größer als M sind, in der Tabelle untergebracht werden.

Durch die Modulo-Funktion wird – bildlich gesprochen – ein Teil des Schlüssels abgehackt (engl. hashed). Daher wird dieses Verfahren im Englischen als **„hash"-Verfahren** bezeichnet.

Wenn nun N Elemente in eine Tabelle mit M > N Plätzen – zunächst sei M deutlich größer als N, z. B. M > 2*N – an die nach obigem Algorithmus berechneten Positionen eingetragen werden, so werden die Elemente in der Tabelle mit Lücken gespeichert sein. Daher stammt auch die deutsche Bezeichnung „Streuspeicherung" für das Verfahren.

Der Begriff Streuspeicherung kommt von der Speicherung der Elemente in einer Tabelle mit Lücken.

20.3.2.1 Konzeptionelles Beispiel für eine Streuspeicherung ohne Konflikte

Im folgenden Beispiel wird eine Tabelle mit M = 7 Plätzen und N = 3 Elementen gezeigt, deren Positionen über x modulo M berechnet wurden:

Position	Inhalt
0	77
1	
2	9
3	
4	
5	40
6	

Tabelle 20-5 Beispiel für eine Tabelle mit Streuspeicherung

Wie man sieht, sind die 3 Werte über die Tabelle gestreut, 4 Plätze der Tabelle sind noch frei. Zunächst wird angenommen, dass alle Schlüssel zu verschiedenen Positionen in der Tabelle führen. In einer derart organisierten Tabelle lässt sich nun ein **Element sehr leicht finden**, indem man **mit dem Schlüssel des gesuchten Elementes die gleiche Transformation durchführt** wie beim Eintragen eines Elementes in die Tabelle. Ein Vergleich mit dem Inhalt an der berechneten Tabellenposition zeigt nun, ob das gesuchte Element in der Tabelle enthalten ist oder nicht.

20.3.2.2 Konzeptionelles Beispiel für eine Streuspeicherung mit Konflikten

Leider stimmt die Annahme nicht, dass alle Schlüssel zu verschiedenen Positionen führen – es tritt ein sogenannter **Konflikt** auf. Vorsicht!

Dies soll an einem Beispiel deutlich gemacht werden:

Schlüssel	Berechnete Position	Kommentar
19	5	
43	1	
218	1	Konflikt
13	6	
34	6	Konflikt

Tabelle 20-6 Berechnung für Position = x modulo 7, mit Konflikten bei Position 1 und 6

Die zugehörige Hashtabelle hat dann den in der folgenden Tabelle dargestellten Zustand beim Auftreten der Konflikte:

Position	Inhalt	Kommentar
0		
1	43	Konflikt durch Schlüssel 218
2		
3		
4		
5	19	
6	13	Konflikt durch Schlüssel 34

Tabelle 20-7 Hashtabelle ohne Konfliktlösung

Die zuletzt dargestellte Situation wird als **Konflikt** bezeichnet. Dieser Konflikt muss beseitigt werden. Dazu existieren verschiedene Strategien, die im Weiteren noch erläutert werden.

20.3.3 Konfliktlösungen für ausreichend große Tabellen

Kapitel 20.3.3.1 behandelt die Auflösung von Konflikten mit der linearen Sondierung. Kapitel 20.3.3.2 diskutiert andere Kollisionsbehandlungen.

20.3.3.1 Konfliktlösung mit linearer Sondierung

Zunächst wird eine einfache Konfliktstrategie erläutert, die auf einer linearen Sondierung besteht.

> Bei der Konfliktlösung mit linearer Sondierung wird, wenn eine Position in der Tabelle schon besetzt ist und ein neuer Schlüssel zur gleichen Position in der Tabelle führt, ab der berechneten Position linear aufwärts (modulo M) nach der nächsten freien Position gesucht und das Element dort gespeichert.

Im obigen Beispiel werden die Konflikte dann in folgender Weise gelöst:

Schlüssel	Berechnete Position	Kommentar
19	5	
43	1	
218	2	Erhöhung um 1
13	6	
34	0	Erhöhung um 1

Tabelle 20-8 Berechnung für Position = x modulo 7 mit Konfliktlösung

Nach der Lösung des Konfliktes hat die Tabelle dann folgenden Inhalt:

Position	Inhalt	Kommentar
0	34	Konfliktlösung für Position 6
1	43	
2	218	Konfliktlösung für Position 1
3		
4		
5	19	
6	13	

Tabelle 20-9 Hashtabelle nach Konfliktlösung

Beim Suchen wird dann das gleiche Verfahren angewandt. Zunächst wird aus dem Suchschlüssel die Position berechnet und das gesuchte Element mit dem dort gespeicherten Element verglichen.

Beim Suchen ist bei Übereinstimmung der Position das Element gefunden, bei Nichtübereinstimmung wird ab der berechneten Position linear aufwärts (modulo M) das Element in der Liste gesucht, bis es gefunden wurde oder ein Platz frei ist. Wenn ein freier Platz gefunden wurde, ist das Element nicht in der Liste und die Suche ist beendet.

Es ist offensichtlich, dass dieses Verfahren bei häufigen Kollisionen sehr ineffizient wird. Die **Kollisionswahrscheinlichkeit steigt mit dem Füllgrad der Liste N/M** deutlich an.

Hashverfahren, bei denen die Konflikte innerhalb der zur Verfügung gestellten Tabelle aufgelöst werden, werden auch als **geschlossene Hashverfahren** bezeichnet. Hashverfahren, bei denen im Kollisionsfall neue Elemente in einem zur Hashtabelle externen Bereich untergebracht werden, heißen **offene Hashverfahren**.

Die Tabellenlänge muss vorher bekannt sein. Die Anzahl N darf M nie übertreffen. Im Gegenteil, die Tabelle sollte einen Füllgrad N/M von 80% bis 90% nicht übersteigen.

In diesem Verfahren wurden bei Kollisionen die neuen Positionen jeweils mit einer Erhöhung um die **Schrittweite** 1 berechnet. Man kann auch andere Schrittweiten, die größer als 1 und kleiner als die Tabellenlänge M sind, wählen, erhält aber dadurch keine Verbesserung des Verfahrens.

Da die neuen Positionen unabhängig vom Schlüssel berechnet werden, bezeichnet man diese einfache Konfliktlösungsstrategie präziser als **lineare schlüsselunabhängige Sondierung.**

Das **Löschen** von Elementen ist ebenfalls möglich. Ein Element wird gelöscht, indem eine Löschmarkierung als Schlüssel in die Tabelle eingetragen wird. Dies muss ein Wert sein, der sonst nicht als Schlüssel vorkommen darf und sich auch von der „Frei"-Markierung unterscheiden muss.

Beim Einfügen von Elementen in die Tabelle können gelöschte Plätze wieder benutzt werden, d. h. gelöschte Plätze sind beim Einfügen wie leere Plätze zu behandeln. Beim Suchen müssen aber gelöschte Elemente aufgrund eventuell aufgetretener Kollisionsfälle fast wie normale Elemente behandelt werden, da ja bei noch nicht erfolgter Konfliktlösung „hinter" ihnen noch Elemente stehen können, die zuvor mit den jetzt gelöschten Elementen kollidierten. Würde man einfach eine „Frei"-Markierung beim Löschen einsetzen, so würde die Suche an dieser „Frei"-Markierung stoppen, obwohl nach dem gelöschten Element noch weitere Kollisionsfälle liegen. Natürlich kommen die gelöschten Elemente selbst als Ergebnis des Suchlaufs nicht mehr in Betracht.

Falls die zu speichernden Elemente sehr umfangreich sind oder eine variable Länge haben, kann man in der Hashtabelle statt der Elemente auch nur Schlüssel und Pointer auf das jeweilige Element oder sogar nur Pointer auf Elemente speichern und die Elemente durch dynamische Speicherzuweisung (mit `malloc()`) erzeugen. Wenn

nur Pointer verwendet werden, so könnte die „Frei"-Markierung z. B. der NULL-Pointer sein, während die Löschmarkierung ein Pointer auf ein einziges und eindeutiges
„Löschelement" sein könnte.

Programmbeispiel für die Programmierung einer Hashtabelle mit linearer Sondierung

Das folgende Beispiel errechnet gemäß der folgenden Formel:

$$hash("c_0 \ldots c_{k-1}") = \left(\sum_{i=0}^{i<k} ascii\_code\ (c_i) \right) \bmod M$$

die Tabellenposition einer Zeichenkette. Hierbei werden die einzelnen ASCII-Codes
der Zeichen aufaddiert und dann diese Summe modulo der Tabellengröße geteilt.
Jetzt das Programm:

```
/* Datei: hashtab.h */
/* Funktionen zur Verwaltung von Hashtabellen mit linearer       */
/* Sondierung (ohne Schluesselabhaengigkeit als Konfliktstrategie)*/
/* Elemente mit gleichem Namen seien in diesem Beispiel verboten, */
/* sind aber bei Hashtabellen prinzipell zulaessig. In diesem     */
/* Beispiel duerfen nur Namen != "0" und != "1" vorkommen, da     */
/* diese Werte fuer die Markierung von freien bzw. geloeschten    */
/* Zellen genutzt werden                                          */

#define GRENZE    7        /* Anzahl der Tabellenplaetze         */
#define FUELLWERT 7        /* Anzahl der einzugebenden Elemente  */
#define FREI      "0"      /* Festlegung eines FREI-Zeichens     */
#define GELOESCHT "1"      /* Festlegung eines GELOESCHT-Zeichens */

typedef struct messwert
{
    char name[40];                    /* Name des Messgeraetes */
    double wert;                      /* Messwert des Geraetes */
} MESSWERT;

MESSWERT tabelle [GRENZE];            /* Anlegen der Tabelle    */
int hash (char *);
int rehash (int);
int einfuegen (MESSWERT, MESSWERT *);
int loeschen (char *, MESSWERT *);
int suche_schluessel (char *, MESSWERT *);
static void init_tabelle (MESSWERT*);
static void fuelle_tabelle (MESSWERT *);
void ausgeben_tabelle (MESSWERT *);
void eingabe_Puffer_loeschen (void);

/* Datei: hashtab.c                                              */
#include <stdio.h>
#include <stdlib.h>
#include <string.h>
#include "hashtab.h"

int main (void)
{
    int ind;
```

```
   char zeile [40];
   MESSWERT x;
   init_tabelle (tabelle);
   fuelle_tabelle (tabelle);
   ausgeben_tabelle (tabelle);
    /* Loeschen von Messgeraeten                                    */
    /* Hier kann ein Messgeraet zum Loeschen ausgewaehlt werden,    */
    /* indem man den Messgeraetenamen eingibt. Wenn Sie keine       */
    /* weiteren Messgeraete mehr loeschen moechten, dann q zum      */
    /* Beenden eingeben.                                            */

   while (printf ("\nZu loeschendes Messgeraet (Ende mit q)= "),
          gets (zeile), strcmp (zeile, "q"))
   {
      loeschen (zeile, tabelle);
      ausgeben_tabelle (tabelle);
   }
    /* Einfuegen von Messgeraeten                                   */
    /* Hier koennen, freie Tabellenplaetze vorausgesetzt, neue      */
    /* Messgeraete eingefuegt werden. Zum Beenden q eingeben.       */

   while (printf ("\nNeuer Messgeraetename (Ende mit q)= "),
          gets (zeile), strcmp (zeile, "q"))
   {
      ind = hash (zeile);            /* Berechnen der Position      */
      printf ("\nMesswert zu Messgeraet %s eingeben: ", zeile);
      scanf ("%lf", &(x.wert));      /* Eingabe des Messwertes      */
      eingabe_Puffer_loeschen();     /* Eingabepuffer leeren        */
      strcpy (x.name, zeile);        /* ELEMENT X fuellen           */
      einfuegen (x, tabelle);        /* Neues Element in Tabelle    */
                                     /* aufnehmen                   */
      ausgeben_tabelle (tabelle);  /* Tabelle ausgeben              */
   }
   while (printf ("\nZu suchendes Messgeraet (Ende mit q) = "),
          gets (zeile), strcmp (zeile, "q"))
   {

      if ((ind = suche_schluessel (zeile, tabelle)) != -1)
      {
         printf ("Schluessel = %d, Name = %s, Messwert = %f\n",
                  hash (zeile), tabelle[ind].name,
                  tabelle[ind].wert);
      }
      else
      {
         printf ("Schluessel %s ist nicht in der Tabelle\n", zeile);
      }
   }
   return 0;
}


int hash (char * name)
{
   int iSummeASCII = 0;
   char * ptrName = name;
   while (* ptrName != '\0')
   {
      iSummeASCII = (int) * ptrName + iSummeASCII;
```

```
      ptrName++;
   }
   return (iSummeASCII % GRENZE);
}

int rehash (int schl)
{
   return ((++schl) %GRENZE);
}

int einfuegen (MESSWERT x, MESSWERT * tab)
{
   int ind;
   int z = 0;
   ind = hash (x.name);
   while ((strcmp (tab[ind].name, FREI)) &&
          (strcmp (tab[ind].name, GELOESCHT)))
   {
      if (!(strcmp( tab[ind].name, x.name)))
      {
         printf ("Eintrag bereits in Tabelle\n");
         return 1;
      }
      ind = rehash (ind);
      z++;
      if (z == GRENZE)
      {
         printf ("Tabelle voll\n");
         return 1;
      }
   }
   strcpy (tab[ind].name, x.name);
   tab[ind].wert = x.wert;
   return 0;
}

int loeschen (char * name, MESSWERT * tab)
{
   int ind;
   ind = suche_schluessel (name, tab);
   if (ind != -1)
   {
      strcpy (tab[ind].name, GELOESCHT);
      tab[ind].wert = 0.;
   }
   else
   {
      printf ("Schluessel %s nicht in Tabelle\n", name);
      return 1;
   }
   return 0;
}

int suche_schluessel (char * name, MESSWERT * tab)
{
   int ind;
   int z = 0;
```

```c
   ind = hash (name);
   while (strcmp (tab[ind].name, name))
   {
      ind = rehash (ind);
      z++;
      if (strcmp (tab[ind].name, FREI) || z == GRENZE)
      {
         return -1;
      }
   }
   return ind;
}

static void init_tabelle (MESSWERT * tab)
{
   int i;
   for (i = 0; i < GRENZE; i++)
   {
      strcpy (tab[i].name, FREI);
      tab[i].wert = 0.;
   }
}

static void fuelle_tabelle (MESSWERT * tab)
{
   int i;
   MESSWERT y;

   for (i = 0; i < FUELLWERT; i ++)
   {
      printf ("%d. Messgeraetenamen eingeben: ", (i+1));
      gets (y.name);
      printf ("Messwert zu Messgeraet %s", y.name);
      printf (" eingeben: ");
      scanf ("%lf", &(y.wert));
      eingabe_Puffer_loeschen();
      einfuegen (y, tab);
   }
}

void ausgeben_tabelle (MESSWERT * tabelle)
{
   int i;
   for (i=0; i < GRENZE; i++)
   {
      if (strcmp(tabelle[i].name, FREI))
      {
         printf ("\nSchluessel: %d Name: %s Messwert: %f",
                 hash (tabelle[i].name),
                 tabelle[i].name, tabelle[i].wert);
      }
   }
}

void eingabe_Puffer_loeschen (void)
{
   char c;
```

```
    do
    {
        c = getchar();
    } while (c != '\n');
}
```

Beispiel für den Programmablauf:

```
1. Messgeraetenamen eingeben: Geraet1
Messwert zu Messgeraet Geraet1 eingeben: 1
2. Messgeraetenamen eingeben: Geraet2
Messwert zu Messgeraet Geraet2 eingeben: 2
3. Messgeraetenamen eingeben: Geraet3
Messwert zu Messgeraet Geraet3 eingeben: 3
4. Messgeraetenamen eingeben: Geraet4
Messwert zu Messgeraet Geraet4 eingeben: 4
5. Messgeraetenamen eingeben: Geraet5
Messwert zu Messgeraet Geraet5 eingeben: 5
6. Messgeraetenamen eingeben: Geraet6
Messwert zu Messgeraet Geraet6 eingeben: 6
7. Messgeraetenamen eingeben: Geraet7
Messwert zu Messgeraet Geraet7 eingeben: 7


Schluessel: 0 Name: Geraet3 Messwert: 3.000000
Schluessel: 1 Name: Geraet4 Messwert: 4.000000
Schluessel: 2 Name: Geraet5 Messwert: 5.000000
Schluessel: 3 Name: Geraet6 Messwert: 6.000000
Schluessel: 4 Name: Geraet7 Messwert: 7.000000
Schluessel: 5 Name: Geraet1 Messwert: 1.000000
Schluessel: 6 Name: Geraet2 Messwert: 2.000000
Zu loeschendes Messgeraet (Ende mit q)= Geraet6


Schluessel: 0 Name: Geraet3 Messwert: 3.000000
Schluessel: 1 Name: Geraet4 Messwert: 4.000000
Schluessel: 2 Name: Geraet5 Messwert: 5.000000
Schluessel: 0 Name: 1 Messwert: 0.000000
Schluessel: 4 Name: Geraet7 Messwert: 7.000000
Schluessel: 5 Name: Geraet1 Messwert: 1.000000
Schluessel: 6 Name: Geraet2 Messwert: 2.000000
Zu loeschendes Messgeraet (Ende mit q)= q

Neuer Messgeraetename (Ende mit q)= Geraet8

Messwert zu Messgeraet Geraet8 eingeben: 8


Schluessel: 0 Name: Geraet3 Messwert: 3.000000
Schluessel: 1 Name: Geraet4 Messwert: 4.000000
Schluessel: 2 Name: Geraet5 Messwert: 5.000000
Schluessel: 5 Name: Geraet8 Messwert: 8.000000
Schluessel: 4 Name: Geraet7 Messwert: 7.000000
Schluessel: 5 Name: Geraet1 Messwert: 1.000000
Schluessel: 6 Name: Geraet2 Messwert: 2.000000
Neuer Messgeraetename (Ende mit q)= q


Zu suchendes Messgeraet (Ende mit q) = Geraet1
Schluessel = 5, Name = Geraet1, Messwert = 1.000000

Zu suchendes Messgeraet (Ende mit q) = q
```

20.3.3.2 Andere Kollisionsbehandlungen

Bei Kollisionen sind jeweils neue Arrayindizes zu berechnen.

Es ist anzustreben, dass die Indexfolgen für verschiedene Schlüssel sich möglichst wenig überlappen, da Überlappungen zu Häufungen von Elementen an bestimmten Indexwerten führen.

Häufungen können sowohl beim erstmaligen Berechnen des Hash-Index als auch bei der Sondierung auftreten:

1) Häufungen bei der Index-Berechnung (primäre Kollisionen)

Häufungen bei der Index-Berechnung treten ein, wenn die Berechnung des Hash-Index ungünstig gewählt ist, sodass verschiedene Schlüssel denselben Index ergeben.

Als Beispiel soll die Hash-Funktion Index = x modulo M bei einer Tabellenlänge M = 7 betrachtet werden. Die beiden Elemente x = 3 und x = 10 haben aufgrund der Modulo-Bildung denselben Index.

2) Häufungen bei der Sondierung (sekundäre Kollisionen)

Häufungen bei der Sondierung treten ein, wenn die Sondierungs-Folgen von verschiedenen Schlüsseln ganz oder teilweise identisch sind.

Beispiel:

Das folgende Beispiel zeigt das Auftreten von Häufungen bei linearer Sondierung im Falle einer Tabellenlänge M = 7 und der Position = x modulo M.

Die Elementfolge 3, 2, 4 belegt zunächst die Positionen 3, 2, 4.
Schlüssel = 3; erste Position : 3 modulo 7 = 3
Schlüssel = 2; erste Position : 2 modulo 7 = 2
Schlüssel = 4; erste Position : 4 modulo 7 = 4

Wenn dann 17 und 16 auftreten würden, so würden folgende Positionen berechnet:
Schlüssel = 17; erste Position: 17 modulo 7 = 3, Folgepositionen: 4, 5, 6.
Schlüssel = 16; erste Position: 16 modulo 7 = 2, Folgepositionen: 3, 4, 5, 6.

Damit überlappen sich die Indexfolgen
für 17:   3, 4, 5, 6
und für 16:   2, 3, 4, 5, 6
an den Positionen 3, 4, 5, 6.

Vermeidung von Häufungen

Man kann Häufungen auf verschiedene Arten vermeiden, wobei beide Häufungs-arten getrennt voneinander beeinflusst werden können. Hier werden 3 mögliche Vorgehensweisen dargestellt:

1. Wird bei Konflikten nicht nur der Anfangsindex, sondern auch die Schrittweite „delta" vom vorgelegten Schlüssel abhängig gemacht, so entstehen bei unterschiedlichen Schlüsseln auch unterschiedliche Indexfolgen bei linearer Sondierung. Dieses Verfahren wird auch als **„lineare schlüsselabhängige Sondierung"** bezeichnet. Wenn die Schlüssel gut über ein großes Intervall verteilt sind, so kann man z. B. den ganzzahligen Quotienten aus der Division des Schlüssels x durch die Tabellenlänge M (modulo M) als Schrittweite „delta" nehmen:

delta = Maximum (1, (x/M) modulo M)

Beispiel:

Die Verringerung der Häufungen wird im folgenden Beispiel gezeigt. Es wird eine lineare schlüsselabhängige Sondierung mit Tabellenlänge M = 7, Position = x modulo M und delta = Maximum (1, (x/M) modulo M) gewählt.

Die Elementfolge 3, 2, 4 belegt zunächst die Positionen 3, 2, 4 mit delta = 1. Kommen die Elemente 17 und 24 dazu, so ergeben sich folgende Indexfolgen:

für 17:   Anfangsposition = 3, Erste Folgeposition = 5, delta = 2
für 24:   Anfangsposition = 3, Erste Folgeposition = 5, delta = 3
für 52:   Anfangsposition = 3, Erste Folgeposition = 4, delta = 1

Durch die schlüsselabhängige Schrittweite „delta" laufen die Indexfolgen bei gleichen Anfangspositionen auseinander.

C-Funktionen für Hashtabellen mit schlüsselabhängiger linearer Sondierung

```
/* Datei: hash2.c */
/* Funktionen zur Verwaltung von Hashtabellen mit linearer     */
/* schluesselabhaengiger Sondierung als Konfliktstrategie.     */
/* Die Funktion "hash (schl, &delta)" wird zur Berechnung der  */
/* Anfangsposition aufgerufen, waehrend "rehash (schl, delta)" */
/* bei jedem Konflikt aufgerufen werden muss.                  */
#define GRENZE 7
#define max(a, b) ((a)>(b)?(a):(b))

unsigned hash (unsigned schl, unsigned * delta)
{ /* Einfache Hashfunktion */
   *delta = max (1, (schl / GRENZE) % GRENZE);
   return (schl % GRENZE);
}

unsigned rehash (unsigned schl, unsigned delta)
{  /* Lineares Sondieren mit schluesselabhaengiger */
   /* Schrittweite als Konfliktstrategie */
   return ((schl + delta) % GRENZE);
}
```

2. Eine weitere Methode zur Vermeidung von Häufungen ist die **„quadratische Sondierung"**. Dabei wird in jedem Iterationsschritt zur Berechnung eines neuen Index bei Kollision der Abstand quadratisch erhöht:

$Position_i = (Position_0 + i^2)$ modulo M

3. Die dritte Variante der Vermeidung von Ballungen ist die **pseudozufällige Fortschaltung** bei Kollision. Dabei wird die Indexfolge aus dem ursprünglichen Schlüssel über eine reproduzierbare Pseudozufallsfolge erzeugt. Die Zufallszahlenfolge soll möglichst gleichförmig über alle Tabellenindizes verteilt sein und je Schlüssel ein anderes, jedoch eindeutiges Ergebnis liefern. Für die Erzeugung der Pseudozufallsfolgen können z. B. die Standardfunktionen `srand()` und `rand()` benutzt werden (siehe `<stdlib.h>` im Anhang A).

20.3.4 Direkte Verkettung bei Kollisionen

Bei den bisher dargestellten Verfahren der Konfliktlösung mussten die Tabellen ausreichend groß sein, um Platz für alle Elemente zu haben. Die Konflikte wurden innerhalb der Tabelle gelöst.

> Eine andere Vorgehensweise der Konfliktlösung besteht darin, bei Kollisionen für die Elemente mit gleichem Tabellenindex eine verkettete Liste außerhalb der Tabelle anzulegen, die dann linear verlängert und beim Suchen linear durchsucht wird.

Bei dieser Organisation der Hashtabelle reicht es aus, dass die Hashtabelle nur Pointer auf die Elemente enthält. Die Elemente selbst enthalten den Schlüssel, die restlichen Daten des Elementes sowie einen Verkettungs-Pointer zum Aufbau einer verketteten Liste im Kollisionsfall.

20.3.4.1 Konzeptionelles Beispiel

Das folgende Beispiel zeigt eine Hashtabelle mit verketteter Liste als Konfliktlösungsstrategie:

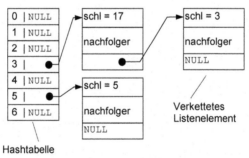

Bild 20-4 Hashtabelle mit direkter Verkettung

Die Position ergebe sich zu Position = x modulo M, die Tabellenlänge sei M = 7. Es sollen drei Elemente mit den Schlüsseln 17, 3 und 5 eingetragen werden. Der Schlüssel 17 ergibt eine Position von 3, der nachträglich einzutragende Schlüssel 3 ergibt ebenfalls eine Position von 3. Dieser Konflikt wird durch Aufbau einer verketteten Liste für alle Elemente mit der gleichen Position (hier 3) gelöst. Bei diesem Verfahren müssen alle Arrayelemente der Hashtabelle zu Anfang mit dem `NULL`-Pointer belegt werden. Wird für eine Position ein Element eingetragen, so muss der Pointer an der Position der Hashtabelle auf dieses Element zeigen. Das Ende der verketteten Liste für Elemente mit gleichem Schlüssel wird durch den `NULL`-Pointer in diesem

Element angezeigt. Wird für diese Position der Hashtabelle ein weiteres Element eingetragen, wird es an diese Liste angehängt.

Das Suchen geschieht in der Weise, dass zunächst aus dem Suchbegriff die Tabellenposition berechnet wird. Anschließend müssen im ungünstigsten Fall alle an der
Position vorhandenen Listenelemente untersucht werden, bis das Element durch einen direkten Schlüsselvergleich gefunden wird. Beim Löschen muss man zunächst
das Element suchen und anschließend aus der verketteten Liste entfernen. Löschen
ist in dem Programm in Kapitel 20.3.4.2 nicht dargestellt.

20.3.4.2 C-Funktionen für Hashtabellen mit direkter Verkettung

```
/* Datei: hash3.c */
/* Funktionen zur Verwaltung von Hashtabellen mit direkter       */
/* Verkettung als Konfliktstrategie. Die Hashtabelle enthaelt nur */
/* Pointer auf die Elemente.                                      */

#include <stdio.h>
#include <stdlib.h>
#include <string.h>
#define GRENZE       11
#define FUELLWERT    20
#define FREI         NULL

typedef unsigned int uint;

typedef struct element { uint schl;
                         char name [6];
                         struct element * nachfolger;
                       } ELEMENT;

ELEMENT * tabelle [GRENZE]; /* Nur Pointer auf Elemente           */
void einfuegen (ELEMENT, ELEMENT * []);
void suche_element (uint, ELEMENT * [], ELEMENT **, int *);
uint hash (uint);
static void init_tabelle (ELEMENT * []);
static void fuelle_tabelle (ELEMENT * []);
void ausgeben_tabelle (ELEMENT * []);

int main (void)
{
   uint schl;
   ELEMENT * el;
   char zeile [80];
   int i;
   ELEMENT * ptr, * next;

   init_tabelle (tabelle);
   fuelle_tabelle (tabelle);
   ausgeben_tabelle (tabelle);

   /* Test der Suchfunktion                                       */
   while (printf ("\nSuchschluessel = "), gets (zeile),
          sscanf (zeile, "%d", &schl) != 0)
   {
      suche_element (schl, tabelle, &el, &i);
      if (el != NULL)
```

```
         printf ("Schluessel = %d Name = %s index = %d\n",
                  schl, tabelle[i]->name, i);
      else
         printf ("Schluessel %d nicht in der Hashtabelle\n", schl);
   }

   /* Loeschen der Tabellenelemente                                      */
   for (i = 0; i < GRENZE; i++)
   {
      ptr = tabelle[i];
      while (ptr != NULL)
      {
         next = ptr->nachfolger;
         free (ptr);
         ptr = next;
      }
   }
   return 0;
}
static void init_tabelle (ELEMENT * tab [])
{  /* Alle Pointer der Tabellenelemente mit "FREI" markieren.      */
   int i;
   for (i = 0; i < GRENZE; i++) tab[i] = FREI;
}

uint hash (uint schl)
{  /* Einfache Hashfunktion                                        */
   return (schl % GRENZE);
}

static void fuelle_tabelle (ELEMENT ** tab)
{  /* Generiert "FUELLWERT" Zufallszahlen zwischen 1 und 32767     */
   /* und "Zufallsnamen" von "A" .. "Z"                           */
   int i;
   ELEMENT y;

   srand(0) ;
   for (i = 0; i < FUELLWERT; i++)
   {  /* Zufaellige Schluessel erzeugen. Hier wird willkuerlich    */
      /* ein Name erzeugt, der nur einen Buchstaben (A..Z) hat.    */
      y.schl = 1 + rand() % 32767;
      y.name[0] = 'A' + i % 26;
      y.name[1] = '\0';
      einfuegen (y, tab);
   }
}

void einfuegen (ELEMENT x, ELEMENT * tab[])
{  /* Fuegt Element x mit Schluessel "schl" in die Hashtab. ein    */
   int ketten_laenge = 0;
   int ind;
   ELEMENT * el;

   ind = hash (x.schl);
   x.nachfolger = NULL;

   if ((tab[ind] == FREI))
   {
      if ((tab[ind] = (ELEMENT *)malloc (sizeof (ELEMENT))) != NULL)
         memcpy (tab[ind], &x, sizeof (x));
```

```
        else
           exit(1);
     }
     else
     {   /* Ende der Kette suchen                                   */
        for (el = tab[ind]; el->nachfolger != NULL;
             el = el->nachfolger)
           ketten_laenge++;
        /* Neues Element anhaengen */
        if ((el->nachfolger =
             (ELEMENT *)malloc (sizeof (ELEMENT))) != NULL)
           memcpy (el->nachfolger, &x, sizeof (x));
        else
           exit(1);
     }
}

void suche_element (uint schl, ELEMENT * tab [], ELEMENT ** x,
                    int * pos)
{   /* Sucht Element el mit Schluessel "schl" in Hashtabelle "tab".*/
    /* Wenn gefunden :   return (x, ind),                          */
    /*           Sonst :   return (x = NULL, ind = ??)             */
    uint ind;
    ELEMENT *el;

    ind = hash (schl);
    *pos = ind;

    /* Element in der Kette suchen                                 */
    for (el = tab[ind]; el != NULL; el = el->nachfolger)
       if (el->schl == schl)
       {
          *x = el;
          return;
       }
    *x = NULL ;
}

void ausgeben_tabelle (ELEMENT * tab [])
{
    int i;
    ELEMENT * ptr;
    printf ("\nIndex | Schluessel | Name");
    printf ("\n------|------------|-----");
    for(i = 0; i < GRENZE; i++)
    {
       if (tab[i] != FREI)
       {
          ptr = tab[i];
          while (ptr != NULL)
          {
             printf ("\n %2d |    %5d |   %s", i,
                     ptr->schl, ptr->name);
             ptr = ptr->nachfolger;
          }
       }
    }
}
```

20.3.5 Weitere Schlüsseltransformationen

Geeignete Schlüsseltransformationen zur Berechnung der ersten
Position innerhalb der Tabelle mit Hilfe einer Hashfunktion hängen
stark von der Beschaffenheit des Schlüssels ab.

Es gibt viele Verfahren von Schlüsseltransformationen.

Das in diesem Kapitel dargestellte einfache Verfahren (Position = x modulo M) arbeitet – bei einigermaßen gleichförmig verteilten Schlüsseln und wenn M eine Primzahl ist – recht gut. Man erreicht dadurch meist eine gute Verteilung über die ganze Tabelle. M muss aber nicht eine Primzahl sein [Wet80].

Andere Verfahren selektieren einige Bits aus dem Schlüssel zur Berechnung der Hashfunktion (= Position). Häufig bestehen die Schlüssel aus Zeichenketten, z. B. bei Symboltabellen in Compilern oder bei Namenslisten. Die im Folgenden dargestellte Schlüsseltransformation für Namen berechnet die **erste Tabellenposition** in der im Folgenden dargestellten Weise.

Der Namensstring bestehe von links nach rechts aus n Zeichen (der Einfachheit halber nur aus Großbuchstaben):

Name = $z_0\, z_1\, z_2\, z_3\, ... \,z_{n-1}$

Den Namen kann man sich als variabel lange n-stellige Zahl zur Basis 27 (26 Buchstaben des Alphabets ohne Umlaute, 0 für Leerzeichen) vorstellen und daraus je unterschiedlichem Namen eine eindeutige Zahl erzeugen. Wenn man nun dem Buchstaben 'A' den Wert 1, dem Buchstaben 'B' den Wert 2, ... und 'Z' den Wert 26 zuordnet, so kann man daraus eine eindeutige Schlüsselzahl x wie folgt

$$x = z_0 * 27^{n-1} + z_1 * 27^{n-2} + z_2 * 27^{n-3} + z_3 * 27^{n-4} + ... + z_{n-1} * 27^0$$

berechnen. So liefert beispielsweise der Name "ABC" die Zahl $x = 1 * 27^2 + 2 * 27^1 + 3 * 27^0 = 786$

Bei beliebig großen Namenslängen könnten sehr große Zahlen entstehen. Um die zugeordneten Schlüsselzahlen z. B. auf den Wertebereich der 32-Bit Zahlen einzuschränken, kann man die Umrechnung auf die ersten 6 Buchstaben des Namens einschränken und zusätzlich die Namenslänge n mit in die Umrechnung einbeziehen. Die Zuordnung ist dann nicht mehr eindeutig, d. h. ein Kollisionsverfahren ist erforderlich. Damit können den Namen z. B. folgende Schlüsselzahlen zugeordnet werden:

Schlüsselzahl $x = z_0 * 27^5 + z_1 * 27^4 + z_2 * 27^3 + z_3 * 27^2 + z_4 * 27^1 + z_5 * 27^0 + n$;

Mit dieser Berechnung ergeben sich Schlüsselzahlen, die kleiner sind als $27^6 - 1 + n$. Diese Werte sind selbst bei großen Namenslängen n (z. B. n = 40) deutlich kleiner als 2^{32}.

Beispiel:

Im folgenden Programm wird die **Ermittlung der Schlüsselzahl** sowie die **Berechnung der Hashfunktion über die Modulo-Funktion** dargestellt. Für Kollisionsbehandlung, Einfügen, Suchen und Löschen können die oben dargestellten Verfahren verwendet werden.

C-Funktion für Schlüsseltransformation von Namen

```
/* Datei: hashname.c */
#include <string.h>
#define laenge 331

long int hash (char name[])
{
   long int help;
   int i;

   /* Schluessel aus ersten 6 Zeichen des Namens berechnen:     */
   /* Schluessel = z₀*27⁵ + z₁*27⁴ + z₂*27³ + z₃*27² + z₄*27¹ + z₅*27⁰ */
   /*              + Namenslaenge                                 */
   help = toupper (name[0]) - 'A' + 1;
   /* toupper (c) wandelt Kleinbuchstaben in entsprechenden       */
   /* Grossbuchstaben um.                                         */
   for (i = 1; i < min (6, strlen (name)); i++)
      if (isalpha (name[i]))
         help = help * 27 + (char)toupper (name[i]) - 'A' + 1;
   /* Zur Vermeidung von Kollisionen bei 6 gleichen ersten        */
   /* Zeichen die Namenslaenge addieren.                          */
   help = help + strlen (name);

   return (help % laenge);
}
```

20.3.6 Vor- und Nachteile der Hashverfahren

Je höher der Füllgrad (N/M) einer Hashtabelle ist, umso höher ist die Wahrscheinlichkeit einer Kollision.

Grundsätzlich ist zu vermeiden, dass die Hashtabellen zu voll werden, da dann bei allen Kollisionsbehandlungen der Tabellenzugriff sehr ineffizient wird.

Bei guten Verfahren – d. h. guter Streuung der ersten berechneten Position und verschiedenen Indexfolgen bei Kollisionen – können Hashtabellen bis zu einer Auslastung von 80% bis 90% noch effizient arbeiten.

Wichtig bei allen Hashverfahren ist eine gute erste Schlüsseltransformation, welche die verschiedenen vorkommenden Schlüssel möglichst gleichförmig über die Hashtabelle verteilt.

Bei extrem schlechter Schlüsseltransformation – wenn z. B. alle Transformationen zur gleichen Position führen – nähert sich das Hashverfahren im Aufwand dem ineffizienten sequenziellen Suchen.

Vorsicht!

> Das Hashverfahren arbeitet selbst bei einfachster Konfliktstrategie bei einigermaßen gleichförmig verteilten Schlüsseln und Tabellenauslastung bis ca. 80% sowohl im Aufbau als auch im Suchen sehr effizient und ist – bei einer einigermaßen bekannten Anzahl von Elementen – allen anderen Suchverfahren vorzuziehen.

Löschoperationen können dazu führen, dass die Speicherstruktur nicht mehr ganz so effizient arbeitet. Einem zu löschenden Element ist grundsätzlich nicht anzumerken, ob andere Elemente mit diesem Element in Konflikt stehen und welche somit mittels Sondierung von „nach" dem zu löschenden Element eingefügt wurden. Aus diesem Grund kann bei einer Löschoperation das zu löschende Element nicht einfach entfernt werden, sondern muss durch eine Löschmarke ersetzt werden. Nur so kann gewährleistet werden, dass nachfolgende Suchoperationen andere Elemente, welche mit dem gelöschten Element in Konflikt standen, noch auffinden können. Bei Kollisionsauflösung mit direkter Verkettung ist dies kein Problem. Hier können gelöschte Elemente durch korrektes Setzen der Pointer einfach entfernt werden, ohne die Effizienz beim Suchen zu beeinträchtigen.

Ein weiterer (geringer) Nachteil der Hashverfahren gegenüber anderen Suchmethoden ist der höhere Speicherbedarf, da Hashverfahren nur bei nicht voll besetzten Tabellen noch effizient arbeiten.

Man sieht an dieser Stelle wieder den sogenannten Time-Space-Tradeoff, einen der häufigsten Zielkonflikte beim Programmieren. Der Konflikt besteht darin, dass man eine Berechnung meist nur auf Kosten des Speicherverbrauchs beschleunigen kann, bzw. dass man eingesparten Speicherplatz mit einer erhöhten Rechenzeit erkauft.

Bei den geschlossenen Verfahren muss die Größe der Tabelle vorher bekannt sein. Dies ist der Hauptnachteil dieser Verfahren. Wenn hingegen ein offenes Hashverfahren – beispielsweise mit direkter Verkettung – verwendet wird, ist eine variable Anzahl an Elementen möglich. Der Nachteil dabei ist aber, dass bei Häufungen der primären Positionen (verschiedene Schlüssel führen zu gleicher Position) die Effizienz sehr stark zurückgeht.

20.4 Suchen mit Hilfe von Backtracking

Nachdem am Beispiel des Sortierens zu sehen war, dass sich die Rekursion gut zum Erstellen von Algorithmen nach dem Prinzip „teile und herrsche" eignet und auf diese Art leistungsfähige Algorithmen gebaut werden können, soll hier ein weiteres Problemlösungsprinzip beschrieben werden, das auf Rekursion beruht: das sogenannte **Backtracking**[157].

---

[157] engl. to backtrack = zurückverfolgen

Backtracking beruht auf dem Prinzip Versuch und Irrtum: Es wird eine Alternative ausgewählt und geprüft, ob der durch diese Auswahl eingeschlagene Weg zur Lösung führt. Wenn nicht, wenn also der Weg in einer Sackgasse endet, muss bis zu einer Stelle zurückgekehrt werden, bei der eine andere Alternative ausgewählt und geprüft werden kann.

Viele wirtschaftliche und wissenschaftliche Probleme werden durch Backtracking-Algorithmen bearbeitet. Das Suchen optimaler Leiterplatinen-Layouts und die optimale Routen- und Tourenplanung in einem Fuhrunternehmen seien hier als Beispiele genannt. Auch bei Strategiespielen wie z. B. Schach setzen Computer meist Backtracking-Algorithmen ein.

Als anschauliches Beispiel für eine Suche mittels Backtracking soll dabei die Suche des Ausganges in einem Labyrinth wie etwa in Bild 20-5 dienen:

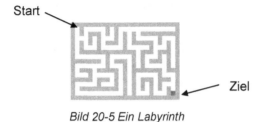

Bild 20-5 Ein Labyrinth

Eine einfache Möglichkeit, ein solches Labyrinth in C zu modellieren, ist, ein zweidimensionales Array anzulegen, in dem die Wände durch das #-Zeichen dargestellt werden (siehe Bild 20-6). Das Ziel wird durch ein 'z' markiert. Start der Suche soll die Zelle `zellen[1][1]` oben links sein.

Das folgende Bild zeigt eine mögliche Repräsentation eines Labyrinths in C:

```
enum {ZEILEN=3000, SPALTEN=6000}; /* Maxima */
char zellen[ZEILEN][SPALTEN] = {
     "#########################",
     "# #      # #             #",
     "# # ### # # # #########",
     "#   # #   # # #   #     #",
     "# # # # ### # ##### # # #",
     "# #   #     #       # # #",
     "# ############# ### ### #",
     "#         #      # #   # #",
     "####### # ### # # ### # #",
     "#       #   # # #     # #",
     "# ### ##### # ####### ###",
     "# #   # # #         #   #",
     "##### ### # # # ### ### #",
     "#     #   # # # # #     #",
     "# ######### # # # # # #",
     "#         # #   #   #Z#",
     "#########################" };
```

Bild 20-6 Eine mögliche Repräsentation eines Labyrinths in C

Wenn man bei der Suche an einem beliebigen Punkt steht, so hat man theoretisch 4 Möglichkeiten weiterzulaufen: nach Norden, Süden, Osten oder Westen (oder anders ausgedrückt: Nach oben, unten, links oder rechts. Bevor man jedoch in eine dieser Richtungen losläuft, markiert man die derzeitige Zelle, die man ja schon besucht hat, mit einem Zeichen, dem '+' zum Beispiel, um zu vermeiden, dass man im Kreis sucht (Kommentar (3) im folgenden Code).

Eine Grundidee des Backtrackings ist es, dass man sich ausgehend von der Startposition mit diesen 4 Möglichkeiten jeweils einen Schritt weiter bewegt (Kommentar (4)). Hat man einen Schritt getätigt, nimmt man die damit erreichte Position als neue Startposition und setzt von da aus die Suche rekursiv fort: man bewegt sich also von dort aus wieder in alle 4 Richtungen und dann wieder in die jeweils 4 Richtungen. Man sieht, dass dies nach n Schritten 4^n verschiedene Wege ergibt, was sehr schnell zu astronomisch hohen Suchzeiten führt.

Hier kommt die zweite Grundidee des Backtrackings ins Spiel: sobald ein Weg als nicht frei erkannt wird, wird die Rekursion gestoppt (Kommentar (2)) und der aufrufenden Funktion mitgeteilt, dass diese Richtung unbrauchbar ist. Bildlich gesprochen geht man damit wieder einen Schritt zurück, um von dort aus eventuell weitere Alternativen auszuprobieren.

In dem hier vorgestellten Beispiel erfolgt das Zurückkehren zu einer vorherigen Situation – also das Backtracking – nicht explizit, sondern implizit beim Beenden eines rekursiven Aufrufs der Funktion suche().

Es gibt mehrere Gründe, warum in diesem Beispiel eine Richtung unbrauchbar ist: Erstens kann in diese Richtung eine Wand (d. h. ein #-Zeichen) sein. Zweitens kann man mit dem neuen Schritt eine Zelle besuchen, die man schon auf einem zuvor verfolgten Weg betreten hat, die also schon markiert ist.

Weiter kann die Explosion der Suchschritte natürlich dadurch eingedämmt werden, dass man mit der Suche aufhört, sobald man einen Weg gefunden hat (Kommentar (5)). Führt jedoch keine der 4 Richtungen (und deren rekursiv weiter verfolgten Wege) zum Ziel, so weiß man, dass man sich in einer Zelle befindet, die einer Sackgasse angehört. Diese Zelle wird mit 'x' markiert, um bei weiteren Suchen diesen Weg nicht wieder einzuschlagen (Kommentar (6)).

Hier das Programmbeispiel:

```
/* Datei: laby.c */
#include <stdio.h>
#include <windows.h>

enum {ZEILEN=3000, SPALTEN=6000};  /* Maxima ... */

/* Mögliche Richtungen beim Suchen: */
enum eRichtungen {OST, SUED, WEST, NORD};

/* Mögliche Markierungen im Labyrinth: */
enum eMarkierungen {WAND='#', FREI=' ', WEG='+', IRRWEG='x',
                    ZIEL='Z'};

/* Wie verlief die Suche in einem Teilast?: */
enum eSuchErgebnis {MISSERFOLG, ERFOLG};
```

```
/* Zu programmierende Funktion... */
enum eSuchErgebnis sucheImLabyrinth (unsigned int uiZeile,
                                     unsigned int uiSpalte);


/* Zweidimensionales, globales Array, das das Labyrinth und dessen
(Irr-) Wege speichert */
char gacZellen[ZEILEN][SPALTEN]
= {    "#########################",
       "#S#      # #              #",
       "# # ### # # # # ########",
       "#   # #   # # #      #   #",
       "# # # # ### # ##### # # #",
       "# #   #     #     #   # #",
       "# ############# ### ### #",
       "#       #     # #   # # #",
       "####### # ### # # ### # #",
       "#       #   # # #     # #",
       "# ### ##### # ####### ###",
       "#   #   # # #     #    #",
       "##### ### # # # ### ### #",
       "#     #   # # # # #    #",
       "# ######### # # # # # #",
       "#             # #   #   #Z#",
       "#########################"
};


void printLabyrinth (unsigned int uiZeilen,
                     unsigned int uiSpalten)
{
   unsigned int uiZeile, uiSpalte;

   system ("cls");
   for (uiZeile=0; uiZeile < uiZeilen; uiZeile++)
   {
      printf ("\n");
      for (uiSpalte=0; uiSpalte < uiSpalten; uiSpalte++)
      {
         printf ("%c", gacZellen[uiZeile][uiSpalte] );
      }
   }
   printf ("\n");
   Sleep (500);
}


enum eSuchErgebnis sucheImLabyrinth (unsigned int uiZeile,
                                     unsigned int uiSpalte)
{ if (gacZellen[uiZeile][uiSpalte] != 'Z')                        /*(1)*/
   {  if (gacZellen[uiZeile][uiSpalte] == ' ')                     /*(2)*/
      {  enum eRichtungen eLfdRichtung;
         gacZellen[uiZeile][uiSpalte] = '+'; /* Weg markieren  (3)*/
         printLabyrinth (17, 26);

      /* In jede Richtung rekursiv eine neue Suche starten:    (4)*/
         for (eLfdRichtung=OST; eLfdRichtung <= NORD;
              eLfdRichtung++)
         {  enum eSuchErgebnis retWert;
```

```
              switch (eLfdRichtung)
              {
              case OST: retWert = sucheImLabyrinth (uiZeile,
                                                    uiSpalte + 1);
                  break;
              case SUED:retWert = sucheImLabyrinth (uiZeile +1,
                                                    uiSpalte   );
                  break;
              case WEST:retWert = sucheImLabyrinth (uiZeile,
                                                    uiSpalte - 1);
                  break;
              case NORD: retWert = sucheImLabyrinth (uiZeile-1,
                                                     uiSpalte   );
                  break;
              }
              if (retWert == ERFOLG)
              {  /* Weitere Suche zwecklos, Ziel gefunden... */
                 return retWert;
              }
          }
          /* Ummarkieren, da Sackgasse */
          gacZellen[uiZeile][uiSpalte] = 'x';
          printLabyrinth (17, 26);

       return MISSERFOLG;
       }
       else {return MISSERFOLG; }
    }
    else {return ERFOLG;}
}


int main(void)
{
    int i;
    // Vorbereitung
    printLabyrinth (17, 26);
    i = getchar();
    gacZellen[1][1] = ' ';

    //Jetzt gehts los
    if (sucheImLabyrinth (1,1) == ERFOLG)
    {
      // Jubel, falls gefunden
      printLabyrinth (17, 26);
        for (i=0; i < 10; i++)
      {
        printf ("\a");
      }
    }

    return 0;
}
```

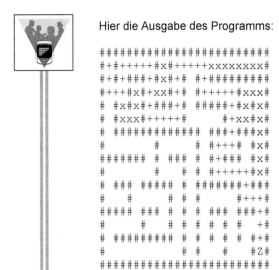

Hier die Ausgabe des Programms:

```
#########################
#+#++++++#x#+++++xxxxxxxx#
#+#+###+#x#+# #+#########
#+++#x#+xx#+# #+++++#xxx#
# #x#x#+###+# #####+#x#x#
# #xxx#+++++#      #+xx#x#
# ########### ###+###x#
#         #   # #+++# #x#
####### # ### # #+### #x#
#         #   # # #+++++#x#
# ### ##### # ######+###
# #     # # #      #+++#
##### ### # # # ### ###+#
#     #   # # # # #   +#
# ######### # # # # #+#
#         # #   #   #Z#
#########################
```

Suchbaum beim Backtracking

Backtracking baut also einen Suchbaum auf, bei dem versucht wird, durch frühzeiti-
ges Ausschließen unsinniger Lösungen den Suchbaum möglichst klein zu halten.
Das folgende Bild zeigt einen Suchbaum:

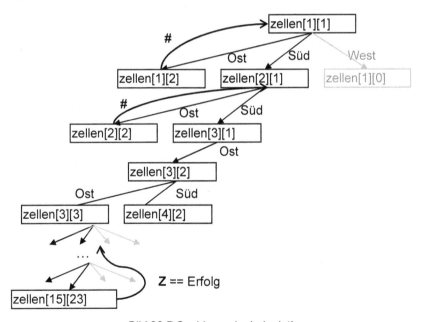

Bild 20-7 Suchbaum im Labyrinth

Von der Ausgangszelle zellen[1][1] ausgehend wird in diesem Beispiel in der
for-Schleife zunächst in OST-Richtung gesucht, also suche(1,2) aufgerufen. Da
die Zelle [1][2] jedoch nicht frei, sondern mit dem Zeichen '#' belegt ist, wird bei
Kommentar (2) sofort mit der Rückgabe MISSERFOLG zurückgewandert (Backtra-

cking). Sodann wird in SUED-Richtung gesucht. Da die Zelle [2][1] frei ist, wird in der for-Schleife wieder in OST-Richtung gesucht, also suche(2,2) aufgerufen. Auch hier wird sofort wegen des #-Zeichen zurückgewandert und im zweiten Schritt der for-Schleife in SUED-Richtung gesucht. Die rekursiven Aufrufe von suche(y, x) enden, sobald bei Kommentar (1) das Z-Zeichen entdeckt wird und allen aufrufenden Suchen dieser ERFOLG mitgeteilt wird. Interessant ist dabei auch, dass die meisten Suchbäume, zum Beispiel die Suche in WEST- und NORD-Richtung von Zelle [1][1] aus gar nicht aufgebaut werden, da das Ziel schon auf anderem Wege erreicht werden kann. Diese Suchbäume sind daher im Bild grau oder gar nicht eingezeichnet.

Etwas untypisch an diesem Beispiel für Backtracking ist dessen gutmütiges Laufzeitverhalten: es ist proportional zur Anzahl der Zellen. Im Allgemeinen ist es jedoch so, dass Backtracking-Algorithmen exponentielles Laufzeitverhalten haben, da es nicht gelingt, hinreichend oft zurückzuwandern, also ganze Teilbäume des Suchbaums auszuschließen. Ein Beispiel ist hier das Schachspiel, bei dem – wenn Rechner gegen Menschen antreten – enorme Rechnerleistungen eingesetzt werden, um dem exponentiellen Laufzeitverhalten Herr zu werden. Mehr zum Backtracking und dessen Analyse findet sich in [Sed92].

20.5 Zusammenfassung

Das vorliegende Kapitel befasst sich mit dem Sortieren und Suchen. Unter Sortieren versteht man die Realisierung einer Ordnungsrelation innerhalb einer gegebenen Menge von Objekten. Objekte werden sortiert, damit man später den Suchvorgang vereinfachen kann. Dabei kann das Sortierkriterium – die Ordnungsrelation – aus einem oder mehreren Schlüsseln bestehen.

Unter internen Sortierverfahren versteht man Verfahren, bei denen der Sortiervorgang im Arbeitsspeicher durchgeführt wird. Externe Sortierverfahren arbeiten auf Daten, die in Dateien auf einem externen Speicher wie z. B. einer Platte gespeichert sind.

Kapitel **20.1** behandelt die internen Sortierverfahren „Sortieren durch Auswählen" und Quicksort. Grundsätzlich werden für jedes Sortierverfahren Vergleichs- und Austauschoperationen benötigt. Der Aufwand wird zunächst immer für die Anzahl der Vergleiche (V) sowie die Anzahl der Bewegungen (B) von Elementen berechnet, wobei von einer Anzahl von „n" unsortierten Elementen ausgegangen wird.

Sortieren durch direktes Auswählen arbeitet nach folgendem Prinzip:

1) Teile das Array in folgender Weise:
   a) eine linke, sortierte Teilliste, die zu Beginn leer ist,
   b) und eine rechte, unsortierte Teilliste.
2) Suche in der rechten unsortierten Teilliste das Element mit dem kleinsten Wert.
3) Tausche das erste Element der rechten Teilliste mit dem gefundenen Element, das den kleinsten Wert hat.
4) Verlängere die linke Liste rechts um 1 Element und verkürze die rechte Liste links um ein Element. Weiter bei Schritt 2.

Das Quicksort-Verfahren sortiert sehr effizient. Es arbeitet rekursiv. Für das rekursive Sortieren mit dem Quicksort-Verfahren wird ein beliebiges Vergleichselement aus dem Array benötigt. Es bietet sich an, das mittlere Element des Arrays als Vergleichselement zu wählen. Bedingung an die Teilarrays ist dann, dass das linke Teilarray nur solche Elemente hat, die entweder gleich groß sind wie das Vergleichselement oder aber kleiner. Das rechte Teilarray hat weiterhin nur solche Elemente, die größer sind als das Vergleichselement oder aber gleich groß. Diese Teilarrays sind relativ einfach durch Vergleich und Austausch herzustellen. Danach wird das gleiche Teilungsverfahren auf das jeweilige linke und rechte Teilarray rekursiv angewandt, bis ein Teilarray weniger als 2 Elemente hat. Wenn allerdings zufälligerweise immer das größte oder das kleinste Element als Teilungselement gewählt wird, so wird Quicksort zu einem extrem langsamen Verfahren. Eine gute Wahl des Vergleichselements kann das schlechte Verhalten des Quicksort-Verfahrens im Extremfall (Vergleichselement ist entweder größtes oder kleinstes Element) vermeiden. Hierzu gibt es Vorschläge für eine relativ gute Wahl des Vergleichselements. Der Aufwand des einfachen Sortierverfahrens (direktes Auswählen) steigt für Vergleiche quadratisch mit der Anzahl der Elemente an. Für eine große Anzahl von Elementen sollte daher immer eines der besseren Sortierverfahren wie Quicksort oder auch Baumstrukturen verwendet werden.

Die Funktion `qsort()` aus der Standard-Library von C (Prototyp in `<stdlib.h>`) enthält eine optimierte Form des Quicksort-Algorithmus mit einer benutzerdefinierten Vergleichsfunktion, die mit Hilfe eines Funktionszeigers übergeben wird. Die `qsort()`-Funktion ruft im Zuge des intern ablaufenden Sortiervorgangs immer wieder die Vergleichsfunktion auf und übergibt ihr als Parameter zwei Pointer auf zwei zu vergleichende Elemente.

Kapitel **20.2** diskutiert einfache Suchverfahren. Der Suchbegriff bzw. Schlüssel ist Teil eines Objektes. Beim Suchen kommt es dem Anwender darauf an, dass die gesuchten Elemente schnell gefunden werden.

Sequenzielles Suchen ist insbesondere für Mengen eine ineffiziente Suchmethode, da im ungünstigsten Falle alle N Elemente einer Menge mit dem Suchbegriff verglichen werden müssen. Der Algorithmus "Sequenzielles Suchen" besteht aus dem Vergleich des Suchbegriffes mit den Schlüsselwerten der Elemente einer ungeordneten Menge von Elementen in Form einer Liste. Im Mittel sind bei diesem Algorithmus N/2 Suchschritte erforderlich. Bei einer relativ kleinen Liste (z. B. unter 100 Elementen) kann dieser Aufwand noch akzeptabel sein. Diese Art des Suchens erspart einen vorherigen Sortiervorgang.

Voraussetzung für das Halbierungssuchen, welches auch unter dem Begriff „Binäres Suchen" bekannt ist, ist eine sortierte Liste von Elementen. Das Verfahren des Halbierungssuchens arbeitet korrekt für beliebige N, der Aufwand ergibt sich zu ld N Suchschritten, d. h. der Algorithmus hat die Komplexität O(ld N).

Kapitel **20.3** analysiert das Suchen nach dem Hash-Verfahren. Mit einem bis zwei Schritten direkt ein gesuchtes Element zu finden, ist näherungsweise erreichbar, wenn aus dem Suchbegriff direkt durch Berechnung auf die Position im Array geschlossen werden kann.

Zunächst sei angenommen, die Tabellenlänge M sei eine Primzahl. Die Position eines Elementes mit dem Schlüssel x in der Tabelle kann dann durch folgende Transformation ermittelt werden:

Position = x Modulo M

Durch die Modulo-Funktion wird – bildlich gesprochen – ein Teil des Schlüssels abgehackt (engl. hashed). Daher wird dieses Verfahren im Englischen als „hash"-Verfahren bezeichnet. Streuspeicherung ist eine deutsche Bezeichnung für das Hash-Verfahren. Dieser Name kommt von der Speicherung der Elemente in einer Tabelle mit Lücken. Leider stimmt die Annahme nicht, dass alle Schlüssel zu verschiedenen Positionen führen – es tritt ein sogenannter Konflikt auf. Dass verschiedene Schlüssel zu derselben Position führen, bezeichnet man als Konflikt.

Bei der Konfliktlösung mit linearer Sondierung wird, wenn eine Position in der Tabelle schon besetzt ist und ein neuer Schlüssel zur gleichen Position in der Tabelle führt, ab der berechneten Position linear aufwärts (modulo M) nach der nächsten freien Position gesucht und das Element dort gespeichert.

Beim Suchen ist bei Übereinstimmung der Position das Element gefunden, bei Nicht-übereinstimmung wird ab der berechneten Position linear aufwärts (modulo M) das Element in der Liste gesucht, bis es gefunden wurde oder ein Platz frei ist. Wenn ein freier Platz gefunden wurde, ist das Element nicht in der Liste und die Suche ist beendet. Da die neuen Positionen unabhängig vom Schlüssel berechnet werden, bezeichnet man diese einfache Konfliktlösungsstrategie präziser als lineare schlüsselunabhängige Sondierung.

Bei Kollisionen sind jeweils neue Arrayindizes zu berechnen. Dabei ist anzustreben, dass die Indexfolgen für verschiedene Schlüssel sich möglichst wenig überlappen, da Überlappungen zu Häufungen von Elementen an bestimmten Indexwerten führen. Primäre Häufungen treten ein, wenn die Indexfolgen von 2 verschiedenen Schlüsseln sich irgendwo treffen und dann gemeinsam weiter laufen. Sekundäre Häufungen treten ein, wenn von zwei verschiedenen Schlüsseln berechnete Indexfolgen identisch sind.

Bei den bisher dargestellten Verfahren der Konfliktlösung mussten die Tabellen ausreichend groß sein, um Platz für alle Elemente zu haben. Die Konflikte wurden innerhalb der Tabelle gelöst. Eine andere Vorgehensweise der Konfliktlösung besteht darin, bei Kollisionen für die Elemente mit gleichem Tabellenindex eine verkettete Liste außerhalb der Tabelle anzulegen, die dann linear verlängert und beim Suchen linear durchsucht wird.

Geeignete Schlüsseltransformationen zur Berechnung der ersten Position innerhalb der Tabelle mit Hilfe einer Hashfunktion hängen stark von der Beschaffenheit des Schlüssels ab. Grundsätzlich ist zu vermeiden, dass die Hashtabellen zu voll werden, da dann bei allen Kollisionsbehandlungen der Tabellenzugriff sehr ineffizient wird. Wichtig bei allen Hashverfahren ist eine gute erste Schlüsseltransformation, welche die verschiedenen vorkommenden Schlüssel möglichst gleichförmig über die Hashtabelle verteilt. Das Hashverfahren arbeitet selbst bei einfachster Konfliktstrategie bei einigermaßen gleichförmig verteilten Schlüsseln und Tabellenauslastung bis ca. 80% sowohl im Aufbau als auch im Suchen sehr effizient und ist – bei einigermaßen bekannter Anzahl von Elementen – allen anderen Suchverfahren vorzuziehen.

Kapitel **20.4** geht auf Backtracking ein. Backtracking beruht auf dem Prinzip Versuch und Irrtum: Es wird eine Alternative ausgewählt und geprüft, ob der durch diese Auswahl eingeschlagene Weg zur Lösung führt. Wenn nicht, wenn also der Weg in einer Sackgasse endet, muss bis zu einer Stelle zurückgekehrt werden, bei der eine andere Alternative ausgewählt und geprüft werden kann.

20.6 Übungsaufgaben

Aufgabe 20.1: Lösen von Sudokus mit Backtracking

Wie zum Finden von Wegen im Labyrinth eignet sich Backtracking auch sehr gut, um Sudoku-Rätsel zu lösen. Ein Sudoku sieht zum Beispiel so aus:

		5	4	2				
9	6	7						
						3	1	8
				7		8	6	4
	2		6		4		9	
6	4	5		1				
8	9	1						
						5	4	7
			3	2	6			

Die Regeln für die korrekte Lösung sind einfach: Die leeren Felder in der 9×9-Matrix sollen so mit den Ziffern 1...9 gefüllt werden, dass

- in keiner Zeile eine Ziffer doppelt vorkommt,
- dass in keiner Spalte eine Ziffer doppelt vorkommt
- und dass in keinem der fett gedruckten 3×3 Blöcke eine Ziffer doppelt vorkommt.

Ziel der Aufgabe ist es, ähnlich wie im Backtracking-Algorithmus aus Kapitel 20.4 Lösungen für ein 9×9-Sudoku zu berechnen.

Das Sudoku und auch dessen Lösung sollen dabei wie das Labyrinth in einem zweidimensionalen `char`-Array abgelegt werden:

```
char zellen[ZEILEN][SPALTEN+1] = {
/*   --+--+--+      */
     "  542    ",
     "967      ",
     "      318",
/*   --+--+--+      */
     "   7 864",
     " 2 6 4 9 ",
     "645 1    ",
/*   --+--+--+      */
     "891      ",
     "      547",
     "   326   ",
};
```

Ausgabe der Lösung der Aufgabe:

```
1. Loesung gefunden, insg. 886 Tests:
+ ------ + ------ + ------ +
| 1 8 3 | 5 4 2 | 6 7 9 |
| 9 6 7 | 1 8 3 | 4 5 2 |
| 4 5 2 | 7 6 9 | 3 1 8 |
+ ------ + ------ + ------ +
| 3 1 9 | 2 7 5 | 8 6 4 |
| 7 2 8 | 6 3 4 | 1 9 5 |
| 6 4 5 | 9 1 8 | 7 2 3 |
+ ------ + ------ + ------ +
| 8 9 1 | 4 5 7 | 2 3 6 |
| 2 3 6 | 8 9 1 | 5 4 7 |
| 5 7 4 | 3 2 6 | 9 8 1 |
+ ------ + ------ + ------ +
```

Der Backtrack-Algorithmus versucht, wieder von Zelle [0,0] ausgehend, einen Wert
1...9 einzutragen, beginnend mit der Ziffer 1. Die Prüfung, ob es sich dabei um einen
gültigen Wert handelt, ist etwas komplizierter als beim Labyrinth, bei dem nur geprüft
werden musste, ob die Zelle frei ist. Hier bietet es sich an, zunächst eine Funktion

```
enum suchErgebnis isZeileOK (const unsigned int zeile,
                            const char wert);
```

zu implementieren, die prüft, ob die Ziffer `wert` in der Zeile `zeile` erlaubt ist, d. h.
nicht schon in der Zeile enthalten ist. Entsprechend wird eine Funktion `isSpalteOK`
benötigt, die dies für eine gegebene Spalte prüft. Weiter braucht man eine Funktion

```
enum suchErgebnis isBlockOK (const unsigned int zeile,
                            const unsigned int spalte,
                            const char wert);
```

die prüft, ob in dem Block die Ziffer `wert` schon enthalten ist, zu dem die Zelle mit der
Zeilennummer `zeile` und der Spaltennummer `spalte` gehört.

Diese drei Funktionen müssen alle ihr OK geben, bevor der Backtrack-Algorithmus
rekursiv versucht, in der nächsten Zelle einen Wert 1...9 einzutragen. Ansonsten wird
– wenn alle Ziffern 1...9 ausprobiert wurden – die Suche abgebrochen (Backtracking)
und in der aufrufenden Suche die nächste mögliche Zahl ausprobiert.

Kapitel 21

Präprozessor

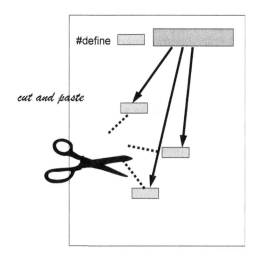

21 Präprozessor

Beim Aufruf eines C-Compilers wird vor den eigentlichen Compilerläufen wie Syntax- und Semantik-Prüfung sowie Code-Generierung der Präprozessor (engl. preprocessor) gestartet.

Kapitel 21.1 diskutiert die verschiedenen Aufgaben des Präprozessors. Kapitel 21.2 befasst sich mit dem Einfügen von Header-Dateien des lokalen Verzeichnisses und der Standardbibliotheken. Kapitel 21.3 untersucht symbolische Konstanten und Makros mit Parametern. Nach der bedingten Kompilierung in Kapitel 21.4 untersucht Kapitel 21.5, wie Informationen über den Übersetzungskontext während der Übersetzung selbst in das Programm übernommen werden können. Kapitel 21.6 diskutiert weitere Präprozessor-Direktiven. Kapitel 21.7 befasst sich mit dem Pragma-Operator in C11.

21.1 Aufgaben des Präprozessors

Die wichtigsten Aufgaben des Präprozessors sind:

- Einfügen von Dateien,
- Ersetzen von Text
- und bedingte Kompilierung.

Daneben stellt der Präprozessor Informationen über den Übersetzungskontext bereit, die z. B. zur Ausgabe von Fehlermeldungen sehr nützlich sein können.

Die allgemeine Syntax für eine **Präprozessor-Direktive (Präprozessor-Befehl, Präprozessor-Anweisung)**, d. h. eine Anweisung an den Präprozessor, lautet:

```
#Direktive Text
```

Eine Präprozessor-Direktive beginnt grundsätzlich mit einem Nummernzeichen #. Vor dem Nummernzeichen können beliebige Whitespace-Zeichen stehen. Zwischen dem Nummernzeichen und der Direktive und ebenso zwischen der Direktive und dem Text können Leerzeichen, Horizontal-Tabulatoren oder Kommentare stehen[158].

Während der eigentliche Compiler formatfrei arbeitet, wobei es dem Programmierer überlassen ist, aus Gründen der Lesbarkeit eine Anweisung des eigentlichen Quellprogramms durch die Eingabe von <RETURN> auch über mehrere Zeilen zu verteilen, arbeitet der Präprozessor grundsätzlich **zeilenorientiert**.

---

[158] Normalerweise folgt der Befehl jedoch direkt auf das Nummernzeichen.

Eine Präprozessor-Direktive endet mit dem Zeilenende-Zeichen, während eine normale C-Anweisung durch einen Strichpunkt abgeschlossen wird. Ist eine Zeile für eine Präprozessor-Direktive nicht ausreichend oder soll aus optischen Gründen die Zeile anders formatiert werden, so kann durch Abschluss der Zeile mit einem Backslash (\) die Präprozessor-Direktive in der nächsten Zeile weitergeführt werden.

Eine Präprozessor-Direktive kann an einer beliebigen Stelle im Source-Code eingeschoben sein, muss jedoch in einer eigenen Zeile stehen.

Bevor die einzelnen Präprozessor-Direktiven erklärt werden, ist es wichtig, die Arbeitsweise des Präprozessors und vor allem die Reihenfolge, in der der Präprozessor seine Aufgaben durchführt, zu verstehen.

Entscheidend ist vor allem, dass der Präprozessor nichts mit der eigentlichen Kompilierung des Source-Codes zu tun hat, sondern nur Vorbereitungen hierzu durchführt.

Für gewisse Aufgaben kann der Präprozessor im Prinzip mit einem Textverarbeitungsprogramm verglichen werden, welches die Präprozessor-Direktive ausführt, indem Text bzw. Source-Code eingefügt und Text im Source-Code ersetzt wird.

Die folgenden Aufgaben werden durch den Präprozessor der Reihe nach vor Beginn des Kompilierlaufs ausgeführt:

- Falls erforderlich, Ersetzung von Zeilenende-Steuerzeichen in einer Datei durch das Zeichen Newline. Entfernen des Fortsetzungszeichens \ und Zusammenfügen der Zeilen der Präprozessor-Anweisungen.
- Zerlegung eines Programms in Präprozessor-Token, die durch Whitespace-Zeichen getrennt sind. Dabei wird ein Kommentar durch ein Leerzeichen (Blank) ersetzt.
- Bearbeiten der Präprozessor-Direktiven (Einfügen von Dateien, Ersetzen von Text (Makros)). Wird mit `include` eine Datei eingefügt, so werden in ihr ebenfalls alle hier aufgelisteten Aufgaben von vorne ausgeführt.
- Ersetzen von Ersatzdarstellungen in Zeichenkonstanten und konstanten Zeichenketten durch die entsprechenden Zeichen.
- Zusammenfügen von benachbarten Zeichenketten.

Nach diesen Schritten liegen die lexikalischen Einheiten (Token) eines Programms vor.

21.2 Einfügen von Header-Dateien des lokalen Verzeichnisses und der Standardbibliotheken

Das Einfügen einer beliebigen Datei kann mit Hilfe der Präprozessor-Direktive

`#include "filename"` oder `#include <filename>`

erfolgen.

Ist `filename` innerhalb der `include`-Direktive in spitzen Klammern `<>` eingeschlossen, so sucht der Compiler in den Standard-Include-Verzeichnissen.

Unter UNIX ist das Standard-Include-Verzeichnis meist `/usr/include` und unter dem Visual C++ Compiler `\vc\include`. Die Compiler erlauben auch eine Erweiterung der Standard-Include-Verzeichnisse mit Hilfe von Compileroptionen.

Setzt man in der `include`-Direktive den Dateinamen in Anführungszeichen, so wird zuerst in dem aktuellen Arbeitsverzeichnis bzw. in dem in der `include`-Direktive aufgeführten Verzeichnis gesucht. Wird die entsprechende Datei dort nicht gefunden, so wird die Suche in den Standard-Include-Verzeichnissen fortgesetzt.

Beim Einfügen einer Datei wird die Zeile mit der Präprozessor-Direktive entfernt und der Inhalt der Datei eingefügt.

Die `#include`-Direktive wird hauptsächlich für Header-Dateien verwendet, welche vom Präprozessor daraufhin ebenfalls bearbeitet werden.

Befindet sich innerhalb der eingefügten Datei eine `include`-Anweisung, so wird diese ebenfalls ausgeführt.

Das Einfügen wird dabei in einer temporären, nur für den Kompilierlauf angelegten Datei durchgeführt. Die ursprüngliche Datei bleibt erhalten.

Auch wenn mit `include` beliebige Dateien eingefügt werden können, muss darauf geachtet werden, dass am Ende des Einfüge-Prozesses eine übersetzbare Einheit in der erzeugten temporären Datei vorhanden sein muss.

Das Einfügen von Dateien wird meistens verwendet, um Konstanten (`define`-Anweisung), Deklarationen von Typen und Funktionen, Makros und gegebenenfalls weitere `include`-Direktiven in einen Quelltext einzubinden. Als Beispiel kann hier die Datei `stdio.h` genommen werden. Unter anderem sind in der Datei `stdio.h`:

- Definitionen von Typnamen wie `size_t`, `FILE`, ...,
- Konstantendefinitionen für die Konstanten `EOF`, `stdin`, `stdout`, ...,
- Prototypen für die Funktionen `printf()`, `scanf()`, `fopen()`, ...
- und Makros wie z. B. `getc()`, `putc()`, ...

enthalten.

Nach dem gleichen Prinzip können aber auch eigene Header-Dateien geschrieben werden, die über eine `include`-Direktive in den Quelltext eingebunden werden können. Dazu mehr in Kapitel 22.

21.3 Symbolische Konstanten und Makros mit Parametern

Mit der Präprozessor-Direktive `define` wird das Ersetzen von Text festgelegt:

```
#define Bezeichner Ersatztext
```

Für die Form eines Präprozessor-Bezeichners gilt dieselbe Syntax (siehe Kapitel 6.2.1) wie für einen Variablennamen. Der `Bezeichner` wird infolge dieser Direktive in der kompletten Datei durch die beliebige Folge von Zeichen in `Ersatztext` ersetzt. Der `Ersatztext` ist der Text bis zum Zeilenende. Soll ein `Ersatztext` aus mehreren Zeilen definiert werden, so kann dies mit dem Backslash \ am Zeilenende erfolgen. Das Ersetzen von Text findet während des Präprozessor-Laufs ab der Stelle der `define`-Direktive bis zum Dateiende statt. Ersetzt werden nur komplette Namen. Nicht ersetzt wird:

- Text, der als Substring in einem Namen enthalten ist
- und Text innerhalb von Zeichenketten.

So wird durch die Anweisung

```
#define HUND DOG
```

jeder deutsche `HUND` in einen englischen `DOG` umgewandelt. `HUNDERT` bleibt aber unverändert, da `HUND` zum Ersetzen als eigenes Wort stehen muss. Genauso bleibt z. B. die Zeichenkette `"Wo ist der HUND"` unangetastet.

Generell wird das, was durch `#define` definiert wird, als Makro bezeichnet. Ein **Makro ohne Parameter** wird auch als **symbolische Konstante** bezeichnet. So ist in

```
#define PI 3.1415
```

`PI` eine symbolische Konstante, die Zahl `3.1415` eine literale Konstante. Es hat sich eingebürgert, die Namen von symbolischen Konstanten stets groß zu schreiben. Im Falle eines Makros mit Parametern gibt es diese Konvention nicht.

Durch die Präprozessor-Direktive

```
#undef Bezeichner
```

kann eine zuvor durch `#define` eingeführte Makrodefinition wieder aufgehoben werden. Da ohne den Einsatz von `#undef` ein Makro immer ab der Stelle, an der es definiert wurde, bis zum Dateiende gilt, hat man mit einer Kombination von `#define` und `#undef` die Möglichkeit, die Gültigkeit nur auf einen bestimmten Abschnitt der Datei zu begrenzen.

Makros mit Parametern

Um einem Makro einen oder auch mehrere Parameter übergeben zu können, muss eine Parameterliste nach dem Bezeichner in folgender Form aufgeführt werden:

```
#define Bezeichner(Parameterliste) Ersatztext
```

Wichtig ist dabei, dass zwischen `Bezeichner` und der öffnenden Klammer kein Whitespace-Zeichen stehen darf, da sonst diese Klammer mitsamt der Parameter-liste als Ersatztext interpretiert wird.

Die Parameter in der Parameterliste werden durch Kommas getrennt. Es handelt sich hierbei jedoch nicht um Variablen mit Typen, wie man es von den Übergabe-parametern von Funktionen her kennt, sondern um Parameternamen, welche die übergebenen Textfragmente bezeichnen. Der Programmierer kann somit einem parametrisierten Makro auch einen Ausdruck wie beispielsweise `(a+1)` übergeben. Ein solcher Ausdruck wird durch den Präprozessor nicht ausgewertet, sondern mittels Copy und Paste in den Ersatztext kopiert.

Das Ersetzen eines Makros in einer Datei erfolgt somit, indem die Parameter des Makros durch die aktuellen Parameter ersetzt werden und der dadurch entstandene Ersatztext wiederum an die Stelle kopiert wird, wo das Makro auftritt.

In den Kapiteln 16.6 und 16.7 wurden bereits die Makros `putc()` und `getc()` vorgestellt. Diese Makros haben gegenüber der Implementierung als Funktion den Vorteil, dass nicht wie im Falle einer Funktion jedes einzelne Zeichen als aktueller Parameter über den Stack an den formalen Parameter der Funktion übergeben bzw. der Rückgabewert über den Stack oder über ein Register zurückgegeben werden muss. Im Falle des Makros ist der aktuelle Parameter bereits in den Quelltext eingesetzt.

So wird das Programm

```
....
#define evalmac(z) z*=(z+1)/2   /* Formel zur Berechnung der Summe */
                                 /* von 1+2+3+...+(z-2)+(z-1)+z      */
....
int a = 5;
evalmac(a);
....
```

durch den Präprozessorlauf wie folgt verändert:

```
....
int a = 5;
a*=(a+1)/2;
....
```

Bei dem Ersetzen von Parametern können aber einige Komplikationen auftreten, auf die in den nächsten Beispielen etwas genauer eingegangen werden soll.

21.3.1 Beispiel für Komplikationen bei der Textersetzung und ihre Beseitigung

Eine einfache Textersetzung kann in einigen Fällen zu Problemen führen. Hierzu ein Beispiel:

```
/* Datei: makro1.c */
/* Probleme bei Makrodefinitionen Teil 1*/
```

```
#include <stdio.h>
#define square(x) x*x
#define twotimes(x) x+x

int main (void)
{
   int zahl = 4;
   printf ("\nzahl = %d\n", zahl);
   printf ("1) square (5) = %d\n", square (5));
   printf ("2) square (5+1) = %d\n", square (5+1));
   printf ("3) square (zahl) = %d\n", square (zahl));
   printf ("4) square (zahl++) = %d\n", square (zahl++));
   printf ("5) zahl = %d\n", zahl);
   printf ("6) twotimes (5) = %d\n", twotimes (5));
   printf ("7) twotimes (5) * twotimes (6) = %d\n",
           twotimes (5) * twotimes (6));
   return 0;
}
```

Die Ausgabe des Programms ist:

```
zahl = 4
1) square (5) = 25
2) square (5+1) = 11
3) square (zahl) = 16
4) square (zahl++) = 20
5) zahl = 6
6) twotimes (5) = 10
7) twotimes (5) * twotimes (6) = 41
```

Wie man bei genauerem Nachrechnen bemerkt, sind die Berechnungen zwar korrekt, entsprechen aber bei Punkt 2, 5 und 7 nicht der Erwartungshaltung. Im Folgenden wird die Textersetzung im Einzelnen betrachtet:

1) 5 * 5 = 25   **korrekt**
2) 5 + 1 * 5 + 1 = 11   **unerwartet** - erwartet wurde (5+1)*(5+1)=36
3) zahl * zahl = 16   **korrekt**
4) zahl++ * zahl++ = 20 **unerwartet**
5) zahl = 6   **unerwartet** - erwartet wurde 5
6) 5 + 5 = 10   **korrekt**
7) 5 + 5 * 6 + 6 = 41   **unerwartet** - erwartet wurde (5+5)*(6+6)=120

Die einfache Textersetzung führt also in einigen Fällen zu Problemen. So führen z. B. zusammengesetzte Parameter wie in Fall 2 oder 7 bei dieser Makrodefinition nicht zu dem gewünschten Ergebnis. Dies kann aber durch den Einsatz von Klammern um die Makroparameter verhindert werden.

```
/* Datei: makro2.c */
/* Probleme bei Makrodefinitionen Teil 2*/
#include <stdio.h>
#define square(x) (x)*(x)
#define twotimes(x) ((x)+(x))
int main (void)
{
   int zahl = 4;
   printf ("\nzahl = %d\n", zahl);
```

```
    printf ("1) square (5) = %d\n", square (5));
    printf ("2) square (5+1) = %d\n", square (5+1));
    printf ("3) square (zahl) = %d\n", square (zahl));
    printf ("4) square (zahl++) = %d\n", square (zahl++));
    printf ("5) zahl = %d\n", zahl);
    printf ("6) twotimes (5) = %d\n", twotimes (5));
    printf ("7) twotimes (5) * twotimes (6) = %d\n",
            twotimes (5) * twotimes (6));
    return 0;
}
```

Die Ausgabe des Programms ist:

```
zahl = 4
1) square (5) = 25
2) square (5+1) = 36
3) square (zahl) = 16
4) square (zahl++) = 20
5) zahl = 6
6) twotimes (5) = 10
7) twotimes (5) * twotimes (6) = 120
```

Das Problem bei Nummern 4) und 5) ist dadurch jedoch nicht gelöst. Die unerwarteten Ausgaben folgen daher, dass bei 4) der Inkrement-Operator durch die Textersetzung zweimal in den Code geschrieben wird und somit auch zweimal ausgeführt wird. Es ist nicht definiert, in welcher Reihenfolge der Compiler die Berechnung und die Auswertung der Nebeneffekte durchführt. Ein anderer Compiler oder bereits eine andere Compilerversion kann somit andere Ergebnisse liefern. Es sollte deshalb – wenn immer möglich – vermieden werden, Ausdrücke mit Nebeneffekten bei Makros zu verwenden. Genauere Informationen zu Nebeneffekten können in Kapitel 9.8 nachgelesen werden.

21.3.2 Probleme bei Makros bestehend aus mehreren Anweisungen

Ein weiteres Problem kann auftreten, wenn ein Makro aus mehreren Befehlen in einer Schleife wie in folgendem Beispiel aufgerufen wird:

```
/* Datei: makro3.c */
/* Probleme bei Makrodefinitionen Teil 3*/
#include <stdio.h>
#define double_increment(a,b) a++; b++;

int main (void)
{
    int x;
    int y = 1;
    int z = 1;

    for (x = 0; x < 5; x++)
        double_increment(y, z);
    printf ("\ny = %d\n", y);
    printf ("z = %d\n", z);
    return 0;
}
```

Die Ausgabe des Programms ist:

```
y = 6
z = 2
```

Das verfälschte Ergebnis kommt daher, dass die Schleife nach dem Ersetzen durch den Präprozessor folgendermaßen erscheint:

```
....
for (x = 0; x < 5; x++)
    y++; z++;
....
```

Dies führt dazu, dass lediglich y innerhalb der Schleife erhöht wird und z danach nur einmal. Dieser Effekt würde bei einer Funktion natürlich nicht in Erscheinung treten. Aber mit entsprechenden Klammern lässt sich auch dieses Problem beseitigen. Diesmal muss aber der Makroaufruf im Programm mit den entsprechenden geschweiften Klammern versehen werden:

```
....
for (x = 0; x < 5; x++)
{
    double_increment(y, z);
}
....
```

21.4 Bedingte Kompilierung

Bedingte Kompilierung bedeutet, dass zur Kompilierzeit anhand von Ausdrücken und Symbolen entschieden wird, welcher Teil des Source-Codes kompiliert werden soll. Diese Aufgabe übernimmt der Präprozessor in der Weise, dass von bestimmten Direktiven nicht in Frage kommender Source-Code entfernt wird.

Zur bedingten Kompilierung stehen folgende Präprozessor-Direktiven zur Verfügung:

```
#if konstanter_Ausdruck
#elif konstanter_Ausdruck
#else
#endif
#ifdef Symbol
#ifndef Symbol
```

Die bedingte Kompilierung wird z. B. für Programme benutzt, die auf unterschiedlichen Betriebssystemen bzw. Prozessoren laufen sollen. Benutzt ein Programm außer der Standardbibliothek von C noch andere Bibliotheken wie z. B. die der Bedienoberfläche, so können diese je nach Betriebssystem verschieden sein. Ebenso kann mit der bedingten Kompilierung eine Testversion eines Programms mit besonderen Trace-Ausgaben generiert oder können auch maschinenabhängige Programmteile (Programmteile, die speziell auf die jeweiligen Prozessoren zugeschnitten sind) gesondert programmiert werden. Es ist also möglich, mit Hilfe der bedingten

Kompilierung mehrere Versionen eines Programms aus einem einzigen Source-Code zu generieren. Dies erleichtert die Pflege und Wartung der Software erheblich.

Definiert man in Header-Dateien Datentypen und Konstanten, so braucht man ebenfalls die `ifndef`-Direktive, um mehrfache Definitionen bei mehrfachem Inkludieren einer Header-Datei zu vermeiden.

Die Präprozessor-Direktiven `if`, `elif`, `else`, `endif` entsprechen einer `if-else`-Anweisung in C. `elif` und `else` sind dabei optional. `if` und `elif` müssen einen konstanten Ausdruck als Bedingung erhalten. Der Wert des konstanten Ausdrucks wird wie in der `if`-Anweisung in C als wahr oder falsch interpretiert (falsch ist gleich 0, wahr ist ungleich 0). Der Präprozessor entfernt alle Programmteile, die in einem Zweig enthalten sind, der als falsch interpretiert wird.

Beispiel für eine bedingte Kompilierung

Hier ein Beispiel zum Erzeugen einer Programmversion für ein 16-Bit oder ein 32-Bit Betriebssystem:

```
/* Datei: bdgtcomp.c */
/* Beispiel fuer die bedingte Kompilierung */
#include <stdio.h>
#include <limits.h>

#define TESTVERSION 1

int main (void)
{
   /* Die Konstante UINT_MAX ist der Maximalwert, den eine */
   /* Integer-Konstante annehmen kann. UINT_MAX ist in     */
   /* limits.h definiert                                    */
#if UINT_MAX > 65535
     int i;
#else
     long i;
#endif

#if TESTVERSION
     printf ("Testausgabe: sizeof (int)  = %d\n", sizeof (int));
     printf ("Testausgabe: sizeof (long) = %d\n", sizeof (long));
#endif

   i = 300;
   printf ("%ld * %ld = %ld\n", (long)i, (long)i, (long)(i*i));
   return 0;
}
```

Die Ausgabe des Programms ist (auf einem 16-Bit Betriebssystem):

```
Testausgabe: sizeof (int)  = 2
Testausgabe: sizeof (long) = 4
300 * 300 = 90000
```

Anhand der Sequenz

```
....
#define TESTVERSION 1
....
#if TESTVERSION
      printf ("Testausgabe: sizeof (int)  = %d\n", sizeof (int));
      printf ("Testausgabe: sizeof (long) = %d\n", sizeof (long));
#endif
....
```

wird eine Testausgabe erzeugt. Anstatt das Makro TESTVERSION auf einen bestimmten Wert zu prüfen, kann mit dem Präprozessor-Operator defined geprüft
werden, ob TESTVERSION überhaupt definiert ist:

```
....
#define TESTVERSION
....
#if defined TESTVERSION
      printf ("Testausgabe: sizeof (int)  = %d\n", sizeof (int));
      printf ("Testausgabe: sizeof (long) = %d\n", sizeof (long));
#endif
....
```

Der Ausdruck #if defined TESTVERSION kann wiederum durch #ifdef
TESTVERSION ersetzt werden, was eine einfachere Schreibweise bedeutet. Mit den
Direktiven ifdef bzw. ifndef kann also festgestellt werden, ob ein bestimmtes Ma-
kro definiert wurde oder nicht.

21.5 Informationen über den Übersetzungskontext

Um Informationen über den Übersetzungskontext während der Übersetzung selbst in das Programm übernehmen zu können, gibt es vordefinierte Makros.

Diese vordefinierten Makros sind:

__DATE__	Datum der Kompilierung des Programms (Zeichenkettenkonstante in der Form "Mmm tt jjjj")
__TIME__	Uhrzeit der Kompilierung des Programms (Zeichenkettenkonstante in der Form "hh:mm:ss")
__STDC__	= 1, wenn Programm in Übereinstimmung mit dem Standard kompiliert wurde
__STDC_VERSION__	Definiert eine Zahl, welche den Standard beschreibt, mit welchem kompiliert wurde. Folgende Zahlen sind in Verwendung: 199409L für C90, 199901L für C99 und 201112L für C11
__FILE__	Name der Quelldatei (Zeichenkettenkonstante)
__LINE__	Nummer der Zeile im Quelltext (Ganzzahlkonstante)

Die Makros __FILE__ und __LINE__ sind insbesondere zur Ausgabe von Fehlermeldungen sehr nützlich. Ein Beispiel dazu ist in Kapitel 22.4.4.1 zu finden.

21.5.1 Die Präprozessor-Direktive `line`

Mit der `line`-Direktive

```
#line Konstante [Dateiname]
```

können die Inhalte der vordefinierten Makros `__LINE__` und `__FILE__` gezielt verändert werden. So kann man beispielsweise mit

```
#line 0
```

leere Zeilen vor der ersten Anweisung unterdrücken.

Fügt man beispielsweise ein Programm vor dem Kompilieren im Editor aus mehreren Dateien zusammmen, so kann man mit

```
#line 0 "hallo.c"
```

bewirken, dass ab dieser Stelle der Dateiname `hallo.c` lautet und die Zeilenzahl wieder bei 0 beginnt.

21.5.2 Die Präprozessor-Direktive `error`

```
#error Fehlertext
```

Die Präprozessor-Direktive `error` erzeugt einen Fehler mit entsprechendem Fehlertext beim Kompilieren des Programms. Diese Direktive kann beispielsweise bei bedingter Kompilation sinnvoll eingesetzt werden, wenn verhindert werden soll, dass das Programm auf einer Hardware kompiliert wird, für die es nicht vorgesehen ist.

Das folgende Beispiel zeigt eine Anwendung der `error`-Direktive. Zuerst wird geprüft, ob der benutzte Compiler sich nach dem C-Standard verhält (Makro `__STDC__`). Ist dies nicht der Fall, wird eine Fehlermeldung ausgegeben und die Übersetzung abgebrochen:

```
#if (__STDC__ != 1)
    #error "Compiler ist kein Standardcompiler!"
#endif
```

21.6 Weitere Präprozessor-Direktiven

Kapitel 21.6.1 zeigt, wie man Parameter in Strings umwandelt und Kapitel 21.6.2, wie mit Hilfe des Präprozessor-Operators `##` dynamisch Bezeichner gebildet werden können.

21.6.1 Parameter mit # in Strings umwandeln

Parameter, vor denen der Präprozessor-Operator `#` steht, werden wie normale Parameter durch die aktuellen Parameter ersetzt. Dabei wird aber das Ergebnis anschließend als konstante Zeichenkette behandelt. Hierfür ein **Beispiel**:

```
#define Varausgabe(a) printf (#a " = %d\n", a)
```

Die Programmzeilen

```
long z = 123456;
Varausgabe(z);
```

werden mit Hilfe des Präprozessors ersetzt durch

```
long z = 123456;
printf ("z = %d\n", z);
```

Beachten Sie, dass hierbei "z" " " = %d\n" verkettet wurde zu "z = %d\n".

21.6.2 Parameter mit ## verknüpfen

Mit Hilfe des Präprozessor-Operators ## können dynamisch Bezeichner gebildet werden, wobei die Argumente zu einem einzigen Bezeichner verkettet werden.

Die Argumente dürfen jedoch selbst keine Makros sein. Bei dem Ersetzungsvorgang während des Präprozessor-Laufs werden der Operator ## und die umgebenden Whitespace-Zeichen entfernt. Das resultierende Token wird erneut geprüft, ob es nochmals einer Ersetzung unterzogen werden kann.

Nachfolgend ist ein einfaches **Beispiel** zum Präprozessor-Operator ## dargestellt:

```
/* Datei: dyn_symb.c */
#include <stdio.h>

#define DYN_SYMB(a, b) a ## b

int main (void)
{
   int i1 = 1, i2 = 2, i3 = 3;

   printf ("i1 = %d\n", DYN_SYMB (i, 1));   /* Verkettung zu i1   */
   printf ("i2 = %d\n", DYN_SYMB (i, 2));   /* Verkettung zu i2   */
   printf ("i3 = %d\n", DYN_SYMB (i, 3));   /* Verkettung zu i3   */
   return 0;
}
```

Die Ausgabe des Programms ist:

```
i1 = 1
i2 = 2
i3 = 3
```

21.6.3 Generische Auswahl in C11

In Programmiersprachen wie C++ oder Java hat man die Möglichkeit, Funktionen zu überladen[159].

C11 führt die sogenannten Generic Selections ein, die eine ganz ähnliche Funktionalität wie das Überladen beispielsweise in C++ bieten.

Ein echtes Überladen von Funktionen findet damit zwar nicht statt, es wird allerdings eine passende Funktion aufgrund des übergebenen Typs ausgewählt. Mit dem Schlüsselwort `_Generic` lassen sich Makros definieren, über die eine Fallunterscheidung aufgrund des Typs des Arguments einer Funktion ermöglicht wird.

Das folgende **Beispiel** zeigt die Verwendung des Makros `_Generic`:

```
/* Datei: generic.c */
#include <math.h>
#include <complex.h>

#define sinus(X) _Generic ((X),                      \
                        default: sin,                 \
                        long double: sinl,            \
                        float: sinf,                  \
                        double complex: csin,         \
                        float complex: csinf,         \
                        long double complex: csinl    \
                        ) (X)

int main (void)
{
    int i = 4;
    float f = 1.2f;
    double d = 3.2;
    double complex dc = 2.0 + 3.0 * I;

    sinus (d);  // ruft Defaultwert sin (d) auf
    sinus (dc); // ruft csin (dc) auf
    sinus (f);  // ruft sinf (f) auf
    sinus (i);  // ruft Defaultwert sin (i) auf

    return 0;
}
```

Vor der `main()`-Methode ist die Definition des Makros `sinus(X)` zu sehen. Das `X` dient dabei als Platzhalter für den übergebenen Datentyp. Hinter dem Schlüsselwort `_Generic` finden die jeweiligen Zuweisungen von Datentyp und Funktion statt.

---

[159] Erlaubt eine Sprache das Überladen von Methoden (engl. overloading), so können Methoden mit verschiedenen Parameterlisten denselben Namen tragen. Der Aufruf der richtigen Methode ist Aufgabe des Compilers. Anhand des Datentyps des Übergabeparameters erkennt der Compiler, welche der Methoden gemeint ist. Der Nutzen des Überladens von Methoden ist, dass man gleichartige Methoden mit dem gleichen Namen ansprechen kann. Die Verständlichkeit der Programme kann dadurch erhöht werden.

Innerhalb der `main()`-Methode sind beispielhafte Aufrufe zu sehen. Wird `sinus(X)` z. B. ein Argument vom Typ `float` übergeben, dann wird aufgrund des oben definierten Makros automatisch die Funktion `sinf()` ausgewählt und aufgerufen. Passt kein Typ zum übergebenen Argument, dann wird die Funktion, die unter `default` hinterlegt ist, aufgerufen.

Äußerst praktisch ist diese Funktionalität, wenn man viele mathematische Funktionen verwendet. Damit muss der Programmierer sich nur einmal zu Beginn des Programms Gedanken darüber machen, bei welchem Datentyp welche Funktion verwendet werden muss. Für den weiteren Verlauf lassen sich dann alle diese Funktionen über das stellvertretend definierte Makro aufrufen.

21.6.4 Statische Zusicherungen in C11

Mit Hilfe von Zusicherungen (engl. assertions) können **zur Laufzeit** Ausdrücke auf logische Fehler getestet werden. In ANSI C wird dafür das Makro `assert` definiert. Es wertet einen Ausdruck aus, der darüber entscheidet, ob ein Programm normal weiter läuft oder abgebrochen wird. Ist der Ausdruck 0, dann wird eine Fehlermeldung in `stderr` geschrieben und das Programm wird mit der `abort()`-Funktion[160] abgebrochen. Zum Einsatz kommen solche Assertions in der Entwicklungsphase. Ist diese abgeschlossen, lassen sich alle Assertions mit der Definition von `NDEBUG`[161] „entfernen". Alle `assert`-Makros werden hierbei als Makros ohne ausführenden Code definiert und dadurch vom Compiler ignoriert.

Zusätzlich zu den Assertions, welche zur Laufzeit geprüft werden, kommen in C11 sogenannte **static assertions** dazu. Bei static assertions handelt es sich um Zusicherungen **zur Kompilierzeit**.

Diese Zusicherungen werden erst dann ausgewertet, wenn der Präprozessor durchgelaufen ist und alle Argumenttypen bekannt sind. Static Assertions sind wie folgt definiert:

```
_Static_assert(constant-expression, string-literal);
```

Wie beim Makro `assert` wertet auch die statische Variante `_Static_assert` einen Ausdruck aus. Ist der Ausdruck `constant-expression` gleich 0, dann wird eine Fehlernachricht ausgegeben, bestehend aus dem String `string-literal`, dem Dateinamen, der Zeilennummer und ggf. der Funktion.

Static Assertions werden bereits zur Kompilierzeit überprüft und können daher den Kompiliervorgang abbrechen. Besonders nützlich sind solche Zusicherungen beim Schreiben von portablem Code. So kann verhindert werden, dass Code für eine Plattform kompiliert wird, die nicht unterstützt wird.

---

[160] Siehe auch Kapitel 17.2.1.4

[161] NDEBUG meint wörtlich "no debug", was soviel bedeutet wie: Wenn dieses Makro definiert ist, soll der Compiler keinen Debug-Code umsetzen. Entwicklungsumgebungen definieren dieses Makro häufig automatisch, sobald ein sogenanntes Release compiliert wird. Der Programmierer kann dieses Makro auch für interne Tests benutzen, indem er es mittels `#ifndef NDEBUG` abfragt und innerhalb der bedingten Compilierung Debug-Code ausführt.

21.7 Der Pragma-Operator in C11

> Ein Pragma dient dazu, um in einer Programmiersprache Informatio-
> nen an den Compiler zu geben. Hierfür gibt es sowohl die Präprozes-
> sor-Direktive `#pragma` als auch seit C99 den Operator `_Pragma`.

In der Programmiersprache C konnten ursprünglich nur mit der `pragma`-Direktive
zusätzliche Informationen an den Compiler gegeben werden. Da die Direktive
`#pragma` jedoch als einzelne Zeile geschrieben werden muss und nicht als Resultat
einer Makro-Expansion generiert werden kann, führte bereits der C99-Standard den
Operator `_Pragma` für den Präprozessor ein. Der `_Pragma`-Operator kann in einem
Makro verwendet werden.

21.8 Zusammenfassung

Dieses Kapitel befasst sich mit dem Präprozessor (engl. preprocessor), der beim
Aufruf eines C-Compilers vor den eigentlichen Compilerläufen wie Syntax- und Semantik-Prüfung sowie Code-Generierung gestartet wird.

Die wichtigsten Aufgaben des Präprozessors behandelt Kapitel **21.1**. Diese sind:

- Einfügen von Dateien,
- Ersetzen von Text
- und bedingte Kompilierung.

Daneben stellt der Präprozessor Informationen über den Übersetzungskontext bereit,
die z. B. zur Ausgabe von Fehlermeldungen sehr nützlich sein können.

Die allgemeine Syntax für einen Präprozessor-Befehl (Präprozessor-Direktive, Präprozessor-Anweisung), d. h. eine Anweisung an den Präprozessor, lautet:

```
#Befehl Text
```

Während der eigentliche Compiler formatfrei arbeitet, wobei es dem Programmierer
überlassen ist, aus Gründen der Lesbarkeit eine Anweisung des eigentlichen Quellprogramms durch die Eingabe von `<RETURN>` auch über mehrere Zeilen zu verteilen,
arbeitet der Präprozessor grundsätzlich zeilenorientiert. Ein Präprozessor-Befehl
kann an einer beliebigen Stelle im Source-Code eingeschoben sein, muss jedoch in
einer eigenen Zeile stehen. Entscheidend ist vor allem, dass der Präprozessor nichts
mit der eigentlichen Kompilierung des Source-Codes zu tun hat, sondern nur Vorbereitungen hierzu durchführt.

Kapitel **21.2** untersucht das Einfügen von Dateien in den Source-Code. Das Einfügen
einer beliebigen Datei kann mit Hilfe der Präprozessor-Direktive

```
#include "filename"
```

oder

```
#include <filename>
```

erfolgen. Ist `filename` innerhalb der `include`-Direktive in spitzen Klammern `<>` eingeschlossen, so sucht der Compiler in den Standard-Include-Verzeichnissen. Setzt man in der `include`-Direktive den Dateinamen in Anführungszeichen, so wird zuerst in dem aktuellen Arbeitsverzeichnis bzw. in dem in der `include`-Direktive aufgeführten Verzeichnis gesucht. Wird die entsprechende Datei dort nicht gefunden, so wird die Suche in den Standard-Include-Verzeichnissen fortgesetzt. Befindet sich innerhalb der eingefügten Datei eine `include`-Anweisung, so wird diese ebenfalls ausgeführt. Auch wenn mit `include` beliebige Dateien eingefügt werden können, muss darauf geachtet werden, dass am Ende des Einfüge-Prozesses eine übersetzbare Einheit in der erzeugten temporären Datei vorhanden sein muss.

In Kapitel **21.3** werden symbolische Konstanten und Makros mit Parametern betrachtet. Mit der Präprozessor-Direktive `define` wird das Ersetzen von Text festgelegt:

```
#define Bezeichner Ersatztext
```

Um einem Makro einen oder auch mehrere Parameter übergeben zu können, muss eine Parameterliste nach dem Bezeichner in folgender Form aufgeführt werden:

```
#define Bezeichner(Parameter1, ...., ParameterN) Ersatztext
```

Die bedingte Kompilierung wird in Kapitel **21.4** analysiert. Bedingte Kompilierung bedeutet, dass zur Kompilierzeit anhand von Ausdrücken und Symbolen entschieden wird, welcher Teil des Source-Codes kompiliert werden soll. Diese Aufgabe übernimmt der Präprozessor in der Weise, dass von bestimmten Direktiven nicht in Frage kommender Source-Code entfernt wird.

Kapitel **21.5** betrachtet, wie Informationen über den Übersetzungskontext während der Übersetzung selbst in das Programm übernommen werden können. Um Informationen über den Übersetzungskontext während der Übersetzung selbst in das Programm übernehmen zu können, gibt es vordefinierte Makros.

In Kapitel **21.6** werden weitere Präprozessor-Direktiven diskutiert. Mit Hilfe des Präprozessor-Operators `##` können dynamisch Bezeichner gebildet werden, wobei die Argumente zu einem einzigen Bezeichner verkettet werden.

C11 führt die sogenannten Generic Selections ein, die eine ganz ähnliche Funktionalität wie das Überladen beispielsweise in C++ bieten. Äußerst praktisch ist diese Funktionalität, wenn man viele mathematische Funktionen verwendet. Damit muss der Programmierer sich nur einmal zu Beginn des Programms Gedanken darüber machen, bei welchem Datentyp welche Funktion verwendet werden muss. Für den weiteren Verlauf lassen sich dann alle diese Funktionen über das stellvertretend definierte Makro aufrufen.

Zusätzlich zu den Assertions, welche zur Laufzeit geprüft werden, kommen in C11 sogenannte static assertions dazu. Bei static assertions handelt es sich um Zusicherungen zur Kompilierzeit.

Kapitel **21.7** behandelt den Pragma-Operator. Ein Pragma dient dazu, um in einer Programmiersprache Informationen an den Compiler zu geben. Hierfür gibt es sowohl die Präprozessordirektive `#pragma` als auch seit C99 den Operator `_Pragma`.

21.9 Übungsaufgaben

Aufgabe 21.1: Textersetzung durch den Präprozessor

Verwenden Sie den Präprozessor zur Textersetzung. Definieren Sie symbolische
Konstanten, so dass der folgende Quellcode ein gültiges Programm in C darstellt und
die untenstehende Ausgabe erzeugt.

```
#include <stdio.h>

#define FUNKTIONSKOPF_MAIN ....
....

FUNKTIONSKOPF_MAIN
GESCHWEIFTE_KLAMMER_AUF
GIB "Hallo Welt" AUS
RETURN_0
GESCHWEIFTE_KLAMMER_ZU
```

Folgendes soll dabei ausgegeben werden:

Die Ausgabe des Programms ist:

`Ausgegeben wird <Hallo Welt>`

Aufgabe 21.2: Prüfung einer Variablen

a) Mit dem Makro IM_BEREICH(x,u,o) wird geprüft, ob eine Variable x mindestens so groß wie u und dabei höchstens so groß wie o ist. Das geht solange gut,
bis ein Programmierer mit diesem Makro versucht, zu prüfen ob ein Wert x nicht
innerhalb des Bereichs liegt. Hier der Programmcode:

```
#include <stdio.h>

#define TESTVERSION

#define UNTERER_GRENZWERT 2
#define OBERER_GRENZWERT 7

#define KLEINER(x,o) x <= o
#define GROESSER(x,u) x >= u
#define IM_BEREICH(x,u,o) GROESSER(x,u) && KLEINER(x,o)

int main (void)
{
   for (int i = 0; i < 10; ++i)
   {
      if (!IM_BEREICH(i,UNTERER_GRENZWERT,OBERER_GRENZWERT))
      {
         printf ("%i",i);
      } else
      {
         printf ("_");
```

```
        }
    }
    return 0;
}
```

Eigentlich sollte dieses Programm die Ziffern 1 bis 9 ausgeben und für jede Ziffer, welche innerhalb des Bereiches liegt einen Unterstrich _ ausgeben. Leider enthalten die Makros noch Fehler und so sieht die Ausgabe des Programmes folgendermaßen aus:

 Die Ausgabe des Programms ist:

_____

Passen Sie die Makros GROESSER(x,o), KLEINER(x,u) und IM_BEREICH(x,u,o) so an, dass das Makro IM_BEREICH(x,u,o) auch bei diesem Aufruf das zu erwartende Ergebnis liefert. Hier die gewünschte Ausgabe des Programms:

 Die Ausgabe des Programms ist:

01_____89

b) Es hat sich gezeigt, dass das Makro IM_BEREICH() immer mit denselben oberen und unteren Grenzwerten verwendet wird. Definieren Sie ein Makro GUELTIG(x), welches prüft, ob die Variable x mindestens so groß wie UNTERER_GRENZWERT und dabei höchstens so groß wie OBERER_GRENZWERT ist. Verwenden Sie dieses Makro in der Funktion main() aus der vorherigen Teilaufgabe um zu prüfen, ob die Variable i innerhalb des gültigen Bereichs liegt.

c) Während der Entwicklung soll ein etwas erweiterter Grenzbereich eingesetzt werden. Hierfür soll das Symbol ENTWICKLUNGS_VERSION definiert werden. Mit Hilfe einer Präprozessor-Direktive wird dann geprüft, ob dieses Symbol definiert ist. Ist es definiert, so soll der untere Grenzwert mit 1 und der obere Grenzwert mit 8 definiert werden. Ist das Symbol nicht definiert, so sollen die Werte aus Teilaufgabe a) verwendet werden.

Aufgabe 21.3: Informationen über den Übersetzungskontext

Erstellen Sie eine neue Programmdatei mit dem Namen main.c. Sorgen Sie dafür, dass diese Datei nur mit einem Compiler erstellt werden kann, der C11 unterstützt. Erstellen Sie innerhalb der Datei main.c die Funktion int main(void). Verwenden Sie innerhalb dieser Funktion die Präprozessor-Direktive #line um die Zeilennummer auf 100 zu setzen und verfälschen Sie den Dateinamen auf falsche_main.c. Geben Sie die Zeilennummer und den neuen Dateinamen aus.

Aufgabe 21.4: Parameter in Strings umwandeln und Parameter verknüpfen

Implementieren Sie das Makro FUNKTIONS_AUFRUF(a,b) unter Verwendung von #
und ##, so dass bei Ausführung des folgenden Programmtexts die unten stehende
Ausgabe dargestellt wird. Hier der Programmtext:

```
#include <stdio.h>

#define FUNKTIONS_AUFRUF(a,b) \
....

void sag_hallo()
{
    printf ("Hallo\n");
}

int main (void)
{
    FUNKTIONS_AUFRUF (sag, hallo)
}
```

Hier die zugehörige Programmausgabe:

Die Ausgabe des Programms ist:

```
Aufruf der Funktion: sag_hallo()
Hallo
```

Kapitel 22

Modular Design in C

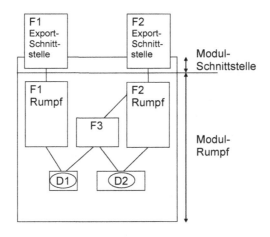

22 Modular Design in C

Jede Programmiersprache unterstützt bestimmte Vorgehensweisen beim Programmentwurf. Neue Programmiersprachen werden geschaffen als Antwort auf neue Konzepte, die sich als nützlich und effizient erwiesen haben. So wurde Pascal entworfen mit dem Ziel, das Konzept des strukturierten Programmierens zu unterstützen. Modula-2 wurde entworfen, um das Konzept des Programmierens mit sogenannten Modulen zu unterstützen. Dieses Konzept wird in Kapitel 22.2 erklärt.

Das einzige Strukturierungsmittel, welches C anbietet, sind Funktionen, die im Mittelpunkt des Structured Design standen.

Auch wenn die Programmiersprache C für das Structured Design besonders geeignet ist, so wie die Programmiersprache Modula-2 für das Modular Design, so kann man dennoch mit den Sprachmitteln von C das Konzept des Modular Design unterstützen.

Das soll in den folgenden Kapiteln erläutert werden. Hierbei befasst sich Kapitel 22.1 mit dem Structured Design und Kapitel 22.2 mit dem Konzept seiner Weiterentwicklung zum Modular Design. Kapitel 22.3 zeigt, wie mit der Programmiersprache C ein Modular Design umgesetzt werden kann. Die Realisierbarkeit des Modular Design mit den Sprachmitteln von C wird an einem Programmbeispiel für einen Stack in Kapitel 22.4 demonstriert.

22.1 Konzept des Structured Design

Beim **Structured Design** wird ein Programm in Unterprogramme zerlegt, die zu anderen Unterprogrammen möglichst wenige Querbeziehungen haben.

In C bedeutet die Umsetzung des Structured Design, dass man ein Programm in Funktionen strukturiert, die möglichst wenig Schnittstellen zu ihrer Umgebung haben, d. h. wenig Übergabeparameter benötigen und möglichst ohne globale Variablen auskommen.

Dadurch, dass die Funktionen einander aufrufen, entsteht eine Beziehung zwischen ihnen, die man als **Aufrufhierarchie der Funktionen des Programms** bezeichnet. Eine solche Aufrufhierarchie ist exemplarisch im folgenden Bild dargestellt:

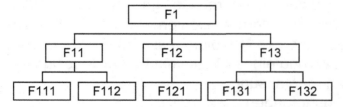

Bild 22-1 Aufrufhierarchie von Funktionen beim Structured Design

Im Mittelpunkt des Structured Design steht also der Funktionsbegriff aus den anfangs der siebziger Jahre vorherrschenden Programmiersprachen. Die Funktionen dienten vornehmlich dem **„Programmieren im Kleinen"**.

22.2 Konzept des Modular Design

Basierend auf den Erkenntnissen von Parnas [Par71] und den Entwicklungen im Programmiersprachenbereich – wie z. B. das Entstehen von Modula-2 – war es notwendig, den Begriff des Moduls, der zunächst eine kompilierfähige Einheit – also eine Datei – bezeichnete, zu erweitern.

> Beim Modularen Design stehen nicht nur einzelne Funktionen im Mittelpunkt, sondern die Zusammenfassung von Funktionen und Daten zu größeren Einheiten, den Modulen.

Man sprach vom **„Programmieren im Großen"** und die dafür entwickelte Methode erhielt den Namen „Modular Design". Der Begriff des Moduls wurde dabei nun für die größeren Einheiten verwendet[162].

22.2.1 Kapselung und Information Hiding

> Zentraler Gedanke beim Modular Design ist dabei einerseits die **Kapselung der Daten und Funktionen als Einheit** und andererseits die Definition der **Schnittstellen zwischen diesen größeren Einheiten**, um so zu **mehr Prüfbarkeit zwischen den Einheiten** zu kommen.

> Über eine **Export-Schnittstelle** stellt ein Modul Ressourcen für andere Module zur Verfügung. Alle anderen Interna sind verborgen (**Information Hiding**). Die Export-Schnittstellen stellen eine **Abstraktion** der nach außen angebotenen Funktionen dar. Zur Implementierung eines Moduls kann man andere Module benutzen, die man in der **Import-Schnittstelle** auflistet.

Mit dem neuen Schnittstellenkonzept hat man das Folgende erreicht:

- Ein Modul ist ersetzbar durch ein Modul mit gleicher Export- und Import-Schnittstelle.
- Durch Prüfung der Export- und der Import-Schnittstellen der verschiedenen Module durch den Compiler lässt sich feststellen, ob die wechselseitigen Aufrufe der Module fehlerfrei funktionieren.
- Ein Modulentwickler hat die Kontrolle darüber, was von seinem Modul benutzt werden kann (**Export-Schnittstelle**) und was verborgen bleibt (**Information Hiding**).

---

[162] Heute noch wird der Begriff „Modul" in zweierlei Hinsicht verwendet: Modul als kompilierfähige Einheit und Modul im Sinne des Modular Design.

Durch die konsequente Anwendung von Information Hiding wird ein
Modul zur **Black-Box**: Man kennt nur die Export- und Import-Schnittstellen, aber nicht die genaue Funktionsweise.

Im Gegensatz zum Structured Design, bei dem einzelne Funktionen im Mittelpunkt
stehen, werden nun Module aus mehreren Funktionen betrachtet.

Die Rümpfe der Funktionen sowie eventuelle globale Daten, auf denen die Funktionen arbeiten, werden im sogenannten **Modul-Rumpf**
zusammengefasst, der im Sinne des Modular Design verborgen bleiben soll. Der Modul-Rumpf stellt die eigentliche Implementierung eines Moduls dar. In einer **Modul-Schnittstelle** wird spezifiziert, welche
Funktionen ein Modul zur Verfügung stellt (**Export**) und welche Funktionen ein Modul benötigt, um korrekt arbeiten zu können (**Import**).

Diese zwei Teile eines Moduls sind in Bild 22-2 zu sehen:

Modul-Schnittstelle
Modul-Rumpf

Bild 22-2 Trennung eines Moduls in Schnittstelle und Rumpf

22.2.2 Export-Schnittstellen

Im folgenden Bild 22-3 sind die Rümpfe von F1 und F2, die Modul-interne Funktion
F3 und die Daten D1 und D2 nach außen nicht sichtbar:

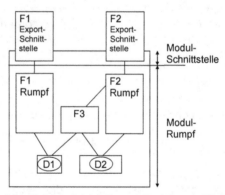

Bild 22-3 Modul mit Export-Funktionen F1, F2

Daten können von außen nur über Aufrufe der Export-Funktionen F1 und F2 abgeholt oder geändert werden. Die Zerlegung in Schnittstelle und Rumpf eines Moduls
bringt den Vorteil, dass Änderungen im Rumpf, wie z. B. zur Verbesserung der Performance durch einen anderen Algorithmus, nach außen nicht sichtbar werden, wenn
die Schnittstelle durch die Änderungen nicht beeinflusst wird. Dies trägt zur Stabilität
in einem Projekt bei.

Funktionen, die in der **Export-Schnittstelle** eines Moduls auftreten, werden als **Export-Funktionen** bezeichnet. Sie stellen die Schnittstellen eines Moduls nach außen dar. Die Export-Funktionen eines Moduls können von den anderen Modulen benutzt werden. Dabei wird nach außen nur die Schnittstelle einer Funktion, d. h. der Funktionskopf sichtbar.

Auf die Rümpfe der Funktionen eines Moduls, die Modul-lokalen Funktionen (Service-Funktionen) und auf die Daten wird das Prinzip des **Information Hiding** angewandt.

22.2.3 Import-Schnittstellen

Ein Modul kann ein anderes Modul benutzen, indem eine Funktion des einen Moduls eine Funktion eines anderen Moduls als **Import-Funktion** aufruft. Im Rahmen des Modular Design müssen Module bekanntgeben, dass sie Funktionen anderer Module benutzen wollen. Dies wird als **Import-Schnittstelle** eines Moduls bezeichnet.

Das folgende Bild zeigt nun zusätzlich die Import-Schnittstellen des bereits aus Bild 22-3 bekannten Moduls:

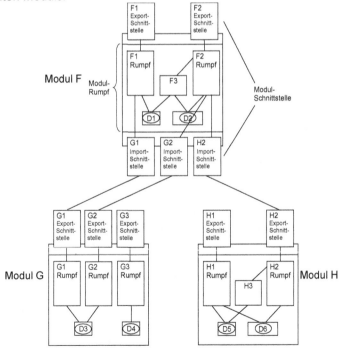

Bild 22-4 Import-Schnittstellen müssen spezifiziert werden

Diese Import-Schnittstellen sind so zu interpretieren, dass das Modul die Funktionen G1, G2 und H2 benötigt, um korrekt arbeiten zu können. Es muss daher Module geben, die diese Funktionen über ihre Export-Schnittstelle zur Verfügung stellen, damit das gesamte System funktioniert. Durch Benutzung entsteht zwischen den Modulen eine Beziehung, die sogenannte **Import-Relation**. In obigem Bild benutzt Modul F die Module G und H. Diese Import-Relation kann grafisch in einem **Modul-Diagramm** dargestellt werden.

Bild 22-5 zeigt das **Modul-Diagramm** für das gerade besprochene Beispiel:

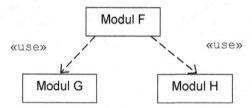

Bild 22-5 Import-Relation zwischen Modulen

Bei dem Entwurf von Modulen sollen gegenseitige Abhängigkeiten – sowohl direkt zwischen zwei Modulen als auch indirekt über mehrere Module hinweg – vermieden werden. Vorsicht!

Solche unerwünschten Abhängigkeiten sind in einem Modul-Diagramm als Zyklus sichtbar.

22.2.4 Das Modulkonzept – eine Vorstufe der Objektorientierung

Die Kapselung von Daten, Funktionsrümpfen und Service-Funktionen in einem Modul als Einheit entspricht bereits dem Ansatz der Objektorientierung, dass die Funktionen bei den Daten, die sie bearbeiten, stehen müssen, dass sie in der Regel verborgen sind und dass die Funktionen die Schnittstelle zwischen diesen Daten und der Außenwelt darstellen.

Dies symbolisiert das folgende Bild der Objektorientierung:

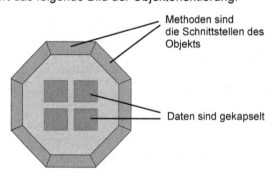

Methoden sind die Schnittstellen des Objekts

Daten sind gekapselt

Bild 22-6   Zugriff auf die Daten eines Objekts über dessen Methoden in der Objektorientierung

Dass in der Objektorientierung Funktionen als Methoden bezeichnet werden, tut hierbei nichts zur Sache.

Auch der Ansatz der Trennung von Schnittstelle und Implementierung eines Moduls entspricht bereits der Objektorientierung: ein Objekt kann mit einem anderen Objekt nur über die Schnittstellen der Methoden dieses Objektes reden. Die Implementierung der Methoden eines Objektes ist nach außen nicht sichtbar.

Eine **Klasse der Objektorientierung** bietet nach außen aber nur Schnittstellen von Export-Methoden an. Sie **hat keine Schnittstellen für Import-Methoden**. Sie kapselt die Methodenrümpfe, Daten und Service-Methoden. **Im Gegensatz zur Objektorientierung**, bei der eine Klasse einen Datentyp darstellt, **ist ein Modul kein Datentyp**. Ein Modul stellt eine prozedurale Strukturierungseinheit dar.

22.3 Umsetzung des Modular Design in C

Ein Modul im Sinne des Modular Design wird in C in eine übersetzbare Einheit umgesetzt, also eine Quelldatei, landläufig auch als C-Datei bezeichnet.

22.3.1 Information Hiding mit static

Die globalen Variablen und Funktionen eines Moduls, die im Modul verborgen gehalten werden sollen, werden mit dem Schlüsselwort `static` versehen (siehe Kapitel 15.4). Dadurch können sie von Funktionen aus anderen Dateien nicht verwendet werden – auch nicht unter Verwendung der `extern`-Deklaration. Damit ist das Geheimnisprinzip (Information Hiding) gewahrt.

> Ein Schlüssel zur Modularisierung in der Programmiersprache C ist das Schlüsselwort `static`. Da in der Programmiersprache C immer von einer anderen Datei auf Funktionen und globale Variablen zugegriffen werden kann, muss man, um eine globale Variable bzw. eine Funktion nach außen zu verbergen, das Schlüsselwort `static` verwenden.

22.3.2 Behandlung der Header

Kapitel 22.3.2.1 beschreibt die Trennung einer C-Datei und ihrer Schnittstelle mit Hilfe eines Headers.

> Eine C-Datei implementiert die Funktionen der zugehörigen Header-Datei. Da die Header-Datei `extern`-Deklarationen enthält, wird diese Prototypen-Header-Datei auch von denjenigen Modulen inkludiert, die diese Funktionen aufrufen wollen.

Kapitel 22.3.2.3 zeigt, wie das mehrfache Inkludieren desselben Headers unterbunden wird.

22.3.2.1 Trennung von Schnittstelle und Implementierung mit Header-Datei

Um in C zwischen Schnittstelle und Implementierung eines Moduls zu trennen, wird die Technik der Header-Dateien eingesetzt.

Die **Header-Datei** eines Moduls enthält die Funktionsprototypen und entspricht damit der **Schnittstelle**, die **C-Datei** stellt die **Implementierung** dar.

Eine C- und die dazugehörige Header-Datei bilden eine logische Einheit. Dies soll sich auch im Dateinamen ausdrücken: Beide Dateien werden mit einem Namen benannt, welcher die in den Dateien enthaltenen Deklarationen und Definitionen als zusammengehörige, modulare Einheit kennzeichnet. Sie unterscheiden sich nur durch unterschiedliche Dateinamenserweiterungen.

Die Export-Schnittstellen eines Moduls werden in einer Header-Datei spezifiziert. Die Header-Datei enthält insbesondere Funktionsprototypen für alle Funktionen, die ein Modul nach außen zur Verfügung stellt. Dazu können Typvereinbarungen (meist Strukturen) und Konstanten kommen, die für den Umgang mit den Funktionen wichtig sind wie z. B. Fehlercodes.

Eine Header-Datei sollte keine nicht statische Definition enthalten, die in irgendeiner Weise zu einer Speicherallokation führt. Eine Header-Datei sollte, wenn immer möglich, nur Deklarationen enthalten.

Funktionsprototypen und Typdefinitionen sind Informationen für den Compiler und erzeugen noch keinen Speicherplatz im Programm. Ebenso sind alle Anweisungen an den Präprozessor wie etwa eine symbolische Konstantendefinition mit `#define` unkritisch. Wenn globale Variablen vom Modul exportiert werden sollen, dann darf in der Header-Datei nur eine entsprechende `extern`-Deklaration dieser Objekte stehen. Eine `extern`-Deklaration reserviert nämlich keinen Speicher. Erst die Definition dieser Objekte im Rumpf des Moduls in der entsprechenden C-Datei legt den benötigten Speicherplatz an.

Da die Header-Datei die Funktionsprototypen der C-Datei enthält, wird diese üblicherweise in der C-Datei inkludiert. Der Compiler hat so die Möglichkeit, einen Funktionsprototyp und seine Implementierung auf Konsistenz zu prüfen.

Das folgende Bild zeigt die Implementierung einer Header-Datei in der zugeordneten C-Datei:

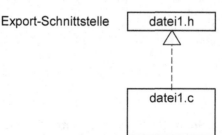

Bild 22-7 Implementierung der Export-Schnittstelle beim Modular Design

22.3.2.2 Benutzung anderer Module durch Inkludieren der Header-Datei

Wenn in der C-Datei eines Moduls `datei2.c` ein anderes Modul `datei1` (bzw. Teile davon) benutzt werden soll, dann muss die C-Datei `datei2.c` die entsprechende Header-Datei `datei1.h` inkludieren. Das folgende Bild zeigt die Benutzung der Header-Datei als Schnittstelle:

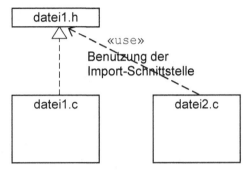

Bild 22-8 Import-Schnittstelle realisiert durch Header-Datei

Inkludiert eine Datei `datei2.c` die Header-Datei `datei1.h` einer Datei `datei1.c`, so stellt die Header-Datei `datei1.h` für die Datei `datei2.c` die Import-Schnittstelle dar.

Eine Header-Datei in C hat also sowohl die Funktion einer Export-Schnittstelle als auch einer Import-Schnittstelle, wie in Bild 22-9 schematisch dargestellt wird:

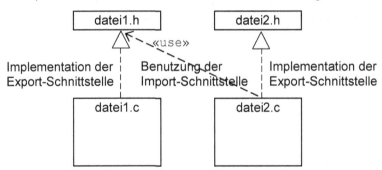

Bild 22-9 Import- und Export-Schnittstelle beim Modular Design

Anders als beim Import von Schnittstellen, die aus Standardbibliotheken stammen, ist es üblich, dass, wie in Bild 22-10 zu sehen ist, `#include "datei1.h"` geschrieben wird, d. h. dass die zu inkludierende Datei also in Anführungszeichen, nicht in spitze Klammern gesetzt wird. Zum einen hat diese Schreibweise den Vorteil, dass der Compiler die Header-Datei zuerst dort sucht, wo auch die Quelldateien liegen, ohne dass dem Compiler ein weiterer Include-Pfad mitgeteilt werden muss. Zum anderen unterstützt es die Lesbarkeit, da so besser zwischen „eigenen" Dateien und solchen aus Standardbibliotheken unterschieden werden kann. Jetzt das Bild 22-10:

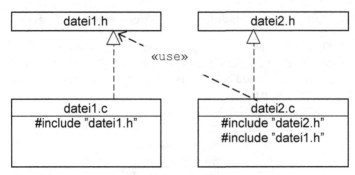

Bild 22-10 #include-Direktiven für die Import- und Export-Schnittstelle beim Modular Design

Die vorgeschlagene Nutzung der #include-Anweisung, wie sie in Bild 22-10 schematisch dargestellt ist, ist typisch für C-Programme. Dies bedeutet, dass bei der Übersetzung der Datei datei1.c der Präprozessor wegen der entsprechenden #include-Anweisung die Header-Datei datei1.h in die Datei datei1.c einfügt und wegen der #include-Anweisungen in der Datei datei2.c die Header-Dateien datei1.h und datei2.h in die Datei datei2.c.

Dies führt wie in diesem Beispiel häufig dazu, dass im Quelltext einerseits eine Funktion mit ihrem Prototyp angekündigt wird wie eine externe Funktion, andererseits sie aber anschließend in der gleichen Übersetzungseinheit geschrieben steht. Hierbei darf man sich jedoch nicht auf Doppeldeutigkeiten des Begriffs extern einlassen.

Gemäß Standard bedeutet das Schlüsselwort extern nicht „in einer externen Datei befindlich", sondern nur „gemäß vorangegangener sichtbaren Deklaration".

Wenn keine vorangegangene Deklaration sichtbar ist, wird eine Funktion automatisch mit externer Bindung deklariert. Eine externe Bindung bedeutet jedoch nicht zwingendermaßen, dass die Funktion in einer anderen Datei ausprogrammiert sein muss, sondern nur „später". Der Linker wird sich schlussendlich um das Verbinden des Funktionsnamens mit der korrekten Implementierung kümmern. Siehe auch Kapitel 15.2.

22.3.2.3 Verhindern von mehrfachem Inkludieren der gleichen Header-Datei

Wenn die Abhängigkeiten zwischen den Dateien komplizierter werden, kann es leicht passieren, dass eine Header-Datei mehrfach inkludiert wird. Das führt ohne weitere Vorkehrungen jedoch zu Fehlermeldungen, da zum Beispiel eine Struktur oder eine symbolische Konstante dann mehrfach definiert wird, was nicht erlaubt ist.

Dieses Problem kann mit Hilfe der #ifndef-Präprozessor-Direktive (siehe auch Kapitel 21.4) gelöst werden, wie im folgenden Beispiel gezeigt:

```
/* Datei: person.h */
#ifndef _PERSON_H_
#define _PERSON_H_
```

```
#define PERSON_SLEN (80+1)

typedef struct person {
   char   vorname [PERSON_SLEN];
   char nachname [PERSON_SLEN];
   short geburtsjahr;
} person;

void person_print (const person * const p);

/* Weitere exportierte Funktionsprototypen ...                    */

#endif
```

Wird in einem Quelltext das erste Mal die Header-Datei `person.h` inkludiert, so wird die symbolische Konstante `_PERSON_H_` definiert. Wird in demselben Quelltext die Header-Datei `person.h` ein weiteres Mal inkludiert (meist durch eine `#include`-Präprozessor-Direktive in einer anderen Header-Datei), so ist die symbolische Konstante `_PERSON_H_` schon definiert, und deshalb werden alle Zeilen bis zur nächsten `#endif`-Präprozessor-Direktive weggelassen. Die Struktur `struct person` wird also nicht noch ein weiteres Mal definiert – der Fehler beim Übersetzen ist vermieden.

22.4 Realisierung eines Stacks mit Modular Design in C

In diesem Kapitel sollen die Konzepte des Modular Design in C an einem einfachen Beispiel vorgestellt werden. Ziel ist es, einen Stack zu implementieren, in dem nach dem Prinzip „Last In – First Out" (LIFO-Prinzip) `int`-Zahlen gespeichert werden können.

Der Stack ist eine wichtige Datenstruktur in der Informatik. Er wurde bereits in Kapitel 11.8.2.5 vorgestellt, wo er zur Abwicklung rekursiver Funktionsaufrufe eingesetzt wurde. Zur Realisierung kann ein C-Compiler dabei heutzutage meist auf die Hardware vertrauen: Die meisten gängigen Prozessoren unterstützen das Stack-Prinzip durch entsprechende Befehle und Register.

Mitunter führen Rekursionen aber zum Beispiel wegen der begrenzten Programm-Stackgröße innerhalb des Stack-Segments zu Problemen. Diese kann man dann durch „selbst gebaute" Stacks, wie sie in diesem Kapitel vorgestellt werden, lösen. Die intern im Stack-Modul gehaltenen Daten können hierbei im Daten-Segment – wie im Beispiel – oder im Heap abgelegt werden. Durch die feste Export-Schnittstelle des Stack-Moduls ist es dabei sogar möglich, flexibel auch auf sehr hohe Anforderungen an die Stackgröße zu reagieren, zum Beispiel dadurch, dass man zur Implementierung des Stacks Dateien oder Datenbanken einsetzt. Weitere Anwendungsgebiete für Stacks sind beispielsweise die Überprüfung der korrekten Schachtelung (Klammerung) in einer Eingabe oder die Umkehrung einer Reihenfolge durch das LIFO-Prinzip etwa bei der Berechnung der Binärdarstellung einer Zahl (siehe dazu auch Aufgabe 22.2).

Das folgende Programm besteht aus drei Dateien `main.c` (Testrahmen), `stack.h` (die Export-Schnittstelle des Moduls `stack`) und `stack.c` (die Implementierung des Moduls `stack`). Bild 22-11 zeigt die Abhängigkeiten über die `#include`-Direktiven zwischen diesen Dateien:

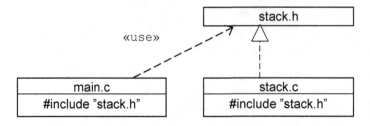

Bild 22-11 `#include`-Direktiven für die Import- und Export-Schnittstelle beim Stack-Beispiel zum Modular Design

22.4.1 Die Header-Datei stack.h

Hier zunächst die Datei `stack.h`:

```
/* Datei: stack.h */
#ifndef _STACK_H_
#define _STACK_H_
enum stack_errors {
    STACK_OK,/* Kennnummer fuer korrekt abgelaufene Stack-Operation*/
    STACK_VOLL,                     /* Kennnummer fuer vollen Stack */
    STACK_LEER                      /* Kennnummer fuer leeren Stack */
};

/* Extern-Deklarationen der exportierten Funktionen:          */

/* Eine int-Zahl auf den Stack legen.                         */
/* Parameter: int-Zahl, die auf den Stack soll.               */
/* Return: Fehlercode.                                        */
extern enum stack_errors stack_push (const int);

/* Eine int-Zahl vom Stack abholen.                           */
/* Parameter: Pointer auf int-Zahl, die mit dem obersten      */
/*            Stack-Wert gefuellt wird.                        */
/* Return: Fehlercode.                                        */
extern enum stack_errors stack_pop (int * const);
#endif
```

Zunächst wird wieder durch den Einsatz der `#ifndef`-Präprozessor-Direktive sichergestellt, dass die Header-Datei nicht mehrfach in denselben Quelltext inkludiert werden kann.

Danach wird der Aufzählungstyp `enum stack_errors` definiert, in dem Kennnummern für die Rückgabewerte (OK oder Fehler) der folgenden Funktionen festgelegt werden. Damit kann ein anderes Modul auf einen Fehler, der im Modul `stack` entsteht, entsprechend reagieren.

Dann werden die exportierten Funktionen (`stack_push()` und `stack_pop()`) als Prototypen deklariert. Damit weiß jedes Modul, welches die Datei `stack.h` inkludiert, welche Funktionen das Modul `stack` anbietet. Ein inkorrekter Aufruf einer Funktion (falsche Parameteranzahl, falsche Parametertypen, fehlerhafte Verwendung des Rückgabewertes) wird vom Compiler erkannt. Zusätzlich werden durch Kommentare die Aufgaben der bereitgestellten Funktionen, deren Parameter und die Rückgabewerte beschrieben.

Es ist gängige Praxis, den eigentlichen Namen der Funktionen des Moduls (`push()` und `pop()`) mit dem Namen des Typs, auf welchem operiert wird, zu ergänzen (daher **stack**_push() und **stack**_pop()). So wird vermieden, dass es zu Namensüberschneidungen mit anderen Modulen kommt, die denselben Namen für ihre Funktionen brauchen. Das ist vor allem bei „Allerwelts-Funktionsnamen" wie zum Beispiel `init()`, `close()` und `open()` dringend geboten, wobei die letzteren ja sogar Funktionen aus den Standardbibliotheken sind. Je nach Programmierstil könnten die Funktionen auch `pushStack()` und `popStack()` oder ähnlich heißen.

22.4.2 Arbeitsteilige Entwicklung

Mit der bloßen Kenntnis der Export-Schnittstelle des Moduls `stack` kann diese jetzt im Hauptprogramm verwendet werden, ohne weiteres Wissen über die eigentliche Implementierung in der Datei `stack.c` zu haben. Die nun folgende Datei `main.c` kann sogar übersetzt werden, unabhängig davon, ob die Datei `stack.c` überhaupt existiert, fehlerhaft ist oder schon korrekt übersetzt wurde. Die Programmierer dieser beiden Dateien könnten also unabhängig voneinander beginnen, triviale Fehler aus ihren Dateien zu entfernen und würden sich dabei nicht gegenseitig stören. Dadurch wird eine arbeitsteilige Programmentwicklung ermöglicht.

Erst beim Versuch, das Programm zu binden, müssen alle vom Hauptprogramm benötigten Dateien und Bibliotheken korrekt übersetzt vorliegen, damit sie zu einem ausführbaren Programm zusammengefügt werden können. Man spricht dann auch davon, dass die einzelnen Module zu einem ablauffähigen System integriert werden.

22.4.3 Implementierung des Moduls main.c

Die ausprogrammierte Datei `main.c` soll folgendermaßen lauten:

```
/* Datei: main.c */
#include <stdio.h>
#include "stack.h"    /* Import der Funktionen und Konstanten   */
                      /* des Moduls "stack"                     */

int main (void)
{
   int anzahl;                    /* Anzahl einzulesender Zahlen  */
   int lv;                        /* Laufvariable                 */
   int zahl;                      /* Laufende Zahl                */
   enum stack_errors status       /* Rueckgabewerte von           */
           = STACK_OK;            /* stack_push(), stack_pop()    */

   printf ("\nWie viele Zahlen wollen Sie eingeben?: ");
   scanf ("%d", &anzahl);
   for (lv = 0; lv < anzahl && status == STACK_OK; lv++)
   {
      printf ("Geben Sie bitte eine Zahl ein: ");
      scanf ("%d", &zahl);
```

```
        status = stack_push (zahl); /* Zahl auf Stack ablegen     */
    }
    if (status == STACK_OK)
    {
        printf ("\nNun erfolgt die Ausgabe der Zahlen: ");
        for (; lv > 0 && status == STACK_OK; lv--)
        {
            status = stack_pop (&zahl); /* Oberste Zahl vom Stack   */
                                        /* holen                    */
            printf ("\nDie %d-te Zahl war %d", lv, zahl);
        }
    }
    printf ("\n");
    return 0;
}
```

Im Hauptprogramm, das hier als Testrahmen des Moduls `stack` dient, wird die Anzahl der Zahlen abgefragt, die auf dem Stack abgelegt werden sollen. Diese Zahlen werden dann in der ersten `for`-Schleife interaktiv abgefragt und mit der Funktion `stack_push()` auf dem Stack abgelegt. Kommt es dabei zu einem Fehler, so wird die `for`-Schleife abgebrochen und die zweite `for`-Schleife, die der Ausgabe des Stacks dient, gar nicht erst aufgerufen.

Hier ein Beispiel zur Ausgabe des Programms:

```
Wie viele Zahlen wollen Sie eingeben?: 3
Geben Sie bitte eine Zahl ein: 1
Geben Sie bitte eine Zahl ein: 2
Geben Sie bitte eine Zahl ein: 3

Nun erfolgt die Ausgabe der Zahlen:
Die 3-te Zahl war 3
Die 2-te Zahl war 2
Die 1-te Zahl war 1
```

22.4.4 Implementierung des Moduls stack.c

Die Datei `stack.c` schließlich dient der Implementierung des Moduls `stack`:

```
/* Datei: stack.c */
#include <stdio.h>
#include <stdlib.h>

#include "stack.h"

/* Modul-globale, aber nicht exportierte               */
/* Konstanten und Variablen                            */
#define MAX 5

static int array [MAX];
static int topOfStack = 0;

/* Nicht exportierte Service-Funktionen                */

/* Eine Fehlermeldung ausgeben.                        */
/* 1. Parameter: Fehlernummer der Fehlermeldung.       */
/* 2. Parameter: Zeilennummer, in der der Fehler auftrat.  */
```

```
static void printError (const enum stack_errors errNr,
                        const unsigned lineNr)
{
   /* Fehlertexte passend zur enum stack_errors aus stack.h:      */
   static char * errorStrings [] = {
      "\nOK",
      "\nStack ist voll.",
      "\nStack ist leer."
   };
   char * errString;
   if (errNr < 0 || errNr > STACK_LEER)
      errString = "Undefinierter Fehler.";
   else
      errString = errorStrings [errNr];
   fprintf (stderr, "\nFehler Nr. %d in Datei %s Zeile %d: %s",
      errNr, __FILE__, lineNr, errString);
}

/* Exportierte Funktionen                                         */

enum stack_errors stack_push (const int zahl)
{
   if (topOfStack == MAX)
   {
      printError (STACK_VOLL, __LINE__);
      return STACK_VOLL;
   }
   else
   {
      array [topOfStack] = zahl;
      topOfStack++;
      return STACK_OK;
   }
}

enum stack_errors stack_pop (int * const zahl)
{
   if (topOfStack == 0)
   {
      printError (STACK_LEER, __LINE__);
      return STACK_LEER;
   }
   else
   {
      * zahl = array [--topOfStack];
      return STACK_OK;
   }
}
```

Die Datei enthält als Modul-globale Daten einen Stack bestehend aus einem Array aus int-Zahlen (array) und einem Füllstandsanzeiger des Stacks (topOfStack). Alle diese Daten sind durch das Schlüsselwort static gegen versehentlichen Zugriff von außen gesichert. Daher kann hier auch auf das Voranstellen des Präfixes „stack_" verzichtet werden. Der C-Linker ist durchaus imstande, mehrere gleich benannte static-Variablen aus verschiedenen Modulen parallel konsistent zu verwalten. Aus anderen Dateien ist der Zugriff auf den Stack nur indirekt, das heißt über die Funktionen stack_push() und stack_pop() möglich. Die Stack-

Variablen `array` und `topOfStack` müssen innerhalb der Datei `stack.c` Modul-global sein, da auf sie sowohl von der Funktion `stack_push()` als auch von der Funktion `stack_pop()` zugegriffen werden muss. Weiter wird die symbolische Konstante `MAX` vereinbart, die ebenfalls nur innerhalb des Moduls `stack` bekannt ist.

22.4.4.1 Die Funktion printError()

Eine Modul-globale, aber nicht nach außen sichtbare Funktion stellt die Funktion `printError()` dar. Sie ist ebenfalls durch das Schlüsselwort `static` gegen versehentlichen Zugriff von außen gesichert. Wieder ist es wie bei den Modul-globalen Daten möglich, dass `static`-Funktionen des gleichen Namens in anderen Modulen implementiert werden. Da die auszugebenden Fehlertexte nur innerhalb der Funktion `printError()` gebraucht werden, werden diese als `static`-Array im Funktionsrumpf von `printError()` definiert.

Die Funktion `printError()` benutzt das vordefinierte Makro `__FILE__` bzw. erwartet, dass der an den formalen Parameter `lineNr` von den aufrufenden Funktionen übergebene aktuelle Parameter mit dem vordefinierten Makro `__LINE__` generiert wird. Diese Makros (weitere finden sich in Kapitel 21.5) sind bei der Ausgabe von Fehlermeldungen sehr nützlich, da sie genau angeben, in welcher C-Datei – also in welchem Modul – und in welcher Zeile in dieser Datei es zu dem Fehler kam. So kann man recht rasch einen Fehler, der zum Beispiel von einem Kunden über Telefon gemeldet wird, einkreisen. Das folgende Beispiel zeigt eine solche **Fehleraus-gabe**, bei der die vorgesehene maximale Anzahl von Stack-Einträgen überschritten wird:

Hier ein Beispiel zur Fehler-Ausgabe des Programms:

```
Wie viele Zahlen wollen Sie eingeben?: 6
Geben Sie bitte eine Zahl ein: 1
Geben Sie bitte eine Zahl ein: 2
....
Geben Sie bitte eine Zahl ein: 6

Fehler Nr. 1 in Datei
e:\c-buch\vk\cprog\kapitelSE\main\stack.c Zeile 43:
Stack ist voll.
```

22.4.4.2 Arbeitsweise von stack_push() und stack_pop()

Die Funktionen `stack_push()` und `stack_pop()` dienen dazu, mit Hilfe der Variablen `topOfStack` ein neues Datenelement an die oberste Stelle des Stacks zu schreiben (Funktion `stack_push()`) bzw. das oberste Datenelement vom Stack abzuholen (Funktion `stack_pop()`).

Schreibt die Funktion `stack_push()` eine `int`-Zahl auf den Stack, so muss sie den Wert der Variablen `topOfStack` erhöhen, liest die Funktion `stack_pop()` vom Stack, muss sie `topOfStack` erniedrigen. Die Variable `topOfStack` zeigt immer auf den nächsten freien Platz.

Diese Funktionsweise wird in Bild 22-12 dargestellt:

Vor `stack_push(7)`:   Nach `stack_push(7)`: Vor `stack_pop()`:   Nach `stack_pop()`:

	topOfStack	topOfStack	
topOfStack	7	7	topOfStack
6	6	6	6
5	5	5	5
4	4	4	4
3	3	3	3

`stack_push(7)` schreibt die 7   `stack_pop()` gibt die 7 zurück

Bild 22-12 Funktionsweise der Funktionen push() *und* pop()

Der Stack ist im Beispiel also programmtechnisch durch ein Array `int array [MAX]` realisiert. `topOfStack` ist ein `int`-Wert, der einen Index für das Array, das als Stack dient, darstellt. Der Index `topOfStack` gibt das nächste freie Element des Stacks (also des Arrays) an. Diese Implementierungsweise eines Stacks zeigt Bild 22-13:

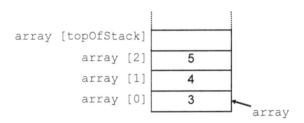

Bild 22-13 Realisierung des Stacks

Damit liegt hier ein Beispiel für die Umsetzung eines Modularen Design nach C vor: Der Stack ist in dem Modul `stack`, das die zwei Funktionen `stack_push()` und `stack_pop()` enthält, verborgen (siehe Bild 22-14). Ein potentieller Nutzer von `stack_push()` und `stack_pop()` braucht sich mit der oben skizzierten programmtechnischen Realisierung des Stacks nicht auseinanderzusetzen.

Der Zugriff auf den Stack ist nur über die Schnittstellenfunktionen `stack_push()` und `stack_pop()` des Moduls `stack` möglich. Zu anderen Modulen ist nur die Schnittstelle von `stack_push()` und `stack_pop()`, nicht jedoch ihre Implementierung und nicht der Stack selbst sichtbar. So wäre es auch möglich, den Stack statt durch ein Array durch eine verkettete Liste (siehe Kapitel 19.1) zu realisieren. Diese Modul-interne Änderung würde nach außen nicht sichtbar. So muss in diesem Beispiel das Hauptprogramm nicht umgeschrieben werden, da ein Modul, das diesen Stack benutzt, trotz dieser gravierenden Änderung in der Datenhaltung nicht geändert werden muss.

Das folgende Bild zeigt, wie das Modul `main.c` Funktionen des Moduls `stack.c` importiert:

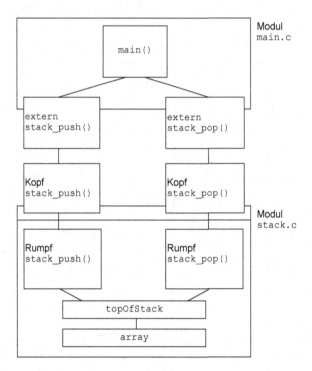

Bild 22-14 Modular Design für einen Stack in C

22.5 Zusammenfassung

Dieses Kapitel befasst sich mit der Umsetzung eines Modular Design in C. Auch wenn die Programmiersprache C für das Structured Design besonders geeignet ist, so wie Modula-2 für das Modular Design, so kann man dennoch mit den Sprachmitteln von C ein Modular Design unterstützen.

Beim Structured Design wird ein Programm in Unterprogramme zerlegt, die zu anderen Unterprogrammen möglichst wenige Querbeziehungen haben. In C bedeutet dies, dass man das Programm in Funktionen strukturiert, die wenig Schnittstellen zu ihrer Umgebung haben, d. h. wenig Übergabeparameter benötigen und möglichst ohne globale Variablen auskommen.

Beim Modularen Design stehen nicht nur einzelne Funktionen im Mittelpunkt, sondern die Zusammenfassung von Funktionen und Daten zu größeren Einheiten, den Modulen. Zentraler Gedanke ist dabei einerseits die Kapselung der Daten und Funktionen als Einheit und andererseits die Festlegung der Schnittstellen zwischen diesen größeren Einheiten, um so zu mehr Prüfbarkeit zwischen den Einheiten zu kommen. Über eine Export-Schnittstelle stellt ein Modul Ressourcen für andere Module zur Verfügung. Alle anderen Interna sind verborgen (Information Hiding). Die Export-Schnittstelle eines Moduls stellt eine Abstraktion der nach außen angebotenen Funktionen dar. Zur Implementierung eines Moduls kann man andere Module benutzen, die man in der Import-Schnittstelle auflistet.

Mit dem neuen Schnittstellenkonzept hat man das Folgende erreicht:

- Ein Modul ist ersetzbar durch ein Modul mit gleicher Export-Schnittstelle und gleicher Import-Schnittstelle.
- Durch Prüfung der Export- und der Import-Schnittstellen der verschiedenen Module durch den Compiler lässt sich feststellen, ob die wechselseitigen Aufrufe der Module fehlerfrei funktionieren.
- Der Modulentwickler hat die Kontrolle darüber, was von seinem Modul benutzt werden kann (Export-Schnittstelle) und was verborgen bleibt (Information Hiding).

Durch konsequente Anwendung von Information Hiding wird ein Modul zur Black-Box: Man kennt nur die Export- und die Import-Schnittstelle, aber nicht die genaue Funktionsweise.

Im Gegensatz zum Structured Design, bei dem einzelne Funktionen im Mittelpunkt stehen, werden beim Modular Design Module aus mehreren Funktionen betrachtet. Die Rümpfe der Funktionen sowie eventuelle globale Daten, auf denen die Funktionen arbeiten, werden im sogenannten Modul-Rumpf zusammengefasst, der im Sinne des Modular Design verborgen bleiben soll. Der Modul-Rumpf stellt die eigentliche Implementierung eines Moduls dar. In einer Modul-Schnittstelle wird spezifiziert, welche Funktionen ein Modul zur Verfügung stellt (Export) und welche Funktionen ein Modul benötigt, um korrekt arbeiten zu können (Import).

Auf die Rümpfe der Funktionen eines Moduls, die Modul-lokalen Funktionen (Service-Funktionen) und auf die Daten wird das Prinzip des Information Hiding angewandt.

Ein Modul kann ein anderes Modul benutzen, indem eine Funktion des einen Moduls eine Funktion eines anderen Moduls als Import-Funktion aufruft. Im Rahmen des Modular Design müssen Module bekanntgeben, dass sie Funktionen anderer Module benutzen wollen. Dies wird als Import-Schnittstelle eines Moduls bezeichnet.

Bei dem Entwurf von Modulen sollen gegenseitige Abhängigkeiten – sowohl direkt zwischen zwei Modulen als auch indirekt über mehrere Module hinweg – vermieden werden.

Die Kapselung von Daten, Funktionsrümpfen und Service-Funktionen in einem Modul als Einheit entspricht bereits dem Ansatz der Objektorientierung, dass die Funktionen bei den Daten, die sie bearbeiten, stehen müssen und dass die Funktionen die Schnittstelle zwischen diesen Daten und der Außenwelt darstellen.

Ein Modul im Sinne des Modular Design wird in C in eine übersetzbare Einheit umgesetzt, also eine Quelldatei, landläufig auch als C-Datei bezeichnet. Ein Schlüssel zur Modularisierung in der Programmiersprache C ist das Schlüsselwort `static`. Da in der Programmiersprache C immer von einer anderen Datei auf Funktionen und globale Variablen zugegriffen werden kann, muss man, um eine globale Variable bzw. eine Funktion nach außen zu verbergen, das Schlüsselwort `static` verwenden.

Eine C-Datei implementiert die Funktionen der zugehörigen Header-Datei. Da eine Header-Datei `extern` -Deklarationen und Prototypen enthält, wird diese Header-Datei auch von denjenigen Modulen inkludiert, welche die entsprechenden Funktionen aufrufen wollen.

Um in C zwischen Schnittstelle und Implementierung eines Moduls zu trennen, wird die Technik der Header-Dateien eingesetzt. Die Header-Datei eines Moduls enthält die Funktionsprototypen und entspricht damit der Schnittstelle, die C-Datei stellt die Implementierung dar. Eine C- und die dazugehörige Header-Datei bilden eine logische Einheit. Dies soll sich auch im Dateinamen ausdrücken: Beide Dateien werden mit einem Namen benannt, welcher die in den Dateien enthaltenen Deklarationen und Definitionen als zusammengehörige, modulare Einheit kennzeichnet. Sie unterscheiden sich nur durch unterschiedliche Dateinamenserweiterungen.

Die Export- bzw. Import-Schnittstellen eines Moduls werden in einer Header-Datei spezifiziert. Die Header-Datei enthält insbesondere Funktionsprototypen für alle Funktionen, die ein Modul nach außen zur Verfügung stellt bzw. aufruft. Dazu können Typvereinbarungen (meist Strukturen) und Konstanten kommen, die für den Umgang mit den Funktionen wichtig sind wie z. B. Fehlercodes.

Eine Header-Datei sollte keine nicht statische Definition enthalten, die in irgendeiner Weise zu einer Speicherallokation führt. Eine Header-Datei darf nur Deklarationen enthalten.

Eine Header-Datei in C hat sowohl die Funktion einer Export-Schnittstelle als auch einer Import-Schnittstelle.

Gemäß Standard bedeutet das Schlüsselwort `extern` nicht „in einer externen Datei befindlich", sondern nur „gemäß vorangegangener sichtbaren Deklaration".

22.6 Übungsaufgaben

Aufgabe 22.1: Erweiterung des Stack-Moduls

a) Oft ist es bei Stacks nützlich zu wissen, ob dieser leer ist, bzw. wie viele Elemente dieser gespeichert hat. Erweitern Sie das Modul `stack` aus Kapitel 22.4 um eine Funktion `stack_num()`, welche die Anzahl der im Stack gespeicherten Elemente als `int`-Zahl zurückgibt.

b) Erweitern Sie das Hauptprogramm, so dass die neue Funktion auch mitgetestet wird.

Aufgabe 22.2: Weitere Nutzung des Stack-Moduls

a) Schreiben Sie unter Verwendung des Moduls `stack` ein weiteres Modul `basis` mit einer Funktion `basis_printBinaer (unsigned n)`, welche die Berechnung und das Drucken der Binärdarstellung einer Zahl n so implementiert, wie das in der Funktion `binaerZahlIter()` in Kapitel 11.8.3 gemacht wird. Allerdings sollen Sie zum Abspeichern der Zwischenwerte (`zahl / 2`) den Stack des Moduls `stack` verwenden und nicht ein Array wie in `binaerZahlIter()`. Wie Sie sehen werden, gelingt die Speicherung der berechneten Koeffizienten der Binärdarstellung und die Umkehrung der Reihenfolge bei der Ausgabe ganz einfach mit Hilfe des Stack-Moduls.

b) Schreiben Sie in der Datei `main.c` einen Testrahmen, der Ihre Funktion `basis_printBinaer()` interaktiv testet. Die Ausgabe sollte in etwa wie im Folgenden dargestellt aussehen. Sie können also, falls es zu einem Stack-Überlauf kommt, das Programm einfach beenden (mit `exit()`, siehe Kapitel 15.2).

c) Natürlich können Sie auch das Array im Stack-Modul vergrößern, damit Sie größere `int`-Zahlen in der Binärdarstellung drucken können und so den in der Beispielausgabe befindliche Programmabbruch vermeiden.

Hier ein Beispiel zur Ausgabe des Programms:

```
Stack-basierte Berechnung der Binaerdarstellung:
Geben Sie bitte eine Zahl ein (0: Ende): 1
1 in Binaerdarstellung: 1
Geben Sie bitte eine Zahl ein (0: Ende): 7
7 in Binaerdarstellung: 111
Geben Sie bitte eine Zahl ein (0: Ende): 8
8 in Binaerdarstellung: 1000
Geben Sie bitte eine Zahl ein (0: Ende): 32
Fehler Nr. 1 in Datei stack.c Zeile 43:
Stack ist voll.
Programmabbruch.
```

Kapitel 23

Threads nach C11

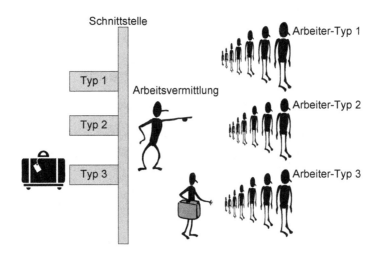

23 Threads nach C11

Dieses Kapitel gibt Einblicke in die Entwicklung von Programmen mit mehreren nebenläufigen Code-Teilen.

Threads sind eine optionale Erweiterung des C11-Standards. Dies bedeutet, dass nicht jeder Compiler, der C11 unterstützt, auch eine Unterstützung der optionalen Threads bietet.

Ist das Makro `__STDC_NO_THREADS__` gesetzt, so bietet der Compiler keine Thread-Unterstützung.

Kapitel 23.1 grenzt Betriebssystemprozesse und Threads gegeneinander ab. Kapitel 23.2 behandelt die Möglichkeiten von Threads nach dem C11-Standard. Die Synchronisation von Threads wird in Kapitel 23.3 explizit besprochen. Kapitel 23.4 analysiert Probleme beim Arbeiten mit Threads und deren Lösung.

23.1 Betriebssystemprozesse und Threads

Als erstes soll ein Betriebssystemprozess charakterisiert werden.

Wird ein lauffähiges Programm auf einem Computer ausgeführt, so bezeichnet man dieses Programm als **Betriebssystemprozess**. Ein laufender Betriebssystemprozess besitzt einen eigenen physischen Adressraum für sein Programm. Er kann auf die ihm zugeordneten Systemressourcen wie Prozessor, Speicher oder Peripheriegeräte zugreifen.

Die Ressourcen eines Betriebssystemprozesses werden als sein **Prozess-Kontext** bezeichnet.

Eine Ressource, die ein Programm benötigt, damit es laufen kann – wie der Speicher, der Prozessor oder eine benötigte Datei – stellt ein **Betriebsmittel** für einen Betriebssystemprozess dar.

In aller Regel sind beim Betrieb eines Computers immer zahlreiche Betriebssystemprozesse gleichzeitig aktiv. Diese werden vom **Betriebssystem** verwaltet. Betriebssystemprozesse werden auch Tasks genannt und das gleichzeitige Abarbeiten mehrerer Tasks wird als **Multitasking** bezeichnet.

Betriebssystemprozesse können verschiedene Zustände annehmen. Der Zustand eines Betriebssystemprozesses kann je nach Verfügbarkeit der benötigten Betriebsmittel wechseln. Die Verfügbarkeit des Prozessors wird in modernen Betriebssystemen durch einen sogenannten Scheduler gesteuert.

Im folgenden Bild wird ein vereinfachtes **Zustandsübergangsdiagramm für Be-triebssystemprozesse** vorgestellt:

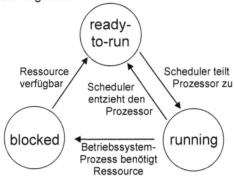

Bild 23-1 Vereinfachtes Zustandsübergangsdiagramm

Jeder Kreis stellt einen Zustand eines Betriebssystemprozesses dar. Die Pfeile kennzeichnen die Übergänge zwischen den Zuständen. Es gibt hierbei folgende Zustände und Zustandsübergänge:

- Hat ein Betriebssystemprozess bis auf den Prozessor alle Betriebsmittel, die er braucht, um ausgeführt werden zu können, so ist er im Zustand **„ready-to-run"** (dt. ablaufbereit).

- Erhält ein Betriebssystemprozess im Zustand **„ready-to-run"** vom Scheduler den Prozessor zugeteilt, so geht er in den Zustand **„running"** (dt. ablaufend) über.

- Wird einem Betriebssystemprozess im Zustand **„running"** der Prozessor entzogen, so geht er in den Zustand **„ready-to-run"** über.

- Benötigt ein laufender Betriebssystemprozess weitere Betriebsmittel, die momentan blockiert oder (noch) nicht verfügbar sind, so wechselt er in den Zustand **„blocked"** (dt. blockiert). Macht ein laufender Betriebssystemprozess beispielsweise eine I/O-Operation, so verliert er den Prozessor und geht in den Zustand **„blocked"** über.

- Sind die benötigten Betriebsmittel alle verfügbar bis auf den Prozessor, so wechselt der wartende Betriebssystemprozess in den Zustand **„ready-to-run"**. Ist entsprechend dem vorherigen Beispiel die I/O-Operation beendet, so geht der Betriebssystemprozess in den Zustand **„ready-to-run"** über.

Das Betriebssystem sorgt dafür, dass die Betriebssystemprozesse, die im Zustand ready-to-run sind, entsprechend einer definierten Strategie des Betriebssystems abwechselnd den Prozessor erhalten und damit ausgeführt werden.

Jeder Betriebssystemprozess erhält also für eine gewisse Zeit Zugriff auf die CPU und wird anschließend vom Betriebssystem wieder unterbrochen, damit weitere Betriebssystemprozesse ausgeführt werden können.

Der Vorgang des Gewährens bzw. des Entziehens der CPU wird als **Scheduling** (dt. Zeitplanung) bezeichnet.

Das Scheduling kann beispielsweise durch die Vergabe definierter Zeitscheiben oder durch Auswertung der Dringlichkeit (Priorität) derjenigen Betriebssystemprozesse, die ablaufbereit sind, erfolgen.

Außerdem stellt das Betriebssystem Möglichkeiten zur Verfügung, wie Betriebssystemprozesse miteinander kommunizieren und Daten austauschen können. Dies wird als **Interprozesskommunikation** (**IPC**) bezeichnet.

Es folgt die Erläuterung eines **Threads**.

Als **Thread** (dt. Faden) bezeichnet man einen **nebenläufigen Ausführungsstrang** innerhalb eines Betriebssystemprozesses.

Ein Betriebssystemprozess besteht zu Beginn stets aus einem einzigen Thread. In diesem Haupt-Thread wird das Hauptprogramm `main()` gestartet. Indem der Programmierer während des laufenden Betriebssystemprozesses neue Threads erstellt, können nebenläufige Tätigkeiten sozusagen „parallel" ausgeführt werden. So ist es beispielsweise möglich, die Interaktion mit dem Benutzer von der Berechnungslogik zu trennen, um trotz andauernder Berechnungen parallel auf Benutzereingaben reagieren zu können. Das folgende Bild zeigt symbolisch mehrere Threads, die innerhalb des Kontexts eines Betriebssystemprozesses nebenläufig ausgeführt werden:

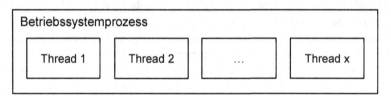

Bild 23-2 Prozesse und Threads

Vergleich von Threads und Betriebssystemprozessen

Threads werden also innerhalb eines Betriebssystemprozesses erzeugt und teilen sich dessen Ressourcen. Das heißt, dass alle Threads eines Betriebssystemprozesses gemeinsam auf Daten zugreifen können, die im Adressraum des Betriebssystemprozesses angelegt wurden. Dadurch wird der Datenaustausch zwischen Threads erheblich vereinfacht. Gemeinsam genutzte Daten machen jedoch auch Synchronisationsmechanismen zum Schutz der Daten bei wechselseitigem Zugriff erforderlich. Dies wird in Kapitel 23.3 beschrieben.

Threads teilen sich den Adressraum ihres Betriebssystemprozesses und können auf alle Ressourcen dieses Betriebssystemprozesses zugreifen. Daher ist es wichtig, den Zugriff auf die gemeinsamen Ressourcen durch geeignete Synchronisationsmechanismen zu steuern. So wird verhindert, dass Threads ihre Daten gegenseitig überschreiben und es zu undefinierten Ausführungsergebnissen kommt.

Grundsätzlich besitzt jeder Betriebssystemprozess seinen eigenen Adressraum. Dieser Adressraum wird vom Memory Management (Speichermanagement) verwaltet. Threads unterliegen stets dem Speichermanagement für ihren Betriebssystemprozess. Das Scheduling steuert die Ablaufreihenfolge der verschiedenen Betriebssystemprozesse und Threads und weist ihnen gemäß der Strategie des jeweiligen Betriebssystems den Prozessor zu.

Vorteile von Threads

Der Vorteil von Threads gegenüber Betriebssystemprozessen liegt in der Geschwindigkeit, mit der es möglich ist, zwischen den Threads zu wechseln.

Beim Wechsel zwischen Betriebssystemprozessen muss der sogenannte Betriebssystemprozess-Kontext gesichert werden, damit keine zwei Betriebssystemprozesse sich gegenseitig beeinflussen können. Beim Speichern des Kontexts werden die grundlegendsten Dinge gespeichert, welche für das laufende Programm benötigt werden, wie beispielsweise der verwaltete Speicher, offene Dateizeiger und nicht zuletzt die Inhalte der Register des Prozessors selbst. Threads hingegen arbeiten alle im selben Kontext und greifen somit stets auf dieselben Ressourcen zu. Beim Wechsel zwischen Threads werden somit Zeiger auf Ressourcen nicht gesichert. Einzig die Prozessorregister werden abgelegt, damit ein unterbrochener Thread später im Programmablauf unbeeinflusst fortfahren kann.

23.2 Threads im C11-Standard

Dieses Kapitel gibt einen Überblick über die Möglichkeiten, die die neue Header-Datei für Threads <threads.h> in C11 mit sich bringt.

Für die Unterstützung von Threads führt C11 eine neue Header-Datei <threads.h> ein, die Funktionen zur Steuerung der Aktivität von Threads wie z. B. zum Erzeugen, Verwalten und Löschen von Threads bereitstellt.

Ferner gibt es Timer-Funktionen sowie Abfrage- und Vergleichsfunktionen.

Die Bibliothek <threads.h> definiert unter anderem zwei wichtige Datentypen, die in den Thread-Funktionen Verwendung finden:

- Es wird der Datentyp thrd_t deklariert, der es erlaubt, einen Thread zu identifizieren. Beim Anlegen eines Threads wird ein Objekt dieses Typs erzeugt. Über dieses Objekt ist der entsprechende Thread eindeutig identifizierbar.
- Es wird der Typ thrd_start_t als Pointer auf eine Funktion mit einem Übergabeparameter vom Typ Pointer auf void definiert und zwar vom Typ

```
int (*)(void*)
```

thrd_start_t beschreibt damit die Funktion, die vom Thread ausgeführt werden soll.

Zusätzlich bietet diese Header-Datei die Möglichkeit, mit sogenannten **Mutexen** und **Zustandsvariablen**[163] zu arbeiten und einen lokalen Thread-Speicher zu definieren.

Mutexe und Zustandsvariablen werden in Kapitel 23.3.1 beschrieben. Die Umsetzung lokaler Thread-Speicher wird in Kapitel 23.4.2 analysiert.

Die Unterstützung von Multithreading ist – wie bereits besprochen – eine optionale Erweiterung von C11. Threads in C11 sind stark an die weit verbreiteten POSIX-Threads angelehnt.

Die folgende Tabelle enthält eine Auflistung der in `<threads.h>` verfügbaren Funktionen für das Arbeiten mit Threads sowie eine kurze Beschreibung:

Synopsis	Beschreibung

`int thrd_create (thrd_t *`
`thr, thrd_start_t func,`
`void * arg);`
	Erzeugt einen neuen Thread mit dem Funktionsnamen `func`. An diese Funktion werden mit `arg` Daten übergeben. Diese Funktion liefert eine Referenz auf den erzeugten Thread vom Typ `thrd_t`.

`thrd_t thrd_current (void);`	Liefert die ID des aufrufenden Threads.
`int thrd_detach (thrd_t` `thr);`	Löst einen Thread von seiner Umgebung. Sobald der Thread beendet wird, werden automatisch alle seine Ressourcen freigegeben.
`int thrd_equal (thrd_t` `thr0, thrd_t thr1);`	Prüft, ob zwei gegebene Thread-Strukturen auf den gleichen Thread zeigen.
`_Noreturn void` `thrd_exit (int res);`	Beendet einen Thread.
`int thrd_join (thrd_t thr,` `int * res);`	Wartet auf das Ende eines Threads und speichert dessen Rückgabewert in `res`.

`int thrd_sleep (const`
`struct timespec * duration,`
`struct timespec *`
`remaining);`
	Unterbricht einen Thread für die vorgegebene Dauer. Speichert die Rest-Dauer, falls die Wartezeit durch ein Signal unterbrochen wurde.

`void thrd_yield (void);`	Ein Thread unterbricht sich selbst und gibt seine verbleibende Ausführungszeit an andere Threads ab.

Tabelle 23-1 Funktionen zur Thread-Steuerung

---

[163] Mutexe und Zustandsvariablen sind wichtig für die Synchronisation nebenläufiger Vorgänge.

23.2.1 Erzeugen von Threads

Ein Thread lässt sich nach dem C11-Standard mittels der Funktion

```
int thrd_create (thrd_t * thr, thrd_start_t func,
void * arg);
```

erzeugen.

Dieser Funktion wird die Referenz auf ein Identifikationsobjekt vom Typ `thrd_t` übergeben. Bei erfolgreichem Abschluss der Funktion `thrd_create()` werden in diesem Identifikationsobjekt die Daten für eine eindeutige Identifizierung des soeben erzeugten Threads gespeichert. Sie können beispielsweise verwendet werden, um den Thread später wieder zu beenden. Der zweite Übergabeparameter `func` ist ein Funktionspointer vom Typ `thrd_start_t` – dieser Datentyp ist als Funktionspointer definiert – auf die vom Thread auszuführende Funktion. Diese Funktion muss die Signatur `int funcName (void * arg)` besitzen, die durch `thrd_start_t` festgelegt ist. Beim letzten Übergabeparameter `arg` handelt es sich um einen Pointer auf `void`, der als Argument an die Threadfunktion dient.

Bei Aufruf der Funktion `thrd_create()` wird ein neuer Thread kreiert, welcher sodann nebenläufig zum aktuellen Thread abgearbeitet wird. Sobald der Thread erfolgreich initialisiert wurde, wird der Thread gestartet, indem er die im Parameter `func` übergebene Funktion aufruft. Bei diesem Aufruf wird derjenige Wert, der dem formalen Parameter `arg` übergeben wurde, als aktueller Parameter an eben diese Funktion übergeben.

Beispielprogramm

Ein einfaches Beispielprogramm soll das Erzeugen von Threads veranschaulichen. Es werden fünf Threads nacheinander in einer Schleife erzeugt. Alle Threads führen dieselbe Funktion aus. Beim Aufrufen der Funktion `thrd_create()` wird in diesem Beispielprogramm über den Parameter `arg` jedem Thread eine eindeutige Identifikationsnummer übergeben. Innerhalb der Funktion `ausgabethread()` wird dieser Parameter `arg` mittels des korrekten Type-Casts ausgelesen und per `printf()` ausgegeben. Die Threads enden mit dem Rücksprung aus der Funktion `ausgabethread()` durch einen `return`-Befehl.

In der Schleife der `main()`-Funktion wird mithilfe von `thrd_join()` auf das Beenden der Threads gewartet. Dies dient dazu, um sicherzustellen, dass bei Programmende alle geöffneten Threads auch wieder geschlossen werden und der Betriebssystemprozess sauber heruntergefahren werden kann.

Hier der erwähnte Beispielcode:

```
/* Datei: mythread.c */
#if !defined(__STDC_NO_THREADS) || __STDC_NO_THREADS__
   #error "Threads are not available"
#endif

#include <stdio.h>
```

```
#include <threads.h>
#define THREAD_ANZAHL 5

int ausgabethread (void * arg)
{
    int threadid = *(int*)arg;
    printf ("Thread Nr. %i meldet sich.\n", threadid);
    return thrd_success;
}

int main (void)
{
    /* Array-Variable zum Speichern der Threads und IDs */
    thrd_t threads[THREAD_ANZAHL];
    int    threadids[THREAD_ANZAHL];
    int i;

    for (i = 0; i < THREAD_ANZAHL; ++i)
    {
        printf ("Erzeuge Thread Nr. %i.\n", i);
        /* Thread erzeugen und ausfuehren */
        threadids[i] = i;
        if (thrd_create(&threads[i], ausgabethread, &threadids[i])
            != thrd_success)
        {
            printf ("Thread Nr. %i wurde nicht erzeugt.\n", i);
        }
    }

    for (i = 0; i < THREAD_ANZAHL; ++i)
    {
        /* warten, bis Threads beendet wurden */
        thrd_join (threads[i], NULL);
    }
}
```

Die Programmausgabe ist:

```
Erzeuge Thread Nr. 0.
Erzeuge Thread Nr. 1.
Erzeuge Thread Nr. 2.
Thread Nr. 0 meldet sich.
Thread Nr. 1 meldet sich.
Erzeuge Thread Nr. 3.
Erzeuge Thread Nr. 4.
Thread Nr. 3 meldet sich.
Thread Nr. 2 meldet sich.
Thread Nr. 4 meldet sich.
```

23.2.2 Beenden von Threads

Damit ein Thread beendet werden kann, muss die als Thread aufgerufene Funktion entweder per return-Befehl beendet werden oder aber diese Funktion muss die Funktion thrd_exit() aufrufen. In beiden Fällen werden die Ressourcen des Threads freigegeben und das Rückgaberesultat an definierter Stelle festgehalten.

Dieses Rückgaberesultat kann daraufhin aus einem noch laufenden Thread durch Aufruf der Funktion `thrd_join()` ausgewertet werden. Durch die Funktion `thrd_join()` wird überprüft, ob ein gewünschter Thread beendet wurde. Falls der zu beendende Thread noch ausgeführt wird, wartet die Funktion `thrd_join()` solange, bis dieser Thread beendet ist.

Vor dem Beenden eines Programms sollten alle im Programm gestarteten Threads ordnungsgemäß beendet werden. Bei Nichtbeachtung können unter Umständen Systemressourcen blockiert bleiben, welche durch die Threads benutzt wurden.

Da ein Thread von der erzeugenden Funktion `thrd_create()` asynchron gestartet wird, kann er beim Beenden nicht mehr zu dieser Funktion zurückkehren, wie sonst bei synchronen Aufrufen üblich.

Mit der Funktion `thrd_exit()` existiert ein sogenannter **Termination Handler**, der für das Freigeben der belegten Thread-Ressourcen sorgt, wenn ein Thread beendet wird.

In der Regel können Threads per `return`-Befehl beendet werden, da der `return`-Befehl implizit die Funktion `thrd_exit()` aufruft. Mit der Funktion `thrd_exit()` besteht jedoch die Möglichkeit, einen Thread auch aus einer vom Thread aufgerufenen Funktion – also aus einer tieferen Ebene der Aufrufhierarchie – zu beenden.

Oft werden Threads dazu verwendet, zyklische Arbeiten in einem Programmablauf zu erledigen. Dabei sind zyklische Arbeiten häufig als Endlosschleife implementiert. Damit ein Thread beendet werden kann, gibt es zwei verschiedene Techniken:

- Das zyklische Abfragen des Werts einer globalen Variablen, die als Abbruchbedingung eines Threads verwendet wird.
- Die ereignisorientierte Benachrichtigung eines Threads über den eingetretenen Wert einer Zustandsvariablen (siehe Kapitel 23.3.1).

Liegt der entsprechende Wert vor, so wird die Endlosschleife verlassen und der Thread beendet.

Liegt ein entsprechender Wert niemals vor, so kann es beim Warten auf das Beenden von Threads mit der Funktion `thrd_join()` zu einer **Systemblockade** (engl. **Deadlock**) kommen, wenn der zu beendende Thread in einer Endlosschleife läuft.

Deadlocks werden in Kapitel 23.3.3 behandelt.

Beispielprogramm

Das Beenden eines Threads, der als Endlosschleife implementiert wurde, wird im folgenden Beispiel veranschaulicht. Die Funktion `main()` startet einen Thread `tfunction()`, der eine Laufvariable `i` in einer Endlosschleife zyklisch ausgibt. Vor Abschluss der Endlosschleife wird bei jedem Schleifendurchgang geprüft, ob die globale Variable beenden gesetzt wurde. Trifft dies zu, so wird die Endlosschleife abgebrochen und der Thread beendet. Währenddessen führt die Funktion main() eine Berechnung durch und gibt ebenfalls Daten auf der Konsole aus. Nach Abschluss der Berechnung wird im Hauptprogrammthread main() die globale Variable beenden gesetzt und mit der Funktion thrd_join() darauf gewartet, dass sich der Thread tfunction() beendet. Würde beenden nicht auf true gesetzt werden, könnte der Betriebssystemprozess des Programmes nicht beendet werden und müsste vom Benutzer manuell terminiert werden, da der Thread tfunction() weiterhin aktiv wäre.

Hier das genannte Beispiel:

```
/* Datei: mythread2.c */
#include <stdio.h>
#include <stdbool.h>
#include <threads.h>

static bool beenden = false;

int tfunction (void * targ)
{
    (void) targ;              /* Parameter wird hier nicht verwendet */

    /* Thread initialisieren     */
    int i = 0;

    /* Thread zyklisch ausfuehren */
    while (true)
    {
        printf ("Laufvariable = %i\n", i++);
        /* abfragen, ob Thread beendet werden soll */
        if (true == beenden)
        {
            break;
        }
    }
    return thrd_success;
}

int main (void)
{
    /* Variable zum Speichern der Thread ID */
    thrd_t thread;

    /* Thread erzeugen und ausfuehren        */
    thrd_create (&thread,    tfunction, NULL);

    /* Programm abarbeiten */
    for (int i = 0; i < 10000; i++)
    {
        printf ("Warten = %i\n", i);
    }

    /* globale Variable fuer Thread-Abbruch auf true setzen      */
    /* und bis zum Beenden der Threads warten                    */
```

```
    beenden = true;
    thrd_join (thread, NULL);
}
```

Die Programmausgabe ist:

```
Warten = 9994
Warten = 9995
Warten = 9996
Warten = 9997
Warten = 9998
Warten = 9999
Laufvariable = 20135
```

In diesem Beispiel wird aus Gründen der Vereinfachung darauf verzichtet, der Funktion `tfunction()` Initialisierungsdaten über den Parameter `targ` zu übergeben. Dieser Parameter könnte in der Tat aber dazu verwendet werden, wichtige Daten aus der erzeugenden Funktion an den neu gestarteten Thread zu übergeben. Der explizite Cast nach `void` in diesem Beispiel führt dazu, dass der Compiler keine Warnung ausgibt.

Je nach Compiler und dessen eingestellter Warnstufe werden nicht verwendete Übergabeparameter einer Funktion beim Kompilieren mit einer Warnung gekennzeichnet. Soll ein Übergabeparameter explizit nicht verwendet werden, so kann dies bei vielen Compilern mittels eines `void`-Casts, der auf den entsprechenden Parameter angewendet wird, ausgedrückt werden. Damit wird dem Compiler mitgeteilt, dass der betroffene Parameter absichtlich nicht verwendet wird. Eine Compiler-Warnung wird somit unterdrückt.

Ein Beispiel hierfür ist der Cast `(void) targ;` aus dem obigen Programm.

Generell empfiehlt es sich, beim Entwickeln von Programmen eine hohe Warnstufe des Compilers zu wählen. Warnungen geben oftmals wertvolle Hinweise darüber, wie die Qualität des Codes verbessert werden kann, sodass das Programm genau das tut, was gewünscht ist.

In dem gezeigten Beispiel wird ein einfacher Synchronisationsmechanismus in Form der wiederholten Abfrage der globalen Variablen `beenden` zu Veranschaulichungszwecken verwendet. Ereignisorientierte Programme benutzen jedoch anstelle solcher globalen Variablen besser die in `<threads.h>` zur Verfügung gestellten Funktionen. Mehr zu Synchronisation von Threads im folgenden Kapitel.

23.3 Synchronisation von Threads

Das Synchronisieren von Threads mithilfe von Mutexen und Zustandsvariablen ist ein entscheidender Aspekt für ein fehlerfreies Multithreading.

Wenn mindestens ein Thread schreibend auf Daten zugreift, welche auch von anderen Threads genutzt werden, müssen diese Daten vor gleichzeitigem Zugriff geschützt werden. Ein Abschnitt eines Programms, der auf die gemeinsam genutzten und damit zu schützenden Daten zugreift, wird als **kritischer Abschnitt** (engl. **critical section**) bezeichnet.

Kapitel 23.3.1 behandelt den wechselseitigen Ausschluss mit Hilfe von Mutexen und Kapitel 23.3.2 Zustandsvariablen mit ereignisorientierter Benachrichtigung.

23.3.1 Wechselseitiger Ausschluss mit Hilfe von Mutexen

Alle Threads eines Betriebssystemprozesses haben Zugriff auf dessen Ressourcen und können damit innerhalb des Adressraums des Betriebssystemprozesses untereinander Daten austauschen. Jedoch wird schnell klar, dass dieser Datenaustausch zu Problemen führen kann, wenn mehrere Threads quasi gleichzeitig auf dieselben Daten lesend bzw. schreibend zugreifen möchten. Dies wird als Konflikt (engl. conflict oder auch clash) bezeichnet. Für den Programmierer sind in diesem Fall die Daten unbrauchbar, da er je nach Reihenfolge, wie die Threads lesend bzw. schreibend auf die Daten zugreifen, jeweils ein anderes Resultat erhält. In der Fachsprache wird dies als **Reader-Writer-Problem** bezeichnet. Es ist ein Beispiel für eine sogenannte **Race Condition** (dt. **Wettlaufsituation**, **kritischer Wettlauf**), bei der die Ausführungsreihenfolge über das Ergebnis entscheidet.

23.3.1.1 Konzeptionelles Beispiel für den Einsatz von Mutexen

In einem Betriebssystemprozess sollen zwei Threads ausgeführt werden, die beide auf eine globale Array-Variable i der Länge 3 zugreifen sollen. Thread 1 soll das Array mit Daten beschreiben, während Thread 2 die Daten des Arrays lesen soll. Die Datenkonsistenz muss bei dem Zugriff der verschiedenen Threads gewährleistet werden.

Das folgende Bild zeigt einen lesenden und einen schreibenden Thread, die beide dasselbe Array verwenden:

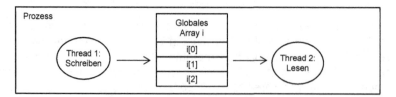

Bild 23-3 Zugriff auf das Array i aus zwei Threads

Der Zugriff auf das globale Array soll im Folgenden in einem Gedankenexperiment ohne Synchronisation erfolgen, sodass beide Threads beliebig lesen und schreiben können. Das folgende Sequenzdiagramm veranschaulicht, was passieren kann, wenn der Zugriff auf das Array nicht überwacht wird:

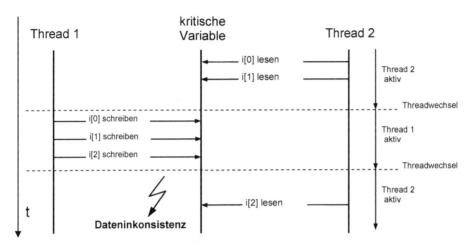

Bild 23-4 Beispielsequenz Dateninkonsistenz

Thread 2 möchte in diesem Beispiel die Daten des Arrays lesen. Nachdem ein Teil der Daten gelesen wurde, soll der Betriebssystem-Scheduler einen Threadwechsel durchführen. Thread 1 darf nun arbeiten und überschreibt das Array mit neuen Daten. Nun wird Thread 2 fortgesetzt und liest die verbleibenden Datenelemente aus dem Array. Die dabei gelesenen Array-Elemente passen jedoch nicht zu den Elementen des Datensatzes, die zuvor bereits ausgelesen wurden, da die Array-Elemente des ursprünglichen Datensatzes inzwischen von Thread 1 überschrieben wurden. Die geforderte Datenkonsistenz ist damit verletzt.

Es ist also wichtig, den Zugriff auf eine gemeinsam genutzte Ressource zu regeln. Als Lösung für dieses Problem werden sogenannte **Mutexe** (kommt von engl. mutual exclusion) zur Zugriffssteuerung verwendet. Ein Mutex wird zum Schutz von gemeinsam genutzten Daten eingesetzt.

> Wenn sämtliche Threads, welche auf gemeinsame Daten zugreifen, ihre **kritischen Abschnitte** durch einen gemeinsamen Mutex sichern, bleiben die Daten konsistent. Der Mutex verhindert, dass kritische Abschnitte anderer Threads auf die Daten zugreifen können, während der aktive Thread seinen kritischen Abschnitt abarbeitet oder gar während dieser Abarbeitung durch den Scheduler unterbrochen wird.

Vor dem Zugriff eines Threads auf die geschützte Ressource muss der zum Schutz der Daten erzeugte Mutex abgefragt werden. Dieser Vorgang wird auch „lock" (dt. **sperren**) genannt. Ist der Mutex bereits durch einen Thread gesperrt, so muss ein anderer Thread mit dem Zugriff auf die bereits gesperrte Ressource warten, bis der Mutex wieder freigegeben wurde.

Nach dem erfolgreichen Sperren des Mutex einer Ressource kann ein Thread auf die geschützte Ressource zugreifen, ohne dass andere Threads diese Ressource verändern können, selbst wenn sie vom Betriebssystem zur Ausführung gebracht werden. Ist die Bearbeitung der Ressource abgeschlossen, muss der Thread, der die Ressource gesperrt hat, den gesperrten Mutex wieder freigeben, was als „unlock" (dt. **freigeben**) bezeichnet wird. Andere Threads haben dadurch wieder die Möglichkeit, den Mutex zu sperren und anschließend selbst auf die Ressource zuzugreifen.

In dem folgenden Sequenzdiagramm soll in einem weiteren Gedankenexperiment der Zugriffsschutz durch einen Mutex veranschaulicht werden:

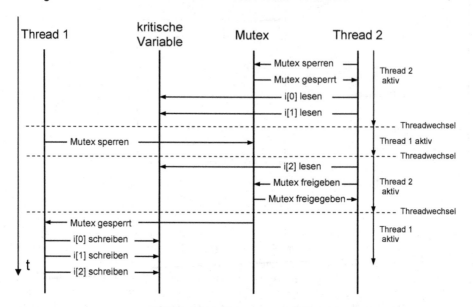

Bild 23-5 Beispielsequenz mit Mutex

Wieder greifen zwei Threads auf ein globales Array zu. Vor dem Zugriff muss der Mutex, der die globalen Daten schützt, gesperrt werden. Im Beispiel versucht Thread 2 erfolgreich, den Mutex zu sperren und kann anschließend das globale Array auslesen. Nach dem zweiten gelesenen Element wird der Thread vom Betriebssystem unterbrochen und Thread 1 wird ausgeführt. Dieser versucht nun ebenfalls, den Mutex zu sperren, um die Elemente des globalen Arrays zu beschreiben. Da der Mutex aber bereits durch Thread 2 gesperrt ist, kann Thread 1 nicht weiter ausgeführt werden und wird wieder unterbrochen. Er muss warten, bis der Mutex wieder freigegeben wurde. Sobald Thread 2 wieder abläuft, werden die verbleibenden Daten aus dem globalen Array gelesen und der Mutex wird wieder freigegeben. Jetzt kann Thread 1 den Mutex sperren und das Array beschreiben. So ist sichergestellt, dass Thread 2 immer konsistente Daten lesen kann.

Der kritische Abschnitt sollte so gewählt sein, dass die Wahrscheinlichkeit eines Konfliktes so gering wie möglich ist. Dementsprechend gibt es Datenstrukturen, welche für Multithreading mehr oder weniger gut geeignet sind.

Entscheidend ist dabei unter anderem auch die sogenannte „Granularität", sprich, die Feinheit der Sperrung. Wenn wie im soeben gezeigten Beispiel ein gesamtes (potentiell sehr großes) Array gesperrt wird, ist die Wahrscheinlichkeit eines Konfliktes sehr groß, dafür ist die Sperrung sehr einfach zu vollziehen. Wird hingegen beispielsweise in einer linearen Liste ein einzelnes Element gesperrt, so ist die Wahrscheinlichkeit eines Konfliktes sehr gering, dafür aber muss jedes einzelne Element seinen eigenen Mutex besitzen.

23.3.1.2 Beispielprogramm für den Einsatz von Mutexen

Wie im Sequenzdiagramm beschrieben, greifen zwei Threads auf ein globales Array zu. Der als `writerThread` bezeichnete Thread sperrt den Mutex und inkrementiert alle drei Array-Elemente. Anschließend gibt er den Mutex wieder frei. Der Thread `readerThread` sperrt ebenfalls den Mutex, um aus dem Array zu lesen. Er gibt alle drei Array-Elemente auf der Konsole per `printf()`-Befehl aus. Danach gibt auch er den Mutex wieder frei. Mit der Funktion `thrd_yield()` geben die Threads nach Beenden eines Schleifendurchlaufs ihre verbleibende Ausführungszeit ab und das Betriebssystem führt den nächsten Thread aus. Dies kann auch derselbe Thread sein, der soeben den Threadwechsel eingeleitet hat.

Hier das zugehörige Programm:

```
/* Datei: mutex.c */
#include <stdio.h>
#include <threads.h>
#include <stdbool.h>

/* globale Variable fuer Mutex */
mtx_t mutex;

/* gemeinsam genutzte Ressource */
int i[3] = {0, 0, 0};

/* Terminierungsvariable (vereinfacht, nicht synchronisiert)*/
int terminate = false;

/* Thread 1 (Schreiber) */
int writerThread (void * arg)
{
   (void) arg; /* wird nicht verwendet */
   while (terminate == false)
   {
      mtx_lock (&mutex);
      printf ("schreibe Daten\n");

      /* schreibe gemeinsam genutzte Ressource */
      i[0]++;
      i[1]++;
      i[2]++;
      mtx_unlock (&mutex);
      thrd_yield();
   }
   return thrd_success;
}

/* Thread 2 (Leser) */
int readerThread (void * arg)
{
   (void) arg; /* wird nicht verwendet */
   while (terminate == false)
   {
      mtx_lock (&mutex);
      /* lese gemeinsam genutzte Ressource */
```

```
      printf ("lese Daten: %i, %i, %i\n", i[0], i[1], i[2]);

      mtx_unlock (&mutex);
      thrd_yield();
   }
   return thrd_success;
}

int main (void)
{
   /* Variable zum Speichern der Thread ID */
   thrd_t reader, writer;

   /* Initialisierung der Variablen und Erzeugung der Threads*/
   mtx_init (&mutex, mtx_plain);
   thrd_create (&reader, readerThread, NULL);
   thrd_create (&writer, writerThread, NULL);

   for (int i = 0; i < 100000000; i++)
   {
      /* eine Weile warten... */
   }

   /* Beenden der Threads und Freigeben der Variablen*/
   terminate = true;
   thrd_join (reader, NULL);
   thrd_join (writer, NULL);
   mtx_destroy (&mutex);
}
```

Beispiel für einen Programmlauf (Ausschnitt):

```
lese Daten: 0, 0, 0
lese Daten: 0, 0, 0
schreibe Daten
lese Daten: 1, 1, 1
schreibe Daten
lese Daten: 2, 2, 2
schreibe Daten
lese Daten: 3, 3, 3
schreibe Daten
schreibe Daten
schreibe Daten
lese Daten: 6, 6, 6
```

Beim Ausführen des Codes fallen zwei Dinge auf. Erstens ist schon anhand des kurzen Ablaufausschnitts ersichtlich, dass die Threads in beliebiger Reihenfolge vom Betriebssystem ausgeführt werden. Dabei führt das Betriebssystem denselben Thread oft mehrmals hintereinander aus. Zweitens kann beobachtet werden, dass die gelesenen Daten aller drei Array-Felder **immer** identisch sind, da es sich um eine synchronisierte Ressource handelt. Würde man bei diesem Beispielcode auf das Sperren und Entsperren des Mutex verzichten, käme es früher oder später zu einem Auseinanderlaufen der Zahlenwerte des Arrays. Der kritische Abschnitt beim Zugriff auf die drei Array-Werte ist sehr kurz, somit ist auch die Wahrscheinlichkeit gering, dass ein Synchronisationsfehler auftritt, wenn im Code keine Synchronisationsmechanismen verwendet werden. Sie steigt aber mit fortschreitender Ausführungsdauer. Außerdem sorgt schon ein einziger Synchronisationsfehler dafür, dass bei allen Folgedurchläufen inkonsistente Daten verwendet werden. Die Erfahrung zeigt, dass selbst die scheinbar unwahrscheinlichsten Synchronisationsfehler beim tatsächlichen Ablauf eines Programmes erstaunlich oft zu Problemen führen können.

Beispiel für einen Programmlauf ohne Mutex (Ausschnitt):

```
lese Daten: 5647, 5647, 5647
schreibe Daten
schreibe Daten
lese Daten: 5649, 5649, 5649
schreibe Daten
lese Daten: 5650, 5650, 5650
schreibe Daten
lese Daten: 5651, 5650, 5650
```

23.3.1.3 Funktionen zur Mutex-Steuerung

Die Bibliothek `<threads.h>` enthält eine Reihe an Funktionen, die zur Bedienung der Mutexe erforderlich sind. Hier wird auch der Datentyp `mtx_t` für ein Mutex-Objekt festgelegt. Die Auflistung der bereitgestellten Funktionen ist in der folgenden Tabelle enthalten:

Synopsis	Beschreibung
`int mtx_init (mtx_t * mtx, int type);`	Erzeugt einen neuen Mutex.
`void mtx_destroy (mtx_t * mtx);`	Löscht einen Mutex.
`int mtx_lock (mtx_t * mtx);`	Sperrt einen Mutex. Ist er bereits gesperrt, wird so lange versucht, ihn zu sperren, bis dies wieder möglich ist.
`int mtx_timedlock ( mtx_t * restrict mtx, const struct timespec * restrict ts);`	Versucht, solange einen Mutex zu sperren, bis er frei ist oder eine vorgegebene Zeit überschritten wird. Nur für Mutexe verfügbar, die Timeouts unterstützen.
`int mtx_trylock (mtx_t * mtx);`	Versucht, einen Mutex zu sperren. Ist er bereits gesperrt, passiert nichts.
`int mtx_unlock (mtx_t * mtx);`	Gibt einen Mutex wieder frei.

Tabelle 23-2 Funktionen für Mutexe

23.3.2 Synchronisation mit Zustandsvariablen

Eine weitere Möglichkeit, Threads zu synchronisieren, stellen die sogenannten **Zustandsvariablen** (engl. **condition variables**) dar.

Oftmals muss ein Thread darauf warten, dass bestimmte Bedingungen erfüllt sind beziehungsweise das Programm sich in einem bestimmten Zustand befindet. Beispielsweise warten Threads darauf, dass Daten vollständig geladen werden, bevor sie mit der Verarbeitung beginnen oder darauf, dass eine Warteschlange wieder genügend Platz hat, um neue Elemente einzufügen.

Eine Zustandsvariable erlaubt die Benachrichtigung (engl. notification) von Threads über das Eintreffen eines bestimmten Zustandes.

Wenn ein Thread darauf wartet, dass ein Zustand eintritt, hat er zwei Möglichkeiten: Entweder fragt der Thread den gewünschten Zustand in einem sogenannten "busy loop" ständig ab, bis er eingetreten ist. Dies wird als Polling[164] bezeichnet und braucht sehr viel CPU-Zeit, die durch andere Threads oftmals besser genutzt werden könnte. Die zweite Möglichkeit ist, auf eine Zustandsvariable zu warten, bei welcher der Scheduler die Aufgabe übernimmt, dem wartenden Thread mitzuteilen, dass der Zustand eingetreten ist. Während der Wartezeit ist der Thread blockiert und gibt somit seine CPU-Zeit an andere Threads ab. Welcher Thread die Zustandsvariable setzt, ist dem Programmierer überlassen.

Beim Warten auf das Eintreten eines bestimmten Wertes einer Zustandsvariablen gibt ein Thread seine verbleibende CPU-Zeit ab und lässt andere Threads arbeiten. Seine Arbeit nimmt er erst wieder auf, sobald er über den gewünschten Zustand informiert wurde, oder die Wartezeit abgelaufen ist und der Thread vom Betriebssystem gescheduled wurde. Es wird in diesem Fall also verhindert, dass wartende Threads das Erreichen des gewünschten Zustands pollen müssen. Durch das ständige Abfragen würde während der Ausführung wartender Threads CPU-Zeit verbraucht, die durch aktive Threads hätte besser genutzt werden können.

23.3.2.1 Beispiel ohne Synchronisation

Anhand des sogenannten **Producer-Consumer-Problems** (dt. Erzeuger-Verbraucher-Problem) wird die Notwendigkeit von Zustandsvariablen erklärt. Zwei Threads sollen in folgendem Beispiel in einem Betriebssystemprozess arbeiten. Ein Thread erzeugt Daten (Producer) und legt sie in eine **Warteschlange** (engl. **Queue**) mit einer begrenzten Kapazität, sofern diese noch nicht voll ist. Ein weiterer Thread (Consumer) prüft, ob Daten in der Warteschlange enthalten sind. Solange Daten in der Warteschlange enthalten sind, entnimmt und verarbeitet er diese. Ist die Warteschlange leer, wartet der Consumer-Thread, bis neue Daten verfügbar sind.

Das folgende Bild symbolisiert die Situation beim Producer-Consumer-Problem:

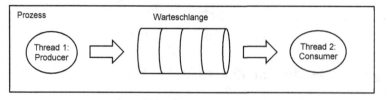

Bild 23-6 Producer-Consumer-Problem

---

[164] In der Fachsprache wird zyklisches Abfragen auch als **Polling** (dt. abfragen) bezeichnet.

Warteschlangen kommen in Multithreading-Programmen häufig zum Einsatz. C bietet keine spezielle Bibliothek für Warteschlangen an. Warteschlangen werden häufig als sogenannte Ringpuffer implementiert.

Anhand des folgenden Code-Ausschnitts für einen Producer- und Consumer-Thread wird deutlich, dass aufgrund der ständigen Wiederholung der Zustandsabfrage (Polling) Rechenleistung verschwendet wird.

Stellt der Producer-Thread fest, dass die Warteschlange voll ist, führt er solange erneut die Abfrage durch, bis wieder Platz vorhanden ist. Diese Bedingung kann aber erst erfüllt sein, wenn der Consumer-Thread mindestens ein Element aus der Warteschlange entnommen hat. Der Producer-Thread läuft somit unnötig lange, bis das Betriebssystem die Threads wechselt und den Consumer-Thread ausführt.

Dasselbe Problem entsteht im Consumer-Thread, wenn die Warteschlange leer ist. Der Consumer-Thread prüft in einer Schleife, ob neue Elemente verfügbar sind. Auch hier kann die Bedingung für ein Verlassen der Warteschleife erst erfüllt werden, wenn das Betriebssystem die Threads gewechselt und der Producer-Thread wieder neue Daten in die Warteschlange gelegt hat.

Hier der Code-Ausschnitt der beiden Thread-Schleifen:

```
/* Producer Thread */
while (true)
{
    erzeugeDaten();

    /* warten, bis Queue nicht mehr voll ist */
    while(queueStatus() == VOLL) {}     /* Polling (busy loop) */

    /* schreibe Daten in die Queue */
    queueDatenSchreiben();
}

/* Consumer Thread */
while (true)
{
    /* warten, bis Daten in der Queue verfuegbar sind */
    while (queueStatus() == LEER) {}    /* Polling (busy loop) */

    /* lese Daten aus der Queue */
    queueDatenLesen();
}
```

Ein zusätzliches Problem zeigt sich, wenn nicht nur jeweils ein Producer- und Consumer-Thread vorhanden ist, sondern mehrere Threads Daten erzeugen und konsumieren. Durch die fehlende Synchronisation kann eine Race Condition entstehen, wenn bei der Abfrage des Warteschlangen-Status oder beim Schreiben und Entnehmen von Daten ein Threadwechsel stattfindet. Dadurch können die Daten der Warteschlange korrumpiert werden.

Datenkorruption kann hierbei verhindert werden, indem die Warteschlange als gemeinsam genutzte Ressource mit einem Mutex gesichert wird. Dies löst jedoch nicht das Problem, dass sowohl Producer als auch Consumer häufig im Leerlauf sind.

23.3.2.2 Beispiel mit Synchronisation durch Benachrichtigung über Zustände

Um die zyklische Abfrage, d. h. das Pollen, aus dem vorherigen Beispiel zu umgehen, werden für die Warteschlange zwei Zustandsvariablen `queueNotEmpty` und `queueNotFull` eingeführt, auf die die Threads reagieren können.

> Zustandsvariablen werden immer in Kombination mit einer gemeinsam genutzten Ressource verwendet, die durch einen Mutex geschützt ist.

Die Funktionen für Zustandsvariablen, die durch die Bibliothek `<threads.h>` bereitgestellt werden, sind in der folgenden Tabelle enthalten und werden dort kurz beschrieben[165]:

Synopsis	Beschreibung
`int cnd_broadcast (cnd_t * cond);`	Gibt alle Threads frei, die auf einen gegebenen Zustand warten.
`void cnd_destroy (cnd_t * cond);`	Löscht eine Zustandsvariable.
`int cnd_init (cnd_t * cond);`	Erzeugt eine neue Zustandsvariable.
`int cnd_signal (cnd_t * cond);`	Gibt einen Thread frei, der auf einen gegebenen Zustand wartet.
`int cnd_timedwait (cnd_t * restrict cond, mtx_t * restrict mtx, const struct timespec * restrict ts);`	Nur in Verbindung mit Mutexen zu verwenden. Gibt einen Mutex wieder frei, wenn ein bestimmtes Signal erhalten wird oder eine vorgegebene Zeit abgelaufen ist.
`int cnd_wait (cnd_t * cond, mtx_t * mtx);`	Nur in Verbindung mit Mutexen zu verwenden. Gibt einen Mutex wieder frei, wenn ein bestimmtes Signal erhalten wird.

Tabelle 23-3 Funktionen für Zustandsvariablen

> Ein Thread, der innerhalb eines kritischen Abschnitts merkt, dass eine notwendige Bedingung nicht erfüllt ist, kann dem Scheduler durch Aufruf der Funktion `cnd_wait()` mitteilen, dass er nun darauf wartet, dass ein gewünschter Zustand eintritt. Der Scheduler blockiert daraufhin diesen Thread und aktiviert ihn erst dann wieder, wenn dies der Fall ist. Da der Aufruf der Funktion `cnd_wait()` innerhalb des kritischen Abschnitts stattfindet, wird der Mutex automatisch freigegeben, damit andere Threads auf die gemeinsame Ressource zugreifen können.

---

[165] Der Datentyp `cnd_t` entspricht dabei einem Zustandsvariablen-Objekt.

Wenn ein anderer Thread die gemeinsame Ressource in einen bestimmten Zustand versetzt hat, teilt er die entsprechende Zustandsänderung mittels der beiden Funktionen `cnd_signal()` und `cnd_broadcast()` dem Scheduler mit. Der Scheduler benachrichtigt daraufhin im nächsten Scheduling-Zyklus diejenigen Threads, welche auf den gewünschten Zustand warten. Bei Aufruf der Funktion `cnd_signal()` wird der Scheduler im nächsten Scheduling-Zyklus genau einen wartenden Thread auswählen, der benachrichtigt wird. Mit der Funktion `cnd_broadcast()` werden sämtliche wartenden Threads nacheinander über die Veränderung des Zustandes benachrichtigt.

Der Scheduler versucht hierbei sowohl bei `cnd_signal()` als auch bei `cnd_broadcast()` für jeden zu benachrichtigenden Thread, den Mutex zu sperren. Sobald er dies kann, lässt er den Mutex gesperrt und teilt dem wartenden Thread erneut CPU-Zeit zu, indem er die Funktion `cnd_wait()` des Threads beendet und ihm so erlaubt, weiterzuarbeiten. Der Thread befindet sich durch den erneut gesperrten Mutex genauso wie vor Aufruf der Funktion `cnd_wait()` wieder im kritischen Abschnitt und kann ihn erfolgreich weiterbearbeiten.

Es werden in einem Programm zwei Consumer-Threads, aber nur ein einziger Producer-Thread erzeugt, die wie im vorherigen Beispiel schreibend und lesend auf eine Warteschlange zugreifen. Diese wird hier durch eine gemeinsam genutzte Zählvariable `elementZaehler` symbolisch dargestellt. Der Producer-Thread erhöht beim Zugriff den Wert der Zählvariablen, sofern dieser ein definiertes Limit `QUEUE_SIZE` nicht überschreitet. Die beiden Consumer-Threads hingegen verringern beim Zugriff auf die Warteschlange den Wert der Zählvariablen `elementZaehler`, was dem Herausnehmen eines Warteschlangenelements entspricht. Der Zugriff auf die Zählvariable `elementZaehler` stellt einen kritischen Abschnitt dar und muss deshalb geschützt werden. Ein Mutex `queueMutex` übernimmt diese Aufgabe und muss von allen Threads vor dem Zugriff auf die Zählvariable `elementZaehler` gesperrt werden. Zusätzlich werden zwei Zustandsvariablen `queueNotEmpty` und `queueNotFull` verwendet, auf die die Threads reagieren können.

Im Folgenden sollen der Producer-Thread und die Consumer-Threads vorgestellt werden.

Der Producer-Thread

Der Producer-Thread möchte Daten in die Warteschlange einfügen und geht dabei in den folgenden vier Schritten vor:

1. Er versucht, den Mutex `queueMutex` für den Zugriff auf die Warteschlange zu sperren.

    Wenn der Mutex bereits gesperrt ist, wird der Producer-Thread unterbrochen und erst wieder ausgeführt, wenn der Mutex wieder freigegeben wurde. Konnte der Mutex schlussendlich vom aktuellen Producer-Thread gesperrt werden, kann der Producer-Thread anschließend den Füllstand der Warteschlange abfragen.

2. Der Producer-Thread liest die Variable `elementZaehler` und prüft, ob diese noch nicht am oberen Limit `QUEUE_SIZE` angekommen und somit noch Platz in der Warteschlange ist. Zwei mögliche Szenarien können eintreten:

2a) Die Warteschlange ist noch nicht voll. In diesem Zustand ist der Producer-Thread arbeitsfähig und kann neue Elemente in die Warteschlange einfügen.

2b) Die Warteschlange ist bereits voll. Der Producer-Thread ruft die Funktion `cnd_wait()` auf, mit der er auf das Eintreffen des Zustands `queueNotFull` wartet, also darauf, dass andere Threads Elemente aus der Warteschlange entnommen haben. Beim Aufruf der Funktion `cnd_wait()` wird die gewünschte Zustandsvariable `queueNotFull` sowie der Mutex `queueMutex` der geschützten Ressource als Parameter übergeben.

Der Mutex `queueMutex` wird von der Funktion `cnd_wait()` automatisch freigegeben, damit andere Threads die Warteschlange nutzen können. Die Funktion `cnd_wait()` wartet auf die Benachrichtigung über das Eintreten des Zustands, die mittels der Funktionen `cnd_signal()` oder `cnd_broadcast()` eines anderen Threads erfolgt. Sobald dies geschieht, wird der Mutex automatisch wieder gesperrt und der Thread kann mit der Bearbeitung der geschützten Ressource fortfahren.

3. Der Producer-Thread schreibt Daten in die Warteschlange, indem er die Variable `elementZaehler` symbolisch inkrementiert.

4. Der Producer-Thread benachrichtigt mittels der Funktion `cnd_broadcast()` alle Consumer-Threads, die auf das Eintreten des Zustands `queueNotEmpty` warten, also darauf, dass die Warteschlange nicht mehr leer ist. Zuletzt gibt der Producer-Thread den gesperrten Mutex wieder frei, damit andere Threads die Warteschlange nutzen und auf die geteilte Ressource `elementZaehler` zugreifen können.

Die Consumer-Threads

Auf ähnliche Weise arbeiten die Consumer-Threads. Auch sie sperren den Mutex und fragen die Zählvariable `elementZaehler` ab. Wiederum gibt es zwei Möglichkeiten:

a) Die Warteschlange enthält Elemente. Die Consumer-Threads können diese entnehmen und verarbeiten.

b) Die Warteschlange ist leer. Nun wird mit der Funktion `cnd_wait()` auf das Eintreffen des Zustands `queueNotEmpty` gewartet, der vom Producer-Thread signalisiert wird. Auch hier wird der Mutex durch Aufruf der Funktion `cnd_wait()` kurzerhand wieder freigegeben, sodass die Warteschlange für andere Threads verfügbar wird. Ist der gewünschte Zustand eingetreten, wird der Mutex automatisch wieder gesperrt und der Consumer-Thread kann seinen kritischen Abschnitt fortsetzen.

Nachdem die Consumer-Threads die Variable `elementZaehler` abgefragt haben, können sie den Wert der Variablen `elementZaehler` dekrementieren, was im ge-

zeigten Beispiel dem Herausnehmen eines Elements aus der Warteschlange entspricht. Bevor der Mutex wieder freigegeben wird, benachrichtigt die Funktion
`cnd_broadcast()` Threads, die auf das Eintreten des Zustands `queueNotFull`
warten, also darauf, dass die Warteschlange nun nicht mehr voll ist, da nun mindestens ein Element entnommen wurde. Der Producer-Thread kann so gegebenenfalls
wieder neue Elemente erzeugen.

In dem folgenden Beispiel wurde zum sauberen Beenden der Threads der Einfachheit halber die globale Variable `terminate` verwendet. Auch hierfür könnte und
sollte man eine Zustandsvariable verwenden, worauf hier aber aus Gründen der
Übersichtlichkeit verzichtet wurde.

Der folgende Code zeigt das vollständige **Beispielprogramm:**

```c
/* Datei: conditionvar.c */
#include <stdio.h>
#include <threads.h>
#include <stdbool.h>

/* globale Variablen fuer Mutexe und Zustandsvariablen */
cnd_t queueNotEmpty, queueNotFull;
mtx_t queueMutex;

/* maximale Anzahl der Queue-Elemente */
#define QUEUE_SIZE 5

/* simulierte Queue (zaehlt den Queue-Inhalt) */
int elementZaehler = 0;

/* Terminierungsvariable (vereinfacht, nicht synchronisiert)*/
int terminate = false;

/* Produzent */
int producerThread (void * arg)
{
   (void) arg; /* wird nicht verwendet */
   while (terminate == false)
   {
      printf ("Erzeuge Daten\n");
      mtx_lock (&queueMutex); /* Sperren des Mutex */

      /* pruefen, ob Queue voll ist */
      while (elementZaehler == QUEUE_SIZE)
      {
         /* Warten auf das Eintreten des gewuenschten Zustands */
         cnd_wait (&queueNotFull, &queueMutex);
      }

      /* schreibe Daten in die Queue */
      elementZaehler++;
      cnd_broadcast (&queueNotEmpty);
      mtx_unlock (&queueMutex); /* Freigeben des Mutex */
   }
   return thrd_success;
}
```

```c
/* Konsument */
int consumerThread (void * arg)
{
    int threadid = *(int*)arg;
    while (terminate == false)
    {
        printf ("Verbrauche Daten Thread %d\n", threadid);
        mtx_lock (&queueMutex); /* Sperren des Mutex */

        /* pruefen, ob Queue leer ist */
        while (elementZaehler == 0)
        {
            /* Warten auf das Eintreten des gewuenschten Zustands */
            cnd_wait (&queueNotEmpty, &queueMutex);
        }

        /* lese Daten aus der Queue */
        elementZaehler--;
        cnd_broadcast (&queueNotFull);
        mtx_unlock (&queueMutex); /* Freigeben des Mutex */
    }
    return thrd_success;
}

int main (void)
{
    /* Variable zum Speichern der Threads und IDs */
    thrd_t producer, consumer1, consumer2;
    int consumerid1 = 1, consumerid2 = 2;

    /* Initialisierung der Zustandsvariablen und des Mutex */
    cnd_init (&queueNotFull);
    cnd_init (&queueNotEmpty);
    mtx_init (&queueMutex, mtx_plain);


    /* Erzeugung der Threads */
    thrd_create (&producer, producerThread, NULL);
    thrd_create (&consumer1, consumerThread, &consumerid1);
    thrd_create (&consumer2, consumerThread, &consumerid2);
    for (int i = 0; i < 100000000; i++)
    {
        /* eine Weile warten... */
    }

    /* Beenden der Threads */
    terminate = true;
    thrd_join (producer, NULL);
    thrd_join (consumer1, NULL);
    thrd_join (consumer2, NULL);

    /* Freigeben der Zustandsvariablen und des Mutex */
    mtx_destroy (&queueMutex);
    cnd_destroy (&queueNotEmpty);
    cnd_destroy (&queueNotFull);
}
```

Ein Ausschnitt des Programmablaufs ist:

```
...
Erzeuge Daten
Erzeuge Daten
Erzeuge Daten
Erzeuge Daten
Verbrauche Daten, Thread 0x006b0428
Verbrauche Daten, Thread 0x006b0590
Verbrauche Daten, Thread 0x006b0590
Verbrauche Daten, Thread 0x006b0590
Verbrauche Daten, Thread 0x006b0590
Verbrauche Daten, Thread 0x006b0590
Verbrauche Daten, Thread 0x006b0590
Erzeuge Daten
Verbrauche Daten, Thread 0x006b0428
Erzeuge Daten
...
```

Wird der gezeigte Code ausgeführt, kann ein interessantes Phänomen beobachtet werden: Da zwei Consumer-Threads gleichzeitig auf die Warteschlange zugreifen, aber nur ein einziger Producer-Thread die Warteschlange füllt, kann es vorkommen, dass zwar beide Consumer-Threads ausgeführt werden, jedoch einer davon schon die komplette Warteschlange leert, sobald er aus seinem Wartezustand durch den Aufruf von `cnd_broadcast()` geweckt wird. Aus diesem Grund wird die Bedingung nicht mit `if`, sondern mit einer `while`-Schleife geprüft. In diesem Beispiel spielt dies für den Producer keine Rolle, da nur ein einziger Producer-Thread existiert. Gäbe es jedoch mehrere Producer, so wäre die `while`-Schleife für einen problemlosen Ablauf zwingend notwendig.

Kommt nun der zweite Consumer-Thread zum Zuge, wird er feststellen, dass die Warteschlange schon wieder leer ist und sich erneut schlafen legen. Man bezeichnet ein solches Verhalten als **Starvation** (dt. das Verhungern). Dieses und weitere Phänomene werden im folgenden Kapitel behandelt.

23.3.3 Deadlocks, Livelocks und Starvation

Bereits im vorherigen Kapitel wurde erwähnt, dass durch die eingesetzten Synchronisationsmechanismen unbeabsichtigt Phänomene auftreten können, die den Programmablauf behindern, verfälschen oder gar zum Erliegen bringen können.

Ein **Deadlock** (dt. Systemblockade oder Verklemmung) ist eine Situation, in der zwei oder mehr Threads sich gegenseitig blockieren, indem sie auf ein Ereignis oder eine Ressource eines jeweils anderen wartenden Threads warten. Die Threads behindern sich gegenseitig und damit steht das System.

Ein einfaches Beispiel hierfür sind zwei sich zankende Kinder, welche sich gegenseitig das Spielzeug weggenommen haben und es erst wieder zurückgeben, wenn das andere seines zurückgibt.

Starvation (dt. Verhungern) bezeichnet eine Situation, in der ein Thread nie zum Laufen kommt, da die benötigten Ressourcen von anderen Threads bereits „verbraucht" werden. Ohne diese Ressourcen kann der Thread keine Arbeit verrichten. Er verhungert.

Als **Livelock** wird eine Sonderform von Starvation bezeichnet. Wie bei einem Deadlock blockieren sich Threads gegenseitig beim Zugriff auf gemeinsame Ressourcen. Dabei verharren die Threads jedoch nicht wie beim Deadlock in Wartestellung, sondern geben jeweils ihre bereits gesperrten Ressourcen zumindest teilweise wieder frei, worauf sie im nächsten Locking-Versuch jedoch erneut blockiert werden. Für einen Anwender scheinen die Threads zu arbeiten, jedoch gibt es keinen Arbeitsfortschritt mehr.

Ein beliebtes Beispiel dafür ist die Begegnung zweier Personen auf einem engen Flur. Jede Person möchte aus Höflichkeit die andere vorübergehen zu lassen, aber beide wechseln stets zur gleichen Zeit auf die gleiche Seite hin und her, so dass es beiden unmöglich ist, zu passieren.

Am Beispiel des Dining Philosopher's-Problems (dt. Problem der speisenden Philosophen) können diese Phänomene anschaulich aufgezeigt werden. Dabei stehen die Philosophen symbolisch für Threads, die einer gemeinsamen Tätigkeit nachgehen (speisen) und sich Ressourcen (Gabeln) teilen.

Die speisenden Philosophen

Der Tagesablauf eines Philosophen besteht abwechselnd aus Nachdenken und Essen. Fünf Philosophen sitzen an einem runden Tisch. Jeder Philosoph hat seinen festen Platz am Tisch, vor ihm einen Teller mit Spaghetti und zu seiner Linken und Rechten liegt jeweils eine Gabel, die er mit seinen direkten Nachbarn teilt. Dies soll das folgende Bild symbolisieren:

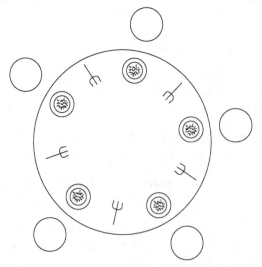

Bild 23-7 speisende Philosophen

Ein Philosoph kann nur essen, wenn er zwei Gabeln in den Händen hält. Hierbei darf er jedoch nur die Gabel zu seiner linken sowie zu seiner rechten Seite verwenden. Hat sich ein Philosoph zum Essen beide Gabeln seitlich seines Tellers genommen, können seine direkten Tischnachbarn selbst nichts von ihren Tellern essen, da ihnen mindestens eine Gabel fehlt. Dies bedeutet also, dass es nicht möglich ist, dass zwei nebeneinander sitzende Philosophen zur gleichen Zeit essen. Ist ein Philosoph vorläufig fertig mit dem Essen, so legt er seine beiden Gabeln wieder an die Stelle zurück, von der er sie genommen hat und gibt die Gabeln damit seinen Tischnachbarn frei. Anschließend beginnt der Philosoph erneut zu philosophieren und nachzudenken, bis er wieder Hunger bekommt.

Solange die Philosophen nur gelegentlich hungrig sind, funktioniert das Essen und Nachdenken problemlos. Sobald aber mehrere Philosophen gleichzeitig hungrig sind und essen wollen, kann es zu Problemen kommen. Das Folgende könnte passieren: Wollen alle Philosophen im gleichen Moment essen und zuerst ihre linke Gabel aufnehmen, besitzt zwar jeder Philosoph eine Gabel, jedoch sind alle Gabeln am Tisch nun verbraucht und keiner kann eine weitere Gabel aufnehmen, um zu essen. Jeder Philosoph wartet stattdessen darauf, dass eine Gabel zu seiner Rechten frei wird, was aber nie eintritt. Man spricht von einem **Deadlock**.

Eine Möglichkeit, die Situation der Philosophen zu entschärfen, bietet das Einführen einer neuen Tischregel: jeder Philosoph, der eine einzige Gabel in der Hand hält und seit einer gewissen Zeit vergeblich auf die zweite Gabel wartet, muss seine Gabel wieder ablegen. Er darf sie erst nach einiger Zeit wieder erneut aufnehmen und versuchen zu essen. Ein Deadlock kann also dadurch verhindert werden, dass auch wartende Philosophen ihre Gabel wieder freigeben. Allerdings kann dadurch ein neues Problem entstehen. Werden die Zeiten für Ablegen, Denken, Essen und Warten ungünstig gewählt, kann es vorkommen, dass einige Philosophen nie zum Essen kommen. Sie können eine der Gabeln aufnehmen, bekommen aber nie eine zweite Gabel, da ihre Nachbarn immer dann essen, wenn sie auf die zweite Gabel warten. Diese Philosophen verhungern sprichwörtlich am gedeckten Tisch. Daher spricht man in diesem Fall von **Starvation**.

Es kommt aber noch schlimmer für die Philosophen. Gesetzt den Fall, dass alle Philosophen gleichzeitig eine Gabel aufnehmen, um zu essen, wird durch die neu eingeführte Zeitregel bewirkt, dass die Philosophen ihre Gabeln nach einer gewissen Zeit wieder ablegen. Wenn aber alle Philosophen dies zur gleichen Zeit tun, anschließend gleich lange warten und zugleich wieder zur Gabel greifen, kommt wieder keiner der fünf Philosophen zum Essen. Das System der Philosophen ist ständig in Bewegung und ändert seine Zustände durch das Aufnehmen und Ablegen der Gabeln. Das eigentliche Ziel der Philosophen, nämlich zu essen, wird jedoch nie erreicht. Dieser Sonderfall von Starvation wird als **Livelock** bezeichnet. Das Wort Livelock ist eine Wortschöpfung als Gegenteil zu Deadlock.

23.4 Fortgeschrittene Programmierung mit Threads

Multithreading stellt den Programmierer vor neue Herausforderungen. Nebenläufig ablaufende Programmteile sind deutlich komplexer zu durchschauen als ein sequenzieller Programmablauf. Durch fehlende oder fehlerhafte Synchronisation können Effekte auftreten, die nicht immer auf den ersten Blick nachvollziehbar sind. Dieses Kapitel beschreibt wichtige Punkte, auf die besonders geachtet werden sollte, sowie welche zusätzlichen Hilfsmittel die Bibliothek <threads.h> für die Programmierung von Threads bereitstellt.

23.4.1 Lokale und statische Variablen

Mithilfe von Threads lassen sich verschiedene Tätigkeiten innerhalb eines Betriebssystemprozesses nebenläufig ausführen. Dabei wird beim Erzeugen eines Threads diejenige Funktion übergeben, die nebenläufig ausgeführt werden soll. Im Gegensatz zu der sequenziellen Ausführung von Funktionen innerhalb des Programmablaufs kann dieselbe Funktion über Threads gleichzeitig mehrfach ausgeführt werden.

> Threads bieten die Möglichkeit, Code-Segmente in Form von Funktionen nebenläufig auszuführen. Dabei kann ein und dieselbe Funktion mehrfach als Thread instanziiert und somit nebenläufig ausgeführt werden.

Diese Tatsache gilt es zu beachten, vor allem dann, wenn eine Funktion eigene Ressourcen z. B. in Form von static Variablen besitzt, die durch andere Threads verändert werden können. Da jeder Thread seinen eigenen Stack besitzt, können lokale Variablen nur vom eigenen Thread angesprochen und verändert werden. Im Gegensatz dazu existieren static Variablen nur ein einziges Mal im Betriebssystemprozess und können von jeder Thread-Instanz angesprochen werden. Wird die statische Variable einer Funktion von einem Thread beschrieben, so ist diese Änderung für alle Thread-Instanzen sichtbar, die ebenfalls diese Funktion aufrufen. Dies hat zur Folge, dass Synchronisationsmechanismen für die Verwendung dieser Funktion in mehreren Threads notwendig sind, da sich sonst die Thread-Instanzen die statische Variable gegenseitig überschreiben.

Beispielprogramm

Das folgende Beispielprogramm zeigt eine Funktion threadfunction(), die eine statische Variable cnt enthält. In einer Schleife wird cnt inkrementiert und zusammen mit der Threadnummer ausgegeben. Das Inkrementieren und Ausgeben ist durch einen Mutex geschützt. Diese Funktion wird in vier Threads aufgerufen.

Hier das Beispielprogramm:

```
/* Datei: staticthreadvar.c */
#include <stdio.h>
#include <threads.h>
#include <stdbool.h>

/* Terminierungsvariable (vereinfacht, nicht synchronisiert) */
int terminate = false;

/* globale Variable fuer Mutex */
mtx_t mutex;

/* Thread Funktion */
int threadfunction (void * arg)
{
```

```
   int threadid = * (int *) arg;
   static int cnt = 0;      /* Variable ist static! */

   while (terminate == false)
   {
      mtx_lock (&mutex);    /* Mutex sperren */
      cnt++;                /* Variable inkrementieren */
      printf ("cnt = %03i, Thread %d\n", cnt, threadid);
      mtx_unlock (&mutex); /* Mutex freigeben */
      thrd_yield();
   }
   return thrd_success;
}

int main (void)
{
   /* Variable zum Speichern der Thread ID */
   int threadids[4] = {1, 2, 3, 4};
   thrd_t thr1, thr2, thr3, thr4;

   /* Initialisierung des Mutex und Erzeugung der Threads*/
   mtx_init (&mutex, mtx_plain);
   thrd_create (&thr1, threadfunction, &threadids[0]);
   thrd_create (&thr2, threadfunction, &threadids[1]);
   thrd_create (&thr3, threadfunction, &threadids[2]);
   thrd_create (&thr4, threadfunction, &threadids[3]);

   for (int i = 0; i < 100000000; i++)
   {
      /* eine Weile warten... */
   }

   /* Beenden der Threads und Freigeben des Mutex */
   terminate = true;
   thrd_join (thr1, NULL);
   thrd_join (thr2, NULL);
   thrd_join (thr3, NULL);
   thrd_join (thr4, NULL);
   mtx_destroy (&mutex);
}
```

Bei der Programmausgabe zeigt sich, dass alle Threads an derselben static Variablen der Funktion weiterzählen. Deren Wert wird kontinuierlich inkrementiert, wobei sich die Threads abwechseln.

Programmausgabe (Ausschnitt):

```
...
cnt = 682, Thread 1
cnt = 683, Thread 3
cnt = 684, Thread 1
cnt = 685, Thread 4
cnt = 686, Thread 3
cnt = 687, Thread 3
...
```

Würde man die Funktion `threadfunction()` verändern und die `static` Variable `cnt` in eine lokale Variable umwandeln, sähe das Ergebnis beispielsweise folgendermaßen aus:

Programmausgabe (Ausschnitt):

```
...
cnt = 084, Thread 3
cnt = 085, Thread 3
cnt = 080, Thread 1
cnt = 025, Thread 2
cnt = 068, Thread 4
cnt = 086, Thread 3
cnt = 081, Thread 1
cnt = 026, Thread 2
cnt = 069, Thread 4
...
```

In diesem Fall besitzt jede Thread-Instanz eine eigene Zählvariable `cnt`, die unabhängig von den anderen Instanzen inkrementiert wird. Bei lokalen Variablen ist der Mutex somit unnötig.

23.4.2 Thread-lokaler Speicher

Wenn eine Variable lokal innerhalb von Funktionen deklariert wird, besitzt jeder Thread seine eigene Variable, welche von anderen Threads nicht angesprochen werden kann. Dies bedeutet jedoch gleichzeitig, dass die entsprechende Variable nicht als externe Variable existiert und sie somit bei weiteren Funktionsaufrufen innerhalb des Threads stets als Parameter übergeben werden muss, wenn sie denn benötigt wird.

Erfahrungsgemäß operieren jedoch gerade Threads oftmals auf mehreren externen Variablen. Dies zum einen, da Threads mit unterschiedlichen Funktionen gestartet werden, welche häufig auf denselben Objekten operieren. Zum anderen wird ein Programm normalerweise zuerst für single-Threading geschrieben und erst nachträglich für Multithreading erweitert. Eine solche Erweiterung geht am einfachsten durch externe Variablen.

Um die Organisation von lokalen und externen Variablen innerhalb eines Threads einigermaßen in den Griff zu kriegen, muss ein Programmierer seine Programmierung oftmals rigoros umstellen, weswegen manche Programmierer vor Multithreading zurückschrecken.

Die Sprache C hat jedoch den Grundsatz, den Programmierer in seiner Kreativität nicht zu behindern und ihm keine unnötige Paradigmen aufzuzwingen. Damit der Programmierer sich somit nicht ständig um die Organisation seiner Daten und die Erweiterung seiner Funktionsaufrufe kümmern muss, gibt es ab dem C11-Standard die Möglichkeit, auch externe Variablen so zu deklarieren, dass sie für jeden Thread einzeln gespeichert werden.

Wird eine Variable benötigt, die in allen Thread-Instanzen einen eigenen Wert haben soll, so kann die Speicherklasse `_Thread_local` verwendet werden. Eine solche Variable kann innerhalb und außerhalb von Funktionen deklariert werden. Jeder Thread erhält bei seiner Erzeugung eine eigene Instanz dieser Variablen, deren Gültigkeit sich auf die Lebensdauer des Threads beschränkt.

Dieser neue Speicherklassenbezeichner definiert einen sogenannten **thread local storage** (dt. **Thread-lokalen Speicher**), einen lokalen Speicherbereich für Threads. Jeder Thread erhält damit eine eigene Instanz der Variablen, die als `_Thread_local` deklariert wurde. Die Initialisierung des Wertes erfolgt vor dem Starten der Threads, die Lebensdauer der Variablen endet gleichzeitig mit dem Ende des jeweiligen Threads. Eine solche Variable verhält sich wie eine globale Variable, deren konkreter Wert jedoch nur innerhalb eines Threads sichtbar ist.

Damit kann der Programmierer auf globale Variablen zugreifen und muss sich nicht darum kümmern, dass andere Threads diese globalen Variablen möglicherweise ändern könnten. Die gesamte Organisation der Daten wird vom Compiler und vom Laufzeitsystem übernommen. Diese Erweiterung ist jedoch optional und existiert erst ab dem Standard C11.

Nebst dem Schlüsselwort `_Thread_local` wird in der Header-Datei `<threads.h>` auch noch das Makro `thread_local` definiert, welches zu diesem Schlüsselwort auswertet. Der Speicherklassenbezeichner `_Thread_local` darf nicht auf Funktionen angewendet werden. Der Standard C11 empfiehlt deswegen zur Klarifizierung, eine thread-lokale Variable stets entweder mit `static` oder mit `extern` zu deklarieren. Diese beiden Schlüsselwörter sind Speicherklassen für Variablen und definieren die Bindung der Variablen als intern beziehungsweise extern.

Die interne Bindung mit `static` bedeutet, dass der Speicherplatz der Variablen in der aktuellen Übersetzungseinheit reserviert wird. Durch eine externe Bindung mit `extern` kann der Speicherplatz auch irgendwo in einer anderen Übersetzungseinheit reserviert werden.

Siehe dazu auch Kapitel 15.2.2.

Im überarbeiteten Beispiel aus Kapitel 23.4.1 könnte somit anstatt der Definition einer lokalen Variablen `int cnt` innerhalb der Thread-Funktion eine globale Variable außerhalb der Funktion wie folgt definiert werden:

```
thread_local static int cnt = 0;
```

Damit könnte ebenfalls erreicht werden, dass sich mehrere Thread-Instanzen nicht mehr beim Zugriff auf die Variable `cnt` beeinflussen.

Mit der Speicherklasse `thread_local` ist es somit möglich, beliebige Variablen exklusiv einem Thread zuzuordnen. Häufig jedoch sind die Thread-Funktionen sehr umfangreich und benötigen sehr viele Variablen, welche allesamt exklusiv sein sollen. Um somit den Programmiercode nicht unnötig mit globalen Variablen aufzufüllen, wurde in C11 eine globale Methode zur Ansprechung von Thread-exklusiven Daten geschaffen: Der Thread-spezifische Speicher (engl. thread specific storage, kurz tss).

23.4.3 Funktionen für einen Thread-spezifischen Speicher

Eine weitere Möglichkeit zur Definition von Daten, die exklusiv einem Thread zugeordnet sind, bietet C11 in Form des sogenannten **thread specific storage** (dt. Thread-spezifischer Speicher). Hierbei kann ein Thread individuelle Daten und den zugehörigen Schlüssel zum Zugriff auf die Daten hinterlegen. Funktionen, die aus dem Kontext dieses Threads aufgerufen werden, haben die Möglichkeit, über den global verfügbaren Schlüssel an die individuellen Daten des Threads zu gelangen, der die Funktion aufruft. Diese Daten sind für andere Threads nicht zugänglich.

Thread-spezifischer Speicher wird über die folgenden Funktionen bedient, die in der Bibliothek `<threads.h>` definiert sind:

Synopsis	Beschreibung
`int tss_create(tss_t * key, tss_dtor_t dtor);`	Erzeugt einen Thread-lokalen Speicherschlüssel. Wenn der Schlüssel später gelöscht werden soll, wird die Funktion des übergebenen Funktionspointers `dtor` aufgerufen, um den gespeicherten Wert freizugeben.
`void tss_delete(tss_t key);`	Löscht alle Ressourcen, die dem Thread-lokalen Speicher `key` zugeordnet sind.
`void * tss_get(tss_t key);`	Liest den Wert des Thread-lokalen Speichers `key` für den aufrufenden Thread.
`int tss_set(tss_t key, void * val);`	Setzt den Wert des Thread-lokalen Speichers `key` für den aufrufenden Thread.

Tabelle 23-4 Funktionen für Thread-lokalen Speicher

Beispiel für einen Thread-spezifischen Speicher

Ein Beispiel soll den Umgang mit Thread-spezifischem Speicher veranschaulichen. Es werden zwei Threads erzeugt, die dieselbe Funktion `threadFunction()` ausführen. Dieser Funktion wird als Argument jeweils ein Startwert für den jeweiligen Thread übergeben.

Beide Threads halten hierbei lokale Daten und machen diese über einen globalen Schlüssel zugänglich. Wird eine Funktion aus einem der Threads aufgerufen, so kann sie über den globalen Schlüssel an die Daten des aufrufenden Threads gelangen.

Die folgende Grafik veranschaulicht den Sachverhalt:

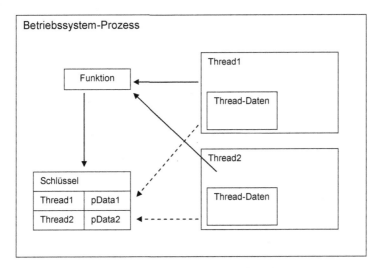

Bild 23-8 Thread-spezifischer Speicher

Jeder Thread muss den gewünschten Speicher lokal innerhalb seiner Funktion anlegen, wie im folgenden Beispiel in der Strukturvariablen pLocal. Da pLocal eine lokale Variable ist, sind die Daten vor wechselseitigem Zugriff aus anderen Threads geschützt. Durch die Funktion tss_set() wird die Adresse von pLocal mit einem globalen Schlüssel tsskey verknüpft.

In einer Endlosschleife wird der in pLocal gespeicherte Wert nun inkrementiert. Zur Ausgabe wird eine weitere Funktion evaluate() aufgerufen. Diese hat keinen direkten Zugriff auf die Thread-Daten, aber über den Thread-spezifischen Speicher gelangt sie an die Daten des aufrufenden Threads. Dazu verwendet sie die Funktion tss_get(tsskey) und holt sich damit einen Pointer auf den gewünschten Speicher. Das darin enthaltene Datum data wird per printf()- Befehl ausgegeben.

Hier der Quellcode des Beispielprogramms:

```
/* Datei: tss.c */
#include <stdio.h>
#include <stdlib.h>   /* malloc() */
#include <threads.h>
#include <stdbool.h>

/* Terminierungsvariable (vereinfacht, nicht synchronisiert)*/
int terminate = false;

/* globaler Schluessel fuer TSS */
tss_t tsskey;

/* Datenstruktur des TSS */
typedef struct
{
   unsigned char data;
} threadLocalData_t;
```

```c
/* Ausgabefunktion fuer TSS-Daten */
void evaluate (void)
{
   threadLocalData_t * tld = (threadLocalData_t *)tss_get (tsskey);
   printf ("data = %03i, Thread %p\n", tld->data
           , &(thrd_current()));
}

/* Thread Funktion */
int threadfunction (void * arg)
{
   threadLocalData_t pLocal;

   /* TSS mit dem globalen Schluessel verknuepfen */
   tss_set (tsskey, &pLocal);

   /* Initialwert fuer aktuellen Thread zuweisen */
   pLocal.data = *(unsigned char*) arg;
   while (terminate == false)
   {
      /* lokale Daten inkrementieren und Evaluation aufrufen */
      pLocal.data++;
      evaluate ();

      /* abfragen, ob Thread beendet werden soll */
      if (terminate == true)
      {
         break;
      }
      thrd_yield ();
   }
   return thrd_success;
}

int main (void)
{
   /* Variable zum Speichern der Thread ID */
   thrd_t thr1, thr2;

   /* Variablen fuer Initialwerte */
   unsigned char iniVal1 = 0;
   unsigned char iniVal2 = 128;

   /* Initialisierung des TSS-Schluessels und */
   /* Erzeugung der Threads */
   tss_create (&tsskey, NULL);
   thrd_create (&thr1, threadfunction, (void *) &iniVal1);
   thrd_create (&thr2, threadfunction, (void *) &iniVal2);

   for (int i = 0; i < 100000000; i++)
   {
      /* eine Weile warten... */
   }

   /* Beenden der Threads und Freigeben des TSS-Schluessels */
   terminate = true;
   thrd_join (thr1, NULL);
```

```
    thrd_join (thr2, NULL);
    tss_delete (tsskey);
}
```

Programmausgabe (Ausschnitt):

```
...
data = 071, Thread 0x008c0150
data = 072, Thread 0x008c0150
data = 129, Thread 0x008c0298
data = 130, Thread 0x008c0298
data = 131, Thread 0x008c0298
data = 132, Thread 0x008c0298
data = 073, Thread 0x008c0150
...
```

Wie erwartet, zeigt sich bei der Ausgabe die Trennung der Daten der beiden Threads, obwohl jeweils dieselbe Funktion zur Ausgabe aufgerufen wurde. Der eine Thread beginnt bei 0 zu zählen, während der zweite Thread bei 128 beginnt.

23.4.4 Atomare Operationen

Dieses Kapitel gibt einen kurzen Einblick in die Bibliothek `<stdatomic.h>`. Sie stellt einen mit Multithreading verwandten Themenkomplex dar und wird an dieser Stelle kurz erläutert.

Die Header-Datei `<stdatomic.h>` stellt Schnittstellen von Makros zur performanten und einfachen Verwendung von atomaren Operationen bereit. Aufwendige Synchronisationsmechanismen zum Schutz gegen wechselseitigen Zugriff für einfache Operationen können dadurch vermieden werden.

In den vorhergehenden Kapiteln wurde die Notwendigkeit von Synchronisationsmechanismen beim Arbeiten mit mehreren Threads auf gemeinsamen globalen Variablen gezeigt. Die Beispiele enthielten dabei meist globale Variablen vom Typ `int`. Dass selbst der Zugriff auf diese einfachen Variablen geschützt werden muss, wird beim Betrachten der Prozessorschritte für die Operation `i++` ersichtlich. Der Prozessor führt bei `i++` nicht nur eine, sondern gleich drei Operationen aus:

- den Wert der Variablen `i` aus dem Speicher holen,
- `i` inkrementieren
- und den neuen Wert von `i` wieder in den Speicher schreiben.

Führt nun ein Thread `T1` die ersten beiden Schritte durch und wird von einem Thread `T2` unterbrochen, bevor er den dritten Schritt ausführen konnte, dann liest `T2` den alten Wert von `i` ein und erhöht diesen. Insgesamt wird `i` nur um eins erhöht, obwohl zweimal inkrementiert wurde. Um solche Inkonsistenzen zu vermeiden, dürfen diese drei Schritte nicht von einem anderen Thread unterbrochen werden. Mit einem Mutex könnte man diese Operation in einen geschützten Bereich packen und somit den gleichzeitigen Zugriff verhindern. Im Folgenden wird der Lock und der Unlock eines Mutex zum **Schutz der Variablen** `i` vor dem Zugriff anderer nebenläufiger Threads gezeigt:

```
mtx_lock(&mutex);
i++;
mtx_unlock(&mutex);
```

Diese Lösung ist allerdings nicht sehr effizient, da der Aufwand für die Synchronisation durch einen Mutex sehr viel höher ist als die zu schützende Operation selbst. Für einen solchen Fall bietet der neue C11-Standard den Einsatz von atomaren Operationen an. Sie werden immer am Stück ausgeführt und können nicht unterbrochen werden.

C11 führt eine neue Header-Datei `<stdatomic.h>` ein und damit Funktionen, Makros und Typen für den Umgang mit atomaren Operationen auf Daten, die von mehreren Threads verwendet werden. Da es sich auch hierbei um eine optionale Erweiterung des C-Standards handelt, existiert das Makro `__STDC_NO_ATOMICS__`, über das abgefragt werden kann, ob atomare Operationen implementiert sind. Mit dem Schlüsselwort `_Atomic` vor einem Typbezeichner lässt sich eine Variable atomaren Typs deklarieren, z. B.

```
_Atomic int zahl;
```

Für nahezu alle Ganzzahltypen werden durch C11 neue, atomare Datentypen mit einem vorangesetzten `_Atomic` definiert. Die Initialisierung einer solchen Variablen muss allerdings über ein Makro oder eine Funktion erfolgen. Die Initialisierung über das Makro `ATOMIC_VAR_INIT` kann dann beispielsweise wie folgt aussehen:

```
_Atomic int = ATOMIC_VAR_INIT(0);
```

Wird nach einer solchen Initialisierung die Operation `i++` ausgeführt, dann ist diese automatisch atomar, kann also nicht unterbrochen werden. Führen mehrere Threads diese Operation aus, kann es also nicht mehr zu Inkonsistenzen kommen. Die Initialisierung selbst ist allerdings nicht atomar und muss synchronisiert werden, falls die Initialisierungen parallel erfolgen.

Elementare Operationen wie Addition und Subtraktion sowie logische Operationen auf Variablen eines atomaren Typs sind ebenfalls atomar. Neben diesen Operationen definiert C11 eine Menge weiterer Makros und Funktionen für den Einsatz von atomaren Operationen.

23.5 Zusammenfassung

Threads sind eine optionale Erweiterung des C11-Standards. Dies bedeutet, dass nicht jeder Compiler, der C11 unterstützt, auch eine Unterstützung der optionalen Threads bietet. Ist das Makro `__STDC_NO_THREADS__` gesetzt, so bietet der Compiler keine Thread-Unterstützung.

Kapitel **23.1** diskutiert Betriebssystemprozesse und Threads.

Wird ein lauffähiges Programm auf einem Computer ausgeführt, so bezeichnet man dieses Programm als Betriebssystemprozess. Ein laufender Betriebssystemprozess besitzt einen eigenen physischen Adressraum für sein Programm. Er kann auf die ihm zugeordneten Systemressourcen wie Prozessor, Speicher oder Peripheriegeräte zugreifen.

Eine Ressource, die ein Programm benötigt, damit es laufen kann – wie der Speicher, der Prozessor oder eine benötigte Datei – stellt ein Betriebsmittel für einen Betriebssystemprozess dar. Betriebssystemprozesse können verschiedene Zustände annehmen. Der Zustand eines Betriebssystemprozesses kann je nach Verfügbarkeit der benötigten Betriebsmittel wechseln. Die Verfügbarkeit des Prozessors wird in modernen Betriebssystemen durch einen sogenannten Scheduler gesteuert. Ein Programm, das laufen möchte, muss zuerst alle benötigten Ressourcen bis auf den Prozessor reservieren. Erst wenn es diese Ressourcen alle hat, kann es am „Kampf um den Prozessor" teilnehmen.

Das Betriebssystem sorgt dafür, dass die Betriebssystemprozesse, die im Zustand ready-to-run sind, entsprechend einer definierten Strategie des jeweiligen Betriebssystems abwechselnd den Prozessor erhalten und damit ausgeführt werden. Der Vorgang des Gewährens bzw. des Entziehens der CPU wird als Scheduling (dt. Zeitplanung) bezeichnet.

Als Thread (dt. Faden) bezeichnet man einen nebenläufigen Ausführungsstrang innerhalb eines Betriebssystemprozesses. Threads teilen sich den Adressraum ihres Betriebssystemprozesses und können auf alle Ressourcen dieses Betriebssystemprozesses zugreifen. Daher ist es wichtig, den Zugriff auf die gemeinsamen Ressourcen durch geeignete Synchronisationsmechanismen zu steuern. So wird verhindert, dass Threads ihre Daten gegenseitig überschreiben und es zu undefinierten Ausführungsergebnissen kommt.

Grundsätzlich besitzt jeder Betriebssystemprozess seinen eigenen Adressraum. Dieser Adressraum wird vom Memory Management (Speichermanagement) verwaltet. Threads unterliegen stets dem Speichermanagement für ihren Betriebssystemprozess. Das Scheduling steuert die Ablaufreihenfolge der verschiedenen Betriebssystemprozesse und Threads und weist ihnen gemäß der Strategie des jeweiligen Betriebssystems den Prozessor zu.

Der Vorteil von Threads gegenüber Betriebssystemprozessen liegt in der Geschwindigkeit, mit der es möglich ist, zwischen den Threads zu wechseln.

Kapitel 23.2 gibt einen Überblick über die Möglichkeiten, die die neue Header-Datei für Threads `<threads.h>` in C11 mit sich bringt. Für die Unterstützung von Threads führt C11 eine neue Header-Datei `<threads.h>` ein, die Funktionen zur Steuerung der Aktivität von Threads wie z. B. zum Erzeugen, Verwalten und Löschen von Threads bereitstellt. Zusätzlich bietet diese Header-Datei die Möglichkeit, mit sogenannten Mutexen und Zustandsvariablen zu arbeiten und einen lokalen Thread-Speicher zu definieren.

Die Unterstützung von Multithreading ist – wie bereits besprochen – eine optionale Erweiterung von C11. Threads in C11 sind stark an die weit verbreiteten POSIX-Threads angelehnt.

Ein Thread lässt sich nach dem C11-Standard mittels der Funktion

```
int thrd_create (thrd_t * thr, thrd_start_t func, void * arg);
```

erzeugen.

Vor dem Beenden eines Programms sollten alle im Programm gestarteten Threads ordnungsgemäß beendet werden. Bei Nichtbeachtung können unter Umständen Systemressourcen blockiert bleiben, welche durch die Threads benutzt wurden. Mit der Funktion `thrd_exit()` existiert ein sogenannter Termination Handler, der für das Freigeben der belegten Thread-Ressourcen sorgt, wenn ein Thread beendet wird. In der Regel können Threads per `return`-Befehl beendet werden, da der `return`-Befehl implizit die Funktion `thrd_exit()` aufruft. Mit der Funktion `thrd_exit()` besteht jedoch die Möglichkeit, einen Thread auch aus einer vom Thread aufgerufenen Funktion – also aus einer tieferen Ebene der Aufrufhierarchie – zu beenden.

Trifft die erwartete Abbruchbedingung beim Beenden von Threads mit der Funktion `thrd_join()` nicht ein, so kommt es zu einer Systemblockade (engl. Deadlock), wenn der zu beendende Thread in einer Endlosschleife läuft.

Je nach Compiler und dessen eingestellter Warnstufe werden nicht verwendete Übergabeparameter einer Funktion beim Kompilieren mit einer Warnung gekennzeichnet. Soll ein Übergabeparameter explizit nicht verwendet werden, so kann dies bei vielen Compilern mittels eines `void`-Casts, der auf den entsprechenden Parameter angewendet wird, ausgedrückt werden. Damit wird dem Compiler mitgeteilt, dass der betroffene Parameter absichtlich nicht verwendet wird. Eine Compiler-Warnung wird somit unterdrückt. Generell empfiehlt es sich, beim Entwickeln von Programmen, eine hohe Warnstufe des Compilers zu wählen. Warnungen geben oftmals wertvolle Hinweise darüber, wie die Qualität des Codes verbessert werden kann, sodass das Programm genau das tut, was gewüscht ist.

Das Synchronisieren von Threads wird in Kapitel **23.3** behandelt. Das Synchronisieren von Threads mithilfe von Mutexen und Zustandsvariablen ist ein entscheidender Aspekt für ein fehlerfreies Multithreading.

Wenn mindestens ein Thread schreibend auf Daten zugreift, welche auch von anderen Threads genutzt werden, müssen diese Daten vor gleichzeitigem Zugriff geschützt werden. Ein Abschnitt eines Programms, der auf die gemeinsam genutzten und damit zu schützenden Daten zugreift, wird als kritischer Abschnitt (engl. critical section) bezeichnet. Wenn sämtliche Threads, welche auf gemeinsame Daten zugreifen, ihre kritischen Abschnitte durch einen gemeinsamen Mutex sichern, bleiben die Daten konsistent. Der Mutex verhindert, dass kritische Abschnitte anderer Threads auf die Daten zugreifen können, während der aktive Thread seinen kritischen Abschnitt abarbeitet oder gar während dieser Abarbeitung durch den Scheduler unterbrochen wird.

Eine Zustandsvariable erlaubt die Benachrichtigung (engl. notification) von Threads über das Eintreffen eines bestimmten Zustandes.

Warteschlangen kommen in Multithreading-Programmen häufig zum Einsatz. C bietet keine spezielle Bibliothek für Warteschlangen an. Warteschlangen werden häufig als sogenannte Ringpuffer implementiert.

Zustandsvariablen werden immer in Kombination mit einer gemeinsam genutzten Ressource verwendet, die durch einen Mutex geschützt ist.

Ein Thread, der innerhalb eines kritischen Abschnitts merkt, dass eine notwendige Bedingung nicht erfüllt ist, kann dem Scheduler durch Aufruf der Funktion `cnd_wait()` mitteilen, dass er nun darauf wartet, dass ein gewünschter Zustand eintritt. Der Scheduler blockiert daraufhin diesen Thread und aktiviert ihn erst dann wieder, wenn dies der Fall ist. Da der Aufruf der Funktion `cnd_wait()` innerhalb des kritischen Abschnitts stattfindet, wird der Mutex automatisch freigegeben, damit andere Threads auf die gemeinsame Ressource zugreifen können.

Wenn ein anderer Thread die gemeinsame Ressource in einen bestimmten Zustand versetzt hat, teilt er die entsprechende Zustandsänderung mittels der beiden Funktionen `cnd_signal()` und `cnd_broadcast()` dem Scheduler mit. Der Scheduler benachrichtigt daraufhin im nächsten Scheduling-Zyklus diejenigen Threads, welche auf den gewünschten Zustand warten. Bei Aufruf der Funktion `cnd_signal()` wird der Scheduler im nächsten Scheduling-Zyklus genau einen wartenden Thread auswählen, der benachrichtigt wird. Mit der Funktion `cnd_broadcast()` werden sämtliche wartenden Threads nacheinander über die Veränderung des Zustandes benachrichtigt.

Der Scheduler versucht hierbei sowohl bei `cnd_signal()` als auch bei `cnd_broadcast()` für jeden zu benachrichtigenden Thread, den Mutex zu sperren. Sobald er dies kann, lässt er den Mutex gesperrt und teilt dem wartenden Thread erneut CPU-Zeit zu, indem er die Funktion `cnd_wait()` des Threads beendet und ihm so erlaubt, weiterzuarbeiten. Der Thread befindet sich durch den erneut gesperrten Mutex genauso wie vor Aufruf der Funktion `cnd_wait()` wieder im kritischen Abschnitt und kann ihn erfolgreich weiterbearbeiten.

Ein Deadlock (dt. Systemblockade oder Verklemmung) ist eine Situation, in der zwei oder mehr parallele Aktivitäten auf ein Ereignis oder eine Ressource einer anderen parallelen Aktivität warten. Diese Aktivität wartet aber ihrerseits auf eine Ressource der übrigen Aktivitäten. Die benötigten Ereignisse oder Ressourcen könnten von den wartenden Aktivitäten erzeugt werden, wenn diese laufen würden. Jede Aktivität wartet aber und damit steht das System.

Auf Starvation trifft man beim Multithreading, wenn einem Thread z. B. aufgrund ungünstigem Zeitverhalten des Schedulers Ressourcen fehlen, die von anderen Threads bereits „verbraucht" wurden. Ohne diese Ressourcen kann der Thread keine Arbeit verrichten. Er verhungert. Als Livelock wird eine Sonderform von Starvation bezeichnet. Wie bei einem Deadlock blockieren sich Threads durch fehlerhafte Synchronisation gegenseitig beim Zugriff auf gemeinsame Ressourcen. Dabei verharren die Threads jedoch nicht wie beim Deadlock in Wartestellung, sondern geben jeweils ihre bereits gesperrten Ressourcen zumindest teilweise wieder frei, worauf sie im nächsten Locking-Versuch jedoch erneut blockiert werden. Für einen Anwender scheint das betreffende Programm zu arbeiten, jedoch gibt es keinen Arbeitsfortschritt mehr.

Kapitel **23.4** befasst sich mit der fortgeschrittenen Programmierung mit Threads. Threads bieten die Möglichkeit, Code-Segmente in Form von Funktionen nebenläufig auszuführen. Dabei kann ein und dieselbe Funktion mehrfach als Thread instanziiert und somit nebenläufig ausgeführt werden.

Wird eine Variable benötigt, die in allen Thread-Instanzen einen eigenen Wert haben soll, so kann die Speicherklasse `_Thread_local` verwendet werden. Eine solche Variable kann innerhalb und außerhalb von Funktionen deklariert werden. Jeder Thread erhält bei seiner Erzeugung eine eigene Instanz dieser Variablen, deren Gültigkeit sich auf die Lebensdauer des Threads beschränkt.

Die interne Bindung mit `static` bedeutet, dass der Speicherplatz der Variablen in der aktuellen Übersetzungseinheit reserviert wird. Durch eine externe Bindung mit `extern` kann der Speicherplatz auch irgendwo in einer anderen Übersetzungseinheit reserviert werden.

Eine weitere Möglichkeit zur Definition von Daten, die exklusiv einem Thread zugeordnet sind, bietet C11 in Form des sogenannten thread specific storage (dt. Thread-spezifischer Speicher). Hierbei kann ein Thread individuelle Daten und den zugehörigen Schlüssel zum Zugriff auf die Daten hinterlegen. Funktionen, die aus dem Kontext dieses Threads aufgerufen werden, haben die Möglichkeit, über den global verfügbaren Schlüssel an die individuellen Daten des Threads zu gelangen, der die Funktion aufruft. Diese Daten sind für andere Threads nicht zugänglich.

Die Header-Datei `<stdatomic.h>` stellt Schnittstellen von Makros zur performanten und einfachen Verwendung von atomaren Operationen bereit. Aufwendige Synchronisationsmechanismen zum Schutz gegen wechselseitigen Zugriff für einfache Operationen können dadurch vermieden werden.

Begriffsverzeichnis

Aggregattyp   Siehe zusammengesetzter Typ.

Deadlock   Bei einem **Deadlock** warten mehrere nebenläufige Aktivitäten auf ein Ereignis oder eine Ressource einer anderen nebenläufigen Aktivität. Diese Aktivität wartet aber ihrerseits auf eine Ressource der anderen Aktivitäten.

Definition   Die **Definition** einer Variablen legt die Art der Variablen fest und sorgt gleichzeitig für die Reservierung des Speicherplatzes. Hierbei ist automatisch eine Deklaration mit eingeschlossen.

Deklaration   Eine **Deklaration** legt nur die Art der Variablen bzw. die Schnittstelle der Funktionen fest.

Designated Initializers   Seit C99 können einzelne Komponenten einer Strukturvariablen initialisiert werden. Dies wird als **Designated Initializers** bezeichnet.

Konsole   Siehe Terminal.

Kontrollstruktur   Unter einer **Kontrollstruktur** versteht man eine Anweisung, welche die Abarbeitungsreihenfolge von Anweisungen beeinflusst.

Livelock   Ein **Livelock** führt ähnlich wie ein (statischer) Deadlock dazu, dass Prozesse ständig auf die Freigabe von Ressourcen durch andere Prozesse warten. Um einen Deadlock zu umgehen, werden nicht verfügbare Ressourcen nach einer gewissen Zeit wieder freigegeben. Beim Livelock werden die Ressourcen jedoch aufgrund eines ungünstigen Zusammenspiels oder Schedulings der Prozesse stets von neuem unzugänglich.

Mächtigkeit   Die Sprache C weist jedem arithmetischen Typ eine sogenannte **Mächtigkeit** beziehungsweise eine Rangordnung zu. Ein Typ ist grundsätzlich mächtiger als ein anderer, wenn sein Werteumfang größer ist.

Modul   Ein **Modul** ist eine separat kompilierbare Datei oder ein Modul im Sinne von Modula-2.

Modular Design   Beim **Modularen Design** stehen nicht einzelne Funktionen im Mittelpunkt, sondern die Zusammenfassung von Funktionen und Daten zu größeren Einheiten, den Modulen. Zentraler Gedanke ist dabei die Kapselung der Daten und Funktionen als Einheit sowie die Festlegung der Schnittstellen zwischen diesen größeren Einheiten, um so zu mehr Prüfbarkeit zwischen den Einheiten zu kommen.

Release

Die auslieferungsfähige, fertige Version einer Software wird als **Release** bezeichnet.

Schlüsselwort

Ein **Schlüsselwort** ist ein in einer Programmiersprache reserviertes Wort mit einer für diese Programmiersprache speziell vorgegebenen Bedeutung. Der Compiler kennt alle Schlüsselwörter. Schlüsselwörter dürfen nicht als eigene Namen z. B. von Typen, Variablen oder Funktionen verwendet werden.

Skalarer Typ

Kennzeichnend für einen **skalaren Datentyp** ist, dass seine Werte einfach sind – im Gegensatz zu zusammengesetzten Datentypen, bei denen Werte aus mehreren einfachen Werten zusammengesetzt sein können.

Starvation

Auf **Starvation** trifft man beim Multithreading, wenn einem Thread z. B. aufgrund ungünstigem Zeitverhalten des Schedulers Ressourcen fehlen, die von anderen Threads bereits „verbraucht" wurden. Ohne diese Ressourcen kann der Thread keine Arbeit verrichten. Er verhungert.

Structured Design

Beim **Structured Design** wird ein Programm in Unterprogramme zerlegt, die zu anderen Unterprogrammen möglichst wenige Querbeziehungen haben.

Terminal

Ein **Terminal** ist eine Schnittstelle – auf heutigen Betriebssystemen oftmals ein Text-Fenster – die sowohl eine Eingabe als auch eine Ausgabe eines Programms abbilden kann. Ein Terminal wird je nach System und Umgebung auch Kommandozeile, Command-line Interface (CLI), Shell oder Eingabeaufforderung genannt.

Unterprogramm

Ein **Unterprogramm** ist ein benanntes Programmfragment, das über den Namen aufgerufen werden kann.

Vereinbarung

Der Begriff **Vereinbarung** umfasst sowohl die Definition als auch die Deklaration.

Zusammengesetzter Typ

Ein **zusammengesetzter Typ** umfasst Array- und Strukturtypen.

Anhang A Standardbibliotheksfunktionen

C erlaubt es dem Programmierer, durch Einbinden von standardisierten Header-Dateien zusätzliche Funktionalität zu nutzen.

Nachfolgend werden in den einzelnen Unterkapiteln die wichtigsten Funktionen und Makros der folgenden Header-Dateien mit ihrer Deklaration und einer kurzen Beschreibung aufgeführt:

ctype.h	Funktionen zur Klassifizierung und Konvertierung von Zeichen
math.h	Mathematische Funktionen
stdio.h	Funktionen für die Ein- und Ausgabe
stdlib.h	Funktionen zur Stringkonvertierung, Speicherverwaltung, Zufallszahlengenerierung und zum Beenden von Programmen
string.h	Funktionen zur String- und Speicherbearbeitung
time.h	Funktionen für Datum und Uhrzeit
float.h	Grenzwerte für Gleitpunkt-Zahlen
limits.h	Grenzwerte für Integer-Zahlen

Detaillierte Informationen können auf den üblichen Hilfeseiten nachgelesen werden. Die folgenden Header-Dateien gehören ebenfalls zum Standard, werden jedoch in diesem Buch nicht genauer behandelt:

assert.h	Funktionen zur Fehlersuche
complex.h	Funktionen und Typen für das Rechnen mit komplexen Zahlen
errno.h	Definitionen von Fehler-Codes
fenv.h	Definitionen zur Steuerung von Gleitpunktberechnungen.
inttypes.h	Definitionen standardisierter Integer-Typen
iso646.h	Makros zur Unterstützung älterer Codes
locale.h	Funktionen zur Einstellung von länderspezifischen Darstellungen
setjmp.h	Funktionen für globale Sprünge von einer Funktion in eine andere
signal.h	Funktionen zur Signalbehandlung
stdalign.h	Makros für das Schlüsselwort Alignof
stdarg.h	Funktionen zur Behandlung einer variablen Parameterliste
stdatomic.h	Definitionen für Atomic-Behandlung
stdbool.h	Definitionen für einen booleschen Standardtyp
stddef.h	Allgemeine Definitionen
stdnoreturn.h	Makros für das Schlüsselwort Noreturn
tgmath.h	Generische mathematische Funktionen
threads.h	Funktionen für Multithreading
uchar.h	Funktionen für die Behandlung von Unicode
wchar.h	Funktionen für Multibyte und wide character Typen
wctype.h	Funktionen für wide character Umwandlungen

A.1 Klassifizierung und Konvertierung von Zeichen (`ctype.h`)

`int isalnum  (int c);`	Testen, ob c alphanumerisch ist
`int isalpha  (int c);`	Testen, ob c ein Buchstabe ist
`int iscntrl  (int c);`	Testen, ob c ein Steuerzeichen ist
`int isdigit  (int c);`	Testen, ob c eine Dezimalziffer ist
`int isgraph  (int c);`	Testen, ob c ein druckbares Zeichen ist (ohne Leerzeichen (Blank))
`int islower  (int c);`	Testen, ob c ein Kleinbuchstabe ist
`int isprint  (int c);`	Testen, ob c ein druckbares Zeichen ist (einschließlich Leerzeichen (Blank))
`int ispunct  (int c);`	Testen, ob c ein Sonderzeichen ist
`int isspace  (int c);`	Testen, ob c ein Whitespace-Zeichen ist
`int isupper  (int c);`	Testen, ob c ein Großbuchstabe ist (ohne Umlaute)
`int isxdigit (int c);`	Testen, ob c eine Hexadezimalziffer ist
`int tolower  (int c);`	Umwandlung Groß- in Kleinbuchstaben
`int toupper  (int c);`	Umwandlung Klein- in Großbuchstaben

A.2 Mathematische Funktionen (`math.h`)

`double acos  (double x);`	Berechnet Arcuscosinus
`double asin  (double x);`	Berechnet Arcussinus
`double atan  (double x);`	Berechnet Arcustangens
`double atan2 (double y,` `               double x);`	Berechnet Arcustangens von y/x
`double ceil  (double x);`	Aufrunden der Zahl x
`double cos   (double x);`	Berechnet den Cosinus
`double cosh  (double x);`	Berechnet den Cosinus hyperbolicus
`double exp   (double x);`	Berechnet Exponentialfunktion e^x
`double fabs  (double x);`	Berechnet Absolutwert einer Gleitpunktzahl
`double floor (double x);`	Abrunden der Zahl x
`double fmod  (double x,` `               double y);`	Berechnet den Rest von x geteilt durch y
`double log   (double x);`	Berechnet den natürlichen Logarithmus
`double log10 (double x);`	Berechnet den Logarithmus zur Basis 10
`double pow   (double x,` `               double y);`	Berechnet x^y
`double sin   (double x);`	Berechnet den Sinus
`double sinh  (double x);`	Berechnet den Sinus hyperbolicus
`double sqrt  (double x);`	Berechnet die positive Quadratwurzel
`double tan   (double x);`	Berechnet den Tangens
`double tanh  (double x);`	Berechnet den Tangens hyperbolicus

A.3 Ein- und Ausgabe (`stdio.h`)

`void clearerr (FILE * stream);`	Fehler- und Dateiende-Flag löschen
`int fclose (FILE * stream);`	Schließen eines Streams
`int feof (FILE * stream);`	Prüfung, ob Streamende erreicht
`int ferror (FILE * stream);`	Prüfen eines Streams auf Fehler
`int fflush (FILE * stream);`	Schreiben des Streampuffers in die Datei
`int fgetc (FILE * stream);`	Lesen eines Zeichens aus einem Stream
`int fgetpos (FILE * stream, fpos_t *pos);`	Ermitteln der aktuellen Position in einer Datei
`char * fgets (char * s, int n, FILE * stream);`	String aus einem Stream auslesen
`FILE * fopen (const char * path, const char * mode);`	Öffnen eines Streams
`int fprintf (FILE * stream, const char * format, ...);`	Formatiertes Schreiben in einen Stream
`int fputc (int c, FILE * stream);`	Schreiben eines Zeichens in einen Stream
`int fputs (const char * s, FILE * stream);`	String in einen Stream schreiben
`size_t fread (void * ptr, size_t size, size_t nmemb, FILE * stream);`	Objekte aus einem Stream lesen
`FILE * freopen ( const char * path, const char * mode, FILE * stream);`	Einem offenen Stream wird eine neue Datei zugeordnet
`int fscanf (FILE * stream, const char * format, ...);`	Einlesen formatierter Eingaben aus einem Stream
`int fseek (FILE * stream, long offset, int whence);`	Positionieren eines Dateipositions-Zeigers
`int fsetpos (FILE * stream, const fpos_t * pos);`	Positionieren eines Dateipositions-Zeigers mittels `fpos_t`
`long ftell (FILE * stream);`	Liefert Position des aktuellen Datei-positions-Zeigers

`size_t fwrite (const void * ptr,`
`            size_t size,`
`            size_t nmemb,`
`            FILE * stream);`
	Objekte in einen Stream schreiben

`int    getc (FILE * stream);`	Zeichen aus einem Stream lesen
`int    getchar (void);`	Zeichen aus stdin lesen
`void   perror (const char * s);`	Gibt Fehlernummer in errno als Fehlermeldung aus

`int    printf (`
`       const char * format,`
`       ...);`
	Formatiertes Schreiben nach stdout

`int    putc (int c,` `            FILE * stream);`	Zeichen in einen Stream schreiben
`int    putchar (int c);`	Zeichen nach stdout schreiben
`int    puts (const char * s);`	String nach stdout schreiben
`int    remove (` `       const char * path);`	Löschen einer Datei
`int    rename (const char * old,` `            const char * new);`	Umbenennen einer Datei
`void   rewind (FILE * stream);`	Dateipositions-Zeiger auf Stream-Anfang setzen

`int    scanf (`
`       const char * format,`
`       ...);`
	Formatiertes Lesen aus stdin

`void   setbuf (FILE * stream,` `            char * buf);`	Puffer einem Stream zuordnen

`int    setvbuf (FILE * stream,`
`            char * buf,`
`            int mode,`
`            size_t size);`
	Puffer einem Stream zuordnen

`int    sprintf (char * s,`
`            const char * format,`
`            ...);`
	Formatiertes Schreiben in einen String

`int    sscanf (const char * s,`
`            const char * format,`
`            ...);`
	Formatiertes Lesen aus einem String

`FILE * tmpfile (void);`	Öffnet eine temporäre Datei im Binärmodus
`char * tmpnam (char * s);`	Erzeugt einen eindeutigen Namen für eine temporäre Datei
`int    ungetc (int c,` `            FILE * stream);`	Zurückstellen eines gelesenen Zeichens in einen Stream

`int   vfprintf (FILE * stream,`
`            const char * format,`
`            va_list arg);`
	Formatiertes Schreiben in einen Stream mit den zusätzlichen Parametern gegeben als variable Parameterliste

`int   vprintf (`
`            const char * format,`
`            va_list arg);`
	Formatiertes Schreiben nach `stdout` mit den zusätzlichen Parametern gegeben als variable Parameterliste

`int   vsprintf (char * s,`
`            const char * format,`
`            va_list arg);`
	Formatiertes Schreiben in einen String mit den zusätzlichen Parametern gegeben als variable Parameterliste

A.4 Zahlenkonvertierung, Speicherverwaltung, Zufallszahlengenerierung und Beenden von Programmen (`stdlib.h`)

`int   abs (int j);`	Absoluter Betrag einer Integer-Zahl
`void   abort (void);`	Beenden eines Programms
`int   atexit (` `       void (* func)(void));`	Registrierung von Funktionen, die vor dem Programmende aufgerufen werden sollen
`double atof (const char * nptr);`	String in eine Gleitpunktzahl konvertieren
`int   atoi (const char * nptr);`	String in eine Integerzahl konvertieren

`void * bsearch (`
`            const void * key,`
`            const void * base,`
`            size_t nmemb,`
`            size_t size,`
`            int (* compar)`
`  (const void *, const void *));`
	Binäres Absuchen eines Arrays

`void * calloc (size_t nmemb,` `            size_t size);`	Speicher im Heap reservieren und mit `'\0'` initialisieren.
`div_t   div (int x, int y);`	Berechnet ganzzahligen Quotienten und Rest von `x/y`
`void   exit (int status);`	Beenden eines Programms
`void   free (void * ptr);`	Reservierten Speicher im Heap freigeben
`char * getenv (` `            const char * name);`	Lesen einer System-Umgebungsvariablen
`void * malloc (size_t size);`	Speicher im Heap reservieren

`void    qsort (void * base,` `size_t nmemb,` `size_t size,` `int (* compar)` `(const void *, const void *));`	Sortieren der Elemente eines Arrays nach dem Quicksort-Verfahren
`int     rand (void);`	Zufallszahl erzeugen
`void *  realloc (void *ptr,` `size_t size);`	Größe eines reservierten Speicherbereichs im Heap ändern
`void    srand (unsigned seed);`	Zufallszahlengenerator initialisieren
`int     system (const char * s);`	Aufruf des Kommandointerpreters des Betriebssystems. Der Parameter `s` nimmt als Argument ein Kommando entgegen.

A.5 String- und Speicherbearbeitung (`string.h`)

`void * memchr (const void * s,` `int c,` `size_t n);`	Puffer nach Zeichen durchsuchen
`int    memcmp (const void * s1,` `const void * s2,` `size_t n);`	Vergleich zweier Datenblöcke
`void * memcpy (void * dest,` `const void * src,` `size_t n);`	Kopieren eines Datenblocks
`void * memmove (void * dest,` `const void * src,` `size_t n);`	Verschieben eines Datenblocks
`void * memset (void * s, int c,` `size_t n);`	Kopiert `n` mal das Zeichen `c` in den Datenblock `s`
`char * strcat (char * dest,` `const char * src);`	Anhängen des Strings `src` an den String `dest`
`char * strchr (const char * s,` `int c);`	String nach dem Zeichen `c` durchsuchen
`int    strcmp (const char * s1,` `const char * s2);`	Vergleich zweier Strings
`char * strcpy (char * dest,` `const char * src);`	Kopieren eines Strings in einen anderen
`char * strerror (int errnum);`	Pointer auf einen Fehlerstring der entsprechenden Nummer
`size_t strlen (const char * s);`	Berechnet die Länge eines Strings
`char * strncat (char * dest,` `const char * src,` `size_t n);`	Anhängen eines Teilstrings an einen anderen

`Int    strncmp (const char * s1,`
`               const char * s2,`
`               size_t n);`
	Vergleich einer Anzahl von Zeichen zweier Strings

`char * strncpy (char * dest,`
`               const char * src,`
`               size_t n);`
	Kopieren einer Anzahl von Zeichen in einen anderen String

`char * strrchr (const char * s,` `               int c);`	Absuchen eines Strings nach dem letzten Vorkommen eines Zeichens
`char * strstr (const char * s1,` `              const char * s2);`	Absuchen eines Strings nach einem Teilstring
`char * strtok (char * s1,` `              const char * s2);`	Absuchen eines Strings nach Begrenzer-Zeichen.

A.6 Datum und Uhrzeit (`time.h`)

`char *asctime (` `  const struct tm *timeptr);`	Ortszeit in String konvertieren
`clock_t clock (void);`	Zeit seit dem Start des Programms
`char *ctime (` `    const time_t *timer);`	Kalenderzeit in String (Ortszeit) konvertieren

`double difftime (`
`         time_t time1,`
`         time_t time0);`
	Differenz zwischen 2 Zeiten in Sekunden berechnen

`struct tm *gmtime (` `    const time_t *timer);`	Kalenderzeit in die Greenwich-Zeit umrechnen
`struct tm *localtime (` `    const time_t *timer);`	Kalenderzeit in Ortszeit umrechnen
`time_t mktime (` `      struct tm *timeptr);`	Ortszeit in die Kalenderzeit konvertieren

`size_t strftime (`
`char * s,`
`size_t maxsize,`
`const char * format,`
`const struct tm * timeptr);`
	Ortszeit für Ausgabe formatieren

`time_t time (` `      time_t * timer);`	Kalenderzeit liefern

A.7 Grenzwerte für Integer- und Gleitpunkt-Zahlen
(`limits.h` und `floats.h`)

`SCHAR_MIN`	Minimaler Wert eines `signed char`
`SCHAR_MAX`	Maximaler Wert eines `signed char`
`UCHAR_MAX`	Maximaler Wert eines `unsigned char`

`INT_MIN`	Minimaler Wert eines `int`
`INT_MAX`	Maximaler Wert eines `int`

`FLT_MIN`	Kleinster positiver Wert eines `float`
`FLT_MAX`	Größter positiver Wert eines `float`
`FLT_EPSILON`	Maschinen-Epsilon eines `float`
`DBL_MIN`	Kleinster positiver Wert eines `double`
`DBL_MAX`	Größter positiver Wert eines `double`
`DBL_EPSILON`	Maschinen-Epsilon eines `double`

Die beiden Header-Dateien definieren noch viele andere Makros, welche hier jedoch nicht aufgeführt werden.

Anhang B Low-Level-Dateizugriffsfunktionen

Die **Low-Level-Dateizugriffsfunktionen** wurden ursprünglich geschrieben, um **System Calls**, d. h. Aufrufe von Betriebssystemroutinen, die normalerweise in Assembler erfolgen, aus einem C-Programm heraus durchführen zu können. Sie haben auch heute noch eine große Bedeutung bei der Systemprogrammierung unter UNIX. Auch für andere Betriebssysteme wurden in der Folge Low-Level-Dateizugriffsfunktionen zur Verfügung gestellt. Diese Funktionen hängen jedoch stark vom jeweiligen Betriebssystem ab.

Die Low-Level-Dateizugriffsfunktionen werden auch als **ungepufferte Dateifunktionen** bezeichnet, da im Gegensatz zu den High-Level-Dateizugriffsfunktionen keine Struktur FILE mit einem Datenpuffer für die Dateibearbeitung zur Verfügung steht, sondern direkt Betriebssystemroutinen des Kernels zum Dateizugriff aufgerufen werden.

Der Vorteil der Low-Level-Funktionen ist, dass sie auch Zugriffsmöglichkeiten bieten, die es bei den High-Level-Zugriffsfunktionen nicht gibt. Nachteil dieser Low-Level-Funktionen ist, dass diese im ISO-Standard nicht definiert sind und auch nicht werden. Dies kann zu erheblichen Portabilitätsproblemen eines Programms führen, das diese Funktionen nutzt. Wie bereits in Kapitel 16 erwähnt, sind die Low-Level-Dateizugriffsfunktionen für UNIX-Betriebssysteme nach dem IEEE-POSIX-Standard, der die Hersteller-Unabhängigkeit von UNIX zum Ziele hat, standardisiert. Im Folgenden werden die Low-Level-Dateizugriffsfunktionen nach POSIX behandelt.

Unter Windows wird der Zugriff auf Dateien auf einen Windows-spezifischen Typ **HANDLE** umgeleitet. Unter POSIX erfolgt der Zugriff auf Dateien mit einem sogenannten **Dateideskriptor**, der durch das Dateisystem verwaltet wird. Auf den meisten Systemen werden zu Beginn eines Programmes automatisch drei Dateideskriptoren zur Verfügung gestellt:

0   Standard-Eingabe
1   Standard-Ausgabe
2   Standard-Fehler-Ausgabe

Diese Standard-Deskriptoren entsprechen den High-Level-Streams stdin, stdout und stderr.

High- und Low-Level-Funktionen sollten aus freien Stücken nicht gemischt werden. Sollte ein solcher Mix erforderlich werden, so sind hierbei die Regeln für das Mischen von High- und Low-Level-Funktionen (siehe [Lew94]) zu beachten.

Die folgenden Funktionen der Low-Level-Dateizugriffe werden hier behandelt:

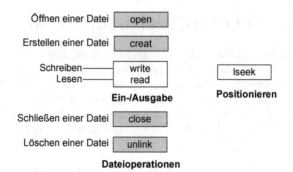

Bild B-1 Low-Level-Dateizugriffsfunktionen[166]

Für die Low-Level Dateizugriffsfunktionen werden 4 Header-Dateien benötigt:

sys/types.h   Enthält die Definitionen von POSIX-Datentypen.
sys/stat.h   Enthält u. a. Konstanten für die Vergabe von Zugriffsrechten auf eine Datei.
fcntl.h   Enthält u. a. die Prototypen von open() und creat() und Konstanten für das Öffnen von Dateien.
unistd.h   Enthält zahlreiche Prototypen der Low-Level Dateizugriffs-funktionen.

B.1 Dateioperationen

B.1.1 Die Funktion open()

Syntax:
```
#include <sys/types.h>
#include <sys/stat.h>
#include <fcntl.h>
int open (const char * path, int oflag, ...);
```

Beschreibung:
Zum Öffnen einer Datei, d. h. zur Herstellung der Verbindung eines Handles zu einer Datei, wird die Funktion open() benutzt. Der Parameter path muss beim Aufruf den Dateinamen oder den absoluten Pfad und optional auch den Laufwerksnamen beinhalten.

Mit dem Parameter oflag wird die Art des Zugriffs auf die Datei path beschrieben. Der Programmierer muss für oflag genau eine der folgenden Konstanten angeben:

O_RDONLY   Datei zum Lesen öffnen,
O_WRONLY   Datei zum Schreiben öffnen,
O_RDWR   Datei zum Lesen und Schreiben öffnen

und kann diese mit weiteren Konstanten kombinieren. Im Folgenden sind einige dieser weiteren Konstanten angegeben:

---

[166] Dateioperationen sind grau hinterlegt.

O_APPEND	Setzen des Dateipositions-Zeigers beim Öffnen auf das Ende der Datei.
O_CREAT	Erstellen der Datei, falls diese noch nicht existiert (wenn die Datei bereits existiert, wird dieser Wert ignoriert). Wird O_CREAT gesetzt, so muss auch der Parameter mode, der die Zugriffsrechte regelt, gesetzt werden.
O_TRUNC	Löschen des Dateiinhaltes, falls die Datei vor dem Öffnen bereits existiert.

Die Kombination erfolgt mit dem bitweisen-ODER-Operator, wie z.B. O_RDWR | O_CREAT | O_APPEND.

Durch die Ellipse ... wird ermöglicht, der Funktion open() zusätzlich zu den festen Parametern optional noch einen weiteren Parameter zu übergeben. Dies ist der Parameter mode_t mode, der die Zugriffsrechte der Datei steuert. Die Angabe von mode beim Funktionsaufruf ist außer bei der Angabe von O_CREAT optional. Der Datentyp mode_t ist in sys/types.h definiert. Der Parameter mode wird als 12 Bit-Wert interpretiert, der die Zugriffsrechte für die Benutzergruppen USER, GROUP und OTHER angibt. Für den Parameter mode sind in sys/stat.h die in der Tabelle B-1 dargestellten Konstanten definiert. Die Konstanten dieser Tabelle können mit dem bitweisen ODER-Operator beliebig kombiniert werden. Folgendes sind die Konstanten:

S_IRUSR, S_IRGRP, S_IROTH	Leserechte für USER (U), GROUP (G) bzw. OTHER (O)
S_IRWXU, S_IRWXG, S_IRWXO	Lese-, Schreib- und Executerechte für USER (U), GROUP (G) bzw. OTHER (O)
S_IWUSR, S_IWGRP, S_IWOTH	Schreibrechte für USER (U), GROUP (G) bzw. OTHER (O)
S_IXUSR, S_IXGRP, S_IXOTH	Executerechte für USER (U), GROUP (G) bzw. OTHER (O)

Tabelle B-1 Konstanten für den Parameter mode

Rückgabewert:
Wird die Datei geöffnet, so gibt die Funktion open() den Dateideskriptor der gewünschten Datei als einen int-Wert größer gleich 0 zurück. Im Fehlerfall wird -1 zurückgegeben.

Beispiel:
```
#include <sys/types.h>
#include <sys/stat.h>
#include <fcntl.h>
....
int fd;
....
if ((fd = open ("Test.dat", O_RDWR | O_APPEND)) < 0)
{
   /* Fehlerbehandlung */
}
else
   /* weiter im Programm */
....
```

B.1.2 Die Funktion creat()

Syntax:
```
#include <sys/types.h>
#include <sys/stat.h>
#include <fcntl.h>
int creat (const char * path, mode_t mode);
```

Beschreibung:
Die Funktion `creat()` erzeugt eine neue Datei mit dem Dateinamen `path` und den Zugriffsrechten `mode` und gibt einen Filedeskriptor zurück, welcher der dadurch geöffneten Datei entspricht. Entsprechend der Funktion `open()` muss der Parameter `name` den Dateinamen oder den absoluten Pfad und optional das Laufwerk beinhalten. Existiert eine Datei mit demselben Namen bereits, wird diese überschrieben.

Der Parameter `mode` enthält die Zugriffsrechte, die für die Datei vergeben werden sollen. Für die Zugriffsrechte können mit dem bitweisen ODER-Operator Kombinationen der in Tabelle B-1 vorgestellten Konstanten gebildet werden.

Der Aufruf von

```
creat (path, mode);
```

ist äquivalent zu

```
open (path, O_WRONLY | O_CREAT | O_TRUNC, mode);
```

Rückgabewert:
Wird die Datei korrekt erstellt, so gibt die Funktion `creat()` einen Wert größer gleich 0 zurück, den Dateideskriptor auf die neue Datei. Im Fehlerfall ist der Rückgabewert -1.

Beispiel:
```
#include <sys/types.h>
#include <sys/stat.h>
#include <fcntl.h>
....
int fd;
....
if ((fd = creat ("test.dat", S_IRUSR | S_IWUSR)) < 0)
{
    /* Fehlerbehandlung */
}
else
    /* weiter im Programm */
....
```

B.1.3 Die Funktion close()

Syntax:
```
include <unistd.h>
int close (int fildes);
```

Beschreibung:

Die Funktion `close()` dient zum Schließen der durch `fildes` angegebenen Datei.

Rückgabewert:

Bei erfolgreicher Ausführung gibt die Funktion den Wert 0 zurück, im Fehlerfall -1.

Beispiel:

```
#include <unistd.h>
....
int fd;
....
if (close (fd) < 0)
{
    /* Fehlerbehandlung */
}
else
    /* weiter im Programm */
....
```

B.1.4 Die Funktion unlink()

Syntax:
```
#include <unistd.h>
int unlink (const char * path);
```

Beschreibung:

Die Funktion `unlink()` bewirkt, dass eine Datei nicht mehr unter dem Namen `path` angesprochen werden kann. Besitzt die Datei `path` keine anderen Dateinamen mehr bzw. besteht kein weiterer Verweis mehr auf diese Datei, so wird die Datei gelöscht[167]. Der Parameter `path` muss den Dateinamen bzw. den absoluten Pfad und gegebenenfalls die Laufwerksangabe enthalten.

Die bei den High-Level-Dateizugriffsfunktionen beschriebene Funktion `remove()` ist äquivalent zu der Funktion `unlink()` und kann für die Low-Level-Dateibehandlung ebenfalls verwendet werden.

Rückgabewert:

Nach korrektem Löschen der Datei liefert die Funktion den Rückgabewert 0, im Fehlerfall den Wert -1.

Beispiel:
```
#include <unistd.h>
....
if (unlink ("test.dat") < 0)
{
    /* Fehlerbehandlung */
}
```

---

[167] Es gibt im Betriebssystem UNIX die Möglichkeit, sogenannte „hard links" auf Dateien zu legen. D. h. auf eine Datei kann durch mehrere Namen in verschiedenen Verzeichnissen zugegriffen werden.

```
else
   /* weiter im Programm */
....
```

B.2 Ein-/Ausgabe

B.2.1 Die Funktion write()

Syntax:
```
#include <unistd.h>
int write (int fildes, const void * buf, unsigned int nbyte);
```

Beschreibung:
Die Funktion write() schreibt nbyte Bytes aus dem Puffer, auf den der Pointer buf zeigt, in die mit fildes angegebene Datei. Der Dateipositions-Zeiger wird nach dem Schreiben um die Anzahl an geschriebenen Bytes weiter bewegt.

Rückgabewert:
Der Rückgabewert der Funktion ist bei korrektem Schreiben gleich der Anzahl an geschriebenen Bytes. Ist der Rückgabewert −1, so ist ein Fehler aufgetreten.

Beispiel:
```
#include <unistd.h>
....
char str [] = "Ich will in eine Datei";
int len;
int fd;
....
len = strlen(str);
if (write (fd, str, len) < len)
{
   /* Fehlerbehandlung */
}
else
   /* weiter im Programm */
....
```

B.2.2 Die Funktion read()

Syntax:
```
#include <unistd.h>
int read (int fildes, void * buf, unsigned int nbytes);
```

Beschreibung:
Mit der Funktion read() werden nbyte Bytes aus der durch fildes angegebenen Datei gelesen und in den Puffer, auf den buf zeigt, geschrieben. Nach dem Lesen wird der Dateipositions-Zeiger um die Anzahl der gelesenen Bytes erhöht.

Rückgabewert:
Der Rückgabewert entspricht der Anzahl der tatsächlich gelesenen Bytes. Diese Anzahl kann kleiner sein, wenn das Ende der Datei erreicht wurde. Tritt ein Fehler auf, so wird -1 zurückgegeben.

Beispiel:
```
#include <unistd.h>
....
int fd;
char buf [100];
....
if (read (fd, buf, 100) < 0)
{
    /* Fehlerbehandlung */
}
else
    /* weiter im Programm */
....
```

B.3 Positionieren in Dateien mit lseek()

Syntax:
```
#include <sys/types.h>
#include <unistd.h>
off_t lseek (int fildes, off_t offset, int whence);
```

Beschreibung:
Die Funktion `lseek()` positioniert den Dateipositions-Zeiger der durch `fildes` angegebenen Datei um `offset` Bytes von der durch `whence` definierten Ausgangsposition. `whence` kann die Werte

SEEK_SET	offset ist relativ zum Dateianfang
SEEK_CUR	offset ist relativ zur aktuellen Position
SEEK_END	offset ist relativ zum Dateiende

annehmen. Der Integer-Typ `off_t` ist in `sys/types.h` definiert.

Rückgabewert:
Bei fehlerfreier Ausführung liefert `lseek()` die neue Position des Dateipositions-Zeigers zurück, im Fehlerfall den Wert -1.

Beispiel:
```
/* Die Datei test.dat enthaelt den Text */
/* "Irgendwo ist hier der Fehlerteuvel" */

#include <sys/types.h>
#include <unistd.h>
....
int fd;
....
```

```
if (lseek (fd, -3L, SEEK_END) < 0)
{
    /* Fehlerbehandlung */
}
else
    /* hier kann der Fehler korrigiert werden */
write (....);
....
```

B.4 Beispiel zur Dateibearbeitung mit Low-Level-Funktionen

In der Datei source.dat sind eine Anzahl Daten vom Typ struct adresse gespeichert. Diese Daten sollen in umgekehrter Reihenfolge in die Datei dest.dat kopiert werden. Im Folgenden das Beispielprogramm:

```
/* Datei: lowlevel.c */
#include <sys/stat.h>
#include <sys/types.h>
#include <fcntl.h>
#include <stdio.h>
#include <unistd.h>

int main (void)
{
    int source_fd;
    int dest_fd;
    int zaehler;
    int i;

    struct adresse { char name [30];
                     char ort [30];
                     char strasse [30];
                     long plz;
                   } adr;

    if ((source_fd = open ("source.dat", O_RDONLY)) < 0)
    {
        printf ("Fehler beim Oeffnen der Datei 'source.dat'\n");
        return 1;
    }

    if ((dest_fd = creat ("dest.dat", S_IWUSR | S_IRUSR)) < 0)
    {
        printf ("Fehler beim Erstellen der Datei 'dest.dat'\n");
        return 1;
    }

    /* Zaehler, wie viele Elemente in der Source-Datei sind */
    zaehler = 0;
    while (lseek (source_fd, sizeof (struct adresse),
                  SEEK_CUR) > 0) zaehler++;
    /* Umkopieren der Datensaetze */
    for (i = 0; i < zaehler; i++)
    {
```

```
      if(lseek (source_fd,
                (zaehler - i - 1) * sizeof (struct adresse),
                SEEK_SET) < 0)
      {
         printf ("Fehler beim Positionieren in der ");
         printf ("Datei 'source.dat'\n");
         return 1;
      }

      /* Daten aus Source-Datei auslesen */
      if(read (source_fd, &adr, sizeof (struct adresse)) < 0)
      {
         printf ("Fehler beim Lesen aus der Datei 'source.dat'\n");
         return 1;
      }

      /* Daten in Destination-Datei eintragen */
      if (write (dest_fd, &adr, sizeof (struct adresse))
           < sizeof (struct adresse))
      {
         printf ("Fehler beim Schreiben in die Datei 'dest.dat'\n");
         return 1;
      }
   } /* End of for */

   /* Schliessen der geoeffneten Dateien */
   if (close (source_fd) < 0)
   {
      printf ("Fehler beim Schliessen der Datei 'source.dat'\n");
      return 1;
   }


   if (close (dest_fd) < 0)
   {
      printf ("Fehler beim Schliessen der Datei 'dest.dat'\n");
      return 1;
   }
   return 0;
}
```

Anhang C Wandlungen zwischen Zahlensystemen

Im Folgenden wird gezeigt, wie natürliche Zahlen zwischen den Zahlensystemen Dezimalsystem, Dualsystem und Hexadezimalsystem gewandelt werden können.

C.1 Vorstellung der Zahlensysteme

Dezimalsystem

Die Basis B des Dezimalsystems ist 10, d. h. B = 10. Die möglichen Ziffern sind 0 bis B - 1, d. h. also 0, 1, 2, 3, 4, 5, 6, 7, 8, 9. Ein Beispiel für eine Zahl im Dezimalsystem ist 3241. Zur eindeutigen Kennzeichnung wird eine tiefer gestellte 10 angehängt: 3241_{10}. Im Folgenden wird diese Zahl in eine Stellenwerttabelle eingetragen:

Stellenwerttabelle

	T	H	Z	E
Dezimalsystem	3	2	4	1

$E = Einer$ $= 10^0$
$Z = Zehner$ $= 10^1$
$H = Hunderter$ $= 10^2$
$T = Tausender$ $= 10^3$

Die in der Stellenwerttabelle eingetragene Zahl lautet:

$3 * 10^3 + 2 * 10^2 + 4 * 10^1 + 1 * 10^0 = 3241_{10}$

Dualsystem

Die Basis B des Dualsystems ist 2, d. h. B = 2. Die möglichen Ziffern sind 0 bis B - 1, d. h. also 0 und 1. Ein Beispiel für eine Zahl im Dualsystem ist 10111. Zur eindeutigen Kennzeichnung einer binären Zahl wird eine tiefer gestellte 2 angehängt: 10111_2. Im Folgenden wird diese Zahl in eine Stellenwerttabelle eingetragen:

Stellenwerttabelle

	2^4	2^3	2^2	2^1	2^0
Dualsystem	1	0	1	1	1

Hexadezimalsystem (Sedezimalsystem)

Die Basis B im Hexadezimalsystem ist 16, d. h. B = 16. Die möglichen Ziffern sind 0 bis B - 1, d. h. also 0, 1, 2, 3, 4, 5, 6, 7, 8, 9, A, B, C, D, E, F. Oft werden auch die Kleinbuchstaben a, b, c, d, e, f anstelle der Großbuchstaben verwendet. Dabei haben die Ziffern A bis F folgende Werte:

Ziffer	A	B	C	D	E	F
Wert	10	11	12	13	14	15

Tabelle C-1 Werte der Hexadezimalziffern A bis F

Ein Beispiel für eine Zahl im Hexadezimalsystem ist: FA6B. Zur eindeutigen Identifikation einer Hexzahl wird hier die Basis 16 tiefer gestellt an die Hexzahl angehängt: $FA6B_{16}$. In der Literatur schreibt man stattdessen oftmals ein kleines oder großes H für Hex hinter eine Hexzahl, im Falle von $FA6B_{16}$ also FA6Bh oder aber ein 0x vor die Hexzahl, also 0xFA6B. Im Folgenden wird diese Zahl in eine Stellenwerttabelle eingetragen:

Stellenwerttabelle

	16^3	16^2	16^1	16^0
Hexadezimalsystem	F	A	6	B

C.2 Umwandlung von Dual/Hexadezimal in Dezimal

Umrechnung einer Binärzahl in eine Dezimalzahl

Gegeben sei die Dualzahl 10111. Die Stellenwerttabelle ist gegeben durch:

	2^4	2^3	2^2	2^1	2^0
Dualsystem	1	0	1	1	1

Die in der Stellenwerttabelle eingetragene Zahl lautet im Dezimalsystem:

$$\begin{aligned} & 1*2^4 && +0*2^3 && +1*2^2 && +1*2^1 && +1*2^0 \\ = & 16 && +0 && +4 && +2 && +1 \\ = & 23_{10} \end{aligned}$$

Umrechnung einer Hexadezimalzahl in eine Dezimalzahl

Gegeben sei die Hexadezimalzahl $FA6B_{16}$. Die Stellenwerttabelle ist gegeben durch:

	16^3	16^2	16^1	16^0
Hexadezimalsystem	F	A	6	B

Die in der Stellenwerttabelle eingetragene Zahl lautet im Dezimalsystem:

$$15*16^3 + 10*16^2 + 6*16^1 + 11*16^0 = 64107_{10}$$

C.3 Umwandlung von Dezimal in Dual/Hexadezimal

Im Folgenden wird gezeigt, wie eine Dezimalzahl in eine Zahl der Basis B umgerechnet werden kann. Anschließend wird dann an einem Beispiel für die Basis B = 2 und einem Beispiel für die Basis B = 16 die Umrechnung in das Dual- und das Hexadezimalsystem demonstriert.

Beispiel für die Umwandlung einer Dezimalzahl z_{10} in eine Zahl der Basis B

$$z_{10} = c_4 * B^4 + c_3 * B^3 + c_2 * B^2 + c_1 * B^1 + c_0 * B^0$$

Die Zahl z_{10} im Zehnersystem sei gegeben, die Koeffizienten c_4, c_3, c_2, c_1 und c_0 und damit die Zahl im Zahlensystem mit der Basis B sollen bestimmt werden. Dabei ist jeder dieser Koeffizienten kleiner gleich B - 1.

Der erste Schritt ist eine Umformung in die folgende Form:

$z_{10} = B [B \{ B (B c_4 + c_3) + c_2 \} + c_1] + c_0$

dabei wurden der Übersichtlichkeit wegen nicht nur runde Klammern, sondern auch geschweifte und eckige Klammern verwendet.

Durch Ausmultiplizieren kann man sich überzeugen, dass diese Darstellung äquivalent zu der oben gezeigten ist.

Damit kann man auch schreiben:

$z_{10} = B [...] + c_0$, wobei [...] gegeben ist durch die eckige Klammer oben.

Diese Zahl ist teilbar durch die Basis B bis auf einen Rest c_0. c_0 ist kleiner als B, da es der Koeffizient von B^0 ist.

Also wird geteilt:

$z_{10} / B = [...]$ Rest c_0

Ausgeschrieben sieht das folgendermaßen aus:

$z_{10} / B = [B \{ B (B c_4 + c_3) + c_2 \} + c_1]$ Rest c_0

Damit wurde auf diese Weise c_0 ermittelt.

Nun wird $[B \{ B (B c_4 + c_3) + c_2 \} + c_1]$ geteilt durch B:

$[B \{ B (B c_4 + c_3) + c_2 \} + c_1] / B$ $=$ $\{ B (B c_4 + c_3) + c_2 \}$ Rest c_1

Damit ist der Koeffizient c_1 ermittelt.

Jetzt wird $\{ B (B c_4 + c_3) + c_2 \}$ durch B geteilt:

$\{ B (B c_4 + c_3) + c_2 \} / B$ $=$ $(B c_4 + c_3)$ Rest c_2

Anschließend wird $(B c_4 + c_3)$ durch B geteilt:

$(B c_4 + c_3) / B$ $=$ c_4 Rest c_3

Zuletzt wird c_4 geteilt durch B:

c_4 / B $=$ 0 Rest c_4

Damit sind alle Koeffizienten bestimmt!

Beispiel für die Umrechnung einer Dezimalzahl in das Dualsystem

Die Zahl 53 dezimal soll in das Dualsystem gewandelt werden. Der Algorithmus ist:

$$53 : 2 = 26 \text{ Rest } 1 \Rightarrow c_0 = 1$$
$$26 : 2 = 13 \text{ Rest } 0 \Rightarrow c_1 = 0$$
$$13 : 2 = 6 \text{ Rest } 1 \Rightarrow c_2 = 1$$
$$6 : 2 = 3 \text{ Rest } 0 \Rightarrow c_3 = 0$$
$$3 : 2 = 1 \text{ Rest } 1 \Rightarrow c_4 = 1$$
$$1 : 2 = 0 \text{ Rest } 1 \Rightarrow c_5 = 1$$

Damit ist die Binärzahl gegeben durch:

$$1 * 2^5 + 1 * 2^4 + 0 * 2^3 + 1 * 2^2 + 0 * 2^1 + 1 * 2^0$$

oder abgekürzt dargestellt: $1\,1\,0\,1\,0\,1_2$

Probe:

$$1 * 2^5 + 1 * 2^4 + 0 * 2^3 + 1 * 2^2 + 0 * 2^1 + 1 * 2^0$$
$$= 32 + 16 + 0 + 4 + 0 + 1 = 53_{10}$$

Beispiel für die Umrechnung einer Dezimalzahl in das Hexadezimalsystem

Die Zahl 493 soll in das Hexadezimalsystem umgerechnet werden. Der Algorithmus ist:

$$493 : 16 = 30 \text{ Rest } 13 \Rightarrow c_0 = 13$$
$$30 : 16 = 1 \text{ Rest } 14 \Rightarrow c_1 = 14$$
$$1 : 16 = 0 \text{ Rest } 1 \Rightarrow c_2 = 1$$

Damit ist die Hexadezimalzahl gegeben durch:

$$1 * 16^2 + 14 * 16^1 + 13 * 16^0$$

in abgekürzter Schreibweise ist dies gleich: $1ED_{16}$

Probe:

$$1 * 16^2 + 14 * 16^1 + 13 * 16^0 = 256 + 224 + 13 = 493_{10}$$

C.4 Umwandlung von Dual in Hexadezimal und von Hexadezimal in Dual

Die folgenden Potenzreihenentwicklungen zeigen, wie mit Hilfe eines Koeffizientenvergleichs die Umrechnung zwischen dem Dual- und dem Hexadezimalsystem erfolgt.

Zunächst werde die Zahl Z durch 2er-Potenzen dargestellt:

$$Z = ... a_5 * 2^5 + a_4 * 2^4 + a_3 * 2^3 + a_2 * 2^2 + a_1 * 2^1 + a_0 * 2^0$$

Und nun wird Z durch 16er-Potenzen dargestellt:

$$Z = ... c_2 * 16^2 + c_1 * 16^1 + c_0 * 16^0$$

Berücksichtigt man, dass

$2^4 = 16$, $2^8 = 16^2$, etc.,

so ergibt der Koeffizientenvergleich bezüglich der Potenzen von 16:

$c_0 = a_3 * 2^3 + a_2 * 2^2 + a_1 * 2^1 + a_0 * 2^0$

$c_1 = a_7 * 2^3 + a_6 * 2^2 + a_5 * 2^1 + a_4 * 2^0$ etc.

Umwandlung von Dual in Hexadezimal:

Dualzahl:	1	1	0	1		1	0	1	1
	a_7	a_6	a_5	a_4		a_3	a_2	a_1	a_0

Die Umwandlung von dual nach hexadezimal erfolgt jeweils tetradenweise (eine **Tetrade** = 1 **Halbbyte** = 1 **Nibble** = 4 **Bit**).

Dabei werden die niederwertigsten Koeffizienten zuerst zusammengefasst, mit anderen Worten, die Dualzahl wird von rechts in 4-er Gruppen zusammengefasst und die der 4-er Gruppe entsprechende Hexadezimalziffer zugeordnet:

$$\Rightarrow c1 = 1 * 2^3 + 1 * 2^2 + 0 * 2^1 + 1 * 2^0$$
$$= 1 * 8 + 1 * 4 + 0 * 2 + 1 * 1 = D_{16}$$

$$\Rightarrow c0 = 1 * 2^3 + 0 * 2^2 + 1 * 2^1 + 1 * 2^0$$
$$= 1 * 8 + 0 * 4 + 1 * 2 + 1 * 1 = B_{16}$$

Das Bitmuster $1101\ 1011_2$ im Dualsystem ist also äquivalent zu DB_{16} im Hexadezimalsystem.

Die Probe erfolgt über die Umwandlung der Dualzahl und der Hexadezimalzahl in das Dezimalsystem:

$$1101\ 1011_2 = 2^7 + 2^6 + 2^4 + 2^3 + 2^1 + 2^0$$
$$= 128 + 64 + 16 + 8 + 2 + 1 = 219_{10}$$

$DB_{16} = 13 * 16 + 11 = 219_{10}$

Umwandlung von Hexadezimal in Dual

Jede Hexzahl wird in 4 Bits, d. h. in eine sogenannte Tetrade umgewandelt.

Beispiel:

$$FA5_{16} = (1111\ 1010\ 0101)_2$$
$$F \quad A \quad 5_{16}$$

Anhang D ASCII- und Unicode-Codierungen

Dez.	Hex.	Char.	Dez.	Hex.	Char.	Dez.	Hex.	Char.
32	20		64	40	@	96	60	'
33	21	!	65	41	A	97	61	a
34	22	"	66	42	B	98	62	b
35	23	#	67	43	C	99	63	c
36	24	$	68	44	D	100	64	d
37	25	%	69	45	E	101	65	e
38	26	&	70	46	F	102	66	f
39	27	'	71	47	G	103	67	g
40	28	(	72	48	H	104	68	h
41	29	)	73	49	I	105	69	i
42	2A	*	74	4A	J	106	6A	j
43	2B	+	75	4B	K	107	6B	k
44	2C	,	76	4C	L	108	6C	l
45	2D	-	77	4D	M	109	6D	m
46	2E	.	78	4E	N	110	6E	n
47	2F	/	79	4F	O	111	6F	o
48	30	0	80	50	P	112	70	p
49	31	1	81	51	Q	113	71	q
50	32	2	82	52	R	114	72	r
51	33	3	83	53	S	115	73	s
52	34	4	84	54	T	116	74	t
53	35	5	85	55	U	117	75	u
54	36	6	86	56	V	118	76	v
55	37	7	87	57	W	119	77	w
56	38	8	88	58	X	120	78	x
57	39	9	89	59	Y	121	79	y
58	3A	:	90	5A	Z	122	7A	z
59	3B	;	91	5B	[	123	7B	{
60	3C	<	92	5C	\	124	7C		
61	3D	=	93	5D	]	125	7D	}
62	3E	>	94	5E	^	126	7E	~
63	3F	?	95	5F	_			

Tabelle D-1 Die 96 darstellbaren Zeichen des ASCII-Zeichensatzes

Dez.	Symbol	Dez.	Symbol	Dez.	Symbol	Dez.	Symbol
0	NUL	8	BS	16	DLE	24	CAN
1	SOH	9	HAT	17	DC1	25	EM
2	STX	10	LF	18	DC2	26	SUB
3	ETX	11	VT	19	DC3	27	ESC
4	EOT	12	FF	20	DC4	28	FS
5	ENQ	13	CR	21	NAK	29	GS
6	ACK	14	SO	22	SYN	30	RS
7	BEL	15	SI	23	ETB	31	US

Tabelle D-2 Namen der 32 Steuerzeichen des ASCII-Zeichensatzes

Der **ASCII-Zeichensatz** in Tabelle D-1 ist die US-nationale Ausprägung des ISO-7-Bit-Codes (ISO 646).

Die ersten 32 ASCII-Zeichen sind in Tabelle D-2 zusammengefasst. Sie stellen Steuerzeichen für die Ansteuerung von Peripheriegeräten und die Steuerung einer rechnergestützten Datenübertragung dar. Diese Zeichen haben festgelegte Namen, wie beispielsweise FF als Abkürzung für Form Feed, d. h. Seitenvorschub, oder CR als Abkürzung für Carriage Return, dem Wagenrücklauf, der von der Schreibmaschine her bekannt ist.

ASCII ist eine 7-Bit-Codierung und wird heutzutage üblicherweise mit 8 Bit gespeichert, wobei das höchstwertige Bit auf Null gesetzt ist. Bei manchen Rechnern wird ein **erweiterter ASCII-Zeichensatz** eingesetzt, bei dem alle 8 Bits verwendet werden. Dieser erweiterte ASCII-Zeichensatz ist jedoch implementationsspezifisch.

Bei den erweiterten Zeichensätzen wird zwischen Singlebyte- und Multibyte-Codierungen unterschieden. Eine Singlebyte-Codierung definiert, dass jedes Zeichen genau 1 Byte belegt, wodurch zusätzlich zu den gegebenen 7-Bit-ASCII-Zeichen nochmals 128 weitere Zeichen definiert werden können.

Die heutzutage am häufigsten gesehene Singlebyte-Codierung ist Windows-1252: Der Standard-Zeichensatz des Windows-Systems, welcher oftmals auch fälschlicherweise als ISO-8859-1 angegeben wird. Die ehemals auf dem Macintosh verwendete Codierung MacRoman ist heute nicht mehr in Gebrauch.

Multibyte-Zeichen können aus einem oder mehreren Bytes bestehen. Hierbei fängt ein Zeichen stets mit einem Start-Byte an und hat null oder mehr Folge-Bytes. Dadurch wird es möglich, häufig verwendete Zeichen mit wenigen Bytes und selten verwendete Zeichen mit mehr Bytes zu codieren. Die heutzutage am weitesten verbreitete Multibyte-Codierung ist UTF-8.

UTF-8 ist eine Multibyte-Codierung für Unicode. Unicode ist ein verbreiteter Name für UCS: Universal Character Set. UCS definiert nicht 8, sondern 21 Bits, um über 1 Million Zeichen zu speichern.

Es gibt verschiedene Codierungen für diese 21 Bits: UTF-8, UTF-16, UTF-32. Die Unicode-Zeichen aus 21 Bits werden je nach Codierung jeweils anders dargestellt. Ein UTF-8-Zeichen hat 8 Bits, ein UTF-16-Zeichen hat 16 Bits, ein UTF-32-Zeichen hat 32 Bits.

UTF-8 wird hauptsächlich zum Speichern und Übertragen von Text-Dateien verwendet. Insbesondere in der Programmierung haben UTF-8-Dateien einen hohen Stellenwert, da sie kompatibel zu den älteren ASCII-Dateien sind. ASCII-Dateien können ohne weitere Umkonvertierung automatisch als UTF-8-Dateien verarbeitet werden.

UTF-16 wird insbesondere bei der Verwendung von internationalen Strings im Windows- wie auch im Macintosh-System verwendet, beispielsweise bei der Ansteuerung des GUIs. Der Typ `wchar_t` ist auf entsprechenden Systemen oftmals entsprechend dieser Zeichenbreite definiert. Allerdings bieten diese Systeme mittlerweile Schnittstellen für UTF-8 an.

Ein **Beispiel** soll die Abbildung eines Zeichens auf Unicode demonstrieren:

Der von den Musiknoten her bekannte Violinschlüssel hat den Unicode U+1D11E. Unicode-Zeichen werden normalerweise als Hexadezimalzahl geschrieben. Zur Kennzeichnung von Unicode wird zudem die Zeichenfolge U+ vorangestellt.

In UTF-32 entspricht das einer einzigen Hex-Zahl `0x0001D11E`,
in UTF-16 entspricht das den zwei Hex-Zahlen `0xD834` und `0xDD1E`,
in UTF-8 entspricht das den vier Hex-Zahlen `0xF0`, `0x9D`, `0x84` und `0x9E`.

Binär ausgedrückt, bedeutet das:

UTF-32:	`00000000`	`00000001`	**`11010001`**	**`00011110`**,
UTF-16:	`11011000`	**`00110100`** |	`11011101`	**`00011110`**,
UTF-8:	`11110000` |	`10011101` |	`10000100` |	`10011110`.

Da Unicode insgesamt 21 Bits benötigt, sind bei den hier gezeigten 32 Bits jeweils 11 Bits überschüssig[168]. Diese überschüssigen Bits werden von den Codierungen verwendet, um Start- und Folge-Zeichen zu markieren. Alle drei Codierungen definieren somit, welche Bits als Inhalts-Bits und welche als Markierungs-Bits betrachtet werden sollen. Hier wurden die Inhalts-Bits fett hervorgehoben. Setzt man die fettgedruckten Zeichen abstandslos hintereinander, so entstehen folgende 21-Bit-Ketten:

UTF-32:   `000011101000100011110`,
UTF-16:   `000011101000100011110`,
UTF-8:   `000011101000100011110`,

was für alle drei Codierungen genau dem Unicode U+1D11E entspricht[169].

---

[168] Die Einteilung in Nutz- und Steuerbits ist im Standard RFC 3629 definiert.
[169] Bei der UTF-16 Kodierung wird die Hex-Zahl 0x10000 vom Unicode-Wert abgezogen, damit nur 20 Bits für die Speicherung benötigt werden. Beim Zurückwandeln muss diese Hex-Zahl 0x10000 wieder hinzuaddiert werden.

Anhang E Komplexe Zahlen

Komplexe Zahlen sind optional im C-Standard.

Eine komplexe Zahl hat zwei kartesische Komponenten wie z. B. x als Realteil und y als Imaginärteil.

Die Unterstützung für das Rechnen mit komplexen Zahlen wurde bereits mit C99 über die Header-Datei `<complex.h>` in den C-Standard eingeführt. Im Zuge dessen wurden drei neue komplexe Datentypen für die Komponenten der komplexen Zahlen in verschiedenen Genauigkeiten eingeführt:

- `float _Complex`,
- `double _Complex`
- und `long double _Complex`.

Beide Komponenten der entsprechenden komplexen Zahl haben hierbei die Typen `float`, `double` bzw. `long double`, d. h. die Komponenten x und y der entsprechenden komplexen Zahl sind entweder beide vom Typ `float`, vom Typ `double` oder `long double`. Der Typ `_Complex` sagt nur, dass es für den jeweiligen komplexen Typ zwei zusammengehörige Komponenten x und y vom Typ `float`, `double` oder `long double` gibt.

Ist die Header-Datei `<complex.h>` inkludiert, kann statt `_Complex` auch einfach `complex` geschrieben werden, beide Bezeichner sind dann gleichwertig.

Eine komplexe Zahl lässt sich ganz einfach so initialisieren, wie man es aus der Mathematik kennt:

```
#include <complex.h>
double x = 3.0; // manuelle Initialisierung
double y = 2.0; // manuelle Initialisierung
double complex cplx = x + y * I; // I ist der Imaginärteil
```

Die imaginäre Einheit `I` ist ein Makro vom Typ `const float _Complex`, welches ebenfalls im Header `<complex.h>` definiert ist

Ein Problem ergibt sich bei der Definition von Variablen allerdings dann, wenn y = NaN (Not a Number) ist, ein an sich gültiger Wert. Statt, wie zu erwarten wäre, dann x + NaN * I zu liefern, entsteht nach der Definition daraus NaN + NaN * I. Ein unschöner Fehler, der sich nicht einfach lösen lässt. Daher ist bei der Definition von komplexen Zahlen Vorsicht geboten.

Vorsicht!

C11 macht aus den komplexen Zahlen ein optionales Feature und erweitert es um komplexe Arithmetik, die kompatibel mit dem Standard IEC 60559 ist, der ebenfalls optional ist. Zur Überprüfung, ob komplexe Zahlen unterstützt werden, gibt es die Makros `__STDC_IEC_559_COMPLEX__` und `__STDC_NO_COMPLEX__`. Ist das Makro `__STDC_IEC_559_COMPLEX__` als 1 definiert, dann werden komplexe Zahlen mit IEC 60559 kompatibler Arithmetik unterstützt. Werden keine komplexen Zahlen aus

<complex.h> unterstützt, dann ist das Makro __STDC_NO_COMPLEX__ als 1 definiert. Es dürfen niemals beide Makros gleichzeitig definiert sein. Ist keines der beiden Makros definiert, dann werden komplexe Zahlen zwar unterstützt, aber nicht in IEC 60559-kompatibler Arithmetik.

C11 erweitert <complex.h> und führt drei neue Makros zum Erzeugen komplexer Zahlen ein:

```
double complex CMPLX(double x, double y);
float complex CMPLXF(float x, float y);
long double complex CMPLXL(long double x, long double y);
```

Die Makros CMPLX, CMPLXF und CMPLXL liefern den komplexen Wert x + iy in der jeweiligen Genauigkeit. Sie erzeugen auch nicht das oben genannte Problem im Fall für y = NaN. Außerdem ermöglichen sie eine bessere Kompatibilität zu C++. Komplexe Zahlen können mit diesen Makros in C und C++ auf dieselbe Weise initialisiert werden. Dazu müssen in der C++-Implementierung folgende Makros definiert werden:

```
#define CMPLX(x, y) std::complex((double)x, (double)y)
#define CMPLXF(x, y) std::complex((float)x, (float)y)
#define CMPLXL(x, y) std::complex
                        ((long double)x, (long double)y)
```

Des Weiteren enthält der Header <complex.h> eine Vielzahl an mathematischen Funktionen, die den Umgang mit reellen und komplexen Gleitpunkt-Typen unterstützen.

Anhang F Beispielprogramm für Pointer auf void als formalen Parameter

Das folgende Beispiel demonstriert die Verwendung von Pointern auf void. Es werden zwei Fahrzeugtypen deklariert: Personenkraftwagen (PKW) und Lastkraftwagen (LKW):

```
enum Fahrzeugtyp
{
    TYP_PKW,
    TYP_LKW,
};

struct Auto
{
    enum Fahrzeugtyp  fahrzeugtyp;
    char              marke [20];
    double            maxv;
};

struct Lastwagen
{
    enum Fahrzeugtyp  fahrzeugtyp;
    int               achsen;
    double            gewicht;
};
```

Beide Typen haben als erstes Feld eine Typkennung, unterscheiden sich jedoch in allen restlichen Feldern. Es wird nun eine Funktion definiert, die als Argument einen Pointer auf einen dieser beiden Fahrzeugtypen enthält:

```
void printInfo (const void * arg)
{
    switch (*(enum Fahrzeugtyp *) arg)                 /* 1 */
    {
    case TYP_PKW:
        printf ("Automarke %s mit %f km/h\n",
            ((struct Auto *)arg)->marke,
            ((struct Auto *)arg)->maxv);
        break;
    case TYP_LKW:
        printf ("Lastwagen %d-Achser mit %f t\n",
            ((struct Lastwagen *)arg)->achsen,
            ((struct Lastwagen *)arg)->gewicht);
        break;
    }
}
```

Damit beide Typen an die Funktion übergeben werden können, wird das Argument als void-Pointer vereinbart.

Um innerhalb der Funktion zu unterscheiden, welcher der beiden Strukturtypen tatsächlich vorliegt, wird das erste Feld des übergebenen Parameters in der Zeile mit dem Kommentar /* 1 */ abgefragt. Da bei beiden Strukturtypen Auto und Lastwagen das Feld `fahrzeugtyp` als das erste Feld der Struktur deklariert ist, zeigt der Pointer `arg` auf eben diesen Fahrzeugtyp, egal, um welchen Strukturtyp es sich bei dem aktuellen Funktionsaufruf handelt. So kann der Parameter `arg` einfach in einen Pointer des Typs `enum Fahrzeugtyp *` gecastet und mittels des Dereferenzierungsoperators angesprochen werden.

Aufgrund des im ersten Feld eingetragenen Fahrzeugtyps wird zum entsprechenden `case`-Fall gesprungen und die gewünschten Informationen zu der übergebenen Struktur ausgegeben.

In der Funktion `main()` können nun beliebige Strukturvariablen vereinbart werden und mittels des Adressoperators an die Funktion `printInfo()` übergeben werden:

```
int main (void)
{
    struct Auto       meinAuto  = {TYP_PKW, "Trabbi", 180.};
    struct Lastwagen meinBrummi = {TYP_LKW, 10, 10.};
    printInfo (&meinAuto);
    printInfo (&meinBrummi);
    return 0;
}
```

Die Ausgabe dieses Programmes lautet

```
Automarke Trabbi mit 180.000000 km/h
Lastwagen 10-Achser mit 10.000000 t
```

Bei der Initialisierung der Variablen muss unbedingt darauf geachtet werden, dass der Fahrzeugtyp (die Kennung) korrekt gesetzt wird.

Innerhalb der Funktion `printInfo()` könnten zu Beginn auch zwei Pointer vereinbart werden:

```
struct Auto * pkw = (struct Auto *)arg;
struct Lastwagen * lkw = (struct Lastwagen *) arg;
```

Damit würde der formale `void`-Pointer `arg` zwei lokalen Variablen zugewiesen, welche den statischen Typ `struct Auto *` und `struct Lastwagen *` besitzen. Natürlich wäre nur jeweils eine Zuweisung auch tatsächlich sinnvoll. Aufgrund dieser lokalen Variablen könnten die Elemente der übergebenen Struktur im Folgenden ganz einfach ohne ständiges Casten angesprochen werden:

```
case TYP_PKW:
    printf ("Automarke %s mit %f km/h\n", pkw->marke, pkw->maxv);
    break;
case TYP_LKW:
    printf ("Lastwagen %d-Achser mit %f t\n", lkw->achsen,
        lkw->gewicht);
    break;
```

Die jeweils sinnfreie Variable würde somit gar nie verwendet.

Aufgrund der besseren Lesbarkeit wird diese Methode häufig angewendet.

Literaturverzeichnis

Abkürzungen erhalten bei Büchern 5 Zeichen. Die ersten drei werden aus dem ersten Namen der Autoren gebildet, wobei das erste Zeichen groß geschrieben wird. Ist das Erscheinungsjahr bekannt, so sind die Zeichen 4 und 5 die letzten beiden Ziffern des Erscheinungsjahrs. Gibt es von einem Autor mehrere Veröffentlichungen im selben Jahr, so wird sein Name in der 3. Stelle eindeutig abgeändert.

Nationale oder internationale Standards mit einer Nummerierung werden mit der entsprechenden vollen Abkürzung genannt, auch wenn es Internetquellen sind. Der Name von Internetquellen, die keine Standards sind, ohne Jahreszahl besteht aus 6 klein geschriebenen Zeichen.

Bac91   Bach, M.J., UNIX – Wie funktioniert das Betriebssystem?, Hanser, 1991

Bar83   Barnes, J.P.G., Programmieren in Ada, Hanser, München 1983

C11   ISO/IEC 9899:2011 Programming languages - C, 2011

C90   ISO/IEC 9899 Programming languages – C, First edition 1990-12-15
ISO/IEC 9899 Programming languages – C, Technical corrigendum 1, 1994-09-15
ISO/IEC 9899 Programming languages – C, Amendmend 1: C Integrity, 1995-04-01
ISO/IEC 9899 Programming languages – C, Technical corrigendum 2, 1996-04-01

C99   ISO/IEC 9899 Programming languages – C, Second edition 1999-12-01
ISO/IEC 9899:2011 Programming languages - C, Technical corrigendum 1, 2012-07-15

Dij68   Dijkstra, E.W., Go To Statement Considered Harmful, in Communications of the ACM, vol. 15, no. 10, p. 859, October 1972

DIN83   DIN 66001, Sinnbilder und ihre Anwendung, Beuth-Verlag, Berlin 1983

DIN85   DIN 66261, Sinnbilder für Struktogramme nach Nassi-Shneiderman, Beuth-Verlag, Berlin 1985

dobbcl   The New C: Compound Literals
http://www.drdobbs.com/the-new-c-compound-literals/184401404
(Stand 17.01.2014)

Hoa62   Hoare, C.A.R.: Quicksort, Computer Journal No. 1, 1962

IEEE 754   IEEE 754 Standard for Binary Floating-Point Arithmetic, ANSI/IEEE Standard 754-1985

Ker78   Kernighan, B.W., Ritchie, D.M., The C Programming Language, Prentice Hall, 1978

Lew94   Lewine, D.A., POSIX Programmer's Guide, O'Reilly, 1994

Mey97   Meyer, B., Object-Oriented Software Construction, 2nd ed., Prentice Hall, 1997

Nas73   Nassi I., Shneiderman B.: Flowchart Techniques for Structured Programming, in SIGPLAN, S. 12-26, Aug.1973

openst   Rationale for International Standard – Programming Languages – C, Revision 5.10, April-2003
           http://www.open-std.org/jtc1/sc22/wg14/www/C99RationaleV5.10.pdf
           (Stand: 07.01.2014)

Par71   Parnas, D.L., On the Criteria to be used in Decomposing Systems into Modules, Communications of the ACM, 1972

Sed92   Sedgewick, R., Algorithmen in C, Addison-Wesley, 1992

Wet80   Wettstein, H., Systemprogrammierung, Hanser, 1980

Wir71   Wirth, N., The Programming Language PASCAL, Acta Informatica, Vol 1, No 1, 1971

Index